KINDHEIT 6.7

Edition Liberi & Mundo

Das Buch

Die großen Entwicklungen, Fortschritte und Leistungen im kulturellen wie auch im wissenschaftlichen Bereich – und die sind enorm – verdanken wir einzelnen Menschen, oft schon Kindern und Jugendlichen, die vorwiegend durch die Unterstützung ihrer Familie die Möglichkeit hatten, ihrer Intuition und ihren Begabungen zu folgen. Ohne Krippe, Kindergarten und Schul-Druck. Etwa 80 Prozent aller Persönlichkeiten (nicht nur) Europas der letzten Jahrhunderte, die *Herausragendes* für Kultur, Wissenschaft und Gesellschaft geleistet haben, wurden zuallererst lange *familial* sozialisiert.

Wir haben in der gesamten industrialisierten Welt den Blick für die Kompetenzen von Kindern verloren und eine Welt erschaffen, die gegenwärtig etwa 50 Prozent(!) der Kinder *krank* und viele junge Menschen buchstäblich verrückt werden lässt.

Wir haben weltweit und vorrangig in den „hoch entwickelten" Ländern fast vollständig den Blick für die realen und naturgegebenen Bedürfnisse und das Wesen des Kindes verloren. Mit verheerenden Folgen für Kultur, Wirtschaft, Gesellschaft und Individuum.

Der Autor

Mag. Michael Hüter, 1968 geboren, ist Kindheitsforscher, Pianist und Aktivist. Er studierte in den 1990er Jahren Geschichte, Germanistik, Philosophie und Kunstgeschichte an der Universität Salzburg.

Ein neunjähriges gerichtliches Obsorgeverfahren, „eine der bestürzendsten Justizaffären, die Österreich je erlebt hat" (NEWS), und zahlreiche Recherchen zu Not und Leid von Trennungskindern, führten zu dem Buch Krieg gegen Väter. Das Drama eines Scheidungskindes, Kral Verlag, 2014.

Im gleichen Jahr erschien seine Piano-Solo-CD It's my way to paradise. „Die CD enthält Aufnahmen von 2004-2010 und zählt sicherlich zu einer der schönsten Soloklavierveröffentlichungen seit langem." MOMAG#332, Juni 2015. Der Autor ist Vater von drei Kindern.

Michael Hüter

KINDHEIT 6.7

Ein Manifest

Copyright © 2018 by Michael Hüter
Co-Autorin Gabriele Penzenauer
© Verleger: Michael Hüter – Edition Liberi & Mundo
Melk an der Donau 2018

www.michael-hueter.org

Alle Rechte Michael Hüter vorbehalten, insbesondere das des öffentlichen Vortrages, der Übertragung durch Rundfunk und Fernsehen, sowie der Übersetzung, auch einzelner Teile. Kein Teil des Werkes darf in irgendeiner Form (durch Fotografie, Mikrofilm oder andere Verfahren) ohne schriftliche Genehmigung des Autors reproduziert oder unter Verwendung elektronischer Systeme verarbeitet, vervielfältigt oder verbreitet werden.

Dieses Buch enthält auch Links zu externen Webseiten Dritter, auf deren Inhalte der Autor keinen Einfluss hat. Deshalb können wir für diese fremden Inhalte auch keine Haftung übernehmen.

Cover Photo: © Joel Sartore/National Geographic Creativ
Kinder spielen mit Fluggleitern in Wichita, Kansas

Covergestaltung: www.xl-graphic.at

Herstellung: BoD – Books on Demand, Norderstedt

ISBN: 978-3-200-05507-0

Für Jamin, Nurah, Felias
und
allen Sapiens *Eltern*

Inhalt

Vorspann   11

Teil I
Kind und Familie am Beginn des 21. Jahrhunderts
Ein Essay über nicht gestellte Fragen

1 Die zweite Hälfte: Der *stumme* Schrei   19
2 Die erste Hälfte: Familien- und Schulpolitik, oder der Betrug am Kind   27
3 Der Kern: Die Ent-Wertung und Entfremdung von Kind und Familie   43

Teil II
Zeit-Reise zur Geschichte der Kindheit und Familie

1 Die Nachtigall, Fadenwürmer oder die Evolution *durch* Familie   75
2 Vom Lehren zur Belehrung   83
3 *The good guy*, seine *Vorbilder* und die Sozialisation des Kindes im „wirklichen Leben"   91
4 Vom Entdecken der (Text-) Kindheit   103
5 ...zum Verschwinden der (echten) Kindheit. Eine kurze Geschichte zur Schule der Neuzeit   117

6 (Zerstörte) Familienbilder oder die Suche nach dem verlorenen Glück	169
7 Vom Verschwinden der *artgerechten* Kindheit	245
8 Plädoyer wider eine „totale Pädagogik"	261
9 Die *Eskalation* der Schule und Erziehung	273
10 *Der* (stumme und der laute) *Schrei* und die Worte Albert Schweitzers	291
11 „Die Mitte verlassen heißt, die Menschlichkeit verlassen"	299
12 Die „Unfruchtbarkeit des Menschen", die „Überbevölkerung" und das „Future Baby"	311

Teil III
Von der *glücklichen* Kindheit, Raketen, Liebe und Visionen

1 Die Freie Familie und die Rückkehr des Glücks	327
Intermezzo: Der kleine Leonardo und da Vincis Code	345
3 Die Familie, Breakthrough Innovations, der „Computer auf Rädern" und das *Köln Konzert*	351
Epilog	373
Nachspann	380
Quellenverzeichnis	385
Literatur	473

Die Wirtschaftskrise ist vor allem die Konsequenz
einer kulturellen Krise.

Lord Byron

Wo Paradoxien menschliche Beziehungen vergiften,
entsteht Krankheit.

Paul Watzlawick

Vorspann

Kinder heute können sich nicht mehr *altersgemäß* entwickeln. Das ist seit vielen Jahren ein geradezu einstimmiger Tenor von Psychologen, Pädagogen, einigen Soziologen und Neurobiologen. Es gibt Autoren, die fordern: Wir sollten unseren Kindern endlich wieder ein „artgerechtes" Aufwachsen ermöglichen.

Wie konnte es so weit kommen, dass das Aufwachsen von Kindern schon beinahe dem Aufwachsen von zusammengepferchten Hühnern in industriellen Legebatterien gleichgestellt wird? Immer mehr Menschen wünschen Eier von „glücklichen Hühnern". Wieso hat aber das Menschenkind kein Recht *glücklich* und *artgerecht* aufzuwachsen?

Bereits über 50 Prozent aller heranwachsenden Kinder in Deutschland und Österreich (und auch andernorts) zeigen nicht altersadäquate Auffälligkeiten oder Defizite. Entweder im somatischen Bereich (Adipositas/Magersucht), im Bereich sozialer *Kompetenzen* (Sozialisierungsmängel, Regelabsentismus, Beziehungsarmut), oder motorischer und kognitiver Kompetenzen. Hinzu kommt ADHS, immer früher einsetzender regelmäßiger Alkohol- und Drogenkonsum, und schließlich auch noch (vereinzelt schwere) Gewalt- und Kriminaldelikte, manchmal schon von 12 und 13-Jährigen. Das alles wird bei Kindern unter 14 Jahren in einem breiten Ausmaß beobachtet und festgestellt. Zweifelsohne ist dies alles mehr als alarmierend.

Ich halte es aber für einen gravierenden Fehlschluss, all die besorgniserregenden Phänomene damit beheben oder mildern zu können, in dem wir nun Lehrer auch noch als Psychologen mit ausbilden sollten, wie das unter anderem der Psychologe M. Winterhoff in seinem Buch *SOS Kinderseele* fordert. Damit die Seele/Psyche so vieler vernachlässigter Kinderseelen durch die Hilfe und Intervention eines Lehrers „nachreifen" kann. Das ist nicht die Aufgabe eines Lehrers, keines einzigen Schultypus.

Es erinnert auch ein wenig an die vielen Obst- und Gemüsesorten, die wir in unserer westlichen Wohlstandsgesellschaft unreif ernten, tausende Kilometer auf Schiffen und Lastwägen transportieren, und sie dabei (künstlich) nachreifen lassen. Sie schmecken trotzdem nicht so gut, wie jene, die natürlich zu Ende gereift sind.

Der dänische Pädagoge, Familientherapeut und internationale Konfliktberater Jesper Juul stellte einmal folgendes fest: „Als ich vor über 15 Jahren meine Arbeit in Deutschland begann, konnte ich mit dem Wort Bildungsdruck, das mir immer wieder begegnete, nicht allzu viel anfangen. Doch je mehr Eltern, Kindern und Jugendlichen ich begegnete, desto stärker verspürte ich diesen Druck am eigenen Leib. Es ist ein Phänomen, das ich in Dänemark und den anderen skandinavischen Ländern nie in ähnlicher Weise erlebt habe. Heute muss ich konstatieren, dass im gesamten deutschsprachigen Raum ein enormer Bildungsdruck herrscht. Dass dieser Zustand auf Dauer untragbar ist, dürfte jedem klar sein. – Denn Druck erzeugt Gegendruck, führt also nicht nur in der Physik zu Widerstand, und so wächst der Druck allmählich ins Unermessliche."

Die Schule wurde spätestens seit der Jahrtausendwende (in immer mehr Ländern) zum „Brennpunkt" aller Fragen des Aufwachsens und der Entwicklung eines Kindes. Hilfreich wäre einmal konsequent die Sicht, Bedürfnisse und reale Empfindungswelt des Kindes einzunehmen. – Schule, das ist doch bitte nicht alles im Leben!

Auch im deutschsprachigen Raum sind sich renommierte und unabhängige Experten aus Psychologie, Neurobiologie und Pädagogik im Folgenden einig: Für eine optimale altersgemäße Reifung der Psyche/Seele, für die Entfaltung der unglaublichen Potentiale des menschlichen Gehirns, die *jedem* Kind von Natur aus mitgegeben sind, und für die gesunde Entwicklung sozialer Kompetenzen, der Beziehungsfähigkeit und lebenslanger Lernbereitschaft, braucht ein Kind von Geburt an und für viele Jahre vorrangig eines: Eine liebende Mutter *und* einen liebenden Vater. (Liebende) Eltern und Großeltern. Einfach *Familie*. Warum fokussierte sich (nicht nur im deutschsprachigen Raum) der ganze gesellschaftliche und auch wissenschaftliche Diskurs zum Aufwachsen unserer Kinder dennoch fast ausschließlich auf die Schule (Kindergarten/Krippe) und nicht auf die Familie?

Am Altar der Ökonomie und der Ideologie wurden im Herzen Europas, in den USA und in vielen „westlichen" Ländern, nicht nur ein intuitiver Umgang mit Kindern geopfert, sondern auch ein intuitiver, gelassener, fördernder, stützender und anerkennender Umgang mit der *Kern-Familie*. Die *Keimzelle* jeglicher tragfähigen, entwicklungsfähigen und ausgewogenen Gesellschaft. Das vorrangigste was ein Kind auch noch im 21. Jahrhundert braucht, ist zuerst einmal seine Eltern. Vor allem im politischen Diskurs hat die *Familie* – seit sehr langer Zeit – am Rücken der Kinder eine nachhaltige Entwertung erfahren. Vor dem Altar der Ökonomie und Ideologie stehend erklärten uns Politiker, und nicht nur diese, die Familie sei ein „Auslaufmodell"!? – Während man gleichzeitig periodisch die stagnierenden oder sinkenden Geburtenzahlen beklagt.

Im Artikel 16 der UNO Menschenrechtskonvention heißt es: *Die Familie ist die natürliche Grundeinheit der Gesellschaft und hat Anspruch auf Schutz durch Gesellschaft und Staat.*

Gibt es diesen zumindest am Papier stehenden Schutz, und gibt es die gesellschaftliche *Würdigung* der Familie überhaupt noch in der rechtlichen und politischen Praxis des beginnenden 21. Jahrhunderts?

Gibt es in unserer westlichen Welt überhaupt noch die selbstbestimmte und selbstbestimmende Familie?

Kann eine Familie in Deutschland und Österreich (und in immer mehr nicht nur „westlichen" Ländern) noch eine *freie* Familie sein? Wie wird Familie überhaupt noch wahrgenommen? Im politischen, gesellschaftlichen und wissenschaftlichen Diskurs? Was und *wie* ist *Kindheit* heute?

Ich möchte die Leser meines Buches auf eine *Familien-Zeitreise* einladen. Dabei stelle ich nicht nur die Frage, was war Familie und Kindheit einst, sondern wo wollen wir als Gesellschaft eigentlich hin? Sie führt vom Ist-Zustand Kind und Familie bis zu unserer ursprünglichen Lebensweise des „Jägers und Sammlers" und durch verschiedene Kontinente. Dabei werden nicht nur literarische Quellen aus ein paar Jahrhunderten zitiert, sondern auch über Forschungsergebnisse aus Anthropologie, Archäologie, (Neuro) Biologie und anderen Disziplinen berichtet.

Dieses Buch ist auch eine *Geschichte der Kindheit,* die nicht chronologisch erzählt wird. Wie in so manchem (Science-Fiction) Film erfolgt auch in dieser Zeit-Reise oftmals ein „Schnitt" und schon finden sie sich aus der Vergangenheit in die Gegenwart versetzt und umgekehrt. Aber was Sie lesen und in Erfahrung bringen werden, ist Non-Fiction, von Menschen geschriebene und gestaltete Wirklichkeit, auch wenn der eine oder andere Leser manchem vielleicht nicht glauben mag. Nicht nur für notorische Zweifler gibt es daher ein ausführliches Quellenverzeichnis.

Ein weiteres Anliegen des Buches ist, in der vielerorts festgefahrenen und leider seit langem oft feindselig geführten Schulreform-Debatte eine gegenwärtig weitgehend ungestellte Frage einzubringen: Welche *Einstellung zur Kindheit* liegt der Schule und der Erziehung zugrunde? Fehlt den Regel-Schulen überhaupt ein humanes Fundament, wie (nicht nur) Jesper Juul behauptet? Der amerikanische Schulkritiker und ehemalige Lehrer John Taylor Gatto geht noch weiter und sagt: Institutionalisierte Massenschule zerstört Kinder und Familie!

KINDHEIT 6.7 ist auch eine Spurensuche, die versucht zwei Dinge zu verbinden, die nicht nur in den deutschsprachigen Ländern gerne fein säuberlich getrennt werden: Schule (Bildung) und Familie, sowie Kindheit und Familie. Diese Trennungen haben gravierende und nachhaltig negative Folgen für die gesamte Gesellschaft, und sie gab es nicht immer. Es soll nicht nur den gesellschaftlichen Diskurs zum Thema *Kindheit heute* anregen, es ist auch ein Buch *von* Eltern. Meine Frau Gabriele Penzenauer ist Co-Autorin überwiegend für den Bereich Schwangerschaft, Geburt und Frei-Lernen. In fast allen Bereichen war sie auch eine wunderbare, inspirierende Gesprächs- und Diskussionspartnerin, um das „Komplexe" auf den Punkt zu bringen. In einer Zeit, wo *Intuition* und *Erfahrung* einzelner nicht mehr viel wiegt und alles theoretisch, wissenschaftlich oder wie auch immer begründet werden muss, wurde über die Jahre auch einiges an Literatur bewältigt, die wir uns manchmal teilten.

Die großen Entwicklungen, Fortschritte und Leistungen im kulturellen wie auch im wissenschaftlichen Bereich – und die sind enorm – verdanken wir einzelnen Menschen, oft schon Kindern und Jugendlichen, die vorwiegend durch die Unterstützung ihrer Familie die Möglichkeit hatten, ihrer Intuition und ihren Begabungen zu folgen. Ohne Krippe, Kindergarten und Schul-Druck. Etwa 80 Prozent aller Persönlichkeiten (nicht nur) Europas der letzten Jahrhunderte, die *Herausragendes* für Kultur, Wissenschaft und Gesellschaft geleistet haben, wurden zuallererst lange *familial* sozialisiert.

Wir haben in der gesamten industrialisierten Welt den Blick für die Kompetenzen von Kindern verloren und eine Welt erschaffen, die gegenwärtig etwa 50 Prozent(!) der Kinder *krank* und viele junge Menschen buchstäblich verrückt werden lässt.

Wir haben weltweit und vorrangig in den „hoch entwickelten" Ländern fast vollständig den Blick für die realen und naturgegebenen Bedürfnisse und das

Wesen des Kindes verloren. Mit verheerenden Folgen für Kultur, Wirtschaft, Gesellschaft und Individuum.

Alles was Sie sogleich in Erfahrung bringen werden, ist drei-dimensional. Sie benötigen allerdings keine 3D-Brille. Zum vollständigen Verständnis der Handlung und den Aussagen ist das Ablegen von „ideologischen Brillen" äußerst vorteilhaft.

Werdende und bestehende Familien möchten wir vor allem ermutigen: zu einem intuitiven, liebevollen und vertrauensvollen Umgang mit ihren Kindern, wie auch in die elterlichen Kompetenzen zu vertrauen. Auch wenn sie heute damit vielfach allein gelassen sind. Wir wünschen eine spannende Zeit-Reise....

Teil I

Kind und Familie am Beginn des 21. Jahrhunderts
Ein Essay über nicht gestellte Fragen

Das Bewusstsein der Öffentlichkeit indessen ist noch weit
von der Erkenntnis entfernt, dass das, was dem Kind
in den ersten Lebensjahren angetan wird,
unweigerlich auf die ganze Gesellschaft zurückschlägt,
dass Psychosen, Drogensucht, Kriminalität
ein verschlüsselter Ausdruck der frühesten Erfahrungen sind.
Diese Erkenntnis wird meistens bestritten oder nur
intellektuell zugelassen, während die Praxis
(die politische, juristische, psychiatrische)
noch stark von mittelalterlichen, an Projektionen
des Bösen reichen Vorstellungen beherrscht bleibt,
weil der Intellekt die emotionalen Bereiche nicht erreicht.

Alice Miller

Alle unsere Irrtümer übertragen wir auf unsere Kinder,
in denen sie untilgbare Spuren hinterlassen.

Maria Montessori

Der Schrei
Edvard Munch, 1910
Öl und Tempera auf Pappe
Munch-Museum Oslo

1

Die zweite Hälfte: Der *stumme* Schrei

Wie lange noch schauen wir weg?

Seit der Jahrtausendwende blinken deutlich auffallend immer mehr Kinderseelen SOS. Meines Erachtens schreien sie viel mehr auf. Gleichsam dem berühmten Gemälde Edvard Munchs, *Der Schrei*, ist der Aufschrei unserer Kinder nicht hörbar, aber er ist sichtbar. Dazu gibt es zahlreiche Befunde und Publikationen aus Psychologie und Pädagogik, sowie im „Netz". Daher hier nur ein grober Überblick über den Aufschrei unserer Kinderseelen:

Sechs bis zehn Prozent der Kinder wird ADHS (Aufmerksamkeitsdefizitsyndrom) diagnostiziert. Zunehmende Kriminalität bei Jugendlichen und schon Kindern (also unter 14 Jahren!) auch aus „intakten" Familien ohne Migrationshintergrund. Regelmäßiger und oft schon unter 14 Jahren beginnender Drogen- und Alkoholkonsum, bis hin zu Phänomenen wie „Koma-Saufen", worüber vor Jahren in Medien berichtet wurde. Innerhalb Europas hat Österreich seit längerem konstant die höchste Alkoholrate unter Jugendlichen. SPIEGEL und DIE WELT berichten für Deutschland. „Mindestens einmal im Monat betrinkt sich fast jeder fünfte Jugendliche zwischen 12 und 17 Jahren."[1] Eine Studie der Bundeszentrale für gesundheitliche Aufklärung sieht sogar eine Zunahme des Rauschtrinkens in der Gruppe der 18 bis 25-Jährigen. Im vergangenen Jahr gab es 26.000 Alkoholvergiftungen in Deutschland.[2]

Verschiedene Formen von Gewalt und Aggression unter Kindern und Jugendlichen sind seit Jahren kontinuierlich steigend. Im Jahr 2005 gab es in Deutschland 95.000 versicherungsrelevante Raufunfälle im Schulbereich. Das heißt, 95.000-mal fanden Prügeleien mit so schweren Verletzungen statt, dass ein Arzt aufgesucht und die Verletzung der Versicherung gemeldet wurde.

In dem KURIER Artikel *Kriminelle Kids als Spielball der Behörden* wird berichtet: Laut der österreichischen Kriminalstatistik sei die Anzahl der angezeigten Straftäter zwischen 14 und 18 Jahren leicht rückläufig. Die Zahl der angezeigten mutmaßlichen Straftäter unter zehn Jahren bleibt aber etwa konstant. Insgesamt wurden 2013 in Österreich 5.694 „kriminelle" Vergehen von unter 14-Jährigen zur Anzeige gebracht, davon waren 811 unter zehn Jahren. Das Entscheidende ist aber, die Täter werden immer brutaler. „Heute hört einer nicht mehr auf, wenn der andere schon blutet." Dazu kommt, dass die „Täter" (Kinder) regelrecht zwischen den Behörden (Polizei, Staatsanwaltschaft, Jugendämter, Familiengericht) hin und her geschoben werden. Eine Familienrichterin bringt es in diesem Artikel auf den Punkt: „Unser System ist nur verwalten."[3] Ebenso längst kein Tabu mehr sind schwere Vergewaltigungen von unter 14-Jährigen unter Gleichaltrigen oder jüngeren Kindern.

Das weltweite Phänomen der Computerspiel- und Internetsucht ist seit Jahren auch in den deutschsprachigen Ländern steigend. Dabei bleibt es längst nicht mehr. *Die Täter aus dem Kinderzimmer* ist die Schlagzeile eines KURIER Artikels vom 30. August 2014. *Cybercrime* wird zunehmend schon im Alter zwischen 10 und 14 Jahren verzeichnet.[4]

Jeder zweite österreichische Schüler wird gemobbt. Laut einem OECD Bericht sei Mobbing unter Kindern und Jugendlichen in keinem anderen Land so präsent wie in Österreich. Das systematische Mobbing wird seit Jahren durch Mobbing im „Netz", in den sogenannten Social Media wie Facebook und Co, verstärkt. Nicht nur in Deutschland und Österreich gab es in den letzten Jahren Selbstmorde unter Kindern, die diesem Druck des *Cyber-Mobbings* nicht standhielten.[5] Das alles sind „Phänomene", ein Aufschrei unserer Jugendlichen, die einer breiten Öffentlichkeit bekannt sind, da sie auch Einzug in die Medienwelt fanden.

Wirklich alarmierend wird es, wenn man einmal schaut, was von „unten" nachkommt. Dazu muss man dann schon Bücher lesen, oder mit Lehrern, Eltern, Psychologen und Pädagogen sprechen. Die Probleme fangen nämlich schon im Kindergarten und der Grundschule an.

Kinder haben im Gegensatz zu „früheren Zeiten" erhebliche Probleme im Bereich motorischer Kompetenzen und Störungen der Basissinne. Schon in der Grundschule, so konstatieren viele Lehrer, gäbe es verschiedenste Verhaltensauffälligkeiten, die es vor 30 Jahren nicht gab. Immer mehr Kinder verweigern in Kindergarten oder Krabbelstube zu gehen, werden dann aber unter Druck dorthin gebracht, denn schließlich muss es nun einmal sein (?).

Die Mehrheit der Scheidungs- und Trennungskinder wird seit Jahrzehnten oft durch behördliche oder elterliche Willkür von ihrem zweiten Elternteil, zumeist dem Vater, getrennt. Ein Großteil dieser Kinder entwickelt(e) Verhaltensauffälligkeiten in somatischer oder psychischer Hinsicht. Die Gruppe der Trennungskinder macht in den letzten 15 Jahren bereits über die Hälfte aller Kinder aus. – Bevor sie sechs Jahre alt sind!

Was unter allen Kindern weiters beobachtet wird, ist eine zunehmende Zahl, die nicht einmal mehr die einfachsten Rechenbeispiele lösen können und das Problem einer immer größer werdenden *Sprachverarmung*. (Rechtschreibprobleme, Schwächen bei Satzbildung, Stottern und ähnliches wird häufiger.) Das, wieder einmal festgehalten, nicht nur bei Kindern mit Migrationshintergrund.

Unter dem zehnten Lebensjahr ist auch die Zahl übergewichtiger und adipöser Kinder kontinuierlich steigend. 24 bis 28 Prozent der Kinder in Deutschland und Österreich im Alter von 7 bis 14 Jahren sind übergewichtig oder adipös. Ein „Phänomen", das einst von den USA ausgehend sich zwischenzeitlich auf nahezu alle „westlich" orientierten Länder ausbreitet. Erstmals in der Geschichte der Menschheit sterben mehr Menschen, weil sie zu viel und nicht, weil sie zu wenig essen. 2010 starben rund drei Millionen Menschen an Fettleibigkeit und damit verbundenen Krankheiten.

Magersucht, überwiegend bei Mädchen, wird vereinzelt auch schon unter zehn Jahren festgestellt. Ebenso nehmen *Schlafstörungen* in dieser Altersgruppe, wie die *Kinderarmut* und *Kindesmisshandlungen* bei Kleinkindern seit Jahren kontinuierlich zu.

Nach der Pflichtschulzeit kommt dann der große Infarkt. Laut einem SPIEGEL Artikel, und nicht nur dort festgestellt, können nach neun Jahren Pflichtschulzeit immer mehr Jugendliche nicht einmal mehr zusammenhängende, grammatikalisch halbwegs richtige Sätze sprechen.[6] Das gilt freilich auch (nicht nur) für Österreich, ebenso dass zunehmend die sozialen und emotionalen Kompetenzen der jungen Erwachsenen so katastrophal sind, dass es vereinzelt schon zu einem Aufschrei von Führungskräften aus der Wirtschaft kommt. Zudem haben sich einem aktuellen Gesundheitsreport nach seit dem Jahre 2000 die Fehlzeiten der 16 bis 25-jährigen Berufsanfänger wegen Depressionen oder Anpassungs- und Belastungsstörungen mehr als verdoppelt. Der Gesundheitsreport der Techniker-Krankenkasse verzeichnet in den letzten 17 Jahren einen Anstieg von 108 Prozent der Fehlstunden. An dritter Stelle der Ursachen für die Fehlzeiten stehen Depressionen hinter Atemwegs- und Magen-Darm-Infektionen.[7]

Langsam beginnt die Misere auch in die heiligen Hallen der Universität einzuziehen. In Österreich noch versteckt diskutiert, treten in Deutschland bereits Universitätsprofessoren an die Öffentlichkeit, wie beispielsweise der Altphilologe Professor Gerhard Wolf. Eine wachsende Gruppe von Studenten hat Probleme in der Sprach-, Lese- und Schreibkompetenz. Vorlesungen werden nicht einmal mehr mitgeschrieben und die Allgemeinbildung sei bei manchen Studenten erschreckend. „Einige glauben, der zweite Weltkrieg habe im 19. Jahrhundert stattgefunden."[8]

Bei immer mehr Jugendlichen scheint die gesamte Pflichtschulzeit spurlos vorbeigegangen zu sein. Zu oben genannten Mängel im Bereich der elementaren Kulturtechniken (Schreiben/Lesen/Rechnen) schlug Anfang 2014 ein österreichischer Politiker folgendes sinngemäß vor: Wenn Kinder nach der neunjährigen Schulpflichtzeit nicht ordentlich schreiben und rechnen können, müssten wir eben ein zehntes Pflichtschuljahr einführen! Nach einem kurzen Aufschrei einiger Experten in diversen Printmedien wurde diese Aussage (vorerst) nicht wiederholt. Wenn nach neun Jahren(!) Schulpflicht in „staatlichen Reservaten" (Jesper Juul) Jugendliche, salopp gesagt, nicht einmal ausreichend Schreiben und Rechnen können (von den anderen zunehmenden Defiziten abgesehen), dann wird ein zusätzliches zehntes Schuljahr an den Problemen nichts ändern. Ein paar Wochen später meldete sich öffentlich zum selben Problemfeld eine Politikerin zu Wort. Man müsste überlegen, ein weiteres verpflichtendes Kindergartenjahr einzurichten (also Kindergartenpflicht schon ab dem vierten Lebensjahr, Anm. MH), um mit Frühförderung das Schreiben und Rechnen näher zu bringen. Was mich nach diesem politischen Statement erschreckte, war, dass es dieses Mal kaum einen Aufschrei von „Experten" gab. Genau da vergräbt sich der Wurm in der Bildungs- und Familienpolitik und überhaupt im Aufwachsen unserer Kinder im 21. Jahrhundert.

Autos, China und der Selbstmord Jugendlicher

„Wir gewinnen am Start, verlieren aber am Ziel." Das ist die Aussage eines chinesischen Bildungsbeauftragten in dem Dokumentarfilm *ALPHABET* des österreichischen Filmemachers Erwin Wagenhofer.[9] Schul-, Bildungsdruck und Frühförderung sind in Shanghai enorm, die Ergebnisse der PISA Studien seit Jahren hervorragend und die Selbstmordrate von Kindern und Jugendlichen erschreckend. Die asiatischen PISA „Wunder-Länder" und Städte wie Shanghai, China, Südkorea und Co haben seit Jahren die weltweit höchste Selbstmordrate unter Jugendlichen. Die ersten Kinder (Schüler) haben schon nachts einen Elternteil umgebracht. Als „Ventil" für den ungeheuren Bildungs- und Erfolgsdruck der auf ihnen lastet. Aber auch in einigen westlichen Industrienationen hat sich seit 1955 die Selbstmordrate von Kindern unter 15 Jahren vervierfacht.

Länder exportieren nicht nur Waren wie Erdöl, Autos, Spielsachen, Gewürze, etc., sondern auch Musik, Lebensgefühl, Weltanschauungen, Literatur, Ideologien und ähnliches. Vice versa importieren andere Länder das eine oder andere. Deutschland exportiert nach China nicht nur seine Autos, China hat auch den deutschen Leistungsdruck im Bildungsbereich importiert und dabei noch erhöht. Wie wir wiederum die asiatische Küche importiert und dabei auch verändert haben. Das schmeckt dann manchmal sehr gut, manchmal weniger. Was der „moderne" Mensch des *Dis-Kontinuums* gerne macht, ist, etwas Kontext entbunden Nachahmen, nennen wir es einmal Spiegeln. Dabei wird naturgemäß auch verändert und erweitert. (Ich komme auf den Prozess der Nachahmung und des Spiegelns noch bei der Entwicklung des Kindes zurück.)

Der Prozess der Nachahmung ist bei Erwachsenen oder einer Gruppe zumeist bei zwei Faktoren am stärksten: in einer Krisensituation (Identitätsverlust, vermindertes Selbstwertgefühl, kultureller Werteverfall und ähnlichem), oder wenn der Mensch lernt, nach Höherem strebt, etwas unbedingt erreichen, verbessern und positiv verändern möchte. China möchte die größte Wirtschaftsmacht der Welt werden. Also schaut es zur größten Wirtschaftsmacht Europas. Das ist seit Jahrzehnten Deutschland, mit einem von außen betrachtet guten Bildungssystem und hervorragender Universitäten. Im Buch *Alphabet* wird einmal die Frage aufgeworfen: Wieso schauen wir seit über zehn Jahren nach China? – Alleine wegen des *Wirtschaftswachstums*. Den Preis, den dort fast alle, vor allem die Kinder zahlen, sehen wir hingegen nicht.

Ergebnisse großer, komplexer gesellschaftlicher Entwicklungen und Prozesse kommen Generationen später in den Köpfen der Mehrheit einer Gesellschaft *verkürzt* an. Als These, Prämisse, Maxime, bzw. allgemeiner Grundsatz. Wie zum Beispiel: Die wirtschaftliche Stärke eines Landes hängt von einem guten

Schul-Bildungssystem ab, in dem am besten alle Kinder integriert werden. 1+1=2. Ein gutes Bildungssystem = breiter Wohlstand und wirtschaftliche Potenz. Davon ist man in Europa generell, aber nirgendwo so *verkürzt* und konsequent überzeugt, wie derzeit noch in den deutschsprachigen Ländern. Diese Überzeugung, dieser „Lehrgrundsatz" findet sich in Schul- und Lehrbüchern bis an die Universitäten. An ihn klammert sich vor allem die Politik, aber auch einige Autoren.

(Alleine) Schul-Bildung = Erfolg für Jeden und in allen Lebens-/Arbeitsbereichen. Dieser (Trug) Schluss hat sich in einer überwiegenden Mehrheit unserer Gesellschaft durchgesetzt, auch bei Eltern. Dazu hat sich noch ein zweiter (Trug) Schluss, ebenso in der Gedankenwelt des 19. Jahrhunderts wurzelnd, durchgesetzt: Nur der beste (stärkste) kommt weiter, setzt sich durch, ist erfolgreich. Deutschland hat im Bildungssystem den sogenannten Numerus Clausus. Nur wer die besten Noten hat, kommt weiter. Nicht wer über ein breites Spektrum verschiedenster Kompetenzen verfügt. In Österreich gibt es den Numerus Clausus nicht, aber auch hier ist in den Köpfen einer ganz breiten Mehrheit tief eingegraben: Mit guter Schulbildung, mit Gymnasium, mit der „besten" Universität ist Mann/Frau einmal beruflich und finanziell erfolgreich.

Ein erstes großes mahnendes Zeichen für die Brüchigkeit dieses Glaubens-Grundsatzes ist die hohe *Jugendarbeitslosenrate* der letzten Jahre in Spanien – an die zeitweise 50 Prozent – und seit 2014 in nahezu allen südeuropäischen Ländern![10] Darunter befinden sich eine ganze Menge schulisch „bestens gebildeter" Menschen, mit Matura/Abitur, Hochschulabschluss, etc. In dem ZEIT Artikel *In Europa, verdammt!* schreibt Mathias Krupa: Die inzwischen über sieben Millionen Jugendarbeitslosen in Europa „verweisen auf eine fundamentale Ungerechtigkeit. Denn die Jungen, die heute keine Arbeit finden, zahlen doppelt und dreifach. Sie sind die Leittragenden einer Krise, die sie nicht verschuldet haben; sie werden später, wenn sie Arbeit finden, für Schulden bezahlen, mit denen andere ihre Sorge verdrängt haben; und sie werden immer weniger sein als die Alten, die immer älter werden. Jugendarbeitslosigkeit in einer alternden Gesellschaft ist nicht irgendein politisches Problem. Sie ist ein Wahnsinn."[11]

Im Laufe der letzten 150 Jahre, vor allem in den letzten drei Jahrzehnten, ist folgende Gleichung entstanden: Alleine Schulbildung = Arbeit = Erfolg = Geld. „Geld ist der einzige Gott, an den alle glauben". So steht es an einer Stelle eines schönen „Märchens für Erwachsene" des deutschen Autors Hans Kruppa.[12]

Genauso wenig wie Österreich und andere Länder ihren breiten Wohlstand alleine durch das Bildungssystem erworben haben, ist Deutschland wegen seines Bildungssystems zur Wirtschafts-Weltmacht aufgestiegen. Das ergab sich aus einer Reihe komplexer, ineinander übergehender (günstiger) einmaliger Faktoren nach dem 2. Weltkrieg. Das müssten wir alle aus dem Geschichtsunterricht noch wissen. China will die größte und potenteste Wirtschaftsmacht der Welt *werden*, und Deutschland die größte Wirtschaftsmacht Europas *bleiben*. Österreich will (vordergründig) ein Land mit hoher sozialer Gerechtigkeit bleiben. Alle Länder vergessen dabei fast vollständig, dass sie einmal Großes im *kulturellen* Bereich geleistet haben. – Auch in Kunst und Wissenschaft. Wieso klammert man sich in allen Gesellschaftsbereichen, hier wie dort, so sehr an die Formel: gute staatliche Schulbildung = Erfolg (für jeden)? Wieso opfern wir derzeit so viel intuitives und historisches Wissen? Wieso opfern wir seit längerem *Achtsamkeit, Vertrauen, Sinnhaftigkeit, Aufrichtigkeit, Umsicht und Verbindlichkeit* in allen Belangen der Kindheit? Dabei üben wir auf unsere Kinder auch noch einen Druck aus, dem viele Kinderseelen auf Dauer nicht standhalten. Weil nirgendwo so viel Gutes über Bord geworfen, geopfert und verkürzt wird, wie am Altar der Ökonomie *und* Ideologie. Dort sind nun Kind, Bildung *und* Familie angekommen. Das ist in dieser Verbindung und Radikalität weitgehend neu im Herzen Europas der letzten Jahrhunderte. In *Friedenszeiten*, wohlgemerkt.

„Oben" – am Ende der Schulzeit – kommt einfach nicht mehr das heraus, was wir uns alle wünschen. Das derzeitige Schulsystem, so sind sich viele Autoren und Experten unterschiedlichster Disziplinen einig, gehöre dringend reformiert. Manche Autoren sprechen gar von einer notwendigen Revolution des Schulsystems. Bevor diese Revolution in den Grundschulen und höheren Schulen stattfindet – und damit die Revolution nicht ihre Kinder frisst –, sollten wir dringlichst den Fokus darauf legen, was ganz „unten" in den staatlichen Reservaten passiert.

„Wir müssen aufhören, die Kinder zu betrügen".[13] In Deutschland noch mehr als in Österreich (und auch anderen Ländern) gibt es immer mehr renommierte Autoren, die den Mut haben es auszusprechen: Unsere Schul- und Familienpolitik wird immer mehr zum *Betrug am Kind*.

So unbequem kindlicher Eigensinn für uns Erwachsene
gelegentlich auch sein mag,
so gefährlich ist es, ihn zu brechen.

Gerald Hüther

Ist doch gerade das Auslöschen des Individuellen,
das vollkommene einordnen der Einzelperson in die
Hierarchie der Erziehungsbehörde und der Wissenschaften
eines der obersten Prinzipien unseres geistigen Lebens.

Hermann Hesse

2

Die erste Hälfte: Familien und Schulpolitik, oder der Betrug am Kind

MEIN Kind und das ANDERE Kind

Über zehn Jahre gibt es in Deutschland und Österreich wieder intensiv die sogenannte „Schuldebatte". 2008 erschien in Österreich das Buch *Der talentierte Schüler und seine Feinde* von Andreas Salcher, ehemals Schulgründer der renommierten Karl-Popper-Schule in Wien.

Nach jahrelanger „Schuldebatte", die von nahezu allen Beteiligten auf erschreckend feindseligem Niveau geführt wurde, stieg mit diesem Buch zwar kurzfristig die inhaltliche Qualität der Diskussion, konkret umgesetzt für die Zukunft unserer Kinder wurde fast nichts.[1]

Weiter wird in tiefen ideologischen Gräben gekämpft, erworbene Bastionen verteidigt und die Zukunft der Schüler ignoriert. Ein Kolumnist der österreichischen Tageszeitung KURIER schrieb vor einiger Zeit (sinngemäß): „Wären Schüler gewerkschaftlich organisiert, die Schule wäre dauerbestreikt." Kinder können sich gegen den Streit der Erwachsenen nicht wehren, noch ist es ihre Aufgabe, Verantwortung für die Fahrlässigkeit „der Großen" zu übernehmen. Für ein gesellschaftliches Problem, das wie *die Schule* nahezu jeden betrifft, müsste verantwortungsvoll die Politik regulierend eingreifen. Genau da ist das Versagen am größten. Kein anderes so gesamtgesellschaftlich relevantes Zukunftsthema wie die Schule wurde in den letzten 15 Jahren in der Politik so sehr am Altar der Ideologie und noch mehr der Ökonomie geopfert. Nach enormem Druck wurden nicht nur in Österreich ein paar halbherzige Teil-Reformen, wie die „Neue Mittelschule" eingeführt (2012). Das Schild Hauptschule wurde durch ein Neues ersetzt. Die so dringend notwendige große „Schulreform" blieb aus. So musste kommen, was zu erwarten war: *Die Neue Mittelschule, warum sie scheitern musste*, titelte das Magazin PROFIL.[2]

Mit Konrad Paul Liessmanns *Geisterstunde. Die Praxis der Unbildung* erschien 2014 ein weiteres Buch zur Schulreformdebatte, das in Österreich auch von den Medien breit rezipiert wurde. Das Phänomen Bologna mit seinem Punktesystem, Bachelor und Master (und ich ergänze PISA, Zentralabitur/Matura und Co) hat Liessmann treffend einmal so auf den Punkt gebracht: „Es steht für Maschinendenken, für die Vorstellung, dass das, was mit einer Maschine geht, auch im Kopf klappen muss. Das ist die letzte große Schlacht des Industrialismus: Bildung als ganzes industrialisiert, genormt, standardisiert. (...) Nichts stört so sehr wie die individuelle Abweichung. Das ist klassisches Maschinendenken."

Allein in den letzten fünfzehn Jahren erschienen in den deutschsprachigen Ländern über 100 interessante und durchaus kompetente Verlagspublikationen zur „Schulmisere". Weltweit sind es Tausende. Dennoch schreiten nach über zehn Jahren (wieder) intensiver Schuldebatte unsere Kinder weiter auf einem ideologischen Trümmerfeld, das ihre „Vorbilder" hinterlassen haben, zur Schule. Eine ganz große Gruppe von Kindern geht etwas gedrückt mit der Schultasche voller Bücher, die sie im 21. Jahrhundert gar nicht mehr brauchen, in die „normale" staatliche Regelschule, in der vielfach noch der Geist (nicht nur) des 19. Jahrhunderts herrscht.

Eine sehr kleine Gruppe zumeist zufriedener oder glücklicher Kinder geht in verschiedenste Privatschulen. Multilinguale Schulen, Reformpädagogische Schulen, Freie Schulen, Montessori Schulen, Waldorf Schulen, Demokratische (Sudbury) Schulen und ähnlichen. Die meisten dieser Schüler haben doppeltes Glück. Sie gehen mit *Freude* in die Schule.[3] Können die Mehrheit der Kinder der ersten Gruppe es kaum erwarten bis endlich Ferien sind, bricht für sehr viele Kinder der Freien und Reformpädagogischen Schulen mit den Ferien eine schwere Zeit an. Für diese ist es oft wirklich eine Qual, nicht in die Schule gehen zu können. Nicht nur weil sie ihre Kollegen vermissen (die können sie auch privat sehen), sondern weil die Schule selbst so viel Freude bereitet. Das allergrößte Glück für die Kinder der Reformpädagogischen und den anderen Privatschulen ist, sie haben Eltern, die sich diese Schule leisten können. 200 bis 400 Euro Minimum im Monat Schulgeld (nur für den Vormittag) pro Kind plus Nebenkosten müssen sich Eltern heute einmal leisten können. Das weitere große Glück dieser Kinder ist, sie haben einfach mehr *Zukunft*. Sie verfügen mehrheitlich über genau das, was vielen Kindern der ersten Gruppe (staatlichen Schulen) fehlt: Breite und soziale Kompetenzen, Flexibilität, die Fähigkeit vernetzt zu denken, sie sind gesünder, zumeist altersgemäß entwickelt, die Allgemeinbildung ist höher, sie haben Empathie, jede Form von Gewalt liegt ihnen in der Regel fern, und vieles mehr. Die Abgänger solcher Freien, Reformpädagogischen und anderen Privatschulen gründen Firmen, arbeiten im sozialen Bereich, werden Kunstschaffende, einige absolvieren (gerne) noch eine handwerkliche Ausbildung, etc. Sie sind in *allen* Berufsbereichen zu finden und in der Wirtschaft und an den Universitäten gerne gesehen und willkommen. Das ist längst durch Studien und verschiedenste Publikationen bekannt und belegt.

Bill Gates (Microsoft), Jeff Bezos (Amazon), Larry Page und Sergey Brin (Google), Jimmy Wales (Wikipedia) und Mark Zuckerberg (Facebook), sie besuchten alle keine staatliche, sondern *Privat* und auch Montessori Schulen. Gates und Co sind nicht mit mehr oder anderen Synapsen im Gehirn geboren worden als Albert Einstein, Anders Behring Breivik oder ein Kind in den Slums von Mumbai. Doch dazu später mehr.

Privatschulen gab es immer, auch weiterhin, als flächendeckend im 18./19. Jahrhundert die staatlichen Pflichtschulen eingeführt wurden. Die (katholische) Strenge wurde längst durch zeitgemäße, auf dem aktuellen Stand der Wissenschaft basierende Unterrichtskonzepte ersetzt. (Auch) durch die große Starre im Bildungsbereich gab es in den letzten 20 Jahren vermehrt Privat-Schulgründungen. Daher ist die zweite Gruppe von Kindern zunehmend. Eine starke Zunahme der Gruppe „glückliche Schüler" ist derzeit nicht zu erwarten. Das große Drama so vieler Eltern heute schon im Grundschulbereich (und zunehmend für den Kindergarten) ist: Entweder gibt es unter einer Stunde Fahrzeit keine Privatschule, oder es heißt: Sorry, wir sind überfüllt. Immer mehr verzweifeln lässt Eltern aber, dass es auch unter größten Mühen oder Verzicht nicht möglich ist, 200 bis 400 Euro pro Monat Minimum für einen Schulbesuch seines Kindes auszugeben.

Verschiedensten Erhebungen der letzten Jahre zufolge würden 80 Prozent aller Eltern, quer durch alle Bildungsschichten und Einkommensgruppen, ihre Kinder in eine Private oder Freie Schule geben und somit der staatlichen Regelschule entziehen, wenn sie sich das bloß leisten könnten. (Gute) Schulbildung ist nicht nur in den deutschsprachigen Ländern längst wieder zu einer Einkommensfrage geworden.

Daher gehen in den verschiedenen Typen der Privatschulen auch die Kinder von Wirtschaftstreibenden, Wissenschaftlern, Kinder aus der (finanziell) gehobenen und gebildeten Mittelschicht, und vor allem von Politikern. Deren Grundsatz scheint zu lauten: *Meinem* Kind geht es gut. Die große Gruppe der

Kinder in den Regelschulen muss warten. Die haben keinen Anspruch auf eine moderne, kindgerechte und zukunftsorientierte Schule. Das ist Betrug am (anderen) Kind.

Auf dem Trümmerfeld von Ökonomie und Ideologie gibt es noch eine dritte Gruppe von Kindern und „Schülern": die Unschooling und Homeschooling Kinder. Die gehen erst gar nicht zur Schule. In der Regel bis nach Ende der Grundschul-/Volksschulzeit, manche darüber hinaus.

Die Gruppe der Home-/Unschooler hat auch Zukunft und für sie gilt ebenso, was unter der zweiten Gruppe (Freien/Reformpädagogischen Schulen und ähnlichen) aufgezählt ist. Sie sind in den westlichen demokratischen Ländern die Gruppe von Lern-Kindern, die am stärksten wächst und in Wirtschaft und an den internationalen (auch renommierten) Universitäten willkommen und gefragt sind.[4] Nur in Deutschland nicht. Im einzigen Land Europas werden Home-/Unschooling Familien, deren Kinder in jeder Hinsicht gleichwertig und manchen Bereichen besser entwickelt und gebildet sind, als der vergleichbare Altersdurchschnitt der Regel-Schüler, des Landes verwiesen.[5]

Schließlich gibt es noch die Gruppe der Schul- und Studienabbrecher. Die Liste für beide ist bei berühmten Persönlichkeiten der letzten 200 Jahre lang. Steve Jobs und Bill Gates waren Studienabbrecher und Letzterer gründete mit einem Schulfreund mit 14 Jahren seine erste Firma. John Lennon wurde aus dem Kindergarten geworfen. So blieb ihm glücklicherweise „Frühförderung" erspart und er konnte sich die *jedem* Kind innewohnende Fähigkeit zur Kreativität bewahren.

In Deutschland wie in Österreich ist nach über zehnjähriger (wieder) intensiver Schuldebatte die Situation ähnlich: Der ganz große und längst notwendige Schritt in die Zukunfts-Schule blieb aus, das Spektrum der Schulkritiker wird immer breiter. Renommierte Wissenschaftler aus allen erdenklichen Bereichen bis hin zur Neurobiologie und Führungskräfte aus der Wirtschaft ergreifen eindringlich und mahnend das Wort: So kann es nicht weitergehen. Es erscheinen weiterhin Bücher und Medienberichte, und die Signale der SOS blinkenden Kinderseelen werden immer häufiger. Den Umgang mit dem Thema Grundschule und weiterführenden Schulen kann man getrost als komplettes Versagen bezeichnen, vorrangig von politischer Seite.

Wirklich alarmierend ist, was seit ein paar Jahren nun „unten" im ersten Drittel des außerhäuslichen Aufwachsens eines Kindes passiert, in Grundschule und erschreckender Weise in Kindergarten/Krippe. Was alles zehn

Jahre „oben" schiefgelaufen ist, wird „unten" nicht nur wiederholt. Hier heißt es nun endgültig: Hört auf unsere Kinder zu betrügen und sie wieder für *Ideologien* zu missbrauchen.

Hey, teacher, leave us kids alone![6]

In *SOS Kinderseele* erzählt der Psychologe M. Winterhoff von einem „Projekt" an einem deutschen Kleinstadt-Kindergarten.[7] „Ausgehend von der Annahme, man könne nie früh genug anfangen, Kindern demokratisches Gedankengut und entsprechendes Handeln beizubringen, entschloss sich die Kindergartenleitung, einen ganzen Monat unter das Motto ‚Wahlen' zu stellen. Die sollten ‚Parteien' gründen, ‚Programme' und ‚Forderungen' aufstellen und diese den Kindern präsentieren. Zusätzlich zeigten die Erzieherinnen ihnen Porträts der lokalen Spitzenkandidaten, und die Kleinen sollten entscheiden, wen sie am ‚besten' finden. Schließlich kam man auf die Idee, einen dieser Spitzenkandidaten in den Kindergarten einzuladen, damit er den Kindern erklären möge, wie Politik funktioniert, warum Demokratie wichtig ist, und was er als Politiker den ganzen Tag so macht."[8]

Dieses Beispiel zeigt nicht nur, wie der Autor schreibt, „dass Intuition und realistische Einschätzung von Kindern zunehmend verloren gehen, sowohl bei Eltern als auch leider in stärkeren Maße bei Pädagogen. Hier zeigt sich der ständige Druck von außen durch Theoretiker in den Erziehungswissenschaften und Politiker, die diese Theorien anschließend in Vorschriften gießen, Wirkung."[9]

Ich möchte einen Schritt weitergehen. Ideologie (auch gut gemeinte?) hat in *Kindergärten* bei Vier und Fünf-Jährigen absolut nichts zu suchen, auch keine Partei-Politik und kein Politiker. Das hatten wir im Laufe der letzten 100 Jahre mehrmals, in verschiedensten autoritären politischen Systemen. Bei einer natürlichen, altersgemäßen Entwicklung eines Kindes werden von alleine Empathie, Einfühlungsvermögen, demokratisches und soziales Verhalten entwickelt. Wie Forschungsergebnisse aus der Neurobiologie und Psychologie zeigen, hat bereits jeder Säugling die Fähigkeit zur Empathie.

In der gesamten „Bildungs-" Politik, Theorie, Praxis und Debatte scheint gegenwärtig Napoleons Ausspruch zum Leitmotiv geworden zu sein: „Man ist viel mehr in Sicherheit, wenn man die Menschen mit Absurditäten beschäftigt, als mit richtigen Ideen." Dazu noch ein Beispiel aus Österreich. Seit Oktober 2015 wird die österreichische Schul- und Industriestadt Wels von einem Bürgermeister der rechtspopulistischen FPÖ regiert. Nicht lange im Amt, ließ der Bürgermeister bei der Dienststelle „Kindergärten und Horte" einen „Wertecodex" erstellen, in dem neben konkreter Bildungsangebote auch allgemeine Verhaltensregeln angeführt sind, die auf „Ordnung, Leistung und Disziplin" und der Pflege von „christlichen Festen" ausgerichtet sind. Beispielsweise sollen Erntedank und Nikolaus den Kindern „Brauchtum, Tradition, Werte und Gemeinschaft" näherbringen. Unter den 13 „Lernzielen" heißt es etwa, „die Kinder nehmen die Kindergartenpädagoginnen als Autoritätspersonen wahr und befolgen deren Regeln, Pflichten und Vorgaben." Wohlgemerkt, das alles bei Drei- bis Sechsjährigen und nicht in einer ländlichen Gemeinde, sondern in der zweitgrößten Stadt des Bundeslandes Oberösterreich mit rund 60.000 Einwohnern. Für besondere Aufmerksamkeit sorgte folgender Punkt: „Die Kinder sind fähig, mindestens 5 deutschsprachige Gedichte zu singen, bzw. vorzutragen (eine konkrete Festlegung der Lieder und Gedichte erfolgt)", heißt es in dem Schreiben an die Kindergärtnerinnen.[10] Vielleicht ist das alles ein Vorgeschmack darauf, wie sich der Inhalt von „Bildungsplänen" in manchen deutschen Kitas gestalten könnte, sollte die AfD oder eine andere rechtsnationale Partei die „Hoheit" über sie erlangen. Fast alle Printmedien Österreichs berichteten zumindest kurz über den geplanten „Kindergarten-Wertecodex" des rechtspopulistischen Bürgermeisters. Die Tageszeitung DIE PRESSE titelt gar: *Gedichtepflicht im Kindergarten: „krimineller Unsinn"*. Korrekt. An alle Journalisten und darüber wird fast nie berichtet: Auch „Sexualunterricht" und „Gender-Mainstreaming-Zwang" sind psychologischer und pädagogischer Un- und Irrsinn. *Ideologien*, egal ob von „links" oder „rechts", und gleich aus welchem Jahrhundert, sind in einem *Kindergarten* und wohl jeder „Bildungseinrichtung" genauso verfehlt, wie eine fragwürdige Pädagogik aus dem 19. und 20. Jahrhundert. Dazu ein Beispiel aus eigener Erfahrung:

Meine beiden Kinder aus erster Ehe gingen zwischen 2004 und 2007 in einen Kindergarten einer Gemeinde an der Stadtgrenze Salzburgs mit knapp 13 000 Einwohnern. Es war ein Ganztageskindergarten, wie er auch in kleineren Städten zur Regel wird und Kinder daher im Kindergarten mittags eine

Mahlzeit einnehmen. In diesem Kindergarten gehörte es zum „pädagogischen Konzept", die Kinder zum Essen zu *zwingen*.

In ihren Vorlieben wie auch Abneigungen sind Kinder in diesem Alter naturgemäß höchst unterschiedlich. Auf die Nahrungsbedürfnisse und Essgewohnheiten von bis zu zwanzig Kindern in einer Gruppe kann Frau (nur Pädagoginnen) dort nicht eingehen und wollten diese auch gar nicht. Selbst mitgebrachtes Essen zum Mittagstisch war untersagt. Da „ausgewogene" Ernährung wie allerlei Gemüse ebenso wichtig ist wie das „Gemeinschaftserlebnis"(?), kam jeden Tag ein anderes Essen auf den Tisch. Das musste auch noch aufgegessen werden! Für meine Tochter war es wirklich eine Qual und so saß sie dann, je nach Abneigung dem Essen auf ihrem Teller gegenüber, bis zu zwei Stunden vor dem Essen. Das mussten sich nebenbei die anderen Kinder mit anschauen. „Gegessen wird, was auf den Tisch kommt." Die (fragwürdigen) Erziehungskonzepte unserer Großeltern und Urgroßeltern übernehmen nun „Pädagoginnen" von staatlichen Kindergärten.

Seit Jahren sind zwei Dinge bekannt. Die Berufsgruppe mit den meisten psychosomatischen Erkrankungen sind Lehrer/Pädagogen. Eine breit angelegte Studie, die der deutsche Beamtenbund und die ihm angeschlossenen Lehrerverbände bereits 2006 publizierte, ergab: Sechzig Prozent der Lehrer stehen kurz vor dem psychischen und physischen Kollaps. Ebenso hatten wir (seit dem Ende des 2. Weltkrieges) noch nie so viele kranke Kinder unter 14 Jahren. Wenn wir in den staatlichen Kindergärten (und wie anschließend auch gezeigt in den Kindergrippen) so weitermachen wie bisher, wird unser Gesundheitssystem, das ohnehin vor dem Kollaps steht, dazu nicht mehr lange brauchen. Und all die Auffälligkeiten und Defizite unserer SOS blinkenden Kinderseelen, die im ersten Abschnitt meines Essays aufgelistet sind, werden gravierend zunehmen.

Von dem Essenszwang erzählten mir meine Kinder bei einer Fahrt ins Besuchswochenende. Daraufhin fragte ich sie, ob denn Mama dagegen nicht im Kindergarten interveniert habe. Die spontane Antwort meines Sohnes war: „Mama hat sich ein paar Mal aufgeregt, aber es nützte nichts. Andere Eltern finden das okay und in einem anderen Kindergarten ist kein Platz frei."[11]

Wie sich im Grundschulbereich/weiterführenden Schulen seit ca. 15 Jahren Erwachsene und „Experten" aus Politik und Pädagogik über Konzepte und „Reformen" *streiten*, verlagert sich das Ganze in identer Form nun auf den

Kindergarten (Kita) und Krippenbereich. Auch hier wird nun über „Frühförderung", pädagogische Konzepte und ähnliches diskutiert, polemisiert und gestritten, was unsere Kinder ebenso wenig brauchen, wie die bestehende Regel-Schule aus dem 19. Jahrhundert.

„Das Abschieben der Verantwortung für die Entdeckung und Förderung der Talente auf den jeweils anderen ist das Krebsgeschwür, das viele junge Menschen langsam auffrisst. Wie viele Feinde sind notwendig, um dem begabten Kind das Leben völlig zu verpfuschen."[12] Die Liste der Feinde für ein begabtes, gesundes, glückliches Kind wird immer länger. Das „Drama des begabten Kindes" hat (wieder) in voller Wucht die ersten Lebensjahre erreicht.[13] Nur hat es sich von der Familie überwiegend in den staatlichen „Bildungsbereich" verlagert. Vom flächendeckenden Ausbau der Ganztagsschulen hin zu den vielfach schon Ganztages-Krippen /Kindergärten. Dabei wurde (nicht nur) in den deutschsprachigen Ländern der Struktur, den Abläufen und der Methode nach, die bisherige Schule nur zeitlich ausgedehnt und nach unten erweitert. So wie die meisten unserer staatlichen Schulen vergleichsweise mit denen der skandinavischen Länder nicht viel gemein haben, so gilt das auch für sehr viele staatliche Kindergärten. Klammheimlich wurden und werden unsere (staatlichen) Kindergärten strukturell und inhaltlich zu Vor-Schulen. Während man oben noch nicht einmal flächendeckend eine Maßnahme durchgeführt hat, die das Wort Reform verdient, wurde und wird das „alte System" nach unten verlagert.

Jetzt hören wir den Schrei, und schauen weiter weg!

Die Tageszeitung KURIER titelt einen Artikel vom 27. August 2014: *Zu große Gruppen in Kinderkrippen. Psychologin Theresia Herbst kritisiert Personalmangel und den Druck, der auf Eltern lastet.* Im Titel dieses Artikels werden schon drei Dinge angesprochen, die wir von „oben" (dem Kindergarten) kennen und nun die Krippe erreicht hat. Die Gruppen in Kinderkrippen sind einfach *zu groß*.[14] Weiters kritisiert die Psychologin im Interview, dass die Politik derzeit über die Finanzierung der staatlichen Kinderkrippen streitet. „Viel wichtiger wäre, eine öffentliche Diskussion über die *Qualität* der Betreuung."[15]

Im Artikel weist die Psychologin ausführlich darauf hin, dass die Krippe ein „Risiko für die individuelle Entwicklung" des Kindes haben kann, mit „möglichen negativen seelischen und körperlichen Auswirkungen und sozialen Folgekosten." Wie im übergeordneten Bildungssystem lastet auf allen offenbar ein enormer *Druck*.

Auf derselben Seite findet sich ein zweiter kleiner Artikel mit dem Titel: *Kindertränen werden verharmlost. Eltern erzählen, warum sie ihre Kinder wieder selbst betreuen*. Darin berichtet ein Elternpaar, warum sie ihre beiden Kinder wieder aus der Krippe genommen haben: „Ein Sohn hatte eine Panik, aus der er nicht mehr herauskam. Der andere wurde zunehmend rebellisch. (...) Die Tränen wurden verharmlost und von uns wurde verlangt, dass wir die Kinder alleine lassen". (...) Wir haben Kinder gesehen, die monatelang durchgeheult haben. Einige starrten ins Leere. Das psychische Leid dahinter wurde nicht erkannt."[16]

Die Diskussionen und Berichte über gravierende Mängel in Kinderkrippen und „frühkindlicher Betreuung", die in Österreich 2014 erst die Medien erreicht haben, werden in Deutschland schon viele Jahre intensiv und in anderen Ländern beginnend geführt. Aus einer Vielzahl von Gründen ist anzunehmen, dass auf die bereits 15-jährige (erneute) „Schuldebatte" eine ebenso lange „Krippen- und Kindergartendebatte" folgen wird.

Vor über zehn Jahren beginnend, ist es erklärtes politisches Ziel – mit dem Schlagwort „Vereinbarkeit von Familie und Beruf" –, die staatlichen Krippenplätze massiv auszubauen. Dies wurde 2006 in Deutschland auch noch mit einem „Rechtsanspruch" auf einen Krippenplatz verbunden. In einem SPIEGEL Artikel vom 12. Juli 2012 wird darauf verwiesen, dass dies beschlossen wurde, ohne davor überhaupt (Qualität) „Standards" zu definieren.[17] Man beschloss, massiv Kinderkrippenplätze auszubauen, ohne sich zuvor ernsthaft Gedanken über die Größe der Kindergruppen, noch über die Qualität der Ausbildung von Erzieherinnen und Pädagoginnen zu machen, noch machte man sich offenbar Gedanken darüber, wo plötzlich all das Personal herkommen soll, um unsere Kinder, dem wertvollsten Gut unserer Gesellschaft, zu betreuen.

Die Bertelsmannstiftung nennt in einer Studie (2012) alarmierende Zahlen. 42 000 Erzieherinnen würden alleine für 2013 für Kitas fehlen, geschweige denn, machte man sich Gedanken darüber, wie die Räumlichkeiten der Kitas überhaupt zu gestalten sind.[18] Ungeachtet der nach wie vor nicht zufriedenstellend gelösten Qualitätsmängel wird 2014 in Deutschland bereits „ein Drittel aller Kleinkinder außerhalb der Familie betreut. Das sind doppelt so viele wie noch 2007."[19]

Mit Stichtag 1. März 2014 liegt die Betreuungsquote der Null bis Zwei-Jährigen deutschlandweit bei 32,3 Prozent. In drei Bundesländern liegt die Fremd-Betreuungsquote der Babys (Null bis Zwei-Jährige) in Krippen bereits über 50 Prozent. In Österreich ist die Situation nahezu ident. Im Bericht der Statistik Austria vom 3. September 2015 wird berichtet: Die Kleinkindbetreuung hat sich seit 2008 verdoppelt. Im Kindergartenjahr 2014/15 sind österreichweit 23,8 Prozent der unter Drei-Jährigen in einem Kindertagesheim untergebracht. Nach Altersgruppe aufgeschlüsselt sieht das so aus: Unter den Zweijährigen sind bereits knapp die Hälfte (49,7 Prozent) in einer Kindertagesbetreuungseinrichtung (Krippe) untergebracht. Bei den Einjährigen lag die Betreuungsquote bei 19,9 Prozent und bei den Kindern, die das erste Lebensjahr noch nicht vollendet haben, waren 1,7 Prozent in einer Krippe untergebracht.

In der Bundeshauptstadt Wien wurden 2014/15 schon vier von zehn Kleinkindern (Babys) von null bis zwei Jahren, also 40,2 Prozent, in Krippen fern von Familie und dem „wirklichen Leben" betreut.

Auch bei den Kindern im „klassischen Kindergartenalter", den Drei- bis Fünfjährigen, wurde 2014/15 ein neuer Fremdbetreuungs-Höchststand erreicht. Österreichweit werden 92,3 Prozent aller Drei- bis Fünfjährigen bereits außerhäuslich und außerfamiliär durch „Fremde", sprich Pädagogen, betreut. In Deutschland liegt die Betreuungsquote bei Drei- bis Vierjährigen aktuell bei 94 Prozent, ab den Fünfjährigen sind es überall 99 bis 100 Prozent.

Zur Aufenthaltsdauer von Kleinkindern in Krippen gibt das statistische Bundesamt im September 2015 folgendes bekannt: Eltern in Deutschland haben im März 2015 für Kleinkinder (null bis drei Jahre) eine Betreuungszeit von durchschnittlich 37,6 Wochenstunden in Kindertagesstätten vereinbart. „Demnach wurden für 56 Prozent der Kleinkinder mehr als 35 Stunden pro Woche vertraglich vereinbart. 28 Prozent bleiben für 29 bis 35 Stunden und 16 Prozent der unter Dreijährigen(!) bleiben bis zu 25 Stunden." Wie es der zitierte SPIEGEL Artikel etwas provokant auf den Punkt bringt: *Kleinkinder haben eine 38-Stunden-Woche.*[20]

In zwei Äußerungen unterschiedlicher deutscher Ministerinnen zeigt sich geradezu exemplarisch, wie die vollkommene „Verzweckung der Kindheit" in unserer Gesellschaft voranschreitet.[21] Die deutsche Familienministerin kündigte im Juli 2014 an, 100 Millionen Euro für den Ausbau von 24-Stunden-

Kitas zur Verfügung stellen zu wollen. Das soll freilich „nur" nachts im Schichtdienst arbeitender Elternteile zugute kommen. Da stellt sich vor allem eine Frage: Warum schafft die Politik nicht wieder den gesetzlichen Rahmen, dass Eltern mit Kleinkindern (null bis vier Jahre) vor Nachtarbeit geschützt sind? Warum sollen sich schon (Klein-) Kinder an den Arbeitsmarkt der Erwachsenen anpassen? Auch Deutschland und Österreich hat die UNO Menschenrechts-Konvention vor langem ratifiziert und folgenden Passus auch in den Verfassungsrang erhoben: *Die Familie ist die natürliche Grundeinheit der Gesellschaft und hat Anspruch auf Schutz durch Gesellschaft und Staat.*

Ein noch wichtigerer Aspekt, der gegen eine 24-Stunden-Kita spricht: „Jetzt sind wir bereits soweit, dass Kinder nicht einmal in ihrem eigenen Bett übernachten dürfen, wenn der Arbeitsmarkt die Mama braucht. Mit Erwachsenen würden wir so etwas nicht einmal versuchen (...) Wer kommt nachts und tröstet, wenn das Monster unter dem Bett rumort, zu wem darf ein Kind unter die Decke schlüpfen, wenn es Heimweh nach Mama und Papa ruft?"[22]

Im Juni 2012 machte die deutsche Bundesarbeitsministerin den Vorschlag, arbeitslose Frauen der damals in die Pleite geschlitterten Drogeriekette Schlecker könnten doch als Erzieherinnen in Kindergärten arbeiten. M. Winterhoff stellt dazu folgerichtig fest: „Was ist das für eine absurde Idee! Die Frage, die sich daraus ableiten lässt, lautet: Was sind uns unsere Kinder eigentlich noch wert? Sind sie nur noch Gegenstand politischer Schnellschüsse? Oder Spielball einander ständig widersprechender pädagogischer Theorien? Und wie verzweifelt muss die Politik sein, dass sie allen Ernstes einen solchen Vorschlag in die öffentliche Diskussion einbringt?"[23]

Die noch viel wichtigeren Fragen sollten lauten: Wie konnte es kommen, dass all das, was durch eine über 30-jährige Schuldebatte „oben" im Schulbereich als Fehlentwicklungen festgestellt wurde und zu verändern galt, nun „unten" im Krippen/Kita/Kindergartenbereich in absolut jeder Hinsicht wiederholt wurde und wird?

Wieso haben wir (nicht nur) in den deutschsprachigen Ländern so eine unglaubliche *Starre* in allen staatlichen Belangen der „Bildung" und des Aufwachsens unserer Kinder? Kinder sind doch selbst der Inbegriff von *Veränderung* und *Lebendigkeit*.

Blick zurück, ohne Zorn

Liest man sehr genau die verschiedensten Berichte von Lehrern, Direktoren, Pädagogen und Psychologen zu den alarmierenden „Defiziten" und Auffälligkeiten unserer Kinder, die sich schon in verschiedensten Publikationen finden, dann fällt eines auf. Alle, die ihren Beruf schon Jahrzehnte ausführen, stellen zumeist im Nebensatz oder als Schlussbemerkung fest: Vor 30 Jahren habe es alle diese Verhaltensauffälligkeiten und Defizite der Kinder (Schüler) nicht gegeben. Keiner sagte, vor 10 Jahren, vor 20 Jahren oder 40 Jahren. Ziemlich präzise bemerken alle, *vor 30 Jahren* gab es alle *diese* Defizite und Auffälligkeiten unserer Kinder, die im ersten Teil meines Essays beschrieben wurden, noch nicht oder marginal.

Bis zirka Anfang der 1980er Jahre gingen unsere Kinder vielleicht nicht wirklich glücklicher *aus* der Schule als die Kinder heute. Sie gingen definitiv gesünder (und noch mehr zu Fuß oder mit dem Rad) *zur* Schule, waren durchschnittlich altersgemäß entwickelt, hatten kaum ADHS und vieles mehr an Defiziten nicht.

Kaum jemand stellt überhaupt und ohne nostalgische oder ideologische Reflexe die Frage, oder versucht festzustellen: was hat sich für eine überwiegende Mehrheit der Kinder seit Anfang der 1980er Jahre alles verändert? Das sind für das Aufwachsen eines Kindes eine ganze Menge Dinge! Alleine schon *die Zeit,* die Kinder in der Schule verbringen, wurde in den letzten 30 Jahren sukzessive ausgedehnt. Zuerst „oben", Nachmittagsbetreuung, Ganztagsschule, Förderunterricht. „Unten" wurde in Folge vom städtischen Bereich ausgehend die Grundschule mit Nachmittagsbetreuung schließlich auch zur „Ganztagsschule" (zeitlich gesehen) erweitert.

Unsere Kinder verbrachten von den 1980er Jahren an immer mehr Zeit in (Schul-) *Gebäuden*. Die vielfach wenig-inspirierend für das kindliche Gemüt sind und der Architektur von Verwaltungsgebäuden gleichen. Lange kahle Gänge und kahle Klassenräume ohne Pflanzen und manchmal mit wenig natürlichem Licht.

Von den 1980er Jahren an verbrachten unsere Kinder also immer mehr Zeit in der Schule. Der Schulunterricht, die Struktur, die Abläufe und die Schwerpunktsetzung der Fächer, die Schule des 19. Jahrhunderts wurde *inhaltlich* aber im Wesentlichen fortgesetzt. Ganz einfach: Für viele Kinder blieb die Schule im Wesentlichen gleich, es wurde nur „viel mehr" davon.[24]

Vom städtischen Bereich ausgehend, wurde in den letzten 30 Jahren das gleiche Prinzip und in gleicher Form auf den Kindergarten übertragen. Der Kindergarten-Eintritt begann immer früher und ist auch im ländlichen und kleinstädtischen Bereich mit zweieinhalb bis drei Jahren heute die Norm. In mittelgroßen bis Großstädten verbringen über 90 Prozent der Kinder auch am Nachmittag ihre Zeit im Kindergarten. Dem Zweck nach baute sich der Kindergarten „inhaltlich" zu einer dreijährigen Vor-Schule um.

„Der Erziehungszweck der Kinder stand also auch immer wie eine Windhose im Luftzug der herrschenden Ideologien und Machtverhältnisse, und nicht nur im Einfluss der Elternliebe. (...) Was ist es genau, was unseren Kindern auf dem Weg in eine erfolgreiche Zukunft verloren geht, abgesehen von einer Kindheit, die diesen Namen verdient? Die Freude am Leben an sich, weil sie schon sehr früh spüren, dass sie für einen Geschäftszweck abgerichtet werden, und das am besten ab den ganz frühen Jahren. Kinder brauchen für ihre Entwicklung bekanntlich vor allem zwei Dinge: verlässliche und funktionierende Beziehungen und die Möglichkeit, aus sich heraus wirksam zu sein. Wie es bei den funktionierenden Beziehungen in Zeiten von Patchworkfamilien bestellt ist, mag jeder bei sich selbst überprüfen, und viele Möglichkeiten, aus sich selbst wirksam zu sein, wird ein Vierjähriger wohl nicht vorfinden, wenn er mit den Programmen der Früherziehung betäubt wird."[25]

Was die *Elternliebe* betrifft, fand für die seelische (psychische) Entwicklung eines Kindes in ebenso den letzten 30 Jahren der wohl größte gesellschaftliche Umbau seit Jahrhunderten statt: Für Mann und Frau, für Eltern, war es noch nie so „leicht" sich als Ehe oder Liebespaar zu *trennen*. Davon wurde ebenso massiv ab den 1970er Jahren Gebrauch gemacht. *Kinder* wurden somit in allen Belangen des Aufwachsens zu einer *Rechtsfrage*. Schule, Kindergarten und Krippe sind auch Rechtskonstrukte.[26]

Nach Angaben des Statistischen Bundesamts wurde in Deutschland 2002 jede dritte Ehe geschieden. Zehn Jahre später war es bereits etwa jede zweite und gegenwärtig ist es etwa jede 1,5. Ehe, die geschieden wird. Das Gleiche gilt freilich auch für Paare und Eltern ohne Trauschein. Die elterlichen Trennungsraten sind mittlerweile mit marginalen Schwankungen für die USA und Europa nahezu ident. Ein auf diesen Kontinenten geborenes Kind kann sich gegenwärtig mit 90 prozentiger Wahrscheinlichkeit sicher sein, bis zum Erreichen des zehnten Lebensjahres die Trennung seiner Eltern zu erleben. Von der Jahrtausendwende an ist es „Standard", dass sich bis zum zehnten Lebensjahr eines Kindes nahezu alle Elternpaare, die Familie, getrennt hat, bis zum dritten Lebensjahr sind es gebietsweise bereits nahe 50 Prozent aller Elternpaare! Manchmal folgt auch noch die Trennung einer Patchworkfamilie. Nirgendwo in Europa der letzten 30 Jahre wurde die „Ver-Rechtung" der Kindheit so sehr auf die Spitze getrieben wie in Deutschland und Österreich. Am Altar der Ideologie, Ökonomie und des Rechtes wurde nirgendwo sonst so konsequent die Trennung eines Kindes von seinem zweiten und getrennt lebenden Elternteil (zumeist vom Vater) vollzogen und mit ihr zumeist auch die Trennung von einem Großelternpaar.[27]

Damit erfolgte nach der Auflösung der Großfamilie und des Mehr-Generationen-Haushaltes ab etwa dem 19. Jahrhundert im Zuge der Industriellen Revolution, spätestens seit den 1980er Jahren die völlige Aufsplitterung und Auflösung der Kern-Familie (Mutter/Vater/Kind). Fast alle der traditionellen Funktionen der Familien und Gemeinschaften wurden an den Staat und die Märkte abgegeben.

Seit dem Ende des 2. Weltkrieges folgen wir in Europa vielen gesellschaftlichen Entwicklungen der USA zumeist 15 bis 25 Jahre zeitversetzt. Zu einigen Auffälligkeiten, „Phänomenen" und Defiziten unserer Kinder und Jugendlichen, die in den USA vor etwa 30 Jahren schon sichtbar waren, schrieb 1991 John Taylor Gatto: „Alle krankhaften Erscheinungen, die wir betrachtet haben, kommen in großem Maßstab daher, weil die Schullektionen Kinder daran hindern, wichtige Verabredungen mit sich selbst und mit ihren Familien einzuhalten, um Lektionen in Selbstmotivation, Ausdauer, Selbstvertrauen, Mut, Würde und Liebe zu lernen – und auch Lektionen im Dienst für andere, die zu den Schlüssellektionen für das Leben in der Familie und im nachbarschaftlichen Umfeld gehören. Vor dreißig Jahren konnten diese Lektionen immer noch in der Zeit *nach* der Schule gelernt werden. Aber das Fernsehen hat den Großteil dieser Zeit aufgefressen, und eine Kombination von Fernsehen und dem Stress, der in einer Familie mit zwei berufstätigen Eltern oder einem allein erziehenden Elternteil herrscht, hat das meiste von dem, was Familienzeit zu sein pflegte, ebenfalls verschlungen. *Unsere Kinder haben keine Zeit mehr, um wirklich zu ganzen Menschen heranzuwachsen, sondern nur noch zu kargen Böden mit dünner Erdkrume.*"[28]

Noch nie in den letzten Jahrhunderten und generell in der gesamten Geschichte der Menschheit (in Friedenszeiten) hatte ein Kind in seiner gesamten Kindheit so wenige durchgehende, verlässliche, und von Liebe getragene Beziehungs- und Bindungsmöglichkeiten. Was soll nach dreijähriger Kindergartenpflicht für alle, die ernsthaft auch schon von Autoren, nicht nur von Politikern und „Experten" aus der Wirtschaft angedacht und ausgesprochen wird, noch folgen?[29] Die gesetzliche Krippenpflicht? Sollten wir zur „Gewinnmaximierung" nicht gleich den Kreissaal in die Krippe legen? Genau an dieser Schnittstelle steht das Kind am Beginn des 21. Jahrhunderts. Unsere Kinder verbringen immer früher und immer länger ihre (fast schon) ganze Kindheit in staatlichen Einrichtungen. Das wird aber, wie Jesper Juul einmal dargelegt hat, von staatlicher Seite aus einem einzigen Grund seit etwa 20 Jahren so vorangetrieben: aus ökonomischen Gründen. Daher stellt der international renommierte Pädagoge mit dem Titel des Buches schon eine Frage, die wir uns alle einmal ernsthaft stellen sollten: *Wem gehören unsere Kinder? Dem Staat, den Eltern, oder sich selbst?*[30]

Haben wir alle nicht ein wenig angefangen unsere Kinder zu betrügen? Brauchen wir vielleicht bald eine Bewegung von Müttern *und* Vätern, die fordert: Hört auf, uns unsere wenigen Kinder wegzunehmen!

The ideology of education was written large,
and that's the problem.

Sir Ken Robinson

Wovon man nicht sprechen kann,
darüber muss man schweigen.

Ludwig Wittgenstein

3

Der Kern: Die Ent-Wertung und Entfremdung von Kind und Familie

Zwangs-Kinder-Bildungs-Garten?

2013 erschien in Deutschland das Buch *Anna, die Schule und der liebe Gott* des Philosophen und Bestsellerautors Richard David Precht. Ein Streifzug durch die vorrangig deutsche Bildungsgeschichte und eine Zusammenfassung der „Schulkritik", die es in verschiedensten Publikationen seit zehn Jahren gibt, erweitert mit ein paar eigenen Visionen zur Schule von Morgen.

Alles letztlich okay oder streitbar, würde sich am Ende des Buches nicht ein kurzes und höchst fragwürdiges Kapitel finden: „Kindergartenpflicht". Bezeichnenderweise wird in diesem Kapitel als erstes einmal die Schul- *und* Bildungspflicht in Deutschland abgehandelt. Schul- und Bildungspflicht heißt in der rechtlichen Konsequenz und Praxis *Schul-Zwang*.

In Deutschland wurde während der Herrschaft der Nationalsozialisten die staatliche Schul- und Bildungspflicht (der Schulzwang) eingeführt und bis heute beibehalten, zumindest wird es politisch so gehandhabt.[1] Damit ist Deutschland eines der ganz wenigen demokratischen Länder weltweit, die einen Schulzwang haben. Weil dies nicht nur europaweit, sondern auch seit Jahren in Deutschland umstritten ist und kritisiert wird, äußert sich Precht sinngemäß und zusammenfassend dazu folgend: Mit ein paar ganz wenigen Negativ-Beispielen, die jedem internationalen Forschungsergebnis zu Home-/Unschooling trotzen, schließt er das Thema Bildung und Schulpflicht mit der Frage ab: „Wie kann man so etwas im Ernst wollen?" – Das Home-/Unschooling, Frei-Lernen. Auf den deutschen Gelehrten und Naturforscher Humboldt verweisend, sei die Aufgabe der Schule (auch), Kinder zu *Staatsbürgern zu erziehen*, daher sei Homeschooling „in jeder Hinsicht asozial".

Seit Jahrzehnten liegen dutzende Fach-Publikationen vor, die nahe legen: *Erziehung* bewirkt zumeist den gegenteiligen Effekt von ihren Intentionen. Zudem gibt es seit etwa 20 Jahren zahlreiche internationale Studien, Forschungsergebnisse und Erhebungen zu Home-/Unschooling (die Precht offenbar auch nicht kennt) die zeigen, dass Home-/Unschooler als Erwachsene ein höheres Demokratiebewusstsein besitzen und über breitere soziale Kompetenzen verfügen, als der Durchschnitt der Absolventen von staatlichen Regelschulen.

Geradezu absurd ist, dass Precht sich kategorisch gegen „Homeschooling" äußert und dabei auch noch auf Alexander von Humboldt verweist. Dieser wurde familial und im „wirklichen Leben" sozialisiert, besuchte keine Schule und wurde im Weiteren von einem ganzen Stab an „Spezialisten" und besten Köpfen, jedenfalls nicht von Pädagogen, *häuslich unterrichtet*. Das hat Humboldt offensichtlich nicht geschadet. Genauso wenig wie J. W. von Goethe und den vielen „großen Geister" ihrer Zeit, die häuslich unterrichtet und vor allem eines nicht wurden: „asozial".

Wirklich fragwürdig und für die Thematik des Buches noch relevanter ist folgendes Statement von R. D. Precht: Deutschland habe ein paradoxes Familienbild. „Wir schätzen nämlich nicht die Familie mit zwei erwerbstätigen Eltern, oder gar mit Alleinerziehenden, wir schätzen die gute alte 50er Jahre Familie und beschwören sie als die eigentliche Familie." Allerdings wurden diese eigentlichen Familien immer seltener, und wer nicht dazugehört, bekommt die Konsequenz dieses „kitschig, nostalgischen Familienwahns zu spüren", so Precht.

Dies alles, wohlgemerkt, befindet sich im Kapitel „Kindergartenpflicht".[2] Die oben zitierten Aussagen und Inhalte mag jeder Leser für sich bewerten. Sie führen jedenfalls zu einer Ab- und Entwertung des Begriffes Familie an sich. Egal um welche Familienkonstellation es sich handelt. Faktum ist: In der „guten alten 50er und 60er Jahren Familie" gab es all *diese* alarmierenden „Phänomene", Defizite und Verhaltensauffälligkeiten unserer Kinder der letzten 30 Jahre (der *stumme* Schrei) weitgehend nicht. Auch wegen der „Bildungsfrage" hält der Autor dann im Folgenden die gesetzliche Kindergartenpflicht für alle Kinder für zwingend notwendig.

Eine der größten Fehlentwicklungen nicht nur in den deutschsprachigen Ländern ist seit vielen Jahren, dass die „Bildungsdebatte" auf den Kindergarten übertragen wird. Ohne dass irgendjemand einmal genau erklärt, wie dieser „Bildungs-Kindergarten" sich konkret gestalten soll. Und warum eigentlich sollen Drei- und Vierjährige durch Pädagogen „gebildet" werden? So geht auch

Precht mit keinem einzigen Beispiel(!) darauf ein, wie sich der „Zwangs-Bildungskindergarten" *inhaltlich* gestalten soll!

Konkret zu einem seiner Argumente. Alleine schon wegen „entwicklungspsychologischer Erkenntnisse" (die in keinem einzigen Satz erklärt werden), sei die Einführung des Zwangs-Kindergartens für alle ab dem dritten Lebensjahr notwendig. Weil, was „von den Eltern versäumt wird", stellt die Schule später vor „die größten Probleme". Mit dieser Aussage Prechts findet eine pauschale In-Frage-Stellung elterlicher Kompetenzen und damit eine Entwertung von Familie statt.

Ein Standardargument seit Jahrzehnten nicht nur von Politikern und Pädagogen, um Kinder möglichst früh von der Aufmerksamkeit ihrer Eltern zu trennen und sie in staatliche Betreuungseinrichtungen einzugliedern, lautet in Variation immer so: „Fehler und Versäumnisse in den ersten Lebensjahren sind weitgehend irreparabel." So die Worte der deutschen Bundesministerin für Jugend, Familie und Gesundheit Anfang der 1970er Jahre.[3] Das ist zunächst einmal eine Behauptung, die bekanntlich aus der Psychoanalyse der ersten Hälfte des 20. Jahrhunderts rührt und so absolut gesetzt, am Beginn des 21. Jahrhunderts auch unter Psychoanalytikern längst nicht mehr gilt, und schon gar nicht unter Psychologen.

Davon abgesehen ist die immer wiederkehrende These, dass „Versäumnisse und Fehler" der ersten Lebensjahre weitgehend irreparabel seien, nur dann zu vertreten, „solange Fehler und Versäumnisse noch nicht eingetreten sind. Unterscheidet man die beiden zeitlichen Perspektiven (prophylaktisch vs. therapeutisch) nicht strikt, erzielt man – und dies ist heute vielfach zu beobachten – den Effekt, dass Eltern aus Angst vor Fehlern und Versäumnissen jegliche Unbefangenheit verlieren, sich und ihre Kinder unausgesetzt geradezu belauern und zu einem spontanen, unverkrampften Umgang mit Kindern unfähig werden. Pointiert ausgedrückt könnte man dazu sagen, dass diese Angst und Unsicherheit der Eltern (auch der Lehrer, s. o.) in vielen Fällen schlimmere Folgen für die Kinder hat als alle ‚Fehler' zusammengenommen, die solche Erwachsene, wären sie ‚pädagogisch naiv' geblieben, begangen hätten."[4]

Erschütternd in dem Kapitel „Kindergartenpflicht" ist, dass Precht (wie viele andere auch) mit keinem einzigen Satz erklärt, wie es um die Kompetenzen der Pädagoginnen und Erzieherinnen bestellt sein soll, und wo sie bitte – alleine bei den Geburtenzahlen – alle herkommen sollen. Sollen in Schnellsieder-Kursen wieder arbeitslose Frauen und Männer auf die wenigen Kinder, die wir noch haben, losgelassen werden? Dann auch noch auf Drei und Vierjährige? Willkommen am Bildungsjahrmarkt der Eitelkeiten, Absurditäten und fahrlässigen Beliebigkeiten.

Aber die noch spannendere Frage wäre: Wieso wird in Deutschland und Österreich immer wieder öffentlich, politisch oder in Publikationen und von Personen aus nahezu allen Gesellschaftsbereichen und Schichten eine Kindergartenpflicht gefordert oder diskutiert, wo *faktisch* die Betreuungsquote der *Drei- bis Fünfjährigen* längst überall weit über 90 Prozent und gebietsweise bei 100 Prozent liegt?!

Es kann hier nicht auf alle fragwürdigen Argumente im Kapitel „Kindergartenpflicht" des deutschen Autors eingegangen werden. Ein Argument noch, das zeigt, wie weit die völlige *Entfremdung* von *Kindheit* und der *Realität von Familie* heute vorangeschritten ist: „Ein Kind von der öffentlichen Gemeinschaft fern zu halten (es also nicht in den Kindergarten zu geben, Anm. MH), in der es später länger leben muss, schadet sowohl dem Kind als auch der Gemeinschaft."[5]

Das ist nun wirklich paradox. Es ist ein unstrittiges Faktum, dass nach neunjähriger Schulpflicht immer mehr junge Menschen nicht mehr fähig sind, in der „öffentlichen Gemeinschaft" zu leben. Was Kinder wirklich nicht brauchen, sind noch weitere drei Zwangs-Pflichtjahre als Kleinkind in „staatlichen Reservaten" (Jesper Juul).[6]

Der immer längere Aufenthalt und immer frühere Eintritt in staatliche „Bildungsanstalten" *verwirrt* und irritiert dort sehr viele Kinder in ihrer Entwicklung, mit nachhaltigen negativen Folgen für die gesamte spätere Gemeinschaft. Der international bekannte Schulkritiker John Taylor Gatto schrieb einmal über seine „Funktion" als (ehemaliger) Lehrer folgendes: *„Die erste Lektion, die ich unterrichte, ist Verwirrung. Alles was ich lehre, ist aus dem Zusammenhang gerissen. Ich unterrichte die Beziehungslosigkeit von allem. Ich unterrichte Verbindungslosigkeiten. Ich unterrichte zu viel:* Die Umlaufbahnen der Planeten, das Gesetz der großen Zahlen, Sklaverei, Adjektive, architektonisches Zeichnen, Tanzen, Sport, Chorsingen, Versammlungen, Überraschungsgäste, Feueralarm, Computersprachen, Elternabende, Fortbildungstage, Begabtenförderung, Führungen von Fremden, die meine Schüler wahrscheinlich nie mehr wieder sehen, standardisierte Tests, Jahrgangstrennung, die es so in der äußeren Welt nirgends gibt – doch was hat irgend eines dieser Dinge mit den anderen zu tun? (...) Aber eine wirklich qualitativ hochwertige Bildung bedeutet, etwas in der Tiefe zu erforschen."[7]

In der Tiefe etwas erforschen, das machen Kinder von Geburt an. Und zwar mit Begeisterung und Freude. Jedes Kind. Dabei lernen sie unendlich viel, und dieser freudige, naturgegebene Lernprozess wird von allen im Alter von drei bis sechs Jahren ganz stark nach außen getragen, ins „wirkliche Leben". Alleine schon durch die ungestörte Beobachtung der realen(!) äußeren Wirklichkeit, dem echten Leben, lernen Kinder von ganz alleine und nachhaltig. Leider werden zunehmend mehr Kinder an und bei diesem natürlichen und einzig *nachhaltigen* Lernprozess immer früher gehindert, irritiert, unterbrochen.

Alle Fehler von „oben", der Schule, haben wir in den letzten 20 bis 30 Jahren angefangen auf den Kindergarten (und Krippe) zu übertragen.

FEINDBILD: Kind und Familie

„Derzeit sind Kinder eine Störung für Karriereverläufe und verursachen Phänomene wie Einkommensschere, Gläserne Decke und Karriereknick nach Eltern beziehungsweise Mutterschaft". / „Das Phänomen Hausfrau ist am Aussterben." / „Kinderlos, na und! Kein Baby an Bord." / „Ich will nicht warten, bis die Männer endlich tot sind oder freiwillig ihren Platz räumen." / „Männer die keinen Unterhalt zahlen, sollte man den Führerschein wegnehmen." / „Wenn die Wirtschaft wankt, hat die Familie Konjunktur."

Alle diese Aussagen sind von unterschiedlichen Politikerinnen der letzten zehn Jahre. Von Frauen, in „ranghohen" Positionen der Politik in Deutschland und Österreich. Diese Aussagen lassen nur einen Schluss zu: *Familie unerwünscht.*[8]

Kennzeichen eines rhetorisch zunehmend aggressiven (politischen) „Feminismus" der letzten 15 Jahre ist, er richtet sich vor allem gegen die „traditionelle" Familie, gegen das eigene Geschlecht (Mütter die nicht „erfolgreich" sind, nicht ehest bald nach der Geburt wieder arbeiten gehen), und nicht mehr primär gegen den Mann, sondern den Vater. Auffallend im „politischen" Feminismus sind zwei Dinge: Es wird keine Gelegenheit ausgelassen, die Familie zu *entwerten*. Weiters sind es zumeist Frauen in ranghohen Funktionen

(Ministerinnen), die sich über *Familie* negativ äußern, selbst aber oft keine Kinder haben.[9] Familie als *Feindbild*. Nicht nur „oben" in Politik, sondern auch „unten" im Volk. In zuweilen bildungsfernen Gesellschaftsschichten, aber nicht nur dort, lautet der Tenor oft, Familien würden (mehrere) Kinder nur deshalb bekommen, weil sie Kindergeld dafür beziehen.

Nirgendwo so sehr in Europa wie in den deutschsprachigen Ländern hat in den letzten zwanzig Jahren die Familie und ihr *Wert* für die gesamte Gesellschaft eine so folgenreiche Entwertung erfahren und sind Eltern rhetorischer Spielball für nahezu jeden geworden. „Der aktuelle Feminismus ist ein Rückschritt – er bedroht den Zusammenhalt unserer Gesellschaft", ist eine Kern-These in dem Buch *Der Falsche Feind* von Christine Bauer-Jelinek. „Die meisten Frauen sehen (noch) nicht, dass ihre Vertreterinnen drauf und dran sind, ihre eben erst gewonnene Macht zu missbrauchen, denn sie scheuen keine unlauteren Tricks – von der Umdeutung von Statistiken bis zur populistischen Propaganda. Der *Allmachts-Feminismus* leistet jedoch keinen Beitrag mehr zur Verbesserung des Lebens der Menschen. Er bedroht vielmehr die neue Wahlfreiheit beider Geschlechter, belastet Frauen wie Männer, Kinder und Alte – und damit letztlich die Weiterentwicklung der gesamten Gesellschaft." Die Folgen politisch versuchter „zwanghafter Gleichverteilung" sind nach Ansicht der Autorin: Sie „überfordert Frauen wie Männer und zwingt Kinder und Alte in die Betreuungseinrichtungen."[10]

Auffallend bei der Familienpolitik *aller* Regierungsparteien der letzten 15 Jahre ist eines: es äußern sich dazu überwiegend Politikerinnen. Familienpolitik ist hierzulande Frauenpolitik geworden. Im politischen Diskurs wird bei Elternschaft primär von den alleinerziehenden Müttern gesprochen. Statistischen Schätzungen zufolge betragen die „Ein-Eltern-Familien" mit Kindern aller Altersstufen nur zehn bis zwanzig Prozent gegenüber anderen Familienformen. Hingehend beträgt der Anteil der „normalen" Paarfamilie (Mutter und Vater im gemeinsamen Haushalt) noch 45 bis 50 Prozent aller Familien. Zumindest bis zum 6. Lebensjahr des Kindes. Die alleinstehende (Trennungs-)Mutter wird nicht nur im politischen Diskurs bevorzugt behandelt. Sie wird seit etwa drei Jahrzehnten rechtlich und finanziell gegenüber (Trennungs-)Vätern *und* der „normalen" Paarfamilie bevorzugt. Die alleinerziehende Mutter bekommt in Österreich finanzielle Transferleistungen sowohl von staatlicher Seite, als auch vom zum Unterhalt verpflichteten getrennt lebenden Elternteil, dem Vater des gemeinsamen Kindes. Auch dann, wenn dieser arbeitslos oder ohne Einkommen, hoch verschuldet, oder in (Privat-) Konkurs gegangen ist. Die finanziellen Transferleistungen an die alleinerziehende Trennungs-Mutter erfolgen weiterhin (zumindest in Österreich), wenn der Vater zur Zahlung des Unterhaltes an die getrennt lebenden Kinder auf 460 Euro gepfändet oder wegen völliger Entrechtung und *Entwertung* ins Ausland geflüchtet ist. – Mittels sogenannter (staatlicher) Unterhaltsbevorschussung erfolgt ausnahmslos immer, gleich in welcher realen Einkommens- oder Lebenssituation sich der Trennungs-Vater befindet, eine staatliche Transferleistung an die Mutter mit Kind. Auch dann noch, was leider immer häufiger der Fall ist, Trennungsväter in der Obdachlosigkeit landen oder Selbstmord begehen, was in beiden Ländern immer wieder vorkommt.

Die alleinerziehende Trennungs-Mutter, die (noch) zehn bis zwanzig Prozent aller Familienformen ausmacht, ist die *einzige* gesellschaftliche Personen- und „Familiengruppe", die in jeder möglichen Lebenssituation und unabhängig von Arbeitslosigkeit auf staatliche Hilfs- und Transferleistungen zurückgreifen kann. – Bis zumeist (je nach Land) zum Ende der Pflichtschulzeit des Trennungskindes. Sie ist umfassend rechtlich und finanziell *bevorzugt* gegenüber der „normalen" Paar-Familie, Mutter und Vater im gemeinsamen Haushalt – was nicht nur entwicklungspsychologisch für Kinder besser ist. Die „normale" Paar-Familie, seine eigenen Eltern, *wünscht* sich *jedes* Kind.

In einem bemerkenswerten Artikel der Süddeutschen Zeitung, *Getrennt heißt nicht alleinerziehend,* schreibt Thorsten Denkler: „Es steckt ein Missverständnis in dem Wort alleinerziehend. Es drückt nämlich etwas aus, was es in der gesellschaftlichen Realität so überwiegend nicht gibt. Das ein Elternteil sein Kind oder seine Kinder völlig alleine erzieht. Der Staat fördert nur das ‚Alles oder Nichts'-Schema. (...) Dass beide Elternteile Mehrkosten haben, interessiert den Gesetzgeber nicht. Oft haben die Kinder bei Papa und Mama eigene Kinderzimmer. Die Wohnungen sind größer und teurer, als wenn sie tatsächlich ohne Kinder leben würden. Beide wollen mit den Kindern in den Urlaub fahren, beide kaufen Kleidung, Spielsachen, Geschenke für die Kinder. Vor dem Gesetz aber ist immer nur einer voll verantwortlich – der oder die Alleinerziehende." Der Staat „fördert nicht, dass sich nach einer Trennung möglichst beide Elternteile gleichermaßen um ihre Kinder kümmern. Im Gegenteil, er verhindert es sogar. (...) Das Wohl der Kinder ist zumindest in der Rechtsprechung zu einem wichtigen Maßstab geworden. Nicht zum Wohle der Kinder aber ist es, sich zwischen Vater und Mutter entscheiden zu müssen."[11]

Laut UNO Menschrechtskonvention ist die Familie die Kernzelle der Gesellschaft und ist von der staatlichen Gemeinschaft zu schützen. Am Beginn des

21. Jahrhunderts ist die häufigste Familienform, die Paar-Familie, in der politischen und rechtlichen Praxis aber benachteiligt, in manchem schon diskriminiert. Das ist längst „unten" im Volk bekannt. Die negativen Folgen dieser Familien-Trennungs-Politik sind fatal und weitreichend: Sie führen zu einem bewussten Krieg von Müttern (und Behörden) gegen Väter um die *Ware* und den *Rechtsgegenstand* Kind. Nicht nur für die Psyche der Trennungskinder sind Schaden und Folgekosten enorm, sondern für die gesamte Gesellschaft. Die elterliche Trennung findet (heute eher von den Müttern ausgehend) immer früher statt. In der nachhaltig verletzlichsten Entwicklungsphase des Kindes – bis zum dritten Lebensjahr – ist bereits etwa die Mehrheit der elterlichen Trennungen erfolgt oder eingeleitet. Oft jahrelang folgende gerichtliche Obsorge-, Besuchsrechts- und Unterhaltsverfahren führen zu traumatisierten, kranken Kindern, die einen ganzen Stab an vielfach staatlichen Therapiemaßnahmen (weitgehend erfolglos) benötigen. Mit Trennungs-Kindern verdienen nicht nur Anwälte (viel) Geld, sondern finanziert der Steuerzahler „notwendige" Therapeuten, gerichtliche Sachverständige, Jugendwohlfahrtsmitarbeiter, Kinderanwälte, Familienrichter, die Familiengerichtshilfe und ähnliches. Daher wird schon lange von einer „Scheidungsindustrie" gesprochen. Der politische „Allmachts-Feminismus", wie ihn die Autorin Bauer-Jelinek nennt, bedroht nicht nur den Zusammenhalt unserer Gesellschaft. Er wird wohl auch zu einem weiteren Absinken der Geburtenrate führen. Für immer mehr auch mögliche Väter heißt die Formel: Bloß kein Kind (mehr).

Die gegenwärtige Familienpolitik und Rechtspraxis ist nicht nur im Bildungsbereich Betrug am Kind. Sie ist auch (nachhaltiger) Betrug an der gesamten Gesellschaft.

Damit ist offenbar nicht genug. In Deutschland noch aggressiver als in Österreich ließ man in den letzten 15 Jahren keine Gelegenheit aus, die Eltern pauschal als „Erziehungsdilettanten" abzustempeln. Die deutsche Autorin Birgit Kelle hat in ihrem Buch *Dann mach doch die Bluse zu* zusammengefasst, wie bei der Diskussion um das elterliche „Betreuungsgeld" geradezu eine Diskriminierung der Familie stattfand. „Sieht man sich zunächst die Begrifflichkeiten an, die im Zusammenhang mit dem Betreuungsgeld mit im Spiel sind, wird schnell klar, wie sich der politische Jargon in dieser Sache über die Jahre zugespitzt hat. In einer preisgekrönten Chronologie hat der Journalist Robin Alexander in der *Welt* zusammengetragen, wie die Politik ihre Sprache der Schärfe der Debatte anpasste und die Schrauben immer weiterdrehte. (...) Was ursprünglich als Kompensation, als ausgleichende Gerechtigkeit gedacht war, endete schnell in einem Wettkampf um den Begriff mit dem höchsten Beleidigungsfaktor. Den Ausdruck ‚Herdprämie' brachte Ursula von der Leyen im Jahr 2005 im Interview mit dem *Spiegel* ins Spiel. Sie sagte, das geplante Elterngeld solle keine ‚Herdprämie' werden. Auf keinen Fall sollte der Eindruck erweckt werden, man wolle hier dieses böse traditionelle Familienbild fördern, das man doch einhellig abschaffen will. Damit war der Kampf um den heimischen Herd eröffnet und mit ihm natürlich das Heimchen wieder präsent, das am selbigen steht und von dort befreit werden muss. Wobei mir bis heute noch niemand erklären konnte, warum wir uns über jeden Vater öffentlich freuen, der sich an den Herd stellt, während wir bei jeder Mutter, die das Gleiche tut, die Hände über dem Kopf zusammenschlagen. Vielleicht, weil selbst der *Duden* es laut Definition weiß: Das ‚Heimchen am Herd' ist ‚eine naive, nicht emanzipierte Frau, die sich mit ihrer Rolle als Ehefrau zufrieden gibt', wahlweise auch eine ‚unscheinbare, unauffällige, unbedeutende Frau (umgangssprachlich abwertend) '. Also eine Frau wie ich. Ja, so steht das wirklich im Duden, dem Standardwerk für unsere schöne deutsche Sprache. Und deswegen ist es kein Zufall, sondern Strategie, dass der heimische Herd und die Frage, wer an ihm steht, Mittelpunkt der Schlacht ist. Von der ‚Herdprämie' war es dann nicht mehr weit bis zu zahlreichen weiteren beleidigenden Begriffen. ‚Schnapsgeld' – der Ausdruck stammt von der FDP-Staatsministerin im Auswärtigen Amt, Cornelia Piper. Damit war klar, Eltern versaufen das Plus in der Familienkasse, während es bei Cem Özdemir von der Grünen als ‚Schnapsidee' bezeichnet wurde, also mehr den Alkoholismus in den Reihen der Ideengeber, ergo der CSU, nahe legte. Doch auch Frau von der Leyen warnte schon 2007 vor Investitionen in unsachgemäße materielle Werte. Das an die Eltern gezahlte Geld dürfe nicht in ‚noch größere Flachbildschirme oder Playstations im Kinderzimmer' fließen. Gut, dass sie das noch mal erwähnte. Deswegen wurde zwischenzeitlich auch ein Gutschein-Modell statt Bargeld diskutiert, um die Sippenhaft für unzurechnungsfähige Eltern zu unterstreichen. Die heutige stellvertretende NRW-Ministerpräsidentin Sylvia Löhrmann von den Grünen brachte es gar in Zusammenhang mit Gewalt in Familien. Im Landtag von Nordrhein-Westfalen erklärte sie in einer Plenumssitzung zum Betreuungsgeld: ‚Das Aufdecken familiärer Gewalt' werde durch solche ‚Heim- und Herdprämien' schwieriger. Damit rückte sie die Familie wortwörtlich an den Gewalt-Herd. Nachdem die ‚Herdprämie' durch ihre Ernennung zum *Unwort des Jahres 2007* nicht mehr so richtig zur Diffamierung ganzer Gesellschaftsschichten taugte, kamen andere Begriffe ins Spiel. Die *FAZ* begab sich direkt in die Landwirtschaft und machte sie zur ‚Aufzuchtsprämie'. Das sollte lustig daherkommen, in einer Glosse, ja, wirklich, sehr witzig. Die *TAZ* nannte es ein ‚Gluckengehalt', weil ja klar ist, dass es nur etwas für diese anstrengenden Supermuttis ist, die ihre Kinder wie übereifrige Hühner von der Außenwelt fernhalten. Das leitete dann sofort weiter zu dem bislang beliebtesten Begriff, der ‚Fernhalteprämie' der SPD, die damit artikulieren will, dass Eltern durch dieses Geld dazu verleitet würden, ihre Kinder von der wertvollen Krippen-Bildung fernzuhalten. Weil aber auf der Diffamierungsskala nach oben hin noch Platz war, wurde es getoppt von Dr. Jörg Dräger, Vorstandsmitglied der Bertelsmann Stiftung, der es konsequenterweise gleich als eine ‚Verdummungsprämie' für Kinder titulierte. Anscheinend führt das Zuviel an Heim und Herd dazu, dass die Mütter keinen klaren Gedanken mehr fassen können. Ihre Gehirnzellen fallen allesamt vom Wickeltisch und damit selbstredend auch die ihrer Kinder, die dann zu Hause verdummen drohen. Konsequent also nur, dass SPD-Kanzlerkandidat Peer Steinbrück in der Bundestagsdebatte 2013 zum Betreuungsgeld noch die ‚bildungspolitische Katastrophe' daraus machte, womit er kuschelig nah an Ursula von der Leyen rückte, der Begriff stammt nämlich von ihr. Keine Frage also – es droht mindestens der Untergang des Abendlandes, und das mitten in Deutschland, wenn Eltern tatsächlich auch weiterhin das machen, was sie seit Bestehen der Menschheitsgeschichte tun: ihre Kinder selbst erziehen, und dabei mit der gewaltigen Summe von 150 Euro im Monat unterstützt werden. Es muss wirklich schlimm um unser Land bestellt sein, um unsere Kinder und natürlich auch um die Frauen, wenn so viele Warnsignale aus allen Richtungen kommen. Da stellt sich jedoch die Frage, wie wir eigentlich zum Land der Dichter und Denker geworden sind, obwohl Goethe und Schiller nicht in den Genuss der umfassenden Krippenbildung gekommen sind und ihre Butterbrote vermutlich von ihren eigenen Müttern geschmiert bekamen."[12]

Familie und Kind unerwünscht

Das ist längst faktische und gelebte Realität unserer „modernen" Gesellschaft. Eine ganze Tourismusbranche lebt seit mindestens zehn Jahren von der Trennung der Familie von kinderlosen Erwachsenen. Unter Rubriken wie „Urlaub ohne Kinder", kann man einen „Urlaub ohne Kinder im Erwachsenenhotel" buchen. Alles wird dort geboten und ist erlaubt. Nur Kinder nicht. Ebenso gibt es zahlreiche „Familienressorts" in den südlichen Urlaubsländern, in denen nur Familien mit Kindern zu finden sind. Hauptgruppe dieser „Familienressorts" sind deutsche und österreichische Familien. Die Anreise in die südlichen Familienressorts erfolgt für viele Familien mit dem Auto. Nahezu alle Charterfluglinien haben den Ermäßigungspreis ab dem dritten Kind vor ein paar Jahren gestrichen. Für das dritte oder vierte Kind muss auch bei Pauschal-Urlaubsreisen der volle (Erwachsenen) Flugpreis gezahlt werden. Bei Linien-Flüge zahlt man pro Kind ab dem zweiten Lebensjahr den vollen Flugpreis. „Fliegen" ist für eine Mehrheit der Familien längst wieder ein Traum geworden.

Die ÖBB (Österreichische Bundesbahn) hat 2013 die Ermäßigung ab dem dritten Kind bei der „Family Card" gestrichen. Nach einem Jahr Proteste verschiedenster Familienverbände ist seit Jahresbeginn 2015 Eltern wieder die kostenlose Mitnahme von bis zu vier Kindern mit „Family Card" im Zug gestattet.

Der „freie Markt" richtet sich nach der Mehrheit. Die hat nur noch ein oder zwei Kinder. Danach richtet sich auch der „leistbare" Wohnbau. Der hat sich im mittel- bis großstädtischen Bereich seit längerem auf Kleinwohnungen oder große „Luxuswohnungen" spezialisiert. Für immer mehr Familien ist nicht nur die „Schulfrage" zu einer Qual geworden, sondern auch die Suche nach einer passenden und leistbaren Familienwohnung. Das viel zu geringe Angebot für Familien am städtischen Wohnungsmarkt wird dann noch oft mit folgenden Unterkategorien ergänzt. „Familie erlaubt" oder „Familie unerwünscht". Mit einem Kampfhund oder einer Giftschlange als „Haustier" findet sich mancherorts leichter eine Wohnung, als Familie mit Kind(ern), und in vielen Lokalen erfährt ein bellender Hund mehr Akzeptanz, als ein schreiendes Baby.

Nicht nur in Österreich gab es in den letzten zehn Jahren immer wieder Gerichtsprozesse um Kinderspielplätze. In Salzburg musste in einer Wohnsiedlung nach einer Gerichtsklage von kinderlosen Bewohnern ein Spielplatz vollkommen abgetragen werden. Die Mehrheit entscheidet. Für diese „Mehrheit" sind nicht nur die Geräusche von spielenden Kindern eine Qual, sondern noch mehr, das Schreien eines Babys. In Umfragen westlicher Länder zum „unangenehmsten Geräusch" rangiert „das Schreien eines Babys" auf Platz drei, ähnlich dem Lärm eines Düsenflugzeuges. In Österreich liegt bei solchen Umfragen das Schreien eines Babys auf Platz zwei.[13] Keine Baustelle, kein Spielplatz, ja kaum ein öffentlicher Raum, wo Kinder und Eltern sich vorrangig zum Spiel und gemeinsamen Erleben einfinden, wo nicht deutlich sichtbar geschrieben steht: *Eltern haften für ihre Kinder*. Einmal abgesehen davon, dass das rein rechtlich so generell gar nicht gilt. Hier signalisiert die „Öffentlichkeit" an Kind und Eltern vorrangig zwei Dinge: Kind nur bedingt, jedenfalls nicht vorbehaltlos erwünscht und *Kind* ist immer eine *Gefahr*, freilich nicht nur für Eltern, sondern schlicht für jeden.

„Die Ich-Gesellschaft, die Vereinzelung und Entfremdung werden einerseits heftig beklagt und andererseits durch die Art, wie mit Müttern, Vätern und Kindern umgegangen wird, ständig weiter ausgebaut".[14] Familie und Kind: unerwünscht. Das galt in den europäischen und „westlichen" Ländern der letzten 30 Jahre nirgendwo so stark, wie in den deutschsprachigen Ländern. *Deutsche wollen am wenigsten Kinder*, titelt SPIEGEL in einem Artikel 2013. „Nirgendwo in Europa ist die Geburtsrate niedriger, als in Deutschland. Erst vor kurzem veröffentlichte das Statistische Bundesamt in Wiesbaden aktuelle Zahlen, wonach in Deutschland der Anteil der Frauen ohne Kinder steigt. Von jenen Frauen, die heute 40 bis 44 Jahre alt sind, sind demnach 22 Prozent kinderlos."

Von 221 Nationen liegt Deutschland bei der Geburtenrate (seit längerem) auf dem fünft- bis zweitletzten Rang, Österreich liegt unmerklich weiter vorne, etwa auf dem neunt-letzten Rang.[15] Da drängt sich schon die Frage auf, wie so reiche Länder mit einem (noch) enorm breiten Wohlstand so geringe und deutlich unter der Reproduktionsrate liegende Geburtenzahlen aufweisen? Das (breiter) materieller Wohlstand zu geringen Geburtenzahlen führt, kann alleine nicht gelten. Länder mit einem noch höheren Wohlstand, wie zum Beispiel einige skandinavische Länder, aber auch andere, haben deutlich höhere Geburtenzahlen. In keinem anderen westlichen Land hat Frau/Mann, Mutter/Vater *und* Familie eine so lange ideologische Debatte im politischen und im weiteren öffentlichen Diskurs erfahren, wie in den deutschsprachigen.

Väter sind ab der Trennung nirgendwo weltweit in der rechtlichen Praxis in Obsorge-/Unterhaltsregelungen so diskriminiert, wie in Österreich.[16] Kinder sind nicht nur im politischen Diskurs für Frauen ein „Störfaktor". Mit eingezäunten und vielleicht auch noch überwachten Kinderspielplätzen, wie das in einigen Großstädten (nicht nur) im deutschsprachigen Raum schon der Fall ist, können Kinder am Beginn des 21. Jahrhunderts sich nur noch als *getrennt* erleben. Von nahezu allem. Bei einer so enormen *Entfremdung* und

Entwertung einer Gesellschaft von Kind *und* Familie bleibt für immer mehr Kinder nur *der Stumme Schrei*. Kinder sind Seismographen ihrer Gesellschaft.

Wieder einmal: Die Utopie von staatlichen (Bildungs-) Einrichtungen als die „große Familie"

Kinder am Beginn des 21. Jahrhunderts erleben sich nicht nur zunehmend vollkommen getrennt vom „wirklichen Leben", sondern auch immer mehr von ihren so wichtigen primären Bindungs- und Beziehungspersonen.

Da es Familie im eigentlichen Sinne kaum mehr gibt, beziehungsweise diese auch eine Aufspaltung, ein Zustand von Getrenntheit ist, haben wir in den letzten Jahrzehnten folgendes angefangen: Die „Sozialisierung" eines Kindes und die familiären Verantwortungen und Funktionen vollständig auf die Schule (Kindergarten/Krippe) zu projizieren und zu übertragen. Eine für die gesunde und altersgemäße Entwicklung eines Kindes folgenreiche negative gesellschaftliche Entwicklung. Das, was beispielsweise auch der Autor R. D. Precht in *Anna, die Schule und der liebe Gott* (implizit) macht, ist die große Vision und Utopie von staatlichen Bildungseinrichtungen als Hort der „großen Familie" für das Kind. Daran „glauben" aber auch viele Eltern, einige notgedrungen. Die für die Sozialisation eines Kindes (auch) wichtigen *Geschwister* unterschiedlichen Alters gehen nicht nur in deutschsprachigen Ländern weitgehend ebenso verloren, wie die kontinuierlichen elterlichen Beziehungspersonen und Großeltern.

Nicht nur in Deutschland ist statistisch in den letzten 15 Jahren die Ein-Kind-Familie zur Mehrheit geworden. Ein Kind braucht aber andere Kinder. Das ist so ein Glaubensgrundsatz, dieses Mal aus dem Bereich „Die Sozialisierung des Kindes", der ebenso tief in uns verankert wurde. Das ist bedingt so. Nur, was ein Kind schon im Kindergartenalter auf keinen Fall „braucht", ist in Gruppen mit über zwanzig Kindern nach Jahrgängen filetiert und mit „Frühförderung" beträufelt aufzuwachsen. Und all die Dinge von „oben", von denen wir wissen, dass sie für die Sozialisation eine Sackgasse sind.

Kind braucht Kind, heißt es verkürzt. Wohin aber mit den immer weniger werdenden Kindern? Wo bekommt es noch regelmäßigen Kontakt zu anderen

Kindern? Die Familie hat sich zerstritten, geteilt, getrennt, oder lebt oft an verschiedensten Orten. Auch die Großeltern, die längst dienenden Babysitter der Menschheitsgeschichte werden rar, und der nächste tolle und belebte Spielplatz ist vielleicht meilenweit entfernt.

Immer mehr Eltern oder Elternteile wollen oder müssen (aus materieller Notwendigkeit) halbtags und zunehmend ganztags arbeiten. Mit dem durchschnittlichen Gehalt eines Elternteiles, zumeist des Vaters, konnte eine Mutter mit mehreren Kindern bis in die Mitte der 1970er Jahre zuhause bei den Kindern bleiben. Da ging sich auch noch ein Familienurlaub pro Jahr nach Südeuropa aus. Heute müssen bei zwei bis drei Kindern beide Elternteile Vollzeit arbeiten, außer Eltern der gehobenen Mittelschicht. Nicht nur Fliegen, generell der jährliche gemeinsame Urlaub wird für immer mehr Familien zum „Traum". Seit Jahren gilt (nicht nur) in Deutschland und Österreich eine Familie statistisch ab dem dritten Kind als armutsgefährdet.

Zur Beruhigung aller Beteiligten – wegen des immer früheren und längeren Abtrennens des Kleinkindes von den Eltern – wurde eine neue (verkürzte) These entwickelt: Für die „Sozialisation" eines Kindes ist der Kontakt zu anderen Kindern *sooo* wichtig. Dabei wird fast schon in Selbstbetrug das wissenschaftliche und wichtigste Faktum für die Entwicklung des Kindes ausgeblendet: Im Alter von null bis sechs Jahren braucht es vorrangig Mutter und Vater, durchgehende, verlässliche und von Liebe getragene (primäre) Bezugspersonen. Die im Laufe der Jahre langsam, jedenfalls nicht abrupt, durch weitere Beziehungspersonen erweitert werden können und nicht ständig wechseln sollten. Das alles geht leider verloren.

Die weitere Beruhigungspille dazu (vor allem von Politikerinnen) heißt: In Frankreich und den skandinavischen Ländern würde das alles seit langem erfolgreich gemacht. Die Fußnoten oder das Kleingedruckte werden dabei nicht mitgeliefert. Die Familie hat in Skandinavien politisch und gesellschaftlich einen höheren „Wert", es gibt keine Kindergartenpflicht. Neben und gleichzeitig zur Krippe/Kindergarten wird die Familie, beide Elternteile (auch der Vater) politisch gefördert. Es gibt für Familien mehr echte *Wahlfreiheit*, ob sie ihr Kind fremd betreuen oder bei sich behalten wollen.

Der Verweis auf Frankreich war und ist für Politikerinnen im Zusammenhang Krippe am beliebtesten. Auch wenn die Ausbildung der Pädagoginnen dort seit jeher qualitativ höher ist, gibt es zunehmend mehr Eltern und Experten aus Frankreich, die mahnend sagen: Vielleicht war der Weg (Krippe), den wir schon so lange gehen, falsch! Die deutsche ZEIT bringt es in einem immer noch lesenswerten Artikel auf den Punkt: *Liebe auf Distanz. Die frühe staatliche Betreuung in Frankreich hat ihren Preis. Frauen fühlen sich zunehmend entfremdet von ihren Kindern.*[17] Längst gibt es zahlreiche langfristige Studien, wie beispielsweise die amerikanische Kohortenstudie Study of Early Child Care and Youth Development (SECCYO) und Studien des National Institute of Child Health and Development (NICHD), die die langfristigen negativen Auswirkungen der Gruppen-Fremdbetreuung der unter Dreijährigen belegen. Nicht nur für das fremd betreute Kind, sondern auch für die Familie und die gesamte Gesellschaft. Wie beispielsweise: „Je mehr Stunden (kumulativ) Kinder in einer Einrichtung verbrachten, desto stärker zeigten sie später dissoziales Verhalten (Lehrerfragebögen-Items, z. B.: Streiten, Kämpfen, Sachbeschädigungen, Prahlen, Lügen, Schikanieren, Gemeinheiten begehen, Grausamkeit, Ungehorsam, häufiges Schreien)." Oder: „Eine Metaanalyse zeigte, dass die Kortisol-Tagesprofile umso auffälliger ausfallen, je jünger die untersuchten Kinder sind. Auch in der Wiener Krippenstudie zeigen vor allem die unter zweijährigen Kinder deutlich ungünstig veränderte Stresshormonprofile. Selbst gut ausgestattete Krippen können also den stresspuffernden Effekt der familiären Umgebung in der Regel nicht ersetzen. (...) Stressbedingte Suppression des Immunsystems in Verbindung mit erhöhter Erregerexposition führt bei Kindern in früher Gruppenbetreuung zu teils mehrfach erhöhten Raten infektiöser Erkrankungen (Otitis media, obere Luftwegsinfekte, Gastroenteritis). Dysfunktionale Stressverarbeitung kann auch zu metabolischen Veränderungen führen. Eine US-Studie fand eine Korrelation zwischen früher Gruppentagesbetreuung und späterer Adipositas. In der Mannheimer Längsschnittstudie wurde bei jungen Erwachsenen nach frühkindlicher Stressbelastung signifikante Erniedrigung von HDL-Cholesterin und Apolipoprotein A1 gefunden, beides Risikofaktoren für die koronare Herzkrankheit."[18] In dem Gastkommentar *Die dunkle Seite der Kindheit* der FAZ schreibt Dr. Rainer Böhm: „Vor allem Kinder im Alter unter zwei Jahren zeigten nach fünf Monaten qualitativ durchschnittlicher Krippenbetreuung Cortisol-Tagesprofile vergleichbar mit den Werten, die in den 1990er Jahren bei zweijährigen Kindern in rumänischen Waisenhäusern gemessen wurden."[19] Die „Muster- Fremdbetreuungsländer" Frankreich und Schweden sind führend im Konsum von Schlafmittel bei Kindern und Antidepressiva bei Eltern. Nicht früh fremdbetreute und länger familial sozialisierte Kinder sind durchschnittlich vor allem eines: *gesünder*.

Es gibt noch einen Grund, der gegen eine immer frühere und längere Abgabe unserer Kinder in staatliche oder auch private Einrichtungen spricht. Das

Ende des Lebens, der bevorstehende Tod. Davon will eine junge Familie mit neuem Leben (Kind) naturgemäß nicht viel wissen. Am Ende des Lebens bereuen Sterbende mit eigenen Kindern zumeist eines: Zu wenig Zeit mit dem eigenen Kind verbracht zu haben, als es Kind war.[20]

Allen Bedenken zum Trotz (und wohl auch zur Beruhigung und Ablenkung) wird im öffentlichen Diskurs der letzten Jahre beim staatlichen Kindergarten vermehrt vom „Sozialisierungsaspekt" gesprochen. „Staatliche Bildungsinstitution" als die große Familie. Diese, nennen wir es „Utopie", hatten wir im Laufe der jüngeren Geschichte schon mehrmals. Beispielsweise im Nationalsozialismus oder dem Kommunismus. Freilich immer aus unterschiedlichen ideologischen Gründen. Der (ideologische) vorgeschobene Grund für die neuerliche Utopie der staatlichen Bildungseinrichtungen für alle Kinder, am besten vom zweiten bis zum 18. Lebensjahr, lautet: „Wirtschaft und Demokratische Gesellschaft."

Offenbar sind auch unsere Demokratien in einer ernsthaften Krise. Daher kommt in den Kindergarten nicht nur der Weihnachtsmann oder Nikolaus, sondern auch ein (netter) Politiker zu Besuch. Eine „Massenbeschulung" vom dritten bis zum 18. Lebensjahr, damit „oben" ein „gebildeter und demokratischer" Bürger herauskommt. Dabei wird vor allem von politischer Seite her ausgeblendet, dass „Massenbeschulung" seit jeher Demokratie *nicht* fördert. „Theorie und Struktur der Massenbeschulung sind in fataler Weise falsch, sie können die Logik der demokratischen Idee nicht unterstützen, denn sie verraten das demokratische Prinzip. (...) Kollektiverziehung kann nicht zu einer gerechten Gesellschaft führen, denn ihre tägliche Praxis ist eine Einübung in erzwungener Konkurrenz, in Unterdrückung und Einschüchterung."[21] Wir sollten aus der Geschichte doch alle wissen: Die großen politischen und *totalitären* Ideologien wie Nationalsozialismus und Kommunismus waren nicht nur durch, sondern mit der „Massenbeschulung" möglich. Grundwesen und die Konsequenz aller totalitären Ideologien war es *auch*, die Kinder von ihren Familien zu trennen.

Die Trennung des Kindes von der *gesamten* Familie und dem „wirklichen Leben" erfolgt weltweit seit Jahrzehnten in einem historisch noch nie dagewesenen Umfang (von Nationalsozialismus und Kommunismus abgesehen). Erstmals im Namen einer globalen und alle Lebensbereiche erfassenden „Ideologie": der *Ökonomie* (Kapitalismus, Neoliberalismus, Konsumismus oder wie sie Gabor Steingart nennt, der „Bastardökonomie"). Die Konsequenz: *Die Welt wird ärmer. Radikaler. Undemokratischer.* So lautet die Headline eines

SPIEGEL Artikels, in dem über den aktuellen Transformations-Index (BTI), den die Bertelsmann Stiftung alle zwei Jahre erhebt, berichtet wird. Ein internationales Team von 200 Wissenschaftlern und Experten erhebt und analysiert Daten zum Zustand von Demokratie, Menschenrechte, Gesellschaft und Wirtschaft und stellt aktuell auf 3000 Seiten fest: „Die Demokratie ist weltweit in Gefahr, selbst in bislang gefestigten Systemen greifen laut BTI autoritäre Tendenzen um sich, die Zahl der Diktaturen auf der Welt hat sich erhöht." Bei den 129 untersuchten Entwicklungs- und Schwellen- (Transformations-) Ländern stuft der BTI jede zweite Demokratie als „defekt" und jede fünfte als „stark defekt" ein. „Auch der Einfluss religiöser Kräfte auf die Politik nimmt zu" und die religiösen Fanatiker sind auf dem Vormarsch. Und last but not least: *die Wirtschaft wächst, die Armut auch.* „Selbst wenn sich ein Land wirtschaftlich positiv entwickelt, profitieren von dem Aufschwung nur wenige Menschen."[22] Soweit zum aktuellen Befund der Bertelsmann Stiftung, in der freilich die „hochentwickelten westlichen Demokratien" wie beispielsweise die USA oder Deutschland nicht analysiert wurden. Mit Verlaub, aber auch hierzulande ist aktuell der Befund Demokratie, Ökonomie und Gesellschaft alles andere als rosig.

Längst wissen wir, dass *Familie* und das „wirkliche Leben" der Ort sind, wo Kinder von ganz alleine (auch) eines lernen: demokratisches, soziales Verhalten.

Wir brauchen nicht *mehr* Schule (auch keinen Kindergartenzwang), sondern wieder mehr *Familie*. Das ist eines der Hauptanliegen eines ehemaligen, sehr erfolgreichen Lehrers und überzeugtem Anhängers der Demokratie. Keine noch so große „Schulreform" wird jemals „unsere geschädigten Kinder und unsere geschädigte Gesellschaft heilen, wenn wir nicht darauf bestehen, dass die Idee von ‚Schule' die *Familie* als Hauptmotor der Bildung mit einbezieht."[23] Mahnende Worte wie diese werden auch in den deutschsprachigen und anderen Ländern zahlreicher. Sie werden seit Jahren, vor allem in Politik, bewusst nicht gehört. Kann es sein, dass Kind und Familie in unserer inzwischen alleine auf Ideologie und Ökonomie ausgerichteten Gesellschaft tatsächlich ein „Störfaktor" geworden sind?

„Eines weiß ich: Die meisten von uns möchten – wenn sie auch nur ansatzweise liebevolle Familien erlebt haben – dass unsere Kinder Teil einer solchen Familie sind. Die Entdeckung des *Sinnes im eigenen Leben* und die Entdeckung befriedigender *eigener Ziele* ist ein großer Teil dessen, was Bildung ausmacht.

Wie wir dies bewirken können, indem wir unsere Kinder von der Welt wegschließen, geht über meinen Verstand."[24]

Das Ende der großen Geschichte: Familie

„Weniger Jobs, weniger Kinder. Auf diese vereinfachte Formel kamen Wissenschaftler des Max-Planck-Institutes. Sie haben die Auswirkungen steigender Arbeitslosigkeit auf die Geburtenrate in 28 europäischen Ländern untersucht. Selbst Mitautorin Michaela Kreyerfeld war überrascht, wie stark sich eine steigende Arbeitslosenrate auf die Kinderschar im Land auswirkt. ‚Noch vor einem Jahr sind wir davon ausgegangen, dass die Geburtenrate in Europa wieder steigt. Jetzt sehen wir, dass die Krise Spuren hinterlassen hat." In dem KURIER Artikel *Jungen vergeht Lust auf Kinder*, weist die Autorin darauf hin, dass steigende Arbeitslosenrate (proportional) auf der anderen Seite zu einer sinkenden Geburtenrate führt.[25] Ein neues „Phänomen", das im Zusammenhang „Familienpolitik" der letzten 15 Jahre wenig verwunderlich ist. Ein nachhaltiger Schritt zu stagnierenden oder sinkenden Geburtenzahlen liegt meines Erachtens auch in der „Reform" des Elterngeldes/Kinderbetreuungsgeldes in den Jahren 2007/2010.

Diese in Deutschland und Österreich ähnlich strukturierten Reformen des nachgeburtlichen Betreuungsgeldes haben folgende Konsequenz: Je kürzer ein Elternteil nach der Geburt bei seinem Kind bleibt, desto mehr Geld gibt es. In Österreich sind es bei der Variante 12+2 Monate einkommensabhängig maximal 2.000 Euro pro Monat. In Deutschland ist das Elterngeld Einkommensabhängig. Der Maximal-Betrag beträgt zirka 1.800 Euro und der minimalste Betrag, um sein Kind (Baby) zu betreuen, beträgt 300 Euro pro Monat (Stand 2016).

In Österreich ist es nach der „Reform" des Kinderbetreuungsgeldes weiterhin möglich, die ersten drei Lebensjahre beim Kind zu bleiben, wenn der Vater zumindest für sechs Monate in diesem Zeitraum auch in Karenz geht. Allerdings beträgt das Kinderbetreuungsgeld bei dieser Variante (30+6) nur 436 Euro pro Monat. Bis Juli 2015 betrug das Kinderbetreuungsgeld in Deutschland (15. bis 36. Lebensmonat) 150 Euro monatlich! Auch wenn ein Elternteil voll erwerbstätig ist, kann mit einem Betrag von 436 Euro bzw. 150 Euro der Großteil der (Mehrkind-) Familien nicht ausreichend damit leben, auch nicht mit großen Einschnitten beim Lebensstandard. Für viele junge Menschen heißt die Formel am Anfang dieses Jahrhunderts – Kind: nicht leistbar.

Auch mit äußerst bescheidenem Lebensstil steigt seit zehn Jahren kontinuierlich die Anzahl der Familien, die armutsgefährdet sind. Nicht nur bei Familien mit Migrationshintergrund. Kinderarmut ist auch in den „reichen" Ländern Deutschland und Österreich zu einer bedrückenden Realität geworden. In Deutschland wurde 2013 geschätzt, dass 19 Prozent aller Kinder und Jugendlichen von ‚Armut bedroht' sind.[26] In Österreich waren es in diesem Zeitraum 15 Prozent. In bildhaften Relationen: Jedes fünfte bis sechste Kind ist in beiden Ländern armutsgefährdet. Gleichzeitig wurden zwischen 2008 und 2014 Hunderte Millionen Euro zur „Rettung" des Finanzsystems (Banken) ausgegeben. Nur von diesen beiden Ländern. Alleine das „erste" (EU) Griechenland-Banken-Rettungspaket 2011 betrug 100 Milliarden Euro. Das griechische Volk, geschweige denn die ohnehin vielfach armutsgefährdeten Familien, haben davon keinen einzigen Euro bekommen, was zwischenzeitlich einer Mehrheit bekannt ist. Ungefähr ein halbes Jahr nach Transfer des ersten „Griechenlandpaketes" (100 Milliarden Euro Steuergeld!) zeigte sich, wie absurd oder fast schon obszön diese Zahlungen in das internationale Finanzsystem waren: Es gelangten Berichte in die europäischen Medien, dass griechische Kinder in den Schulen in Ohnmacht fielen oder zusammenbrachen, da sie tagelang nichts zu Essen hatten. Die *Kindersterblichkeit* ist in den letzten Jahren nicht nur(!) in Griechenland zeitweise um bis zu 30 Prozent gestiegen. Sie steigt in vielen europäischen Ländern erstmals seit der Nachkriegszeit wieder tendenziell an und ist jedenfalls wieder *instabil* geworden.[27] Die Gesetze unseres *neoliberalen Wirtschaftssystems* kennen keine Sinnhaftigkeit, keine Nachhaltigkeit, keine Menschlichkeit (mehr).

Familie am Anfang des 21. Jahrhunderts: zumindest der Politik (fast) nichts mehr *Wert*. Die „Reform" des Eltern-/Kinderbetreuungsgeldes hatte auch nur einen ökonomischen Zweck. Die Eltern zu zwingen, möglichst rasch nach der Geburt arbeiten zu gehen. Ob auch genügend Voll- oder Teilzeitarbeit vorhanden ist, wurde dabei freilich nicht bedacht. Zehn bis zwanzig Kinder von einer staatlichen „Betreuungsperson" zu versorgen und zu „bilden" ist „kostengünstiger", als diese bei den Eltern zu belassen. Das ist die einzige Rechnung und Logik der Familienpolitik der letzten 15 Jahre. „Waren Fortschritt und Reaktion die Leitbegriffe des 19., sind Pfusch und Reparatur die des 21. Jahrhunderts. Größere Politik scheint nur noch als ausgeweiteter Pannendienst möglich."[28]

Eine fatale Neben-Konsequenz des 14-monatigen nachgeburtlichen Betreuungsgeldes ist: Immer mehr Eltern stehen spätestens bis zum vollendeten zweiten Lebensjahr (und nachdem das wenig Ersparte verbraucht ist) vor der Frage, wohin mit meinem Kind. Auch der betreuende Elternteil, zumeist die Mutter, will (immer mehr Frauen müssen) Teilzeit oder gar Vollzeit arbeiten. Ein hin- und herschieben und örtliches verbringen des Kindes beginnt. Zwischen Mutter und Vater, Tagesmutter, Krippe, Kindergarten, Großeltern und ähnlichen Betreuungspersonen. Manchmal zwischen drei oder gar mehr verschiedenen Betreuungsorten beziehungsweise Personen pro Woche! Aus entwicklungs-psychologischer und neurobiologischer Sicht ist das für Kinder in diesem Alter – eineinhalb bis drei Jahre – extrem entwicklungshemmend und irritierend. Mit nachhaltigen Konsequenzen für die ganze weitere und restliche Kindheit. Damit werden Kinder immer öfter, früher und ständig wechselnd nicht nur von ihren (so wichtigen) primären Bezugspersonen, den Eltern, getrennt, sondern auch vom „wirklichen Leben".

„Es ist höchste Zeit, individuell und kollektiv die Prinzipien des Seins, des Nährens, des Wachsens und des Zulassens wertzuschätzen und ihnen Ausdruck zu verleihen. Alles Tun, das nicht dem Leben dient, führt in die Irre. Weisung muss aus Weisheit entspringen; doch die Grundlage aller Weisheit ist die Achtung des Lebens und das Wissen um dessen Grunderfordernisse."[29]

Staatliche Reservate oder der Ouroboros

Seit Jahrzehnten fließt kontinuierlich mehr Steuergeld in „staatliche Reservate". In Bildungseinrichtungen, Kinder- und Tagesheimen, Haftanstalten, Seniorenheime, Krankenhäuser und Psychiatrische Anstalten.

In Bildungs- und Betreuungseinrichtungen wurde primär aus folgendem Grund mehr Geld investiert: Kinder und Jugendliche verbringen dort immer mehr Zeit. Beinahe schon ihre ganze (künstlich verlängerte) Kindheit und bis zu 40 Stunden die Woche. Die Schulen wurden sukzessive zu Ganztagsschulen und Kindergarten/Krippe mit angeboter „Nachmittagsbetreuung" ausgebaut. Eine Qualitätssteigerung wurde aber im Wesentlichen über all die Jahre nicht vorgenommen. Siehe Schul- und Krippendebatte.

Während immer mehr Geld in diese Institutionen fließt und gleichzeitig die Schülerzahlen seit Jahrzehnten konstant oder sinkend sind, ist trotzdem innerhalb des „Systems" und vor allem „oben" nach dem Austritt ein immer schlechteres Ergebnis zu verzeichnen. Die Folgen sind: Ein enormer *Druck* und hohe Frustration bei allen Beteiligten, die innerhalb des Systems „Bildung" arbeiten oder sich darin befinden. Dieser Druck wird – wenn auch ungewollt – an die Kinder/Schüler weitergegeben, womit sich die Ineffizienz dieser „Betriebe" steigert. Dass wir in der (alten) Schule „für das Leben" lernen, daran glauben immer weniger Personengruppen. Dennoch läuft der auch ineffiziente Betrieb täglich weiter und viele Eltern schicken ihre Kinder weiter zur Schule, denn es „muss" sein. Das ist die denkbar schlechteste Motivation Menschen (Kinder) zu bewegen, mit Freude lange lernbereit zu sein und zu bleiben. Daher spielen „für die großen Firmen auf dem Planeten Schulen und Beschulung eine immer kleinere Rolle. Niemand glaubt mehr, dass in Naturwissenschaftskursen Wissenschaftler herangebildet werden, in Gemeinschaftskundekursen Politiker oder im Englischunterricht Dichter. In Wirklichkeit vermitteln Schulen nur eines: wirksam Befehle zu befolgen."[30]

In einigen Abteilungen verschiedenster Konzerne, wie beispielsweise von Microsoft, arbeiten längst auch sogenannte Freaks. Menschen oft ohne Abitur, Schul- oder Studienabschluss, die ihrer Berufung und ihren *Begabungen* gefolgt und in die *Tiefe* gegangen sind. Der beste Ort und „Lehrplatz", um die Hoch-Begabungen, die jedem Kind innewohnen, optimal zu entwickeln, sind (und waren es über zehntausende Jahre) die Familie, *intime Gemeinschaften*, das „wirkliche Leben" und Lehrer oder Menschen in Form eines Mentors.[31] Eine große Fehlentwicklung in der „Schuldebatte" nicht nur der deutschsprachigen Länder ist, dass übersehen wurde, Schulen sind implizit zu *Betreuungseinrichtungen* geworden. Wohin auch mit den „vielen" Kindern, wenn Familie weitgehend nicht mehr existiert, beide Eltern womöglich Vollzeit arbeiten, und wir sie im „wirklichen Leben" gar nicht mehr haben wollen?

Seit etwa zwei Jahrzehnten fließt in die zweite Gruppe „staatlicher Reservate" – die verschiedensten Formen der Justiz/Haftanstalten – kontinuierlich mehr Steuergeld. Die stark zunehmende Gruppe der Insassen sind Migranten und Jugendliche bzw. junge Erwachsene (auch ohne Migrationshintergrund). – Die keinen „Platz" mehr haben in Familie, Schule und im wirklichen Leben. Junge

Menschen, die *scheitern*, vielfach wegen tiefen Verletzungen, die ihnen in der oft schon frühen *Kindheit* widerfahren sind.

Bei dem, was sich seit Jahren ganz unten in Familie, Krippen und Kindergärten ereignet, werden wir vermutlich in den nächsten zwanzig Jahren noch weitere Justizanstalten benötigen. Seit zehn Jahren sind diese voll belegt, die Zellen überfüllt. Tendenziell ist der Trend überall in den USA (und nicht nur dort) so. Insgesamt gibt die USA derzeit gleich viel Geld für Schulen (Bildung) und Haftanstalten aus. Beides sind *Reservate*. Kalifornien gibt seit längerem sogar mehr Geld für Haftanstalten als für Bildung aus. Jährlich gibt die USA etwa 80 Milliarden Dollar für seine ca. 2,2 Millionen Häftlinge aus. Dem gegenüber stehen 2016 nur noch etwa vier Millionen Geburten pro Jahr. Laut einer wiederholt durchgeführten Studie des Londoner Internationalen Zentrums für Gefängnisstudien werden die Gefängnisse weltweit immer voller. Der Studie zufolge gab es 2013 weltweit bereits etwa zehn Millionen Häftlinge. Unabhängige Menschenrechtsorganisationen vermuten, dass die tatsächliche Zahl der weltweit inhaftierten Menschen deutlich mehr betragen könnte.

Die Kosten für einen Häftling in Österreich betragen zirka 100 Euro pro Tag. Eine Haftanstalt mit 300 Insassen verursacht etwa 900.000 Euro im Monat. Auch das „System" Strafvollzug wird immer ineffizienter: Überfällige „Reformen", überfüllte Zellen, zu wenig Personal, lassen viel Steuergeld ohne Effizienz scheinbar versickern. Die Rückfallrate bei Häftlingen, die ihre „Strafe" vollständig abgesessen haben, beträgt bis zu 70 Prozent! Immer wiederkehrende Dauergäste in Haftanstalten sind keine Seltenheit.

Eine wachsende Gruppe von Menschen verbringt zeitweilig und häufiger ihre Zeit ebenso in staatlichen Reservaten: Unfall-Opfer, physisch und psychisch Kranke. Die Kosten für Krankenhäuser und psychiatrische Anstalten sind wegen medizinischer und therapeutischer Maßnahmen enorm. Diese Reservate sind obendrein seit längerem mit massiver Korruption konfrontiert. Laut einem SPIEGEL Artikel gehen Jahr für Jahr etwa 24 Milliarden Euro den gesetzlichen Krankenkassen „durch Betrug, Urkundenfälschungen, Untreue und Korruption verloren."[32] Dass dieses „Gesundheitssystem" vor dem Kollaps steht, ist ebenso bekannt, wie der wiederkehrende Personalmangel im ärztlichen wie auch pflegerischen Bereich. Die wichtigsten „Schlagzeilen" der WHO Berichte (nur im ersten Halbjahr 2014): „Ein Suizid alle 40 Sekunden. Weltweit töten sich 800.000 Menschen." „Bis 2025 könnten jährlich 20 Millionen Menschen weltweit an Krebs erkranken – rund 40 Prozent mehr als derzeit."

Laut einer Studie der Weltgesundheitsorganisation sei in den kommenden zwei Jahrzehnten gar ein Plus von rund 70 Prozent möglich. Jeder vierte Todesfall in der EU ist bereits durch Krebs verursacht.

Eine weitere Gruppe von Menschen wurde in den letzten Jahrzehnten in staatliche Reservate *verdrängt*. Unsere Großeltern und Alten. Dieser Trend wird sich unfreiwillig von alleine fortsetzen. In einem Bericht der Statistik Austria vom Juni 2011 heißt es: „Durch die Alterung unserer Gesellschaft erhöht sich der Bedarf an Pflege und Betreuung. Dazu kommt, dass derzeit etwa 80,1 Prozent der Pflege und Betreuung informell, innerhalb der Familie, erbracht wird. Dieser Anteil wird in der Zukunft massiv zurückgehen, denn sinkende Geburtenzahlen und der Anstieg der Einpersonen-Haushalte führen dazu, dass die Familien informelle Hilfeleistungen an alleinstehende Angehörige schwieriger organisieren können. Zudem wird die prognostizierte weitere Zunahme der Erwerbstätigkeit (insbesondere unter den Frauen, aber auch in der Gruppe der über 55-jährigen Männer) auch in Mehrpersonen-Haushalten die Einbringung informeller Pflegeleistungen erschweren." In diesem Bericht wird geschätzt, dass die Gesamtkosten im Pflegebereich von 2010 3.965 Milliarden Euro bis 2030 auf 8.452 Milliarden Euro steigen werden.[33] Unter den „erwerbstätigen Frauen" werden dann wohl auch viele Mütter sein, die ihre Kinder wegen fehlender Familienförderung in staatliche Betreuungseinrichtungen geben werden (müssen) und vielleicht in staatlichen Reservaten Pflegebetreuung leisten, damit sie ihr eigenes Überleben als „Familie" sichern.

Last but not least: Von der Öffentlichkeit kaum bemerkt, „verschwinden" seit etwa 15 Jahren (wohl nicht nur) in Deutschland und Österreich immer mehr Kinder in Kinderheimen. Wurden beispielsweise in Deutschland 2005 knapp 26.000 Minderjährige von den Jugendämtern in Obhut genommen, lag diese Zahl 2014 schon bei mehr als 48.000. Gleichzeitig sank in diesem Zeitraum kontinuierlich das Durchschnittsalter von Heimkindern. Mittlerweile ist jedes vierte den Eltern entzogene Kind acht Jahre oder jünger. Kostenpunkt für die jährlichen staatlichen Inobhutnahmen von Kindern alleine in Deutschland: ca. 9 Milliarden Euro!

Einmal von den heutigen und künftigen Kosten und der Sinnhaftigkeit all der genannten „staatlichen Reservate" abgesehen, stellt sich vor allem eine Frage: Wo sollen all die qualifizierten Personen und Fachkräfte weiterhin – alleine schon bei den Geburtenzahlen – herkommen? Die niedrigen Geburtenzahlen werden längst durch den Zuzug von Migranten kompensiert. Immer mehr Führungskräfte nicht nur aus der Wirtschaft mahnen seit Jahren: So viele Fachkräfte und qualifiziertes Personal, wie wir in Zukunft brauchen, können wir aus dem Ausland gar nicht bekommen!

Zu den Szenarien aller hier aufgezählten „staatlichen Reservate" gibt es seit Jahrtausenden ein Bild aus der Mythologie verschiedenster Kulturen: *Der Ouroboros*. Die Schlange, die sich in den Schwanz beißt. *Allem zukünftigen beißt das Vergangene in den Schwanz.* [34]

Alles ist in einem

Vor nicht allzu langer Zeit gab es ein nicht staatliches, ein „privates Ressort". Eine Non-Profit-Organisation. Einen „Betrieb", der nicht nach den Prinzipien der Ökonomie, sondern denen der Nachhaltigkeit und Sinnhaftigkeit geführt wurde. Es gab einmal eine Institution, die sich mitten im „wirklichen Leben" befand: *die Familie*. Sie soll hier nicht idealisiert werden. In ihr gab es auch Gewalt, Hass, Zwietracht, den „Brudermord", den „Kindestod" und ähnliches. Dies geschah weder alltäglich, noch in allen Familien. Über zehntausende Jahre war dieses „Unternehmen" höchst erfolgreich. Es durchlebte und überlebte nicht nur bittere Armut und Krisen, sondern auch unzählige, blutige Kriege. Ohne die Familie hätten wir die bisherigen Krisen der Menschheitsgeschichte nicht überlebt. Ohne Familie (Sippe und intime Gemeinschaften) gäbe es die sehr erfolgreiche *Evolution* des Menschen erst gar nicht.

Vor der Industriellen Revolution verlief der Alltag der meisten Menschen überwiegend in drei uralten Kreisen: der Kernfamilie, der erweiterten Familie, und der intimen Gemeinschaft. „Die meisten arbeiteten in Familienunternehmen, zum Beispiel dem landwirtschaftlichen oder handwerklichen Betrieb der Familie. Oder sie arbeiteten im Familienbetrieb eines Nachbarn. Außerdem war die Familie soziales Netz, Gesundheitswesen, Versicherungsgesellschaft, Radio, Fernsehen, Zeitung, Bank und sogar Polizei in einem.

Wenn jemand krank wurde, versorgte ihn die Familie. Wenn jemand alt wurde, sprang die Familie ein, und die Kinder waren die Rentenversicherung. Wenn jemand starb, kümmerten sich die Angehörigen um die Waisen. Wenn jemand eine Hütte bauen wollte, halfen die Familienmitglieder. Wenn jemand ein Unternehmen gründen wollte, trieb die Familie das Geld auf. Wenn jemand heiraten wollte, wählte die Familie den Partner oder prüfte ihn zumindest auf Herz und Nieren. Wenn es Streit mit dem Nachbarn gab, machte sich die Familie stark. Und wenn jemand so krank wurde, dass die Familie allein nicht mehr damit fertig wurde, wenn ein Unternehmen eine große Investition benötigte oder wenn Nachbarschaftsstreitigkeiten in Gewalt ausarteten, kam die Gemeinschaft zu Hilfe.

Die Gemeinschaft half ganz nach ihren eigenen Gepflogenheiten und einer ‚Gefälligkeitswirtschaft', die wenig mit der Marktwirtschaft und den Gesetzen von Angebot und Nachfrage zu tun hatte. Wenn Sie in einer mittelalterlichen Gemeinschaft leben würden und Ihr Nachbar Hilfe benötigte, dann würden Sie ihm helfen, seine Hütte zu bauen und seine Schafe zu hüten, ohne dafür eine Bezahlung zu erwarten. Und wenn Sie Hilfe benötigten, dann würde Ihr Nachbar einspringen. Gleichzeitig konnte der Burgherr das ganze Dorf dazu zwingen, ihm beim Bau seiner Festung zu helfen, ohne Ihnen auch nur einen Kreuzer dafür zu zahlen. Im Gegenzug konnten Sie sich darauf verlassen, dass er Sie vor Räubern und Barbaren schützte. Im Alltag des Dorfs wurden viele Geschäfte getätigt, aber bei den wenigsten war Geld im Spiel. Natürlich gab es Märkte, doch die spielten eine eher untergeordnete Rolle. Dort konnte man seltene Gewürze, Stoffe und Werkzeuge kaufen oder einen Anwalt oder Arzt aufsuchen. Doch weniger als 10 Prozent der alltäglichen Güter und Dienstleistungen wurden auf dem Markt erworben. Die meisten Bedürfnisse wurden von der Familie und der Gemeinschaft befriedigt.

Daneben gab es Königreiche und Imperien, die sich um so wichtige Aufgaben wie die Kriegsführung und den Bau von Straßen und Palästen kümmerten. Dazu erhoben sie Steuern und zwangen die Bauern gelegentlich zum Kriegs- oder Arbeitsdienst. Von wenigen Ausnahmen abgesehen, hielten sie ihre Nase aus den Angelegenheiten der Familien und Gemeinschaften heraus. Selbst wenn sich die Herrschenden einmischen wollten, war dies keine einfache Sache. Traditionelle landwirtschaftliche Gesellschaften erzeugten kaum Überschüsse, mit denen Beamte, Polizeikräfte, Sozialarbeiter, Lehrer und Ärzte bezahlt werden konnten. Daher richteten die wenigsten Herrscher Polizei, Krankenhäuser oder Schulen ein. Das überließen sie vielmehr den Familien und Gemeinschaften. (...) In den letzten zweihundert Jahren änderte sich das dramatisch. Die Industrielle Revolution verlieh dem Markt gewaltige neue Kräfte, gab dem Staat neue Kommunikations- und Transportmittel an die Hand und stellte der Regierung ein Heer von Beamten, Lehrern, Polizisten und Sozialarbeitern zur Verfügung. Doch beim Einsatz dieser neuen Kräfte standen dem Markt und dem Staat die traditionellen Familien und Gemeinschaften im Weg, die wenig für Einmischung von außen übrig hatten. Staat und Markt hatten ihre Schwierigkeiten, mit ihren Gesetzen und wirtschaftlichen Interessen in den Alltag einer solidarischen Dorfgemeinschaft oder einer Familie mit starkem Zusammenhalt vorzudringen. Eltern und Dorfälteste wehrten sich dagegen, dass die jüngere Generation von nationalistischen Bildungssystemen indoktriniert, von der Armee eingezogen oder einem entwurzelten städtischen Proletariat zugeführt werden sollte. Um diese Hindernisse zu beseitigen, mussten Staat und Markt die traditionellen Gemeinschafs- und Familienbande aufbrechen. Der Staat schickte seine Polizisten, um Blutfehden zu unterbinden und durch Gerichtsverfahren zu ersetzen. Der Markt schickte seine Händler, um die althergebrachten Traditionen zu zerstören und durch ständig wechselnde Moden zu ersetzen. Doch das reichte noch nicht aus. Um die Macht der Familie und der Gemeinschaft zu brechen, benötigten sie die Unterstützung einer fünften Kolonne.

Also lockten Staat und Markt die Menschen mit einer Verheißung, der sie nicht widerstehen konnten. ‚Du kannst ein freier Mensch werden', versprachen sie. ‚Du kannst heiraten, wen du möchtest, ohne deine Eltern um Erlaubnis fragen zu müssen. Du kannst jede Arbeit annehmen, die dir gefällt, auch wenn es den Dorfältesten nicht passt. Du kannst leben, wo immer du willst, auch wenn du nicht jeden Sonntag zum großen Familienessen nach Hause kommen kannst. Du bist nicht länger von deiner Familie und deiner Gemeinschaft abhängig. Wir, der Staat und der Markt, kümmern uns schon um dich. Wir geben dir Essen, Kleidung, ein Dach über dem Kopf, Bildung, Gesundheit, Arbeit und soziale Sicherheit.'

In der romantischen Literatur erscheint das Individuum oft als jemand, der sich Staat und Markt widersetzt. Mit der Wirklichkeit hat dies nichts zu tun. Staat und Markt sind Vater und Mutter des Individuums, und das Individuum kann nur dank ihrer Hilfe überleben. (...) Nicht nur erwachsene Männer, sondern auch Frauen und Kinder werden als Individuen anerkannt. In der Vergangenheit galten Frauen oft als Eigentum der Familie oder Gemeinschaft. In modernen Staaten gelten Frauen jedoch zunehmend als Individuen, die unabhängig von der Familie und der Gemeinschaft wirtschaftliche Freiheiten und Rechte genießen. Sie können über ihr eigenes Bankkonto verfügen, ihre Partner frei wählen und sich sogar scheiden lassen oder allein leben.

Dieser Individualismus fordert jedoch seinen Tribut. Er hat Familie und Gemeinschaft geschwächt und Staat und Markt gestärkt. Letztere können leichter in unser Leben eingreifen, wenn wir nicht mehr starken Familien und Gemeinschaften angehören, sondern vereinzelt und entfremdet leben. Wenn sich die Nachbarn in einem Mietshaus nicht einmal darauf einigen können, wie viel sie einem Hausmeister bezahlen wollen, wie sollen sie sich dann dem Staat widersetzen?"[35]

Rund 200 Jahre später ist das größte Erfolgsmodell der Menschheitsgeschichte in alle Atome zerlegt. Zu unserer gegenwärtigen „Kultur" der völligen Zersplitterung und Trennung des Familienverbandes führten nicht nur die Industrialisierung (Ökonomie), sondern auch Ideologien aus Pädagogik, Philosophie, Psychologie, Literatur, und vor allem die flächendeckende *Beschulung*.

Das Kind, der Mensch, verlor schrittweise sein über zehntausende Jahre eingebunden, gefördert und gestützt sein durch liebende, vertraute und nahestehende Personen. Der wenig erfreuliche Ist-Zustand Kind und Familie am Beginn des 21. Jahrhunderts ist das Ergebnis eines langen Zerfalls und Teilungsprozesses, an dessen Anfang auch die (christliche, monotheistische) *Religion* und in weiterer Folge die *Ideologie* stand.

Im selben Zeitraum setzte auch in allen Bereichen der Bildung, der Kunst und der Wissenschaften ein Trennungs- und Teilungsprozess ein. Bis etwa zu Beginn des 19. Jahrhunderts hatten Künstler und Wissenschaftler ein letztlich *holistisches* (ganzheitliches) *Weltbild*. Sie alle suchten vorrangig das Gemeinsame im Trennenden und nicht das Trennende im Gemeinsamen. So steht auch in einem der ältesten Weisheits-Bücher der Welt, dem I Ging: *Alles ist in einem.*[36]

Alle großen Kulturen der Menschheitsgeschichte der letzten Jahrtausende, alle Weisheitslehren von Ost nach West, vom Höhlenmenschen und seinen Zeichnungen die er uns hinterließ, bis hin zu dem, was uns Mahatma Ghandi oder Nelson Mandela *vorlebten*, war alles letztlich beseelt von dem Wissen: Alles ist in einem und es gibt nur das eine. „In diesem lebendigen Kosmos gibt es keine getrennten Teile, nichts kann aus diesem Netz herausgenommen werden, ohne gravierende Folgen für das gesamte Gefüge nach sich zu ziehen. Solch eine Weltsicht, in der alles, was existiert, ein dynamisches, miteinander verwobenes und voneinander abhängiges Beziehungsgeflecht ist, stellt jedoch nach wie vor eine Herausforderung für das von Dualismen und Trennungen geprägte Weltbild des westlichen Abendlandes dar, dem seit dem 19. Jahrhundert zudem die Maximen des kapitalistischen Wettbewerbs und die Darwinsche Doktrin vom ‚Kampf ums Dasein' eingeschrieben sind. In keinem anderen gesellschaftlichen Bereich hat die Darwinsche Ideologie von der ‚natürlichen

Auslese' einen solch gnadenlosen und rücksichtslosen Konkurrenzkampf entfesselt, wie in der Wirtschaft. Die von Darwin in seiner Evolutionslehre proklamierte These vom ‚Überleben des Tüchtigsten' wurde zum bestimmenden Paradigma für die moderne kapitalistische Gesellschaft. Damit wurde das Band menschlicher Verbundenheit radikal durchtrennt und Konkurrenz statt Kooperation, Egoismus statt Ethik zu den Leitmotiven des neuzeitlichen Menschen gekürt. Diesem neuen Leitbild folgend wurde die Tendenz zur rationalen Vernunft und Selbstbehauptung in den Industriegesellschaften überbetont und die integrativen, das Gemeinwohl fördernden Tendenzen zunehmend vernachlässigt."[37]

Die großen Dichter, Künstler, Wissenschaftler und Ärzte der letzten Jahrhunderte, wie beispielsweise Leonardo da Vinci, Galileo Galilei, Keppler, Goethe, J. S. Bach, Paracelsus und viele mehr, waren ebenso davon überzeugt und beseelt: „Wie oben, so unten", dass sich alles in allem wiederfindet und spiegelt, alles ist in Einem.

Einen der größten Teilungs- und Zerfallsprozesse dieses holistischen Weltbildes erfuhr die Wissenschaft in etwa den letzten 150 Jahren. Die Kernspaltung und die Atombombe sind erste Höhepunkte auch eines sich radikal veränderten Weltbildes. Auch in der Bildung, in den staatlichen Schulen, begann sich alles zu teilen. In Physik-, Chemie, Mathematik-, Geschichte-Unterricht und dergleichen. In den Klosterschulen des Mittelalters lehrte man noch den Zusammenhang in allen diesen Wissens- und Wissenschaftsbereichen. Mit den flächendeckenden staatlichen Schulen und der Industrialisierung im 19. Jahrhundert und der Schwerpunktsetzung auf naturwissenschaftliche Fächer (Mathematik, Chemie, Physik, etc.) wurde der Lehr- und Erkenntnisprozess des „Gemeinsamen in allem" nachhaltig bis heute unterbrochen.

In den Wissenschaften wurde *der Mensch* freilich auch gründlich erforscht und in alle seine Teile zerlegt. Der Höhepunkt liegt in der Entschlüsselung des menschlichen Genoms. Im Zusammenhang Kind und Familie stehen wir am Beginn des 21. Jahrhunderts nach Jahrzehnten „intensiver Forschung" in Biologie, (Entwicklungs-) Psychologie und Neurobiologie vor folgenden grundlegenden Erkenntnissen:

Nahezu *jedes Kind wird gesund geboren.* Sogenannte Erbkrankheiten, oder Krankheiten die auf einen Gen-Defekt beruhen, sind so selten (ca. 0,1 Prozent), dass man sie als äußerst marginal vorkommend bezeichnen kann. Schon während der Schwangerschaft und im Verlauf der *Geburt,* aber vor allem in der (frühen) *Kindheit,* können einem Kind eine ganze Menge ungünstiger Dinge widerfahren, die nachhaltig seine Entwicklung hemmen und seine Gesundheit (Physe und Psyche) schädigen können. Von Umweltfaktoren abgesehen, werden Kinder krank durch das, was ihnen widerfährt und wie mit ihnen umgegangen wird. Wie die Bindungs- und Bezugspersonen mit dem Kind umgehen und wie die äußeren Umstände des Aufwachsens sind, entscheidet (fast) ausschließlich, ob die Entwicklung und Gesundheit des Kindes gehemmt oder gefördert wird, und ob der Mensch (von Natur aus gesund) krank wird. „Jede Krankheit ist eine Krankheit der Seele", sagte einmal der deutsche Dichter Novalis. Was kluge Geister schon immer wussten, ist nun am Beginn des dritten Jahrtausends „wissenschaftliches Faktum". Am verletzbarsten und am nachhaltig irritierbarsten ist die (früh) kindliche Seele.

Jedes Kind ist von Geburt an hoch oder sehr begabt. Intelligenz wird weder vererbt, noch richtet sie sich nach dem Bildungsgrad und dem Kontostand der Eltern. Das menschliche Gehirn stattet *jedes* Kind von Geburt an mit einer unglaublichen Fülle von Potenialen aus. Wie für die psychische und physische Entwicklung des Kindes gilt auch für die Intelligenz und die kognitiven Kompetenzen: Entscheidend ist von Geburt an, ein stützender, anerkennender, kontinuierlicher und liebevoller Umgang der primären Bindungs- und Bezugspersonen. Mutter *und* Vater.[38]

98 Prozent aller Kinder kommen hoch begabt zur Welt. Nach der Schule sind es nur 2 Prozent. Der Film-Untertitel des Dokumentarfilmes *Alphabet* ist sehr pointiert. Die Aussage beruht jedoch auf wissenschaftlichen Erkenntnissen. Gesundheit, Intelligenz, und eine unerschöpfliche Fülle von Begabungen, sind jedem Kind in die Wiege gelegt.

In den Slums von Rio de Janeiro, Mumbai, oder in einer Nomadenfamilie in Somalia wird jederzeit ein bedeutender Wissenschafter oder künftiger Nobelpreisträger geboren. Nur bedenken und beachten wir es nicht. Wie auch jederzeit aus einer mit ausreichendem Wohlstand versorgten Mittelschichtfamilie in Europa ein Massenmörder hervorgehen kann.

Den oben genannten elementaren Grund-Erkenntnissen lässt sich schließlich noch eine aus der Neurobiologie und der Psychologie hinzufügen. *Das menschliche Gehirn ist von Geburt an ein soziales.*[39] Die Fähigkeit zur Empathie, mitfühlend zu sein, ist uns allen ebenso in die Wiege gelegt. Es liegt ganz alleine an uns Eltern und *allen* in der Gesellschaft, was aus jedem gesunden, intelligenten und hoch begabten Kind wird. Nach jahrzehntelanger intensiver Forschung in unterschiedlichsten Disziplinen zum Wesen und der Entwicklung des Kindes und Menschen haben wir „schwarz auf weiß", was beispielsweise Maria Montessori vor etwa 100 Jahren erkannte und mit anderen Worten in ihren Werken festhielt.

1901 erschien das Buch *Das Jahrhundert des Kindes,* der schwedischen Reformpädagogin Ellen Key. Ihre Vision hat sich im 20. Jahrhundert mit den beiden großen Weltkriegen wohl kaum verwirklicht. Es wurden zwar in den 1950er bis 1989er Jahren die Grundrechte des Kindes und der Familie(!) in den Menschenrechtskonventionen der UNO mit aufgenommen und festgeschrieben. Längst umgehen und entwerten auch viele demokratische „Rechts-Staaten" diese Grundrechte mit ihrer eigenen Rechtspraxis. Der entscheidende Punkt, warum sich Ellen Keys Vision vom Jahrhundert des Kindes (noch) nicht erfüllte, ist wohl der: Die letzten Jahrzehnte können auch als ein endgültiges *Verschwinden der Familie* bezeichnet werden. Damit verschwand weitgehend die wichtigste Schutz- und Stützfunktion des Kindes, um die ihm mitgegebene Fülle an Potenzialen bestmöglich zu entfalten.

Wenn wir uns den Ist-Zustand Kind und Familie am Beginn des dritten Jahrtausends vergegenwärtigen, müssen wir eingestehen, dass die Worte Albert Schweitzers immer noch Gültigkeit haben: „Wagen wir die Dinge zu sehen, wie sie sind. Es hat sich ereignet, dass der Mensch ein Übermensch geworden ist. (...) Er bringt die übermenschliche Vernünftigkeit, die dem Besitz übermenschlicher Macht entsprechen sollten, nicht auf. (...) Damit wird nun vollends offenbar, was man sich vorher nicht recht eingestehen wollte, dass der Übermensch mit dem Zunehmen seiner Macht zugleich immer mehr zum armseligen Menschen wird. (...) Was uns aber eigentlich zu Bewusstsein kommen sollte und schon lange vorher hätte kommen sollen, ist dies, dass wir als Übermenschen Unmenschen geworden sind."[40]

Sind wir alle nicht auch ein wenig zu Unmenschen geworden, nicht nur im Umgang mit den Ressourcen unseres Planeten, sondern auch mit den menschlichen Ressourcen und zunehmend der unserer Kinder? Der Ist-Zustand Kind und Familie am Beginn des 21. Jahrhunderts ist einer der scheinbar endgültigen Teilung, Entfremdung und Entwertung. Der immer größer werdende *Stumme Schrei* unserer Kinder könnte in ein paar Jahrzehnten zu einem großen, lauten, kollektiven Schrei werden. Von Ernst Bloch stammt der (scheinbar) paradoxe Appell: „Vorwärts zu unseren Wurzeln!"

Wenn wir uns die Frage stellen, wohin wollen wir eigentlich als gesamte Gesellschaft – und diese Frage müssen wir uns bei *diesem* Befund Ist-Zustand Kind und Familie stellen – sollten wir uns zuvor in Erinnerung rufen, welchen *Wert* Kind und Familie einmal hatte. – Nicht ohne Grund.

Teil II

Zeit-Reise zur Geschichte der Kindheit und Familie

Vor rund 70 000 Jahren wanderte der Homo sapiens von Ostafrika nach Arabien. Von dort aus breitete er sich rasch über weite Teile Europas und Asiens aus, bis er zuletzt vor etwa 12 000 Jahren Südamerika besiedelte. Etwa zwei Millionen Jahre lang lebten gleichzeitig mehrere Menschenarten bis vor rund 10 000 Jahren auf unserem Planeten. Warum der Sapiens die einzige verbliebene Menschenart ist, wissen wir trotz zahlreicher Theorien bis heute nicht mit Sicherheit.
Ein Geheimnis des „Siegeszuges" unserer Vorfahren lag in der Art und Weise, wie sie mit- und zueinander lebten. Am Anfang war *Familie* ....

Der Übergang vom Affen zum Menschen,
das sind wir.

Konrad Lorenz

Geschichte ist wichtig. Wenn Sie von Geschichte
keine Ahnung haben, ist das, als wären Sie gestern geboren.
Und wenn Sie gestern geboren sind, dann kann Ihnen jeder
da oben, der eine Machtposition hat, alles Mögliche erzählen,
und Sie sind nicht in der Lage, es nachzuprüfen.

Howard Zinn

Um ein Kind zu erziehen, braucht es ein ganzes Dorf.

Afrikanisches Sprichwort

1

Die Nachtigall, Fadenwürmer oder die Evolution *durch* Familie

Wer kennt und erkennt ihn heute noch, den wunderbaren Gesang der Nachtigall? Ihr Gesang ist überaus komplex und besteht aus mehreren Strophen dicht gereimter Einzel- oder Doppeltöne. Er ist auch äußerst wohltuend für die menschliche Seele. Wenig verwunderlich, dass er nicht nur Einzug in die Weltliteratur, sondern auch in die wissenschaftliche Forschung fand.[1]

Die Nachtigall hat für ihren artspezifischen Gesang kein „genetisches Programm". Er ist ihr ebenso wenig angeboren, wie der von anderen Singvögeln. Im Gehirn der Nachtigall gibt es eine „für die Generierung dieses Gesangs zuständige Region, die sich erst nach dem Schlupf entwickelt. Die Nervenzellen dieser Region bilden zunächst eine Vielzahl von Fortsätzen und Kontakten aus, von denen im Verlauf der weiteren Entwicklung jedoch nur diejenigen erhalten bleiben, die durch das Hören des artspezifischen Gesangs stabilisiert werden, den der Vater normalerweise in der Nähe des Nestes immer wieder ‚vorsingt'."[2] Die Nachtigall erlernt ihren wunderbaren Gesang *nachgeburtlich* durch ihren Vater. Daher *schützen* die Eltern ihr Junges besonders und achten genau darauf, wohin sie das Nest bauen. Würde das Nest in der Nähe eines Bauernhofs mit häufig krähendem Hahn gebaut sein, ihr Gesang würde eher an Hahnengeschrei erinnern. Befände sich ein ständig bellender Hund in der Nähe des Nestes, wäre der Gesang der Nachtigall-Jungen eher ein bellender. Die Weitergabe und der Erhalt des artspezifischen Gesanges ist bei allen Singvögeln eine *Familienangelegenheit*. Voraussetzung ist: Schutz, Achtsamkeit und Sorgfalt gegenüber den Nachkommen. „Bei Vögeln, Beutel- und Säugetieren findet man eine Vielzahl von Beispielen für solche initialen Programmierungen, die wie genetisch bedingte, angeborene Verhaltensweisen aussehen, sich aber bei genauerer Betrachtung als früh erworbene Prägungen erweisen."[3]

Bei Herdentieren, beispielsweise Pferden, ist es grundsätzlich nicht anders. „Wem sie später nachlaufen, hängt davon ab, bei wem sie aufgewachsen sind. Ein Pferd, das von einem Zebra gesäugt und aufgezogen wurde, wird sich später immer lieber einer Herde Zebra anschließen als einer Herde von Pferden. Es hat eben kein genetisches Programm, das ihm sagt: ‚Du bist ein Pferd', sondern die Verschaltungen in seinem Gehirn werden erst nach seiner Geburt von den Erfahrungen programmiert, die es während seiner frühen Entwicklung macht. Seine genetischen Anlagen legen lediglich fest, dass sich ein Gehirn ausbilden kann, welches zum Zeitpunkt seiner Geburt noch nicht fertig verschaltet ist. Wie die noch offenen Nervenbahnen, die sein späteres Verhalten als Herdentier lenken, dann tatsächlich miteinander verknüpft werden, hängt davon ab, welche Erfahrungen es nach seiner Geburt machen wird."[4]

Die Weitergabe des artspezifischen Verhaltens ist bei sehr vielen Tierarten eine Frage der nachgeburtlichen Prägung. Dabei ist, wie auch beim Menschen, nicht unbedeutend, wie sorgsam, nennen wir es liebevoll, das Verhalten der Eltern ist. Bei Laborratten wurde folgendes beobachtet. Es gibt Rattenmütter, die sich besonders sorgsam um ihre Jungen bemühen, und andere, die kein ordentliches Nest bauen, ihre Jungen immer wieder alleine lassen oder sie womöglich sogar auffressen. „Vertauscht man nun sofort nach der Geburt einen Teil der weiblichen Jungen so, dass eine ‚gute' Mutter zur Hälfte ihre eigenen, zur anderen Hälfte die Jungen einer ‚schlechten' Mutter aufzieht, so werden aus all diesen Rattenmädchen später einmal sorgfältig um ihre Jungen bemühte Mütter. Umgekehrt werden alle weiblichen Nachkommen, die bei einer nachlässigen Mutter groß geworden sind, auch wenn sie von einer ‚guten' Mutter abstammen, selbst wieder ‚schlechte' Mütter."[5]

Beim Menschen ist es nicht viel anders. So wie wir als einzelne Menschen geworden sind, hängt überwiegend von unseren nachgeburtlichen Prägungen und den *Erfahrungen*, die wir dabei gemacht haben, ab. Vorrangig durch den Umgang unserer Eltern mit uns und (heute vorwiegend) durch die „kulturelle" und gesellschaftliche Umgebung.

Die Sozialisation des Kindes erfolgte über zehntausende Jahre primär innerhalb und durch die Familie und das „wirkliche Leben". Wenn wir also immer früher und länger unsere „Jungen" abgeben, in Krippe, Kindergarten und „Fremdbetreuung" (was keine andere Tierart macht), so dürfen wir auch nicht verwundert sein, wenn unsere Kinder das Verhalten dieser (fremden) Erfahrungswelt ein Stück mit übernehmen und später widerspiegeln.

Wir Menschen haben kein „genetisches Programm", dass uns zu liebevollen, umsichtigen, gebildeten oder zu egoistischen oder gar bösartigen Menschen macht. Nicht nur Eltern sollten sich ein wenig die Nachtigall als Vorbild nehmen.

Das Individuelle und Besondere, das jedem Menschen innewohnt, entsteht und wächst durch *Schutz* (vor fremden und störenden Einflüssen) und durch einen achtsamen und liebevollen Umgang der Eltern, Bindungs- und nahen Bezugspersonen. – Bis die Wurzeln des *Mensch-Seins* tief genug sind. „Das Wasser nimmt die guten und die schlechten Eigenschaften der Schichten an, durch die es läuft, und der Mensch die des Klimas, in welchen er geboren wird", wusste schon Balthasar Gracián im 17. Jahrhundert.[6]

Mit großem weltweiten Medieninteresse wurde verfolgt, als in den letzten Jahrzehnten Wissenschaftler verkündeten, den „letzten" Schritt zur Erklärung des Menschen anzutreten: Die Aufspaltung und Untersuchung des menschlichen *Genoms*. Die Entschlüsselung des ersten menschlichen Genoms dauerte 15 Jahre und kostete drei Milliarden Dollar. Was dabei zu Tage gefördert wurde, ist ein wenig nüchtern. Unsere Gene unterscheiden sich nur äußerst marginal von denen der Fadenwürmer. Und: Sie haben sich seit über 100 000 Jahren kaum verändert. Der Neandertaler (Homo neanderthalensis) in Europa, wie auch unsere unmittelbaren Vorfahren, der *Homo sapiens* in Afrika, besaßen kaum ein anderes genetisches Programm als wir heutigen Menschen. Dennoch können die *Evolution* und die kulturelle Entwicklung des Menschen durchaus als spektakulär bezeichnet werden. Dieser Prozess wurde immer wieder durch große klimatische Veränderungen mitgeformt und manchmal gehemmt. Damit einhergehend fand der Mensch stetig veränderte Lebensbedingungen (Pflanzen- und Tierwelt) vor. Dieser Aspekt lag lange Zeit im Zentrum wissenschaftlicher Forschung.

Zunehmend zeigt sich, dass der entscheidende Faktor der erfolgreichen Evolution und die spätere enorme kulturelle Entwicklung des Menschen, die Ausprägung und im weiteren Wertschätzung der Sippe und des Familienverbandes war. „Je besser die Eltern, vor allem die Mütter, in der Lage waren, Bedingungen zu schaffen, die die Herausbildung dieser emotionalen Fähigkeiten bei ihren Nachkommen ermöglichten, desto größer waren die Überlebenschancen der ganzen Sippe."[7] Voraussetzung für die Entwicklung des Familienwesens war eine enge emotionale Bindung der Eltern *zueinander* und *zu* ihren Kindern. „Hand in Hand mit dieser Eltern-Kind-Bindung vollzog sich eine atemberaubende Zunahme der geistigen, emotionalen und sozialen

Kompetenzen derjenigen Sippen, bei denen diese Bindung am weitesten entwickelt werden konnte. (...) An diesem Punkt schieden sich nun die Geister während der frühen Phase der Menschheitsentwicklung endgültig. Diejenigen Sippen, die diese emotionale Bindung nicht entwickeln konnten, boten keine Voraussetzung für die Herausbildung immer langsamer ausreifender und deshalb immer lernfähigerer Gehirne. Ohne solche Gehirne konnte keine enge Bindung der Nachkommen an möglichst viele Mitglieder ihrer Horde erlernt werden. (...) Unseren eigenen Vorfahren muss es immer wieder gelungen sein, das Band, das sich zwischen den Eltern und ihren Nachkommen spannte, zu erhalten und zu festigen. Ebenso müssen sie es verstanden haben, das zweite noch viel wichtigere Band immer fester und haltbarer zu machen. Es muss ihnen gelungen sein, das Gefühl einer engen Bindung zwischen den Mitgliedern ihrer Familie, ihrer Großfamilie, ihres Stammes und ihrer immer größer werdenden Gemeinschaft in die Gehirne ihrer Nachkommen einzugraben. Je besser sie in der Lage waren, dieses Gefühl der Zusammengehörigkeit zu entwickeln, desto besser ließen sich die individuellen geistigen und körperlichen Fähigkeiten und Fertigkeiten der einzelnen Mitglieder zur Festigung des Gemeinwesens, zur Erschließung neuer Ressourcen und zur Abwehr äußerer Feinde nutzen."[8]

In der Sippe und dem Familienverband wurde das bereits Erworbene bewahrt und weitergegeben. Diese Kernzelle aller erfolgreichen menschlichen Kulturen war auch der bestmögliche Ort, um nach Höherem zu streben, sich ständig weiter zu entwickeln.

Die Entwicklung des Familienverbandes und im Weiteren der Verwandtschaftssysteme war entweder *matrilineal* (stärkere auch rechtlichen Bedeutung der Mutter und der mütterlichen Vererbungslinie) oder *patrilineal* (stärkere Betonung des Vaters und der väterlichen Vererbungslinie) geprägt.

Stark matrilineal geprägt waren z. B. nordamerikanische und einige südamerikanische Indianervölker, wie z. B. der Stamm der Hopi, Irokesen oder Navajo. Stark matrilineale Systeme finden sich auch heute noch in einigen Regionen Afrikas.

Patrilineale Gesellschaften entwickelten sich im Bereich des Nahen Ostens, im Balkan und Mittelmeerraum. Im asiatischen Raum entwickelten sich beide Gesellschaften, wie auch eine „Bilinearität".

„Im Gegensatz zur Matrilinealität spielte die Patrilinealität der Verwandtschaft in Europa historisch durchaus eine bedeutsame Rolle. Charakteristisch für Europa wurde jedoch, dass sich während Antike und Mittelalter in weiten

Teilen ein bilineares Verwandtschaftssystem durchsetzte. Eines der Kennzeichen dafür ist der Rückgang einer sprachlichen Differenzierung zwischen Verwandten väterlicher- und mütterlicherseits und der Übergang zu einer homogenen Verwandtschaftsterminologie, wie wir dies heute im Deutschen bei den einheitlichen Bezeichnungen von Onkel und Tante, Cousin und Cousine für beide Verwandtschaftslinien haben. Dieser Übergang zu bilinealer Verwandtschaft geschah in einigen Regionen Europas, wie z. B. in Griechenland, schon sehr früh." [9]

Ganz gleich, ob überwiegend matrilineal, patrilineal oder bilineal: Die erfolgreiche menschliche und kulturelle Entwicklung fand im Bewusstsein zweier Dinge statt: Dem der Wichtigkeit emotionaler Eltern-Kind-Bindung und dem Bewusstsein, dass der Mensch untrennbarer Teil der Natur ist. Alle uns vorausgegangenen Kulturen besaßen ein spirituelles, nennen wir es *geistiges* Bewusstsein gegenüber allem Lebendigen, Tier- und Pflanzenwelt. Je mehr in einer Gruppe oder Gesellschaft der Intellekt, die Ratio, Religion oder Ideologie (zuweilen auch Mythologie) das Handeln aller beeinflusste und bestimmte, desto mehr ging anderseits die Achtsamkeit gegenüber dem Lebendigen *und* auch der intuitive und vertrauensvolle Umgang mit der Eltern-Kind-Bindung zurück. Manchmal führte es auch zum Zusammenbruch und Verschwinden einer ganzen Kultur.

„Es ist an der Zeit, unserem Leben wieder die Lebendigkeit zurückzugeben, die diesem zueigen ist. Das heißt auch, dass wir die geistige Dimension unserer Existenz wieder erkennen müssen, die wir verdrängt haben, denn deren Verlust in der modernen Welt wiegt schwer. Der moderne Mensch erfährt sich als etwas von der Natur Getrenntes, als gleichsam außerhalb der Natur lebend. Wir können diesen Zustand ‚Naturvergessenheit' nennen. (...) Die Illusion der Trennung führte dazu, dass wir einerseits das Machbare heillos überschätzen und anderseits unterschätzen, was für Möglichkeiten der Teilhabe wir tatsächlich haben."[10]

In unseren Kinderbüchern und Animationsfilmen wimmelt es geradezu von verschiedensten Tieren in üppigen Landschaften. Die faktische Realität ist eine andere. „Schon lange vor der industriellen Revolution hielt der *Homo sapiens* den traurigen Rekord als dasjenige Lebewesen, das die meisten Tier- und Pflanzenarten auf dem Gewissen hat. Wir haben die zweifelhafte Ehre, die mörderischste Art in der Geschichte des Lebens zu sein."[11]

Innerhalb der letzten 40 Jahre setzte das bisher größte Artensterben auf unserem blauen Planeten ein. Erstmals sind dafür nicht auch

Klimaveränderungen, riesige Vulkanausbrüche, Eiszeit oder ähnliches mitverantwortlich, sondern ausschließlich der Mensch selbst. Die „Rote Liste" der Weltnaturschutzunion (JUCIV) enthält im Juni 2013 nur noch 70.294 Arten, davon waren laut JUCIV 20.934 bedroht. Ca. 30 Prozent aller Tier- *und* Pflanzenarten sind (zum Teil akut) bedroht! Giraffen, Löwen, Tiger und andere Wildtiere dienen zur Illustration und werden in Filmen immer öfter personifiziert, in freier Wildbahn sind sie kaum mehr zu finden.

Auch der „Familienverband", speziell die Eltern-Kind-Bindung, erfuhr in den letzten Jahrzehnten ihre bisher größte „Bedrohung" und den größten Teilungsprozess innerhalb der gesamten Geschichte der Menschheit. – In deren Mittelpunkt immer auch eine *Ehrfurcht* vor der Familie stand.

„Der fundamentale Irrtum, der das menschliche Leben und die Geschichte mehr und mehr bestimmt hat – der Ich-Irrtum, der Glaube an die Identität, an ewige Substanzen - findet auch in der menschlichen Gesellschaft seinen Ausdruck. Die Dominanz des Ökonomischen über alle anderen Lebensbereiche kann als zunehmende Macht dieser Verblendung gesehen werden. (...) Man weiß es zwar schon seit Jahrtausenden, hat es aber vergessen – und so erscheint ein Ergebnis der Glücksforschung als neue Erkenntnis: Glück erwächst aus Verbundenheit, aus der Gemeinschaft mit anderen und aus kreativer Tätigkeit. Die Arbeitsteilung und die Vermittlung des sozialen Miteinanders durch das Geld haben die Gemeinsamkeit der Menschen zerrissen und damit die eigentliche Quelle von Glück zerstört."[12] Das Grundwesen von *Familie* ist nicht das ICH, sondern das WIR. Ist Verbundenheit und Gemeinschaft. Sie ist die Kernzelle des Individuellen *im* Allgemeinen.

Von der Entstehung der Sippe und des Familienverbandes vor über hunderttausend Jahren bis hinein in die *Antike*, der römischen Republik und des Kaiserreiches, den griechischen, persischen, chinesischen und anderen Hochkulturen wusste man um den *Wert* der Familie. „Die antiken Autoren glaubten, Staat und Gesellschaft seien auf die Familie gegründet, und als Augustus, der erste römische Kaiser, die Gesellschaft umfassend zu reformieren suchte, richtete er sein Augenmerk vor allem auf die Institution Ehe und Familie. Die Familie war die wichtigste soziale Einheit."[13] In ihr gab es eine Reihe von Funktionen, die heute durch den Staat und andere gesellschaftliche Institutionen übernommen werden: „In der Religion, dem Rechtswesen, der Wirtschaft, der Erziehung."[14] Das antike Griechenland und Rom hatten ein Schulwesen, aber die Erziehung der Kinder fand überwiegend in der Familie statt. „In Athen oblag sie allein den Eltern (im Gegensatz zu Sparta, wo sie vom Staat überwacht wurde). Kein Gesetz schrieb dem Vater vor, seine Kinder in die Schule zu schicken. Vermutlich konnte allerdings zumindest die Mehrzahl der Menschen wenigstens lesen und schreiben. Selbst einfache Leute verfügten über diese Fertigkeiten."[15] Das ist beachtlich, wenn man bedenkt, dass heute nach neunjähriger Pflichtschulzeit viele Jugendliche nicht mehr ausreichend lesen und schreiben können. In einem KURIER Artikel stellte ein Sozialexperte fest: „Die meisten unserer jungen Leute sind funktionelle Analphabeten. Was tun mit 72.000 jungen Österreichern, die kaum lesen und schreiben können?" Diese Zahl bezieht der Sozialexperte Andreas Pollak auf die derzeit 72.000 Schulabgänger, die die „Schulpflicht" erfüllt haben. Die Ursachen für diese Misere sind für Pollak: „Das liegt in erster Linie an der fehlenden Realitätsnähe im System Schule. Dazu kommt, dass das soziale familiäre Netzwerk der jungen Menschen mehr und mehr zusammenbricht. (...) Zunehmend größer wird die Gruppe der psychisch Beeinträchtigten und jener der sozial Verwahrlosten. (...) Und ich betone: Das ist kein Problem das einzig Menschen mit Migrationshintergrund haben."[16]

Einer PIAAC-Erhebung nach kann aktuell ein Anteil von 17,1 Prozent der österreichischen Bevölkerung im Alter von 16 bis 65 Jahren (nach der Pflichtschulzeit!) nicht ausreichend und manche gar nicht lesen. Das sind 970.000 Personen.[17] Die Analphabetisierungsraten sind im Übrigen in allen westlichen und „hochentwickelten" Ländern mit Regeschulsystem ähnlich. Es gibt eine Menge (auch wissenschaftlicher) Indizien dafür, dass diese Analphabetisierungsrate von 15-20 Prozent vor der flächendeckenden Durchsetzung der Schulpflicht im 19. Jahrhundert keinesfalls höher, möglicherweise sogar niedriger war. War der Zweck der Massenbeschulung überhaupt das Menschenkind zu alphabetisieren und zu bilden? Ist die (frühe) Massen-*Grundbeschulung* vielleicht einer der größten Irrtümer unseres viel zitierten „Abendlandes"?

Dieses Buch ist eine Spurensuche, das versucht auf diese und andere Fragen nicht *eine* Antwort zu finden, sondern versucht daran zu *erinnern*, was wir vielfach vergessen oder manches bewusst verdrängt haben.

Über zehntausende Jahre wuchs das Kind bis es „tiefe Wurzeln" hatte, eine gereifte Persönlichkeit war und zumeist das Jugendalter erreichte, im Familienverband und inmitten des „wirklichen Lebens" auf. Die Kernfamilie (Mutter, Vater, Kind) war dabei die häufigste Familienform, bedingt auch durch eine zeitweilig geringe Lebenserwartung. Die Kernfamilie konnte auch im eigenen Haus jederzeit durch Verwandte erweitert werden. Die Griechen hatten nicht einmal ein eigenes Wort für Kernfamilie. In der römischen Gesellschaft überwog die patriarchalische Großfamilie, in der Oberschicht eher die Kernfamilie.

Im römischen Ägypten sind komplexe Familienformen, Drei-Generationen, ja sogar Vier-Generationen-Familien bezeugt. In der römischen und griechischen Antike war die Familie in sich sehr heterogen. Kinder lebten damals schon mit Stiefeltern und Stiefgeschwistern zusammen und hatten eine Fülle von weiteren Bezugspersonen, zu denen eine mitunter enge emotionale Bindung bestand. Neben anderen Familienangehörigen auch zu Sklavinnen (Ammen) und Sklaven, die oft die Erziehung leiteten.[18] Auch zu Nachbarn und Freunden der Familie konnten Kinder eine enge emotionale Bindung haben. Über zehntausende Jahre erfolgte die *Sozialisation* in der Sippe und im Familienverband. Erziehung *und* Bildung war reine Familienangelegenheit.

Das alles muss wohl äußerst förderlich gewesen sein. Die Spezies Mensch klettert nicht mehr auf Bäumen und verharrte nicht im Zustand des „Jägers und Sammlers". Wir haben im römischen Reich die Staatsform der *Republik* und in den griechischen Hochkulturen die *Demokratie* entwickelt. Der Mensch hat großartige *architektonische Leistungen* vollbracht. Ob das Kolosseum in Rom oder die vielen Tempeln in Griechenland. Kanalisation, zentrale Wasserversorgung, das *Recht*, die *Philosophie, Astronomie, Astrologie,* großartige *Literatur, Mathematik, Staatslehren,* und vieles, vieles mehr hat der Mensch hervorgebracht. Ohne Massenbeschulung, Schulpflicht, Kindergarten, Krippe und „Frühförderung". Über zehntausende Jahre war Erziehung *und* Bildung eine Einheit und fand überwiegend innerhalb und durch den Familienverband statt. Die große Erfolgsgeschichte *Evolution und Geschichte des Menschen* ist eine *durch* Familie und auch eine *in Liebe.* Was uns in den letzten zehntausenden Jahren am allermeisten vorwärts brachte, waren nicht Einzelgängertum, Spezialisierung, nicht Trennung oder Konkurrenz, sondern das waren immer *ko-kreative* Prozesse. Dabei war der Mensch *Frei-Lernender*.

2

Vom Lehren zur Belehrung

> Wenn man den Weg verliert,
> lernt man ihn kennen.
>
> *Sprichwort der Tuareg*

Der „Affen-Mensch" ging irgendwann aufrecht, nicht weil ihm ein Pädagoge erklärte, das Aufrechtgehen sei für den Fortbestand und die Weiterentwicklung seiner Spezies äußerst vorteilhaft. Dieser entscheidende Schritt hin zur *Mensch-Werdung* vollzog sich von alleine, selbstbestimmt und in Freiheit.

Die Evolution hin zum *Homo sapiens* würde uns auch daran erinnern, dass es zu unserer nachhaltigen Weiterentwicklung keines Druckes von außen, keiner Belehrung, Reglementierung oder gar Befehle durch andere Artgenossen bedarf.

Mit jeder Geburt eines Menschenkindes wiederholt sich der wohl größte Schritt der Evolutionsgeschichte aufs Neue. Jedes Kleinkind will von sich aus nach dem Krabbeln aufrecht gehen. Das eine früher, das andere später. Es macht es von ganz alleine, wenn man es dabei auch in Ruhe lässt. Es gibt leider immer wieder Eltern, die glauben oder in „Ratgebern" gelesen haben, man müsste dem Kind dabei behilflich sein.

In den letzten Jahrhunderten – in einer vergleichsweise sehr kurzen Zeitspanne der Menschheitsgeschichte – sind folgende *Trennungsschritte* vollzogen worden: Zuerst einmal wurde die *Bildung* schrittweise von der (eigenen) Familie getrennt. Dieser Schritt erfolgte in Zustimmung der Eltern und mit der Absicht, das im Familienverband Erworbene zu erweitern und die Potenziale und Talente des Kindes bestmöglich zur Entfaltung zu bringen. Um ein guter Ritter zu werden, lebten und lernten viele Jungen an einer fremden Burg, in einem familiären Verband. Damit das eigene Kind ein möglichst guter Handwerker wurde, gaben manche Eltern ihr Kind in einen fremden (Familien-) Lehrbetrieb. Auch um das im eigenen Betrieb erworbene Wissen und Können zu erweitern. Andere Eltern ließen ihr Kind im eigenen Familien-Betrieb *lernen*. In jedem Fall war es eine Entscheidung der Eltern.

Schrittweise wurde die Bildung außerhäuslich in verschiedensten Formen von Lehrbetrieben, Schulen und Universitäten vollzogen. Parallel dazu blieb aber den Eltern die „Erziehung" vorbehalten. Das Vermitteln von kulturellen und individuellen *Werten*.

Die „Lehrer" waren Gelehrte, Mentoren, Verwandte oder einfach wissende Menschen, die aus *Erfahrung* oder Begabung etwas besonders gut konnten. Mit der Schulpflicht und der flächendeckenden Beschulung wurden die *Gelehrten* durch *Pädagogen* ersetzt. Dieser Schritt führte im Weiteren dazu, dass außerhäusliche Bildung mit *Erziehung* verknüpft wurde. Als schließlich Schule eine rein staatliche Angelegenheit und Aufgabe wurde und die *Schulpflicht* einsetzte, begann nicht nur eine Ökonomisierung, sondern auch eine Ideologisierung des Lehrens und des Lernens. Bildung und religiös oder ideologisch motivierte Erziehung wurden verknüpft und fand seit ca. 300 Jahren in Europa kontinuierlich außerhäuslich und außerfamiliär statt.

Wir begannen Kinder nicht nur etwas zu lehren oder ihre Talente zu fördern, sondern sie wurden zunehmend (bis heute) *belehrt*. Schließlich ging das Lernen durch Erfahrung auf beiden Seiten verloren. Beim Lernenden (Schüler), und noch gravierender, beim Unterrichtenden, dem Lehrer/Pädagogen. Das „Wissen" beruhte zunehmend nicht mehr auf Erfahrung, Begabung und Talent, und damit verlor der Lehrer/Pädagoge seine Autorität, Authentizität und Glaubwürdigkeit. Dafür haben Kinder seit jeher ein außerordentliches Gespür. Zwangsläufig verloren viele Schüler/Lernende den Respekt vor dem *Unterrichtenden*.

Das *Lehren* wurde vorrangig zuerst an den kirchlichen und später an den staatlichen Schulen zu *Unterrichten*. Dieses dem Wesen des Kindes (und Menschen) zuwiderlaufende Unterrichten wurde zur „Durchsetzung" mit einem subtilen System von Bestrafung und Belohnung ergänzt. Die Rute und Ohrfeige mag aus dem Unterricht der meisten Länder verschwunden sein, negative Bewertungen der „Leistungen" des Kindes (und somit des Kindes selbst!) sind durch verschiedene Formen nicht nur durch Noten geblieben. Ganz stark ab dem 18./19. Jahrhundert fand das Wesen der Schulpädagogik auch Einzug in die familiäre Erziehung, vor allem durch Eltern, die in diesem staatlichen Schulsystem sozialisiert wurden.

Das ständige Kommentieren und Bewerten des Verhaltens des Kindes und „Belohnung" und „Bestrafung" wurden zur Erziehungsnorm. Es wurde von den Großeltern, die in diesem (erfundenen) Schul- und Verhaltenssystem sozialisiert wurden, auf die Eltern und von denen auf die Kinder übertragen. Deren Verhalten wurde indirekt auf einer Skala von eins bis fünf bewertet. Sehr gut bis Nicht genügend. Das wurde und wird dann dem Kind mitgeteilt. Ein häufiges Lob, wenn es etwas richtig oder „gut" gemacht hat, wie auch das kritisieren, tadeln oder negativ bewerten, wenn es unseren Vorstellungen oder Erwartungen nicht entspricht, ist nachteilig für die gesamte psychosoziale Entwicklung: für das Selbstbewusstsein, Selbstwertgefühl, und auch für die weitere Lernbereitschaft.

Gravierend nachteilig für das weitere Verhalten und die Entwicklung des Kindes sind: *Belohnung*, wenn es etwas unseren Vorstellungen und Erwartungen gemäß besonders gut gemacht hat. Beispielsweise ein Geschenk (oder Geld) für ein gutes Zeugnis, eine Süßigkeit für „richtiges", braves Verhalten oder ähnliches. *Bestrafung*, wenn sich das Kind unseren Erwartungen gemäß „schlecht" oder nicht „richtig" verhalten hat: zum Beispiel nicht zusammenräumt, eine schlechte Note im Zeugnis und ähnliches.

Ebenso nachteilig für die Entwicklung des Kindes ist, sein Verhalten ob „richtig" oder „falsch" ständig zu *kommentieren*. Das Belehrungs-, Bewertungs-, Bestrafungs- und Belohnungskonzept ist auch Teil einer *direktiven* Pädagogik, die über die staatliche Schulpädagogik Einzug in die allgemeine familiäre Erziehung fand. Die nicht-direktive Pädagogik (kein Bestrafen, Belohnen, Bewerten und ständiges Kommentieren des kindlichen Verhaltens) ist Teil auch der *Reformpädagogik*.[1] Ihr Wesen ist das *Vertrauen* in den eigenen individuellen „Bauplan" und die jeweiligen Talente, Begabungen, Fähigkeiten und Bedürfnisse des Kindes. Eltern reagieren intuitiv und vertrauensvoll auf das Verhalten ihres Kindes gemäß des Maria Montessori Grundsatzes „Hilf mir, es selbst zu tun". Seit Menschengedenken dürften Familien wohl eher dem Weg der „Reformpädagogik" – intuitiv – gefolgt sein, sonst wäre die große Evolution Mensch nicht erfolgt. Die Reformpädagogik setzte daher auch erst etwa in der zweiten Hälfte des 19. Jahrhunderts ein, als die staatliche, direktive Schulpädagogik weitgehend auch in die familiäre (häusliche) Erziehung eingezogen war.

Über Jahrtausende war „Erziehung" *und* Bildung eine Frage der *Beziehung*. Auch die *Gelehrten* waren Menschen, zu denen die Schüler vor allem eine Beziehung hatten. Durch die Massenbeschulung wurde Bildung zu einem *beziehungslosen* Belehrungsvorgang, in dem Fremd-Wissen vermittelt wurde. Viele in diesem Schulsystem groß gewordene Erwachsene übertrugen dann naturgemäß dieses „Konzept" auf ihre eigenen Kinder. Was nicht nur sehr viele Pädagogen, sondern leider auch Eltern machen, ist Menschen *artfremd*.

„Niemand käme auf die Idee, kleine Kätzchen auf das Mäuse-Fangen vorzubereiten, indem durch Lernprogramme zunächst das Stillsitzen und Beobachten, später das Zupacken und Festhalten und schließlich das Fressen einer Maus geübt wird. All das lernen die kleinen Kätzchen von allein, allerdings nur dann, wenn man sie nicht laufend dabei stört (ihnen also die zum Erlernen und Einüben dieser Fähigkeiten erforderlichen Spielräume nimmt), und wenn die Kätzchen Gelegenheit haben, einer anderen Katze zuzuschauen, die das Mäusefangen bereits beherrscht. Genau so geht es auch allen Säugetieren, die ein Gehirn besitzen, dessen endgültige, für die Bewältigung der jeweiligen artspezifischen Leistungen erforderliche innere Struktur erst während der Kindheit nutzungsabhängig herausgeformt wird. Menschenkinder müssen fast alles, worauf es in ihrem späteren Leben ankommt, durch eigene Erfahrungen lernen."[2]

Seit es den Homo sapiens, uns Menschen gibt, also seit über 100.000 Jahren, hat sich an unseren genetischen Anlagen nichts mehr geändert. „Wir hätten also, wenn all das, was wir sind, durch unsere Gene gelenkt würde, schon damals lesen und schreiben, Rad fahren und auf den Mond fliegen können."[3]

Was uns von anderen Lebewesen unterscheidet, ist unser zeitlebens programmierbares Gehirn. „Keine andere Spezies kommt mit einem derart unreifen und deshalb offenen, lernfähigen und durch eigene Erfahrungen in seiner weiteren Entwicklung und strukturellen Ausreifung gestaltbaren Gehirn zur Welt wie der Mensch. *Nirgendwo im Tierreich sind die Nachkommen beim Erlernen dessen, was für ihr Überleben wichtig ist, so sehr und über einen vergleichbar langen Zeitraum auf Fürsorge und Schutz, Unterstützung und Lenkung durch die Erwachsenen angewiesen, und bei keiner anderen Art ist die Gehirnentwicklung in solch hohem Ausmaß von der emotionalen, sozialen und intellektuellen Kompetenz dieser erwachsenen Bezugspersonen abhängig wie bei uns Menschen.*"[4] (Hervorhebung durch MH)

Wie unser Gehirn wird, sich „entwickelt", hängt alleine davon ab, in welcher Lebenswelt man aufwächst. Jedes Kind hat einen ganz besonderen, seinen eigenen Körper, der sich im Mutterleib formt und dort das „Urvertrauen" kennenlernt. „Weil sich die im Gehirn bereits vorgeburtlich herausgebildeten Nervenzellverknüpfungen anhand der aus diesem Körper im Gehirn eintreffenden und wieder in den Körper zurückführenden Signalmuster strukturieren, hat auch jedes Kind zum Zeitpunkt seiner Geburt schon ein ganz besonderes, einzigartiges, genau zu seinem Körper passendes, anhand dieses Körpers herausgeformtes Gehirn."[5] Alles was ein Menschenkind in den nächsten Jahren lernen muss, wird von anderen Menschen übernommen. Keiner dieser kulturspezifischen Leistungen ist angeboren.

Ohne *erwachsene* Vorbilder hätte ein Kind nicht einmal aufrecht gehen gelernt, es wäre ihm nicht möglich, sich in einer bestimmten Sprache auszudrücken. Wer Migrantenfamilien in seinem Bekanntenkreis hat, wird vielleicht schon beobachtet haben: Sprechen beide Eltern zuhause nur ihre Muttersprache, wird das Kind primär auch nur diese Sprache des elterlichen Herkunftslandes sprechen. Haben Eltern unterschiedlichen Migrationshintergrund, beispielsweise der Vater ist aus England, die Mutter aus Norwegen (beide leben in Deutschland), und spricht jeder mit dem Kind in seiner Muttersprache, lernt das Kind in der Regel von alleine beide Sprachen. Sprechen die Eltern in bestimmten Situationen zuhause mit und in Gegenwart des Kindes auch deutsch, wächst das Kind von alleine dreisprachig auf. Als „Frühförderung" hingegen ist es aus pädagogischer und neurobiologischer Sicht Unsinn, (Klein-) Kinder eine Fremdsprache lernen zu lassen, wenn bei den Bindungs- und Bezugspersonen diese Sprache gar nicht gesprochen wird. Was Kinder dabei „lernen", ist, ich lerne etwas, was ich gar nicht brauche. Das kann die jedem Kind innewohnende Lernbereitschaft nachhaltig hemmen.

Eine der wichtigsten Erkenntnisse der Neurobiologie ist die: Was für ein Gehirn ein Kind bekommt, hängt nicht nur davon ab, *wie* und *wofür* es benutzt wird und *was* ihm die *erwachsenen Vorbilder* vorleben, sondern was dem Kind dabei als besonders *bedeutsam* erscheint. Die ganzen „Verschaltungen" im Gehirn funktionieren bei einem Kind am besten und nachhaltigsten, wenn es etwas mit *Begeisterung*, mit *Freude* macht. Das kann es nur, wenn man ihm konsequent überlässt, womit es sich beschäftigen, also was es lernen möchte. „Das ist bei allen Kindern zunächst die Steuerung eigener Köperfunktionen und Bewegungsabläufe, später die Gestaltung seiner Beziehungen zu seinen primären Bezugspersonen und erst danach die schrittweise Entdeckung und Gestaltung seiner immer komplexer werdenden Lebenswelt. Dabei macht jedes Kind zwei Grund-Erfahrungen, die tief in seinem Gehirn verankert werden: Die Erfahrung engster Verbundenheit und die Erfahrung eigenen Wachstums und des Erwerbs eigener Kompetenzen. (...) Nur wenn diese beiden Grundbedürfnisse gestillt werden können, ist ein Kind – und später ein Erwachsener – in der Lage, die in seinem Gehirn bereitgestellten vielfältigen

Vernetzungsangebote auf immer komplexer werdende Weise zu nutzen und ein entsprechend komplexes Gehirn zu entwickeln. (...) Ein solches Gehirn konnte jedoch nur durch die allmähliche Freilegung eines Potentiales herausgeformt werden, das in den Nervenzellen schon immer angelegt war, das allerdings durch die zunächst gefundene Lösung der genetischen Steuerung seiner Herausbildung nicht entfaltet werden konnte: die unbegrenzte Teilungsfähigkeit von Neuronen, Fortsätze auszuwachsen und Kontakte mit anderen Nervenzellen zu knüpfen. *Die neue Strategie, die es ermöglichte, diese beiden Potentiale immer besser zu entfalten, hieß Verlangsamung, Verringerung des Differenzierungsdrucks, Verhinderung zu früher Spezialisierungen.*

Unsere Vorfahren müssen also im Verlauf ihrer Entwicklung Strategien gefunden haben, die den Druck zu vorschneller Reifung, Differenzierung und Spezialisierung der im Hirn ihrer Kinder stattfindenden Entwicklungsprozesse schrittweise verringerten. Mit anderen Worten: Die Eltern müssen in der Lage gewesen sein, ihre Kinder vor all jenen Problemen immer besser zu schützen, die diese Kinder zum vorschnellen Erwerb bestimmter Fähigkeiten, zur Aneignung von Überlebensstrategien, zur Erbringung bestimmter Leistungen gezwungen haben: vor Hunger, Not und Elend, Selektionsdruck und Leistungszwang. Und je besser ihnen das gelang, desto länger konnten diese Kinder das in ihrem Hirn angelegte Potential zur Herausbildung möglichst vieler Nervenzellen und zum Knüpfen möglichst vieler Kontakte nutzen. Desto länger blieb deren Hirn in diesem plastischen Zustand. Desto größer war ihre Lernfähigkeit und desto länger blieb sie dann auch erhalten. So einfach lässt sich diese Entwicklung erklären."[6] (Hervorhebung durch MH)

Und wie haben das alles unsere Vorfahren geschafft? Auch darauf gibt es eine einfache Antwort: nicht allein. Das ging nur durch die Bildung von Gemeinschaften, durch gegenseitige Unterstützung, durch den Austausch von Wissen und Können, durch Zusammenarbeit und gemeinsame Anstrengung. Nur dann, wenn Kinder Gelegenheit hatten, in solchen verlässlichen, Sicherheit bietenden und ihre Grundbedürfnisse stillenden Gemeinschaften aufzuwachsen, konnten sie die in ihren Gehirnen angelegten Potentiale, ihre individuellen Talente und Begabungen entfalten.

Werden die oben genannten Grund-Erfahrungen erlebt, wird sich später der Mensch als gleichzeitig verbunden und frei erleben. Wird eines dieser Grundbedürfnisse nicht ausreichend gestillt, leidet das Kind (und später der betreffende Erwachsene) an einem Mangel. Es kommt zu Entwicklungsstörungen, Verhaltensauffälligkeiten, Ersatzbefriedigungen.

Da wir in einer Zeit leben, wo sehr vielen Kindern zunehmend alle notwendigen elementaren Grundbedürfnisse und Grund-*Erfahrungen* verwehrt bleiben, kommt es zu diesem großen (noch) stummen Schrei unserer Kinderseelen. Noch wollen die meisten Erwachsenen diesen stummen Schrei unserer Kinder nicht hören. Vielleicht auch, weil wir vergessen haben, wie wir – so wie wir heute sind – geworden sind. Vielleicht, weil es schmerzt, festzustellen, dass wir in eine Sackgasse geraten sind. „Wenn man den Weg verliert", so lehrt uns ein weiteres afrikanisches Sprichwort, „lernt man ihn kennen." Unser Weg der Menschwerdung war auch einer mit und durch *Familie,* einer in *echter,* heterogener und intimer *Gemeinschaft.*

Das Gras wächst nicht schneller, wenn man daran zieht.

Sprichwort aus Sambia

3

The good guy, seine *Vorbilder* und die Sozialisation des Kindes im „wirklichen Leben"

Experten der WHO prognostizieren für die kommenden Jahre in den hoch entwickelten westlichen Industrienationen einen drastischen Anstieg von Depressionen und angstbedingten psychosomatischen Erkrankungen. Dem gegenüber steht, dass wir in der Menschheitsgeschichte noch nie so viele Möglichkeiten – als Einzelner – hatten, um uns zu verbinden, vernetzen, beraten, informieren, auszutauschen und miteinander in Kontakt zu treten. Die überwiegende Mehrheit der Menschen in unserer „hochentwickelten" Wohlstandsgesellschaft leidet weder an notwendigen materiellen Gütern, noch an Hunger.

Die Medizin verfügt über ein noch nie dagewesenes Wissen, die medizinische Versorgung ist umfassend und beinahe (durch Krankenkassen) umsonst. Die Pharmaindustrie ist die zweitreichste der Welt. Neben Arzt und Apotheker werden psychologische, energetische und spirituelle Konflikt- und Lebensberatung und Therapien in vielen Teilen Europas beinahe an jeder Straßenecke und in jedem Dorf angeboten. Doch scheinbar geht das alles vielfach ins Leere. Immer mehr Menschen (und schon Kinder!) werden krank oder haben einen Mangel, auch, weil sie sich als nicht ausreichend *unterstützt* empfinden und erleben.

Dazu ein Forschungsergebnis an Babys, das zwischenzeitlich in verschiedenste Publikationen Einzug fand.[1] Diese „Babytests" wurden ursprünglich von Kiley Hamlin in ihrer Studienzeit an der Yale University gemeinsam mit ihrer Psychologieprofessorin Karen Wynn entwickelt, und werden heute im Center for Infant Cognition der University of British Columbia, Vancouver, durchgeführt, wo Kiley Hamlin mittlerweile ein Babylab leitet.

Babys, sechs beziehungsweise zwölf Monate alt, wird jeweils ein kurzes Puppentheater vorgeführt: Eine rote, runde Figur versucht den Hang eines stilisierten Hügels zu erklimmen, schafft es jedoch nicht und rollt immer wieder zurück. Bald erscheint von hinten eine gelbe, dreieckige Figur, die nachhilft und anschiebt, bis der rote Kreis den Gipfel erreicht hat. Sichtlich erfreut hüpft die rote Figur auf und ab.

Vorhang. Neue Szene: Wieder versucht der rote Kreis den Berg hinaufzukommen, wieder rollt er mehrmals zurück. Bald erscheint von oben ein blaues Quadrat, das den roten Kreis hinunterdrückt und gar nicht hochkommen lässt.

Sechs- und zwölfmonatige Babys verfolgen gebannt jeweils einzeln mehrmals hintereinander diese Vorführung. Im Anschluss werden ihnen auf einem Tablett die Spielfiguren, das gelbe Dreieck (the good guy, der Helfer) und das blaue Quadrat (the bad guy, der Wegschieber) zur Auswahl präsentiert. 99 Prozent der Sechsmonatigen nehmen die gelbe Figur. Bei den Einjährigen sieht es schon anders aus: Zwanzig Prozent entscheiden sich für die blaue Figur!

Dazu der Neurobiologe Gerald Hüther: „Kleine Kinder identifizieren sich immer mit dem, was ihnen das Richtigere erscheint – und das wählen sie aus. Im Alter von sechs Monaten nehmen alle kleinen Babys, wahrscheinlich überall auf der Welt, den kleinen Gelben, den Unterstützer. Das entspricht der Anfangserfahrung, die jedes Baby gemacht hat: Ohne jemanden, der es unterstützt, wäre es ja noch nicht mal sechs Monate alt geworden. Spannend ist eigentlich erst der zweite Teil dieser Untersuchung. Da waren diese Babys nun sechs Monate älter und auf einmal nehmen zwanzig Prozent dieser Babys den Blauen, den Wegdrücker. Und da muss man sich schon fragen, wie das kommt, das plötzlich Kinder auf die Idee kommen, dass es gar nicht so schlecht ist, wenn man sich auf Kosten anderer durchsetzt. Es ist ja nicht angeboren. Am Anfang haben sie sich alle mit diesem Unterstützer identifiziert. (...) Wenn also Kinder andere wegschieben, wenn Kinder versuchen, sich auf Kosten von anderen durchzusetzen, dann liegt das nicht am Gehirn dieser Kinder, auch nicht an ihren Erbanlagen, sondern es liegt an uns, dass wir es ihnen so vorleben. Und wenn sich das ändern soll, dann müssen wir nicht versuchen, die Kinder zu ändern, sondern die Art und Weise, wie wir zusammenleben und miteinander umgehen!"[2]

Kiley Hamlin und ihr Team von der University of British Columbia haben für dieses Phänomen, dass sehr junge Babys immer den *good guy* wählen, einen Begriff geprägt: ‚Born to be good'. Offenbar kommen alle Menschen als hochsoziale Wesen zur Welt und wollen sich mit- und aneinander freuen, es sei denn, jemand zeigt ihnen, dass sie auf andere Weise besser durchs Leben kommen.[3]

Dazu passt eine Langzeitanalyse der US-Psychologin Sara Konrath. „Seit über 30 Jahren führt ihr Institut Interviews – mittlerweile mit mehr als 13.000

College-Studenten – zum Thema Mitgefühl und Empathie. Das Ergebnis: Die Fähigkeit, sich in andere hineinzuversetzen, nimmt bei jungen Erwachsenen seit 1979 kontinuierlich ab. Die Studenten zeigen immer weniger Anteilnahme für Menschen, denen es nicht so gut geht wie ihnen. In einem Interview ergänzt der britische Psychologe Kevin Dutton, hat ‚gleichzeitig der Narzissmus in dieser Zeit zugenommen, mit dem stärksten Anstieg in den vergangenen 10 Jahren'.

Wir wollen es einmal polemisch auf den Punkt bringen: In den vergangenen 30 Jahren ist eine Generation um sich selbst kreisender Männer und Frauen herangewachsen, für die es vor allem ein Ziel gibt: den eigenen Vorteil zu sichern."[4]

Eine andere Untersuchung von 1966 unter amerikanischen Studienanfängern ergab, „dass nur 44 Prozent von ihnen es für ‚sehr wichtig' oder ‚wesentlich' hielten, viel Geld zu verdienen. 2013 war diese Zahl auf 82 Prozent gestiegen."[5]

Der amerikanische Psychologe Peter Gray zeigt beeindruckend, dass „mit Rückgang des freien Spiels von Kindern" in gemischtaltrigen Gruppen (und im Freien) seit Mitte der 1950er Jahre eine „kontinuierliche Zunahme von Angst, Depressionen und Hilflosigkeit bei jungen Menschen" einhergeht. „Ebenso in Zusammenhang mit diesen Befunden stehen die Zunahme des Narzissmus und der Rückgang der Empathie. (...) Beispielsweise wurde bei Menschen mit einem hohen Narzissmuswert festgestellt, dass sie ihre eigenen Fähigkeiten im Vergleich mit denen anderer überschätzen, bei Kritik ausfallend werden und mehr Wirtschaftsverbrechen begehen als der Rest der Bevölkerung."[6]

Ist der „Casino-Kapitalismus" der letzten Jahrzehnte *ein* Ausdruck der zunehmenden Total-Pflicht-Beschulung und der immer früher institutionalisierten „Bildung" (Ganztages-Kindergarten/Schule) und des historisch einmaligen Rückganges des gemischtaltrigen und freien *Spiels* des Menschenkindes?

Der amerikanische Hollywoodstar Michael Douglas gab anlässlich der Filmpremiere seines neuen Films *Ant-Man* dem KURIER ein Interview. Auf die Frage der Journalistin, „Glauben Sie nicht mehr an die politische Einflussmöglichkeit von Filmen?" antwortete er: „Früher war ich davon überzeugt, dass ich etwas zur Verbesserung unserer Welt beitragen konnte. Solange, bis ich ‚Wall Street' gemacht habe. Nach dem ersten Teil wurden Oliver Stone, der Regisseur des Films, und ich eingeladen, an der New York University einen Vortrag vor Wirtschaftsstudenten zu halten und ihre Fragen zu beantworten.

Sie wissen sicher, dass ich in diesem Film den Gordon Gekko gespielt habe, ein skrupelloses Arschloch, das Firmen, Arbeitsplätze und menschliche Existenzen vernichtet hat, um immer noch mehr Geld zu machen. Diese Haltung ist für mich der Gipfel der Unmoral. Wir waren damals zutiefst deprimiert, als wir merkten, dass die Studenten in Gekko nicht die absolute Negativfigur sahen, sondern ein Vorbild. Ich sagte damals zu Oliver Stone: ‚Gnade uns Gott, wenn diese Generation einmal die Wall Street übernimmt.' Und wir haben ja erlebt, welche Folgen das hatte. Der zweite Teil von ‚Wall Street', in dem wir daran erinnern wollten, dass Gekko zu Recht jahrelang als Verbrecher im Gefängnis saß, hat niemanden mehr interessiert. Die heutigen Wirtschaftsverbrecher gehen nicht ins Gefängnis."[7]

Was *leben* wir unseren Kindern *vor*? Das ist eine der zentralen Fragen, die wir uns gegenwärtig stellen sollten. Wie wurden wir und wie werden unsere Kinder heute *sozialisiert*?

In der neurobiologischen Forschung hat man (zuerst bei Affen, dann beim Menschen) entdeckt, dass wir über sogenannte *Spiegelneuronen* im Gehirn verfügen. Kinder lernen ganz stark durch Beobachtung, Nachahmung, durch „spiegeln". Sie übernehmen ein Stück weit das Verhalten ihrer (erwachsenen) Vorbilder. Eltern, die mehrere Kinder haben, wissen zumeist, dass Kinder auch ganz stark von ihren älteren Geschwistern lernen. Die Sozialisation des Kindes *mit* Geschwistern geht leider ebenso zunehmend verloren.

Wenn ein Säugetier wie wir Menschen mit so einem unreifen, aber enorm entwicklungsfähigen Gehirn auf die Welt kommt und so lange braucht, bis es sich dort mit „tiefen Wurzeln" zurechtfindet, so ist diese Versorgung und Begleitung von keiner Mutter alleine zu schaffen. Dazu wird auch der Vater, Geschwister, Großeltern, eine ganze „Sippe", eben ein „ganzes Dorf" gebraucht. Das ist es, was das afrikanische Sprichwort uns lehrt. Über zehntausende Jahre hat der Mensch dies beobachtet oder intuitiv gewusst und vor allem danach gelebt, was wir heute durch die Wissenschaft erfahren: „Damit ein Baby, ein Kind, ein Jugendlicher oder ein Erwachsener das Verhalten eines anderen Menschen imitiert, damit also das Spiegelneuronensystem in seinem Hirn überhaupt aktiviert wird, muss die betreffende Person wichtig genug sein. Kinder machen nie allen Personen alles nach, sondern nur denen, die sie bewundern, die für sie besonders wichtig sind, mit denen sie sich emotional eng verbunden fühlen. Die sind ihre Vorbilder. Alle anderen können sich anstrengen soviel sie wollen, um einem Kind, einem Jugendlichen, oder einem Erwachsenen etwas beizubringen. Nur wenn die emotionalen Zentren im Gehirn aktiviert werden, geht auch die Gießkanne der Begeisterung an. Und dann wird das, was das Vorbild macht, nicht nur einfach nachgemacht, sondern auch richtig fest in Form entsprechend gedüngter und gewachsener Verschaltungsmuster im Gehirn verankert."[8]

Das Problem dabei ist nur: Kinder imitieren und lernen nicht nur einfache motorische Handlungsmuster und Verhaltenswiesen von ihren „Vorbildern". Wenn ein bewundertes Vorbild (und das ist für sehr lange Zeit einmal jeder Elternteil!) durch das, was er oder sie sagt, schreibt oder singt, durch sein Handeln, Verhalten und Auftreten zum Ausdruck bringt, dass es wichtig und in Ordnung ist andere Menschen abzuwerten oder zu beschämen, dass Egoismus sich lohnt, oder dass man im Leben auch durch Betrug und Lügen weiterkommt, dann wird das Menschenkind in der Regel ebenso. Kinder und Jugendliche sind wie Schwämme, die so ein „negatives" Verhalten und solche Haltungen, und auch die mit diesen Auffassungen zugrundeliegenden Menschen- und Weltbilder, aufsaugen. Sie machen sich das mit umso größerer Begeisterung und umso effektiver und nachhaltiger zu eigen, je abhängiger sie von den Personen sind, die sie als Vorbilder bewundern, denen sie ihre Loyalität beweisen und von denen sie anerkannt werden wollen.

Kinder brauchen für ihre Entwicklung positive erwachsene *Vorbilder,* zu denen sie eine enge emotionale *Beziehung* haben. Von Gleichaltrigen können Kinder und Jugendliche kaum etwas lernen. Fehlen die erwachsenen positiven Vorbilder (Eltern, gemischtaltrige Gruppen, ältere Geschwister), was zunehmend der Fall ist, flüchten Jugendliche und öfter auch schon Kinder in Peergroups mit eigenen Subkulturen. In den weitgehend gleichaltrigen Gruppen orientieren sie sich dann an dem, dessen Verhalten besonders *auffällt,* besonders cool, besonders rücksichtslos, und ähnliches ist. Fehlen die erwachsenen positiven Beziehungsvorbilder, werden die Helden aus der Medienwelt (wie Popstars, Models, zuweilen auch Terroristen und zunehmend die virtuellen aus Chat-Rooms und Computerspielen) zu Vorbildern.

Ein Pädagoge, wie gut ausgebildet er auch sein mag, kann lehren was und wie er will: Ist er für das Kind kein (positives) Vorbild, hat das Kind keine Beziehung zu ihm und ist es innerlich nicht bereit (etwas Neues) zu lernen, dann passiert nicht viel. Zumindest kein freudiger und damit im Gehirn nachhaltig verankerter Lernprozess.

Zwei Dinge wissen wir heute: Den ganzen Stoff der Grund-/Volksschule lernt ein Kind ohne Druck und Pflicht in einem Dreivierteljahr, wenn es dazu innerlich bereit ist. Mehrfach-Studien zufolge geht das ganze „Wissen", dass wir uns bis zum Abitur oder auch dem Pflichtschulabschluss „angelernt" haben, in den darauffolgenden Jahren kontinuierlich verloren. Bereits zwei bis drei Jahre nach dem Abitur/Matura ist der Wissensstand bei einer überwiegenden Mehrheit nahe Null. Genau genommen, bei etwa 10 Prozent.

In der griechischen Antike (und nicht nur dort) suchten Eltern beziehungsweise der Schüler oder Student selbst den Lehrer aus. Daraufhin wurde eine Probezeit vereinbart und „funkte" es zwischen Lehrer und Schüler nicht, dann ließ man es im gegenseitigen Einverständnis wieder sein und probierte es von neuem, bei einem anderen Lehrer. Nachhaltiges Lernen ist nicht nur eine Frage der *Beziehung* und der (erwachsenen) Vorbilder, sondern es ist auch *nur* durch *Erfahrungen* im und durch Beobachtung des „wirklichen Lebens" möglich.

So lernte der kleine Homo sapiens in 99,9 Prozent der bisherigen Menschheitsgeschichte. Die verbrachten wir als Wildbeuter, auch Jäger-und-Sammler-Kultur genannt. Pfeil und Bogen schießen, die Herstellung von Werkzeugen, das Nähen, letztlich alle „Kulturtechniken" erlernte der junge Sapiens von dem, der es gerade am besten konnte. „Unterrichten" war keine Frage einer speziellen Ausbildung oder eines Berufsstandes, sondern von tatsächlichen *Kompetenzen*. Die wiederum wurden nur von (emotional) nahestehenden Personen vermittelt. Das war auch ganz einfach und ging gar nicht anders. Über zehntausende Jahre lebten wir als „Sippe", als (mobile) intime Gemeinschaft. Die bestand aus nicht mehr als 100 bis 150 Mitgliedern.

Der Anthropologe David Lancy hat Kinder in vielen Teilen der Welt beim Spielen und Lernen beobachtet, unter anderem in traditionellen Gesellschaften in Liberia, Papua-Neuguinea und Trinidad. In dem Buch *The Anthropology of Learning in Childhood* stellt er zusammenfassend fest: *Die wichtigste Form des Lernens ist die Beobachtung.*[9]

Über zehntausende Jahre wurde das Kind im Schutz der Familie oder Sippe sozialisiert. Danach erfolgte der Übertritt in die Erwachsenenwelt. „Die Altersklassen des Neolithikum und die griechische *paideia* beruhen auf einem Unterschied und einem Übergang zwischen der Welt des Kindes und der des Erwachsenen, einer Übergangszeit, die im Zeichen der Initiation oder irgendeiner Form von Erziehung stand. (...) Im Mittelalter und am Anfang der Neuzeit – in den unteren Schichten auch noch viel länger – waren die Kinder mit den Erwachsenen vermischt, sobald man ihnen zutraute, dass sie ohne Hilfe der

Mutter oder der Amme auskommen konnten, das heißt, wenige Jahre nach einer spät erfolgten Entwöhnung, also mit etwa sieben Jahren. In diesem Augenblick traten sie übergangslos in die große Gemeinschaft der Menschen ein, teilten ihre Freunde, die jungen wie die alten, die täglichen Arbeiten und Spiele mit ihnen. Die dem Gemeinschaftsleben eigene Dynamik zog alle Altersstufen und Stände in den Sog, ohne irgendjemandem Zeit zur Einsamkeit und zur Intimität zu lassen. Innerhalb dieser sehr intensiven, in hohem Maß kollektiven Lebensformen, gab es keinen Raum für einen privaten Sektor."[10]

Das wesentliche Faktum der mittelalterlichen Gesellschaft ist: Sie hatte keine Vorstellung von Erziehung (im heutigen Sinne). Über zehntausende Jahre spielte auch die Einteilung in Lebensalter (Kindheit, Jugend, Erwachsene, alter Mensch) keine maßgebliche Rolle. Nicht einmal das genaue Alter des Kindes hatte bis zum 18. Jahrhundert eine gravierende Bedeutung. Sobald ein Kind heute zu sprechen anfängt, bringen wir ihm seinen Namen, den seiner Eltern, und sein eigenes Alter bei. Wir sind dann ganz stolz darauf, wenn der kleine Anton sagt, er ist zwei Jahre alt, als hätte das irgendeine zentrale Bedeutung. „Erst unter Franz dem I (1768-1835) wurde es den Pfarrern zur Pflicht gemacht, Geburten in die Gemeinderegister einzutragen, und diese Maßnahme, die ja Kraft der Konzilbeschlüsse bereits vorgeschrieben war, wurde nicht eher respektiert, bis sich im Volk die Bereitschaft eingestellt hatte, sie zu akzeptieren, nachdem es sich lange Zeit gegen die Unbequemlichkeit einer abstrakten Meldepflicht gesträubt hatte."[11]

Das Bewusstsein und die Beschreibung für die Altersstufen des Menschen waren in jeder Kultur anders und ihre Übergänge fließend. Aus verschiedensten Texten des Mittelalters geht hervor, dass man damals sieben Altersstufen (den Planeten gleich) kannte. „Die erste Altersstufe ist die Kindheit, die die Zähne einpflanzt und es beginnt die Altersstufe, wenn das Kind geboren ist, und dauert bis zu sieben Jahren."[12] Nach der *Kindheit* folgte die zweite Altersstufe, die man *pueritia* nannte und dauerte bis etwa dem 14. Lebensjahr. Die dritte Altersstufe, die *Adoleszenz*, endete zwischen dem 21. und 28. Lebensjahr. Danach folgte die *Jugend*, die die Mitte der Altersstufen hält und verschiedensten Quellen zufolge bis zum 45. oder 50. Lebensjahr reichte. „Auf diese Altersstufe folgte das Alter, von dem einige meinen, dass es bis zum siebzigsten Lebensjahr dauert, während andere meinen, dass es bis zum Tode nicht aufhört. Das Alter wird von Isidor so genannt, weil die Leute dann wieder klein werden, denn die Alten sind nicht mehr wie früher bei Verstand und reden im Alter dummes Zeug... Der letzte Abschnitt des Alters heißt auf Lateinisch *senies*, und im Französischen gibt es dafür keinen anderen Namen als Alter... Der Greis ist voller Husten, Auswurf und Schmutz. (Bis zu dem edlen Greis bei Greuze und in der Romantik ist es noch weit.) Bis der dann zu Staub und Asche wird, daraus er genommen ist."[13]

Kind und Kindheit waren über Jahrhunderte in Europa ein sehr weiter Begriff: Einerseits war „Kind" ein ebenso freundschaftlicher Terminus, dessen man sich bediente um jemanden zu begrüßen, ihm seine Gunst zu bezeugen oder ihn dazu zu bringen, irgendetwas zu tun. Wenn man zu einer Frau fortgeschrittenen Alters sagte: Adieu Mütterchen, dann antwortete sie: Adieu mein Kind, mein Junge, oder: Adieu mein Kleiner. Wenn ein Meister die Arbeiter an die Arbeit schicken wollte, sagte er auch, los Kinder, macht euch an die Arbeit. Der Hauptmann sagte zu den Soldaten auch: Nur Mut, Kinder, seid standhaft. Die Soldaten im ersten Glied, die am meisten gefährdet waren, nannte man „die verlorenen Kinder". Wie P. Ariès anhand von zahlreichen Quellen auch herausfand, war ein „kindliches Gemüt" vom Mittelalter bis weit in die Neuzeit hinein eine Selbstverständlichkeit. Man pflegte gerne (zuweilen auch derb) zu scherzen und lachte vermutlich auch mehr als heute. Kinder waren auch ständig *im* Leben der Erwachsenen präsent. Bis ins 17. Jahrhundert kannte die Kunst die Kindheit entweder nicht oder unternahm doch jedenfalls keinen Versuch, sie darzustellen. Der Kindheit an sich schenkte man also über sehr lange Zeit keine bewusste Bedeutung. Sie war einfach eine *Lebenswirklichkeit*, eine Übergangszeit.

Hingegen wurde das Kind selbst in den letzten Jahrhunderten zunehmend „ins Bild gerückt". – „Das Kind in der Familie, das Kind und seine Spielkameraden, die oft Erwachsene sind, das Kind auf dem Arm oder an der Hand der Mutter, spielend oder auch urinierend, das Kind in der Zuschauermenge der Mirakel-, der Martyrienspiele, während der Predigt oder des liturgischen Rituals wie der Darbietung oder Beschneidung; das Kind als Goldschmiedelehrling, als Malerlehrling, etc....., das Kind in der Schule – ein altes, oft behandeltes Thema, das sich bis ins 14. Jahrhundert zurückverfolgen lässt und die Genreszenen noch bis ins 19. Jahrhundert inspirieren wird."[14]

Kinder waren im alltäglichen Leben mitten unter den Erwachsenen, und an *allen* alltäglichen Anlässen wie der Arbeit, dem müßigen Herumschlendern, oder auch am Spiel nehmen Kinder und Erwachsene *gemeinsam* Teil. Ab dem 17. Jahrhundert werden dann Einzelportraits von Kindern und auch Familienportraits signifikant häufiger. Das Kind wird zum Mittelpunkt der Komposition. „Diese Konzentration auf das Kind fällt besonders auf bei jenem

Familienporträt von Rubens, auf dem die Mutter dem Kind die Hand auf die Schulter legt, während der Vater es an der Hand hält, aber auch bei Frans Hals, Van Dyck oder Lebrun, auf deren Bildern die Kinder sich küssen, umarmen und die Gruppe der ernst blickenden Erwachsenen durch ihre Spiele oder ihre Zärtlichkeit beleben. Der barocke Maler braucht sie, um dem Gruppenportrait die Dynamik zu verleihen, an der es ihm sonst fehlte."[15] Ab dem 19. Jahrhundert verschwindet das Kind inmitten von Erwachsenen und inmitten des alltäglichen Lebens zunehmend, auch (weitgehend) in der Kunst.

Einen Begriff, eine eigene Bedeutung für *Kindheit*, als etwas Gesondertes, Eigenständiges, gab es in der Menschheitsgeschichte sehr lange nicht. Kinder waren immer unter Erwachsenen und nahmen an deren Alltagsleben teil. Und: Sie lernten dabei von erwachsenen Bezugspersonen ohne „unterrichten" und „Belehrung" von ganz alleine. Durch Imitation, durch „Spiegeln". Die Spiegelneuronen, die Wissenschaftler vor ein paar Jahren entdeckten, sprich nachweisen konnten, haben wir vermutlich seit sprichwörtlich Menschengedenken.

Kinder *spielten* nicht nur alleine für sich und mit anderen Kindern, sondern auch mit Erwachsenen. Sie spielten auch keine eigenen Kinderspiele, sondern die ihrer Vorbilder: Schach, Federball, Hockey, Schlagball und sämtliche Gesellschaftsspiele. Wie P. Ariès anhand von Ikonographien und Stichen herausfand, ließ man Kinder an Glücksspielen und Kartenspielen (auch um Geld) teilnehmen. Man fand das nicht im Geringsten anstößig. „Die Spezialisierung der Spiele erstreckte sich gegen 1600 nur auf die frühe Kindheit; vom dritten oder vierten Lebensjahr an verwischte sie sich und hört dann ganz auf. *Von da an spielte das Kind, sei es mit anderen Kindern, sei es im Kreise der Erwachsenen, dieselben Spiele wie die Großen.*" Und die spielten im Wesentlichen bis zur Industrialisierung ausgiebig.

Der Mensch war seit jeher ein Spielender, vor allem Kinder. Spielende Kinder sind und werden unter anderem äußerst *kreativ*.[16] Umgekehrt spielten Erwachsene Spiele, die aus heutiger Sicht nur für Kinder „geeignet" sind. Beispielsweise das Verkleidens-Spiel war äußerst beliebt und ist heute im Wesentlichen auf den Karneval reduziert. Kinder wiederum lernten spielend mit Pfeil und Bogen zu schießen und zu tanzen. Der Gesellschaftstanz hatte eine sehr große Bedeutung und auch an dem nahmen Kinder ausnahmslos teil. Auch das „Spielen" eines Instrumentes war nicht nur den Kindern höherer Gesellschaftsschichten vorbehalten. Sie hatten schon sehr früh Umgang mit Musik und Theater, sowohl mit den dramatischen Spielen, als auch mit der

Komödie. Auch waren Kinder früh mit „Literatur" vertraut: In Form von mündlich erzählten „Märchen", Geschichten und Mythen, die man den Kindern von früh an erzählte oder indem sie an den Erzählungen der Erwachsenen teilnahmen. Im *gemeinsamen Spiel* gab es über Jahrhunderte keinerlei Trennung, weder von den Kindern zur Erwachsenenwelt, noch unter den Gesellschaftsschichten. Ab dem 18. Jahrhundert und verstärkt im 19. Jahrhundert sollte sich diese Selbstverständlichkeit und Natürlichkeit mit dem Aufkommen und Erstarken des Bürgertums (Bourgeoisie) verlieren und verloren gehen. „Es ist überaus bemerkenswert, dass die alte Spielgemeinschaft zwischen Kindern und Erwachsenen zur gleichen Zeit auseinander gebrochen ist wie die zwischen Volk und Bourgeoisie. Aufgrund dieses Zusammentreffens können wir nunmehr umrisshaft eine Beziehung zwischen der Einstellung zur Kindheit und dem Sinn für Klassenunterschiede erkennen."[17]

Kinder lebten von früh an inmitten der Erwachsenenwelt. Sie wurden im „wirklichen Leben" *sozialisiert* und lernten überwiegend von anderen Kindern, ihren Eltern und erwachsenen *Vorbildern*, zu denen sie zumeist auch eine emotionale *Beziehung* hatten. Die Menschheitsgeschichte war bis zum 18./19. Jahrhundert (Industriezeitalter), von Kriegszeiten abgesehen, eine sehr Erfolgreiche. Ihr Motor war die Familie, der Familienverband, die Sippe, das Leben des Menschen inmitten einer *Gemeinschaft*.

In den letzten Jahrtausenden brachte der Mensch – sozialisiert innerhalb des Familienverbandes und in einer Gesellschaft ohne (frühe) Massenbeschulung – enorme *kulturelle* Leistungen hervor. Nicht nur die Entwicklung der Schrift, der Wissenschaften und der Handwerkskunst, sondern beispielsweise auch das Taj Mahal in Indien, die Alhambra in Spanien, die Fresken von Michelangelo, die Musik von Johann Sebastian Bach oder Wolfgang Amadeus Mozart. Das alles ist von großer Bedeutung und Schönheit für die gesamte Gemeinschaft und lässt uns heute noch staunen.

In den letzten Jahrtausenden gab es auch Elend, Not und zahlreiche blutige Kriege. Aber es gibt in der Geschichte des Menschen zuvor nichts Vergleichbares, als die Systematik des Terrors und des Tötens zur Zeit des Nationalsozialismus und des Stalinismus.[18] Wie auch die Massenvernichtung durch den Abwurf der beiden Atombomben auf Hiroshima und Nagasaki am Ende des 2. Weltkrieges.

Die deutsch-amerikanische Historikerin, Philosophin und Journalistin Hannah Arendt schrieb bereits in den 1950er-Jahren: *Es ist eine alte, noch aus der*

Antike herrührende Einsicht, dass Staatsformen, die auf der Gleichheit ihrer Bürger beruhen in besonders großer Gefahr stehen, in Tyranneien umzuschlagen. (...) Die Grunderfahrung menschlichen Zusammenseins, die in totalitärer Herrschaft politisch realisiert wird, ist die Erfahrung der Verlassenheit. (...) Was moderne Menschen so leicht in die totalitären Bewegungen jagt und sie so gut vorbereitet für die totalitäre Herrschaft, ist die allenthalben zunehmende Verlassenheit. Es ist, als breche alles, was Menschen miteinander verbindet, in der Krise zusammen, so dass jeder von jedem verlassen und auf nichts mehr Verlass ist.[19]

Wir führen heute in den (westlichen) Industrienationen keinen Krieg mit Waffen, aber umso entschiedener einen mit Worten. Vom bitteren Streit ihrer erwachsenen Vorbilder sind in den letzten Jahrzehnten Millionen Kinderseelen irritiert und zum Teil traumatisiert worden. Balthasar Gracián schrieb im 17. Jahrhundert: „Einige fangen erst an zu sehen, wenn nichts mehr zu sehen da ist. Erst wenn sein Haus und Hof zugrunde gerichtet ist, beginnen sie umsichtige Menschen zu werden."

Gegenüber Graciáns Zeit hat sich etwas entscheidend verändert: Es sind nicht mehr in erster Linie einzelne Menschen, die Haus und Hof und manchmal ganze Königreiche zugrunde richteten. In den letzten Jahrzehnten sind aus Einzelnen eine anonyme Masse geworden, die „Haus und Hof" dieses Planeten zerstören. Laut *Living Planet Report* 2014 des WWF hat sich seit 1970 die Zahl der Tierpopulation auf der Erde mehr als halbiert. Derzeit verbrauchen wir (vor allem die „friedlichen" und „gebildeten" Industrienationen) einen halben Planeten mehr an natürlichen Ressourcen, als überhaupt zur Verfügung stehen. Beim derzeitigen Raubbau an unserer Natur würden wir bis 2030 zwei Planeten für unseren Konsum brauchen. Bis 2050 fast drei Planeten. Wir fällen Bäume schneller als sie wachsen und 90,1 Prozent der Fischbestände weltweit sind bereits stark beschädigt.[20] Heute sind es einzelne (weltweit), die gegen diesen globalen Raubbau und die systematische Zerstörung ankämpfen. Einer breiten Mehrheit, einer anonymen Masse sind *Umsicht, Betroffenheit, Empathie* und das Bewusstsein für das Gemeinsame, dass wir alle Teil eines Ganzen sind, fast vollständig verloren gegangen.

„Der Übergang vom Affen zum Menschen, das sind wir", hat uns der Verhaltensforscher Konrad Lorenz mit auf den Weg gegeben. Bei der erfolgreichen über 100.000-jährigen *Evolution* und Entwicklung hin *zum Menschen* sind wir irgendwann stecken geblieben. Diese erfolgreiche Geschichte hatte ein durchgehendes *Band*. Es hieß Wertschätzung und Achtung vor der Familie und allem Lebendigen und die Sozialisation des Kindes im wirklichen Leben. Dieses Band wurde in mehreren Schritten in den letzten drei Jahrtausenden (und erst vollständig im Zuge der industriellen Revolution) durchtrennt.

4

Vom Entdecken der (Text-) Kindheit....

> Um ein tadelloses Mitglied einer Schafherde sein zu können,
> muss man vor allem ein Schaf sein.
>
> Albert Einstein

Die große antifamiliale Erzählung

Das Kontinuum der *Selbstverständlichkeit* des Kinder-Aufziehens machten die „alten Griechen" zu einer Kunstlehre, die sie *paideia* nannten und die als die Matrix der okzidentalen Pädagogik gilt. „Das Wort *paidagogos* weckte im athenischen Altertum durchaus keine noblen Vorstellungen: Es bezeichnete den Sklaven, der dafür zu sorgen hatte, dass sich die Jungen auf dem Weg zur Schule anständig benahmen. Sie sollten mit gesenktem Blick zum Unterricht streben, ohne den lüsternen Augen der erfahrenen Päderasten mit Gegenblicken zu antworten. Die *paidagogoi* waren in erster Linie Aufseher und Dompteure, damit beauftragt, die Knabenwildheit zu dämpfen – wobei häufig Schläge als das allgemein empfohlene Mittel zur Erzeugung tugendhafter Verhaltenheit geschätzt waren. Die wirklichen Lehrer der Jugend, die *didáskoloi*, traten hingegen als ‚Sophisten', sprich als Weisheitsvermittler oder ‚Klugmänner' auf, bevor sie von ihren Konkurrenten, die sich in plakativer Bescheidenheit ‚Philosophen', Liebhaber der Weisheit, nannten, in die Schranken gewiesen wurden. Der Wettbewerb zwischen den beiden Typen von Lehrern um ihre junge Klientel und deren schwankende Eltern wurde auf kürzere Sicht von den Sophisten zu ihren Gunsten entschieden, da sie ihre Kunst der Knabenlenkung plausibler und ohne Rücksicht auf die Herkunft der Kinder, wenn auch teurer, anzupreisen wussten, während in ideengeschichtlicher Perspektive die Philosophen aus ihm als Sieger hervorgingen. (…) *Paideia* bedeutet an erster Stelle die höhere Kultivierung der Redefähigkeit, ohne welche die Existenz des *zóon politikón* nicht zu denken war. Auf dem Umweg über das hellenisierte Rom, das vorchristliche wie das christianisierte, wurde das griechische System der Doppelvaterschaft für die alteuropäische Erziehungskultur folgenreich: Die in der athenischen Antike erprobte Arbeitsteilung zwischen Vätern und Lehrern behielt ihre Kraft bis zum Beginn der Moderne nahezu ungebrochen, von den seltenen Fällen abgesehen, in denen Vaterschaft und Lehramt konvergierten – wie in den rabbinischen Familien und den protestantischen Pfarrhäusern. Funktionslos wurde das klassische Arrangement erst in der zweiten Hälfte des 20. Jahrhunderts, als die Feminisierung der Lehrberufe die männlichen Lehrer marginalisierte und ihren Zweitväterstatus zerstörte – um von der allgemeinen Degradierung der Vaterposition in den modernen ‚Gesellschaften' noch nicht zu reden."[1]

Bekanntlich steht am Beginn aller großen Kulturen und auch jeder Religion ein zuweilen komplexer *Mythos*, oder moderner gesagt, eine *große Erzählung*. Die wohl begabtesten Geschichtenerzähler in der okzidentalen Sphäre fanden sich im antiken Griechenland. Was sich unter dem Sammelbegriff *griechische Mythologie* befindet, „toppt" alles, was sich der Homo sapiens zur Erklärung des „großen Ganzen", Mensch und Gott, an plausiblen und fantastischen zuvor einfallen hat lassen. Bizarrer, irritierender und auch ästhetischer geht es nicht mehr.

Ähnlich facettenreich ist die große Erzählung der *Hindu-Traditionen*, die bis ins dritte Jahrtausend vor Christus reicht und heute noch „erzählt", sprich praktiziert wird. Im Gegensatz zu dieser und allen anderen vorausgegangenen (auch geistigen, spirituellen) Kulturen, setzten die „alten Griechen" dem genealogischen und *familialen Kontinuum* besonders arg zu. Von Medea, der zauberkundigen Tochter des Königs von Aietes von Kolchis, die aus Rache (unter anderem) ihre eigenen Kinder ermordet, bis zu Ödipus, Sohn des Königs von Theben, der sowohl Vatermord als auch Inzest begeht, gibt es eine lange Liste an gewaltigen Irritationen des evolutionären Kontinuums. Wie der römischen Antike (mit ebenso familialen Diskontinuitäten) war der griechischen Hochkultur „nur" eine etwa tausendjährige Bestandzeit gewährt. Mit zunehmend rein „ideologischer" Ausrichtung und chronischer Kinderlosigkeit kann keine Kultur auf Dauer überleben.

Am folgenreichsten für das evolutionäre, genealogische und familiare Kontinuum wurde jedoch die „Erfindung" der monotheistischen, speziell der christlichen Religion.

Für das Judentum wurden die Erzählungen und Mythen von vorrangiger Bedeutung, die sich in ihrer heiligen Schrift, der Tora, wie auch in der Bibel (Altes Testament) finden. Für das Christentum, das sich vor etwa 2000 Jahren vom Judentum abspaltet, wird jedoch das Neue Testament mit den darin enthaltenen und weniger vielschichtigen Erzählungen zum Buch der Bücher. Von zentraler, um nicht zu sagen, alles überragender Bedeutung wird für das Christentum und das Abendland die Erzählung von Jesus von Nazareth, den die Apostel später zum *Christós* machten.

Wenn wir uns aus heutiger Sicht die „Familiengeschichte" dieses Jesus anschauen, kommt man nicht umhin zu sagen, sie ist ver-rückt und schrecklich banal zugleich, wie alle weiteren (christlichen) Erzählungen, die dieser Klein-Familien-Geschichte folgen.

Jesus wächst (vermutlich) als Einzelkind der Maria und des „Zimmermanns" Joseph auf. Aus welchen Gründen auch immer wird durch spätere „Geschichtenerzähler" letztlich beiden Eltern die leibliche Elternschaft abgesprochen. Laut seit dem zweiten Jahrhundert zirkulierenden jüdischen Legenden wird Maria von einem „in Israel stationierten römischen Soldaten namens Panthera" schwanger.[2] Dann wäre Jesus ein „uneheliches Kind", was damals genauso gelegentlich vorkam wie heute, aber nicht die Regel und somit wahrscheinliche Variante darstellt. Diese Herkunftsvariante dürfte eher eine Unterstellung einer konkurrierenden Glaubensgemeinschaft sein. Vielleicht war Jesus schlicht ein Pflege- oder Adoptivkind, was in dieser Zeit sowohl im römischen als auch im griechischen Kulturraum nichts Ungewöhnliches und im Judentum dieser Zeit eher unbekannt war.

Joseph, da sind sich alle späteren „Jesus-Autoren" scheinbar einig, lebt zwar in Lebensgemeinschaft mit Maria (von der Schwangerschaft mit Jesus an!), ist aber nicht der „reale", sprich leibliche Vater. Vermutlich war er auch nicht „Zimmermann", sondern ein Baustellenarbeiter (tekton).

Um für die Nachwelt diesen ganz „banalen" und „normalen" familiären Hintergrund des größten und begabtesten „Unruhestifters" der damaligen Zeit, der auch noch die „Wahrheit, Toleranz und Liebe" predigt, ordentlich aufzuwerten – dass Joseph mit sehr hoher Wahrscheinlichkeit der leibliche Vater ist, lässt der Geschichtenerzähler und Evangelist Matthäus im Nachhinein Joseph im Traum einen Engel erscheinen: „Seine Frau Maria sei schwanger, er möge sich darüber aber keine Gedanken machen: ‚denn was in ihr geboren ist, das ist von dem heiligen Geist' (Matthäus 1,20) – woraufhin Joseph durch

Matthäus zum ‚ersten Gläubigen' gewandelt wird, indem er demonstriert, wie man keine weiteren Fragen mehr stellt."[3]

Und so hüllen sich auch die späteren Chronisten über die reale Kindheit Jesu konsequent in Schweigen, bis zu seinem ersten öffentlichen Auftritt. Der 12-jährige Jesus, der im Status des Pflegekindes aufwächst (Maria *und* Joseph wird ja leibliche Elternschaft nachträglich abgesprochen), pilgert mit seinen Eltern von Nazareth nach Jerusalem zum Paschafest. Dabei verlieren sich Eltern und Kind und es dauert Tage, bis Maria und Joseph Jesus im Tempel unter den Gelehrten sitzend wieder finden. Auf die (angebliche) Frage seiner Mutter: „Kind, wie konntest du uns das antun? Dein Vater und ich haben dich voll Angst gesucht!", soll Jesus die (ebenso wenig glaubhafte) Antwort gegeben haben: „Warum habt ihr mich gesucht? Wusstet ihr nicht, dass ich in dem sein muss, was meinem Vater gehört?" Damit wird der reale Vater Joseph in die Bedeutungslosigkeit versenkt und an seine Stelle tritt der „Über-Vater" (Gott, Religion, Ideologie).

Bis zum heutigen Tage hat keine Kultur so ein großes Problem mit der Anerkennung des realen leiblichen Vaters und werden so viele ideologische Geburten (Ideologien), „schreckliche Kinder" und „Über-Väter" produziert, wie in der Abendländischen. – Von den Königen, Päpsten und Priestern (Patres) bis zu den zahlreichen *Führern* von Revolutionen und totalitären Regimen.

Keine Kultur der letzten tausend Jahre schwankte permanent (bis zum heutigen Tage) so sehr bei seinem *ambivalenten* Frauen- und Mutterbild zwischen „Heiliger und Hure" bis aktuell beispielsweise „Heimchen am Herd" versus „Rabenmutter", wie die okzidentale. Bei der genealogischen und ideengeschichtlichen „Über-Mutter" Maria, die de facto mit einem liebenden und treuen Lebens- oder Ehepartner zusammenlebt, aber das gemeinsame Kind Jesus durch ein Wunder (Engel/Heiliger Geist) gezeugt bekam, auch im wahrsten Sinn des Wortes, wenig verwunderlich.

Die große Erzählung Christentum baut auf einem antifamilialen Konstrukt, wie es keiner anderen Kultur oder Religion zugrunde liegt. Beide Elternteile, Mutter und Vater, werden entgenealogisiert und von den „Buchmachern" in eine Statistenrolle gedrängt. Während im Judentum (und im Islam) Moses Gebot „Du sollst Vater und Mutter ehren" auch heute noch weitgehend *gelebte* Realität ist, brauchen wir in Europa seit dem 20. Jahrhundert *zwei* künstlich geschaffene „Konsum-Feiertage" wie Mutter- und Vatertag, um einen vollkommenen Bruch mit dem evolutionären Kontinuum Familie (Abstammung Jesus vom „Vater im Himmel") zu kaschieren. „Wo der reale Vater in unklaren

Konturen verschwimmt oder völlig fehlt, kann im Sohn ein Prozess in Gang kommen, der die unbesetzte Position im psychischen Raum mit den Gebilden der eigenen patro-poietischen Energie ausfüllt. Für Jesus mag bereits gelten, was Pierre Legendre von der Elternfunktion des klassischen alteuropäischen Staats behauptet hat: Er war Kraft eigenmächtiger Aufnahme der heiligen Bücher ein ‚Kind des Textes' geworden."[4]

Wirklich grausam, antifamilial und jedenfalls inhuman sind die Worte, die die Evangelisten Jesus bei seinen öffentlichen(!) Auftritten posthum in den Mund legten: Bei der Hochzeit zu Kana zu seiner Mutter – „Weib, was habe ich mit dir zu schaffen?" (Johannes 2,4); oder „So jemand zu mir kommt, und hasst nicht seinen Vater, Mutter, Weib, Kinder, Brüder, Schwestern und dazu sein Leben, der kann nicht Jünger sein" (Lukas 14,26); oder: „Wer Vater und Mutter mehr liebt denn mich, der ist meiner nicht wert" (Matthäus 10,37); bis zu: „Meinet ihr, dass ich gekommen bin um Frieden zu bringen auf Erden? Ich sage: Nein, sondern Zwietracht... Es wird sein der Vater wider den Sohn, und der Sohn wider den Vater; die Mutter wider die Tochter, und die Tochter wider die Mutter..." (Lukas, 12,51).

Diese prophetische Ankündigung, heute würde man sagen „Ansage", sollte sich für beinahe zwei Jahrtausende bewahrheiten: Keine Religion hat bis zum heutigen Tage in ihrem Namen so viel gefoltert und gemordet, wie die christliche. Keine Kultur hat bis heute so ein gewaltiges Problem mit dem familialen Kontinuum, wie die christlich geprägte des Abendlandes. Keine zuvor hatte so einen widersinnigen „Geschlechterkampf" zwischen Mann und Frau (Vater und Mutter) und auch Generationen- und *Familienkonflikte* entfacht, wie die okzidentale. Diese (antifamilialen) Kontinuitäten führen erstaunlicherweise bis ins 21. Jahrhundert.

Über den Mythos Jesus, die „Heilige Familie" (Maria, Joseph, Jesus oder Vater, Sohn, Heiliger Geist) und die Bibel haben sich zahlreiche Forscher aus Kultur- und Geisteswissenschaften, Theologen und sonstige Kommentatoren den Kopf zerbrochen. Von wem Jesus „genealogisch" abstammt und was er tatsächlich alles getan und gesagt hat, werden wir niemals wissen. Bei unparteiischer und ideologiefreier Betrachtung ist folgendes augenscheinlich: Weder in der Bibel noch in irgendeiner realen historischen Textquelle ist ein Sachverhalt zu finden, der nahelegt, dass Maria und Joseph schlicht nicht einfach *liebevolle, leibliche* Eltern waren, die zu sich wie auch dem gemeinsamen Kind gegenüber in Respekt, Achtung und Wertschätzung lebten. Jesus wuchs in einer ganz realen, "normalen" und liebenden Kontinuums-Familie auf. Er „predigte", was er von seinen Eltern *vorgelebt* bekam: Liebe, Toleranz, Wertschätzung allem Lebendigen gegenüber. Er liebte Kinder und setzte sich für die Unterdrückten und Ausgegrenzten seiner Zeit ein und artikulierte das mit zeitlos gültigen Sätzen, wie: „Wer ohne Schuld ist, werfe den ersten Stein." An dieser Sichtweise ändert sich auch nichts, sollte Jesus ein „Pflegekind" gewesen sein.

Wahrscheinlich war Jesus „nichts anderes" als ein von seinen Eltern bedingungslos geliebtes und unterstütztes Kind, das so zu einer starken Persönlichkeit heranreifen konnte und zu einem Widerstandskämpfer gegen die römische Besatzung, und/oder zu einem spirituellen, geistigen Erneuerer der damaligen Zeit werden wollte, in der viele Interessensgruppen um die alleinige Macht und Wahrheit kämpften. Wie beispielsweise Martin Luther versuchte, die katholische Kirche wieder zu einer moralisch anspruchsvolleren Haltung zu bewegen (und bekanntlich scheiterte), so scheiterte auch Jesus mit seinen Botschaften wie „Liebe deinen nächsten wie dich selbst" und bezahlte sein Leben mit dem Tod durch Kreuzigung. So eine qualvolle „Himmelsfahrt" wurde auch anderen Zeitgenossen zuteil und reichte alleine noch nicht zur *Legendenbildung,* und schon gar nicht, um nachfolgende Glaubensanhänger ideologisch und moralisch für einen Glaubenskampf oder eine *Mission* zu motivieren.

So wurde der reale Jesus von Nazareth posthum zu einem „Kind des Textes", eingerahmt in eine implizit und explizit antifamiliale (folgenreiche) Erzählung: Direkt vom „Vater im Himmel" gezeugt, von Maria als „Leihmutter" ausgetragen, tritt der personifizierte Sohn des Geistes an, die Welt zum Besseren zu bekehren (schmäht dabei seine eigene Familie und fordert andere auf, es ihm gleich zu tun), um schließlich nach einem frühen Märtyrertod direkt in den Schoß des himmlischen Vaters zurückzukehren. „Die christliche Identität des Sohnes mit dem Vater stiftet kein genealogisches Kontinuum, sondern durchbricht es."[5]

Diese Erzählung, heute würde man sagen „Story", ist zudem gänzlich inhuman und sollten wir unseren Menschenkindern des 21. Jahrhunderts so nicht mehr erzählen. Vorausgesetzt, wir möchten uns im Abendland wieder freudig, entspannt, zahlreich und nicht nur mittels IVF (Invitro Fertilisation – künstliche Befruchtung) fortpflanzen.

Fast zwangsläufig werden über tausend Jahre später die Standesvertreter der christlichen (katholischen und später auch protestantischen) Religion mit weiteren antifamilialen Konstrukten – die *Entdeckung* („Erfindung") *der*

Kindheit, die Gründung unseres heutigen *Schulwesens* und die dauerhafte Installation des *Weggabe-Modus* – den fast vollständigen Bruch mit den evolutionären Kontinuen vollziehen....

Als das Kind Objekt wurde, oder die Geburt der Erziehung und Bildung

Zu der Bibelstelle, dass *es nicht gut sei für den Menschen allein zu sein*, bemerkte Martin Luther: „Ein solcher (nämlich ein einsamer) Mensch folgt immer eines aus dem anderen und denkt alles zum Ärgsten."

Einsame Menschen, getrennt von Familie und der Erwachsenenwelt, gab es über zehntausende Jahre kaum! Menschenkinder waren in einem festen Band mit der Familie und der Erwachsenenwelt verbunden. In Europa wurde es als erstes durch die katholische Kirche, ihrer Theologie und der *Moral-Lehre* schrittweise und nachhaltig durchtrennt. In das Jahrtausendalte im Wesentlichen ganzheitliche Weltbild der Spezies Mensch fanden neue Wert-Begriffe Einzug: „Schuld und Unschuld", „Gut und Böse", „Richtig und Falsch", „züchtig und unzüchtig" und ähnliches. Mit den katholischen *Moralisten* und generell mit der *christlichen Religion* wurde die *Erziehung* des Menschen – vor allem die des Kindes – geboren.

Kindererziehung wird in französischer Sprache erstmals in einem Dokument aus dem Jahre 1498 erwähnt, in englischer Sprache tritt das Wort erstmals 1530 auf. Bevor das Wort und die Idee Erziehung in spanischen Ländern bekannt wurde, verging etwa ein weiteres Jahrhundert. Noch 1632 spricht Lope de Vega von Erziehung als einer Neuheit.

Die Katholische Kirche verdammte im Mittelalter als erstes ohne Ausnahme oder Einschränkung sämtliche Formen des Spiels: „Zwischen dem 17. und 18. Jahrhundert bildet sich dann ein Kompromiss heraus, der die moderne Einstellung zum Spiel ankündigt, die sich von der früheren grundlegend unterscheidet. Es ist für uns insofern interessant, als er zugleich auch von einer neuen Einstellung zur Kindheit zeugt; in ihm drückt sich das bis dahin unbekannte Bemühen aus, die moralische Reinheit des Kindes zu erhalten und es zugleich zu erziehen, indem man ihm die Spiele untersagte, die von nun an als verderblich eingestuft waren, und ihm diejenigen empfahl, die als gut galten."[6]

Die Moral-Theologen begannen die Spiele der Erwachsenen in „schickliche" und „unschickliche" einzuteilen und bestimmten Spielen wurde ein „erzieherischer" Wert für Kinder beigemessen. In einer der vielen Quellen, die P. Ariès in seiner *Geschichte der Kindheit* zitiert, heißt es in einer aus dem Paris des 16. Jahrhunderts: „Den Schülern wird seitens der Lehrer ausschließlich das Federballspiel gestattet, doch spielt man bisweilen heimlich Karten oder Brettspiele, die Kleinen spielen das Knöchelchenspiel, und die Verdorbenen würfeln."

Die Zöglinge genierten sich aber weiterhin ebenso wenig wie andere Jungen Schenken und Spielhallen aufzusuchen, zu würfeln oder zu tanzen. Eine Verwaltung aus Disziplin und Autorität, Justiz und Polizeibeamte auf Ordnung bedacht, unterstützten die Bemühungen der Erzieher an den Schulen und die Männer der Kirche. Jahrhunderte lang, bis ins 18. Jahrhundert hinein, folgte Erlass auf Erlass, der den Schülern den Zugang nicht nur zu den Spielsälen verwehren sollte.

Nicht nur das Spiel, sondern auch der Tanz wurde verboten oder moralisiert. „Diese Haltung der absoluten Missbilligung änderte sich jedoch im Laufe des 17. Jahrhunderts, und zwar war dies insbesondere dem Einfluss der Jesuiten zuzuschreiben. Die Humanisten der Renaissance hatten im Zuge ihrer antischolastischen Reaktion bereits die erzieherischen Möglichkeiten erkannt, die im Spiel steckten. (...) Sie machen es sich vielmehr zur Aufgabe, sie zu assimilieren, sie offiziell in ihre Programme und Vorschriften aufzunehmen, wobei sie sich allerdings das Recht vorbehielten, sie auszuwählen, ihnen Regeln zu setzen und sie zu beaufsichtigen. Solchermaßen zurechtgestutzt wurden die für gut befundenen Zerstreuungen akzeptiert und empfohlen und galten von nun an als ein erzieherisches Mittel, das nicht weniger wertvoll war als die Studien. Nicht nur, dass man aufhörte, die Immoralität des Tanzens anzuprangern, man erteilte in den Kollegs sogar Tanzunterricht, weil der Tanz, der harmonische Körperbewegungen verlangt, der Tölpelhaftigkeit entgegenwirkte, Geschicklichkeit, Haltung und ein ‚erfreuliches Aussehen' verlieh." Auf Bestreben der Jesuiten zog auch die Komödie, die lange Zeit von den Moralisten mit einem Bannstrahl verfolgt war, in die Kollegs ein. „Dem Widerstand der Autoritäten des Ordens zum Trotz duldete man sogar das Ballett. (...) Nach 1650 gab es kaum eine Tragödie, die nicht durch Balletteinlagen unterbrochen wurde."[7]

Über Jahrtausende kannte Spiel, Tanz und Theater keinerlei Trennungen, weder innerhalb der Gesellschaftsschichten, noch waren Kinder davon ausgeschlossen. Mit den kirchlichen Moralisten und ihrer Erziehung und Wertung in „schicklich" und „unschicklich" konnte sich so etwas wie Standes- und Klassendenken entwickeln. Im Laufe der Jahrhunderte entstanden im Adel und am Hofe, auch um sich abzugrenzen, eigene Tänze und Spiele. Wovon man sich dann im Wechsel der „Mode" trennte, wurde im 19. Jahrhundert am Land zu Beschäftigungen für Erwachsene und schließlich in Kindergruppen zu Kinderspielen. Dieser Prozess war freilich einer der Modifikation und Selektion.

Ähnlich wie dem Tanz und dem Spiel erging es der *Literatur*. Bis zum späten Mittelalter gab es kein „Standesdenken", was die großen Erzählungen und Mythen der jeweiligen Kulturen betraf. Kinder nahmen an den Erzählungen der Erwachsenen teil, oder man erzählte den Kindern „von den großen Geschichten" der Erwachsenenwelt. Mit den kirchlichen Moralisten wurden zuerst die „Klassiker" der Weltliteratur mit Durchsicht auf den kindlichen Leser „gereinigt". Die Kirche „erfand", was man später Zensur nannte, die über Jahrhunderte Herrschenden dazu dienen sollte, der breiten Masse bestimmte Dinge vorzuenthalten.

Mit der Erfindung des Buchdruckes war dann schließlich auch der Weg frei, dass Moralisten und Pädagogen spezielle *Kinderliteratur* entwickelten. – Zur „Erbauung" oder „Ertüchtigung". Ab dem 17. Jahrhundert gibt es dann eine Vielzahl von spezieller pädagogischer Literatur, die für den Gebrauch nicht nur dem Erzieher, sondern auch den Eltern bestimmt ist. Die Texte vom Ende des 16. und des 17. Jahrhunderts strotzen von kinderpsychologischen Bemerkungen.

Mit der Entdeckung Amerikas durch Christoph Columbus ist unserer heutigen Geschichtslehre zufolge das Mittelalter beendet und beginnt die *Neuzeit*. An dieser Schwelle wurde auch die Kindheit und in rascher Folge (von den kirchlichen Moralisten ausgehend) die *Erziehung* „entdeckt". „Es bildet sich also eine moralische Auffassung von der Kindheit heraus, *die eher ihre Schwäche hervorhebt als ihre ‚Großartigkeit'*, wie M. de Grenaille es nennt, diese Schwäche jedoch mit ihrer Unschuld als dem wahren Widerschein göttlicher Reinheit verbindet und der Erziehung den ersten Rang unter den Verpflichtungen gegenüber dem Kind einräumt."[8]

Wie P. Ariès in seiner *Geschichte der Kindheit* beeindruckend nachweist, hatten die Erwachsenen *aller* Stände (Gesellschaftsschichten) bis zum Beginn der Neuzeit „und vermutlich immer schon einen Spaß daran, sich mit kleinen Kindern abzugeben." Mit den Moralisten der (zuerst) katholischen Kirche und in weiterer Folge mit den Pädagogen sollte dieses *Kontinuum* der

Menschheitsgeschichte eine nachhaltige Unterbrechung, in jedem Fall Irritation erfahren. Der Kindheit wurde nun eine eigene, große *erzieherische* Bedeutung geschenkt. Das *Verhalten* des Kindes stand von nun an auf dem „Prüfstand". Es wurde zum *Objekt* geistiger, theoretischer und zunehmend ideologischer Betrachtung. Das Verhalten des Kindes wurde mit „tadelig" und „untadelig", „richtig" und „unrichtig", und ähnlichem *bewertet*. Das entscheidende zuvor war: Das Verhalten der Erwachsenen, einer ganzen Gesellschaft, war den Moralisten (also den Macht-Habenden) ein Dorn im Auge. Die Menschen sollten aufrichtige, rechtschaffene *Christen* werden. In der Annahme, man könne nie früh genug beginnen ihn zu formen, um einen „guten", „tüchtigen" und „anständigen" aus ihm zu machen, wurde diese Erwartungshaltung und alsbald Forderung auf die Kinder und schließlich auf die gesamte Kindheit übertragen. Erziehung und damit auch *Bildung* (in heutigem Sinne) waren geboren. Es sollte ein ganz bestimmter Menschentypus geformt, also *gebildet* werden. Die Kirche und ihre Moralisten durchbrachen als erste „Gruppe" vollständig ein zehntausende Jahre altes Kontinuum. Man ließ „das Gras" nicht mehr wachsen, es wurde daran gezogen. Das Kontinuum der *Selbstverständlichkeit* gegenüber der Kindheit (bis etwa dem sechsten/siebten Lebensjahr) und die der *Freude* am (Klein-) Kind wurde mit Beginn der „Neuzeit" kontinuierlich – und im Wesentlichen bis heute – unterbrochen.

Bereits im frühen 17. Jahrhundert setzt sich in Mitteleuropa „die Auffassung durch, dass der Mensch von Geburt an unfähig für das Leben in der Gesellschaft sei und dass ihm erst Erziehung zuteil werden müsse."[9] Man begann der Kindheit und dem Verhalten des Kindes alsbald so viel erzieherischen *Wert* beizumessen, dass dies bald schon Zeitgenossen zu viel des Guten war. So schreibt beispielsweise Varet 1666: „Gott gibt uns ein Beispiel, indem er Engeln befiehlt, sie auf ihrem Weg zu begleiten und nie mehr zu verlassen. Aus diesem Grund ist die Kindererziehung eine der wichtigsten Dinge von der Welt."[10] Feststellungen wie diese gibt es vom 15. bis zum 17. Jahrhundert zu Hauff. Die (katholischen und im Weiteren protestantischen) Moralisten gebaren nicht nur die Erziehung, sondern in Folge das, was wir heute noch *(Schul-) Pädagogik* nennen.

Es dauerte nicht allzu lange, und es entstand ein (ideologischer) Streit der erwachsenen „Experten" darüber, wie Kinder sich zu verhalten und alsbald, wie sich die zuerst geistlichen Lehrer und auch die Eltern zu verhalten hätten. Eine sehr anschauliche Quelle dazu aus dem 17. Jahrhundert von Courtin in seiner *civilité nouvelle*: „Man vertreibt diesen kleinen Schelmen die Zeit, ohne darauf zu achten, ob das nun gut oder schlecht ist, alles ist ihnen gestattet: nichts wird ihnen verwehrt: sie lachen, wenn es am Platze ist zu weinen, sie weinen, wenn es angebracht wäre zu lachen, sie sprechen, wenn sie schweigen sollen und sind stumm, wenn man schicklicherweise eine Antwort von ihnen erwarten sollte (hier geht es bereits um das ‚Merci, Monsieur' unserer kleinen Franzosen, das die amerikanischen Familienväter überrascht und entrüstet). Dabei verhält man sich grausam gegen sie, wenn man sie in dieser Weise leben lässt. Die Väter und Mütter sagen, man werde ihnen besseres Benehmen beibringen, wenn sie groß seien. Wäre es nicht angemessener, so zu verfahren, dass erst gar nichts verbessert werden muss?"[11]

In den Schlussbemerkungen seines ersten Hauptteiles, *Die Einstellung zur Kindheit*, folgert P. Ariès: „Auf Seiten der Moralisten und Erzieher des 17. Jahrhunderts bildet sich dann jene andere Einstellung zur Kindheit heraus, die wir im vorangegangenen Kapitel untersucht haben und die, in der Stadt ebenso wie auf dem Lande, im Bürgertum ebenso wie im Volk, die gesamte Erziehung bis zum 20. Jahrhundert inspiriert hat. Die Aufmerksamkeit, die man der Kindheit und ihrer Besonderheit zuteil werden lässt, drückt sich nicht mehr in der amüsierten Spielerei, der ‚Tändelei' aus, sondern ist im psychologischen Interesse und in moralischen Bestrebungen. Das Kind ist weder unterhaltsam noch angenehm: ‚Der Mensch stößt sich an der bloßen Niedlichkeit der Kindheit, die seinem gesunden Verstand zuwider ist; er stößt sich an der Gier der Jugend, die sich kaum je mit etwas anderem beschäftigt als mit greifbaren Gegenständen und die nur ein sehr unfertiger Entwurf des vernünftigen Menschen ist. So heißt es in *El Discreto*, Balthasar Graciáns Traktat über die Erziehung aus dem Jahre 1646, der noch 1723 von einem Jesuitenpater ins Französische übersetzt worden ist."

Im 16. und 17. Jahrhundert war man vor allem bemüht, die kindliche Mentalität zu durchschauen, um die Erziehungsmethoden besser dem kindlichen Niveau anpassen zu können. Der Tonfall in den Erziehungsmethoden war „bisweilen rigide", wie P. Ariès feststellt. Etwa vom Ende des 17. Jahrhunderts an suchte man „Nachgiebigkeit" und Vernunft in der Erziehung zu vereinen. Dazu noch einmal eine Quelle, die P. Ariès zitiert, dieses Mal von einem Parlamentsrat, Abbè Goussault in *Portrait dúne honnète femme*: „Man sollte mit unseren Kindern oft vertraulich umgehen, sie über alles sprechen lassen, sie wie vernünftige Menschen behandeln und sie durch Milde zu gewinnen suchen – ein unfehlbares Mittel, um mit ihnen machen zu können, was man will. Sie sind junge Pflanzen, denen man viel Pflege angedeihen lassen und die man oft gießen muss; mit einigen Ratschlägen am rechten Ort, einigen Beweisen der Zärtlichkeit und der Freundschaft, die man ihnen von Zeit zu Zeit zuteil werden lässt, rührt man ihr Herz und nimmt sie für sich ein. Ein paar Liebkosungen, ein paar kleine Geschenke, einige vertrauensvolle und herzlich gemeinte Worte beeindrucken ihr Gemüt, und nur wenige widerstehen diesen sanften und leicht zu handhabenden Mitteln, mit denen man ehrbare und rechtschaffene Menschen aus ihnen macht. Denn darum handelt es sich stets: aus Kindern sollen ehrbare, rechtschaffene Menschen, vernünftige Menschen werden." Dieser Anspruch, dieses Bestreben, etwas aus unseren Kindern „zu machen", hat sich tief in das kollektive Bewusstsein des Menschen zuerst in den europäischen Ländern eingegraben: Sowohl in der familiären *Erziehung* wie auch in der *Bildung* (und Erziehung) an den staatlichen Schulen. Dabei standen die Erziehungsmethoden immer wie eine Windhose im Wind der gerade vorherrschenden Ideologien.

Im 18. Jahrhundert wurde die Erziehung noch um das Bemühen um Hygiene und physische Gesundheit ergänzt. Kranke pflegte man mit Hingabe, „für den Körper des gesunden Menschen interessierte man sich jedoch nur in moralischer Hinsicht: ein ungenügend abgehärteter Körper neigte zur Verweichlichung, zur Faulheit, zur Lüsternheit, kurzum, zu jedem erdenklichen Laster."[12] Heute muss ein Menschenkind bereits im Bauch seiner Mutter sechs bis zehn Ultraschalluntersuchungen über sich ergehen lassen (außer die wenigen Mütter, die sich dem bewusst entziehen). Das Ganze um zu „beobachten", ob sich das Baby „richtig" und gesund entwickelt, was ohnehin zu 98 Prozent der Fall ist und zehntausende Jahre als Selbstverständlichkeit betrachtet wurde. Gleichzeitig sind heute immer mehr Kinder in ihrer Psyche und Physe zunehmend labiler, auch weil sie bekanntermaßen durch Ganztagsschule (ab Grundschule und schon Ganztages-Kindergarten) viel zu wenig Bewegung haben. Das wird einerseits heftig beklagt, andererseits wird dagegen nichts unternommen, weil es den gerade vorherrschenden Ideologien und Lebensweisen zuwiderläuft. Seit den Moralisten, seit der „Entdeckung der Kindheit", sind es aber im Wesentlichen immer die Anforderungen, „Notwendigkeiten", die *Erwartungen* und die Lebensweisen, kurz: die Ideologien der Erwachsenen *zueinander*, die auf die Kindheit und Kinder übertragen wurden und weiterhin werden.

Die (zuerst kirchlichen) Moralisten des 15., 16. und 17. Jahrhunderts bereiteten den Boden für etwas, was in vielen westlichen Ländern weiterhin wachsen sollte: ein *ambivalentes* Verhältnis zum Kinde. Auch heute noch sieht oder

„beobachtet" eine Mehrheit der Menschen eher die „Schwächen" als die Stärken des Kindes. Daran knüpfen wir auch noch eine Erwartung, nämlich die, wie es sich „richtig" zu verhalten hat. Entspricht das Kind nicht unseren Vorstellungen, unseren Erziehungs- oder Weltbildern, wird es kritisiert, korrigiert und mitunter bestraft. In vorgeblich guter Absicht wollen wir aus unseren Kindern etwas machen. Sie sollen etwas Gutes werden, sich „richtig", „anständig", „korrekt" verhalten, und ähnliches. – Das zunehmend von Kleinkind, ja von Geburt an! Das ganz kleine Menschenkind darf nicht einmal mehr schreien. Sofort bekommt es den Schnuller in den Mund gesteckt; glücklicherweise nicht von allen Eltern. Ich musste und muss es leider immer und immer wieder beobachten, wie Mütter (und auch Väter, falls sie überhaupt „Zugang" zum Kind haben) den Schnuller, den manche Babys ausspucken, solange in den Mund hineinstecken, bis das Baby aufgibt zu schreien. Wir sind durch eine lange Erziehungsgeschichte schon so *beziehungslos,* dass wir unseren kleinen, hilflosen und schutzbedürftigen Menschenkindern das Einzige nicht mehr geben können oder wollen, was diese sich wünschen und brauchen: emporgehoben und geliebt zu werden, einfach Nähe zu spüren.

Distanz zum Kinde: Das ist eine der negativen Konsequenzen, die die Entdeckung der Kindheit durch die kirchlichen Moralisten mit sich brachte. Dieses ambivalente, distanzierte und bewertende Verhältnis zum Kind hat sich am stärksten (in Europa) nördlich der Alpen und Pyrenäen erhalten. Die Mittelmeer-Länder wie auch die Skandinavischen haben sich ein entspannteres und natürlicheres Verhältnis zu Kindheit und Familie behalten. Wenn man (nicht nur) P. Ariès *Geschichte der Kindheit* sehr aufmerksam liest, fällt auf: Durch die „Überbewertung" der Kindheit und der starken „Psychologisierung" im 16. und 17. Jahrhundert konnte sich auch so etwas wie eine (latente) *Kinderfeindlichkeit* entwickeln. Am „greifbarsten" ist sie in den deutschsprachigen Ländern. In diesem Lichte sollte man auch einmal die niedrigsten Geburtenzahlen Europas (Deutschland/Österreich) der letzten Jahrzehnte sehen.

Es ist schon erstaunlich, wir bejubeln heute noch (zu Recht), dass wir uns in unserem christlichen Abendland von der Knechtschaft der katholischen Kirche und ihrer Zeit, als sie auch die weltliche (politische) Macht hatte, befreit haben. Viele unserer sogenannten säkularisierten, westlichen und „weltlichen" Gesellschaften haben sich aber in einem einzigen und gravierenden Punkt vom Geist der Moralisten nicht befreit, in unserem Umgang und Verhältnis zum Kind und zur Kindheit. Wie viele Autoren seit Jahrzehnten immer wieder feststellen: Wir sind geradezu besessen, unsere Kinder zu bewerten, zu analysieren und zu psychologisieren. So wie wir die Schule und „Bildung" immer wieder nach „unten" erweitert haben, so auch dieses analysierende Verhalten. Schon den Fötus im Mutterleib analysieren, beobachten und bewerten wir. Wir messen seinen Kopf, seinen Bauch, betrachten und suchen seinen Geschlechtsteil. Wird es ein Bub oder ein Mädchen, wird es einmal groß oder klein, wird, wird, ja wie wird das Menschenkind *werden*? Wir sind von einer Kultur der Werte und des Seins zu einer des Bewertens und Habens geworden. Daumen hoch oder Daumen runter, gefällt mir, gefällt mir nicht, die Facebook Bewertungskultur. Und das machen wir eben schon mit dem kleinen Menschenkind.

An der Schwelle zur Neuzeit wurde ein Kontinuum der Geschichte der Menschheit weitgehend abgebrochen: *Kindheit*, etwa bis zum siebten Lebensjahr, als etwas *Selbstverständliches*, Natürliches zu betrachten. Das Bewusstsein, dass Kinder einfach zuerst einmal nur zu unserer und ihrer eigenen *Freude* auf dieser Welt sind und lediglich unseres Schutzes und unserer Liebe (vorrangig die ihrer Eltern) bedürfen, ist weitgehend verloren gegangen, wie auch ein vertrauensvoller und intuitiver Umgang.

Viel entscheidender noch als die *Entdeckung der Kindheit* wurde für unser heutiges Weltbild die Gründung der kirchlichen Kollegs (Klosterschulen) und der späteren staatlichen Schulen, und die Entwicklung hin zu einer rein außerhäuslichen und außer-familiären Bildung und Erziehung. Dieser sehr lange Prozess führte schließlich dazu, dass wir seit spätestens dem 20. Jahrhundert von einem vollkommenen *Verschwinden der (echten) Kindheit* sprechen können.[13]

...zum Verschwinden der (echten) Kindheit.
Eine kurze Geschichte zur Schule der Neuzeit.

Denn beides –
mentale Gesundheit und Gehorsam –
kann man nicht haben.

Jesper Juul

Schulklasse, China
Quelle: Film *Alphabet*, 2013

Die Schule und ihr (ursprünglicher) Zweck

Bei der schon sehr lange währenden internationalen Schulreformdebatte ist auffallend, dass weder ernsthaft noch konsequent eine – und wohl entscheidendste – Frage nicht gestellt wird: Welchen *Sinn* hat die Schule, und vor allem, welchen Sinn soll sie künftig haben? „Um es einfach auszudrücken: Die Schule ist mit Sicherheit auf dem Weg an ihr Ende, wenn sie keinen Sinn mehr hat."[1] Der amerikanische Medienwissenschaftler und ehemalige Lehrer Neil Postman bringt schon 1995 das eigentliche Problem der „Schulreformdebatten" auf den Punkt.

Auch in den deutschsprachigen Ländern wird im Wesentlichen (öffentlich) nur über das *wie* und *was* diskutiert und gestritten. Sollten wir die Schulglocke und die 50 Minuten Unterrichtseinheit abschaffen, ja oder nein? Sollte der Turnunterricht erweitert und der Fächerschwerpunkt verändert werden; ist ein „Bewertungssystem" in Noten oder ein mündliches besser? Sollte der Computer im Unterricht integriert und im Gehen statt im Sitzen unterrichtet werden? Sollte die Schule mit sechs oder mit fünf Jahren beginnen? Dutzende andere Fragen technischer Natur werden, ideologisch unterfüttert, heftigst diskutiert. Das Ergebnis ist längst bekannt: Einzelne „Teilreformen" werden beschlossen und auf Befehl, sprich Verordnung, umgesetzt. Das Chaos, der Frust und Druck bei ausnahmslos allen erwachsenen Beteiligten, wie auch der „stumme Schrei" unserer Kinder und Jugendlichen wird gleichzeitig größer.

Die Schule hat keine „große Erzählung" mehr, wie es Neil Postman in seinem Buch *Keine Götter mehr* feststellte. Die jüngeren „Erzählungen" der Menschheitsgeschichte, wie Nationalsozialismus, Marxismus und Kommunismus sind gescheitert, oder erwiesen sich als großer Irrtum. Die jüngste „große Erzählung", die vom Kapital, dem Wirtschaftswachstum ohne Ende, die des Neoliberalismus, die der Konsumgesellschaft und des Habens statt des Seins, erweist sich auch zunehmend als Knechtschaft. Habgier und Frieden schließen sich aus, stellte Erich Fromm schon 1976 fest.[2]

Er sollte recht behalten, wie ebenso viele kritische Geister, die schon in der zweiten Hälfte des 20. Jahrhunderts feststellten: Die Schule hat ihren Sinn verloren, ihre „Erzählung". An ihre „Richtigkeit" glauben heute weder eine

Mehrheit der Pädagogen, noch der Eltern. Dennoch halten beide Gruppen tagtäglich weiterhin daran fest. Die wichtigste (fatale) Konsequenz dabei ist: Wir „Vorbilder" verlangen von unseren Kindern etwas, woran wir nicht einmal selbst mehr glauben: Dass diese Schule notwendig und vor allem sinnvoll ist. Damit sind wir ihnen gegenüber weder authentisch noch glaubhaft, und auch deshalb wird der „Output" ganz oben in diesem Schulsystem von Jahr zu Jahr schlechter.

Bereits Anfang der 1970er Jahre gesteht ein damals renommierter deutscher Pädagoge für sich (und andere Kollegen) ein, dass es mit der beinahe schon Jahrhunderte alten „Pädagogik-Lotterie" nichts zu gewinnen, jedoch viel zu verlieren gibt: „Es gibt in Mitteleuropa vermutlich viele hunderttausend Väter und Mütter, die jedes Vertrauen in die erzieherische Effizienz der sogenannten Erziehungseinrichtungen oder ‚Bildungsstätten' verloren haben, weil sie am seelischen Zustand der eigenen Kinder, die diesen Institutionen unterworfen gewesen sind, ablesen konnten, was deren Personal mit seinem als ‚Erziehung' bezeichneten Verhalten wirklich erreicht. Die meisten Erwachsenen, die auf ihre Jugendperiode zurückschauen, dürften mit der Ansicht Theodor Geigers übereinstimmen, dass wir ‚vieles, vielleicht das Beste dessen, was wir sind, nicht *durch* unsere Erziehung, sondern in *Abwehr* gegen sie geworden sind.' *Wir haben es in der häuslichen Erziehung wie im Schulunterricht weitgehend mit Probierhandlungen zu tun, bei denen natürlich nicht ausgeschlossen ist, dass sie zufällig auch Erfolg haben können. Wie gering die Erfolgschancen so genannter Erziehungsmaßnahmen sind, bleibt der Öffentlichkeit nur deswegen relativ verborgen, weil die Kinder und Jugendlichen vieles von dem, was sie lernen sollen, weitgehend unabhängig von den erzieherisch gemeinten Probierhandlungen ihrer Eltern und Lehrer von selbst zu lernen vermögen.*"[3] (Hervorhebung durch MH)

Eine Schule ohne *Sinn* kann nicht (auf Dauer) existieren. Mit Schule ist hier die Pflichtschulzeit, also die „allgemeinbildenden" Schulen gemeint. Grund-, Mittel-, Gesamt-Schule, Gymnasium. Dazu muss zwischenzeitlich auch die Mehrheit der (staatlichen) Kindergärten gerechnet werden, deren Sinn und Zweck seit langem ist, auf die Schulzeit „hinzuführen". Spezifische Berufsbildende- und Fachhochschulen wie auch die Lehre haben einen inneren und glaubhaften Sinn: einen Beruf zu erlernen. Daher funktionieren sie weitgehend auch. 1975 schreibt Hartmut von Hentig im Vorwort zur deutschsprachigen Ausgabe von *Geschichte der Kindheit*: „Kindheit heute ist *Schulkindheit*. Kindheit ist – außer durch die Familie – durch nichts so stark bestimmt wie durch Schule, obwohl man weiß und nachweisen kann, wie gering der Erfolg der Schule, gemessen an ihren eigenen Erwartungen ist."[4]

Warum unserer Schule offenbar seit längerem der *Sinn* verloren gegangen ist, erklärt sich ein wenig von selbst, wenn man genau schaut, wie sie entstanden ist. Der Mensch *lernte* zehntausende Jahre im Familienverband (Sippe) und im „wirklichen Leben". Zwischen den römischen und griechischen Schulen der Antike und den mittelalterlichen Schulen ist „nun ein radikaler Bruch zu verzeichnen. Letztere ist vor allem aus der Notwendigkeit entstanden, Priesternachwuchs heranzubilden."[5]

Vor über 1000 Jahren setzte sich das Christentum als Religion mehrheitlich in Europa durch und es beginnt *Institution* zu werden. Die antike Schule gehörte ausschließlich dem Stadtleben an, auf dem Land hatte es sie nicht gegeben. Der zunehmende Klerus, in der Hauptsache die Bischöfe, mussten selbst für die Ausbildung der jungen Geistlichen sorgen. Das priesterliche Amt erforderte aber elementare Kenntnisse: „Dazu gehörten literarische, d. h. die Kenntnis der liturgischen Texte des Gottesdienstes, Kenntnisse, die man naturwissenschaftliche nennen könnte, wie die des Osterkalenders, und auch künstlerische wie die des Kirchenlieds. Ohne diese Kenntnisse wären die Zelebrierung der Messe, die Erteilung der Sakramente unmöglich geworden und das religiöse Leben verödet."[6]

Im Gegensatz zur antiken Tradition wurde der Unterricht in der Kirche selbst erteilt. Mit „Kirche" meinte man aber nicht nur eine Institution, sondern auch einen Ort, den Portalvorbau der Kirche oder das dazugehörige Kloster. Der Unterricht für den Priesternachwuchs war im Wesentlichen berufspraktisch oder technisch ausgerichtet, fand überwiegend mündlich statt und richtete sich an das Gedächtnis („Singschule"), wie es auch heute noch in den Koranschulen der Fall ist. In der Blütezeit des Mittelalters bestimmten die Konzile, dass auch die Priester der neu gegründeten Kirchen auf dem Lande ihre Nachfolger auszubilden hatten. Spätestens seit der Karolinger Epoche wuchs die elementare „Singschule" über den städtischen Bereich hinaus und wurde durch ein neues Unterrichtsgebiet erweitert. Mit der geographischen wie auch inhaltlichen Erweiterung (neue Unterrichtsfächer) der mittelalterlichen Domschulen haben wir nach P. Ariès darin „die Urzelle unseres gesamten westlichen Schulsystems zu sehen." Das neue Unterrichtsgebiet war nichts anderes, „als die *artes liberales* der Latinität, die, ein Erbe der hellenistischen Kultur, aus Italien, wo sie vielleicht ohne Unterbrechung in den Privatschulen weitergepflegt worden waren, und aus England oder Irland, wo man diese Tradition in den Klöstern beibehalten hatte, nach Gallien zurückgekommen waren. Von nun an sollte in den mittelalterlichen Schulen die Unterweisung im Psalter und im Gesang durch den Unterricht in den Artes, denen des Triviums (Grammatik, Rhetorik, Dialektik) und denen des Quadriviums (Geometrie, Arithmetik, Astronomie, Musik), ergänzt werden. Hinzu kam auch noch die Theologie, d. h. die Kenntnis der Heiligen Schrift, und das kanonische Recht. Daher zog der für die Schule verantwortliche Kanonikus (der Schulhalter oder Scholastikus) bisweilen Adlaten hinzu: einen für den Elementarunterricht – den Psalter - eine Art Hilfslehrer, andere für bestimmte Fächer wie die einzelnen Zweige der Artes, für die Theologie oder das Recht. Noch war diese Unterscheidung von Fachlehrern jedoch nicht üblich. (...) Allmählich entstand im 12. Jahrhundert ein Netz von Schulen; darunter waren hochberühmte, von denen einige sich zu Universitäten entwickelt haben, und dann auch wieder bescheidenere."[7]

Die Lehrer der Domschulen wie auch die Professoren der Universitäten entsprachen bis zum Teil gegen Ende des Mittelalters dem Lehrer oder „Gelehrten" der Antike, der weitgehend alle Fächer unterrichtete. Das waren sämtliche Fächer der Artes, zumindest die Grammatik, Logik und das Quadrivium. Kennzeichen der mittelalterlichen (Dom) Schulen ist auch, dass es keine hierarchische Ordnung innerhalb der einzelnen Fächer gab. Die damalige Pädagogik war eine der Simultanität des Unterrichts mit Methoden mündlicher Wiederholung. Unterrichtet wurde zumeist in einem Saal, einer *Schola,* und die Schüler ließen sich auf dem Boden, der mit Stroh bedeckt war, nieder.

Das noch viel entscheidendere Kennzeichen der mittelalterlichen Schule ist die Vermischung von Altersstufen. „Wir können feststellen, dass die Anfänger im Allgemeinen etwa zehn Jahre alt waren. Doch schenkten die Menschen der damaligen Zeit dieser Tatsache fast keine Beachtung und hielten es für ebenso selbstverständlich, dass ein lernbegieriger Erwachsener sich unter ein kindliches Auditorium mischte, denn was zählte, war der Unterrichtsstoff, das Alter der Schüler war nebensächlich. So konnte ein Erwachsener dem Donat folgen, während ein früh eingeschulter Knabe bereits das Organon wiederholte: man vermochte daran nichts Befremdliches zu entdecken."[8]

Das letzte Kriterium, das die mittelalterliche Schule noch mit der der Antike gemein hat, sie kannte keinen Elementarunterricht. Lesen, Schreiben und einfaches Rechnen, sowie Allgemeinbildung, erfolgte weiterhin im familiären Verband und im Lehrbetrieb, also im öffentlichen Leben. All die gerade aufgezählten Kennzeichen der mittelalterlichen Schulen und wohl auch eines freudigen, fruchtbaren und nachhaltigen Lernens und Lehrens an *Vorbildern*, von Universalgelehrten, ein jahrtausendealtes Kontinuum, nimmt spätestens mit dem 15. Jahrhundert durch die kirchlichen Moralisten (die innerhalb der Kirche die „Oberhand" gewinnen) ein nachhaltiges Ende. Sie haben nicht nur die „Kindheit" und die „Erziehung" entdeckt. Ihre Auffassung von „Erziehung" (Belehrung, Bestrafung, Disziplin, Distanz zum Kinde und ähnliches) wird zum *vorrangigen* Kriterium auch des Unterrichts, des gesamten Schullebens. In einem 100 bis 200-jährigen Prozess entwickelt sich die Schule regelrecht zu einem Ort des Grauens. Mit Schule ist in Folge hier das Kolleg gemeint, das ab ca. dem 15. Jahrhundert die mittelalterliche Domschule ablöst. Das Kolleg entsprach etwa unserem heutigen Gymnasium, einer „Gesamtschule" von ca. 10 bis 20-Jährigen. Mit dem Kolleg entsteht der Struktur nach endgültig unsere „moderne" und noch heutige Schule der Pflichtschulzeit.

Im 16. Jahrhundert liefert Etienne Pasquier ein einprägsames Bild von einem Wandel, der nicht viel länger zurückliegt, als ein Jahrhundert. „Zunächst vergegenwärtigt er sich, ‚an was für Orten die Schüler vor der Einführung des Kollegs unterrichtet wurden', und er zeigt sich entsetzt über die ungeordneten schulischen Verhältnisse. Damals ging es auf diesem Gebiet ‚drunter und drüber', ‚die Räume wurden einmal für Schüler und dann wieder für Freudenmädchen gemietet, unter einem Dach fanden sich eine reputierliche Schule und die Hurerei zusammen'. Pasquier verwundert sich darüber, ‚dass man damals nicht mehr auf Ordnung gehalten hat und die Universität von Paris sich des ungeachtet so viel Ansehen hat erwerben können.' Aus diesem Zeugnis geht hervor, wie weit man sich inzwischen von der mittelalterlichen Freiheit entfernt hatte, die man nicht länger duldete oder auch nur verstand. Das galt für die Freiheit des Lehrers, zu lehren, wo und wie es ihm passte, ebenso wie für die Freiheit des Scholarten, außerhalb der Vorlesungen unbeaufsichtigt zu leben. Man vermochte darin nichts anderes mehr zu erblicken als Zügellosigkeit und Anarchie. Solcher missbilligenden Einstellung entsprang ‚die Einrichtung von Kollegs, die dem Unterricht ein neues Gesicht verliehen'. (...) Man war so angetan von der Disziplin, die sich an den armen Stipendiaten beobachten ließ, die eingesperrt waren, dass die Mehrzahl der Väter und Mütter den Wunsch hatten, dass ihre Kinder, die sie nach Paris auf die Schule schickten, ebenfalls in Kollegs wohnen sollten, damit sie kein liederliches Leben führen konnten."[9]

Nicht nur die kirchlichen Moralisten und Lehrer, auch zunehmend Eltern waren geradezu fasziniert von dem „Effekt", den die Absonderung der Schüler von der Erwachsenenwelt, das „Einsperren" kombiniert mit Strenge und Disziplin mit sich brachte. Das Verhalten des Menschen (Kindes) ließ sich offenbar *formen*, er ließ sich *erziehen*. Die Trennung des Kindes von der Erwachsenenwelt bleibt aber vorerst und weitgehend bis zum 18. Jahrhundert auf die Schule beschränkt. In der Gesellschaft ist der Knabe von dreizehn oder fünfzehn Jahren bereits ein fertiger Mann und tritt weiterhin in das Leben der Älteren, „ohne dass dabei jemand etwas Erstaunliches dabei fände".

Die Schule galt bis weitgehend zum 18. Jahrhundert noch nicht eindeutig „als Vorbereitung auf das Leben, sie verschmolz noch mit Lebensweisen, die wir heute bis nach dem Schulschluss aufschieben, mit der Lehrzeit. Daher gab es auch lange Zeit keine feste Regelung, wann die Schulzeit zu beginnen hatte." Das blieb vielfach bis ins 19. Jahrhundert hinein Entscheidung der Familie, die auch weiterhin für die elementare „Grundbildung" (Erlernen des Lesen und Schreibens) sorgte.

Anhand zahlreicher Biographien und Quellen zeichnet P. Ariès weiterhin das Bild einer äußerst heterogenen Gesellschaft, wie am Beispiel des späteren Gelehrten und Humanisten Thomas Platter. Seine Mutter war mittellose Witwe, Thomas verließ mit sechs Jahren das Haus und lebte bis er neun Jahre alt war als Ziegenhirte. „Im Sommer lag ich im Heu, im Winter auf einem Strohsack voll Wanzen, oft voll Läuse; so liegen gewöhnlich die armen Hirten, die bei den Bauern in den Einöden dienen."[10] Die Mutter wollte aus Thomas einen Priester machen, wohl auch, damit er etwas „Ordentliches" lernen sollte. Sie vertraute ihren Sohn einem Verwandten Priester an, der ihm Lesen und Schreiben beibringen sollte. Dieser Priester und Lehrer erwies sich jedoch als äußerst brutal und Thomas verließ ihn alsbald. „Er schlug mich grausam übel, nahm mich vielmal bei den Ohren..."

Nach zahlreichen Lehr- und Wanderjahren durch verschiedene deutsche Städte tritt Thomas mit 18 Jahren in eine Volksschule in seinem heimatlichen Wallis ein. „Als ich nun in die Schule (des Sapidus) kam, konnte ich nichts, nicht einmal den Donat lesen. Ich setzte mich unter die kleinen Kinder, war aber wie eine Gluckhenne unter den Hühnlein. (...) Ich ging zu einem Herrn in die Schule, der mich ein wenig schreiben und andres lehrte, ich weiß schier nicht was ... In derselben Zeit lehrte ich als Büblein meiner andern Base ... das ABC in einem Tage." Derselbe Thomas Platter, „der 18 Jahre gebraucht hatte, um lesen zu lernen, nimmt nun ein leidenschaftliches Interesse am Humanismus; er stellt einen gewaltigen Bildungshunger unter Beweis. In zwei oder drei Jahren lernt er Latein und darüber hinaus Griechisch und Hebräisch. Nachdem er selbst Privatunterricht erteilt hat, ist er so weit, dass er in seinem heimatlichen Wallis eine Schule aufmachen kann. Er hat das vierzigste Lebensjahr bereits überschritten, als man ihm das Rektorat einer bedeutenden Schule in Basel anträgt, an der er das neue System der getrennten Schulklassen einführen wird."[11]

Die Biographie Thomas Platters ist am Beginn des 16. Jahrhunderts nichts Ungewöhnliches und wir finden ähnliche bis ins 19. Jahrhundert hinein. Ebenso führt P. Ariès zahlreiche Beispiele und Quellen unter umgekehrten Vorzeichen an. Bis etwa zum Ende des 17. Jahrhundert war es auch nicht ungewöhnlich, dass Kinder mit vier bis sechs Jahren schon lesen und schreiben konnten und mit acht Jahren in die erste Klasse des Kollegs eintraten und den Unterricht mit 14 oder 16-Jährigen teilten. Im 15. und 16. Jahrhundert war es auch nicht ungewöhnlich, nach ein paar Jahren das Kolleg mit 13 Jahren zu verlassen, um ins Berufsleben einzusteigen. Der Eintritt in den Bildungsweg oder auch in die Lehre war weiterhin für jeden zu jederzeit und in allen Ständen möglich. „Im Allgemeinen jedoch hat die Schulzeit die Lehrzeit seit dem 18. Jahrhundert praktisch eliminiert. Sie ist von dieser Zeit an den Handwerksständen vorbehalten, die aus dem lateinischsprachigen Kolleg herausgedrängt werden."

Innerhalb der Schule vollzieht sich allerdings ein erstaunlicher Wandel. Der *Inhalt* des Unterrichts verliert seine Jahrtausende vorherrschende Bedeutung. Vorrangig wird nun über Jahrhunderte(!) das *Verhalten* des Schülers (und Menschen), das es nun zu verändern, zu erziehen galt. Immer zahlreichere Verhaltensregeln und Verbote und ein zur Durchsetzung immer strafferer Strafcodex beginnen das Verhalten der Schüler innerhalb und außerhalb der Schule zu regeln. Zuerst wurde das Trinken der Schüler und Studenten im Haus und bald außerhalb des Hauses verboten. Des Weiteren folgten Verbote außerhalb des Hauses zu schlafen, zu lärmen, zu singen(!) und „geräuschvolle" Spiele zu machen. Natürlich war es bald auch verboten eine Frau ins Haus zu nehmen. Ohne triftigen Grund durfte die Schule nicht verlassen werden und immer präzisere Kleidungsvorschriften und Maßregelungen zum gemeinsamen Mahl folgten. Der kontinuierlich zahlreicher werdende Verhaltenscodex und die stetig wachsende Zunahme von Schülerschaft, also eine strukturelle „Notwendigkeit", führte ab dem 16. Jahrhundert zuerst zur Einrichtung von

Schulklassen und in Folge zu eigenen Unterrichtsräumen. Jede (noch altersheterogene) Klasse bekam ihren eigenen Lehrer.

Im 17. Jahrhundert bestand das Kolleg regional unterschiedlich aus vier bis sechs unterschiedlichen Schulklassen. Anhand der Schulchronik einer Schule in Troyes aus dem Schuljahr 1638-1639 zeigt sich folgende Verteilung der Schüler innerhalb der Klasse: In der ersten, der Eintrittsklasse (in Frankreich demnach die „fünfte" Klasse) gab es drei 9-Jährige und sieben 10-Jährige. Der Großteil der aus insgesamt 115 Schülern(!) bestehenden ersten Klasse war zwischen 12 und 15 Jahre alt (82 Schüler). Daraus kann man erkennen, dass der Schuleintritt durchschnittlich nach heutiger Sicht spät erfolgte, da der „Elementarunterricht" (Lesen und Schreiben) nach wie vor familiär oder durch privaten Unterricht erfolgte, oder manche Kinder nach der „Entwöhnung" schon in ein berufliches Lehrverhältnis eintraten. Des Weiteren zählte diese erste Klasse drei 18-Jährige, einen 22 und einen 24-Jährigen. Man konnte beispielsweise auch nach Abschluss einer Lehrzeit in das Kolleg eintreten.

Wie P. Ariès schreibt, mag es uns heute „als befremdlich" erscheinen, dass in einer zweiten Klasse junge Männer von 19 bis 24 Jahren neben Kindern von 11 bis 13 Jahren saßen. Da es weder eine Schulpflicht, noch einen festgelegten (verpflichtenden) Zeitpunkt gab, in der ein Schuleintritt zu erfolgen hatte, zählte ausschließlich die tatsächliche Reife, Begabung und Erfolg. Der Großteil der Schüler absolvierte die Schulzeit am Beginn des 17. Jahrhunderts noch sehr rasch. Und manche warteten auch gar nicht auf einen „Schulabschluss", sondern traten ins Berufsleben oder in eine andere Schule ein. Diese Durchlässigkeit und Flexibilität ging der Schule (bis heute) verloren.

Die „moralische Erziehung", insbesondere bei den Jesuiten, wird ‚zum Hauptziel des Schullebens' und rangiert ‚noch über der Wissensvermittlung".[12] Der Geist der Disziplin und Moral, in weiterer Folge die „Etikett", beginnt sich von der Schule ausgehend(!) ab dem 17. Jahrhundert auf alle verschiedenen Institutionen (Militärakademien) und auf die höfische, soldatische und im 18./19. Jahrhundert auf die bürgerliche Welt auszudehnen.

Ein immer distanzierteres, belehrenderes und kategorischeres Verhältnis und Verhalten zur Kindheit und zum Schüler führte spätestens im 19. Jahrhundert in Europa zur Bildung von *Altersklassen*, so wie wir sie in (staatlichen) Schulen heute noch vorfinden. Die Moralisten entwickelten auch eine Abneigung gegen „frühreife" und besonders begabte Schüler. Ein „Geist", der sich im staatlichen Schulsystem im Wesentlichen bis heute hält. Am besten veranschaulicht sich dieser Sinneswandel, in dem wir Zeitzeugen, in dem Fall

Lehrer und Geistliche einer Schule am Beginn des 19. Jahrhunderts, selbst zu Wort kommen lassen. Zum Verständnis der Quellen ist wichtig darauf zu verweisen, dass zu dieser Zeit die Schulklassen nicht hinauf, sondern hinuntergezählt wurden. Die erste Klasse ist die achte Klasse und die letzte Klasse, die Abschlussklasse, ist die erste Klasse.

„Wir sind der Meinung, dass ein so rasches Aufrücken seiner Entwicklung im wesentlichen Schaden würde. (...) Ein anderer Schüler von dreizehneinhalb Jahren gehört zu den Jüngsten einer dritten Klasse, die sich zu etwa 85 Prozent aus Jungen von 14, 15 und 16 Jahren zusammensetzt (gegenüber nur 1 Prozent Dreizehnjährigen). Die Lehrer missbilligen seine Flegeleien, sein kindliches Lärmen im Kreise der zwei bis drei Jahre älteren Kameraden, und als moderner Mensch weiß man aus Erfahrung, dass für einen Dreizehnjährigen ein Unterschied von zwei oder drei Jahren sehr viel ausmacht. ‚Man versucht, mit den Großen mitzuhalten', man hat etwas für die Streitigkeiten, die Fehden unter Schülern übrig, man mischt sich in Dinge ein, die einem nichts angehen, und versucht sich in private Diskussionen zu drängen. Er sucht den Kampf, boxt gern: das ist eines großen Jungen wenig würdig. (...) Ein Schüler von dreizehn Jahren und zehn Monaten hat sich in die zweite Klasse verirrt: ‚Der extreme Unernst dieses Schülers ... seine Schwatzsucht' lassen ihn für eine solche Klasse nicht geeignet erscheinen; ‚von seinem Alter her hätte er in die dritte gehört'. Er wird seine Zweite wiederholen.

Selbst bei einem Jungen von vierzehneinhalb Jahren hat man noch Bedenken, ihn aus der Dritten in die Zweite zu versetzen: ‚Die Dritte ist, insbesondere dann, wenn es auf das Ende des Schuljahres zugeht, eine ziemlich anspruchsvolle Klasse; da braucht es Urteilskraft und die Einbildungskraft beginnt eine Rolle zu spielen. *Die geistigen Fähigkeiten dieses Schülers können bei seinem Alter noch nicht hinreichend entwickelt sein.*' Man steht mittlerweile auf dem Standpunkt, dass zwischen Alter, geistigen Fähigkeiten und Klasse eine Entsprechung besteht, die strikt beachtet werden soll, und hält es, insbesondere in Hinblick auf das Wohl der zu jungen Schüler, nicht für angebracht, an diesem Verhältnis etwas zu ändern."[13]

Das *Verhalten* des Kindes wird zunehmend der alleinige Maßstab in der schulischen wie auch häuslichen Erziehung (und Bildung). Ein Acht- oder Zehnjähriger habe sich so oder so zu verhalten oder zu sein. Dieser im Grunde artfremde Zugang zum Kinde führt im 19. Jahrhundert endgültig zur Herausbildung der *Altersklassen*. So gestaltet sich das Klassenleben beispielsweise an der Schule Sainte-Barbe im Schuljahr 1816/17 wie folgt. In der Eintrittsklasse (nach damaliger Zählung die achte Klasse) gibt es einen 6-Jährigen, acht 8-Jährige, zwölf 9-Jährige, acht 10-Jährige und einen 13-Jährigen. Gegenüber dem vorangegangenen Beispiel hat sich das Durchschnittsalter der ersten Klasse, die „nur" noch 40 Schüler zählt, um drei Jahre nach unten verschoben und liegt nun bei ca. neun Jahren. Es gibt an dieser Schule acht Klassen, die zwar noch altersheterogen sind, aber der Altersunterschied zwischen den Schülern einer Klasse ist schon deutlich geringer. In der letzten, der Austrittsklasse, die 27 Schüler zählt, ist der jüngste 14-jährig, zehn sind 15-jährig, elf sind 16-jährig. Und ein Schüler ist 18-jährig. „Oben" zeichnet sich ab, was künftig bleiben sollte. Mit etwa 18 Jahren ist die „allgemeinbildende" Schulzeit beendet. Ein deutlicher Wandel ist vollzogen. Die Schulzeit im Kolleg, in der Schule für alle, beginnt deutlich früher und umfasst nun schon acht Schuljahre. Eine Einteilung in Unter- und Oberstufe, wie in eine elementare Grundschule gibt es noch nicht.

Wie heute der Staat das Monopol für die Bildung innehat, so lag es vom Mittelalter bis weit in die Neuzeit hinein in der Hand der katholischen Kirche, dem Domkapitel. Unterrichtssprache an den Kollegs war Latein. Ein Unterricht in der jeweiligen Landessprache, der „Vulgärsprache", setzte sich eher zuerst in England, dann Frankreich, und des Weiteren in den deutschsprachigen Ländern durch. In jedem Fall ging die Durchsetzung der Unterrichtssprache in der Landessprache von den Elementar- und Grundschulen aus.

Verschiedensten Institutionen im 17. Jahrhundert nach „lernt das Kind das Lesen und das Buchstabieren anhand der lateinischen Sprache, des Kirchenlateins und der Gebete der Liturgie, des *Magnificat*, des *Nunc dimittis*, des *Salve Regina*, ‚der Responsorien der Messe', der Offizien von Unserer lieben Frau, vom Heiligen Kreuz, vom Heiligen Geist, der Bußpsalmen, der Allerseelenmesse, ‚der Wochenvespern', der Hymnen der Diözese."[14] Der Elementarunterricht basiert, ob in den Einstiegsklassen des Kollegs oder im häuslichen Unterricht, auf der Vorstellung von Erziehung für *Chorknaben*.

Mit der Erfindung des Buchdruckes im 15. Jahrhundert und später mit der Zunahme gedruckter Schriften (nicht nur religiösen Inhaltes) wuchs in allen Berufsständen im 16. und 17. Jahrhundert das Bedürfnis, Lesen und Schreiben zu können. Am stärksten entwickelte sich das Bedürfnis nach einem eigenen Elementarunterricht (Lesen, Schreiben, Rechnen) in den Handwerksständen. „So mochte es vorkommen, dass ein Handwerker, ohne seine Arbeit aufzugeben, Lehrlinge um sich versammelte – das mochten beispielsweise erwachsene

Kollegen aus demselben Beruf sein – und ihnen einige Grundkenntnisse im Lesen, Schreiben und zweifellos auch im Zeichnen beibrachte, denn das Zeichnen war mehr noch als Schreiben oder Lesen eine notwendige Voraussetzung für die Ausübung bestimmter Berufe, beispielsweise der Schreinerei und des Zimmerhandwerks. Solche improvisierte Lehrtätigkeit brachte dem Lehrer zusätzliche Einnahmen und kam dem Bedürfnis nach elementaren Kenntnissen entgegen, das innerhalb der handwerklichen Berufe bereits spürbar wurde. Er mochte sich sogar versucht fühlen, sich ausschließlich seiner Schule zu widmen. Eben für eine Schule dieses Genres hat Holbein 1516 in Basel das Bild gemalt, das auf der einen Seite einen Abendkurs zeigte – den Lehrer und seine erwachsenen Schüler – und auf der anderen Seite eine Schule für Kinder, wobei links der Lehrer und seine Jungen und rechts die Lehrerin und ihre Mädchen zu sehen sind."[15]

In den Handelsstädten gewinnt das Rechnen, die *Arithmetik*, alleine schon für die Buchhaltung eine zentrale Rolle und führt dazu, dass es zu einem eigenen Unterrichtsfach wird. Im städtischen Bereich übernimmt (neben der Familie) der Beruf des Schreibers, die Schreibstuben, die Aufgabe Elementarunterricht zu erteilen. Im 16. und 17. Jahrhundert entstanden dann primär für Erwachsene eigene Akademien, in denen Lesen, Schreiben und Rechnen, darüber hinaus auch noch Geometrie und Architektur gelehrt wurde. P. Ariès zufolge ist in dieser Entwicklung die eine Ursache zu sehen, die im Weiteren zu einer Grundschule nur für Kinder führte. Das Bestreben Kinder von der Erwachsenenwelt zu trennen, setzt sich über die Jahrhunderte fort.

Die zweite Entwicklung, die zu einer eigenen Elementarschule für Kinder führte, war folgende: Das „Betteln", anders als heute, war im Mittelalter und auch noch im 16. Jahrhundert nicht nur weit verbreitet, sondern auch toleriert. Auch Schüler und Studenten an Kollegs, die aus ärmeren Schichten kamen, mussten betteln, um sich das Schulleben leisten zu können. Man sah darin nichts Anstößiges. Viele liebten den „pittoresken Aspekt" des Bettelvolkes. Gegen Ende des 16. Jahrhunderts kommt in Frankreich, England und auch in den deutschsprachigen Ländern eine Vorstellung auf, die dem religiösen Boden der Reformation und Gegenreformation entstammt. „In den Kreisen, die von der neuen Frömmigkeit in Frankreich und England am stärksten berührt wurden, kam man zu der Überzeugung, dass man den kleinen Bettlern die religiöse Unterweisung zuteil werden lassen müsse, die zuvor praktisch den Chorknaben der Lateinschule vorbehalten gewesen war, und dass man sie gleichzeitig Lesen und Schreiben lehren müsse, Fertigkeiten, die damals als unabdingbare

Voraussetzung auch für die Ausübung eines handwerklichen Berufes galten. Man würde auf diese Weise aus denjenigen fromme und gewissenhafte Arbeiter machen, die sonst zu verderbten Abenteurern geworden wären.

Man ging alsbald dazu über, sich einen Unterricht in der Vulgärsprache auszudenken, der sich auf den Katechismus, das ABC und das Einmaleins gründete und für die Kinder bestimmt war, die dem lateinischsprachigen Unterrichtsprogramm nicht zu folgen vermochten. Der Gründer einer Schule in England legte seine Beweggründe folgendermaßen dar: ‚Wir haben in unserer Gemeinde viel armes Volk, das seine Kinder nicht in den Grammatikunterricht schicken kann. Wir möchten gleichwohl, dass man ihnen die Prinzipien der christlichen Religion sowie auch Schreiben, Lesen und Rechnen beibringt, *damit sie eine Lehre anfangen können.*"[16]

In der Blütezeit des religiösen Humanismus gründeten in Paris, aber auch anderen Städten, Pfarrer kostenlose Schulen für Arme (nicht nur für Kinder). „In manchen dieser Schulen konnte man auch einen Beruf erlernen. So brachte im Jahr 1680 in den Schulen von Saint-Supice ein Strumpfwirker 200 Schülern das Stricken bei. Auch die Mädchen, die doch in dieser Hinsicht lange Zeit vernachlässigt worden waren, wurden nicht vergessen. Im Jahre 1646 versammelte Louise Bellange 40 arme Mädchen aus der Gemeinde Saint-Eustache zum Unterricht. Neue Orden verschrieben sich dieser Mission: So die Ursulinerinnen, die es sich zur Aufgabe machten, ‚öffentliche Schulen für externe Schülerinnen wie für Pensionärinnen zu unterhalten."[17] Diese ursprünglich für arme Kinder und Bettler gegründeten Schulen zogen aber bald auch Schüler wohlsituierter Handwerker, Kaufleute und Bürger an. *Am Ende des 17. Jahrhunderts war den Reichen die Nachbarschaft zu den Armen noch nicht zuwider.* Der erste „Widerstand" gegen die frühen Formen heutiger Grundschulen kam von der Kirche, dem Domkapitel. Ein enormer Zustrom von Schülern aus dem Volk entsprach häufig dem Wunsch der Eltern nach sozialem Aufstieg. Im 17. Jahrhundert entstanden sogar eigene Bauernkollegs. Ein enormer „Bildungshunger" durchweht die gesamte städtische und ländliche Gesellschaft.

„Im Verlauf des 18. Jahrhunderts kommt ein neuer Geist auf, der die Gegebenheiten des 19. Jahrhunderts vorbereitet: es ist derselbe Geist, der die Philosophie der Aufklärung beseelt. Er wehrt sich gegen die Zulassung der Kinder aus dem Volk zur höheren Schulbildung. Man ist nun der Meinung, dass die Bildung den Reichen vorbehalten bleiben solle, weil ihre Ausdehnung auf die Armen diese den handwerklichen Berufen entfremden und Versager aus ihnen machen würde. Die gesamte Gesellschaft würde unter einem Mangel von nützlichen Handarbeitern und einer Inflation von Unproduktiven zu leiden haben. Diese Meinung fasst die Abneigung gegen die Vermischung der sozialen Klassen in der Schule in die Sprache der Ökonomie." Dazu wieder die Worte einiger Zeitzeugen. Guyton de Moreau stellt fest: „Fast sämtliche Handwerker in den Städten haben die Angewohnheit, ihre Kinder aufs Kolleg zu schicken, damit sie dort einige Jahre am Unterricht teilnehmen, und sie haben von vornherein die Absicht, sie nach einiger Zeit wieder herunterzunehmen ... Die Mehrzahl derer, die dorthin kommen, verlassen es vor der Zeit, um den Beruf ihres Vaters zu ergreifen."

Ein Techniker, der eine Abhandlung über „Straßennetz, über Brücken und Chausseen" verfasste, schrieb 1879: „Man ist der Manie verfallen, keinen Dienstboten mehr einzustellen, der nicht lesen, schreiben und rechnen kann. (...) Da die Kinder der Landarbeiter sämtlich Mönche, Kommis (Kontorschreiber bei Kaufleuten, Anwälten, bei Vertretern der Justiz oder der Finanzen, bei Verwaltern) oder Lakaien werden, nimmt es nicht wunder, dass für die Ehe und die Landwirtschaft niemand mehr übrig bleibt."

Der französische Schriftsteller Voltaire, Philosoph und „Vordenker" der Aufklärung, schrieb in Briefen: „Ich danke ihnen dafür, dass Sie das Bildungsstreben der Landarbeiter angeprangert haben. Ich, der ich Land zu bestellen habe, richte den Antrag an sie, dass man mir Arbeiter schicken möge und keine tonsurierten Geistlichen ... Es ist wohl angebracht, dass das Volk gelenkt wird, nicht aber, dass es eine Bildung erhält, deren es nicht würdig ist (19. März 1766). ‚Es erscheint mir unerlässlich, dass es unwissende Bettler gibt' (1. April 1766). In demselben Sinne lässt sich im Jahre 1759 Verlac vernehmen. ‚In den Hütten, den Weilern, den Marktflecken und den Dörfern lässt sich während der beiden Ferienmonate nur ein Schrei vernehmen: Schickt Eure Kinder aufs Kolleg.' Wie soll man ‚diese Bildungslawine zum Stillstand bringen, die so viele Hütten überrollt, so viele Landstriche entvölkert, so viele Scharlatane, Intriganten, Neider, Zürnende und Unglückliche jeder Art hervorbringt, in sämtlichen Berufen Verwirrung stiftet.' Wir finden hier die hauptsächlichen Themen des sozialen Konservativismus: den Vorsatz, das Volk durch den Analphabetismus oder die Unwissenheit an die manuellen Arbeiten zu binden – Gegensatz zwischen Bildung und manueller Arbeit –, Themen, die hier mit dem Antiklerikalismus der Philosophie der Aufklärung verknüpft sind.

Doch blieb diese Gegenwehr machtlos gegenüber dem Drang zur Schulbildung, wenn der Zustrom zu den Schulen während der ersten Hälfte des 19.

Jahrhunderts auch zweifellos zurückgegangen ist. In derselben Epoche kommt auch die moderne Vorstellung von einer besseren Anpassung des Lernens an den künftigen Beruf oder die unterschiedlichen Laufbahnen auf. So schrieb etwa Bernis in seinen Memoiren: ‚Weshalb werden Kinder, die weder demselben Stand angehören noch für dieselben Berufe bestimmt sind, ein und derselben Erziehung unterworfen? Sollte man beispielsweise dem Kaufmannssohn nicht lieber Rechnen beibringen, als ihn zu lehren, wie man griechische und lateinische Verse drechselt?"[18]

Es sollten noch einmal etwa 200 Jahre vergehen, bis diese Wünsche, die schon im 18. Jahrhundert recht häufig laut wurden, in Gestalt der Reformen des Unterrichtswesens verschiedenster europäischen Republiken Gehör fanden. Die „Erwachsenenbildung" wie auch die Bauernkollegs verschwinden bereits im 16. bis zum 18. Jahrhundert. Die Koexistenz verschiedener sozialer Klassen in einem einzigen Raum, wie sie für das 17. Jahrhundert noch selbstverständlich war, wird nicht mehr geduldet.

P. Ariès fasst in seinem Werk *Geschichte der Kindheit* die Entwicklung, die zur heutigen Grundschule und überhaupt Schulsystem führt, auf Grund folgender Phänomene zusammen: „zunächst einmal der demographischen Spezialisierung der Altersstufen von fünf/sieben bis zehn/elf Jahren, wie sie sich im 17. Jahrhundert in den *petites écoles* wie auch in den unteren Klassen der Kollegs vollzogen hat; dann, im 18. Jahrhundert, der sozialen Spezialisierung zweier verschiedener Unterrichtssysteme, des einen für das Volk, des anderen für Bürgertum und Aristokratie. Auf der einen Seite trennte man die Kinder von ihren älteren Schulkameraden, auf der anderen Seite die Reichen von den Armen. Zwischen diesen beiden Phänomenen, lässt sich, so meine ich, eine Verbindung feststellen. Sie sind beide Ausdruck einer allgemeinen Tendenz zur Abriegelung, die darauf abzielte, das einst miteinander Verschmolzene zu unterscheiden, das bis dahin lediglich Unterschiedene voneinander zu trennen."

Die Moralisten und Männer der Kirche waren es zuerst, die die Besonderheit der Kindheit „wie auch die zeitgleich sittliche und gesellschaftliche Bedeutung der Erziehung, der methodischen Bildung des Kindes in speziell auf diesen Zweck zugeschnittenen Lehranstalten, begriffen hatten. Sehr früh haben einige von ihnen begonnen, sich über ihren eigenen Erfolg zu beunruhigen – einen soziologischen Erfolg, über den sie sich nicht immer im Klaren waren. So haben Richelieu, der eine Musterakademie für die utopische Stadt plante, die er in Richelieu bauen wollte, und dann Colbert der Befürchtung Ausdruck verliehen, dass es zu einer Schwemme von Intellektuellen, zu einer bedrohlichen Knappheit an Handarbeitern kommen könne – ein altes Thema, das sämtliche Generationen des konservativen Bürgertums bis in unsere Zeit immer wieder aufs Tapet gebracht haben."

Im 18. Jahrhundert übten dann die Männer der „Aufklärung" dank „ihrer Zahl und ihrer Beziehungen einen so starken Einfluss auf die öffentliche Meinung aus, wie ihn keine Gruppe von Juristen, von Geistlichen oder Intellektuellen in der Vergangenheit zu erhoffen gewagt hätte."

Der Mehrzahl von ihnen fasste im 18. Jahrhundert den Vorsatz, „das Privileg einer umfassenden Bildung im klassischen Sinn auf eine soziale Schicht zu beschränken und das Volk in einen ausschließlich praktisch ausgerichteten Unterricht zweiter Klasse abzudrängen."[19]

Dieser Geist, dieses Bestreben hält sich in Europa bis heute vor allem in den deutschsprachigen Ländern und manifestiert sich unter anderem im Streit um die Abschaffung der Hauptschule (durch eine Eingliederung von Hauptschule und Gymnasium in eine Mittelschule für alle). Es sind aber nicht nur viele Pädagogen und Politiker, die an diesem „Standesdenken" aus dem 18. Jahrhundert festhalten. Auch viele Eltern wünschen die Beibehaltung dieser Trennung. Man definiert sich und seine Kinder als besser, als etwas Besonderes, wenn man der Gruppe der Gymnasiasten angehört. Im 18. Jahrhundert hat man vor allem im Bürgertum erkannt, dass sich eine „bemerkenswerte Übereinstimmung zwischen dem modernen Begriff der Altersklassen und dem der sozialen Klassen feststellen lässt."[20]

Die antike und mittelalterliche *Schola*, in der sich wiss- und lernbegierige Kinder und Erwachsene gemeinsam und barfüßig am Boden eines großen Raumes oder Saales niederließen, um den Worten eines universal gebildeten Gelehrten ehrfurchtsvoll zu folgen, gehörte spätestens am Beginn des 17. Jahrhunderts der Vergangenheit an. „Das Übermaß an autoritärem Geist" führte zu einer immer größer werdenden Distanz zwischen Lehrern und Schülern. Der (geistliche) Lehrer wird zum Schulfuchs, zum Pedanten, und schließlich zu einer vielfach gehassten Person.

Vom 15. Jahrhundert an bildet sich an den Kollegs ein rigoroses Disziplinarsystem heraus, das hauptsächlich durch folgende Merkmale gekennzeichnet ist: „ständige Überwachung, die zum Erziehungsprinzip und zur Institution erhobene Anzeigepflicht und die verstärkte Anwendung von Körperstrafen."[21] Einigen von den Geistlichen ausgewählten Schülern wird es als Pflicht gemacht, den Kameraden zu denunzieren, den er dabei überrascht, wie er Französisch (oder in England Englisch) statt Latein spricht, lügt, flucht, gegen den Anstand verstößt, morgens im Bett faulenzt, die Gebetsstunden versäumt, in der Kirche schwatzt und ähnliches. Unterlässt es nun der als „Aufseher" ernannte Schüler seine Kameraden zu „verpetzen", so soll er bestraft werden, als habe er die Verfehlung selbst begangen. Die zum Prinzip erhobene *Denunziation* schien den Lehrern als einziges probates Mittel zu sein, jeden Augenblick im Leben ihrer Schüler zu kontrollieren. Der Geist der Denunziation, wie auch das Bestrafen als oberstes Erziehungsprinzip, wehte von der Schule ausgehend über Jahrhunderte durch alle Stände, Gesellschafts- und Altersschichten.

Die mittelalterlichen Schau- und „Hexenprozesse", wie die langen „öffentlich" vollzogenen Hinrichtungen der Todesstrafe in den USA, oder die heute noch in einigen arabischen Ländern praktizierten öffentlichen Steinigungen und Enthauptungen, entspringen ein und demselben Grundsatz: Den Menschen durch Bestrafung zu *erziehen*, ihn zu zwingen, einem von welchen Autoritäten auch immer festgelegten Verhaltenscodex zu befolgen. Wir kennen dies vereinzelt schon aus früheren Epochen der Menschheitsgeschichte. Beispielsweise die Steinigung oder Kreuzigung einiger Christen (oder generell anders Denkenden und Handelnden) in der Antike. Doch erst den kirchlichen Moralisten, Geistlichen und Lehrern in Europa ab dem 15. bis 17. Jahrhundert gelang es, das Prinzip der *Erziehung* durch *Bestrafung* als vorrangiges Prinzip in nahezu allen Gesellschaftsschichten durchzusetzen. Wie auch das *Lehren* an den Schulen durch *Belehrung* zu ersetzen.

Von diesem Geist sollten wir uns bis heute nicht mehr vollständig trennen. Die Justiz, die Rechtsprechung (nicht nur) in den westlichen Ländern, hält auch heute noch überwiegend an dem Prinzip der Bestrafung als Erziehung fest, obwohl unzähligen kriminalpsychologischen Forschungsergebnissen zufolge der Effekt gemessen am Aufwand und der Erwartungshaltung äußerst gering ist. Gewalt (Bestrafung durch Züchtigung, Freiheitsentzug und ähnlichem) verursacht wiederum Gewalt.

Der mittelalterlichen Schule waren die Denunziation und auch die Bestrafung weitgehend fremd. Sie kannte ebenso Strafverordnungen bei Verstößen gegen die Schulordnung, die wurden aber nur mit einer Geldbuße festgesetzt. Bei einer Strafe von vier Denies war es beispielsweise verboten, allein aus dem Haus zu gehen. Wie P. Ariès nachweist, kostete es an einigen Schulen zweieinhalb Sous, wenn man sich nachts nicht zudeckte. Weit verbreitet war eine Geldbuße, wenn man ins Wirtshaus trinken geht. „Im Laufe des 15. und 16.

Jahrhunderts tritt dann jedoch im Zuge eines tiefgreifenden Sittenwandels die Körperstrafe an die Stelle der Geldbuße. (...) Eine Miniatur vom Anfang des 15. Jahrhunderts stellt die Szene der Züchtigung dar: das Opfer, ein etwa zwölf- bis dreizehnjähriges Kind, dem man die Hosen gerade so weit heruntergezogen hat, wie nötig, liegt über dem gebeugten Rücken seines Schulkameraden, ein anderer Schüler hält seine Beine fest, und der Lehrer hat die Rute bereits zum Schlag erhoben. Bestimmte Statuten vom Anfang des 16. Jahrhunderts bestimmen, dass die traditionellen Strafmaßnahmen nicht für die *parvuli* gelten sollen: ‚Was diese Geldstrafen betrifft, so meinen wir, dass sie nicht gegen die *parvuli* verhängt werden sollen. Wir wollen, dass sie stattdessen für dasselbe Delikt mit der Rute bestraft werden, wobei man jedoch Mäßigung walten lassen soll und ihnen keine Verletzungen zufügen darf."[22]

Bei der „Mäßigung" des Schlagens blieb es nicht lange. So berichtet ein Zeitzeuge, dass ein (geistlicher) Lehrer „diejenigen, die er eines Vergehens überführt hatte, züchtigen ließ; diejenigen, die sich schwere Verstöße zuschulden kommen lassen hatten, mussten nackt vor der gesamten Schulmannschaft antreten, und dann ließ er sie bis aufs Blut schlagen. (...) In diesem 16. Jahrhundert denkt man an seine Kindheit nicht selten mit Bitterkeit als an eine Art Gefängnisaufenthalt zurück."[23]

Die Schule wird zu einem Hort des Grauens, in der sich die Gewaltspirale immer schneller zu drehen beginnt. Fast ein wenig beklemmend an P. Ariès *Geschichte der Kindheit* ist, wie er in den Kapiteln *Die Fortschritte der Disziplin* und *Die Härte des Schullebens* darlegt, wie der Geist der „Disziplin" und Demütigung von der Schule ausgehend(!) die gesamte Gesellschaft und alle Stände bis ins 18. Jahrhundert hinein erfasst. Das Erniedrigen wird nicht nur geradezu ein Merkmal der neuen Einstellung zur Kindheit, sondern zum „Umgangston" aller. „In dieser Epoche ging es in der Welt der Erwachsenen nicht minder gewalttätig zu. Richelieu sah sich gehalten, das Duell zu verbieten, das seine Aristokratie dezimierte. Ganze Dörfer, Berufsverbände schlugen sich wie die Rotten von Kollegschülern in der Unterrichtspause. Der Geist der Gewalt beherrschte eine ganze Gesellschaft, ihre sämtlichen Stände, adlige wie *gemeine*, alle Altersstufen von den Kindern über die Jugendlichen bis zu den Erwachsenen."

Innerhalb der Schule wurde oft schon das geringste „Versagen", beispielsweise das falsche Rezitieren eines Textes (auch nur einer Silbe!) mit der Rute geahndet. Die Rute wird zur *poena scholastica*, zum Allzweck-Erziehungsmittel für alles und jeden. So viel „Disziplin" oder vielmehr Repression stieß freilich von Anfang an auch auf Widerstand. „Die Schulmeister und Präfekten sahen sich oft richtigen bewaffneten Aufständen gegenüber, die Meutereien waren zahlreich und gewalttätig."

Die stark zunehmenden „Schüleraufstände" erreichen im 17. Jahrhundert ihren Höhenpunkt. Dazu wieder Zeitzeugen: „In jenem Jahr war die Atmosphäre besonders gespannt, weil ältere Kollegzöglinge sich der erniedrigenden *poena scholastica*, der öffentlichen Züchtigung durch die Rute des Korrektors hatten unterziehen müssen. Sie glaubten sich entehrt und sannen auf Vergeltung. In den Schulchroniken gibt es eine Fülle solcher Racheakte bestrafter Schüler, die im Gegenzug ihre Lehrer durchbläuten, so dass diese gezwungen waren, die Hilfe der Sergeanten in Anspruch zu nehmen."

In einer anderen Quelle wird berichtet: „Die Aufrührer ... begaben sich auf die Straßen und drängten, mit Degen, Prügeln, Ochsenziemern und Steinen bewaffnet, die Schüler zurück, die sich beim Läuten der Glocke versammelten, um sich in ihre Klasse zu begeben.' Die Situation drohte sich zu verschlimmern, falls die Patres es nicht auf einen Gesichtsverlust ankommen und ihren Gefangenen ziehen ließen. Sie verfügten ihrerseits über einen Vorrat an Waffen und versahen ihre Bediensteten nicht nur mit Knüppeln, sondern auch mit Hellebarden und vor allem mit Gewehren: sie konnten also auf die Überlegenheit der Feuerwaffen zählen. Die Jesuiten setzten damit ein Mittel ein, das nahezu einen Sieg ohne weitere Zwischenfälle ermöglicht hätte: die Gewehre lösten auf der Gegenseite ein heilsames Misstrauen aus. Unseligerweise ging jedoch einer der Aufrührer zum Angriff über: ‚Statt sich zurückzuziehen, wie es die anderen Aufrührer in seinem Trupp taten, ging er gegen den Bediensteten vor, der das Gewehr im Arm hatte (womöglich hat es nur ein einziges Gewehr gegeben!). Er stürzte sich auf ihn und sein Gewehr, dessen Lauf nach unten wies, und wollte ihn zwingen, es ihm zu überlassen ... Das Unglück wollte es, dass sich bei diesem Handgemenge der Abzug des Gewehrs löste, so dass ein Schuss losging, der zuerst die Soutane des Lehrers (der dazwischengetreten war) durchdrang, die sich zwischen dem Gewehrlauf und dem Leib des Schülers verfangen hatte; dann fuhr die Kugel ohne tiefer einzudringen unter der Bauchhaut des Schülers bis gegen den Oberschenkelknochen und verletzte ihn."

In dieser Zeit war es ganz „normal", dass auch Schüler bewaffnet waren. Das Tragen eines Degens war eine Selbstverständlichkeit. Aus obiger Quelle können wir entnehmen, dass auch die Lehrer (mit Gewehren!) bewaffnet waren. Die großen und sehr zahlreichen Schülerunruhen gingen aber nicht immer bis zum bewaffneten Aufstand und hörten in Frankreich am Ende des 17. Jahrhunderts auf.

„Die englischen Schulen kannten dagegen im 18. Jahrhundert keine derartige Periode der Entspannung. Anders als in Frankreich konnte von einem Abnehmen oder gar Verschwinden der Unruhen keine Rede sein, sondern sie verdoppelten sich am Ende des 18. und zu Beginn des 19. Jahrhunderts an Zahl wie an Heftigkeit. Überall begegnet man der Disziplinlosigkeit und der Revolte. In Winchester hielten am Ende des 18. Jahrhunderts die Schüler das College zwei Tage lang besetzt und hissten die rote Fahne! Im Jahre 1818 musste man zwei Kompanien Soldaten mit aufgepflanzten Bajonetten einsetzen, um mit einem Schüleraufstand fertig zu werden. In Rugby setzten die Schüler Bücher und Katheder in Brand und zogen sich dann auf eine Insel zurück, die erst von Sturmtrupps genommen werden konnte. (...) Der letzte nennenswerte Schüleraufruhr in England findet immerhin erst 1851 in Marlborough statt. Eton erlebte den letzten 1832; er endete mit der Prügelstrafe für 80 Jungen."[24]

In *Hört ihr die Kinder weinen* schreibt Lloyd deMause: "Eine Vorstellung von der Häufigkeit des Schlagens gewinnt man, wenn man hört, dass ein deutscher Schullehrer ausrechnete, dass er 911.527 Stockschläge, 124.000 Peitschenhiebe, 136.715 Schläge mit der Hand und 1.115.800 Ohrfeigen verteilt hatte. Die in den Quellen geschilderten Schläge waren im Allgemeinen schwer, führten zu Blutergüssen und Blutungen, begannen früh und bildeten einen regelmäßigen Bestandteil des Lebens der Kinder. Jahrhundert um Jahrhundert wuchsen geschlagene Kinder heran, die wiederum ihre eigenen Kinder schlugen. Öffentlicher Protest war selten."[25] Der russische Schriftsteller Leo Totstoj notiert nach einem Besuch in Deutschland (1860) in sein Tagebuch: „War in der Schule. Entsetzlich. Gebet für König, Prügel, alles auswendig, verängstigte, seelisch verkrüppelte Kinder."

Der Schriftsteller Anton Tschechow: „Wenn ich an einer Kirche vorbeigehe, erinnere ich mich an meine Kindheit, und ein Schauer befällt mich. (...) Seit meiner Kindheit glaube ich an den Fortschritt, und ich musste daran glauben. Angesichts des großen Unterschieds zwischen der Zeit, wo man sich prügelte und jener, wo man damit aufhörte..."

Bereits Anfang des 16. Jahrhunderts bringt Martin Luther in einer Notiz auf den Punkt, was über Jahrhunderte Millionen (und viele bis heute) rückblickend über die Schule denken: „Wir sind darin gemartert worden und haben doch nichts gelernt." Dieses „martern" setzt sich unnötig bis heute fort. Nicht nur die elementaren Kulturtechniken wie Lesen, Schreiben und Rechnen werden von Kindern spielerisch erlernt, wenn sie in einem organischen, artgerechten und entspannten Umfeld aufwachsen.

Die Geburt des wohlerzogenen und gehorsamen Kindes

Die *maßlose* körperliche Züchtigung und das Bestreben, die Kindheit zu denunzieren, um sie zu unterscheiden und in Dienst zu nehmen, hört im Verlauf des 18./19. Jahrhunderts zunehmend auf. Allerdings weist P. Ariès darauf hin: „Denn wenn die Rute auch aus dem Kolleg verschwindet, so wird sie dafür vom Militär übernommen, wo die körperliche Züchtigung nach dem Vorbild der Armee Friedrichs II., aber auch der der Hannoveraner in England systematisch angewendet wird. Ebenso ist es wahrscheinlich, dass die Disziplin in den ersten Industriewerkstätten ziemlich stramm war – auch ohne körperliche Züchtigung!"[1]

Nach der Vertreibung der Jesuiten richtet sich die Schule nun auf die Vorbereitung für Militärschulen aus, die im 18. Jahrhundert gegründet wurden. Das ganze Schulleben nimmt nun etwas von einer militärischen Attitüde an. Statt der körperlichen Züchtigung, die sich nicht nur an den Schulen der deutschsprachigen Länder bis ins 20. Jahrhundert hinein hält, zieht nun die Trillerpfeife, das Exerzieren, das Antreten in Reih und Glied und bisweilen auch der Krazer Einzug in die Schule. Diese Maßnahmen *und* die körperliche Züchtigung erfreuten sich noch in staatlichen Kinderheimen in Österreich (und vermutlich nicht nur dort) der 1950er bis 70er Jahre großer Beliebtheit bei den Pädagoginnen und Erzieherinnen.[2]

Auch wenn die massive Gewalt in den Schulen im Verlauf des 18. Jahrhunderts zurückging und im 20. Jahrhundert verschwand. – In einem Punkt trugen die Moralisten und Pädagogen den Sieg davon: Mit der „Auffassung vom wohlerzogenen Kind. Sie war im 16. Jahrhundert so gut wie völlig unbekannt und bildete sich erst im 17. Jahrhundert heraus. (...) Dieses wohlerzogene Kind wird in Frankreich dann zum Kleinbürger werden. In England wird es zum Gentleman, einem sozialen Typus, der vor dem 19. Jahrhundert unbekannt war und den eine bedrohte Aristokratie mit Hilfe der *public schools* heranziehen wird, um sich gegen den Druck der Demokratisierung zur Wehr zu setzen.

Die Sitten der führenden Klassen des 19. Jahrhunderts sind den anfänglich widerstrebenden Kindern von Vorläufern auferlegt worden, die sie zwar abstrakt erdacht, jedoch noch nicht danach gelebt hatten."3

Das wohlerzogene und *gehorsame* Kind wird vom 18. Jahrhundert an „geradezu das Idealbild des Kleinbürgertums und im 19. Jahrhundert das der Elite und allmählich des modernen Menschen überhaupt."4

Die Moralisten und später die Mehrheit der Pädagogen und viele Intellektuelle schafften es, das zehntausendjährige Kontinuum einer Kindheit des *Seins* (weitgehend) bis heute zu durchbrechen. An seine Stelle wurde (auch) eine Kindheit des „Scheins" gesetzt. Das *Verhalten* des Kindes, das man zwar anfänglich ergründen und später nur noch formen, richten und auch ein wenig beherrschen wollte, blieb primärer Aspekt schulischer wie familiärer *Erziehung*.

Eine Flut von „Anstandsfibeln" (aus heutiger Sicht „Erziehungsratgeber"), die ausschließlich an das Kind gerichtet sind, überschwemmt die Haushalte aller Stände vom 17. bis zum 19. Jahrhundert. Ein englischer Pädagoge des 17. Jahrhunderts schreibt: „Das sanfte und harmonische Betragen der Kinder stellt einer Schule ein besseres Zeugnis aus, als eine solide Bildung, weil ein solches Betragen jedermann zeigt, dass das Kind gebildet ist, auch wenn es vielleicht nur wenige Dinge gelernt hat, weil doch die guten Manieren der wichtigste Teil der guten Erziehung sind."

In einer Civilité nouvelle von 1671 heißt es: „Das Kind soll zu Hause wiederholen, was es in der Schule oder im Kolleg gelernt hat, oder aber es soll zu Hause lernen, was es seinem Lehrer dann aufzusagen hat.' Am Abend erfolgt dann die Gewissenserforschung durch die Eltern: ‚Wenn das Kind seinen Mann gestanden hat', dann wäscht man es und liebkost es. Wenn es sich leichtere Vergehen zuschulden kommen lassen hat, ‚bestraft man es in scherzhafter Weise, indem man sich über es lustig macht oder eine leicht erträgliche Bestrafung vornimmt... Wenn es sich dazu hat hinreißen lassen, eine Handlung zu begehen, die einem Verbrechen nahe kommt, d. h. wenn es Blasphemie oder eine Mauserei begangen hat, wenn es gelogen oder ein Schimpfwort, eine gemeine Beleidigung gegen eine Zofe oder einen Diener geäußert hat, oder auch wenn es in verbohrter und trotziger Weise ungehorsam gewesen ist, soll man ihm die Rute geben. ... Danach soll das Kind seinen Eltern und Erziehern gute Nacht sagen und seine Geschäfte verrichten. ... Sobald es ausgezogen ist, soll es sich schlafen legen, ohne noch zu schwatzen und Geschichten sowie allerhand unnützes Zeug zu erzählen (das Kind schlief ja niemals allein). Es soll sich so zu Bette legen, dass es recht anständig darinnen liegt und ganz zugedeckt ist, es soll weder auf dem Rücken noch auf dem Bauch schlafen, sondern auf der Seite (ein mittelalterlicher medizinischer Rat), auch soll es nicht ohne Hemd schlafen, zum einem aus Gründen der Schicklichkeit und zum anderen deshalb, damit es seine Kleider in allen erdenklichen Fällen, die das nötig machen könnten, umgehend zur Hand hat.'"[5]

Stellvertretend für viele Intellektuelle des 17. bis 19. Jahrhunderts lassen wir noch Immanuel Kant, der als einer der bedeutendsten Vertreter abendländischer Philosophie gesehen wird, zu Wort kommen. „Der Mensch ist das einzige Wesen, das erzogen werden muss." Also tadelte er seine Zeitgenossen für ihre Unfähigkeit, sich von ihren Kindern zu distanzieren, denn die meisten „spielen mit ihren Kindern wie mit Affen. Sie singen ihnen vor, herzen, küssen sie, tanzen mit ihnen, und dagegen helfen nur sehr harte Strafen (…), um das Verdorbene wieder gut zu machen."[6]

Derart radikale Positionen sind in heutigen „Erziehungsratgebern", die seit etwa 15 Jahren wieder einen Wildwuchs erleben, weitgehend nicht mehr vorzufinden. In (manchen) Kindergärten, Schulen und auch in der häuslichen Erziehung erfreuen sich Bestrafung und Belohnung jedoch wieder zunehmender Beliebtheit. Wie Jesper Juul in seinem Buch *Schulinfarkt* darauf verweist, gehen Untersuchungen zufolge in Deutschland (in Österreich und einigen anderen Ländern ist es sicherlich nicht anders) 40 Prozent der Schüler mit *Angst* zur Schule. Vom 16. bis zum 20. Jahrhundert waren es vielleicht 70 bis 90 Prozent. 40 Prozent sind definitiv zu viel. Da körperliche Züchtigung zumindest gesetzlich tabu ist, wurden und werden die Methoden der „Disziplinierung" und Manipulation des Kindes immer subtiler. Sie erfolgen in den deutschsprachigen Ländern (und vermutlich nicht nur dort) am häufigsten, wenn wir unsere Kinder dazu bewegen (müssen), in die Krippe, den Kindergarten oder die Schule zu gehen. Wie beispielsweise die „Bezahlung" für guten Schulerfolg. Die Folgen und die Folgekosten sind längst bekannt. Was wir in jeden Fall bekommen, sind „dressierte", gehorsame, labile, aber vor allem in ihrem *Selbstgefühl* beschädigte Menschen.[7]

Ein interessanter Nebenaspekt der oben zitierten Quellen ist: Der *Inhalt* des Unterrichts spielt keine wesentliche Rolle mehr. *Was* und *wie* unterrichtet wird, ist bereits im 18. Jahrhundert nebensächlich. Das ehrfurchtsvolle Lernen und der große Bildungshunger sind erloschen. – Zumindest was die Schule betrifft.

Die Schule der Neuzeit hat einen *Zweck*. Dieser wechselte in den letzten Jahrhunderten (marginal) wie eine Windhose im Wind der gerade herrschenden Ideologien. Ein Zweck blieb den vorrangig staatlichen (und auch manchen katholischen Privatschulen) weiter erhalten: Die breite Masse der Menschenkinder zu formen, sie zu erziehen, sie immer früher und in Gruppen Gleichaltriger *gleich* zu machen. P. Ariès stellt in seiner *Geschichte der Kindheit* an einer Stelle ganz kurz und prägnant fest: Im 18. Jahrhundert war der Schüler gezähmt. Aus heutiger Sicht würde man sagen, dass Kind war endgültig *definiert*. „Diese Kinder sind stets von Erwachsenen, die Macht über sie hatten, definiert, also mit bestimmten Eigenschaften versehen worden. ‚Du bist so und so …' – ‚So darfst du nicht sein.' – ‚So musst du sein.' Von anderen definiert zu werden ist für das Selbstgefühl, wie gesagt, extrem schädlich. Freundschaften und Liebesverhältnisse, in denen so miteinander beziehungsweise übereinander gesprochen wird, sind von Vornherein zum Scheitern verurteilt. Dennoch mussten Kinder und Jugendliche dies von jeher ertragen und müssen es heute noch. Die Erwachsenen haben ihre Art von Macht gebraucht, um zu sagen, wie jemand ist oder zu sein hat. Sie haben sich jedoch nicht darum gekümmert, was dies für die persönliche Integrität von Kindern und Jugendlichen bedeutet, wovon auch heute viel zu wenig gesprochen wird. Noch immer wird das, was Eltern und Pädagogen unter Beziehung verstehen, als Verhalten vom Erwachsenen zum Kind definiert. Wir sprechen darüber, dass Kinder und Jugendliche Grenzen brauchen, statt zu berücksichtigen, dass sie Grenzen haben, mit denen wir sorgsam und respektvoll umgehen sollten, wenn wir erwarten, dass sie auch mit unseren Grenzen sorgsam und respektvoll umgehen."[8]

1974 bringt es der deutsche Psychoanalytiker, Sozialphilosoph und Friedensaktivist Horst-Eberhard Richter bereits auf den Punkt: *„Die fortwährende Angst des Ungenügens, planmäßig wach gehalten durch Eltern, Kindergärtnerinnen, Lehrer, erzeugt eine Labilität des Selbstwertgefühls, die nie mehr während des ganzen späteren Lebens ganz überwunden wird."*[9]

Was wir auch aus den gerade zitierten Quellen des 18. Jahrhunderts (und nicht nur diesen) entnehmen können: Unser Verhalten, das einer Mehrheit von Pädagogen, und unsere Einstellung zum Kind und Kindheit ist seit Jahrhunderten im Wesentlichen gleich. Dazu noch einmal und bewusst ausführlich der dänische Pädagoge und Familientherapeut Jesper Juul: *„Wenn die Beziehungen zu Kindern gut sind, heften sich die Erwachsenen dies an die Brust, wenn nicht, machen sie die Kinder dafür verantwortlich. In meiner Kindheit war dieses*

Doppelspiel zwar offensichtlich, doch konnten die Kinder nichts dagegen ausrichten. Die Jugendlichen von heute wehren sich zu Recht gegen diese alte Doppelstrategie. (...) Damals wie heute vermittelt man den Jugendlichen, dass sie rechtzeitig aufstehen müssen, um pünktlich die Schule oder den Arbeitsplatz zu erreichen. Sie sollen gut frühstücken, rechtzeitig zurückkommen, keinen Alkohol trinken und ihre Abende ‚vernünftig' gestalten, also nicht vor dem Computer, sondern vor dem Fernseher sitzen. Und wenn sie all diese Vorschriften befolgen, so reden wir ihnen ein, würden sie ein guter Mensch und bekämen ein schönes Leben – woran eigentlich niemand im Ernst glauben kann. Denn wer immer nur tut, was andere einem sagen, bekommt ein schreckliches Leben. Doch wir erheben diesen Gehorsam zum Ziel und rufen Halleluja, wenn es erreicht ist, weil wir uns dann erfolgreich fühlen. Dass wir den Gehorsam immer noch zum Erfolgskriterium im Umgang mit auffälligen Kindern und Jugendlichen machen, ist aber in Wahrheit eine Bankrotterklärung."[10]

Die Methoden zur Disziplinierung des Kindes um es *gehorsam* zu machen, sind nicht nur subtiler geworden, sondern sie werden immer früher angewandt. Sie haben schon lange das Kleinkind und Babyalter erreicht. Wenn Eltern ihre Babys solange schreien lassen, bis es irgendwann mit dem Schreien aufhört, um es „abzuhärten", oder damit es nicht „zu verwöhnt" wird, um es schlicht „rechtzeitig" zu erziehen, oder wenn Eltern ihrem Baby den Schnuller, wenn es zum Schreien bzw. sich zu äußernd beginnt, solange immer wieder hineindrücken, bis es „aufgibt", sozusagen „gezähmt" ist, dann sind wir nicht nur ein wenig Unmenschen und beschädigen die Integrität des Kindes. Dieses Verhalten folgt demselben Geist der letzten Jahrhunderte: dem der Distanz und der Disziplin zum Kinde. Dieser Geist weht seit Jahren wieder verstärkt (nicht nur) durch Europa.

Die österreichische Tageszeitung KURIER veröffentlichte in dem Artikel *Jedes zweite Kind wird geschlagen*, vom 14. November 2014, eine aktuelle Studie des Familienministeriums. In drei Altersgruppen unterteilt; 15-29, 30-39, 50 Jahre und älter, wurde nach der persönlich erlebten Anwendung der *Gewalt als Erziehungsmethode* gefragt. Das erschütternde Ergebnis: Die *physische* Gewalt als Erziehungsmethode ist zwar leicht rückläufig, jedoch gibt es eine massive Zunahme der *psychischen* Gewalt. Das seit Jahrhunderten beliebte Konzept der Bestrafung des Kindes hat sich von der physischen zusätzlich in den Bereich der psychischen Gewalt verschoben.[11]

Psychische und seelische Schmerzen sind für einen Menschen und noch mehr für ein Kind genauso schmerzhaft, wie körperliche Schmerzen. Das kann man heute auch anhand von Gehirnströmen messen. Schlägt man einem Kind beispielsweise mit dem Hammer auf die Hand, so spürt es einen tiefen Schmerz, den auch ein Baby erfährt, dessen Grundbedürfnisse nicht gestillt werden, sprich, wenn man es bewusst schreien lässt. Das gleiche gilt beispielsweise auch für Trennungskinder, wenn sie im Zuge einer elterlichen Trennung den Kontakt zum zweiten Elternteil abrupt und nachhaltig verlieren. Das verursacht tiefen Schmerz und führt bisweilen zu lebenslangen Traumatisierungen. Im ungünstigsten Fall produzieren wir so mitunter Terroristen und Amokläufer. Ebenso wissen wir seit mindestens zwanzig Jahren aus der psychologischen Forschung, dass Kinder in der Regel – auch wenn sie das zumeist nicht äußern – sich selbst die Schuld an einer elterlichen Trennung geben. Auch kindliche Schuldgefühle verursachen Schmerzen.

Vom 18. Jahrhundert an setzt sich dann in Europa zunehmend ein zweisträngiges Unterrichtssystem durch, dass den Platz der Einheitsschule (Kolleg) einnimmt, „wobei die beiden Stränge nicht jeweils einer Altersklasse, sondern einem sozialen Stand entsprechen: das Gymnasium oder das Kolleg war für die Bürgerkinder da (Oberschulbildung) und die einfache Schule für das Volk (Volksschulbildung)." Die Koexistenz von Schülern wurde nicht mehr länger geduldet, „die nicht von Beginn an entschlossen waren, die Schule zu Ende zu machen" und „sämtliche Spielregeln zu akzeptieren".[12]

Die Schule wurde mehr um mehr zeitlich ausgedehnt und ihrer ganzen Struktur und ihres eigenen Anspruchs nach zu einer, wie es Jesper Juul nennt, *Zwangseinrichtung*. „Manchen mag das Wort Zwangseinrichtung ein wenig übertrieben vorkommen, doch benutze ich es bewusst, um klarzumachen, dass Kinder hinsichtlich ihres Aufenthaltsorts keine Wahl haben. Sie müssen dort hingehen und können sich dabei weder die anderen Kinder noch die Erwachsenen oder die pädagogische Linie aussuchen. Doch damit nicht genug. In den folgenden vierzehn Jahren bleibt ihnen nichts anderes übrig, als zu gehorchen, weil man dann sagt, dass sie gut ‚funktionieren'."[13]

Um den „funktionierenden" und gehorsamen Schüler und Menschen immer früher und effizienter zu *bilden*, wurde in den letzten 150 Jahren die *Altersklasse* sukzessive von „oben" nach „unten" erweitert. Die Grundschule war noch in manchen Gebieten bis weit ins 20. Jahrhundert hinein eine Einheitsschule, in der sechs- bis zehnjährige Kameraden gemeinsam in einer Klasse nebeneinander saßen. Heute sind die Menschenkinder in allen staatlichen Grundschulen (außer in den meisten privaten Reformpädagogischen oder

Freien Schulen) und auch schon manchen Kindergärten streng filetiert nach Altersklassen. Es ist ein vielfach belegtes wissenschaftliches Faktum seit Jahrzehnten, dass die Trennung nach Jahrgängen, bzw. Alter des Kindes (für eine Mehrheit der Kinder) lern- und entwicklungshemmend und eine der größten Fehlentwicklungen des Schulsystems sind. Dennoch hält die Politik und zahlreiche Pädagogen daran fest. Inzwischen *trennen* wir unsere Kinder und Jugendlichen eine *ganze* (künstlich verlängerte) Kindheit nicht nur vom „wirklichen Leben" (in dem sie später auf Knopfdruck „erfolgreich" leben sollen), sondern wir trennen sie ebenso von ihren älteren und jüngeren Kameraden. Was heute umso fataler ist, weil immer mehr Kinder familiär ohne ein jüngeres oder älteres Geschwister aufwachsen. Für die psychosoziale Entwicklung des Menschenkindes ist die Beziehung zu einem älteren und jüngeren Kameraden etwas ungemein Förderliches.

Die Schule ist mehr denn je ein künstliches und absurdes Konstrukt (erfundene Ordnung), dass es in dieser Form nirgendwo im „wirklichen Leben" gibt. Es gibt keinen Betrieb, keine Institution, keine Firma, keinen Konzern auf dieser Welt, in dem nur 25 oder 40-Jährige arbeiten, oder gemeinsam etwas produzieren oder erschaffen wollen, und es auch nur noch einen „Spezialisten" (Führungsperson) gibt, der allen erklärt und befiehlt, was sie (ausschließlich) zu tun hätten. Kein Mensch würde gerne in so einem Betrieb arbeiten, einmal abgesehen davon, dass er bald bankrott wäre. Von unseren Kindern verlangen wir aber – eine ganze „verlängerte" Kindheit lang – im Grunde artfremd aufzuwachsen, und wundern uns oder beklagen es auch noch, dass sie am Ende dieses Bildungssystems nicht „richtig" funktionieren. Häufig wird derzeit beklagt, dass immer mehr junge Menschen nach dem Schulaustritt über unzureichende *soziale Kompetenzen* verfügen. Die kann man aber einem Kind oder Jugendlichen nicht „unterrichten". Sie können nur innerhalb der Familie, im gemeinschaftlichen Leben, jedenfalls nur in einer gemischtaltrigen Gruppe erworben werden.

Bei einer PISA Studie für Österreich (2014) gab es eine signifikante Auffälligkeit. Die Schüler Reformpädagogischer oder Freien Schulen verfügen über mehr soziale (und wohl auch emotionale) Kompetenzen, als vergleichsweise die Schüler von Regelschulen. Dazu hätte es aber der umstrittenen PISA gar nicht bedurft. Seit zwanzig Jahren gibt es internationale Studien, die diesen Sachverhalt belegen. Zwei Merkmale der Mehrheit von Reformpädagogischen und Freien (Privat-) Grundschulen sind: Sie teilen ihre Schüler nicht in Altersklassen – Jüngere und Ältere lernen gemeinsam mit- und voneinander. Das

Zweite meines Erachtens ebenso wichtige Merkmal: Die Eltern, die Familie ist in das Schulleben mit eingebunden. Es gibt nicht ein bis zwei Mal im Jahr einen Elternsprechtag, sondern es gibt eine wirkliche *Beziehung* und Kommunikation und gemeinsames Erleben zwischen allen Beteiligten (Pädagogen/Schüler/Eltern) das ganze Schuljahr über. Es gibt eine gegenseitige Wertschätzung und kein hierarchisches Verhalten. An diesen Schulen gibt es vor allem nicht das „Schwarzer-Peter-Spiel" über die Verantwortung gegenüber dem „nicht funktionierenden" Schüler, wie es an sehr vielen Regelschulen immer noch der Fall ist: „Eltern haben in den letzten fünfzehn Jahren gekämpft, die Fehler ihrer eigenen Eltern zu vermeiden. Sie haben geforscht, experimentiert, Überlegungen angestellt und ihre Erfahrungen ausgetauscht. Im Allgemeinen sind Eltern in dieser Hinsicht ungleich kreativer als die Schule. Die Schule macht es sich einfach und schiebt den schwarzen Peter den Kindern beziehungsweise ihren Eltern in die Schuhe, weil diese die Schule angeblich nicht mit den richtigen Schülern versorgen. Wohin ich auch komme, stelle ich fest, dass die Eltern in punkto Kreativität und Verantwortungsbewusstsein die Fachleute weit hinter sich gelassen haben."[14]

Vermutlich nirgendwo sonst schieben die Schulen die Schuld am „unmöglichen", „nicht altersgemäß entwickelten", „verhaltens-auffälligen", vereinsamten und *unangepassten* Schüler den Kindern und Eltern gleichermaßen in die Schuhe, wie vielfach in Europa und den USA. „Die Eltern trifft dabei ein doppelter Vorwurf: Zum einen, so heißt es, erziehen sie ihre Kinder nicht richtig, zum anderen verübelt man ihnen ihre kritische Grundhaltung gegenüber der Schule. Und falls nicht von schlimmen Kindern und ihren faulen Eltern die Rede ist, muss eben die Politik als Sündenbock herhalten."[15]

Was nun die Schule betrifft, funktioniert dieses Spiel auch so gut, weil Lehrer in einigen Ländern nach wie vor *Beamte* sind. „Dass Lehrer in Deutschland und Österreich immer noch Beamte sind, macht es den Lehrern sicher nicht einfacher, eine neue Beziehungskompetenz zu erwerben, weil es die Art und Weise des Denkens beeinflusst. Denn nach fünf Jahren Verbeamtung denkt man nicht mehr wie ein Pädagoge, sondern wie ein Bürokrat." Was Lehrer erlaubt, „sich teils wie Amateure zu benehmen. Die Wertvorstellungen eines Systems beeinflussen die Personen, die in diesem System arbeiten. Und die Wertvorstellungen innerhalb unseres Schulsystems sind zu neunzig Prozent bürokratisch und nur zu zehn Prozent professionell geprägt. (...) Was wir jetzt brauchen, ist eine Kultur, in der sowohl Lehrer als auch die Schüler als lebendige, irrationale Persönlichkeiten anerkannt werden, statt bloße Teilnehmer eines Rollenspiels zu sein. (...) Damit wir die alte Kultur des Gehorsams endlich in eine neue Kultur der Verantwortung umwandeln können."[16]

Bürokratie und Kreativität schließt sich ebenso aus, wie Gehorsam und mentale Gesundheit. In kaum einem anderen Land Europas werden Kinder so sehr verwaltet wie in Deutschland und Österreich. Kindheit ist hier wieder zunehmend mehr eine *verwaltete Kindheit*. Eine Ursache hierfür ist, dass der Geist der Disziplin, des Gehorsams und der *Distanz* zum Kinde, also eine bestimmte *Einstellung zur Kindheit,* sich besonders hartnäckig hält und sich in den letzten 15 Jahren wieder verstärkte.[17]

Jesper Juul erzählt in *Schulinfarkt* von einem deutschen Amokläufer, der geschrieben hat, dass er tausende Tage in der Schule verbracht habe, wo ihm eins ums andere Mal gesagt wurde, dass er ein Verlierer sei – davon habe er genug gehabt. „Das ist so traurig und frustrierend auch für die Lehrer, die teils ebenfalls gewalttätig sind. Da sie ihre Schüler jedoch nicht mehr schlagen dürfen, müssen sie ihre Aggression verbal oder nonverbal zum Ausdruck bringen. Es gibt nicht wenige Lehrer, die dasselbe Problem haben wie ihre Schüler. (...) Ein österreichischer Lehrer hat einmal gesagt, dass es, verglichen mit der Zeit Maria Theresias, nur einen einzigen Unterschied gäbe: ‚Früher haben die Schulen viele Kinder kaputt gemacht und deren Lebensqualität zerstört, heute werden ebenso viele Lehrer kaputt gemacht.'"[18]

Die Schule der Neuzeit war immer ein Ort der Gewalt oder zumindest der Aggression. Sie war nie demokratisch. Die Mehrheit der (staatlichen) Schulen, auch Grundschulen bis hin zu vielen Kindergärten, sind auch heute Teil eines höchst *autoritären,* streng hierarchischen und zentralistischen Systems. Eine Schule, in der ein Ministerium festlegt, was alle Schulen (Inhalt) und wie sie es (Methode) zu unterrichten oder besser wäre, zu *lehren* haben, und in der jeder einzelne Lehrer alles von „oben" festgelegte auszuführen hat (Gehorsam) und bei nicht Einhaltung zumindest gemobbt wird (Bestrafung), so eine Schule kann keine wahrhaft „demokratischen Bürger" hervorbringen, und hat sie nie hervorgebracht.

Ein Grund, warum die großen Schülerunruhen und Aufstände im 18. Jahrhundert zurückgingen, war folgender: Der Schuleintritt erfolgte (auch mit der Gründung der Grundschulen) immer früher. Was heißt: Die „Zähmung" des Menschenkindes, die versuchte Auslöschung des Individuums, von wirklichen *Persönlichkeiten,* begann immer früher. Sie hat mit dem flächendeckenden Kindergartenbesuch ab dem dritten Lebensjahr, der zumeist ohnehin schon mit zweieinhalb Jahren erfolgt, ihren Höhepunkt erreicht. Ein weiterer Grund, warum der massive und breite Widerstand gegen die Schule im 18. Jahrhundert nachlässt, ist wieder die starke Zunahme des *Hausunterrichts*. Dieses Mal geht die häusliche Bildung und familiäre Erziehung primär vom Bürgertum aus. Im 18. bis zum 19. Jahrhundert entwickelt sich neben einer *Schulkindheit* auch eine *Familienkindheit*. Gemein ist beiden, die Isolation des Kindes vom alltäglichen Leben.[19]

Gleichzeitig, vermehrt ab dem 19. Jahrhundert, entstanden viele Privatschulen, davon viele weiterhin kirchliche. Spätestens ab dem 19. Jahrhundert haben wir also jene „Bildungslandschaft", die im Wesentlichen bis heute (nicht nur) in den „westlichen" Ländern ähnlich ist. Eltern, die einerseits die Notwendigkeit sahen und auch die finanzielle Möglichkeit hatten, gaben ihr Kind in die Privatschule, oder manche Eltern unterrichteten ihre Kinder häuslich, familiär. Eine überwiegende Mehrheit wollte oder musste ihre Kinder in die staatlichen Schulen geben, in denen der jahrhundertealte Geist der Disziplin, des Gehorsam, des Unterrichtens und der Belehrung weiter vorherrschte. Die Rute, oder welches Instrument zur Bestrafung auch eingesetzt wurde, verschwand in manchen Ländern Europas in den 1950er, 60er und 70er Jahren letztlich per Gesetzesbeschluss.

Die „Zähmung" des Menschen zum angepassten, gehorsamen, „gruppenkompatiblen" Kind beginnt heute schon im Kindergarten und in der Krippe, auch wenn es dort niemandes böse Absicht sein mag. Diese *frühe* Trennung der Kinder nicht nur von ihren primären Bindungspersonen (Eltern), sondern auch von der öffentlichen Gemeinschaft, bedingt, dass die späteren Schüler und Jugendlichen nicht mehr überwiegend mit einem nach außen gerichteten Widerstand reagieren (Aggression, Protest), sondern mit einem nach „innen" gerichteten Widerstand. (Depression, Suizid, Krankheit, Suchtverhalten, etc.) All die im Kapitel „Der stumme Schrei" aufgezählten „Auffälligkeiten" unserer Kinder und Jugendlichen setzen, wie schon ausgeführt, etwas zeitversetzt ein, als auch hierzulande die flächendeckende Eingliederung in staatliche Reservate ab zumindest dem dritten Lebensjahr erfolgte. Gleichzeitig fehlt uns, wie zuletzt in den 1960er und 70er Jahren, eine breite Protestgeneration.

Lame Deer, ein Medizinmann der Sioux schreibt in seinem Buch *Tahca Ushte. Medizinmann der Sioux:* „Heute sind die Schulen besser als zu meiner Zeit. Von außen sehen sie gut aus – modern und teuer. Die Lehrer verstehen die Kinder auch etwas besser und wenden mehr Psychologie und weniger Stock an. Und trotzdem begehen auch in diesen hübschen neuen Gebäuden indianische Kinder Selbstmord, weil sie inmitten all des Lärms und der Aktivität einsam sind. Ich weiß von einer Zehnjährigen, die sich erhängt hat... Wenn wir in die Schule eintreten, wissen wir zumindest noch, dass wir Indianer sind. Wenn wir halb rot und halb weiß herauskommen, wissen wir nicht einmal mehr, was wir sind." Das Gleiche gilt mittlerweile auch für den „weißen Mann" und die „weiße Frau" und jeden pflichtbeschulten und erzogenen Menschen. – Eines weiß er danach mit Sicherheit nicht (mehr): wer er *selbst* ist. Außer durch Geburt (Pass) oder „kultureller Erziehung" ein Amerikaner, Norweger, Deutscher, Brasilianer, Chinese, Japaner, ... Auch Nationalstaaten sind (wie beispielsweise Königreiche) nichts anderes als erfundene Ordnungen. Die Mehrheit der modernen Nationen entstand erst nach der Industriellen Revolution.

Die Politik, viele Pädagogen und auch viele Eltern argumentieren mitunter auch damit, viele Kinder würden gerne in den Kindergarten und dann in die Schule gehen. Bei der Mehrheit der Schüler ist spätestens nach dem zweiten Grundschuljahr der Glanz in den Augen erloschen.

Das Drama des begabten, gesunden und glücklichen Kindes liegt ja gerade darin, dass es – und das macht jedes Kind – seine Eltern liebt und ihnen bedingungslos vertraut. Es möchte seinen Eltern gefallen und deren Zuneigung und Unterstützung keinesfalls verlieren. Also „gehorcht" es. *Es gibt nichts Loyaleres, als das Kind.* Deshalb ist es auch so leicht von seinen erwachsenen Bindungs- und primären Bezugspersonen, aber auch anderen Autoritätspersonen (beispielsweise Pädagogen), manipulier- und missbrauchbar. Ein zwei- oder auch sechsjähriges Kind kann weder wissen, was „richtig" noch was „falsch" ist, noch was seinem *einzigartigen* und *einmaligen* Wesen guttut, noch kann es Verantwortung für sich übernehmen. Das ist eben die Aufgabe der erwachsenen *Vorbilder*. Was das Übernehmen der Verantwortung für unsere Kinder (und deren Zukunft) betrifft, ist vermutlich nicht nur in den deutschsprachigen Ländern das Versagen sowohl in Familien- und Bildungspolitik, als auch im Bildungssystem enorm. – Und nicht nur dort.

Wir wissen längst – auch die Politik – dass die immer frühere Abtrennung des Kindes von seinen Eltern (Krippe) für eine Mehrheit der Kinder für ihre Entwicklung problematisch ist. Wir wissen noch viel länger und wissenschaftlich erforscht und dutzendfach publiziert, dass diese Schule, die wir schon so lange haben, für eine Mehrheit der Schüler nicht hilfreich ist und dass diese Schule keinen Sinn mehr hat. „Es ist unsere Schulkultur, die untragbar geworden ist." Dennoch werden wir nicht müde unseren Kindern gegenüber zu betonen, dass es „so unheimlich wichtig ist, eine Ausbildung zu haben, da man sonst in dieser Gesellschaft keine Chance hat. Aber was ist das für ein Unsinn! Eigentlich sollten wir vor Scham erröten, unseren Kindern solche Lügen aufzutischen."[20]

Die Schule macht, längst bekannt, Lehrer und Kinder krank. Sie macht auch zunehmend die Eltern, die ganze Familie krank. Daher sollte einmal nicht nur der Cortisolwert von Babys in Krippen, sondern auch der von Eltern gemessen werden, die gezwungen sind (nicht nur aus finanziellen Gründen) ihre Kinder in die staatlichen Bildungsreservate abzugeben. Familien stehen heute unter einer enormen psychischen Mehrfachbelastung. Unserem Schulsystem fehlt ein „humanes Fundament. Das heißt, es fehlt an einem wirklichen Verständnis für Kinder und Menschen im Allgemeinen. Man hat nur ‚Schüler' im Blick. Die Lehrer mögen noch etwas von Methodik und Lernpsychologie verstehen, aber das war's dann auch. Ein Menschenbild hat unsere Schule überhaupt nicht."[21] Jedenfalls kein humanes. Ivan Illich zufolge entwickelte die Schule vor allem „ein Menschenbild: der ‚bedürftige Mensch' und speziell der ‚erziehungsbedürftige Mensch."[22]

Damit Schule Verantwortung übernehmen kann, müsste das ein paar Jahrhunderte existierende Konzept der Erziehung durch das der *Beziehung* ersetzt und die Schule demokratisch werden, was aber nicht heißt, dass ein Politiker in den Kindergarten oder in irgendeine Schule kommt. Im Gegenteil, die Schule muss entpolitisiert werden, indem sie völlige *Autonomie* erhält, über die Wahl des Direktors und der Lehrer. Jede Schule muss auch das Recht haben, nicht nur zu entscheiden, welche Fächerschwerpunkte gesetzt werden, sondern auch die Entscheidung über den jeweiligen Lehrplan und über die Methode des Unterrichts, sprich die pädagogische Ausrichtung, wie das beispielsweise Kanada und vielfach die skandinavischen Länder in ihren Schulreformen weitgehend umgesetzt haben.[23] Warum soll auch jeder Lehrer ein studierter Pädagoge sein, wo doch jeder Mensch aus seiner eigenen Schulzeit weiß, dass es „gute" und „schlechte" Lehrer gibt. Entweder kann man „unterrichten" und versteht (intuitiv) etwas vom Wesen des Kindes und des Menschen, oder eben nicht. Wir brauchen für unsere Kinder vor allem wieder *authentische* Vorbilder, kreative Köpfe. Die sind (nicht nur) hierzulande aber „nicht gefragt, denn Kreativität impliziert, dass man auch Fehler machen darf, und Bürokraten hassen nichts so sehr wie Fehler. Es gibt also kein Milieu, in dem sich Begeisterung, Enthusiasmus und neue Ideen entfalten könnten."[24]

Dieses Milieu kann nur durch eine Demokratisierung (Schulautonomie) des bisherigen Schulsystems geschaffen werden, und nicht, indem das alte Schulsystem durch ein neues, kollektivistisch geprägtes, ersetzt wird. Beispielsweise durch eine Gesamtschule für *alle* Kinder („neue Mittelschule" statt Hauptschule/Gymnasium), wie sie von vielen in Deutschland und Österreich gefordert wird. Wo nach Jesper Juul „immer noch die irrige Vorstellung vorherrscht, es dürfte nur eine einzige Art von Schule geben. Dabei braucht jede Gesellschaft sechs bis acht verschiedene Arten von Schulen. Es gibt ja auch Kinder, die überhaupt nicht in eine demokratische Schule passen. Es gibt Kinder, die in Montessorischulen – so gut sie auch gemeint sein mögen – eine furchtbare Zeit erleben. Der Traum von einer Schule, die für alle Kinder richtig ist, birgt eine große Gefahr. Man muss aufpassen, das neue Initiativen nicht den Fehler des alten Systems wiederholen, indem man sich einredet zu wissen, wie die perfekte Schule aussieht."[25]

Ein kürzlich pensionierter Schuldirektor mit jahrzehntelanger Erfahrung in unterschiedlichen Gymnasien (auch als Lehrer) sagte in einem Gespräch zu mir: *Der Erfolg oder Misserfolg jeder schulisch-pädagogischen Maßnahme oder Intervention zeigt sich frühestens nach 15 Jahren.*

Ein noch viel gravierender Grund, warum wir möglichst viele auch unterschiedliche Regelschulen und die weitgehende Schulautonomie brauchen, ist schlicht der wissenschaftliche Stand am Beginn des 21. Jahrhunderts: Jedes Kind kommt sehr begabt zur Welt, derzeit bleiben davon am Ende der Schulzeit nur zwei Prozent übrig.[26] Diesen Output können wir uns bei den wenigen Kindern, die hierzulande noch geboren werden, einfach nicht mehr leisten. Jedes kommt gesund auf die Welt. Wie viele davon als Jugendliche oder Erwachsene übrig bleiben, ist ebenso bekannt und alarmierend. Jedes Kind kommt mit einem „sozialen Gehirn", mit der Fähigkeit zur Empathie zur Welt. Wie der Gehirnforscher Gerald Hüther berichtet, „konnten englische Wissenschaftler nachweisen, dass ein Fötus bereits zwischen der 35. und 37. Schwangerschaftswoche zwischen unangenehmen und schmerzhaften Empfindungen unterscheiden kann. Noch vor 25 Jahren wurden Frühchen ohne Narkose operiert. Man wusste es damals nicht besser."[27]

Längst liegen unterschiedliche Forschungsergebnisse vor, wo Stresshormone und der Cortisolspiegel bei Krippenkindern gemessen wurden, die uns nahelegen würden, mit dieser Praxis unverzüglich aufzuhören. Wenn unsere heutigen Demokraten (Politiker) etwas als „Recht" für jeden verankern lassen

(Rechtsanspruch auf einen Krippenplatz), dann ist das nur die Vorbereitung dafür, gegebenenfalls aus dem „Recht" für alle eine Pflicht zu machen.[28]

Wenn wir unseren Kindern wieder eine *Kindheit* geben würden, die diesem Namen auch gerecht ist, bräuchten wir uns nicht überlegen, ob wir an Schulen „soziale Kompetenz" lehren sollten, die obendrein nicht unterrichtbar ist. Wir wissen wissenschaftlich fundiert im Grunde seit Jahrzehnten, dass unsere Regelschule nur für etwa 20 Prozent der Schüler passt!

Die Idee von der Schule als exklusiven oder alleinigen Ort der Wissensvermittlung für das Menschenkind ist am Beginn des 21. Jahrhunderts auch aus einem anderen Grund absurd: Noch nie in der Menschheitsgeschichte war es so leicht, sich Informationen und Fachwissen jederzeit, rasch und dann anzueignen, wenn es auch wirklich gebraucht wird. Computer, Notebooks und Internet gibt es heute nahezu überall. Jede Kleinstadt hat in vielen Ländern eine oft auch gut sortierte Bibliothek, Großstädte bis zu zwei Dutzend. Für nahezu alle Wissens- und Fachgebiete gibt es für Jung und Alt mitunter exzellente Lern- und Hör-CDs, viele davon sind in Bibliotheken ausleihbar. Auch Kinder brauchen um zu lernen, im Sinne von sich Wissen anzueignen, heute mehr denn je eines nicht zwangsläufig: Pädagogen und Lehrer. Wir Erwachsenen behaupten für uns, *Erfahrung* sei das wichtigste im Leben, wichtiger noch als Wissen. Aber unseren Kindern rauben wir inzwischen eine ganze (künstlich verlängerte) Kindheit lang die Möglichkeit, selbst etwas zu erlernen, *Erfahrung* zu machen. „Gib mir die Möglichkeit es selbst zu tun", ist eine der Grundthesen von Maria Montessori.

Der deutsche Gehirnforscher Gerhard Roth wie internationale Wissenschaftler aus dem Ausland haben in den letzten Jahren immer wieder darauf verwiesen, dass bei Überprüfung des Wissens, dass junge Menschen zwei bis drei Jahre nach Schulabschluss noch besitzen, dass Schulsystem einen Wirkungsgrad besitzt, der gegen Null strebt! 40 Prozent der Schüler gehen in Deutschland und Österreich (und sicher nicht nur dort) mit Angst zur Schule. Wir wissen aber längst, dass nur freudige und begeisterte Kinder wirklich (nachhaltig) lernen. Vermutlich 50 Prozent der Schüler in Deutschland würden der Einschätzung von Schulpsychologen zufolge eine Psychotherapie brauchen.[29] Erwiesenermaßen gibt es ca. 30 Prozent „Schulverweigerer", die dem Staat (also jeden Bürger) unglaubliche Folgekosten bescheren. Für Schweden führt Jesper Juul aus: „Dort hat man errechnet, dass ein Schulverweigerer, der mit sechzehn, siebzehn Jahren die Schule beendet, den schwedischen Staat bis zu seinem fünfundzwanzigsten Lebensjahr eins Komma sechs Millionen Euro kostet."[30]

Die Zahlen sind für Deutschland und Österreich nicht viel anders. Schließlich gibt es noch die impliziten Krippen-, Kindergarten- und Schulverweigerer, die mittels Bestrafung oder Belohnung, Medikamenten oder sonstigen manipulativen Eingriffen in die Integrität des Kindes, dazu gebracht werden, in eines dieser staatlichen Reservate zu gehen. Das sind vermutlich 50 Prozent aller Kinder. Und wir wissen *längst*, dass es einen immer größer werdenden *stummen Schrei* unserer Kleinkinder, Kinder und Jugendlichen und immer mehr *kranke* erwachsene Menschen gibt. Aus all den bisher aufgezählten Fakten lässt sich aus unserem bisherigen Schulsystem und der bisherigen Schulkultur (seit ein paar Jahrhunderten) vor allem nur ein Schluss ziehen: Dieses System ist auch eine immens große Verschwendung von menschlichen Ressourcen. Weil wir vieles nicht wussten. Und wohl auch, weil wir seit (vorrangig) den monotheistischen Religionen dem Intellekt und geistigen Konstrukten und Ideologien (erfundene Ordnungen) mehr Vertrauen, als der *Erfahrung,* Intuition und dem „gesunden Menschenverstand". Ohne „institutionalisierte" Religion gäbe es die „institutionalisierte" (Massen-) Schule nicht.

Ohne die religiöse und dann schulische *Erziehung* gäbe es die neuzeitlichen Religionen (Ideologien) wie Kapitalismus, Nationalsozialismus, Kommunismus und auch den gegenwärtigen Konsumismus nicht. Mit Hilfe der Massen-Pflicht-Beschulung und ihrer Erziehung kann binnen kürzester Zeit, innerhalb einer Generation, jede Religion (Ideologie) installiert werden. Vorausgesetzt, genug Menschen glauben daran und die Lehrpläne der staatlichen Schulen werden rasch geändert. Bis sich Christentum und Islam als führende Weltreligionen durchsetzen konnten, vergingen Jahrhunderte, beim Christentum sogar fast ein Jahrtausend! Dazu waren gewaltige Anstrengungen (Mythen, Missionierung, Gewalt und Kriege) notwendig. Seit der Pflichtbeschulung und der Zerstörung des Familienwesens und der intimen Gemeinschaften, lässt sich eine Ideologie „gewaltfrei" und jedenfalls binnen 30 Jahren installieren und gegebenenfalls eine „alte" Kultur fast vollständig auslöschen. Siehe Neoliberalismus („Bastard-Ökonomie") und der Konsumismus. Letzteres ist die erste Religion, deren Gläubige oder Mitglieder freiwillig und bedingungslos alle Spielregeln und „Gebote" (noch) befolgen. Daher ist bis heute auch kein einziger demokratischer Staat (von politischer Seite her) bereit, das Bildungsmonopol (vollständig) abzugeben. Wie noch weiter gezeigt wird, ist der Preis allerdings sehr hoch.

Frühe (Massen) Beschulung oder die Demokratie

Die Schule war über Jahrhunderte vorrangig ein Erziehungsort und kein Bildungsort. Dabei spielte die demokratische Idee nicht einmal ansatzweise eine Rolle. Die Siedler und Pioniere in Amerika, die für (wahrhafte) Demokratie eintraten und dafür kämpften, wehrten sich mit Waffen dagegen, als die Schul- und Bildungspflicht, also die Massenbeschulung eingeführt wurde. Die in den USA auch schon länger weitgehend nicht mehr existiert.[1] Auch in den deutschsprachigen Ländern wird von vielen in der Schulreformdebatte immer wieder argumentiert: Die (frühe) Massenbeschulung sei zur Bildung eines „demokratischen Bürgers" unerlässlich.

Dazu bewusst ausführlich John Taylor Gatto: „Es hat nicht funktioniert. Es wird nicht funktionieren. Und es ist ein großer Verrat an der demokratischen Verheißung, in der einst das besondere Experiment unseres Volks bestand. Der russische Versuch, in Osteuropa Platos Staat zu erschaffen, ist vor unseren Augen gescheitert. Unser eigener Versuch, dieselbe Art zentraler Orthodoxie unter Nutzung der Schulen als Instrument einzuführen, franst ebenfalls bereits an den Nähten aus, aber der Vorgang ist langsamer und qualvoller. Es funktioniert nicht, weil die zugrundeliegenden Annahmen mechanisch, unmenschlich und familienfeindlich sind. Das Leben kann durch ein maschinenhaftes Erziehungssystem gelenkt werden, aber das wird immer gesellschaftliches Leiden zur Folge haben: Drogen, Gewalt, Selbstzerstörung, Gleichgültigkeit und die Symptome, die ich bei den Kindern sehe, die ich unterrichte." Diese Symptome, die eigentliche „Lektion" des Schulunterrichtes, sind für den ehemaligen Lehrer J. T. Gatto: *„Verwirrung, Klassenbewusstsein, Gleichgültigkeit, emotionale und intellektuelle Abhängigkeit, labiles Selbstbewusstsein und Überwachung. Alle diese Lektionen sind ein wichtiges Training für permanente Unterklassen, Menschen, denen auf immer die Möglichkeit genommen wurde, den Mittelpunkt ihres eigenen, besonderen Genies zu finden. Und mit der Zeit hat sich dieses Training von seinem Ursprungszweck gelöst: Die Armen in Schach zu halten. Denn seit 1920 hat das Wachstum der Schulbürokratie sowie das weniger sichtbare Wachstum einer Vielzahl von Industrien, die von der Schule genau so, wie sie jetzt ist, profitieren, den ursprünglichen Griff dieser*

Institution in einem Ausmaß vergrößert, dass nun die Söhne und Töchter der Mittelklassen ebenso davon erfasst werden.

Ist es ein Wunder, dass Sokrates bei der Anschuldigung, er würde für seinen Unterricht Geld nehmen, in Zorn geriet? Schon damals sahen Philosophen ganz klar die unausweichliche Richtung, die eine Professionalisierung des Lehrers nehmen würde, nämlich die Vereinnahmung der Lehrfunktion, die in einer gesunden menschlichen Gemeinschaft jedem zukommt.

Angesichts der Lektionen, die ich jeden Tag unterrichte, sollte es wenig wundern, dass wir eine echte landesweite Krise haben, deren Natur sich davon unterscheidet, was überall von den Medien proklamiert wird. Den jungen Menschen ist die Welt der Erwachsenen gleichgültig und die Zukunft ebenso, gleichgültig ist ihnen fast alles außer der Ablenkung durch Spiele und Gewalt. Ob reich oder arm, die Schulkinder, welche mit den Herausforderungen des 21. Jahrhunderts konfrontiert sind, können sich auf nichts sehr richtig konzentrieren und haben einen schwach ausgeprägten Sinn für Vergangenheit und Zukunft. Sie sind als die Trennungskinder, die sie im Grunde sind (denn wir haben sie von der entscheidenden Aufmerksamkeit ihrer Eltern getrennt), misstrauisch gegenüber Intimität geworden. Sie hassen das Alleinsein, sind grausam, materialistisch, abhängig, passiv, gewalttätig, ängstlich angesichts des Unerwarteten und süchtig nach Ablenkung.

All diese Nebentendenzen der Kindheit werden durch die Schule, die durch ihren verborgenen Lehrplan wirksame Persönlichkeitsentwicklung verhindert, genährt und ins Groteske vergrößert. Ohne Ausbeutung der Ängstlichkeit, Selbstsucht und Unerfahrenheit von Kindern können unsere Schulen überhaupt nicht überleben, und auch ich als zertifizierter Lehrer könnte dies nicht. Keine normale Schule, die es wirklich wagte, die Anwendung kritischen Denkens zu lehren – zum Beispiel Dialektik, Heuristik oder andere Techniken, derer sich freie Geister bedienen sollten –, würde sehr lange bestehen, ohne in Stücke gerissen zu werden. In unserer weltlichen Gesellschaft ist Schule der Ersatz für Kirche geworden und wie die Kirche verlangt sie, dass man ihren Lehren auf Treu und Glauben folgt."[2]

Mit den Worten J. T. Gattos schließt sich der Kreis zu dieser kurzen Zeitreise auch zur Geschichte der Schule. Es stellt sich nur noch eine entscheidende Frage zu unserer (alten) Schule: Wieso übernehmen die europäischen Monarchien, Republiken und Demokratien diese Schule (der Moralisten) vollständig, als die Kirche endgültig ihr Bildungsmonopol an die weltlichen „Herrscher" abtreten musste?

Zu diesem Zeitpunkt, am „Beginn des 19. Jahrhunderts, waren etwa drei Viertel der Bevölkerung der Vereinigten Staaten, einschließlich Sklaven, lese- und schreibkundig; in weiten Teilen Europas war der Alphabetisierungsgrad ähnlich hoch. Auf beiden Seiten des Atlantiks war der Anteil der lese- und schreibkundigen Bevölkerung weit höher als der Anteil der Arbeitsplätze, für die diese Fähigkeiten gebraucht wurden. Die Spitzen aus Regierung und Industrie verfolgten mit ihren Bemühungen um die Bildung nicht in erster Linie das Ziel, dass die Menschen lasen; es ging ihnen vielmehr darum, zu kontrollieren, was die Menschen lasen, was sie dachten und wie sie sich verhielten. Die weltlichen Entscheidungsträger des Bildungswesens vertraten die Auffassung, der Staat könne jede neue Generation von Bürgern zu idealen Patrioten und Arbeitern heranziehen, wenn die Schulen staatlich kontrolliert würden und eine Schulpflicht eingeführt würde."[3]

Wieso haben die nun weltlichen und westlichen demokratischen Regierungen die Struktur dieser alten Schule nicht nur übernommen, sondern die Schule auch noch immer weiter ausgebaut? Weil diese pflichtbeschulten Kinder zu Bürgern mit einem oberflächlichen „Massencharakter" heranwachsen, wie der unbeschulte und später berühmte britische Mathematiker und Philosoph des 21. Jahrhunderts, Bertrand Russel, feststellte. Einer Gesellschaft mit „Massencharakter", die von früh an gelernt hat zu gehorchen, kann man – und das zeigt die Geschichte erschreckend wiederholt und eindeutig – nahezu alles Befehlen: In den Krieg zu ziehen und rasch wieder aufzubauen. Man kann ihr aber beispielsweise subtil befehlen („glaubhaft machen"), eine Menge unnötiger Dinge zu konsumieren. Solch einer Gesellschaft kann man auch aufzwingen, dutzende Milliarden zur „Bankenrettung" zu unterschreiben statt beispielsweise auch nur einen Bruchteil davon für einkommensschwache Familien bereitzustellen oder für eine wirkliche *Bildungsfreiheit*. Von der Faszination und der Utopie des „gehorsamen Schüler" und später „gehorsamen Bürger" können sich viele Pädagogen und auch die Politik nicht lösen. Gehorsam und mentale Gesundheit schließen sich aber ebenso aus wie (Pflicht-) Beschulung und wirkliche Bildung. Die massenbeschulte Gesellschaft, die von Anfang an auf Gehorsam und Disziplin baute, brachte eine Mehrheit an Menschen hervor, die von der Idee des Kriegs geradezu besessen war. Seit es unsere „alte" Schule gibt, vom 17. Jahrhundert an bis zum Ende des 2. Weltkrieges, floss auf europäischem Boden so viel Blut wie nie zuvor. Ein historisches Faktum. Das – so sagen auch alle Politiker hierzulande – und so wünscht es sich wohl die überwiegende Mehrheit der Bürger, wollen wir nie wieder. Auch breiter materieller Wohlstand und *sozialer Friede* sind mit diesem alten Schulsystem, das zu viele Menschen mit „physischer, moralischer und intellektueller Lähmung" (Gatto) hervorbringt, auf Dauer nicht aufrecht zu erhalten. Auch „die Behauptung, die moderne Schule könne Keimzelle einer liberalen Gesellschaft sein, ist widersinnig. Alle Sicherungen der persönlichen Freiheit werden im Umgang eines Lehrers mit seinem Schüler aufgehoben. Vereinigt der Lehrer in seiner Person die Rollen des Richters, des Ideologen und des Arztes, so wird die für die Demokratie charakteristische Gewaltenteilung gerade in der Schule verleugnet. Ein Lehrer, der diese drei Machtfunktionen in sich vereinigt, trägt zur Deformation des Kindes viel mehr bei als die Gesetze, die dessen juristische oder wirtschaftliche Unmündigkeit begründen oder sein Recht auf Versammlungs- und Aufenthaltsfreiheit beschränken. (...) Schullehrer und Geistliche sind die einzigen, die sich von Amts wegen für berechtigt halten, ihre Nase in die Privatangelegenheiten ihrer Klienten zu stecken und ihnen zugleich als einer eingesperrten Zuhörerschaft zu predigen."[4]

Die Kirche brachte die *Gewalt* am Kinde und die Erniedrigung und Bestrafung des Kindes, sowie die Belehrung in die Schule *und* in die familiäre Erziehung. Auch wenn wir es uns heute nicht vorstellen können oder vielleicht manche nicht wollen: In diesem Ausmaß gab es sie weder im Mittelalter, noch jemals zuvor. In fast allen Kulturen der Menschheitsgeschichte hatte man Ehrfurcht oder zumindest Respekt gegenüber der Familie und dem Kinde.

Jene Männer etablierten die Gewalt, die dann vielleicht nach der Züchtigung mit der Rute in der Messe die Worte Jesus predigten: „So ihr nicht werdet wie die Kinder."

Europa hat der Kirche in den letzten Jahrhunderten wieder die weltliche Macht genommen. Unser christliches Abendland sei säkularisiert, behaupten wir stolz. Wovon sind wir und sind wir wirklich in allem säkularisiert? Warum haben wir die Schule der Moralisten beibehalten, mit ihrer Belehrung, der Distanz zum Kinde und der Trennung des Kindes von nahezu allem (der Familie, älteren und jüngeren Kameraden und dem „wirklichen Leben")? Warum setzen wir diese Trennungen bis heute weiter fort?

Die *Schule der Neuzeit* war von Anfang an weder demokratisch, noch human, noch hat sie jemals eine große Mehrheit an demokratischen Bürgern hervorgebracht. Um eine Bevölkerungs-Mehrheit dazu zu bewegen, regelmäßig an die Wahlurnen zu schreiten, bedarf es keines demokratisch denkenden Menschen. Der beste Boden, auf dem demokratisch denkende *und* handelnde Menschen überhaupt erst einmal gebildet und heranwachsen können, ist die

Familie. Sie ist die Keimzelle der Demokratie. Das wusste man schon in der Antike. Dort, in den einst hoch entwickelten Kulturen, wo eine Wertschätzung der Familie gleichermaßen neben Bildungsfreiheit existierte, wurde der demokratische Gedanke (in unserem heutigen, politischen Sinne) geboren. Die Familie ist also nicht nur die Keimzelle der Demokratie, sie ist auch die Voraussetzung für: mentale Gesundheit, Vielfalt, Individualität und kulturellen Reichtum. In diesem Milieu können wirkliche *Persönlichkeiten* heranwachsen. *Daher trachteten ausnahmslos alle totalitären politischen Systeme danach, die Kinder möglichst früh und lange von der Familie zu trennen.* Nicht nur mit Pflicht-Massenbeschulung und Schulzwang, sondern auch durch Kindergarten/Krippe. Die katholische Kirche war das erste „autoritäre" System, dass diese folgenreiche Trennung vollzog.

Interessant ist, wo sich Lloyd deMause Erkenntnisse/Schlussfolgerungen in seiner *Geschichte der Kindheit* mit denen von Philippe Ariès in seiner *Geschichte der Kindheit* decken. Mit dem Christentum beginnt ein wissenschaftlich unumstrittener Sachverhalt: *Die Entfernung des Kindes aus der mittelbaren Umgebung der Eltern.* De Mause nennt dieses (evolutions-) historisch neue Verhalten den *Weggabe-Modus*.

Im Vorwort von deMauses *Geschichte der Kindheit* schreibt William L. Langer: „Die Leitung und Lenkung der menschlichen Verhältnisse ist bisher niemals Kindern anvertraut gewesen..." Niemals - bis heute - spielte in den letzten Jahrhunderten in den Pflichtschulen und in weiterer Folge in den (staatlichen) Kindergärten und Krippen die realen *Bedürfnisse* des Kindes und *Menschen* eine zentrale Rolle, niemals ging es um wahrhafte *Bildung* des einzelnen Menschen (Individuum). Seit Mitte des 20. Jahrhunderts hätten wir in den westlichen Ländern diese historische Chance, die allerdings durch die Verstärkung des Weggabe-Modus (Ausdehnung der Schulzeit, immer frühere Fremdbetreuung) wieder vertan wurde.

Massenbeschulung und Familie (und Demokratie) schließt sich aus. Das ist nicht nur eine These von John Taylor Gatto, sondern ein Mahnruf seit etwa dem Ende des 18. Jahrhundert bis heute aller internationalen Schulkritiker, aller Reformpädagogen und vieler berühmter und großer *Persönlichkeiten* aus Kunst, Literatur, Wissenschaft und auch ein paar wenigen aus Politik.

Von Johann Wolfgang Goethe, Jean-Jacques Rousseau („Die Natur will, dass Kinder Kinder sind, bevor sie zu Erwachsenen werden") und Heinrich Pestalozzi (der Ende des 18. Jahrhunderts schon gegen Noten und Zeugnisse eintrat) an, über Rudolf Steiner (Begründer der Waldorfpädagogik), Ellen Key und Maria Montessori, bis zu Rebecca und Mauricio Wild (Begründer der Freien Aktiven Schulen) und Jesper Juul; aber auch von Bertrand Russel, Albert Einstein, Winston Churchill, Mahatma Ghandi und tausenden weiteren Persönlichkeiten wird seit Jahrhunderten(!) unser auf Hierarchie, Gehorsam, Disziplin und Belehrung bauendes Regel-Schulsystem und die sich auf diesen Säulen stützende „Erziehung des Menschen" vielfältig und immer wieder aufs Neue hinterfragt. Von etwa dem Ende des 18. Jahrhunderts an bis heute hat unsere „gestrige" Schule die breite Akzeptanz, ihren nachvollziehbaren Sinn und ihre Glaubwürdigkeit verloren. Dennoch gehen seit etwa 200 Jahren nur höchstens 20 Prozent der Eltern mit ihren Kindern einen Weg außerhalb des (staatlichen) Regel-Schulsystems. Durch die vollkommene Ökonomisierung und Ideologisierung der Gesellschaft, den staatlichen Schul- und Bildungszwang und die seit bald 15 Jahren geschürte und umgehende „Bildungspanik" (Frühförderung, etc.), hat sich in den letzten etwa zwanzig Jahren der Anteil der Familien, die mit ihren Kindern einen Weg außerhalb des (frühen) Regel-Bildungssystem gehen, wieder deutlich verringert.

Was weder der Kirche, noch den totalitären Regimen des 20. Jahrhunderts gelang, hat unsere post-kapitalistische, post-demokratische Konsumgesellschaft durchgesetzt und vollendet: Das Menschenkind von Kleinkind an über die gesamte Kindheit hinaus von der Familie wie auch vom „wirklichen Leben" zu trennen, es fast ausschließlich in die Hand von Fremden, sprich (staatlichen) „Experten" zu geben und es dem „geheimen Lehrplan" (Ilich, Gatto) zu unterwerfen. Dadurch wird die Bildung weltfremd, die Welt bildungsfremd und zuletzt ist der Mensch dem Menschen fremd und häufig auch Feind. Worauf es unter anderem beim „geheimen Lehrplan" ankommt, „ist die Erfahrung der Schüler, dass Bildung nur dann wertvoll ist, wenn sie in der Schule durch einen stufenweisen Konsumtionsprozess erworben wird; dass der Erfolg, den der einzelne später in der Gesellschaft hat, von der Menge des Wissens abhängig ist, die er konsumiert; und dass das Lernen *über* die Welt wertvoller ist als das Lernen *durch* die Welt."[5]

Die frühe und lange standardisierte „Massen-Bildung" hat uns die Massen-Konsum-Gesellschaft und – wieder einmal – ein enormes kollektives Unbehagen beschert. Um es einmal salopp auf den Punkt zu bringen: Wir denken, diskutieren und argumentieren weitgehend unterschiedlich, aber in letzter Konsequenz (nicht) handeln wir (fast) alle gleich. Oder mit den Worten des „Folterers" in Georg Orwells Roman *1984*: „Wir geben uns nicht zufrieden mit negativen Gehorsam, auch nicht mit kriecherischer Unterwerfung. Wenn sie sich am Schluss beugen, so muss es freiwillig geschehen..."

Endlich wieder Bildungsfreiheit!

Mit den berühmten Persönlichkeiten sind wir bei einem erfreulichen und ermutigenden Teil dieser Schul-Zeit-Reise, vor allem für Eltern, angelangt. „Statistisch gesehen hatten vermutlich achtzig Prozent aller Menschen, die von großer kreativer und konstruktiver Bedeutung für die westliche Welt waren, massive Schulprobleme. Hatten eine mangelhafte Schulbildung oder waren Dyslektiker. Aber das können viele Eltern nicht glauben. Sie bilden sich vielmehr ein, dass die Zukunft von den kleinen süßen Mädchen bestimmt wird, die immer gut vorbereitet sind und stets Hausaufgaben machen, die höflich danke und bitte sagen und jederzeit nett und freundlich sind. Aber wenn das tatsächlich unsere Zukunft ist, dann sieht sie düster aus." Jesper Juul ergänzt noch, dass es nicht nur diesen Mädchen, sondern auch den angepassten und braven Jungs nur „bis etwa fünfunddreißig, vierzig Jahre gut geht, weil sie dann massive Probleme bekommen."[1]

Der gehorsame, brave, nette und unauffällige Schüler ist zwar immer noch der Traum vieler Pädagogen (und Eltern). Er ist es selten gewesen, der die Welt revolutionierte oder zum Nutzen aller positiv veränderte. Die Mehrheit der großen *Persönlichkeiten*, die mit ihren herausragenden Leistungen die *Menschheitsgeschichte* weiter prägten, waren: Dyslektiker, Legastheniker, Schulabbrecher, Schulverweigerer (die man dann auch nicht zwang in die Schule/Kindergarten/Krippe zu gehen) und Studienabbrecher. Es waren auch viele darunter mit einem vergleichsweise kurzen Schulaufenthalt, oder einer Lehre mit kurzem Schulaufenthalt, oder manche, die überhaupt unbeschult waren und dennoch später erfolgreich studierten. Über zehntausende Jahre war der Mensch überhaupt *unbeschult*. Auch viele große Persönlichkeiten in den letzten Jahrhunderten, wie der amerikanische Präsident Benjamin Franklin, der Mathematiker Bertrand Russel, oder der große Wolfgang Amadeus Mozart, dessen Musik nicht nur Millionen Menschen bisher erfreute, sondern auch in der Musiktherapie verwendet wird. Das Johann Wolfgang von Goethe nur zwei Jahre in eine öffentliche Schule ging, ehe er bis zum Studium häuslich unterrichtet wurde, dürfte ihm nicht geschadet haben.

Mit jedem Jahrzehnt und Jahrhundert, in dem wir in unsere Menschheitsgeschichte zurückschauen, fällt eines auf: Je später die (Regel-) Beschulung erfolgte, desto länger wird die Liste der *großen Persönlichkeiten*, Pioniere, Wissenschaftler, Künstler, Schriftsteller und auch Politiker. Bis wir irgendwann bei den „ganz" Großen, Leonardo da Vinci, Kepler, Galileo Galilei, Newton, Michelangelo, Marco Polo und Christoph Columbus, Kaiser Augustus, den Architekten der Alhambra, der Pyramiden und schließlich der Maya Tempel, und vielen mehr, angelangt sind. Fast alle diese Männer und Jungen hatten das Glück *Mütter* zu haben, die ebenso Weltgeschichte schrieben. Diese Mütter konnten ihre Sprösslinge einfach lieben und sie Kind sein lassen. Sie hatten das große Glück, noch in einer Zeit zu leben, die zehntausende Jahre währte, wo sich Mütter noch nicht absurderweise schämen oder rechtfertigen mussten, wenn sie ihr schutz- und liebesbedürftiges Kind nicht in Fremdbetreuung gaben, um für jemanden *Anderen* und *Fremden* zu arbeiten.

Jedes Kind bis etwa zum sechsten Lebensjahr wünscht (und braucht es zur Entfaltung seiner Potenziale), dass ein Elternteil da ist, wenn es Trost, Hilfe, einfach *Unterstützung* braucht. Das ist das Milieu, in dem große Leistung und *Menschsein* wachsen kann. Heute sind wir hingegen auf einer absurden Jagd nach standardisierter (Durchschnitts-) Leistung und Bewertung unseren Kindern gegenüber. Unsere Politiker und viele Pädagogen schreien „Hurra" bei guten PISA Ergebnissen und deshalb schicken wir unsere Kinder doch gleich mit fünf Jahren zur Mathematikolympiade oder am besten, so rufen manche Politiker und Pädagogen, beginnen wir in den „Zwangs-Krippen" mit „Frühförderung". Es waren aber immer andere Kinder, die zu Persönlichkeiten heranreiften. „Wir haben feststellen können, dass Kinder unter fünf, sechs Jahren eigentlich keine Erziehung brauchen, sondern nur freundliche, empathische Begleitung."[2]

Ist es nicht ver-rückt, dass wir heute Wissenschaftler und Autoren brauchen, die uns erklären wie wichtig es ist, dass unsere Kinder wieder mit Freude und Hingabe Dinge nicht nur tun dürfen, sondern *sollten*, wie: miteinander unbeaufsichtigt spielen, auch einmal alleine in den Wald auf Suche nach Abenteuer gehen, in den Dreck hüpfen, Feuer machen und auch einmal weinen, traurig, zornig und „überdreht" sein dürfen. Auch wenn das gerade einmal in der U-Bahn oder im Supermarkt ist. – Ohne dass die Erwachsenen rundherum in innere oder äußere Panik verfallen und denken, oder auch noch sagen: Was für ein ungezogenes Kind! Was Kinder dabei „lernen" ist: Ich bin auf dieser Welt nicht gewollt, nicht erwünscht, ich bin nicht „richtig".

Ist es nicht ver-rückt, dass wir Autoren und Wissenschaftler aus dem Bereich der Neurobiologie (aber auch der Pädagogik, Psychologie, Anthropologie bis hin zur Medizin) brauchen, die uns zurufen: So „altmodische" Dinge wie Kindern Märchen und Geschichten erzählen (nicht nur vorlesen) und Spielen, Spielen und nochmals Spielen, sind der absolut beste „Dünger" für die Entwicklung des kindlichen Gehirns. Das Spielen ist für Kleinkinder und generell für Kinder ein ganz wichtiger Lern- und auch Aufarbeitungsprozess. Es ist für die Entwicklung des kindlichen Gehirns überhaupt eine der förderlichsten Tätigkeiten!

Nicht nur die Gehirnforschung hat in den letzten 15 Jahren mehrfach erwiesen, dass ein Kind bei kaum einer anderen Tätigkeit so umfassend „lernt" und nachhaltig „Verschaltungen" im Gehirn stattfinden, wie beim Spielen. Ob mit Spielsachen, Alltagsgegenstände, Materialien welcher Art auch immer, spielt dabei keine große Rolle. Wichtig ist, dass Kinder in ihrem naturgegebenen Spieltrieb und Spielbedürfnis nicht gehindert werden und sie nicht nur alleine (unbeaufsichtigt), sondern vor allem *gemischtaltrig* und so viel wie möglich in freier Natur spielen.[3]

Hingegen sind Fernseher und elektronische Medien eine große Bremse für die kindliche Entwicklung. „Für ein sich entwickelndes Gehirn, das überhaupt erst dabei ist, Objekterfahrungen auszubilden, sind Bildschirme sehr wenig hilfreich. Sie erfüllen – im Gegenteil – dessen Anforderungen an einen regelhaften Input, bei dem das Sehen zum Hören passt, nur sehr schlecht. Bildschirmerfahrungen stellen damit eine extreme Verarmung der Erfahrungen des kleinen Kindes dar. Von der Tatsache, dass am Bildschirm die Tiefendimension fehlt, dass man nichts anfassen kann und schon gar nichts riechen oder schmecken, einmal ganz abgesehen." Diese Verarmung wird auch nicht geringer, wenn sie statt in 2D in 3D passiert.[4]

Es gibt nichts Wunderbareres und Unbegreiflicheres und nichts, was uns fremder wird und gründlicher verloren geht, als die Seele des spielenden Kindes, wusste schon Hermann Hesse.

Ist es nicht auch ver-rückt, dass wir Autoren und Wissenschaftler brauchen, die uns erklären wie wichtig es ist, dass Kinder auch aus leeren Milchpackungen, Polstern, Legosteinen oder für uns unnützlichen alten Teilen und Geräten etwas konstruieren, bauen, aufeinander türmen, oder zerlegen dürfen. Wie der kleine und schüchterne Albert Einstein, der stundenlang träumte oder

Kartenhäuser baute. Er hatte wie so viele große Persönlichkeiten Glück Eltern zu haben, die ihn in sich Ruhen ließen und ihn nicht in den Kindergarten gaben, wo er auf vorgefertigten, genormten, „standardisierten" Blättern stupide mit einem Stift „Schwungübungen" ausführen musste. Kaiser Augustus, Leonardo da Vinci, Buddha, die großen persischen Dichter wie beispielsweise Hafez oder Rumi, und tausende andere große Persönlichkeiten hatten das große Glück, in ihrer Kindheit überhaupt nie auf einen Pädagogen zu treffen der sagte, was sie denken würden sei „richtig" oder „falsch". Fatalerweise hält sich dieser „erzieherische" Bewertungsvorgang, der das Selbstgefühl des Menschen und die Denkfähigkeit nachhaltig schädigt, bis heute primär im Regelschulsystem.

Wenn Michelangelo vom Kindergarten an Pädagogen an der Seite gestanden wären, die seine Zeichnungen kritisiert oder einfach nur *bewertet* hätten, gäbe es die Fresken in der Sixtinischen Kapelle erst gar nicht. Die Lust und Freude am Malen wäre ihm schon als Kind vergangen.[5]

Nach Bertrand Russel wachsen beschulte Kinder „mit einem oberflächlichen Massencharakter heran mit einer Verachtung für Exzellenz, wie für Ästhetik, und sind den persönlichen Krisen ihres Lebens nicht gewachsen."[6] Ein aufmerksamer Blick in die Kulturgeschichte des Menschen gibt dieser pointierten Feststellung mehr als eine Berechtigung.

Spätere Persönlichkeiten hatten es daher schon schwerer. Thomas Alfa Edison, einer der größten *Erfinder* in der Menschheitsgeschichte, war der Schlechteste in seiner Klasse. Glücklicherweise nur für ein paar Monate. Danach wurde er durch seine Mutter zu Hause weiter unterrichtet. „Marcel Prousts Lehrer fanden seine Aufsätze zum Schreien. Pablo Picasso konnte sich nie an die Reihenfolge des Alphabets erinnern. Giacomo Puccini fiel bei Prüfungen immer wieder durch und Paul Cézanne wurde von der Kunstschule abgelehnt."[7] Wie so viele kritische und begabte Musiker und Künstler auch heute noch. Beispielsweise der österreichische Dokumentarfilmer Erwin Wagenhofer, der mit seinen internationalen Dokumentarfilmen *We feed the world*, *Let´s make money* und *Alphabet* zum erfolgreichsten Dokumentarfilmer Österreichs avancierte.

Es waren auch nie die maskulinen „Superheros", die wir seit ein paar Jahrzehnten massenhaft (von den USA ausgehend) in Filmen und Computerspielen vorgeführt bekommen, die unser Leben beeinflussten und bereicherten. Napoleon, Picasso, Ghandi und dutzende andere Persönlichkeiten waren klein von Wuchs, wie auch heute oft wirklich große Sportler, wie der Welt-Fußballer

Lionel Messi. „Wer hätte gedacht, dass aus dem kleinen Schulbub Nelson Mandela eine der größten Gestalten der Weltgeschichte werden würde, vergleichbar mit Mahatma Gandhi? Dem Gandhi, der von seinen Schuljahren als der ‚unglücklichsten Zeit in meinem Leben' sprach? Konnte man ahnen, dass ein armes albanisches Bauernmädchen als Mutter Theresa zur Retterin der Betrübten werden würde? Oder Pummel Winston zum großen Churchill? Diese Menschen geben Zeugnis davon, was alles möglich ist. Und sie sind unübertroffene Genies, wie es Beethoven in der Musik war und Henry Ford als moderner Unternehmer. Wenn man den Erzählungen glauben kann, hat der kleine Henry schon im Alter von sieben Jahren Uhren auseinander genommen und wieder zusammengesetzt. Und nichts anderes getan als gebastelt und geforscht und gebaut, ehe dann später in seiner Garage ein motorisiertes Gerät auf vier Rädern stand. Ein Auto."[8] Auch Rudolf Diesel und Ferdinand Porsche wurden ohne Krippe und Kita ganz *groß*. Porsche erwarb sein außergewöhnliches Talent und Gespür für technische Zusammenhänge definitiv nicht durch einen „Zwangs-Bildungskindergarten" mit Schwerpunktsetzung auf eine MINT zentrierte Frühpädagogik.

Der Engländer George Stephenson wurde als Sohn armer Eltern geboren, ein Schulbesuch blieb im versagt. Bereits mit 14 Jahren musste er in einem Bergwerk (Kohlegrube) arbeiten. Dafür kannte er sich gut mit den Dampfmaschinen im Bergwerk aus, denn eine seiner ersten Tätigkeiten bestand in der Bedienung einer Dampfmaschine. Für den unbeschulten G. Stephenson wurde auch noch ein zweites Ereignis lebensprägend: Bei einem Unfall mit einer Dampfmaschine erblindete sein Vater. Früh erkannte er auch, dass nicht der Mensch der Maschine, sondern die Maschine dem Menschen dienen sollte. Zeitlebens wird sich Stephenson intensiv der Dampfmaschine zuwenden. 1814 baute er seine erste Lokomotive. 1830 wurde die Strecke Manchester – Liverpool eingeweiht – nur die richtige Lokomotive fehlte. Die Eisenbahngesellschaft schrieb einen Wettbewerb aus, den G. Stephenson zusammen mit seinem Sohn und der von ihnen entwickelten Dampflok „Rocket" gewann. Die Strecke Manchester – Liverpool wurde ein riesiger Erfolg. Mit Stephenson begann endgültig das Jahrhundert der Eisenbahn. Der gänzlich *unbeschulte* G. Stephenson war nicht der Ur-Erfinder einer Dampflokomotive, wohl aber der erfolgreichste Eisenbahnpionier des beginnenden 19. Jahrhunderts und bis heute![9]

Jedes Kind ist hoch begabt. Aber die großen Talente sind bei Kindern nicht immer (früh) sichtbar und zeigen sich oft in Dingen, denen wir keinerlei Bedeutung schenken. Das Wunder *Leben* ist nicht berechenbar und entsteht von ganz alleine. Nirgendwo gilt das so sehr wie bei Kindern.

Die kirchlichen Moralisten und in Folge die Pädagogen haben angefangen, die *Glaubens*grundsätze der Erwachsenen auf die Kindheit zu übertragen. „Ich. Alles. Sofort. Das ist die heilige Dreifaltigkeit unserer Tage."[10]

In Taiwan müssen Kinder für „gute" Kindergärten bereits eine Aufnahmeprüfung für beispielsweise Ballett oder Musik machen. Die „schlechten" Kinder kommen dann in die weniger „guten" und kostenlosen oder günstigeren Kindergärten. In Europa kommen in die „guten" (also kostenintensiven) Krippen die Kinder von den wohlhabenden Eltern. Verkehrt ist beides. Tausende asiatische Musikstudenten studierten in den letzten zwanzig Jahren an renommierten Musikhochschulen Europas. Solchermaßen von klein auf hochdressierte Kinder spielen als junge Erwachsene zwar (technisch) „perfekt" ihr Instrument, aber ihr Spiel *berührt* kaum, ist seelenlos. Deshalb folgt nach dem Studium ganz selten eine große Musikerkarriere. Die meisten werden dann Musikpädagogen, unter anderem für unsere Frühförderungs-Kinder. Aus den wenigen Kindern, die wir noch haben, soll eben etwas Besonderes werden. Aber Dressur und Druck mag bei manchen Tieren zum gewünschten Erfolg führen. Nicht beim Menschenkind.

Die Mutter von Glenn Gould, einem der berühmtesten (klassischen) Pianisten des 20. Jahrhunderts und begnadeter Bach-Interpret, hatte auch einen Traum. Bereits als der kleine Glenn in ihrem Bauch heranwuchs, glaubte sie an eine große Pianisten-Karriere ihres Kindes. Es war eine Intuition, der sie folgte. Sie schenkte dem kleinen Gould einfach viel Liebe, gab ihn nicht in fremde Hand, lies ihn Kind sein und unterrichtete ihn ohne Druck selbst. Mit zehn Jahren ließ sie Glenn, der bereits perfekt Klavier spielte, ans Konservatorium. Der weitgehend unbeschulte Glenn Gould war nicht nur ein grandioser Pianist, sondern nebenbei auch hoch gebildet. Eine Johann Sebastian Bach Aufnahme von Glenn Gould wurde 1977 an Bord der Raumsonde Voyager 1 von der NASA auf eine Mission ins All geschickt, um fernen Welten von den wichtigsten und großartigsten Leistungen der Menschheit zu künden.

Inzwischen hat die Sonde das Sonnensystem verlassen und durchquert als erstes von Menschen gemachtes Objekt den interstellaren Raum. An Bord befindet sich eine goldene Datenplatte, die eine Vielzahl wissenschaftlicher und kultureller Informationen über die Erde und ihre Bewohner, einige Bilder und

Stimmen und mehrere dutzend Musikstücke aus aller Welt enthält. Darunter eine Bachinterpretation von Glenn Gould. Der schrieb über die wenigen Schuljahre, in denen er kein „guter Schüler" war und regelmäßig von seinen Kameraden gemobbt wurde: „Und da ich mich weigerte zurückzuschlagen, machte es den Kindern aus der Nachbarschaft natürlich besonderen Spaß, mich als Zielscheibe ihrer Schläge zu nehmen. Es ist jedoch weit übertrieben, wenn jemand behauptet, das wäre täglich vorgekommen. Höchstens jeden zweiten Tag."

Aus „Wellness-Krippen", die 300 bis 400 Euro im Monat kosten, und Kindergärten mit Frühförderung werden wohl kaum „Genies", noch große Persönlichkeiten hervorkommen. Vielfach „produzieren" wir junge Menschen, die nach der Pflichtschulzeit schon den Schmerz über ihr tiefes Gefühl des Getrennt-Seins mit Alkohol, Drogen oder anderer (elektronischer) „Hilfsmittel" betäuben müssen. Wie der chinesische Bildungsbeauftragte im Dokumentarfilm *Alphabet* sagt: „Wir gewinnen am Start, aber wir verlieren am Ziel."

Deshalb sollten wir nochmals eine Sonde ins All senden, mit einer Warnung an mögliche Außerirdische: Macht niemals den Fehler wie wir Irdischen vom schönen blauen Planeten und führt die Pflicht-Beschulung und den frühen Weggabe-Modus ein.

Fast alle der bisher aufgezählten Persönlichkeiten hatten das *Glück*, liebende oder unterstützende Eltern, ihre primären Bindungs- und Bezugspersonen zu haben, nicht nur für ein paar wenige (Klein-) Kinderjahre. Unser heutiges Bildungssystem, von dem sich nicht nur die deutschsprachigen Länder (noch) nicht lösen wollen, bringt zu wenige *Persönlichkeiten* hervor. „Die Schule, sagte der norwegische Komponist Edvard Grieg, ‚entwickelte in mir nichts als das Schlechte und ließ das Gute unberührt'. (…) Es ist ein absurdes System, viel Zeit mit dem zu verbringen, was man eher nicht kann. Und nicht mehr Zeit in das zu investieren, was man kann, um richtig gut zu werden. Im System Schule zählt am Ende nur eins: einen passablen Durchschnitt vorweisen zu können. Wer bis dahin dachte, das Leben sei dazu da, um nach Höherem zu streben, dem wird schnell beigebracht, sich lieber am Mittelmaß zu orientieren. (…) Und so wird nach wie vor Begabung mit einer guten Schulnote verwechselt. Die Fähigkeit zur Anteilnahme oder die Kunst des Zuhörens sind keine Kategorien, die im Zeugnis oder bei der Besetzung des Studienplatzes eine Rolle spielen. Wer in Deutschland Arzt werden will, muss in Mathe besser sein als im Mitgefühl. Das aber ist altes Denken. Damit kommen wir heute nicht mehr weiter. Unsere Schulen sind von gestern."[11]

Noch drastischer sind die Worte des dänischen Pädagogen Jesper Juul: „Das deutsche, österreichische und teilweise Schweizer Schulsystem sind am Ende. Wir tun nur so, als wäre es nicht wahr." Dieser Befund gilt wohl auch für andere Länder. Wir brauchen Kreativität statt Bürokratie und Lehrer mit „Beziehungskompetenz statt Abwehrhaltung. (...) Wenn ich einen Vortrag in Skandinavien halte, dann sage ich immer, dass die Kinder hier entweder freudig, müde oder gelangweilt zum Unterricht erscheinen, doch haben sie keine Angst mehr."[12]

Dass freudige Schüler besser lernen und glückliche Kinder gesünder sind, ist nicht nur eine banale Weisheit, sondern ein mehrfach belegtes wissenschaftliches Faktum. Was das Verhalten unserer Moralisten und Pädagogen der letzten Jahrhunderte betrifft, können wir mildernd sagen: Sie wussten nicht, was sie tun. Heute weiß aber eine Mehrheit der Pädagogen und Eltern, dass unser Verständnis von Schule, Bildung und Erziehung, also unsere Einstellung zur Kindheit nicht nur falsch ist, sondern nachhaltigen Schaden anrichtet, mit exorbitanten Folgekosten für die ganze Gesellschaft. Dass die Bildungs- und Familienpolitik seit längerem völlig versagt, ist eines. Aber wieso machen alle tagtäglich weiter und *gehorchen*? Was ist das für ein Verständnis von Demokratie?

Warum schreien nicht die Heerscharen von Schulpsychologen, Ergo- und Logotherapeuten, Nachhilfelehrer, Sozialarbeiter und Ärzte auf und sagen: So kann es nicht weitergehen! Vor ein paar Jahren sagte ein Arzt zu mir: „Ich lebe davon, dass die Menschen krank sind, nicht davon, dass sie gesund sind." Sind unsere Kinder wirklich nur noch *Mittel zum Zweck* für nahezu jeden?

Im nächsten Schritt sollte die Frage gestellt werden: Was für eine *Bildungslandschaft* (und kein neues kollektives „Schulsystem") brauchen wir in *Zukunft, also jetzt?* – Um dem wissenschaftlichen Stand zu den Fähigkeiten, Potenzialen und dem Wesen des Kindes gerecht zu werden. Was sich „oben" am Ende des Bildungsweges die Wirtschaft am Beginn des 21. Jahrhunderts wünscht, ist eigentlich auch längst bekannt. „Veröffentlichungen des Deutschen Industrie und Handelskammertages belegen, dass fast die Hälfte der Unternehmer mehr Wert auf ‚gute persönliche und soziale Kompetenzen' als auf schulische Leistungen legt. ‚Für 71 Prozent der Unternehmer und Personalverantwortlichen ist Teamfähigkeit die bedeutendste Kompetenz, die sie von Hochschulabsolventen erwarten. 63 Prozent der Unternehmen bezeichnen selbstständiges Arbeiten/Selbstmanagement als eine der wichtigsten Kompetenzen, gefolgt von Einsatzbereitschaft (60 Prozent) und Kommunikationsfähigkeit (59 Prozent)."[13]

Dass unser gestriges Schulsystem all diese Anforderungen und Kompetenzen kaum hervorbringen kann, ist seit Jahrzehnten international bekannt und diskutiert worden. Einige westliche Demokratien, wie beispielsweise die skandinavischen Länder und Kanada, haben sich schon einigen hier aufgeworfenen Fragen gestellt, nach Antworten gesucht, und dann mutig neue Wege beschritten. Der Weg, der die Individualität und Einzigartigkeit *jedes* Menschenkindes mit seinen unglaublichen Potenzialen berücksichtigt, kann am Beginn des dritten Jahrtausends nur lauten: größtmögliche und *bedingungslose Schulautonomie und Bildungsfreiheit.*

In der leider oft sehr feindseligen und stereotypen „Schulreformdebatte" wird von Lehrer-Vertretern (nicht nur in Österreich) gerne immer wieder folgendes geäußert: Über „Schulreformen" dürfen nur „Experten" (also Politiker und Pädagogen) reden. Der „Schüler" ist zuallererst einmal ein *Kind* und Kind ist nichts anderes als *Mensch.* Auf den Menschen (Kind) kann und darf ein sogenannter „Experte" kein exklusives Zugriffsrecht haben. Das Kind gehört ausschließlich sich selbst und nicht dem Staat. Dazu noch einmal John Taylor Gatto: „Die Schule nimmt unseren Kindern jede Möglichkeit einer aktiven Rolle im gesellschaftlichen Leben – tatsächlich zerstört sie die kommunale Gemeinschaft, indem sie die Ausbildung von Kindern in die Hände zertifizierter Experten gibt – und indem sie dies tut, stellt sie sicher, dass unsere Kinder nicht ihr volles menschliches Potenzial entwickeln können. (…) Es muss uns endlich bewusst werden, das institutionalisierter Schulunterricht Kinder zerstört."[14]

Die Ursache für das nicht enden wollende (weltweite) Bildungs-Drama hat Ivan Illich bereits 1971 in *Deschooling Society* so beschrieben: *Der Einfluss der Schule dringt so tief in unser Innerstes, dass niemand von uns erwarten kann, durch etwas anderes von ihr befreit zu werden.*

Gegenwärtig können wir von einer beinahe vollkommenen (Fremd-) Betreuungs-Schulkindheit sprechen, die wir in der bisherigen Menschheitsgeschichte in diesem Umfang, in ihrer *Totalitarität,* nicht einmal in den bisherigen „Totalitären Regimen" verwirklicht sahen. In dieser „totalen" Betreuungs-Schulkindheit geht alleine schon die Bedeutung und die Wichtigkeit elterlicher Bindung und Bildung (familiale Sozialisation) im Alltag und der faktischen Realität gegen Null. Vielleicht auch deshalb haben die skandinavischen Länder wie auch Kanada in ihre grundlegenden Schulreformen die Familie mit eingebunden und offenbar die Worte J. T. Gattos beherzigt: „Wenn wir das Geld, das wir heute in die Schulen stecken, wieder in die familiäre Bildung investieren würden, könnten wir zwei Krankheiten mit einer Medizin heilen: die Familien und die Kinder."[15]

Das Phänomen der Liebe zu beschreiben war früher der Poesie, Kunst, Philosophie und Religion vorbehalten. Am Beginn des 21. Jahrhunderts aber ist es Forschungsgegenstand der verschiedensten wissenschaftlichen Disziplinen. Aufgrund der Spezialisierung und Aufsplitterung des Wissenschaftsbetriebes wird allerdings bislang übersehen, welch immense Bedeutung der Liebe zukommt. (...) Über die Jahrtausende wurden die verschiedensten Facetten der Liebe auf alle erdenklichen Weisen beschrieben und verherrlicht. (...) Seltsamerweise fragte sich niemand, wie sich die Fähigkeit zu lieben eigentlich entwickelt. Heute aber drängt sich uns diese Frage auf, denn es liegen wissenschaftliche Befunde vor, die Antworten darauf zu enthalten scheinen. Gemeinsam ist diesen Befunden, dass sie Erfahrungen am Beginn eines Lebens eine große Bedeutung beimessen, insbesondere einer kurzen kritischen Phase unmittelbar nach der Geburt.

Michel Odent

6

(Zerstörte) Familienbilder oder die Suche nach dem verlorenen Glück

Das Geheimnis der Geburt

„Es muss das Herz bei jedem Lebensrufe bereit zum Abschied sein und Neubeginne; um sich in Tapferkeit und ohne Trauern; in andere, neue Bindungen zu geben. Und jedem Anfang wohnt ein Zauber inne; Der uns beschützt und der uns hilft, zu leben."[1]

Es gibt kaum eine Lebenssituation, in der diese berühmten Verse Hermann Hesses eine so umfassende Gültigkeit haben, wie bei dem großen Mysterium der Schwangerschaft, Geburt und den ersten Lebensmonaten eines Menschenkindes. Diesen „Zauber" zu erleben, ist heute leider nur sehr wenigen Müttern (und Vätern) möglich. Die vollkommene „Verzweckung der Kindheit" hat ab spätestens dem 20. Jahrhundert auch Schwangerschaft und Geburt erreicht.

Der französische Arzt, Forscher und Mitbegründer der sogenannten *sanften Geburt*, Michel Odent, zog in verschiedensten Publikationen frappierende und fundierte Parallelen zwischen „industrialisierter Landwirtschaft" und unserem modernen „industrialisierten Gebären". Dem industrialisierten Gebären geht aber zuerst einmal ein industrialisiertes Abtreiben voraus. In Deutschland wurden amtlich für das Jahr 2013 rund 102.800 Abtreibungen gezählt. In Österreich, wo es keine offizielle Statistik gibt, wohl auch aus „politischen, weltanschaulichen und religiösen Gründen", werden 20.000 bis 30.000 Abtreibungen jährlich geschätzt.[2]

„Dann lieber abtreiben" titelt der BERLINER TAGESSPIEGEL 2010, als für Hartz-IV-Empfänger das Elterngeld gestrichen wurde. Folgerichtig wird den Ärmsten in Deutschland (und die werden täglich mehr) mitunter die Abtreibung gezahlt. Im weltweiten Vergleich führt Europa bei der Anzahl der Abtreibungen, gefolgt von den USA, Russland und einigen weiteren „höher"

entwickelten Ländern. Verschiedensten amtlichen Statistiken und Schätzungen zufolge dürften Europa (EU 28) jährlich etwa drei Millionen Kinder durch Abtreibungen verloren gehen.

Sollte sich ein liebendes und glückliches Paar heute dazu entschließen, sich dem Wunder Leben zu stellen, wird ihm und vor allem der werdenden Mutter die Freude auf die Schwangerschaft schnell ausgetrieben. Wenn man nicht eine ordentliche Portion Selbstvertrauen, Mut und stoische Gelassenheit zu seinen Charaktereigenschaften zählen kann und über ein gewisses Maß an finanzieller Autonomie verfügt, dann sollten sich die werdenden Eltern, vorrangig die werdende Mutter, ein Schneckenhaus zum Rückzug zurechtlegen. Das gilt vor allem für viele Erstgebärende.

Zuerst einmal gilt es den wenig motivierten Kommentaren und Fragen von allen (oft unerwarteten) Seiten folgender Art auszuweichen: „Kauf dir einen Schwangerschaftsratgeber." „Willst du dein Kind tragen, wirst du es impfen?" „Aber du hast doch so eine gute Arbeitsstelle, willst du die wirklich aufgeben?" „Willst du ein Heimchen am Herd werden?" „So einen Job bekommst du nicht wieder." „Wirst du dein Kind stillen, es bei dir im Bett schlafen lassen?" „Gehe so bald als möglich wieder arbeiten." „Willst du dein Kind ‚normal' auf die Welt bringen oder per Kaiserschnitt?" „Sollen wir für dein Kind ein Sparbuch oder einen Bausparvertrag anlegen?" – Am besten ist, die schönen Brüste und das ganze weitere Leben Risikoversichern zu lassen, denn ach, das Leben wird nie wieder (so schön, einfach, unbeschwert, ...) wie es einmal war. Die Liste an Dingen, die einem plötzlich andere als zu berücksichtigen, zu bedenken und zu wählen auftragen, ist mitunter unendlich lang, zeitweise nervend und selten dazu geeignet, die Schwangerschaft einfach nur in *Freude* zu erleben.

Gelegentlich haben Erstgebärende das Glück jemandem zu begegnen, der einfach nur folgendes sagt: Gratulation! Sie stellen sich der vielleicht wichtigsten und in jedem Fall einer der wunderbarsten Erfahrungen, der manchmal schwierigsten Aufgabe und der möglicherweise größten Verantwortung, die es in diesem irdischen Dasein gibt – Mutter und Vater, Eltern zu werden, einem Kind Familie zu sein.

Ist dies alles einmal „durchgestanden" – mit wachsenden und aufmerksamen Embryo im Bauch – folgt die Eingliederung in das staatlich industrialisierte Gebären. Sie erfolgt beispielsweise in Österreich mittels gesetzlich verpflichtenden Mutter-Kind-Pass (sonst gibt es kein Betreuungsgeld), durch den zahlreiche Besuche bei einem Gynäkologen während der Schwangerschaft verpflichtend sind. Diese „Pränatalen Untersuchungen" dienen in allen Ländern vorgeblich „nur" der Sicherheit der Schwangeren und ihrem heranwachsenden Embryo. „Einfache physiologische Anpassungsreaktionen werden dabei oft als Krankheiten hingestellt und mit bizarren Bezeichnungen versehen. Zum Beispiel wird eine vorübergehende Umstellung des Kohlenhydrat-Stoffwechsels so zum ‚Schwangerschaftsdiabetes'. Ein erhöhtes Blutvolumen, das eigentlich nur ein Zeichen dafür ist, dass die Plazenta gut arbeitet, wird zur Anämie umgedeutet, weil das Blut dünner ist als sonst und die Hämoglobin-Konzentration niedriger ausfällt. Häufigere Arzttermine vor der Geburt haben, das ist offensichtlich, oft ausgesprochen negative Auswirkungen auf die emotionale Verfassung der Schwangeren, denn sie säen Zweifel." Sie führen nach Ansicht Michel Odents zu einem „Nocebo-Effekt", der die emotionale Verfassung der Schwangeren und damit indirekt auch ihrer Familie negativ beeinflussen.

„Wir müssen uns vor Augen halten, dass in vielen Ländern etwa zehn pränatale Untersuchungstermine üblich sind. Das sind, mit anderen Worten, zehn Gelegenheiten, etwas über potenzielle Probleme zu erfahren. Es ist den Frauen heute nicht mehr vergönnt, während der Schwangerschaft voller Glück zu sein. Jede von ihnen hat zumindest einen Grund, sich zu sorgen: ‚Ihr Blutdruck ist zu hoch oder zu niedrig', ‚Sie nehmen zu rasch oder zu langsam zu', ‚Sie haben eine Anämie', ‚Sie könnten eine Blutung bekommen, weil die Zahl Ihrer Blutplättchen zu niedrig ist', ‚Sie haben Schwangerschaftsdiabetes', ‚Ihr Baby ist zu klein oder zu groß', ‚Es liegt eine Schwäche der Plazenta vor', ‚Sie sind 18, und eine Teenager-Schwangerschaft ist mit spezifischen Risiken verbunden', ‚Sie sind 39, und eine Spätschwangerschaft ist mit spezifischen Risiken verbunden', ‚Das Baby hat sich noch nicht so gedreht, dass der Kopf als Erstes herauskommt', ‚Laut Bluttest besteht ein Risiko, dass Sie ein Baby mit Down-Syndrom bekommen', ‚Sie haben in der entscheidenden Zeit keine Folsäure zu sich genommen, und wir müssen an das Risiko einer Spina bifida denken', ‚Sie sind nicht gegen Röteln geimpft', ‚Sie sind Rh-negativ', ‚Der Geburtstermin war schon letzten Mittwoch, deshalb müssen wir an eine künstliche Weheneinleitung denken', und so weiter. Kann eine Frau unter diesen Bedingungen noch eine ‚normale' Schwangere sein?"[3] Wohl kaum.

Seit mindestens zwanzig Jahren liegen dutzende internationale Forschungsergebnisse vor, die belegen: Die Institutionalisierung der Schwangerschaft und das Massengebären in Krankenhäusern führt bei nicht wenigen Müttern zu Komplikationen während der Schwangerschaft und/oder bei der Geburt.

Vom Ende des 18. Jahrhunderts beginnend (im städtischen Bereich), ganz stark dann ab dem 20. Jahrhundert, wurde die freie Hebamme durch den schulmedizinischen Betrieb entmachtet und zuerst das Gebären, dann die Schwangerschaft, weitgehend in die Hand und Entscheidungsmacht von Ärzten übergeben. Die Konsequenz: Das Gebären wurde zu einem „Problem": „In Korea gibt es fast keine Hebammen mehr. Frauen gebären hier meist in einer, in hohem Maße medizinisch reglementierten Umgebung, und die Kaiserschnittquote liegt bei 40 %. Das Land hält außerdem den Weltrekord in der Zahl von Ultraschalluntersuchungen pro Schwangerschaft.

Die Länder, in denen es bereits wieder relativ viele Hebammen und vergleichsweise wenige ärztliche Geburtshelfer gibt, schneiden auffallend besser bei den Geburtsstatistiken ab. „Zum Beispiel gibt es in Schweden bei einer Bevölkerung von 9 Millionen Menschen ungefähr 6.000 Hebammen (in den USA dagegen nur 5.000 geprüfte ‚nurse Maddies', das heißt Hebammen mit Krankenpflegeausbildung) und relativ wenige ärztliche Geburtshelfer. Schweden hat die besten Geburtsstatistiken der westlichen Welt. Die moderate Kaiserschnittquote von ca. 11 % ist seit fast 20 Jahren relativ konstant. In den Niederlanden sind 80 % der Hebammen unabhängig. Wenn hier eine Frau schwanger ist, sucht sie meist ganz selbstverständlich eine Hebamme auf. Deren Aufgabe ist es, während Schwangerschaft und Entbindung zu entscheiden, ob ein Arzt hinzugezogen werden muss. Die Hebamme ist aber keinem Arzt untergeordnet. Während der Wehen können Mutter und Hebamme entscheiden, ob sie in eine Klinik gehen wollen, und etwa 30 % der Kinder kommen zu Hause zur Welt (während die Gesamtquote für alle anderen Industrieländer bei 2 % liegt). Derzeit brauchen weniger als 5 % der niederländischen Frauen während der Wehen eine Epiduralanästhesie, und die Kaiserschnittquote ist mit etwa 10 % die niedrigste in Westeuropa.

In Japan gibt es viele Hebammen, und man hat dort nie, wie es für die Industrialisierung des Gebärens typisch ist, riesige Entbindungskliniken gebaut. In einer Entbindungsklinik kommen im Durchschnitt 500 Kinder pro Jahr zur Welt. Japan hat weltweit die niedrigste ‚perinatale Mortalitätsrate' (Zahl der Babys, die mehr als sechs Monate im Mutterleib waren und tot geboren werden oder innerhalb der ersten Woche nach der Geburt sterben). Die Kaiserschnittquote ist relativ niedrig, die Quote der Epiduralanästhesien sogar noch niedriger als in den Niederlanden. Diese Ländervergleiche zeigen deutlich, dass dort, wo der Arzt nur in dringenden Fällen hinzugezogen wird, im Allgemeinen weniger Geburtskomplikationen auftreten."[4]

Wenn sie schwanger sind, suchen sie also nicht ihren Arzt oder Apotheker auf, sondern eine freie und erfahrene Hebamme. Das Geld lohnt sich später mehrfach und dafür gibt es ein paar gravierende Gründe: Sie werden einmal nicht implizit als „Kranke" behandelt. Schwangerschaft und Geburt sind (und waren es zehntausende Jahre) etwas Natürliches und Selbstverständliches. Wie der französische Historiker Jacques Gélis in *Das Geheimnis der Geburt* feststellt, wusste man in vorangegangen Epochen: „Da der menschliche Leib an der großen Bewegung im Universum teilhatte, war seine Integrität unantastbar. ‚Ein äußeres und noch viel mehr ein inneres Eingreifen in diesen Mikrokosmos des Leibes bedeutete ein Eingreifen in ein transzendentes System von Formen."[5]

Eine freie Hebamme der eigenen Wahl baut auch eine *Beziehung* zur Schwangeren auf. Die unabdingbare Voraussetzung, Gefühle der Angst durch *Vertrauen* zu ersetzen. Die einzige wirkliche Voraussetzung für eine spontane und leichte Geburt, was man früher noch wusste. „Alles hing davon ab, ob die Dorfhebamme Vertrauen einflößen verstand; dieses Vertrauen verschaffte ihr eine Legitimation. Vertrauen war das Schlüsselwort, das immer wieder aus dem Munde der Frauen zu hören ist. Und wenn etwa der Pfarrer der alten Hebamme das Arbeiten verbieten wollte, um eine neue durchzusetzen, die ihm mehr gewogen war, dann lehnten die Frauen diesen Wechsel der Hebamme im Name des Vertrauens ab, denn ‚Vertrauen lässt sich nicht verordnen'. Eine gute Hebamme versteht es, die Frauen zu beruhigen. Sie weiß immer, wie sie sich zu verhalten hat; sie sagt tröstende und ermutigende Worte, die die Gebärende aufrichten. Auch wenn sie nicht immer effizient arbeitete, hatte sie doch das Gespür für die Situation, und da sie viele Male Mutter geworden war, konnte sie sich zweifellos vorstellen, welche Wirkung ein bestimmter Blick oder ein Seufzer haben konnte. Sie war die weise Mutter, die anderen beistand und gebären half".[6]

Nach der (raschen und problemfreien Haus-) Geburt unseres Sohnes beobachteten meine Frau und ich einige Zeit die Schwangerschaften und Geburten in unserem Bekanntenkreis. Bei zehn Geburten notierten wir eine Kaiserschnittrate von ca. 45 %. Freilich ist sie nicht „repräsentativ", und ob sie jetzt amtlich ca. 35 % in Österreich und Deutschland beträgt, oder ob die Rate letztlich sogar höher ist, spielt keine so große Rolle. Entscheidend für uns war folgende Beobachtung: Unter den Schwangeren „planten" nur zwei Mütter einen Plan-Kaiserschnitt wegen einer „Risiko-Schwangerschaft". Alle anderen hatten aus medizinischer (ärztlicher) Sicht keine Risikoschwangerschaft, und gingen mit der Absicht und dem Wunsch einer Spontangeburt ins Krankenhaus. Dennoch gab es bei knapp der Hälfte – nach ärztlicher Sicht – während des Geburtsverlaufes Schwierigkeiten oder Risikofaktoren, die letztlich einen Kaiserschnitt notwendig machten. Die hohen Kaiserschnittraten ergeben sich nicht, weil die Frauen heute unfähig sind, Kinder „normal" (spontan) zu gebären, und auch nicht, weil sich alle Frauen freiwillig zu einer Plan-Sectio entscheiden. Diesen „Trend" gab und gibt es auch.

Sind die hohen Kaiserschnittraten vielleicht auch eine systemimmanente Folge des industrialisierten Gebärens? Oder mangelt es vielleicht den ärztlichen Geburtshelfern und den Ärzten, die bei Problemen während des Geburtsverlaufes im Krankenhaus zugezogen werden, an Kompetenzen die Situation richtig einzuschätzen?

„Im 20. Jahrhundert wurden Schwangerschaft und Geburt erstmals zur Domäne der Medizin: Eine wunderbare, lebensrettende Operation – der Kaiserschnitt – avancierte zu einer der häufigsten Formen der Entbindung. Eine Substanz, die bei Anomalien des Wehenverlaufs hilfreich ist – synthetisches Oxytozin -, bildete die Grundlage des ‚aktiven Wehenmanagements'. Eine wirksame Methode, krankheitswertige Schmerzen zu lindern – die Epiduralanästhesie -, wurde Bestandteil der so genannten ‚normalen' Entbindung. Die medizinische Steuerung der Geburt hat ein weit verbreitetes Unvermögen, langfristig zu denken und die Zukunft der Zivilisation im Blick zu haben, noch weiter verstärkt. Sie hat Frauen verunsichert, die vom Gefühl her eigentlich Alternativen zum industrialisierten Gebären bevorzugt hätten.

Daher rührt die Kluft zwischen den Vorstellungen und Erwartungen von manchen schwangeren Frauen und der Haltung vieler Medizinerinnen und Mediziner, die nicht verstehen können, warum es noch immer Frauen gibt, die die Schmerzen und Qualen der Wehen auf sich nehmen wollen, obwohl sie doch auf Anfrage Kaiserschnitt, Epiduralanästhesie und Oxytozininfusion bekommen können. (...) Wir müssen uns nur einige Statistiken anschauen, um zu begreifen, warum ärztliche Geburtshelferinnen und Geburtshelfer im Zeitalter des industrialisierten Gebärens nicht auf ungewöhnliche Situationen oder Komplikationen spezialisiert sein können.

Nehmen wir die USA, wo die Industrialisierung des Gebärens der Entwicklung in anderen Ländern stets voraus war. Es gibt hier ca. 36 000 Geburtshelferinnen und Geburtshelfer, und im Jahr werden etwa 3 600 000 Kinder geboren. Das heißt, auf einen Geburtshelfer kommen im Durchschnitt 100 Geburten im Jahr. Die meisten heutigen Geburtshelfer sind daher keine Experten für pathologische Fälle oder außergewöhnliche Situationen, sondern in der ärztlichen Grundversorgung tätig. Ihr Mangel an Erfahrung ist gefährlich. Der typische Geburtshelfer hat einmal im Jahr mit einer Zwillingsgeburt zu tun. Im Durchschnitt ist er alle fünf Jahre mit einer Schulterdystokie konfrontiert (bei der das Baby, nachdem der Kopf schon draußen ist, auf Höhe der Schultern stecken bleibt). Nur alle zehn Jahre erlebt er einen echten Fall von Placenta praevia (die Plazenta versperrt dem Baby den Weg nach draußen) und während seines gesamten Berufslebens eine einzige echte Eklampsie. Wenn wegen einer Querlage ein Kaiserschnitt notwendig ist, muss er wahrscheinlich erst einmal im Lehrbuch nachschlagen, weil ihm ein derart seltener Fall nie begegnet ist. Auf der Entbindungsstation unseres Krankenhauses in Frankreich war ich zusammen mit sechs Hebammen für etwa 1 000 Geburten im Jahr zuständig. Das war meinem Eindruck nach eine angemessene Zahl, um genügend Erfahrung sammeln zu können und in Übung zu bleiben."[7]

Die hohen Kaiserschnittraten waren in den letzten 20 Jahren auch Inhalt zahlreicher Medienberichte. Ferner gibt es auch einige Publikationen ausschließlich zu diesem Thema. Bei den Medienberichten ist auffallend: Zumeist werden beim Thema Kaiserschnittgeburten Ärzte und Ärztinnen um eine Stellungnahme gebeten. In den Geburtsabteilungen eines öffentlichen Krankenhauses arbeiten aber vorrangig Hebammen. Allerdings sind sie verpflichtet einen Arzt zu rufen, sobald „Komplikationen" während des Geburtsverlaufes auftreten. Die nicht nachvollziehbar geringe Präsenz von Hebammen in der medialen Berichterstattung war ein Grund, warum Autor und Co-Autorin eine Hebamme mit jahrzehntelanger Erfahrung, sowohl in unterschiedlichen Krankenhäusern als auch als freie Hebamme (Alternativ- und Hausgeburten), zu einem Gespräch für dieses Buch eingeladen haben.

Bei den Ärztinnen oder Ärzten, die zum Thema Kaiserschnitt vor die Presse treten, findet sich zumeist folgender ambivalenter Tenor: Einerseits wird die Zunahme der Sectio Geburten (oft halbherzig) bedauert. Gelegentlich wird noch hinzugefügt, dass der Plan-Kaiserschnitt ein Grundrecht der Frau sei. Dann folgt gelegentlich, dass die Sectio caesarea (medizinische Bezeichnung des Kaiserschnitts) auch erhebliche Risiken für die Gebärende, während der Operation selbst, wie auch für ihre weitere Gesundheit in den folgenden Jahren, mit sich bringt.

Selten wird darauf verwiesen, dass die Sectio gravierende Folgen für die Bindungsfähigkeit und Beziehungsfähigkeit zwischen Mutter und Kind hat. Schon gar nicht verweisen die Ärzte in Medienberichten darauf: Aus medizinischer Sicht erfordern nur zwei Prozent aller Geburten auch tatsächlich einen Kaiserschnitt zum Schutz des Lebens beider, Mutter und Kind. Und: Immer noch die Mehrheit der Frauen findet sich mit der Absicht einer Spontangeburt im Krankenhaus ein. Nicht nur einer deutschen Studie zufolge wünschen sich 90 Prozent aller werdenden Mütter nach wie vor eine natürliche Geburt.[8] Zumeist erst im Krankenhaus kommt es vielfach zu „Komplikationen", die eine Sectio scheinbar zur Notwendigkeit machen. Die 30 bis 35 Prozent der Sectio Geburten kommen nicht dadurch zustande, dass sich jede dritte Frau von vornherein gerne und bereitwillig ihr Kind aus dem Bauch schneiden lässt! (Auch wenn manche Medienberichte durch die ärztlichen Stellungnahmen den Eindruck erwecken.) Noch seltener wird darauf verwiesen, welche Folgen die *Art* der Geburt (und ihre Interventionen) für das Menschenkind mit sich bringt. „Die Art und Weise, *wie* wir geboren werden, hat ganz offensichtlich mit unserer späteren Kontaktfähigkeit oder Aggressivität zu tun, das heißt, mit unserer Liebesfähigkeit.

Genauer gesagt scheinen Forscher, wenn sie der Lebensgeschichte von Menschen nachgehen, bei denen irgendeine Einschränkung der Liebesfähigkeit – entweder der Liebe zu sich selbst oder zu anderen – zu erkennen ist, immer auf Risikofaktoren während der Geburtsphase zu stoßen. Der Ausdruck ‚Einschränkung der Liebesfähigkeit' beschreibt sehr gut, was die betreffenden Störungen miteinander verbindet. Außerdem verweisen die Risikofaktoren in der Geburtsphase, auf die die Forscher stoßen, stets auf ein wichtiges und aktuelles gesellschaftliches Problem. Die Gewaltkriminalität von Jugendlichen ist zweifellos ein hochaktuelles Thema. Sie lässt sich als eine Einschränkung der Fähigkeit auffassen, andere zu lieben. Es ist nicht verwunderlich, dass laut einer großen und maßgeblichen Studie von Adrian Raine Geburtskomplikationen zu den Risikofaktoren gehören, anhand derer sich prognostizieren lässt, ob jemand mit 18 Jahren zur Gewaltkriminalität neigen wird. Eine Einschränkung der Fähigkeit sich selbst zu lieben kann sich in vielerlei Formen äußern. Die dramatischste Form selbstzerstörerischen Verhaltens ist natürlich die Selbsttötung. Das bedrängendste gesellschaftliche Problem unserer Zeit sind dabei die Suizide von Jugendlichen, denn sie stellen ein neues Phänomen dar, das in anderen Kulturen nahezu unbekannt ist.

Geburt ....

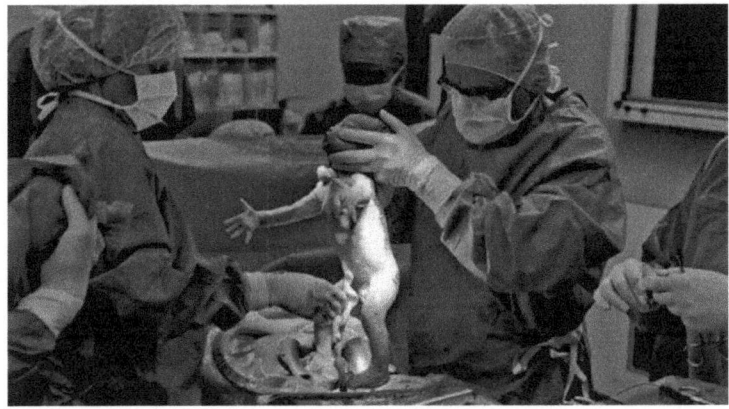

Kaiserschnitt
© dpa, Daniel Karmann

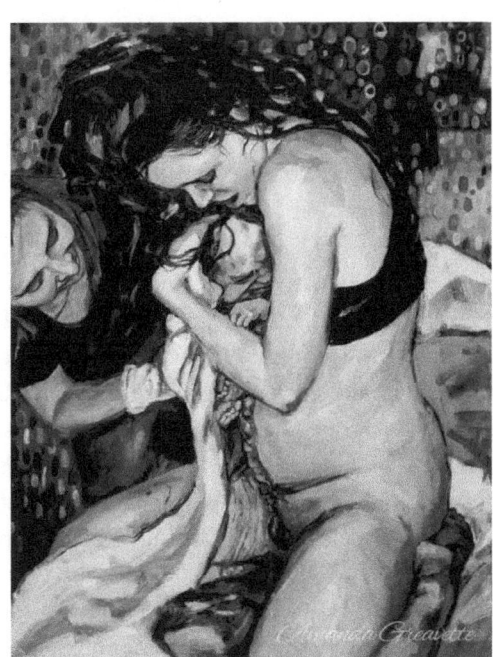

The Delivery, 2008-2010
Amanda Greavette
oil on canvas
(Hausgeburt)

Der Suizid zählt heute in allen Industrieländern zu den häufigsten Todesursachen in der Adoleszenz. Laut einer der verlässlichsten Schätzungen, die auf Daten des australischen National Bureau of Statistics beruht, stieg die Zahl der Selbsttötungen bei 15- bis 24-jährigen australischen Männern von 8,7 pro 100.000 im Jahr 1964 auf 30,9 im Jahr 1997 an. Man kann diese Daten dahingehend deuten, dass die Wahrscheinlichkeit der Selbsttötung von Jugendlichen davon abhängt, in welcher Epoche der Geburtshilfe sie geboren wurden. Bezeichnenderweise nennt die einzige Studie, die in unserer Datenband zum Suizid von Jugendlichen vorliegt, Risikofaktoren am Tag der Geburt. Einer der statistisch signifikanten Risikofaktoren war, dass im Verlauf der Geburt eine Reanimation erfolgte.

Bemerkenswert ist auch eine Reihe von Studien, in denen der Schwede Bertil Jacobson nach der jeweiligen Methode differenzierte. Wenn Menschen, deren Geburt mit mechanischen Traumata verbunden war, sich das Leben nehmen, scheinen sie zu gleichermaßen gewaltsamen mechanischen Methoden zu neigen (zum Beispiel springen sie in die Tiefe oder vor den Zug oder sie erschießen sich). Suizide durch Ersticken sind dagegen eng mit einer Sauerstoffunterversorgung bei der Geburt korreliert. Auch weniger drastische Formen selbstzerstörerischen Verhaltens, wie zum Beispiel Drogenabhängigkeit, sind ein großes gesellschaftliches Problem. Wenn beispielsweise eine Mutter während der Wehen bestimmte Schmerzmittel verabreicht bekommt, ist laut einer in Schweden und den USA durchgeführten Serie von Studien die Gefahr größer, dass das Kind später drogenabhängig wird.

Auch die Anorexia nervosa (Magersucht) lässt sich als eine Einschränkung der Fähigkeit auffassen, sich selbst zu lieben. In den westlichen Gesellschaften kommt sie besonders häufig vor. Aus einer groß angelegten Studie, die alle während eines Jahrzehnts in Schweden geborenen Frauen erfasste, ging hervor, dass ein recht enger Zusammenhang zwischen Magersucht und Risikofaktoren bei der Entbindung besteht. Als der statistisch gesehen wichtigste Risikofaktor erwies sich dabei ein Kephalhämatom, ein Bluterguss zwischen Knochenhaut und Schädelknochen. Ein Kephalhämatom weist darauf hin, dass die Geburt, was die Einwirkung mechanischer Kräfte auf das Kind angeht, traumatisch verlaufen ist."[9]

Die hohen Kaiserschnittraten liegen an der *Industrialisierung* der Geburt. Die „normale" vaginale Geburt ohne irgendeine medizinische Intervention ist (nicht nur in den Industrienationen) zu einer Seltenheit geworden. Was erwiesenermaßen nicht nur für das werdende Menschenkind, sondern für die gesamte Gesellschaft mit negativen Folgen verbunden ist. „Bei etwa 20 % wird die Geburt eingeleitet, bevor die Wehen überhaupt beginnen. Bei 31 % werden die Wehen durch einen Wehentropf verstärkt. Etwa 30 % der vaginal Gebärenden erhält zur Erweiterung des Geburtskanals einen Dammschnitt. Nur noch jede Zwanzigste erlebt eine spontane, nicht von medizinischen Eingriffen geleitete Geburt. Die normale Geburt, so die Forderung enttäuschter Hebammen, sollte zum Weltkulturerbe erklärt werden."[10]

Die negativen Folgen der industrialisierten Geburt sind das eine, seit mindestens zwanzig Jahren ausreichend international wissenschaftlich fundiert, und ebenso lange sind die Kaiserschnittraten nicht nur in den deutschsprachigen Ländern (mit marginalen Schwankungen) konstant hoch. Die entscheidende Frage dazu sollte lauten: Warum ist die Situation so starr, warum ändert sich nichts, wo sie doch auch medial beklagt wird?

Dazu ein Medienbericht, *Die Geburt als Trauma*, der in der österreichischen Tageszeitung KURIER veröffentlicht wurde. Darin wird vorab über die ORF Dokumentation „*Meine Narbe – Ein Schnitt ins Leben*" berichtet. Die Regisseurin Mirjam Unger (in Zusammenarbeit mit der Psychologin Judith Raunig) lässt betroffene Sectio-Mütter berichten. „Eine Frau erzählt von dem Stress, den ihr die Geburtshelfer mit Blick auf die Uhr machten: Noch eine Stunde hätte sie Zeit, spontan zu gebären, dann würde man sie operieren. Andere berichten von einem Hin und Her zwischen Wehenhemmer und Wehenbeschleuniger. Und eine Betroffene erzählt, sie hätte sich bei der Notoperation aufgehängt gefühlt wie ein Stück Fleisch am Fleischerhacken." Im Artikel wird natürlich auch auf Aussagen von Ärzten in dieser Dokumentation eingegangen. „Einer der betroffenen Ärzte malt eine Zukunft aus, in der die spontane Geburt die Ausnahme darstellt."[11]

Wozu noch über die „normale" Geburt diskutieren, die Zukunft heißt nun einmal Kaiserschnitt. Schöne (grausame) Zukunft! Eine, die im Übrigen auch mit (Folge-) Kosten für alle verbunden ist. Thema sind hier aber nicht jene Frauen, die von ihrem „Selbstbestimmungsrecht" auf ihren eigenen Körper Gebrauch machen und in Privatkliniken eine Plan-Sectio vornehmen lassen. Wobei die Frage erlaubt sein darf: Hat das Menschenkind auch ein Recht?

Der Großteil aller Kaiserschnittgeburten findet ohnehin in öffentlichen Krankenhäusern statt. Eine Sectio kostet den Krankenkassen ca. 2.600 Euro, hingegen eine Spontan-Geburt ca. 1.500 Euro. Wenn die Sectio dann auch noch nicht „planmäßig" verläuft, und für die Frauen lebenslange gesundheitliche Folgen mit sich bringt, steigen die Kosten noch einmal an. Und schließlich kommt es auch gelegentlich vor (und öfters als öffentlich vermutet wird), dass Mutter oder Kind nach einer Sectio sterben. Was in der Kaiserschnittdebatte weitgehend verschwiegen wird. Vielmehr ist es so, dass die Vertreter der industrialisierten Geburt keine Gelegenheit ausnutzen, die häufige „Notwendigkeit" von Sectio-Entbindungen zu rechtfertigen, oder generell die Sectio zu verharmlosen. Dabei wird manchmal auch rhetorisch beachtliches geleistet.

Ein Beispiel noch stellvertretend für viele ähnliche (deutschsprachige) Presseberichte der letzten 15 Jahre: *So riskant ist ein Kaiserschnitt für das Baby*, titelt DIE WELT vom 18. November 2012. In diesem Artikel kommen ausschließlich Ärzte der renommierten Berliner Charitè zu Wort, was natürlich von großem Gewicht ist. Wer die Artikelüberschrift liest und nun hofft, etwas über die hohen Risiken für das Baby zu erfahren, wird enttäuscht. Ein Neonatologe berichtet: „Eine Studie aus Schottland hat eindrucksvoll belegt, dass sich das Risiko für spätere Schulschwierigkeiten verdoppelt, wenn ein Kind zwei Wochen zu früh zur Welt kommt." Damit wird Bezug genommen, dass Plan-Sectios zwei Wochen vor dem errechneten Geburtstermin vorgenommen werden. Das Ergebnis dieser Studie könnte auch Wasser auf die Mühlen der Endlos-Bildungsdebatte sein. An unserem zunehmend mangelhaften Output am Ende der Schulpflicht ist vielleicht gar nicht das Schulsystem, sondern die seit zwanzig Jahren hohe Kaiserschnittrate Schuld?

Mathematik, Technik und Medizin ist nicht alles, und das Ergebnis einer Studie noch keine fundierte wissenschaftliche Begründung. In den letzten Jahren wird uns geradezu inflationär eine neue „Studie" nach der anderen präsentiert. Wenn Politiker und Medien zu Bildung, Familie oder zur plötzlich notwendigen „Krippenbildung" eine neue Studie präsentieren, ist es auch erlaubt, den gesunden Menschenverstand in Anspruch zu nehmen. „Bei Fragen des menschlichen Lebens, wo die Kausalitätsketten verfilzten Wollknäueln ähneln und sich das Leben im komplexen Systemprozessen vollzieht, ist also wissenschaftliche Demut angesagt – und große bei der Interpretation von Ergebnissen. Kein Autofahrer würde über eine Brücke fahren, die als ‚Studie' ausgewiesen ist, und kein Bauherr würde in ein Haus einziehen, das von dessen Architekten als ‚Studie' bezeichnet wird. Auch bei der ‚wissenschaftlichen' Studie sollten wir nicht auf einmal alle Vorsicht fahren lassen."[12] Würden wir das Menschenkind nicht von Geburt an (zwanghaft) auf einen standardisierten Durchschnitt bis über die ganze Pflichtschulzeit festlegen, wäre der „Output" oben mit Sicherheit besser.

Im zitierten DIE WELT Artikel kommt auch eine Ärztin zu Wort: „Der größte Fortschritt bei der Durchführung des Kaiserschnitts ist aber, dass die Mütter heute keine Vollnarkose mehr bekommen, sondern eine Rückenmarksnahe Anästhesie. (...) Dabei wird nur die untere Körperhälfte betäubt – und die Mutter bekommt ihr Kind sofort nach der Entbindung in den Arm. Sie erlebt die Geburt ihres Kindes also wirklich mit. Das Geburtserlebnis wird ihr nicht mehr genommen. Die enge Beziehung zwischen Mutter und Kind, die bei einer natürlichen Geburt auch über die erhöhte Ausschüttung des Bindungs- oder ‚Kuschel'-Hormons Oxytocin im Gehirn der Mutter gefördert wird, kann so auch ohne diesen ‚Hormonsturm' im Gehirn schnell aufgebaut werden." (Dann folgt in fettgedruckt die nächste Kapitel-Überschrift der Journalistin: „Mutter-Kind-Bindung ist beim Kaiserschnitt genauso gut.") Die Ärztin wird weiter zitiert: „Wenn man rund um den Kaiserschnitt herum Bedingungen schafft, also der Mutter das Kind gleich in den Arm gibt, Hautkontakt und Stillen ermöglicht – dann spielt die Art der Geburt für den Aufbau der Mutter-Kind-Beziehung eigentlich keine Rolle." Eine rhetorische Leistung ist dann weiter unten folgende Feststellung: „Obwohl die natürliche Geburt in vielen Fällen wohl das Beste für Mutter und Kind sein dürfte, wird die Schnittgeburt häufiger."[13]

Die natürliche Geburt *ist* für ca. 98 Prozent der Frauen und Babys die beste! Weil unserer Evolution des Homo sapiens ausgesprochen viel Intelligenz innewohnt und sie grandios ist. Wer es wissenschaftlicher haben möchte: Nur ein bis zwei Prozent aller Geburten erfordern auch tatsächlich einen Kaiserschnitt. In verschiedensten Medienberichten wird gerne auf die WHO verwiesen, die eine Kaiserschnittrate von 15 Prozent „empfiehlt". Das ist ein dringender Appell die Rate zu senken und heißt nicht, 15 Prozent sind notwendig.

Der Artikel von DIE WELT kann wohl als Werbung für eine „Kuschel-Sectio" verstanden werden, was in den letzten 15 Jahren gar nicht so selten war. Es geht auch anders. In einem Artikel des DER STANDARD: *„Nur scheinbar ein risikoarmer Eingriff..."* erfährt der Leser auch tatsächlich ausführlich über die Risiken der Sectio-Entbindung. Frank Louwen, Leiter der Abteilung für Geburtsmedizin an der Universitätsfrauenklinik Frankfurt/Main und Mitglied im Vorstand für Gynäkologie und Geburtshilfe (DGGG) in München erklärt:

„Die Folgen eines Kaiserschnittes für das Neugeborene wurden lange Zeit vernachlässigt. Nicht selten entstand sogar der Eindruck, das Kind profitiere von einem Kaiserschnitt, sodass die Mutter den Kaiserschnitt trotz der bekannten erhöhten mütterlichen Morbidität und Mortalität als Alternative im

Sinne des Neugeborenen als diskutabel erschien. (...) Nach einer Sectio Caesarea sind Anpassungsstörungen und beatmungspflichtige Komplikationen signifikant erhöht. (...) Im Wochenbett sind ebenfalls sowohl die Rückbildung der Gebärmutter als auch die Stillphase durch einen Kaiserschnitt gestört. (...) Die Schmerzen nach einem Kaiserschnitt müssen zudem medikamentös effektiv behandelt werden, auch weil Schmerzen die Ausschüttung des Hormons Oxytocin hemmen, das für das Stillen notwendig gebraucht wird. (...) Kinder nach Kaiserschnitt scheinen signifikant häufiger an Asthma, Allergien, Diabetes Mellitus und Zöliakie (Überempfindlichkeit auf Weizenbestandteile in der Nahrung) zu erkranken. (...) Besonderer Bedeutung kommt aber dem Risiko für alle folgenden Schwangerschaften zu, das aus einem Kaiserschnitt resultiert. (...) Direkt mit der Anzahl vorausgegangener Kaiserschnitte sind auch Mutterkuchenkomplikationen verbunden, die durch ein tiefes Einwachsen des Mutterkuchens in die Gebärmutterwand entstehen (Plazenta Accreta/increta). Häufig kann hier nur die Gebärmutterentfernung lebensrettend für die Mutter sein. Selbst bei optimalen Bedingungen kommt es bei diesen operativen Eingriffen immer wieder zu Todesfällen, die nicht verhindert werden können."[14] Respekt! Es gibt auch noch Standesvertreter, die nichts beschönigen und reinen Wein einschenken.

Solch ungeschminkte Aufklärung über (einige) Risiken der Sectio wird aber alleine nichts ändern. Verschiedensten Umfragen zufolge wünschen nur drei bis sechs Prozent der Frauen am Beginn der Schwangerschaft auch tatsächlich einen Plan- (Wunsch-) Kaiserschnitt. Mindestens 25 Prozent der Sectio-Entbindung sind eine Folge des industrialisierten Gebärens.

Da bleibt eine entscheidende Frage: Wenn „Frau" das *Selbstbestimmungsrecht* hat, eine Wunsch-Sectio durchführen zu lassen (wie Ärzte und Ärztinnen im Zusammenhang mit der Sectio immer wieder öffentlich betonen), und dabei auch das „Recht" hat, sich *und* das voll entwickelte, gesunde Menschenkind in *Gefahr* zu bringen, warum haben aber dann jene Frauen kein (uneingeschränktes) *Selbstbestimmungsrecht*, die ihr Ungeborenes natürlich und spontan mit ausschließlich einer freien Hebamme zur Welt bringen möchten?

Schulamith Firestone hat 1972 im Alter von 25 Jahren ihr Buch *The Dialectic of Sex* vorgelegt. Es wurde ein Welt-Bestseller und darin befindet sich ein kurzes, brillantes und in seinen Aussagen immer noch gültiges Kapitel mit dem Titel *Down with childhood*. Firestone schreibt: „Aber auch Kinder haben ein Recht. Nämlich das Recht in die Schule zu gehen. Es ist bezeichnend, dass sie von diesem Recht kaum Gebrauch machen würden, wenn man ihnen die Wahl überließe."¹⁵ Könnte das Menschenkind frei wählen, *wie* es geboren wird, es würde sich für die „normale", spontane Geburt ohne jegliche (medizinische) Intervention entscheiden. *Auch wenn es in unserer „Kultur" zunehmend zur nicht mehr hinterfragten Normalität geworden ist: Wieso stehen Eltern-, Frauen- oder welche „Erwachsenen-Rechte" auch immer (in der Praxis) längst über den Kinder-Rechten?*

Für zehntausende Mütter weltweit war nicht nur die Sectio, sondern auch eine vaginale Krankenhausgeburt ein *Trauma*. Jahrtausendelang wurde die Geburt eines Kindes als schönes Erlebnis und nicht als Trauma erinnert. Die Mutter gebar ihr Kind (zumeist) ohne die Anwesenheit irgendeiner Person. (In einigen wenigen Kulturen ist das auch heute noch so.) Die späteren Hebammen waren zuerst einmal nahestehende und *vertraute* Mütter. Die vielen tiefste Verbundenheit und Seeligkeit vermittelten „Maria (Madonna) mit Kind" Bilder und Gemälde gab es lange, bevor die Familie (als Ganzes) in der europäischen Kunst in Szene gesetzt wird. Auch Jesus kam naturgemäß wie ausnahmslos alle Kinder dieser Zeit als Spontan- und Hausgeburt und ohne jegliche medizinische Intervention zur Welt. Auch ein Stall ist ein Haus.

Bei der auch längst wissenschaftlich erwiesenen engen Ver-Bindung von Mutter und Kind durch Schwangerschaft und Geburt ist jedenfalls eine traumatische Erfahrung beidseitig und nachhaltig.

Warum werden Geburtshäuser, alternative Geburten (wie beispielsweise Hausgeburten) nicht vorbehaltlos von den Standesvertretern des industriellen Gebärens unterstützt? Michel Odent verweist einmal auf eine Befragung, die der NCT (britische National Childbirth Trust) im Internet durchführte. Die Frage lautete: „Wurde Ihnen für den Fall, dass Ihre Schwangerschaft normal verläuft, die Möglichkeit einer Hausgeburt ebenso positiv dargestellt wie die Möglichkeit einer Entbindung im Krankenhaus?¹⁶ Genau darin liegt (auch) das Problem. Kaum ist eine Frau schwanger und (zwangsweise) in den staatlich ärztlichen Betrieb eingegliedert, wird ihr der Teufel an die Wand gemalt. Es gibt nur *einen* Weg sicher zu gebären (wird ihr zumindest subtil vermittelt), der heißt Krankenhaus. Alles andere ist ein „Risiko", eine Gefahr für Mutter und Kind. Dieses Angst-Szenario wird von den ärztlichen Standesvertretern, die im Gegensatz zu den Hebammen eine politische Lobby hinter sich haben, ständig ins Bewusstsein gerufen. Ein konstituierendes Element, dass viele Familien vom Beginn der Schwangerschaft bis zum Ende der Pflichtschulzeit ihres Kindes begleitet, heißt: Belehrung und Bevormundung, oft kombiniert mit Angst-Szenarien.

Diese Belehrungsmechanismen finden seit 15 Jahren in unserer vollkommen *verschulten* Gesellschaft schon ganz „oben" in der Politik statt. Eine österreichische Bildungsministerin (auch für Jugend zuständig) sagte 2003 öffentlich: „Die Jungen sollten lieber Kinder kriegen als von Party zu Party rauschen." Diese größtmögliche Unsinnigkeit wurde freilich medial heftig kritisiert. Es ist aber nur ein Statement und Ausdruck einer völlig konzeptlosen und desaströsen Familienpolitik seit langem in Österreich wie auch Deutschland (und auch anderswo). 1957 sagte der deutsche Bundeskanzler Konrad Adenauer: „Kinder bekommen die Menschen immer." Irrtum! In der über 100.000-jährigen Geschichte des Homo sapiens gab es Brüche, verschwanden wie wir wissen Kulturen scheinbar plötzlich, und war jedenfalls auch der Kinderreichtum keine Selbstverständlichkeit.

„In diese Sackgasse geriet der *Homo sapiens* vor etwa 10 000 Jahren, als er begann Pflanzen anzubauen und Tiere zu domestizieren. Die ‚neolithische Revolution' nahm ihren Anfang in einigen Gesellschaften im Nahen Osten, in Südostasien, Zentralchina, Mittelamerika und den Anden und breitete sich von dort überallhin aus. Seit jener Zeit bestand die grundlegende Überlebensstrategie sämtlicher menschlicher Gesellschaften darin, Macht über die Natur auszuüben. (...) Das menschliche Aggressionspotenzial zu erschließen und auszubauen wurde zu einem Überlebensvorteil. An diesem Wendepunkt in der Menschheitsgeschichte gewannen unsere Vorfahren auch tieferen Einblick in die menschliche Fortpflanzung. (...) Seit dem Beginn der neolithischen Revolution konnten sich diejenigen Gesellschaften am besten durchsetzen, die in Bezug auf die Geburtsphase über entsprechend geeignete Überzeugungen und Rituale verfügten. (...) Wir verstehen immer besser, welch lange Kette von Erfahrungen ein Mensch am Beginn des Lebens und vor allem in der Geburtsphase durchlaufen muss, damit sich seine Liebesfähigkeit entfalten kann. Das entscheidende Glied in der Kette, auf das menschliche Kulturen immer wieder störend eingewirkt haben, ist die Art und Weise, wie Kinder auf die Welt kommen. An diesem Punkt können wir ansetzen. (...) Das Hauptanliegen aller, denen die Zukunft der Menschheit am Herzen liegt, sollte sein, der heute herrschenden Industrialisierung des Gebärens ein Ende zu setzen."[17]

Dazu passt auch eine aktuelle Studie des Max-Planck-Institutes für demographische Forschung in Rostock, in der es um das „Wohlbefinden von Eltern" in Deutschland geht. Eine zentrale Erkenntnis lautet: Je unzufriedener Eltern mit ihrem Leben unmittelbar nach der Geburt des ersten Kindes werden, desto unwahrscheinlicher ist es, dass sie noch ein zweites Kind bekommen. Der Effekt ist besonders stark bei älteren und gebildeten Müttern und Vätern zu beobachten. Studienleiter Mikko Myrskytä: „Die Erfahrung der Eltern während und nach der ersten Geburt bestimmen mit, wie groß die Familie am Ende wird. (...) Politiker, die sich Sorgen um niedrige Geburtenraten machen, sollten darauf achten, dass es den jungen Eltern schon beim ersten Kind gut geht – und zwar rund um die Geburt und danach."[18]

Solange Familiengründung, Schwangerschaft und Geburt für sehr viele Menschen eine *Bedrohung* für die eigene Zukunft und die des eigenen Kindes empfunden wird, kann sich nichts ändern. Wenn auf diesen Ist-Zustand auch noch weitgehend mit Belehrung und Bevormundung reagiert wird, statt mit Vertrauen, Wertschätzung und Respekt gegenüber dem Individuum, kann sich zweimal nichts ändern.

„'Der fallende Baum macht Krach. Der Wald wächst lautlos', besagt ein altes tibetisches Sprichwort, das mir selbst immer wieder Mut macht, mein Vertrauen in das Leben und in den kreativen Prozess der Evolution in einer bedrohten Welt zu bewahren. Anstatt immer nur gebannt auf die Schreckensnachrichten unserer Zeit zu blicken und auf die wenigen Menschen, die am meisten Lärm machen, sollten wir unseren Blick öffnen für die unzähligen Menschen in dieser Welt, die Tag für Tag dafür sorgen, dass das Leben weitergeht und weiter besteht. Der Wald wächst leise, aber unaufhaltsam. Und wir alle sind dazu aufgerufen, in dieses Feld *Mensch*, das bereits seit vielen Jahrtausenden überlebt hat, Weisheit und Liebe einzuspeisen und damit unseren Beitrag zur Bewahrung der Schöpfung zu leisten."[19]

Die Worte des deutschen Kernphysikers, ehemaligen Leiter des Max-Planck-Institutes für Physik, und Nobelpreisträger Hans Peter Dürr für dieses Buch zu berücksichtigen, war uns ein Anliegen. Deshalb berichten wir gegen Ende des Buches auch von Menschen, die in Vertrauen und Mut andere oder neue Wege beschreiten. Zum Ende des Kapitels *Geheimnis der Geburt* folgende Begebenheit aus unserem Bekanntenkreis:

Eine 16-Jährige wurde schwanger und verheimlichte ihre Schwangerschaft konsequent ihrer (alleinerziehenden) Mutter, wie auch ihrem gesamten Lebensumfeld. Damit einher gingen keine Arztbesuche, nicht zu viel essen, und ähnliches. Die junge Frau wollte unbedingt dieses Kind, und sie musste es offenbar bis zur Geburt verheimlichen. Sie dürfte für beides gravierende Gründe gehabt haben, und so ging sie bis zur Geburt nahezu täglich zur Schule. Die inzwischen 17-Jährige wollte auch konsequent die Geburt verheimlichen, was ihr ebenso gelang. Sie brachte ihr Kind zuhause in der Dusche, morgens und alleine – ohne jegliche Komplikationen – zur Welt. Nachdem die junge Frau ihr neugeborenes Menschenkind zu sich genommen hatte, rief sie ihren Bruder (der zuhause war) und sagte, er solle bitte eine Schere bringen. Was dieser befolgte. Seine Schwester durchtrennte die Nabelschnur und ein Arzt wurde gerufen. Das Baby kam am Ende der Schwangerschaft zum richtigen Zeitpunkt und normal entwickelt zur Welt. Mutter und Tochter sind gesund und wohlauf.

Dieses Beispiel zeigt, was auch heute junge Menschen leisten können, wenn man sie lässt und sie nicht mit (gut gemeinten) Ratschlägen, mit Belehrung oder Bevormundung betäubt. Wie Michel Odent berichtet, gibt es weltweit eine „stille" Bewegung von Frauen, die ähnlich handeln wie die junge Frau aus unserem Bekanntenkreis und damit auch wieder an ein zehntausende Jahre währendes *Kontinuum* anschließen: „Sie lassen sich nicht beeindrucken von dem heute gängigen entmündigenden Vokabular, mit dem man ihnen weismachen will, sie könnten ihr Kind auf keinen Fall ohne ‚Helferin', ‚Guide', ‚Coach', oder ‚unterstützende Person' und nur zur Welt bringen, wenn irgendjemand mit medizinischer Ausbildung oder ihr Partner zugegen ist. Diese Frauen wissen intuitiv, dass Vertrauen in die eigenen Fähigkeiten und absolute Abgeschiedenheit die besten Voraussetzungen für eine leichte Geburt sind. Man stellt ihr Verhalten zwar meistens als unbegreiflich und unverantwortlich hin, aber wir können von ihnen lernen. Selbst nach Jahrtausenden des kulturell reglementierten Gebärens gibt es noch immer Frauen, die von ihren archaischsten Säugetierbedürfnissen nicht entfremdet sind. Im Mittelpunkt einer biodynamischen Sichtweise des Gebärens stehen die elementaren Bedürfnisse der Frau in den Wehen und nicht Aufgaben, die andere bei der Entbindung zu erfüllen haben. Wer vor dem Jahr 2034 als Geburtshelfer oder Hebamme arbeitet, sollte genau beobachten, was diese Frauen tun."[20]

Wir kennen solche „Spontan-Geburten" auch aus den Medien, wenn eine Frau ihr Baby im Flugzeug oder Zug zur Welt bringt. Doch geht es in solchen Sensationsberichten gewöhnlich nicht um die Gebärende, sondern nur um Menschen, die zufällig zur Stelle sind, und wie es heißt, das Baby „entbinden". Kaum wird bei diesen Berichten das Entscheidende beobachtet: Diese Frauen bringen ihr Kind nicht nur alleine zur Welt, sondern zumeist auch rasch und komplikationsfrei. Ein Krankenhaus ist ein Segen, wenn es tatsächlich von

Nöten ist. Schwangerschaft ist aber keine Krankheit und Geburt kein generelles „Risiko". (Siehe ergänzend Interview mit Eva Fernandez-Thanheiser)[21]

Diesem Buch liegt eine zentrale Frage zugrunde: Kann eine *Familie* heute in Deutschland und Österreich (und wohl auch in vielen anderen Ländern) eine freie, selbstbewusste und selbstbestimmende sein? Für eine überwiegende Mehrheit lautet die Antwort heute: NEIN – beginnend gleich bei dem wichtigsten „kulturellen Gut", Schwangerschaft und Geburt. Das industrielle und auch *digitale* Zeitalter hat einiges an Segnungen für die Menschheit hervorgebracht. Das (auch) *analoge* Weltbild, dass unseren Vorfahren Jahrtausende zugrunde lag, hat seine Gültigkeit dennoch nicht verloren. „Wie oben, so unten; wie innen, so außen; wie der Geist, so der Körper." Veränderungen im mikrokosmischen Bereich wirken sich folglich auch auf die Gesamtheit aus. Es ist keine Ironie oder Polemik, wenn enttäuschte Hebammen fordern, die „normale" Geburt sollte zum Weltkulturerbe erklärt werden. Wie in den nächsten Kapiteln aufgezeigt wird, sollte noch dringlicher ein zweites zum Weltkulturerbe erklärt werden: die Familie.

Gerahmte Familienbilder

Bei allem wovon unsere Vorfahren ein „Bild" von sich, ihrer Kultur, und ihren Lebensweisen hinterließen, von den zahlreichen archäologischen Funden bis zur profanen und sakralen Kunst weit ins Mittelalter hinein, fehlt weitgehend eines: die Darstellung der *Familie*. Sie befand sich in der *Mitte* der Gesellschaft, war gelebte und wichtigste menschliche Realität des irdischen Daseins. Nach der späten Entwöhnung des Menschenkindes, nach dem Ende der *Kindheit* (6./7. Lebensjahr), gab es weder eine Trennung zwischen „Privat" und „Gemeinschaft" (Öffentlichkeit), noch zwischen „Privat" und „Arbeit" (Beruf). Umgeben von der geheimnisvollen Welt der Götter sah sich die Gemeinschaft als Zentrum des Kosmos, und die Familie bildete das Zentrum der Gemeinschaft. Bis zur Entwöhnung des Kindes *diente* man wechselseitig. Alles war in Einem und nichts, so war nahezu jede Kultur überzeugt, konnte getrennt voneinander existieren. Dieses im Wesentlichen holistische Weltbild prägte zu 99

Prozent die Evolution und Geschichte des *Homo sapiens*. Daher galt Kinderreichtum immer als göttlicher Segen.

In dieser *Einheit* gab es auch keinen Grund die Familie zum „Thema" zu machen und sie „ins Bild" zu setzen. Entweder war sie geheiligt, oder zumindest wertgeschätzt. Noch in der mittelalterlichen profanen Ikonographie wird die Darstellung primär durch den Beruf bestimmt. „Selbst wenn der Mensch von heute seinen Beruf liebt, wird er dem Künstler nicht gerade diesen Gegenstand vorschlagen, ganz zu schweigen davon, ob der Künstler ihn akzeptieren würde. Das Gewicht, das der Beruf für die mittelalterliche Ikonographie besaß, ist ein Zeichen für den Gefühlswert, den man ihm beimaß. Es sieht ganz so aus, als habe das Privatleben zuerst und insbesondere im Beruf bestanden." In seiner *Geschichte der Kindheit* zeichnet P. Ariès die gesellschaftliche Entwicklung nach, wie sie zeitverzögert in der Kunst (Ikonographie) vom 12. Jahrhundert an „ins Bild" gesetzt wird.

Vorerst stehen Szenen der Arbeit und des Berufes weiterhin im Vordergrund, werden Szenen aus der Landwirtschaft (Heu- und Weinernte) abgebildet, und das Leben des Adeligen, vor einer Tafel sitzend oder bei der Jagd. In der profanen Kunst dieser Zeit werden zuerst nur Männer und kaum Frauen gezeigt. Inspiriert von der höfischen Dichtung, dem Mittelalter und der Minne wird bald auch die Frau (einzeln) ins Bild gesetzt. „Die Dame der höfischen Liebe, oder auch die Hausherrin (...) Die Bäuerin kommt häufiger vor. Sie nimmt an der Feldarbeit der Männer teil. An den heißen Sommertagen bringt sie den Schnittern ihren Wein für die Arbeitspause. (...) Immer häufiger – am häufigsten im 16. Jahrhundert – wird die Familie des Grundherrn inmitten der Bauern dargestellt, deren Arbeit sie überwacht und deren Spiele sie teilt. Zahlreiche Tapisserien des 16. Jahrhunderts beschreiben solche ländlichen Szenen, wo die Grundherren und ihre Kinder die Weinlese leiten und die Getreideernte überwachen. Der Mensch ist nicht mehr allein. Das Paar ist nicht mehr nur das imaginäre Paar der höfischen Liebe: Die Frau und die Familie nehmen am Berufsleben teil und sind in der Nähe des Mannes, ob er nun im Haus oder auf den Feldern zu tun hat. Es handelt sich dabei nicht um Familienszenen im eigentlichen Sinne, denn im 15. Jahrhundert sind die Kinder in diese Darstellungen noch nicht einbezogen."[1]

Wie zuvor schon in den „Stundenbüchern" tritt mit dem 16. Jahrhundert eine neue Figur auch in die Szene der Kalender-Bilder: das Kind. Von nun an ist es in der gesamten Ikonographie zu finden. In den Stundenbüchern beispielsweise von Hennesy und Grimani „schliddern die Kinder über das Eis und vergnügen sich damit, die Turniere der Erwachsenen nachzuäffen (angeblich erkennt man unter ihnen den jungen Karl V.). Im Münchner Stundenbuch machen sie eine Schneeballschlacht und im *Hortulus animae* spielen sie das höfische Liebeswerben wie auch das Turnier nach, reiten auf einem Fass und gleiten über das Eis. Die Darstellungen der Monate des Kalenderjahres führen also der Reihe nach folgende neue Personen ein: Die Frau, die Gesellschaft der Nachbarn und der Berufsgenossen und schließlich das Kind. Das Kind tritt auf im Zusammenhang mit dem bis dahin unbekannten Bedürfnis nach Intimität, nach vertraulichen Zusammenleben, wobei es sich allerdings noch nicht um das Familienleben im eigentlichen Sinne handelt."

Noch stehen der Alltag und das kindliche Verhalten im Vordergrund. Die gesamte Ikonographie des 16. und 17. Jahrhunderts entwickelt sich nun mit Nachdruck in Richtung des Themas Familie, der Illustration des Privatlebens und auch der Frömmigkeit (Erziehung). „Ursprünglich spielten die von den Künstlern dargestellten Szenen entweder in einem unbestimmten Raum, oder öffentlichen Plätzen wie etwa in den Kirchen oder auch im Freien."

Es kann schon fast als Tabubruch bezeichnet werden, welche Themen nun Einzug in die Kunst hielten: Die Familie beim gemeinsamen Mahl am Tisch (im eigenen Haus), die Niederkunft (Hebammen machen sich in der Nähe des Wochenbettes zu schaffen) und der Tod im Gemach, wo der Sterbende in seinem Bett um sein Seelenheil ringt. Das „Privatleben", im Mittelalter zurückgedrängt, hält nun im 16. und 17. Jahrhundert Einzug in die Ikonographie und kaum ein privates „häusliches" Thema bleibt unabgebildet: Das Kind beim Aufsagen des Tischgebetes; ein Säugling in der Wiege, auf den eine Schwester aufmerksam aufpasst; ein Mädchen mit seiner Puppe; größere Knaben, die sich gerade zu einer Rauferei anschicken; eine junge Frau, die einem an ihr hochkletterndes Kind die Brust reicht; und ähnliches.

Unermesslich groß ist nun die Anzahl der Familienporträts, „und es wäre sinnlos, sie einzeln aufzuzählen; die Liste wäre lang und eintönig. Man findet sie im 16., 17. und selbst noch zu Beginn des 18. Jahrhunderts in Flandern ebenso wie in Italien (bei Tizian, Pordenone, Veronese), in Frankreich (bei Le Nain, Lebrun, Tournier), in England und in Holland (bei Van Dyck). Sie müssen in dieser Epoche nicht minder zahlreich gewesen sein als die Einzelporträts. Man hat oft betont, dass das Porträt auf eine fortschreitende Individualisierung schließen lasse. Das mag sein, wir dürfen jedoch nicht außer Acht lassen, dass es vor allem vom immensen Fortschritt des Familiensinns zeugt. (...) Die Familie wird auf dieselbe Ebene erhoben, wie Gott und der König." Was hier P. Ariès symbolisch für die Ikonographie des 16. bis 18. Jahrhunderts feststellt, entspricht dem Stellenwert, den die Familie (Sippe) über zehntausende Jahre *real* innehatte. Erinnern wir uns: Als Kaiser Augustus den Thron bestieg, war sein erstes und wichtigstes Anliegen eine Reform (und Stärkung) des Familienwesens.

Das „neue" Familiengefühl im 16. bis 18. Jahrhundert ist jedoch nicht von der neuen *Einstellung zur Kindheit* (Erziehung) zu trennen. „Die mittelalterliche Begeisterung für die Sippe, für ihre Ehre, die Solidarität zwischen ihren Mitgliedern, war ein spezifisch weltliches Gefühl, das die Kirche ignorierte, wenn sie ihm nicht sogar mit Misstrauen begegnete."

Die Familie wird nicht mehr länger im Verborgenen erlebt, sondern ihr wird ein (religiöser/ideologischer) Wert anerkannt. Das neue „Familiengefühl" hat seine Wurzeln ausschließlich in der unvergleichlichen Verbindung zwischen Eltern und Kindern. „Eine der alltäglichsten Ausdrucksformen dieses Phänomens haben wir in der Betonung der physischen Ähnlichkeiten zwischen Eltern und Kindern zu sehen. Im 17. Jahrhundert war man der Meinung, dass der hl. Josef seinem Adoptivsohn ähnlich sei, und betonte auf diese Weise die Stärke der familiären Verbundenheit. Schon Erasmus hegte diese sehr moderne Vorstellung, dass die Kinder den Zusammenhalt der Familie garantieren und diese tiefe Verbundenheit auf ihrer physischen Ähnlichkeit beruhte; es kann daher nicht wunder nehmen, dass sein Traktat noch im 18. Jahrhundert wiederaufgelegt wurde, und ich will nun nach einer französischen Übersetzung von 1714, die die Renaissanceprosa in pikanter und etwas anachronistischer Weise einkleidet, eine Passage daraus zitieren: ‚Man kann, was dies betrifft, die erstaunliche Fürsorge der Natur nicht genug bewundern; sie schildert zwei Personen in einem einzigen Gesicht und einem und demselben Leib; Der Gatte erkennt das Porträt seiner Frau in seinen Kindern, und die Frau dasjenige ihres Gatten. Bisweilen entdeckt man darin eine Ähnlichkeit mit dem Großvater, der Großmutter, einem Großonkel oder einer Großtante'. Worauf es dabei hauptsächlich ankommt, ist die gefühlsmäßige Anteilnahme, die man dem Kind als dem lebenden Abbild seiner Eltern nunmehr entgegenbringt."[2]

Daran hat sich bis heute nichts geändert. Kaum ist das Menschenkind geboren, fragen sich die Eltern (oder Verwandte/Bekannte), wem „gleicht" das Kind, wem schaut es ähnlich? Der Mutter oder dem Vater, der Großmutter oder dem Großvater...? In einer Zeit, in der die herrschende Ideologie (in dem Fall Religion) den Menschen als Abbild Gottes betrachtete, ist es auch nicht verwunderlich, dass das Kind als Abbild seiner Eltern betrachtet wurde.

Die vollkommene Erhöhung, die der Familie vom 16. bis 18. Jahrhundert in der Kunst widerfährt, ist lediglich Spiegel einer realen gesellschaftlichen Entwicklung. Ihr „neuer" Wert lag auch in der „Erfindung" und Entdeckung der Erziehung.

Die außerschulische „Erziehung" (während der Kindheit) erfolgte unangefochten und unangetastet weiterhin familiär. So finden wir kontinuierlich vom Mittelalter bis weit in die Neuzeit hinein in verschiedensten historischen Quellen (Chroniken, Dichtung, Weisheitsliteratur, Traktaten, etc.) in Variation folgende Feststellung: „Die erste Altersstufe ist die Kindheit, die die Zähne einpflanzt, und es beginnt diese Altersstufe, wenn das Kind geboren ist und dauert bis zu sieben Jahren."

2007 fanden Forscher des Leipziger Max-Planck-Institutes an Hand einer Zahnanalyse bei einem Homo-sapiens-Fossil in Marokko heraus: Die *Kindheit* des Menschen dauerte auch vor 160.000 Jahren schon genauso lange wie heute. Das „Zahnen" erfolgte zwischen dem sechsten und achten Lebensjahr. Die Evolution ist mit einem „Update" also sehr, sehr langsam und richtet sich nicht nach unseren immer schneller wechselnden Ideologien, ökonomischen Interessen, und kulturellen Werten.

Über 100.000 Jahre(!) bis hinein ins 19. Jahrhundert gab es von kurzen Irritationen abgesehen, ein – und das längste – *Kontinuum* in der Evolution und Geschichte des Homo sapiens: Bis zur „Entwöhnung" des Kindes, etwa dem 6./7. Lebensjahr, war es vorbehaltlos, uneingeschränkt und von der Gesamtheit der jeweiligen Kultur/Gesellschaft respektiert, in *alleiniger* Obhut und Fürsorge seiner Eltern und des Familienverbandes (intime Gemeinschaften). Die vollkommen *selbstbestimmte Familie* war über zehntausende Jahre ein niemals ernsthaft in Frage gestelltes *Naturgesetz* (und Kontinuum). Es bildete den „Rahmen" und zentralen Motor für die außergewöhnlich erfolgreiche *Evolution* und Geschichte des Homo sapiens.

Die (Klein-) Familie wird ins Bild gesetzt...

Sagrada Familia
Lucio Massari, 1569-1633
Uffizien, Florenz

Die heilige Familie beim Wäsche waschen. Einer der ersten künstlerischen Versuche, die (Heilige) Klein-Familie zu „säkularisieren"....

La Famille heureuse ou le retour du baptôme (Die glückliche Familie oder die Rückkehr von der Taufe)
Louis Le Nain, 1593-1648
© Musée du Louvre/A.Dequier – M. Bard

...etwa 400 Jahre später

*Franz von Lenbach
mit Frau Lolo und Töchtern Marion und Gabriele,* 1903
Franz von Lenbach 1836-1904
Städtische Galerie im Lenbachhaus, München
Das ist das (Selbst) Portrait eines seinerzeit wohlhabenden und angesehensten deutschen Malers und seiner Familie. Zur selben Zeit vollendete Edvard Munch seinen Bilderzyklus *Der Schrei*....

Familie d´arlequin, 1905
Pablo Picasso
1881-1973
Privatbesitz

Eines der wenigen innigen Familienbilder in der europäischen Kunst über 400 Jahre(!), bei dem Zärtlichkeit zum Kind nicht (nur) durch die Mutter, sondern auch den Vater zum Ausdruck gebracht wird.

Die *äußeren* Bedingungen dieses „gerahmten Familienbildes" waren über zehntausende Jahre (bis zum 18./19. Jhdt.) in nahezu allen Kulturen: kein Sippenboss, kein Stammesoberhaupt, kein Dorfältester, kein Medizinmann, kein König, kein Fürst, kein Herrscher, kein Pfarrer oder welche (rechtliche) Autorität auch immer, hätte es ernsthaft gewagt, der Kern-Familie bis zur „Entwöhnung" vorzuschreiben, was sie zu tun, oder wie sie mit dem Menschenkind umzugehen habe. *Der Familie wurde über zehntausende Jahre weitgehend uneingeschränkter Respekt und uneingeschränkte Wertschätzung entgegengebracht.* Weil man aus Erfahrung oder zumindest intuitiv wusste: Sie ist Grundvoraussetzung für eine gesunde Entwicklung des Menschenkindes und seiner „Potenziale".

Die freie und wertgeschätzte Familie ist Voraussetzung für Kinder-Reichtum, eine Gesellschaft/Kultur der Vielfalt, einer in Balance und mit *innerem Zusammenhalt*, und eine, die im Stande ist, *Krisen* jeder Art (ökonomische, Umweltkatastrophen, Kriege, etc.) *nachhaltig* zu meistern. Der äußere Rahmen des Kontinuums selbstbestimmte und wertgeschätzte Familie erlebte seine ersten größeren Risse in der griechisch-römischen Antike, in den antifamilialen Erzählungen des Christentums, weiter mit der (staatlichen) Schulpflicht im 18./19. Jahrhundert, und seinen vollkommenen *Bruch* mit der *Industriellen Revolution* und den totalitären Regimen des 20. Jahrhunderts. – Mit nachhaltigen (negativen) Folgen bis heute und weltweit.

Innerhalb des Rahmens Selbstbestimmte Familie bis zum 6./7. Lebensjahr wuchs das *Kontinuums-Kind* über zehntausende Jahre in folgenden *verlässlichen* Strukturen auf: Von Geburt an wurde es von seiner Mutter (falls kurz nicht verfügbar von jemand anderem) konsequent bis etwa zum Ende des ersten Lebensjahres *getragen*. In jedem Falle so lange, bis es von sich aus zu krabbeln begann.

„Die Kontinuumskinder werden von Geburt an überallhin mitgenommen. Noch ehe die Nabelschnur abgefallen ist, ist das Leben des Säuglings bereits voller Anregungen. Meist schläft er, doch schon im Schlaf gewöhnt er sich an die Stimmen seiner Angehörigen, an die Geräusche, die mit ihren Handlungen verbunden sind, an die Stöße, Püffe und unerwartenden Bewegungen, an unerwartetes Anhalten, an Gehoben und Gedrücktwerden gegen verschiedene Körperteile, während der Mensch, in dessen Obhut er sich befindet, ihn wie seine Tätigkeit oder Bequemlichkeit es erfordert, ihn hin und her schiebt. Er gewöhnt sich an den Rhythmus von Tag und Nacht, an die Veränderungen von Stoffen und Temperaturen an seiner Haut und an das sichere, ‚richtige' Gefühl, gegen einen lebenden Körper gehalten zu werden. Sein dringendes Bedürfnis, sich dort zu befinden, würde ihm erst dann je bewusst werden, wenn man ihn von seinem Platz entfernte. In seiner eindeutigen Erwartung solcher Umstände und der Tatsache, dass sie und keine anderen seine Erfahrung ausmachen, setzt sich ganz einfach das Kontinuum seiner Gattung fort. Er fühlt sich ‚richtig', daher hat er nur selten das Bedürfnis, durch Weinen etwas zu signalisieren oder irgend etwas anderes zu tun, als zu saugen, wenn er die Lust dazu verspürt, und die Befriedigung des Saugreizes zu genießen; ebenso den Reiz und die Befriedigung des Defäkierens. Ansonsten ist er damit beschäftigt zu lernen, wie es ist, am Leben zu sein."[3]

Zahlreiche Forschungsergebnisse der letzten Jahrzehnte zeigen, dass Babys, die nicht getragen werden, täglich eine bis vier Stunden (durchschnittlich etwa zwei Stunden) schreien. Beispielsweise in Papua-Neuguinea, wo Kinder konsequent getragen werden, wurde ein durchschnittliches Weinen des Säuglings von nur fünf Minuten am Tag festgestellt.[4]

Bei Bedarf wurde das Menschenkind bis zur „späten" Entwöhnung weiter getragen und *emporgehoben.* Bei Bedarf heißt: Signalisierte das Baby und Kleinkind, nachdem es krabbeln und gehen lernte, getragen oder hochgenommen zu werden, wurde dem durch die Mutter (und anderen Bindungspersonen) ausnahmslos und ohne Zögern stattgegeben. „Ein Baby, dem die Erfahrung versagt bleibt, die als Grundlage für das volle Aufblühen seines angeborenen Potenzials notwendig ist, wird womöglich nie auch nur einen Augenblick das Gefühl von bedingungsloser Richtigkeit erfahren, das seiner Gattung 99,99 % ihrer Geschichte hindurch selbstverständlich war. Was immer komme: Entbehrung wird, zu dem Grad, in dem es das damit verknüpfte Unbehagen und Eingeschränktsein in der Säuglingszeit durchlitt, als Teil seiner Entwicklung bestehen bleiben. Triebkräfte kennen kein vernunftmäßiges Denken."[5]

Der Terminus *Kontinuums Kind* wurde, wie das *Kontinuum Konzept*, von der amerikanischen Autorin, Ethnologin und Psychologin Jean Liedloff entwickelt. Die junge Studentin nahm eher zufällig als beabsichtigt Anfang der 1970er Jahre an einer Expedition zum Stamm der Yequana in Venezuela teil und blieb für Jahre. Ihre ethnologischen Forschungen und Beobachtungen fasste sie in *Auf der Suche nach dem verlorenen Glück. Gegen die Zerstörung unserer Glücksfähigkeit in der frühen Kindheit* zusammen.[6] Das Menschenkind wuchs über Jahrtausende von Geburt an in *Augenhöhe* zu jenen Menschen heran, unter denen es fortan leben würde. Auf dieses Kontinuum konnte es sich nicht nur in Afrika und in „archaischen" Kulturen verlassen, sondern in nahezu allen dieses Planeten und auch in Europa bis weit in die Neuzeit hinein. – Dieses Kontinuum wurde *zuerst* in Europa mit der Entdeckung der Kindheit und der „Erziehung", spätestens ab Erfindung und der industriellen Herstellung des Kinderwagens (ca. Mitte des 19. Jahrhunderts) fast vollständig unterbrochen, mit gravierenden negativen Folgen für die Spezies Mensch.

Erlauben wir es uns wieder einmal *analog* zu denken und den gesunden Menschenverstand in Anspruch zu nehmen: Wenn wir von Geburt an unsere Babys *erniedrigen*, wieso sollten dann später daraus Erwachsene werden, die andere nicht erniedrigen? Davon abgesehen, was soll aus gesundheitlichen Aspekten so vorteilhaft für ein zartes Lebewesen sein, in Auspuffhöhe und bei größtmöglicher Schadstoffkonzentration durch die Gegend geschoben zu werden? Tagsüber nur den Himmel (keine Sterne) oder wackelnde Körperteile der Erwachsenen zu betrachten, ist auch für ein kleines Menschenkind auf Dauer nicht sehr inspirierend. Und warum reden wir eigentlich so „wenig von den Hunderten von Chemikalien, die nach einer Untersuchung der Stiftung *Warentest* von den Plastikteilen neuer Kinderwagen ausgedünstet werden und unter anderem das Gehirnwachstum der Babys negativ beeinflussen? Warum verlangen wir Grenzwerte für Dioxine in Eiern und nicht für die Plastikgehäuse, in denen unsere Babys oft Stunden verbringen? Vielleicht weil die meisten Hersteller dann vom Markt fliegen würden?"[7]

Auch die Wissenschaft, ohne deren „Erkenntnisse" viele Menschen in „hochentwickelten" Ländern nicht mehr „richtig" leben können, hat uns in den letzten Jahren immer wieder bestätigt: *getragene Kinder* sind in jeder Hinsicht (motorisch, physisch, psychisch, mental, Bindungs- und soziale Kompetenzen) durchschnittlich besser entwickelt, als die weggelegten, nicht getragenen und geschobenen Kinder. So einfältig dürften unsere Vorfahren also tatsächlich nicht gewesen sein.

Was in der westlichen Trage-Debatte von Babys fast nie erwähnt wird: Wir lebten bekanntermaßen bis ein paar tausend Jahre vor unserer heutigen Zeitrechnung als Jäger-und-Sammler-Kultur. In Gemeinschaften, die etwa alle zwei bis drei Tage weiterzogen und daher auch kaum Gegenstände mitnehmen konnten, außer das, was sich (am Körper) tragen ließ. Möbelwagen gab es noch keinen, und mit einem Kinderwagen wären unsere Ur-, Ur-, Ur-... Sapiens-Mütter nicht sehr weit gekommen.

Vor kurzem wurde in die Trage-Debatte eingebracht, das Tragen der Kinder würde zu Rückenproblemen führen. Wieso haben die afrikanischen Frauen (und auch Männer) und die Menschen in den (noch eher) Kontinuums-Kulturen durchschnittlich eine viel bessere Haltung als wir und keine Rückenprobleme? Die afrikanischen Frauen (und die der indigenen Kulturen) tragen zum Wasser holen oder beim Kochen manchmal sogar zwei Kinder gleichzeitig und haben selbst, und später ihre Sprösslinge, eine *aufrechte Haltung,* in mehrerlei Hinsicht. „Seltsam auch, dass die Epidemie der Rückenprobleme, die so viele von uns plagen, ausgerechnet in einer Generation auftritt, die brav Wägelchen geschoben hat und im Wägelchen geschoben wurde."[8]

Es gibt gravierende Gründe die Geburtenzahlen in den hochentwickelten Industrienationen zu erhöhen! Eine Gesellschaft mit (zu) wenigen Kindern und die das auch noch zur Norm erklärt, neigt dazu, viel eher die Balance zu verlieren, auch in intellektueller Hinsicht. „Wir betrachten es als erwiesen, dass das Leben schwer ist, und meinen, wir hätten Glück, das bisschen an Zufriedenheit zu besitzen, das wir gerade bekommen. Wir betrachten Glücklichsein nicht als ein Geburtsrecht, noch erwarten wir, dass es mehr als Ruhe oder Zufriedenheit sei. Wirkliche Freude, der Zustand, in dem die Yequana einen Großteil ihres Lebens verbringen, ist bei uns außergewöhnlich selten. (...) Der Kern der Sache ist, dass das Kontinuumsgefühl, wenn ihm gestattet wird, während unseres ganzen Lebens zu wirken, unsere Interessen besser wahrnehmen kann, als jedes intellektuell ausgeklügelte System es auch nur ansatzweise fertig brächte."[9]

Das *zweite Kontinuum* der Evolution lautet: Das Baby wurde so lange *gestillt,* bis es sich selbst abstillte. Mit Stillen ist hier gemeint „dem Kind immer dann die Brust zu geben, wenn es danach verlangt, und dass es selbst entscheiden kann, wann es sie nicht mehr benötigt. Das bedeutet, dass die Stillperiode weitaus länger ist als die in unserem Kulturkreis herrschende Norm und dass sie ein unbehindertes Zusammensein bedingt. Katherine Dettwyler und Stuard McAdam vergleichen in *‚Breastfeeding: Biocultural Perspectives'* das Alter des Abstillens in 64 nicht-industrialisierten Kulturen und kommen zu dem Schluss, dass der Scheitelpunkt kurz vor dem dritten Geburtstag liegt. Der früheste Zeitpunkt liegt kurz vor dem ersten Geburtstag, der späteste bei etwa 5 1/2 Jahren. Die Weltgesundheitsorganisation empfiehlt derzeit, sechs Monate voll zu stillen und das teilweise Stillen bis mindestens zum zweiten Geburtstag oder darüber hinaus fortzusetzen – solange Mutter und Kind es wollen."[10]

Das *dritte* und ebenso verlässliche *Kontinuum* für das Menschenkind bestand darin: Es schlief von Geburt an *in der Nähe seiner Eltern* (im gemeinsamen Bett), niemals „unbeaufsichtigt" und alleine und solange, bis es von sich aus das gemeinsame elterliche Bett verließ, sich entwöhnte, oder entwöhnt wurde. Letzteres erfolgte in der Regel über zehntausende Jahre nicht vor dem 6./7. Lebensjahr, vor dem „Einpflanzen der Zähne". Der Kontinuums-Mensch *vertraute* bedingungslos der Natur und die stellte sich nicht – schon gar nicht für das kleine Kontinuums-Kind – als Schlaraffenland dar. „Denn unsere Kinder stammen aus einer Welt, in der Nähe – und zwar viel davon – ihr wichtigster Schutz war. Über die weiteste Strecke der menschlichen Geschichte lebten wir Menschen den Lebensstil der Jäger und Sammler. (…) In dieser Welt war die Nähe vertrauter Erwachsener und deren unmittelbare Zuwendung für kleine Kinder das einzige Ticket zum Überleben. Kinder etwa, die ohne zu zögern alleine unter den viel besungenen Sternlein am Himmel eingeschlafen wären, wären in dieser Welt tote Babys gewesen! Sie wären von Hyänen verschleppt, von Nagetieren angeknabbert oder bei einem nächtlichen Temperatursturz unterkühlt worden. Auch dass kleine Kinder viel getragen wurden, dass sie häufig, nach Bedarf und lange gestillt wurden, dass ihr Schreien rasch erhört wurde – all das war Teil des ganz normalen, für jeden kleinen Homo sapiens zu erwartenden Lebensprogramms."[11]

Die Ur-Erfahrung des kleinen Homo sapiens ist in 99,9 Prozent seiner Evolution und Menschengeschichte: Bis zu einer *sicheren Bindung* zu seinen primären Bezugspersonen, bis er von alleine, „ohne herumziehen", einen gewissen Grad an Selbstständigkeit erreichte, schlief er niemals alleine und wurden seine emotionalen Bedürfnisse ohne Zögern befriedigt.[12] Diese Ur-Erfahrung der *bedingungslosen Liebe* wird mit jeder Schwangerschaft neu in Erfahrung gebracht und die „uralten" *Instinkte* nach uneingeschränkter Nähe geweckt. „Mit denen leben unsere Kinder noch immer in der ‚alten' Welt, in der ihr einziger Schutz aus der Nähe vertrauter, starker Erwachsener bestand. Dass die Eltern die Webcam über dem Bettchen laufen haben, das spürt ein Baby nicht. Woher soll es denn wissen, dass die Tür sicher verschlossen ist und es Bären nur noch im Zoo gibt? Sicherheit kann es zunächst nur körperlich erfahren, durch Berührungen, Gerüche, durch sinnliche Erfahrungen also. Sein von der Evolution gestricktes Gefühlskleid hat sich durch die Erfindung des Babyphones ja nicht geändert – die dreifach verglasten Fenster, die die Kälte abhalten und vor Raubtieren schützen, sind sozusagen noch nicht in seiner Seele angekommen."[13]

Bei dem extremen Mangel an uneingeschränkter *Nähe*, der seit längerem zunehmend immer mehr Menschenkinder von Geburt an widerfährt, ist es nicht verwunderlich, dass es seit etwa zehn Jahren (von den USA ausgehend) auch in deutschsprachigen Städten sogenannte „Kuschelpartys" gibt. Bei diesen organisierten Veranstaltungen treffen sich fremde Personen in legerer Kleidung, um auf ausgelegten Matten mitunter stundenlang zu kuscheln, ohne dabei sexuelle Absichten zu verfolgen. Freilich gegen Bezahlung und unter Anleitung eines „Kuschelexperten".

Bereits etwa 40 Prozent der Erwachsenen in Deutschland und Österreich leben in „Single-Haushalten", also Menschenseelen alleine und jedenfalls ohne täglichen Kontakt zu einer (realen) Bindungs- und Beziehungsperson. Zur Seite stehen dafür durchschnittlich bis zu 20 elektronische Geräte pro Haushalt.

Wie sehr haben wir uns in den letzten 160.000 Jahren verändert, alleine schon unsere Physiognomie. Wir klettern nicht mehr auf Bäumen, leben nicht mehr in Höhlen, und sind keine Jäger-und-Sammler mehr. Der Neandertaler hatte die Zeit, wir nur noch die Uhr. *In der Evolution und vor allem den Lebensweisen des Homo sapiens gab es im Laufe der Zeit so manches „update". Nur eines ist seit 160.000 Jahren gleichgeblieben: Das Zahnen des Kindes beginnt etwa mit dem 6. Lebensjahr!* Darüber sollten wir nachdenken. Die „echte" *Kindheit* will und muss geschützt werden. Ganz gleich in welcher Kultur und auf welchem Kontinent das Menschenkind aufwächst und ganz gleich, wie unsere gerade vorherrschenden Denk- und Lebensweisen sind. Nachhaltig geschützt kann die Kindheit nur von einer familialen Gemeinschaft werden. Das zeigt uns die sehr lange und erfolgreiche Evolution und Menschengeschichte, wie auch mahnend die Religions- und Politik-Geschichte, speziell der letzten Jahrhunderte. *Die Unterbrechung des evolutionären Kontinuums hat uns vor allem extrem empfänglich und verführbar für (Erziehungs-) Ideologien gemacht.*

Liebe und Beziehung statt Erziehung!

Bleiben wir doch gleich bei den Bären und dem Zoo. Wie viele Eltern auch, spazierte ich gerne und ausgiebig mit meinen Kindern durch Zoos. In einem, den ich mit meinem Jüngsten besuchte, war bei jedem Gehege eine Tafel angebracht, auf der noch ausführlicher als in anderen Zoos die Tierart, ihre ursprüngliche Lebenswelt und alle ihre natürlichen „Feinde" beschrieben war. – Wer wird von wem gefressen, gejagt, bedroht...

Mein Sohn wollte es an diesem Tag wieder einmal genau wissen. So las ich die Erklärungen jedes Schildes vollständig vor. Ein wenig auch zu meinem Erstaunen stellte ich fest, wie viele Tierarten es gibt, die einen einzigen „Feind" haben: den Menschen!

Damit einmal zu ein paar Mythen, die seit Darwin, Freud und Co in unser Bewusstsein und in die „Allgemeinbildung" gebracht wurden. Die Natur sei nun einmal grausam, unbarmherzig und ein ewiger Kampf ums Überleben und „Fressen und Gefressen werden". Alles beruhe nur auf Konkurrenz und nur der stärkste setzt sich durch! Diese Lehrsätze können wir alleine mit Blick auf die Evolution schon längst entsorgen. Sieht man genau auf das Tierreich und ihren Umgang mit den Jungen, fällt auf: Die große Mehrheit der Tierarten geht ausgesprochen sorgsam mit ihren Jungen um. Sie würden Ihre Jungen niemals bis zur Selbstständigkeit in „fremde Betreuung" geben!

Die „Hardliner" in den Erziehungsdebatten nehmen dann gerne jene wenigen Tiere zur Begründung ihrer intellektuellen Rohheiten, die ihre Jungen verlassen, gar auffressen und ähnliches. Es ist aber nicht die Mehrheit und kann es gar nicht sein, sonst würde es die Spezies Tier schon lange nicht mehr geben.

Das größte *Artensterben* in Tier und Pflanzenwelt, das jemals außerhalb von Klimaveränderungen (Eiszeit, Vulkanausbrüche, Meteoriten-einschläge, etc.) und den Raubzügen des Sapiens stattfand, ist gegenwärtig ausschließlich vom Menschen verursacht. Der Mensch *wurde* der größte Feind der Natur, und damit nicht genug, der Mensch wurde dem Menschen selbst auch noch zum größten Feind. Zehntausende Jahre lebte der Homo sapiens (als Jäger- und-Sammler) weitgehend in Respekt sich und seiner Umwelt gegenüber.

Der nächste „Mythos" zur Entsorgung ist: Krieg, Zwietracht und Streit habe es immer gegeben. Diesbezüglich geriet der Homo sapiens erst langsam in die Sackgasse, als er vor etwa 10.000 bis 4.000 Jahren seine Daseinsform des Jägers und Sammlers beendete und zunehmend sesshaft wurde. Was wir gemeinhin in der Wissenschaft als *neolithische* (oder landwirtschaftliche) *Revolution* bezeichnen, ist einer der größten Umbrüche der Menschheitsgeschichte. Macht über die Natur auszuüben, wurde zu einer grundlegenden Überlebensstrategie (fast) aller menschlichen Gesellschaften. „Die Beherrschung der Natur – die auch die Idee des Eigentums impliziert – wurde zu einer Hauptursache von Konflikten. Krieg wurde zu einem bestimmten Aspekt der Beziehungen zwischen menschlichen Kollektiven, die danach zu streben begannen, Macht und Kontrolle über die jeweils anderen auszuüben oder sie sogar zu vernichten. (...) Im Laufe der Jahrtausende hat eine Auslese menschlicher Kollektive stattgefunden, bei der das jeweilige Aggressionspotenzial den Ausschlag gab. Wir alle sind Ergebnis dieser Auslese. Mit ihr lässt sich unsere Unfähigkeit erklären, Äußerungsformen einer eingeschränkten Liebesfähigkeit zu erkennen und Schritte gegen sie zu unternehmen. Deshalb ist es nicht leicht für uns, aus der Sackgasse herauszufinden. (...) Der wahre *Homo sapiens* muss in einer Zeit, in der die Strategie der Naturbeherrschung an ihre Grenzen stößt, neue Überlebensstrategien und Achtung vor Mutter Erde entwickeln. (...) Er muss, mit anderen Worten, die Energien der Liebe nutzen lernen."[1]

So richtig ernsthaft geriet der Homo sapiens aber erst mit Beginn der sogenannten *Neuzeit* in die Sackgasse: Mit der „Entdeckung der Kindheit" und der *Erziehung*. Wie schon festgestellt: Auf europäischen Boden gab es in den letzten 400 Jahren so viele Kriege, kriegerische Auseinandersetzungen und Revolutionen, wie niemals zuvor auf diesem (und auch anderem) Erdteil. Anstatt unseren Kindern im schulischen Geschichtsunterricht immer noch mit den Punischen Kriegen und den hunderten „Feldherrn" der letzten Jahrtausende abzuquälen, die diese Kriege führten, wäre es am Beginn dieses neuen Jahrtausends vielleicht hilfreich, von einer ganz anderen und auch wahren und „großen Erzählung" zu berichten. „Nach vorne gebracht" hat die Spezies Mensch zu 99 Prozent seines Bestehens: Sorgfalt, Achtsamkeit, Wertschätzung, *Freude*, *Vertrauen* in sich selbst und die Gemeinschaft, und vor allem auch die *Liebe*. „Make love not war" war nicht nur ein Slogan der 1968er Bewegung. Dieser Grundhaltung (eher) entsprechend lebte der Homo sapiens offenbar über Jahrtausende, und einige wenige „archaische" oder indigene Kulturen heute noch. – Von dieser großen Erzählung, der *Evolution durch Liebe,* einmal in den Schulen zu berichten (statt über die unzähligen Kriege der letzten Jahrtausende), hätten vielleicht auch positive Auswirkungen auf die Geburtenzahlen!

Wenn in einigen (nicht nur) deutschen Kindergärten(!) im Namen der neuen Ideologie Gender-Mainstreaming „zeitgemäßer" Sexualunterricht praktiziert wird, in dem fünf- bis sechsjährige Kinder unter anderem an Karotten das Überstülpen von Kondomen üben müssen und sie über verschiedene Sexualpraktiken unterrichtet („aufgeklärt") werden, dann sei einmal folgende Frage erlaubt: Wenn wir kleine Kinder schon damit irritieren, Sex ist erlaubt und zwar ausnahmslos jeder mit jedem, aber bitte keine Kinder in die Welt setzen, wie sollen dann „oben" Menschen herauskommen, die in Freude und entspannt Kinder bekommen? So kann man auch nachhaltig die Geburtenzahlen senken. Die ehemalige (kinderlose) österreichische Frauenministerin (2008-2013) und anschließend Bildungsministerin (2013-2016), äußerte 2014 öffentlich: „Sexualerziehung kann nicht früh genug beginnen." Freilich schloss sie auch den Kindergarten mit ein.

Schon die „alten Griechen" glaubten mittels den „Ur-Pädagogen" (Philosophen), den Eltern die „Erziehung" des Kindes und familiale Kompetenzen streitig machen zu müssen. Sie sind samt und trotz ihrer hohen Kultur im wahrsten Sinn des Wortes Geschichte.

„Im Grunde ist es kaum begreiflich, dass Kinder in den Schulen auf läppische Dinge vorbereitet werden, nur nicht auf die Rolle der Elternschaft.", gab v. Braunmühl schon 1975 zu bedenken.[2]

Haben wir am Beginn des 21. Jahrhunderts keine anderen und wichtigeren Themen, mit denen wir Fünf- oder Sechsjährige *konfrontieren,* als Sexualpraktiken und Verhütungsmethoden? Spielt in der Früh-Erziehung und Bildungspolitik der gesunde Menschenverstand noch irgendeine Rolle? Welche Relevanz hat für einen Fünfjährigen (staatlicher) Sexualunterricht? Wer bestimmt das und wer sagt, dass das richtig ist? Wann werden wir Eltern und unsere Kinder von diesen staatlichen und politisch-ideologischen „Erziehungsexperten" befreit, die uns inzwischen nahezu jeden Unsinn aufzwingen? *Sackgasse – (Staatliche) Erziehung und Bildung,* mehr ist dazu nicht zu sagen. Beides, so wie wir es seit ein paar Jahrhunderten verstehen und praktizieren, das sollten wir uns in Erinnerung rufen, war dem Homo sapiens in 99,9 Prozent seiner Menschheitsgeschichte ohnehin völlig fremd!

Ein weiteres und ebenso langes *Kontinuum* (über 100.000 Jahre) ist, das Menschenkind wurde bis zum 6./7. Lebensjahr *nicht* erzogen. – Mit diesem Alter endete nicht nur die *Kindheit,* sondern bis dahin waren nur Liebe, Unterstützung (wenn nötig), und Vertrauen die drei einzigen Handlungs- und wohl auch Erfolgskriterien.

Die kirchlichen Moralisten „erfanden" die Erziehung und damit wurde nicht nur der Mensch dem Menschen selbst der größte Feind, sondern damit wurde erstmals in der Menschheitsgeschichte dem *Kind* der Erwachsene der größte Feind. Nicht mehr alleine die Beziehung (Liebe, Vertrauen, gegenseitiger Respekt und Rücksichtnahme), sondern *Distanz,* Macht, Belehrung, Hierarchie, Gehorsam, Bestrafung und Manipulation wurden zu zentralen Kriterien in der „Aufzucht" unserer Kinder.

Im Laufe der letzten Jahrhunderte wurde die „Erziehung" sukzessive nach „unten" geschoben, und vor nicht allzu langer Zeit (etwa ab dem 18./19. Jahrhundert) die letzte Grenze und das längste Kontinuum des Homo sapiens durchbrochen: Die *Kindheit* (bis zum 6./7. Lebensjahr) wurde zu einer „Erziehungsfrage". Je nach gerade herrschender Ideologie wurde die „Erziehung" schon des Babys(!) und des kleinen Menschenkindes, wie auch das Verhalten seiner Eltern, zu einer Spekulationsfrage.

Als Jean Liedloff in den 1970er Jahren von ihrem jahrelangen Aufenthalt bei den Yequana-Indianern in ihre Heimat zurückkehrte, sagte sie in einem Interview gegenüber der New York Times: „Ich würde mich schämen, den Indianern gegenüber zuzugeben, dass dort, wo ich herkomme, die Frauen sich nicht imstande fühlen, ihre Kinder großzuziehen, bevor sie nicht ein Buch mit den von einem fremden Mann geschriebenen Anleitungen davor gelesen zu haben." Harte Worte, die damals – wie vermutlich auch heute noch – für viel Aufregung sorgten. Das Problem sind aber nicht die „Erziehungsdilettanten" (als welche man die Eltern nicht nur hierzulande zunehmend abstempelt), oder ihre scheinbar angeborene Unfähigkeit Kinder „normal" auf die Welt zu bringen und sie „richtig" zu erziehen, sondern einzig alleine unser ein paar Jahrhunderte alter Zugang zu „Erziehung" und „Bildung" (Beschulung).

Wie unser Verständnis von „schulischer Bildung" aus einem Zweck heraus entstand (Priesternachwuchs zu bilden), so auch die Auffassung von Erziehung: Wie lässt sich das Menschenkind nach der gerade vorherrschenden Ideologie und den (gewünschten) Lebensweisen der Erwachsenen und den gerade vorherrschenden ökonomischen Anforderungen *formen*. Damit wurde das zehntausende Jahre alte Kontinuum der *Beziehung* (Liebe/Vertrauen/Intuition) durch Erziehung unterbrochen und das Aufwachsen des Menschenkindes zu einer reinen Frage des Intellekts. Das hat für die Mehrheit der Kinder Jahrhunderte lang nicht funktioniert und wird es weiterhin nicht.

„In der Praxis ähnelt das ‚Aufziehen' eines Kindes eher dem Abbau seiner Persönlichkeit. Dasselbe gilt für seine Weiterentwicklung: der Mensch wird aus sich heraus und von sich fortgeführt."[3] Weniger milde als David Cooper brachte es einmal Hartmut von Hentig auf den Punkt: „Pädagogik ist ein Midas, der alle Erfahrung verdirbt, die er anrührt."[4]

Das Menschenkind ist ein Individuum und auch ein wunderbar *irrationales* Wesen. Die „Erziehung" hat in den letzten Jahrhunderten eher mehr Schaden angerichtet, als effektiven Nutzen gebracht. Das wissen wir auch. Von den wissenschaftlichen Ergebnissen und historischen Fakten abgesehen: Wie viele

Menschen können sagen, wenn sie auf ihre eigene Kindheit zurückblicken, meine Eltern haben alles „richtig" gemacht. Das kann auch gar kein Elternteil, weder gestern, und schon gar nicht heute. Das ist auch nicht deren Aufgabe.

Seit etwa drei bis vier Jahrhunderten lastet auf vielen Eltern (heute wieder mehr denn je) ein *Bildungsdruck,* und spätestens seit dem Industriezeitalter zusätzlich ein *Erziehungsdruck*. Wir wissen hier wie auch in der „Bildungsfrage", dass wir in eine Sackgasse geraten sind. Wie Sir Ken Robinson bemerkte: „The ideology of education was written large, and that's the problem." Wir gehen diesen Weg (Erziehung/Bildung) schon so lange, und viele „spüren" und spürten, dass er nicht „richtig" ist. Damit ist der intellektuellen Spekulation über beides die Türe seit langem weit aufgestellt.

Die „Erziehungsspekulanten", wie sie der deutsche Autor, Kinderarzt und Wissenschaftler Herbert Renz-Polster in *Menschenkinder* nennt, haben nicht erst seit dem Nationalsozialismus Hochkonjunktur, sondern von den Standesvertretern der Kirche(n) an, über zahlreiche Pädagogen und bis zu einigen ehrwürdigen Vertretern der Psychologie. Erstere wurden schon ausführlich zitiert. Kommen wir einmal zu *Erziehung und Psychologie* und gleich zu einem Ur-Vater der Psychoanalyse, Herrn Sigmund Freud. „Er vertrat allen Ernstes die Meinung, Säuglinge würden zu Neurotikern, wenn sie nicht auf Befehl ins Töpfchen machten. Wohl gemerkt: Säuglinge!"[5] Er warnte auch davor, zu viel mütterliche Zärtlichkeit beschleunige die sexuelle Reifung des Kindes. Wie wir heute wissen, Unsinn. Seine „Warnung" ist auch ein wenig verständlich, wenn man bedenkt, dass er ein großes „Mutterproblem" hatte. Der schon erwachsene Freud bekam immer noch Magenkrämpfe, wenn er sonntags bei seiner Mutter zum Essen eingeladen war. Der bereits 67-jährige blieb dem Begräbnis seiner Mutter bewusst fern.

Wie wir heute wissen, hat Freud einiges Beachtliches aus der Tiefe der menschlichen Seele hervor gegraben und in „Theorien" verfasst. (Zeitlebens hat er es vehement abgelehnt, seine Theorien einer empirischen Überprüfung zu unterziehen.) Sigmund Freud irrte in vielem gründlich, wie ebenso der wissenschaftlich umstrittene Psychoanalytiker Wilhelm Reich. Bemerkenswert richtig hat er aber vor über einem halben Jahrhundert erkannt: „Die Kinder der Zukunft ‚werden das Durcheinander aufräumen müssen, das dieses 20. Jahrhundert angerichtet hat.' Nach seiner Ansicht wird die Zivilisation erst beginnen, wenn das Wohlbefinden von Babys an erster Stelle steht und alle anderen Gesichtspunkte dahinter zurücktreten."[6] Nach einigen Jahrzehnten wird die Annahme W. Reichs von unabhängigen Forschern weltweit bestätigt, nicht nur von Psychologen. Wenn wir „oben" wieder einen humaneren „Output" haben wollen, müssen wir dringlich von „unten" an neue und wieder humanere Wege beschreiten: bei Schwangerschaft, Geburt und Babyjahren.

Bleiben wir noch kurz bei der Psychologie (Psychoanalyse) und einem der gegenwärtig (medial) prominentesten Vertretern Deutschlands, Michael Winterhoff. Er geht von der Annahme aus, dass die Grundzüge kindlicher Entwicklung ein Machtgefälle von den Eltern zum Kind sind, mit Hilfe dessen die kindliche Psyche „geformt" wird. Das ist innerhalb einiger psychologischer „Denkschulen" nichts Neues und kommt uns das nicht irgendwie bekannt vor? Lange vor Erfindung der Psychoanalyse sind die kirchlichen Moralisten in ihrer „Einstellung zur Kindheit" exakt von der gleichen Grundhaltung ausgegangen (und in Folge die Mehrheit der Pädagogen). In einem „Standardwerk" für werdende Pädagogen erklärt der Autor freimütig: „Erziehung impliziert immer ein Gewaltverhältnis von Menschen über Menschen, in der Regel ein Gewaltverhältnis der Erwachsenen bzw. bestimmter Erwachsener (Eltern, Lehrer) über Kinder und Jugendliche."[7]

Noch problematischer ist, wenn M. Winterhoff behauptet, 70 Prozent der deutschen Kinder seien „gestört" und in einem anderen Buch, Pädagogik habe nichts in der Erziehung zu suchen, sondern eben nur Psychologie.[8] Als dreifacher Vater entgegne ich mit einem anderen Vater (wegen inhaltlicher Übereinstimmung), der die Aussage M. Winterhoffs (70 Prozent gestörte Kinder) so kommentierte: „Das stellt mich vor ein persönliches Rätsel. Da ist das Abendland am untergehen, und ich habe es nicht mitbekommen! Ich habe vier Kinder, mit denen haben wir als Familie gut und gerne 50 Kindergeburtstage gefeiert, mit Hunderten von anderen Kindern. Wir haben viele Vereine und Musikgruppen von innen gesehen, jede Menge Schulveranstaltungen besucht und auf vielen Reisen so manche Familie kennen gelernt. Ganz zu schweigen von den vielen tausend kleinen oder größeren Patienten, denen ich als Kinderarzt begegnet bin. Die Kinder kamen mir vor wie eine ganz normale Mischung: manche ganz wunderbar, manche ganz okay, und manche: na ja. Eben wie bei den Erwachsenen."[9]

Noch einmal zu Sigmund Freud und dem, was er als „Geschwisterrivalität" definierte. „Er meinte, wir hätten Eifersucht und Hass auf unsere Brüder und Schwestern zu bewältigen, die unseren exklusiven Zugang zu unseren Müttern bedrohten. Aber Freud hatte keine ungeschädigten Menschen in seinem Bekanntenkreis. Hätte er Gelegenheit gehabt die Yequana kennen zu lernen, so hätte er festgestellt, dass der Gedanke des Konkurrierens und Gewinnens als

Selbstzweck ihnen gänzlich unbekannt ist. Er kann daher nicht als integraler Bestandteil der menschlichen Persönlichkeit angesehen werden. Wenn einem Baby alles an Erfahrung auf den Armen seiner Mutter zuteilgeworden ist, was es braucht, und es sich von ihr aus eigenem freien Willen löst, so wird es dadurch befähigt, ohne Schwierigkeiten die Ankunft eines neuen Babys an dem Ort, den es freiwillig verlassen hat, zu ertragen. Es besteht kein Grund zur Rivalität, wenn nichts beansprucht wurde, was es noch braucht."[10]

Auch Michael Winterhoff hat in seiner Praxis weder Yequana-Kinder, noch Kontinuums-Kinder (die es in den westlichen Ländern auch heute vereinzelt gibt), noch psychisch gesunde Kinder sitzen. Sonst würde er nicht so eine tief pessimistische Feststellung treffen, dass 70 Prozent der Kinder in Deutschland gestört sind. Ebenso problematisch halte ich seine Aussage, dass Pädagogik in der Erziehung und in therapeutischen Maßnahmen nichts zu suchen hat.

Betrachtet man die öffentliche „Erziehungsdebatte" (seit etwa der Jahrtausendwende) als Betrachter und Elternteil mit einem humanen Weltbild, fällt einem dazu vor allem eines ein: Erziehung als „erweiterte Kampfzone". Gestritten und polemisiert wird nicht nur um die „richtige" Erziehung von selbsternannten „Erziehungsexperten", die freilich für alle Kinder zu gelten hat, sondern auch darum, welche wissenschaftliche Disziplin (Psychologie oder Pädagogik) oder Unter-Disziplin (Denkschule) für die „richtige" Erziehung überhaupt zulässig ist.

Das hatten wir vom Ende der 1960er Jahre bis Anfang der 1980er Jahre schon einmal – teils auf wesentlich höherem (wissenschaftlichen) Niveau – und hat uns kaum weitergebracht. Warum hören wir dennoch nicht mit dem wenig hilfreichen und das menschliche Klima so sehr vergiftenden Streit um die „richtige" Erziehung bis heute nicht auf? Darauf hätte (beispielsweise) Ekkehard von Braunmühl 1975 schon eine Antwort gegeben: „Mit dem Erziehen aufzuhören, aus diesem Alptraum aufzuwachen, dieses Spiel ohne Ende von außen zu betrachten und zu beenden, ist deswegen eine so schwierige Aufgabe, weil es in unserem Kulturkreis kaum Menschen gibt, die sich mit den Regeln dieses Spiels nicht anfreunden mussten, die diesen Traum nicht mit dem Leben verwechseln, die nicht felsenfest davon überzeugt sind, es wäre nicht gut, einfach nett zu sein."[11] Dem Sprachgebrauch unserer Zeit gemäß kann „nett" auch durch *freundlich* ersetzt werden.

Warum dieses ein paar Jahrhunderte alte Erziehungs-Drama scheinbar nicht enden will, möchte ich in leichter Abwandlung eines Zitates von Ivan Illich so formulieren: Der Einfluss der *Erziehung* (auch der schulischen) dringt so tief in unser Innerstes, dass niemand von uns erwarten kann, durch etwas anderes von ihr befreit zu werden.

Die Gefahr an diesen „Erziehungsratgebern" alla Winterhoff und Co liegt im impliziten Anspruch der Autoren, nur ihre Sicht der Dinge sei die einzig richtige und habe für *alle* Kinder zu gelten. Noch fragwürdiger ist (wieder einmal!) die Rhetorik und Begrifflichkeit in dieser erweiterten „Kampfzone Erziehung". In gleich drei Büchern von M. Winterhoff werden Kinder, wie viele auch immer es sein mögen, als „Tyrannen" definiert.[12] Laut Wikipedia und historisch sind Tyrannen „Gewaltherrscher". Offenbar ist das Abendland erstmals von „unten", von unseren Kindern (und Babys) bedroht, deshalb auf in den Kampf *gegen* unsere Kinder (und Zukunft!). „Zähmen" wir sie gleich als Babys, damit sie erst gar nicht zu Tyrannen werden.

Ein anderer Shooting-Star am deutschen Erziehungshimmel, bezeichnenderweise ein ehemaliger Lehrer und Schulleiter, Bernhard Bueb, ruft in seinem Bestseller *Lob der Disziplin* dazu auf, Babys schreien zu lassen! Das wird so formuliert: „(Babys) mangelt es an Kultur, Einsichtsfähigkeit und Disziplin. Zu ihrer Kultivierung bedarf es einer klaren Autorität und der Bereitschaft, Unterordnung zu fordern. Als einziges Mittel, sich der Macht und der Autorität der Eltern zu erwehren, setzen Babys das Schreien ein. Wenn das Baby durch Schreien zur Unzeit Ansprüche anmeldet, sollten seine Eltern ihre rechtmäßige Macht nutzen und gelassen reagieren. (...) Die Rechnung zahlen sie sonst ‚später'."[13]

Feststellungen dieser Art finden sich zahlreich in der pädagogischen Literatur (Erziehungsratgeber) des 18. und 19. Jahrhunderts, vor allem im Bereich der sogenannten „schwarzen Pädagogik", und ihre Praxis hat uns eine blutrote erste Hälfte des 20. Jahrhunderts beschert. Was B. Bueb da fordert, Babys schreien zu lassen und ihre instinktiven und naturgegebenen Bedürfnisse nicht zu befriedigen, ist Aufruf zu *psychischer Gewalt* am Kleinkind. Der Psychologe Erwin Ringel stellte fest: „Vorenthaltene (elterliche) Zuneigung ist die ärgste Kindesmisshandlung."[14]

Was der ehemalige Schulleiter B. Bueb am Beginn des 21. Jahrhunderts Eltern empfiehlt, wurde (beispielsweise) 1929 in einem amerikanischen Artikel für Eltern so formuliert: „Halten Sie ihr Kind nicht und wiegen Sie es nicht, damit es zu schreien aufhört, und stillen Sie es erst dann, wenn genau die Zeit dafür gekommen ist. Es wird dem Baby, selbst dem ganz kleinen Säugling, nicht schaden, wenn es schreit."[15]

Edward Munch brachte in seinen Gemälden *Der Schrei* seine Zeit kongenial „auf den Punkt". Auch die gängige behördliche Praxis der letzten Jahrzehnte, zum „Wohle des Kindes" das Menschenkind im Zuge der elterlichen Trennung weitgehend von seinem zweiten Elternteil (zumeist dem Vater) zu trennen, ist mit Verlaub, Kindesmisshandlung.

Ich finde es erschütternd, dass so eine Aussage von B. Bueb nicht zu einem medialen Aufschrei in Deutschland führte. Im Gegenteil, sein Buch wurde ein Bestseller.[16] M. Winterhoff behauptet unter anderem, Kinder bis zum „achten oder neunten" Lebensjahr haben gar keine Persönlichkeit.[17] Wenn das kleine Menschenkind „kultur"- und persönlichkeitslos ist, wird es ihm wohl nicht schaden, es schreien zu lassen. Der nächste Schritt ist, es auch körperlich zu züchtigen. Genau das passiert seit zehn Jahren (wieder) zunehmend: Nicht nur psychische, sondern auch schon physische Gewalt. – Wohlgemerkt, an Babys! Seit Jahren gibt es in Österreich und Deutschland (und nicht nur dort) eine Zunahme schwerer Misshandlungen von Kleinkindern und Babys. Auch der sexuelle Missbrauch an Menschenkindern unter drei Jahren ist längst kein Tabu mehr. Babys werden manchmal so lange geschlagen, bis sie „still" und mitunter an ihren inneren Verletzungen gestorben sind. Fälle wie der „Fall Luca" vor ein paar Jahren in Österreich und der „Fall Kevin" in Deutschland sind keine tragischen Einzelfälle, sondern nur die Spitze des Eisberges.

In Deutschland werden jährlich etwa 200.000 Kinder misshandelt. In Österreich werden jährlich ca. 3.000 Fälle von (schwerer) Kindesmisshandlung zur Anzeige gebracht. Sie ist in Österreich noch häufiger als im Nachbarland. Fast jeden Tag wird in Deutschland ein Kind durch körperliche Gewalt getötet. Das ist in manch anderem „zivilisierten" Land vermutlich nicht viel anders.[18]

Auffallend bei den zunehmenden Baby- und Kleinkindmisshandlungen der letzten zehn Jahre ist: Die Täter sind nicht (vorrangig) die Väter. Häufig sind sie aus dem Bekanntenkreis, oder der neue Lebensgefährte der alleinerziehenden Trennungs-Mutter. Die in den letzten zwanzig Jahren durch den „Allmachts-Feminismus" entrechteten leiblichen Väter müssen oft erfolglos bei den Jugendämtern intervenieren und ohnmächtig zusehen, wie ihren eigenen Kindern schweres Leid zugefügt wird.[19] Alice Miller hat es auf den Punkt gebracht: „Das Schlagen von Erwachsenen nennt man Folter, das von Kindern Erziehung." All dies entspringt ein und demselben Geist: der Distanz zum Kinde. Nirgendwo scheinen die Worte des unbeschulten J. W. von Goethe so sehr ihre Berechtigung zu haben, wie in unserem (westlichen) Verhältnis zum Kinde und zur Kindheit: „Die Geister die ich rief, die werde ich nicht mehr los."

Erziehung als „erweitere Kampfzone", in der es wieder einmal um Macht, Disziplin und Gehorsam als alleinige Handlungskriterien geht. So auch im nächsten „Bestseller", Amy Chuan, *Die Mutter des Erfolges: Wie ich meinen Kindern das Siegen beibrachte.* Darin beschreibt Chuan den Erziehungsstil an ihrem eigenen Kind als „atomare Kriegsführung".

Um unsere täglich geborenen, gesunden, hoch begabten und sozial veranlagten kleine Sapiens brauchen wir uns keine Sorgen machen. Besorgniserregend ist lediglich der Populismus in den gerade genannten Büchern (daher auch die Verkaufszahlen), und dass aus der historischen „Erziehungsmottenkiste" wieder das „Lob der Disziplin" herausgeholt wird, zwischenzeitlich auch von „emanzipierten" Frauen in Industrienationen.

Damit ein letztes Mal zum Ur-Vater der Psychoanalyse, Sigmund Freud. Er glaubte tatsächlich, nur eine „Erziehungsdiktatur" könne die „Menschenbestien" niederhalten und domestizieren.[20] Freud war ein Kind seiner Zeit und übersah – und konnte es vielleicht auch nicht sehen – dass spätestens im 19. Jahrhundert die Mehrheit der Kinder (seit Generationen) in einer alltäglichen, schulischen wie auch häuslichen, „Erziehungsdiktatur" aufgewachsen sind. Zu welchen politischen Diktaturen die totale Pädagogisierung (Erziehung) schließlich im 20. Jahrhundert führte, ist bekannt.

Rudolf Höß, von 1940 bis 1943 Kommandant des Konzentrationslager Auschwitz gab nach seiner Verhaftung (unter anderem) zu Protokoll: „Von meinen Eltern war ich so erzogen, dass ich allen Erwachsenen und besonders Älteren mit Achtung und Ehrerbietung zu begegnen hätte, ganz gleich aus welchen Kreisen sie kämen. Überall, wo es notwendig ist, behilflich zu sein, wurde mir zur obersten Pflicht gemacht. Ganz besonders wurde ich immer darauf hingewiesen, dass ich Wünsche oder Anordnungen der Eltern, der Lehrer, Pfarrer, usw., ja aller Erwachsenen bis zum Dienstpersonal unverzüglich durchzuführen bzw. zu befolgen hätte und *mich durch nichts davon abhalten lassen durfte. Was diese sagten, sei immer recht.* Diese Erziehungsgrundsätze sind mir *in Fleisch und Blut übergegangen.*"[21] Der Reichsführer der nationalsozialistischen Schutzstaffel (SS), Heinrich Himmler, brachte 1943 in seiner Posener Rede die christlich-bürgerlichen Erziehungsgrundsätze des 18./19. Jahrhunderts gleich in einem Satz auf den Punkt: „Deswegen tun wir, fanatischer denn je, gläubiger denn je, tapferer, gehorsamer und anständiger denn je unsere Pflicht." Der österreichische Bundeskanzler und Zeitgenosse Willy Brandts, Bruno Kreisky, pflegte gerne (öffentlich) zu sagen: Lernt Geschichte!

Die Bewohner des antiken griechischen Stadtstaates Sparta setzten bekanntlich mit ihrer auf Gehorsam und Disziplin ausgerichteten Erziehung auf militärische Erfolge. Begonnen wurde schon bei den Babys, die mitunter roh behandelt wurden. Herangewachsen sind tatsächlich gute *Krieger*, und ein paar Schlachten wurden auch gewonnen. Kaum eine Kultur existierte in der gesamten Antike so kurz, wie die Spartiaten. Zu ihrem Aussterben führte aber nicht nur ihre einseitige Kriegskunst, sondern (auch) ein starker Geburtenrückgang. Die Mädchen wurden ebenso zu Härte, Disziplin und Körperbeherrschung erzogen und ihre *Pflicht* war es, möglichst viele Kinder zu gebären. Die Konsequenz: Die „Natur" streikte und sie gebaren kaum Kinder! Die Kultur der Spartiaten (vor über 2000 Jahren) würde nebenbei auch noch eines lehren: Das „Gender-Mainstreaming", der Versuch das „soziale" Geschlecht aufzuheben, eine äußerst effektive Ideologie ist, die Geburtenzahlen nachhaltig und drastisch zu senken. „Make love not war" dürfte für die notwendigen Geburtenzahlen, die eine Gesellschaft *braucht*, offenbar hilfreicher sein, als der Ruf nach Disziplin, Druck, Zwang und Gehorsam. Dass zeigt uns die Geschichte mehrfach und wiederholt, von den Spartiaten an bis zu den totalitären Regimen der Neuzeit.

Wieder einmal werden zwei Dinge geradezu zum Volkssport: Über die „richtige" Bildung (Schulreform) und über die „richtige" Erziehung zu diskutieren, polemisieren und zu streiten. „Überall Schablonen, Klischees und billiger Populismus. Die Kinder: eine Generation von Problemfällen. Deren Eltern: Was die alles verbocken – pardon: Was sie alles ‚fast richtig' machen. (...) Sicher ist nur eines: Erziehung ist eine wunderbare Spielwiese für Spekulanten. Ihre Annahmen leuchten auf den ersten Blick ein, und sie lassen sich gewiss von so mancher Theorie bestätigen. Wenn da nur nicht ein Problem wäre: Die Annahmen widersprechen sich. Und damit stehen Eltern vor einer ernüchternden Tatsache: Ein guter Teil dessen, was über Kinder behauptet wird, ist *falsch*. Gut gemeint in aller Regel, aber trotzdem: Geschwätz."[22]

Das „Erziehungsgeschwätz" und die Entwertung und „Entmachtung" der Familie hat also nicht erst seit dem Nationalsozialismus Hochkonjunktur. Die Psychologin und zeitweilige „NS-Erziehungsbeauftragte" Hildegard Hetzger sagte damals: „Wir lehnen es auf das Entschiedenste ab, dass jeder Mensch glaubt, erziehen zu können, ohne es je gelernt zu haben."[23] Welche Folgen die (nicht nur) deutschsprachige „Erziehungsdebatte" und die zuweilen subtile und jedenfalls wiederkehrende Schwächung der elterlichen Erziehungskompetenzen durch Politik, Medien und manchen „Experten" nicht nur aus

Psychologie und Pädagogik mit sich bringt, zeigt folgendes: „In einem Internetforum schreibt die Mutter eines 2-jährigen Kindes, dass sie sich die ‚Bildung ihres Kindes zu Hause nicht zutraue'. Bildung und Erziehung der kleinen Kinder sind zur Facharbeit geworden."[24]

Gegenwärtig steuern wir auf eine vollkommene Ghettoisierung und Expertisierung von Kindheit und Familie, die es historisch in dieser Totalität (von Schwangerschaft bis zum Ende der Pflichtschulzeit) noch nicht gab.

Eines lehrt uns die Geschichte jedenfalls mehr als dutzendfach. *Wohin* sich eine Gesellschaft durch selbsternannte Erziehungsexperten (denen vielfach selbst die Erfahrung fehlte ein Kind großzuziehen) entwickeln kann, wenn dabei auch noch ein „Lob auf die Disziplin" gesungen wird. Das hat unter anderem schon Philippe Ariès in seiner *Geschichte der Kindheit* und Alice Miller in *Am Anfang war Erziehung* genau dargelegt.

Was gegenwärtig kaum beobachtet oder zumindest nicht thematisiert wird, und in Hinsicht der jüngeren Geschichte mahnend sein sollte, ist folgendes: Im öffentlich-medialen Erziehungsdiskurs haben vorrangig in den deutschsprachigen Ländern in den letzten etwa zehn Jahren Psychologen (genauer: Psychoanalytiker) wieder eine Hoheit erlangt. Die „Tyrannen-Psychoanalytiker" wie Michael Winterhoff oder sein österreichisches Pendant, Martina Leibovici-Mühlberger, haben eine mediale Präsenz in Printmedien *und* TV, wie kein anderer Pädagoge oder Psychologe. Sie sitzen nicht nur in Talkshows, sondern ihre Bücher werden von nahezu allen nennenswerten Zeitungen rezensiert oder darüber berichtet und sie sind, wenig verwunderlich, kurze Zeit später Bestseller.

Geht es vereinfacht um das Aufwachsen von Kindern heute und speziell um „Erziehungsfragen", greifen Journalisten reflexartig und leider zunehmend Eltern nicht vorrangig auf Psychologen, sondern auf Psychoanalytiker (die sich selbst oft in der Tradition Sigmund Freuds sehen), was vermutlich den meisten Eltern gar nicht bewusst ist. Aber was hat eigentlich „Erziehung" und noch mehr das Aufwachsen eines Kindes mit Psychoanalyse zu tun? – Zumal das in 99,99 Prozent der bisherigen Menschheitsgeschichte auch ohne Psychologen bestens geklappt hat.

Die Psychoanalytikerin und Kindheitsforscherin Alice Miller schrieb 1979 in ihrem weltbekannt gewordenen Essay *Das Drama des begabten Kindes und die narzisstische Störung des Psychoanalytikers*: „Man hört oft die Behauptung, dass Psychoanalytiker an einer narzisstischen Störung leiden. Die bisherigen Ausführungen wollten deutlich machen, inwiefern man diese Behauptung nicht nur induktiv auf erfahrene Tatsachen stützen, sondern sie auch deduktiv aus der Art der *Begabung* zum Analytiker ableiten könnte. Seine Sensibilität, seine Fähigkeit zur Einfühlung, zu intensiven und differenzierten Gefühlen, seine übermäßige Ausstattung mit ‚Antennen' prädestinieren ihn ja geradezu, als Kind von narzisstisch Bedürftigen gebraucht – wenn nicht missbraucht – zu werden. (...) Haben wir unsere Verzweiflung und die daraus entspringende narzisstische Wut nie gelebt und infolgedessen nie verarbeitet, so können wir in die Gefahr kommen, die unbewusst gebliebene Situation der eigenen Kindheit auf den Patient zu übertragen. (...) Die narzisstischen Wünsche des Analytikers nach Bestätigung, Echo, Verstanden- und Ernstgenommenwerden befriedigt der Patient, wenn er solches Material bringt, das zum gelernten Rüstzeug des Analytikers, zu seinen Konzepten, folglich zu seinen Erwartungen passt. Der Analytiker übt damit die gleiche Art *unbewusster Manipulation* aus, der er als Kind selbst ausgesetzt war."[25]

Es waren letztlich nicht Familienrichter, die in den letzten 30 Jahren in stoischem Gleichmut und völliger Empathielosigkeit Scheidungskinder rigoros und letztlich menschenverachtend von ihrem zweiten Elternteil (in neun von zehn Fällen vom Vater) getrennt haben, sondern Gerichts-Psychologen und gegenwärtig zumeist Psychologinnen. In sogenannten „Familienpsychologischen Gutachten" empfahlen sie fast ausschließlich nach elterlicher Trennung (und an sehr vielen Gerichten ist das durchwegs noch immer so) der Kindesmutter die alleinige Obsorge zu übertragen. Das stand am Ende der Gutachten fettgedruckt für den Richter oder (zunehmend) die Richterin. Was auf den 40 bis 100 Seiten davor auf dem Papier stand, war zumeist *spekulativ* und manchmal schlicht kriminell und wurde in der Regel von den Richtern und Richterinnen ohnehin nicht gelesen.[26] Die Machthabenden von autoritären (totalitären) Regimen bedienten sich gerne Psychologen, um nicht nur den Eltern die „richtige" Erziehung des Menschen zu erklären. Geschweige denn, was sich im 20. Jahrhundert in psychiatrischen Anstalten an Menschenmissbrauch alles ereignete.

Vereinfacht: Seit der Erfindung der Psychoanalyse war ein Teil der eigenen Standesvertreter immer gerne bereit dem politischen Establishment (manchmal sicherlich auch unbewusst) jenes Menschen- und Erziehungsbild zu liefern, in dem sich die gerade vorherrschenden Ideologien bestens integrieren ließen. Was jedenfalls die Psychoanalytiker alla Winterhoff, Leibovici-Mühlberger und Co gemein haben: Sie „kritisieren" nahezu jeden (Eltern, Pädagogen, Politiker) und erklären, wie man „richtig" jedes Kind erzieht. Gleichzeitig stellen sie niemals ernsthaft das herrschende (distanzierte) Menschenbild nicht nur des politischen Establishments (z. B. Totalbeschulung und -Pädagogisierung, immer früherer Weggabe-Modus) in Frage. Jede auch mediale Botschaft ist zudem von der „bürgerlichen" Grundhaltung des 18. und 19. Jahrhunderts beseelt, die da immer wieder heißt: Um die gegenwärtigen menschlichen Übel der Gesellschaft für die Zukunft zu bereinigen, müssen wir (Eltern) unseren Kindern früh „Grenzen setzen". Sie sind allesamt zumindest *empfänglich* für die Manipulation des Kindes.

Pädagogik und Psychoanalyse haben in besten Absichten ebenso zur Entwertung und Entmachtung des Familienwesens beigetragen. Der Historiker Yuval Noah Harari formuliert das so: „Vor dem Freudschen Tribunal haben Mama und Papa genauso gute Aussichten auf einen Freispruch, wie die Angeklagten in einem stalinistischen Schauprozess." 100 Jahre nach Erfindung der Psychoanalyse sind die USA und Europa so neurotisch und narzisstisch wie nie zuvor.

Anstatt wieder darüber zu spekulieren und zu diskutieren, welche „Grenzen" Kinder brauchen, wäre vielleicht hilfreich die Frage zu stellen: Welche „Grenzen" überschreiten wir Erwachsene (und Vorbilder für Kinder) seit ein paar Jahrhunderten und tagtäglich auch heute? Was *leben* wir unseren Kindern vor?

Wir sind der einzige „Feind" jedes gesunden, hoch begabten und sozial veranlagten Menschenkindes geworden. Jahrhunderte lange (auch blutige) Erfahrung zeigt uns, dass wir „Erziehung" streichen und endlich wieder durch *Beziehung* ersetzen können. Dazu bedarf es zuerst einmal der Familie und eines ganzen – wohlgesinnten – Dorfes. In 99,9 Prozent der Menschheitsgeschichte stand die Familie in der „Mitte" der Gesellschaft. Und heute? „Wir haben zu lange über Kinder nur spekuliert, vorschnell geurteilt, geschwätzt. Und wir haben uns zu lange vor einem Rundgang durch das ‚Dorf' gedrückt, in dem unsere Kinder heute aufwachsen. Was liegt da im Argen? Stehen Kinder, Jugendliche, Mütter, Familien wirklich dort, wo sie hingehören – in unserer Mitte? Warum bedeuten dann Kinder, die ja angeblich ein Reichtum sind, immer öfter ein Armutsrisiko? Warum brauchen wir immer mehr ‚Schreiambulanzen', ‚Schlaf-Sprechstunden', Logopäden, Bewegungstherapeuten und andere Entwicklungshelfer für unsere Kinder? Wie kann es sein, dass Schulen zwar eine ganze Menge gebildeter Kinder, aber auch mindestens genauso viele ‚Versager' produzieren? Sind wir Erwachsenen vielleicht dabei eine Welt zu errichten, die Kinder immer mehr als Hindernisse sieht – und ihnen auch immer mehr Hindernisse in den Weg stellt?"[27]

*Die Familie, die Lehre, das wirkliche Leben
und die soziale Kompetenz*

In der sehr langen Entwicklung von der Sippe zur mittelalterlichen Groß- und zur „modernen", bürgerlichen (Kern- und Klein-) Familie, und hin zu einer reinen Schul-Kindheit, wurde lange übersehen, dass dem Menschenkind zunehmend der Raum und die Möglichkeit genommen wurde, *soziale Kompetenzen* zu erwerben, oder sie zu behalten.

Über Jahrtausende und auch noch im Mittelalter „lernte das Kind durch die Praxis, und die Praxis machte nicht an den Grenzen eines bestimmten Berufes halt, und zwar schon deshalb nicht, weil es damals und noch für lange Zeit keine Grenzen zwischen Beruf und Privatleben gab; die Abgrenzung des Berufslebens – übrigens ein ziemlich anachronistischer Ausdruck – brachte Abspaltung des Privatlebens mit sich, mit dem es zuvor vermischt gewesen war. So gab ein Lehrherr auf dem Weg dieses Dienens in seinem Haus einem Kind, und zwar nicht seinem eigenen, sondern dem eines anderen, den ganzen Schatz der Kenntnisse, der praktischen Erfahrung und die menschlichen Werte weiter, in deren Besitz man ihn glaubt. (...) Seit dem 15. Jahrhundert beginnen sich dann die Realitäten und die Empfindungen gegenüber der Familie zu wandeln: eine tiefgreifende und langsam vonstatten gehende Umwälzung, die von den Zeitgenossen ebenso wenig beachtet wurde wie von den Historikern, die auch nicht leicht zu erkennen ist. Das Hauptereignis liegt dennoch offen zutage: die Ausdehnung der Schulbildung. Wir haben gesehen, dass die Kindererziehung im Mittelalter auf der Lehrzeit bei den Erwachsenen basierte, die Kinder von etwa sieben Jahren an in fremden Familien lebten. Nun wird die Erziehung dagegen mehr und mehr von der Schule übernommen. Die Schule war nicht mehr ausschließlich zur Erziehung des Priesternachwuchses bestimmt, sondern wurde zum normalen Instrument der gesellschaftlichen Initiation, des Überganges vom Status des Kindes zu dem des Erwachsenen. (...) Was die Jungen betrifft, so ergriff die Schulbildung zunächst den mittleren

Teil der Standeshierarchie, während der Hochadel und die Handwerksstände jeweils der alten Lehrzeit treu blieben: so fand man die einen auch weiter als Pagen im Dienst von Grandseigneurs und die anderen als Lehrlinge bei Handwerksleuten. In der Welt der Handwerker und Arbeiter sollte die Lehrzeit sich dann bis in unsere Zeit halten. (...) Dass das alte Lehrverhältnis an den beiden Extremen der sozialen Rangordnung fortlebte, konnte seinen Niedergang nicht aufhalten: infolge der gewaltigen Zunahme der Schülerzahl, der Vermehrung der Schulklassen, der wachsenden moralischen Autorität trägt die Schule schließlich den Sieg davon. Unsere moderne, auf der Schulbildung basierende Zivilisation hat sich damit endgültig durchgesetzt und wird sich infolge der ständigen Verlängerung und Erweiterung der Schulzeit immer mehr konsolidieren."[1]

Was P. Ariès bereits Ende der 1950er Jahre vermutete und niederschrieb, sollte Wirklichkeit werden. Die Zeit, die das Menschenkind fern von seiner Familie, fern vom „wirklichen Leben" und generell Erwachsenen verbringt, wurde durch Ganztagsschule, Kindergarten und Krippe weiter ausgedehnt. Gegenwärtig liegt die Fremdbetreuungsquote (nicht nur) in allen deutschsprachigen Ländern ab den *Dreijährigen* flächendeckend über 90, in manchen Gebieten (Städten) bis zu 99 Prozent! Eine Entwicklung, die für den Homo sapiens so folgenreich ist, wie kaum eine andere im Laufe seines Bestehens. In einem über Jahrhunderte reichenden Prozess wurde das Kind aus einem zehntausendejährigen „informellen natürlichen Lehrlingsverhältnis" gerissen, „ob dies nun Weltkenntnis oder Religion, Sprache oder Sippe, Sexualität oder ein Handwerk betraf."[2]

Fehlende soziale Kompetenzen des Menschen (Kindes) werden schon seit etwa 200 Jahren in verschiedenster Literatur festgestellt und kritisiert. Sie waren nie und werden nie in der Schule, noch im Kindergarten, und schon gar nicht in der Krippe lehrbar sein. Jedenfalls nicht in Gruppen Gleichaltriger. „In einer gleichaltrigen Kindergruppe dagegen macht ein Kind eher eintönige soziale Erfahrungen – jedes Kind kauert sozusagen in seiner Nische und wird auch von den anderen in der immer gleichen Rolle wahrgenommen. Da werden Hierarchien und Selbstbilder nur allzu leicht zementiert – oft ist über viele Jahre klar, wer etwas zu sagen hat und wer nicht (diese Festlegung wirkt häufig sogar bis weit in das Erwachsenenleben hinein). Woher soll denn der Wind kommen, der etwa ein schüchternes Kind ermutigt? Heutige Kinder, so fasst es die Entwicklungspsychologin Judith Harris zusammen, ‚haben keine Gelegenheit, die ganze Erfahrensskala (des sozialen Lebens) zu durchlaufen. Zu

Hause bleiben sie das Älteste oder Jüngste unter den Geschwistern; in der Schule bleiben sie, wenn sie Glück haben, jahrelang an der Spitze der sozialen Rangordnung, wenn sie Pech haben, ganz unten'."[3]

In einem zwei bis drei Jahrhunderte langem Prozess wurde die Kindheit bis zum 14./15. Lebensjahr ausgedehnt und für *jedes* Kind *gleich* definiert. Gleichzeitig verausgabte sich die Energie der gesamten Gruppe von erwachsenen „Autoritäten" um „das Fortkommen der Kinder, und zwar jedes einzelnen, ohne dass der kollektive Ehrgeiz dabei eine Rolle spielte: um die Kinder geht es weit mehr als um die Familie."[4]

Damit nicht genug. 1989 wurde in der UN-Kinderrechtskonvention *Kindheit* bis zum 18. Lebensjahr definiert und festgeschrieben. Ein Einjähriger ist also genauso „Kind" wie ein 17-Jähriger. Welchen Sinn macht dieses Rechtskonstrukt und wem und wofür dient es?

In derselben UN-Kinderrechtskonvention ist auch festgeschrieben, dass ein Kind Recht auf *Freiheit*, *Spiel* und *Erholung* hat. Fragt sich nur, wie bei einer Pflicht-Bildungs-Schulkindheit von spätestens dem dritten Lebensjahr an und einer 38-Stunden-Woche *Kinder* ausreichend Zeit für Spielen, Erholung und Freizeit finden. – Außer (in emotionaler Verarmung) mit Computerspielen. Nirgendwo finden sich so viele *kleine Greise* wie in den „Industrienationen" Europas, den USA und China.

Der christliche Europäer erfand an der Schwelle zur Neuzeit die „Kindheit" und führte im Namen der Religion einen Feldzug gegen das spielende und glückliche Kind. Just zu dieser Zeit erfanden Strengreligiöse, vorwiegend Puritaner, den Kapitalismus. Rund 400 Jahre dauerte es, bis mit den 1980er Jahren der „ungezügelte" *Kapitalismus* seinen totalen Siegeszug antreten durfte und „gewaltfrei" die spielende, glückliche, und echte Kindheit endgültig beendete. – Im Namen der „Bildung und Erziehung". (In Wahrheit der „Ökonomie", des Kapitalismus.) Sie sind allesamt Kinder und Geschwister desselben „Vaters" (Religion).

Es sind in dieser „modernen" langen Betreuungs- und Schulkindheit schon zu viele, die am Menschenkind (er)*ziehen*, während gleichzeitig keiner dieser „Experten" *Verantwortung* für das Menschenkind übernehmen möchte und auch nicht kann. „Viele Köche verderben den Brei", heißt ein altes Sprichwort. Nirgendwo gilt dies so sehr, als beim Aufwachsen und der Erziehung. Unsere Kinder brauchen weniger Schule und mehr Familie und „wirkliches Leben". Sie brauchen weniger Erziehung und mehr Beziehung. *„Es ist an der Zeit aufzuhören. Dieses System funktioniert nicht und ist eine der Ursachen dafür, dass* *unsere Welt zerfällt. Keine Reparatur, wie gründlich sie auch sein mag, wird dafür sorgen, dass die Schulmaschine wirklich gebildete Menschen entlässt; Bildung und Beschulung sind, wie wir alle erfahren haben, Begriffe, die sich gegenseitig ausschließen. (...) Ermutigen und unterstützen Sie Experimente. Vertrauen Sie darauf, dass Kinder und Familien selbst wissen, was für sie am besten ist. Beenden Sie das Wegsperren von Kindern und Alten in umzäunten Einrichtungen. An der Bildung der nächsten Generation sollten sich in jedem Gemeinwesen alle beteiligen: Firmen, Institutionen, alte Menschen und Familien. Suchen Sie nach regionalen Lösungen und ziehen Sie eine persönliche Lösung immer einer institutionalisierten vor. Sie brauchen keine Bildungskonsequenzen zu fürchten: Lesen, Schreiben und Arithmetik sind nicht sehr schwer zu unterrichten, wenn wir dafür sorgen, dass nicht Zwang und Stundenpläne die private Verabredung eines jeden Individuums mit sich selber, diese Dinge zu lernen, behindern. (...) Unterrichten muss, glaube ich, so schnell wie möglich unabhängig von staatlichen Beglaubigungen geschehen. Der Glaube, nur im Beisein zertifizierter Lehrexperten wie mir könnte Lernen geschehen, ist Lug und Trug. Schauen Sie sich um: Die Ergebnisse von pädagogischen Hochschulzertifikaten können Sie an allen Schulen ablesen. Lassen Sie jeden unterrichten, der es möchte; geben Sie den Familien ihre Steuergelder zurück, um selbst auszuwählen – wer könnte ein besserer Einkäufer sein, wenn es Vergleichsmöglichkeiten gibt? Stellen Sie das Selbstverwaltungssystem wieder her, indem Sie Wettstreit nach dem wirklich unmanipulierten Modell des freien Marktes ermutigen – so dass die gesellschaftliche Dialektik wieder zum Leben erweckt werden kann. Vertrauen Sie auf Familien, Nachbarschaften und Individuen, damit diese der wichtigen Frage, wozu Bildung dient, Sinn geben."*[5] Ivan Illich brachte es einmal so auf den Punkt: *Schulen produzieren Mangel an Menschen mit Fertigkeiten.*

Familie, „Firmen", Nachbarschaft, Individuen, die Gemeinschaft, eben das ganze „Dorf" *bildete* in 99 Prozent der Menschheitsgeschichte des Sapiens das Menschenkind. – Höchst erfolgreich! Diese Form von nachhaltiger Bildung setzte nach der (echten) Kindheit, also etwa ab dem 6./7. Lebensjahr ein. Lernen durch *Erfahrung* ist dem Menschen seit langem erst am Ende der „verlängerten" Kindheit möglich, vielen erst mit 18 Jahren, und manche beginnen erst Mitte zwanzig damit. „Frühförderung" in staatlichen Reservaten durch „Experten", zu dem das Menschenkind gar keine tiefe *Beziehung* entwickeln und damit emotionale und soziale Kompetenzen erwerben kann, ist – und das zeigt uns alleine schon die jüngere (auch blutige) Geschichte – der falsche Weg.

Wer dem Menschenkind wirklich den ganzen Reichtum an unterschiedlichsten emotionalen und sozialen Kompetenzen vermitteln kann, ist das „wirkliche Leben", das ganze „Dorf", und vor allem seine wichtigsten Bindungs- und Bezugspersonen, seine *Familie*. „Familiale Solidarität und Bindung gilt als ‚Zement' der Gesellschaft, familiale Sozialisation als beste Form der Vermittlung sozialer Verhaltensweisen."[6]

Es ist schon paradox, dass man in Deutschland und Österreich (und nicht nur hier) wieder einmal die fehlenden sozialen und menschlichen Kompetenzen unserer jungen Erwachsenen beklagt, wo seit längerem die Familie bewusst (vorrangig von politischer Seite her) als „Auslaufmodell" erklärt wird und sie von sehr vielen Personen und Interessensgruppen, auch aus der Wirtschaft, als unerwünscht gilt.

Das Thema ist nicht neu und wurde vor der Jahrhundertwende bis zum 2. Weltkrieg mehrfach behandelt. Eine der präzisesten Darstellungen jugendlicher Befindlichkeiten innerhalb der deutschsprachigen Literatur findet sich in der Erzählung *Jugend ohne Gott*, des österreichisch-ungarischen Schriftstellers Ödön von Horvath. „Sie ist großartig und schneidet quer durch den moralischen Weltzustand von heute", schreibt Hermann Hesse 1938 an Alfred Kubin. „Die Kinder werden zu teilnahmslosen Mitläufern erzogen, die ohne eigenständiges Denken propagandische Formulierungen aus dem Radio übernehmen. Emotionslos und kalt erleben sie, was um sie herum geschieht, schwimmen aber nie aus dem schützenden Schwarm heraus, da sie sich nur von außen leiten lassen und sich nur wenige über sich selber oder die momentane gesellschaftliche Situation Gedanken machen." In diesem Roman wird die Jugend als gottlos bezeichnet, „weil sie ohne Gerechtigkeitsempfinden und ohne Mut zur Wahrheit aufwächst. Die vorgegebenen Moral- und Wertvorstellungen sind nur hohle Phrasen eines auf das eigene Wohl bedachten Kleinbürgertums." Diese Inhaltsangabe von *Jugend ohne Gott* klingt sehr heutig, beschrieben wird aber in diesem Roman eine Schulklasse und ihr Lehrer in den 1930er Jahren nach der Machtübernahme durch die Nationalsozialisten.[7]

Wieder einmal wird vehement beklagt, unseren Kindern und Jugendlichen mangelt es an sozialen Kompetenzen. Wie steht es aber um die sozialen Kompetenzen in dem (globalen) „Dorf", in dem das Menschenkind aufwächst? Was leben wir Erwachsenen unseren Kindern an sozialen Kompetenzen vor?

„Jede Woche strömen weltweit 1,5 Millionen Menschen in die immer größeren und zahlreicher werdenden Slums. 3 Milliarden Menschen verdienen weniger als zwei Dollar am Tag."[8] In den USA hat die Beschäftigungszahl der Jugendlichen ihren niedrigsten Stand seit 1948 erreicht. Die Jugendarbeitslosenrate Spaniens lag in den letzten Jahren zeitweilig knapp über 50, die von Griechenland, Italien und Portugal zwischen 35 und 50 Prozent. Die noch relativ niedrigen Raten in Deutschland und Österreich sind seit zehn Jahren ebenso tendenziell steigend. In Friedenszeiten(!) haben wir in einigen Bereichen (weltweit) einen Zustand erreicht, der der Nachkriegszeit ident ist. Noch nie in der gesamten Menschheitsgeschichte hatten Trennungs-Kinder so wenig Kontakt zu ihrem zweiten, getrennt lebenden Elternteil, in neun von zehn Fällen zum Vater, wie in Deutschland und Österreich der letzten zwanzig Jahre. Die „vaterlose Gesellschaft" gab es bisher nur in Kriegszeiten, womit die Frage gestellt sein darf, wie friedlich und human sind wir auch ohne militärische Kriege?

„Für jeden Dollar, der für die UN-Friedenssicherung ausgegeben wird, werden von den Mitgliedsstaaten 2000 Dollar in die Kriegsführung gesteckt. (...) An einem einzigen Tag pumpen wir 10 Milliarden Liter Öl aus der Erde, um es zu verbrennen. Und an demselben Tag schleudern wir 140 Millionen Tonnen Kohlendioxid in die Atmosphäre. 100 Millionen durch Krieg, Elend und Unterdrückung entwurzelte Menschen sind ohne ein Dach über dem Kopf. Ein einziges Unternehmen, *Wal-Mart*, beschäftigt 1,8 Millionen Menschen. *ExxonMobil* machte 2006 fast 40 Milliarden US-Dollar Gewinn – genug Geld, um die 1 Milliarde Menschen, die kein Wasser haben, mit sauberem Trinkwasser zu versorgen. Wir haben 90 Prozent aller Meeresfische verzehrt. Das Haus von Bill Gates hat eine Wohnfläche von 6000 Quadratmetern und kostete fast 100 Millionen US-Dollar. Da überrascht es nicht, dass die Menschen das Gefühl haben, in dieser aus den Fugen geratenen, instabilen Welt nichts zu zählen und keinen Wert zu besitzen."[9]

„Im Jahr 2001 gab es in den westlichen Ländern 497 Dollar-Milliardäre, die zusammen 1.500 Milliarden Dollar besaßen. Zehn Jahre später, 2010, war ihre Zahl auf 1.210 gestiegen, und ihr Vermögen summierte sich auf 4.500 Milliarden Dollar. Das Vermögen dieser 1.210 Milliardäre zusammen übersteigt das Bruttoinlandsprodukt eines wirtschaftlich so starken Landes wie Deutschland. Der Zusammenbruch der Finanzkrise 2007/08, der durch die Börsenspekulationen der Beutejäger ausgelöst wurde, hat die Existenz von Millionen Familien in Europa, Nordamerika, Japan und anderen Regionen zerstört. Nach Angaben der Weltbank wuchs die Zahl der hungernden Menschen infolge der Finanzkrise um 69 Millionen. In den Ländern des Südens wurden überall neue

Massengräber ausgehoben. Doch wenig später, 2013, lag das Vermögen der sehr Reichen um das Eineinhalbfache über dem Stand vor der Krise."[10] Schon Max Horkheimer erkannte: „Reichtum ist unterlassene Hilfeleistung."

Als Elternteil beschäftigten mich seit Jahren folgende Zahlenrelationen: Das Finanz-Kapital der gesamten Welt befindet sich in Besitz von 2 Prozent der Weltbevölkerung, 98 Prozent sind besitzlos.[11] Seit ca. 30 Jahren sind im Großteil der westlichen Länder nur noch 2 Prozent der Entbindungen Hausgeburten, 98 Prozent finden außerhäuslich, ca. 90 Prozent davon in Krankenhäusern statt. Von den 100 Prozent hoch begabten Kindern bleiben am Ende unserer „Sozialisation", sprich Betreuungs-Schul-Kindheit, nur noch 2 Prozent übrig. 98 Prozent der Kinder bleiben in der „Durchschnittsfalle" unseres Bildungssystems gefangen.

Heute besitzen nach Studien der britischen Entwicklungs-hilfsorganisation Oxfam die 85 reichsten Menschen der Erde – sie hätten alle in einem einzigen Reisebus Platz – so viel Vermögen wie die gesamte ‚untere' Hälfte der Weltbevölkerung. „Alle fünf Sekunden stirbt ein Kind an Hunger oder den Folgen von Unterernährung. Eigentlich wird es ermordet, weil wir erstmals in der Geschichte der Menschheit keinen objektiven Mangel haben, sondern die Welt in Reichtum überquillt und zwölf Milliarden Erdenbürger problemlos ernähren könnte." An einer anderen Stelle weist Jean Ziegler darauf hin, dass laut UNICEF „in Spanien 2014 11,8 Prozent der Kinder unter zehn Jahren permanent unterernährt waren. Ein Wert der nahe jenem des Tschad liegt."[12] Nach einer „Pause" von etwa 60 Jahren ist in den letzten 15 Jahren tendenziell der *Hunger* in ganz Europa zurückgekehrt. Schätzungen zufolge verursacht Mangelernährung alleine in der EU Kosten von 120 Milliarden Euro.[13] Andererseits landen in der europäischen Lebensmittelindustrie 90 Millionen Tonnen Essen jährlich auf Mülldeponien. Lebensmittelverschwendung in Gastronomie und privaten Haushalten ist da noch nicht mit eingerechnet. In Deutschland kostet die „private" Lebensmittelverschwendung (brauchbares Essen, das im Müll landet) bis zu 20 Milliarden Euro jährlich.

Vollends zynisch ist, dass es seit geraumer Zeit einen blühenden Handel mit „Wetterfutures" gibt, „die es Unternehmen und Banken erlauben, auf Wetterveränderungen zu setzen, als wären tödliche Katastrophen ein Würfelspiel in Las Vegas (zwischen 2005 und 2006 verfünffachte sich der Markt für Wetterderivate beinahe, von 9,7 Milliarden auf 45,2 Milliarden Dollar). (...) Nach vorläufigen Daten war der weltweite CO_2-Ausstoß 2013 um 61 Prozent höher als 1990, in jenem Jahr, in dem erstmals ernsthafte Verhandlungen über ein

Klimaabkommen geführt wurden. ‚Je mehr wir über die Notwendigkeit reden, die Emissionen zu senken, desto mehr nehmen sie zu', erklärt der Wirtschaftswissenschaftler John Reilly vom MIT."[14] Ähnlich ist es mit der etwa 40-jährigen „Schulreformdebatte". Je länger über die Notwendigkeit einer Schulreform diskutiert wird, desto schlechter ist das Ergebnis am Ende des Bildungssystems.

Wir befinden uns nicht nur in einer völlig aus den Fugen geratenen und instabilen Welt. So viel Ungleichheit, auch menschliche Ungerechtigkeit, und so wenig gesellschaftliche Balance gab es noch nie in der gesamten Geschichte des Homo sapiens.

Ein Kaiser und sein Volk konnte sich vor 1000 Jahren (oder auch noch später) ziemlich sicher sein: Die „gesellschaftliche Ordnung" würde in 100 Jahren die gleiche sein, und war es auch.

Gegenwärtig diskutieren und debattieren wir in den USA und Europa beim Bio-Mittagessen oder in „TV-Debatten" darüber, wie die Welt in 10 oder 20 Jahren sein und was zuerst eintreten könnte: Der Zusammenbruch des Wirtschafts- und Finanzsystems, der Klimakollaps, Bürgerkriege oder gar der dritte Weltkrieg, Völkerwanderungen, der Durchbruch der Zivilgesellschaft oder ein neuer politischer Totalitarismus, der die bisherigen totalitären Regime des 20. Jahrhunderts in den Schatten stellt und ähnliche Zukunftsszenarien. Gewiss ist dem *Sapiens* („Wissendem") nur noch die Ungewissheit. Während das Ende unserer gegenwärtigen (erfundenen) Ordnung naht, zwingen wir trotzdem unsere Kinder täglich diesen Holzwegen zu folgen. Wie können wir derzeit ohne Schamesröte zu unseren Kindern sagen, sie müssten von uns „lernen"? Über welche „soziale Kompetenzen" verfügen Menschen, die so eine Welt errichten, der vollkommen die *Mitte* im Denken und Handeln abhandengekommen ist?

Schauen wir aber auch noch einmal ins eigene „Dorf", das unsere Kinder erzieht. Viele Jahre lautete der Werbeslogan der größten österreichischen und auch in Deutschland vertretenen Elektronik-Kette (Media Markt/Saturn): „Geiz ist geil". Zumindest in Österreich wurde dieser Werbespot jahrelang ausgestrahlt. „Geiz" ist jedenfalls so ziemlich das Gegenteil von „sozial". Gefühlsmäßig ewig lange wurden wir mit diesem „Slogan", der eher einem „Schlachtruf" gleicht, mittels Werbeplakaten, TV- und Radiospots geradezu bombardiert, auch unsere Kinder und Jugendlichen. In Deutschland, der viertreichsten Wirtschaftsnation der Erde, lebt heute bereits jedes zehnte Kind in Armut. In Österreich, einem Land mit 8,5 Millionen Einwohnern, nehmen seit Jahren nicht nur kontinuierlich die Millionäre zu, sondern leben bereits eine Million Menschen an der Armutsgrenze, viele (davon zahlreiche Familien) sind akut armutsgefährdet. Alles gerade Aufgelistete hat jedenfalls mit Sozialität wenig gemein.

Es ist mir als Elternteil auch ein Rätsel, wie wir heute viele unserer Kinder als „Tyrannen" sehen können und ihnen implizit mangelnde soziale Kompetenzen vorwerfen, bei dem Zustand, in dem *wir* Erwachsene diesen Planeten in vergleichsweise kurzer Zeit gebracht haben. Bis Mitte dieses Jahrhunderts werden die gesamten Ressourcen, die *uns* zur Verfügung stehen, zur Hälfte verbraucht sein. Zumindest für unsere Enkelkinder sind die derzeitigen Zukunftsprognosen, gelinde gesagt, düster.

Kinder sind nicht „Abbild" ihrer Eltern, sondern Seismographen ihrer Gesellschaft, ihres „Dorfes", das sie „erzieht", in dem es seit längerem nicht allzu viele sozial kompetente Erwachsene gibt.

Die tatsächlich menschlich und sozial äußerst kompetenten Menschen werden hingegen von der Öffentlichkeit kaum wahrgenommen. 2010 erschien das Buch *Wir sind der Wandel* von Paul Hawken. Darin zeichnet der Autor eine weltweite Bewegung nach, die sich in ein bis zwei Millionen Klein-Organisationen ständig neu bildet. Neben den weltweit negativen Entwicklungen und den Nachrichten darüber, die wir täglich präsentiert bekommen, wächst seit geraumer Zeit in Stille eine Bewegung von Millionen Menschen, die ohne Hierarchie und Ideologie auskommt und spontan das Notwendige für ein nachhaltiges, soziales, und gerechtes Leben der Menschen tut. Obwohl diese Bewegung von der Politik und den Medien nur vereinzelt wahrgenommen wird, erprobt sie tagtäglich das Modell einer kooperativen und toleranten Menschheit, das zukunftsfähig ist.[15] Diesen vielen Menschen weltweit, die nicht mehr nur „debattieren" und auf einen Klima- oder Gesellschafts-Kollaps warten, sondern die beherzt kreative Lösungen *leben*, ist der Dokumentarfilm *Tomorrow* gewidmet. Der (deutsche) Filmuntertitel lautet: *Die Welt ist voller Lösungen!*

Zerstörte Familienbilder: die vielen Gesichter der Kinder- und Familienarmut

In dieser Reihenfolge – Familie, Vaterschaft und schließlich Mutterschaft – fand in den letzten Jahrzehnten (nicht nur) in den deutschsprachigen Ländern eine öffentliche und (klammheimlich) rechtliche Entwertung und „Ent-Machtung" statt, und mit einer Gründlichkeit, wie nirgendwo sonst in „hochentwickelten" westlichen Ländern.

Die Ent-Wertung der Familie beginnt im politischen Verständnis der 1950er und 60er Jahre. Glaubensgrundsatz und Irrtum Nummer 1: Kinder würden die Menschen immer bekommen (K. Adenauer). Glaubensgrundsatz und Irrtum Nummer 2: Geht es der Wirtschaft gut, geht's allen gut. Also wurden nicht mehr die Familie und das Kind, sondern nur noch die Wirtschaft gehegt, gepflegt, gestützt, gefördert und „umsorgt". Eine fatale Fehlentwicklung, von der zu „genesen" ein mühevoller Prozess sein wird. In 99,9 Prozent der Menschheitsgeschichte *wusste* der Sapiens: Eine gesunde, gestützte, umsorgte und wertgeschätzte Familie ist eine der zentralsten Voraussetzungen auch für eine *nachhaltige* „Wirtschaft".

Die jahrelange Entwertung und Entmachtung der Vaterschaft erfolgte besonders gründlich, wenn auch die Gründe zahlreicher und komplexer sind. Hierzu verweise ich auf die zahlreiche, auch schon wissenschaftlich fundierte Literatur zur „vaterlosen Gesellschaft". De facto fand von den 1980er Jahren angefangen (zuerst „im Stillen") einer der größten gesellschaftlichen Umbauten in der Geschichte des „Abendlandes" (und generell der Menschheit) statt. Erziehung *und* Bildung, das gesamte Aufziehen des Menschenkindes, ging fast ausschließlich in Frauenhand. Aus historischer wie auch evolutionärer Sicht setzt im Okzident die größte Feminisierung der Gesellschaft ein, die jemals zuvor, in welchem Kulturkreis und welcher Zivilisationsepoche auch immer, zu verzeichnen ist. Dabei wird vollends das evolutionäre und familiale Kontinuum, sowohl von mütterlicher als auch väterlicher Seite her, gebrochen.

Seit ca. zwanzig Jahren sind bis zum 6./7. Lebensjahr des gemeinsamen Kindes etwa 50-70 Prozent aller Ehen und Lebensgemeinschaften getrennt oder in Trennung. Mit viel Druck, Zwang und auch Rechtswillkür, verbleiben etwa 90 Prozent der Kinder bei der („rechtlichen") Mutter, mit oft bewusstem mütterlichem und gerichtlich „geduldetem" völligen Kontaktabbruch zum Vater. – Begründet wurde das Ganze auch noch mit dem „Wohl des Kindes".

Schon die „Ur-Eltern" des „christlichen Abendlandes", Maria und vor allem Josef, wurden aus „ideologischen" Gründen als *reale* Eltern in die Bedeutungslosigkeit versenkt. Während Jesus sich mit dem „Vater im Himmel" trösten durfte, müssen sich seit drei Jahrzehnten 80 bis 90 Prozent der Trennungs-Kinder mit einem „alle 14-Tage-Wochenend-Papa" begnügen. Sofern die „rechtliche" Trennungs-Mutter nicht mit Wohlwollen des Familiengerichtes den Kontakt zum „realen" (Trennungs-) Vater oft für Jahre gänzlich unterbindet. Für 30 bis 40 Prozent der Trennungskinder war und ist das noch faktische und bittere Realität.

Bis zum *zehnten* Lebensjahr des Kindes sind bis zu 90 Prozent aller Elternteile (nicht nur) in den deutschsprachigen Ländern getrennt. Tendenz steigend. „Getrennt" wird immer früher. Bis zum zehnten Lebensjahr hat das Menschenkind im *Alltag* seit etwa dem Jahre 2010 fast ausschließlich eine weibliche „Autoritätsperson" und jedenfalls nicht die *Mutter* als Gegenüber. Zu 80 bis 95 Prozent(!) sind unsere Kinder „umsorgt" von Krippenpädagoginnen, Tagesmüttern, Kindergärtnerinnen, Grundschullehrerinnen, Schulpsychologinnen, Logopädinnen, Ergo- und sonstigen Therapeutinnen, Jugendwohlfahrtsmitarbeiterinnen, Familienrichterinnen...... Das ist in der gesamten bisherigen Geschichte der Menschheit ein- und erstmalig und gilt mittlerweile für fast alle OECD-Staaten. (ausgenommen die skandinavischen, wie Island, Norwegen, Schweden). Hat sich deshalb „oben" der Output am Ende des Betreuungs- und Bildungssystems verbessert? Warum fordern Feministinnen und Politikerinnen hier, wo Frauen mittlerweile fast *alleinig* die gesellschaftliche „Macht" haben, nicht ebenso eine „Quotenregelung"? Wo doch in der Familien-Politik seit langem ausschließlich Frauen den Ton angeben? Auch bei gründlichem Quellenstudium ist mir in den letzten 15 Jahren keine einzige Aussage eines Politikers (und Vaters!) oder eines Höchstrichters (Justiz) untergekommen, der einen wirklich ernsthaften und konstruktiven Beitrag zu einer erneuten Wertschätzung und Stärkung von *Vaterschaft* geleistet hätte. Sollte ich mich irren, freue ich mich auf eine Richtigstellung. Was die Standesvertreter und Vertreterinnen aus (Familien-) Politik und Justiz von realer, *gelebter* Mutterschaft halten, die über den Status des Kleinkindes hinausgeht, wurde bereits ausgeführt.

Familienpolitik und das gesamte Aufwachsen unserer Kinder ging fast ausschließlich in Frauenhand. Es kann schon geradezu als anachronistisch bezeichnet werden, dass die Bildungs- und Erziehungsdebatte (noch) mehrheitlich männlich dominiert ist. Mit dem chinesischen „Erziehungswind" aus Fern-Ost alla Amy Chua werden auch gleich noch die vom Feminismus ursprünglich so vehement kritisierten „männlichen" Attribute verinnerlicht: Disziplin, Macht, Gefühlskälte. Auch für den Feminismus gilt seit langem: Die Revolution frisst ihre Kinder. Hier auch im wahrsten Sinn des Wortes. Das Aufwachsen des Menschenkindes ist so „machtvoll" zu einer Frauensache geworden, dass es für sehr viele Väter heißt: Bloß kein Kind (mehr)! In die Rolle des 14-Tages-Besuchspapa gedrängt, heißt die alleinige Forderung an *sehr viele* Väter seit mindestens zwanzig Jahren: arbeiten, zahlen und bitte den Mund halten. Nach jahrzehntelangem „Kampf ums Kind" ist die vaterlose Gesellschaft durchgesetzt und Vaterschaft gründlich politisch und rechtlich entwertet.

Ohne die Verdienste der ursprünglichen Frauenbewegung zu schmälern: Haben Sie zumindest in den vergangenen 30 Jahren schon einmal von einer Feministin gehört oder gelesen, die sich Sorgen um Mütter, Familien, Kinder und die Kindheit machte? Sind denn Mütter nicht auch Frauen?

Die in Europa von vielen Politiker- und Feministinnen immer wieder geforderte *Quotenregelung* im Namen der Gleichheit wird kein einziges gegenwärtiges Problem lösen. Die müsste – wenn Man(n) und vor allem Frau sich nicht dem hundertsten Widerspruch aussetzen möchte, auch beispielsweise für das Militär gelten, wo immer mehr Frauen auf Grund des „fixen Gehaltes" und anderer Beweggründe eintreten. Wohl nicht nur in Deutschland und Österreich wird seit Jahren politisch und öffentlich der Militärdienst für Frauen beworben. (Weil die Männer auch in diesem Berufsfeld weniger werden.) Nur weil Mädchen „leichter" und gehorsamer zu erziehen sind und durchschnittlich die besseren Schulleistungen aufweisen, heißt das noch lange nicht, dass sie im Falle eines Krieges die besseren „Leistungen" erbringen. Wieso lesen wir unseren Mädchen (und auch Jungen) immer noch die Geschichte der unerzogenen und unbeschulten Pipi Langstrumpf vor, während wir sie tagtäglich zu Gehorsamkeit erziehen und sie zwingen zur Schule zu gehen? Vielleicht auch bald zum Militär?

Im norwegischen Militär spielen Frauen schon lange eine Rolle. Norwegen war eines der ersten NATO-Länder, die Frauen den Zugang zum Militär öffneten. Es ist auch das einzige Land Europas (bisher), in dem auch Wehrpflicht für Frauen gilt. Seit 1995 stehen den Norwegerinnen alle Positionen im Militär offen. Bisher war das Interesse der Frauen allerdings gering. Offenbar fehlte der psychologische „Kick". Seit 2014 hat sich das Interesse der Norwegerinnen schlagartig geändert. Die Armee installierte die erste Spezialeinheit, eine Jägertruppe („Jegertroppen") nur für Frauen. Eine 19-Jährige, die das harte Ausbildungsprogramm geschafft hatte, erklärte gegenüber der BBC: „Ich wollte das Größte tun, das Härteste, was mir die Armee zu bieten hatte." Ein Kommandant der Jägertruppe sagte gegenüber „Foreign Affairs": „Sie arbeiten extrem systematisch und gewissenhaft, dadurch erledigen sie Dinge oft schneller als männliche Soldaten." So ähnlich lautet auch durchwegs der Tenor, wenn die „Leistungen" von Schülerinnen und Schüler (PISA Studien, etc.) miteinander verglichen werden. Was das Militär betrifft, so gibt es allerdings noch einen weiteren systemrelevanten Punkt: „Meistens schießen sie (die Soldatinnen) besser als die Männer", so ein Soldat der Spezialeinheit.[1]

Aber lassen sie sich nicht täuschen: „Im 21. Jahrhundert jedoch hat die Mehrheit der Männer wie der Frauen ihren militärischen und ökonomischen Wert verloren. Vorbei ist es mit der massenhaften Einberufung der beiden Weltkriege. Die fortschrittlichsten Armeen des 21. Jahrhunderts setzen weitaus stärker auf die neueste Technologie. Statt unbegrenzten Kanonenfutters braucht man jetzt nur eine kleine Zahl gut ausgebildeter Soldaten, eine noch kleinere Zahl von Superkriegern in Spezialtruppen und eine Handvoll Experten, die wissen, wie man die ausgeklügelte Technik produziert und einsetzt. An die Stelle der Massenarmeen des 20. Jahrhunderts treten High-tech-Truppen, die mit ferngesteuerten Drohnen und Computerwürmern ‚bemannt' sind, während Generäle immer mehr wichtige Entscheidungen an Algorithmen delegieren."[2]

Auch für diese speziellen Hightech-Truppen wird man höchst *gehorsame* Menschen brauchen. Das wird man möglicherweise auch im hohen Norden erkannt haben. In nahezu allen Industrienationen und „demokratischen" (europäischen) Staaten haben in historisch betrachtet revolutionärem Tempo die Frauen die überwiegende Mehrheit in allen *bürokratischen Institutionen* (Bildung, Verwaltung, Justiz) übernommen. Allerdings nur in Positionen, in denen es um Ausführung und Umsetzung von „Befehlen" (Programmen, Gesetzen, Ideologien und ähnliches) geht. Die entscheidenden machthabenden Stellen sind weiterhin männlich besetzt. Vielleicht schon die nächste Generation könnte sich vor allem die Frage stellen: Wo sind die Männer (Väter) geblieben? (Ein zunehmender Teil verbringt seine Zeit in Haftanstalten.) Größer wird vermutlich das Entsetzen bei der nächsten Frage, die zwangsläufig rasch danach gestellt werden wird: Wo sind unsere Kinder geblieben?

Ich kann es jedenfalls weder als Fortschritt noch als „Gleichberechtigung" oder als „Frauenrecht" sehen – sollte es wieder Krieg in Europa geben, was absolut niemand ausschließen kann – wenn historisch erstmals Frauen auch auf Frauen und Männer schießen würden.

In Wahrheit geht es bei der politischen Quotendebatte auch nur um eine Quotenregelung für politische Ämter und um Führungsposten in einzelnen Staats- und Wirtschaftsbetrieben. Also um *Macht*-Teilhabe ganz „oben". Die sieht aber zumindest unser „evolutionäres Programm" weder für Mann noch Frau vor, wie Multimilliardär zu sein. Weder Angela Merkel, noch Margret Thatcher haben die Welt besser gemacht (und können das auch gar nicht). Die langjährige IWF-Chefin Christine Lagarde wurde 2016 in ihrer Funktion als ehemalige französische Finanzministerin wegen Fahrlässigkeit schuldig gesprochen. Straffrei, versteht sich. (Das wünscht sich auch so mancher „Hühnerdieb", der in Europa oder den USA ins Gefängnis wandert.)

Die französische Königin Katharina von Medici, die österreichische Kaiserin Maria Theresia oder Taos Ehefrau Siang Qing gehören zu den todbringendsten Menschen der Geschichte, nicht nur was Kriege betraf. Seit Jahrzehnten ist kriminalwissenschaftliches Faktum: Der (frühe) Kindesmord wird signifikant häufiger von Frauen (Müttern), als von Männern (Vätern) durchgeführt. Wir haben kein „Geschlechterproblem", sondern im Laufe der sogenannten Neuzeit mussten zuerst die Kinder, dann die Familien die *Mitte* der Gesellschaft verlassen.

Seit etwa der Jahrtausendwende geht es auch noch der Mutterschaft an den Kragen. Die Entwertung der Mutterschaft ist politisch durchaus ebenso gewollt, ihr Steigbügelhalter wieder einmal der Feminismus. Das politische Kalkül ist nur eines: Alle, Mütter und Väter, sollen arbeiten. Spätestens wenn das Kind ein Jahr alt ist. – Um das Wohl unseres Menschenkindes braucht sich bitte keiner Sorgen machen. Schließlich haben wir hierfür „Expertinnen" und die machen es obendrein auch noch besser als die Eltern. Während man gleichzeitig nicht müde wird zu betonen, wie „gestrig" und zumindest mangelhaft das staatliche Betreuungs- (Pardon: Bildungs-) System von Kita bis zum Ende der Pflichtschulzeit ist.

Fast ausnahmslos alle Ministerinnen Europas, die seit der Jahrtausendwende während ihrer Amtszeit schwanger wurden, kehrten innerhalb des ersten Lebensjahres ihres Kindes demonstrativ und medienwirksam wieder an ihre Arbeitsstelle zurück. Vollzeit, versteht sich. Beispielsweise die (ehemals) sozialistische spanische Verteidigungsministerin Carme Chacon, oder die Parteivorsitzende der österreichischen Grünen, Eva Glawischnig. Die konservativen deutschen Ministerinnen Ursula von der Leyen und die Familienministerin Kristina Schröder (zehn Wochen nach der Entbindung). Sie alle und weitere Ministerinnen werden aber von der konservativen französischen Justizministerin Rachida Dati „übertrumpft". Sie kehrt fünf Tage nach der (Kaiserschnitt) Entbindung direkt vom Krankenhaus in den Elysée-Palast zurück. Dafür gibt es ein Wort: völlige *Entkoppelung*.

Die Beweggründe für die Politikerinnen auf eine längere reale Mutterschaft oder „Babypause" zu verzichten, sind sicherlich unterschiedlich. Welche Ammen, Kindermädchen oder Familienangehörige die Babys und Kleinkinder weiterhin auch betreut haben mögen: In staatliche Krippen sind sie mit Sicherheit nicht gekommen. Das politische Signal der politischen Frauen-Elite, von „links", „grün" bis rechts-konservativ ist jedenfalls eindeutig. Mutter-Sein im 21. Jahrhundert soll heißen: Sich möglichst rasch und jedenfalls innerhalb des ersten Lebensjahres von seinem Kleinkind zu trennen, es in Fremdbetreuung zu geben, um in den Beruf zurückzukehren, um zu arbeiten. Für wen und was und welchen Hungerlohn auch immer. Da sind sich ausnahmslos einmal alle Parteien einig.

Haben Sie in den letzten beiden Jahrzehnten von einer Politikerin und Mutter gehört, die ungefähr den fünffachen Gehalt einer Kassiererin oder Schichtarbeiterin verdient und entschieden forderte, dass arbeitende Mütter höher bezahlt werden sollten? – Beispielsweise damit dem anderen und „fremden" Kind eine ähnliche qualitative Betreuung und Bildung zukommt, wie ihrem eigenen? Entscheidender noch: „Wenn die Mütter alle arbeiten, wer kümmert sich dann um diejenigen, die sich nicht selber helfen können, also Alte, Kranke, Kinder? Die einzige Antwort, die Politik und Wirtschaft bislang darauf gefunden haben, ist: Fremde! Wir sind auf dem Weg in eine ‚Betreuungsgesellschaft', in der nur noch derjenige etwas wert ist, der sein Kümmer-Gen beim Pförtner abgibt und bestmöglich organisiert, dass andere sich mit seinen Lieben beschäftigen. Diejenigen aber, die noch selbst für ihre Kinder oder Eltern da sein wollen, lassen wir gnadenlos im Stich."[3]

Das nächste Themen- und Mienenfeld, in dem seit mindestens 15 Jahren eine *Ausgrenzung* und *Entwertung* der Familie stattfindet, ist in der „Schulreform-" und zu allem Überdruss auch noch in der „Erziehungs-Debatte".

An den vielen Schulversagern „oben" und den vielen „Tyrannen" und jedenfalls „auffälligen" und nicht „richtigen" Kindern „unten" ist nicht das (staatliche) Betreuungs-Bildungs-Erziehungssystem vorrangig Schuld, sondern die unfähigen, „überforderten" Eltern, die schon das Baby nicht richtig erziehen (beispielsweise schreien lassen) und somit das lange Schulsystem nicht mit den „richtigen" (beispielsweise „gehorsamen") Schülern versorgen. Es gibt kaum ein westliches Land, in dem in der (staatlichen) Bildung und in der öffentlichen „Erziehungsdebatte" die Familie so unerwünscht ist, oder implizit als „inkompetent" erklärt wird, wie in den deutschsprachigen Ländern (und tendenziell in allen Industrienationen).

Seit Jahrzehnten werden die notwendigen Geburtenzahlen für eine ausgewogene Gesellschaftsentwicklung zu 20 bis 30 Prozent durch Migration (Zuwanderung) ausgeglichen. Tendenz steigend. Migration hat es in der Geschichte des Homo sapiens immer gegeben und ist auch heute für eine pluralistische Gesellschaft und Demokratie wichtig. Seit längerem „leistet" es sich die Politik jedoch, das eigene Familienwesen (bewusst) zu schwächen, weil die Familien mit Kindern ohnehin von alleine ins „Abendland" kommen. Auch wenn Deutschland und Österreich in den letzten Jahrzehnten eine weitgehend gelungene Integration von Migranten aufweisen konnten: Die deutsche Pegida-Bewegung (Patriotische Europäer gegen die Islamisierung des Abendlandes), das Erstarken der rechtspopulistischen Parteien (AfD, FPÖ), das politische Versagen und der zeitweilig aufbrechende Fremdenhass während der „Flüchtlingskrise", sind nur ein paar (sichtbare) Zeichen, dass es so wie bisher nicht weitergehen kann. In den vielen „Wut-Bürger-Bewegungen" der letzten Jahre (in ganz Europa) finden sich zwischenzeitlich Bürger aus dem gesamten politischen Spektrum und mit allen nur erdenklichen Weltbildern. Von der Politik und einigen Medien werden sie gerne auf politisch „links" oder auch „rechts" stehend reduziert. Unter den „Wut-Bürgern" befinden sich auch immer mehr Familien mit Kindern, die das Rückgrat der Gesellschaft sind und einfach nur wieder dort stehen wollen, wo sie auch hingehören: in der *Mitte* der Gesellschaft.

„Es ist demokratiepolitisch bedenklich, dass die politischen Parteien im deutschsprachigen Raum trotz unterschiedlicher Weltanschauungen in der Geschlechter- und Familienpolitik die gleiche Ideologie vertreten. Auch konservative (und nicht nur mehr sozialdemokratische, grüne und linke) Parteien vertreten (mit kleinen Abweichungen) die gleichen Forderungen:
• die Vollzeiterwerbstätigkeit für beide Geschlechter

- die Marginalisierung der Familienarbeit, die Frauen wie Männer (wie die Kindererziehung auch) neben dem Beruf erledigen sollen
- Egalitätsfeminismus (nicht Gleichberechtigung, sondern quantitative Gleichheit)
- Maßnahmen zur Umsetzung der Gleichstellung
- eine einseitige Interpretation des Patriarchatsbegriffes (macht Männer zu Tätern und Frauen zu Opfern)
- eine Nicht-Hinterfragung der Höhe der Geschlechter-Lohnlücke
- eine Befürwortung der Quoten für Top-Positionen
- eine frühe Fremdbetreuung der Kinder
- eine institutionelle Betreuung der Betagten
- eine Auflösung der heterosexuellen Dominanz bei rechtlicher Gleichstellung von homosexuellen Beziehungen in allen Bereichen (Adoption, etc.)
- eine Eigenverantwortung der Männer bei der Lösung ihrer Probleme
- eine überproportionale Förderung der Frauen.

Diese mangelnde parteipolitische Differenzierung stellt immer mehr Menschen – die sich in vielen anderen Fragen einer Partei zugeneigt sehen, deren Geschlechterpolitik jedoch nicht mittragen können und wollen – vor ein Dilemma. Sie vermissen einen offenen Diskurs, ein breiteres Meinungsspektrum und vor allem eine Reflexion darüber, inwieweit die gegenwärtig hegemoniale, einseitige Geschlechterpolitik von der sozialen Frage ablenkt und damit eigentlich dem neoliberalen Wirtschaftssystem dient."[4]

Man kann es einfach auch so auf den Punkt bringen: Außer Sonntagsreden und Allgemeinplätzen fällt allen politischen Parteien von Links („sozial"), Grün und bis zu Konservativ (in vielen westlichen Ländern) seit etwa 15 Jahren zum Themenfeld Familie im Wesentlichen nur noch eines ein: Wir brauchen mehr Krippenplätze und Ganztages- Kindergärten und Schulen. Es sind jene Hauptforderungen, wie sie beispielsweise die OECD stellen.

Den (europäischen) rechtspopulistischen Parteien alla AfD und FPÖ fällt zum Thema Kindheit und Familie im Wesentlichen auch nicht mehr oder anderes ein, außer: stoppt die Migration. Wer angesichts der immer größer werdenden Kinderarmut und gleichzeitig voranschreitenden Überalterung (unter anderem) unsere Alten und Betagten betreuen soll, wenn nicht Fremde, bleibt ein Rätsel. Die wenigen jungen Erwachsenen der nächsten Jahrzehnte werden wohl anderswo gebraucht. Falls nicht viele von ihnen, wie in den Jahrzehnten vor den beiden Weltkriegen, in andere Länder emigrieren, die ihnen als *lebenswerter* erscheinen.

Die USA konnte in den Jahrzehnten vor den Weltkriegen und in der Zwischenkriegszeit auch deshalb zu einer Wirtschaftsmacht aufsteigen, weil ein Großteil der jungen Erwachsenen und viele der kreativsten, begabtesten und „besten Köpfe" Mitteleuropa verließen, oder verlassen mussten.

Die positiven „abfedernden" und ausgleichenden Effekte von einer Mehrkind-Familie, die dann auch noch wertgeschätzt in der Mitte der Gesellschaft steht, sind so gravierend und wissenschaftlich unterlegt, dass es zwingend ist, darüber einmal breit zu diskutieren. Statistisch ist derzeit eine Familie nicht nur in Deutschland und Österreich ab spätestens dem dritten Kind (akut) armutsgefährdet.

Zu allen in diesem Buch (auszugsweise) angeführten entwertenden und teilweise diskriminierenden öffentlichen Aussagen von Politikern und vorrangig Politikerinnen seit etwa der Jahrtausendwende einmal folgendes: Hätte ein Sippenboss, König, Fürst, welcher Herrscher auch immer es in den letzten Jahrtausenden bis ins 19. Jahrhundert gewagt, nur eine dieser im Buch zitierten Aussagen über die Familie (Mütter und Väter) öffentlich zu äußern, er hätte zumindest politisch keine 24 Stunden überlebt. Familie und Elternteile zu entwerten, zu kritisieren und zu bevormunden, ist vielfach von „oben" bis hin zu „Bestsellerautoren" und dem Stammtisch zu einem Volkssport geworden. Zu allem Überdruss heißt es seit Jahren auch noch, wir sollen bitte alle sparen, sparen, sparen. Nicht um die Familien zu retten, sondern beispielsweise die Banken! Die brauchen freilich genauso wenig sparen wie Millionäre und Steuerflüchtige. Der Ökonom Gabriel Zucman hat errechnet und geschätzt, dass etwa 7.400.000.000.000 (7,4 Billionen) Dollar weltweit in Steueroasen bunkern. „Danach lägen in den Steueroasen weltweit 5.800 Milliarden Euro, wovon 4.700 Milliarden nicht versteuert seien. Das ist mehr als die gesamte Wirtschaftsleistung Deutschlands in einem Jahr. Es ist auch mehr als doppelt so viel wie in Jahrzehnten angehäufte deutsche Staatsverschuldung.[5]

Gesunden Menschenverstand vorausgesetzt und erlaubt: Warum soll ein Paar in so einem *Klima* von fehlender Wertschätzung und Unterstützung, „Geschwätz", teilweise Hochmut, Arroganz und Intoleranz und in jedem Fall andauernden Bevormundung und Lieblosigkeit Eltern (und zuweilen Kindern) gegenüber, eine Familie gründen?

In einer rein industrialisierten Leistungsdruck-, ICH- und Konsumgesellschaft macht es zudem einfach keinen *Sinn* mehr, eine Familie zu gründen.

In dem Dokumentarfilm *Alphabet* sagt Thomas Sattelberger, der vielleicht längst dienende Personalchef Deutschlands: „Die Verkürzung des menschlichen Lebens auf Ökonomie ist eine der schlimmsten Entwicklungen unserer heutigen Zeit."[6] Neben der Politik sind es aber gerade oft die Vertreter aus der Wirtschaft, die keine Gelegenheit auslassen, die Familie ausschließlich auf „Ökonomie" zu reduzieren.

„Weltwirtschaftsforum Davos 2011. Die Mächtigen und Einflussreichen dieser Welt strömen aus aller Herren Länder in das Alpenstädtchen, um einmal das große Ganze zu beraten. Auf der Tagesordnung steht nichts Geringeres als die Zukunft der Industrienationen. Der Finanzchef der Versicherungsgruppe Allianz, Paul Achleitner, fasst die Aufgabe zusammen: ‚Wir Deutsche werden immer älter und immer weniger. Um unseren Sozialstaat dauerhaft finanzieren zu können, brauchen wir mehr Kinder, mehr Einwanderer und mehr Frauen, die arbeiten.' Da könnte man meinen, dass jetzt alles unternommen wird, um den Frauen, Eltern und Familien den Rücken zu stärken, damit sie diese herkulische Aufgabe auch schultern können. Genau das Gegenteil ist der Fall. Eltern werden systematisch *geschwächt*."[7]

Die systematische Schwächung der Familie erfolgt seit Jahrzehnten. Die Konsequenz: *Kinderarmut,* und die auch gleich noch im „Doppelpack". Deutschland und Österreich (sowie immer mehr EU-Staaten und die USA) haben zunehmend mehr arme Kinder. Hier wie da lebt etwa jedes zehnte Kind in Armut. „Das zweite Problem ist – Kinderarmut! Deutschland wird immer ärmer an Kindern. Und das mit deutscher Gründlichkeit. Pro Jahr fehlen hierzulande ziemlich genau 350.000 Kinder für eine ausgeglichene Bevölkerungsentwicklung – bei einer jährlichen Geburtenzahl von etwa 650.000 Kindern eine imposante Zahl. Deutschland ist damit im europäischen Vergleich Schlusslicht."[8]

Die Geburtenzahlen in Österreich sind zwar marginal besser, aber auch hier gilt: Seit knapp drei Jahrzehnten werden zu wenige Kinder für eine ausgeglichene Bevölkerungsentwicklung geboren und das gilt inzwischen für viele europäische Länder. Dass *Kinderarmut*, ein und derselbe Begriff, „gleich zwei Hauptprobleme unserer Gesellschaft beschreibt, ist kein Zufall. Sie hängen nämlich zusammen. Betrachten wir den Trend. In den 1960er-Jahren wurden in Deutschland etwa doppelt so viele Kinder geboren wie heute. Von diesen lebten etwa 2 % unter der Armutsgrenze. Diese Rate hat sich seither vervielfacht – über fünf Millionen Kinder in Deutschland leben heute in Haushalten mit einem Jahreseinkommen von unter 15.000 Euro. Dabei ist Kinderarmut keine dieser lästigen, unvermeidlichen Begleiterscheinungen moderner Gesellschaften. Das zeigt der europäische Vergleich. So gibt es etwa in Dänemark viermal weniger arme Kinder als hierzulande. Ähnlich niedrige Armutsraten gelten für die anderen nördlichen europäischen Länder und auch für die Niederlande. Gleichzeitig weisen gerade diese Länder innerhalb Europas die höchsten Geburtenraten auf."[9]

Laut einem Bericht der Tageszeitung KURIER vom Februar 2015 sind in einem so kleinen und reichen Land wie Österreich derzeit 313.000 Kinder und Jugendliche unter 19 Jahren armutsgefährdet. 127.000 gelten als akut arm. 48.000 Kinder leben in Haushalten, die sich neue Kleidung nicht leisten können. 63.000 Kinder leben in Haushalten, die sich beim Essen einschränken müssen. „Oft glauben uns die Menschen ja gar nicht, dass es das gibt. Dass in Österreich Kinder praktisch auf dem Boden schlafen."[10]

In zwei sehr wohlhabenden deutschsprachigen Ländern und in dem wirtschaftlich „produktivsten" Land Europas werden am wenigsten Kinder geboren. „Und unter diesen finden sich zudem noch deutlich mehr arme Kinder als in den meisten anderen europäischen Ländern. Wenn das keine Bankrotterklärung ist, was dann? Die Politik redet stattdessen gerne von dem Phänomen des ‚zu lange aufgeschobenen Kinderwunsches' oder den ‚Rollenkonflikten in der Biographie der modernen Frau'. Das ist leichter, als den Bürgern reinen Wein einzuschenken: Wir haben Raubbau betrieben. Wir haben immer nur das Investitionsklima für die Wirtschaft im Auge gehabt. Und nicht das Klima dort, wo Kinder geboren und großgezogen werden."[11]

Das „günstige Klima" für das Aufwachsen von Kindern ist nicht die Krippe, sondern, so sieht es zumindest die Evolution des Homo sapiens vor, ist die Familie (zuerst einmal). Mutter und Vater (Geschwister, Großeltern, Verwandte, …). Beides wünscht sich *jedes* Kind. Familie ist eine partnerschaftliche Frage.

Es sind im Wesentlichen zwei Haupt-Entwicklungsstränge, die zur Kinderarmut hierzulande führten. Der eine war (und ist) die vorrangige Fokussierung auf die Wirtschaft, der andere die Ausprägung und eine Spielart des Feminismus. Der wurde etwa seit der Jahrtausendwende im politischen und medialen Diskurs nun bewusst reduziert: Die erwerbstätige Frau (und Mutter) wurde „geheiligt", aber nur ideologisch, nicht am Gehaltskonto, und generell die Mutterschaft (also die Mutter, die zuhause bleibt) „verteufelt".

Wurde zuvor der Vater über Jahrzehnte in die rechtliche Bedeutungslosigkeit „entsorgt", entfachte sich nun der Kampf der Geschlechter zwischen Frau und Frau, Mutter und Mutter, zwischen „Rabenmutter" (die ihr Kind in frühe Fremdbetreuung geben) und „Heimchen am Herd", „Latte-Macchiato-Mutter" und „Glucken". Die Diskussion wurde über Jahre in immer schärferem Ton geführt. Eine Autorin macht gleich in einem 2014 erschienen Buch im Untertitel kein Geheimnis daraus, was sie von Müttern hält, die für ihr Kleinkind zuhause bleiben: sie seien „Retro-Weibchen".[12] In einigen Feminismus kritischen Büchern wird gerne Charles Aznavour zitiert: „Frauen haben heute sicher mehr Rechte. Aber mehr Macht hatten sie früher." Das gleiche gilt für die Familie als Ganzes. „Macht", Unterstützung, und *Wertschätzung* hatte sie über 100.000 Jahre(!) mehr als heute.

Aber worum geht es in der „Krippendebatte" und der (politischen) „Feminismusdebatte" wirklich noch? Was lassen Journalisten oft unberücksichtigt und was hält die Politik, die sich bei der gegenseitigen Diskriminierung ihrer Bürger die Hände reibt, allen vor? Warum ist es, vor allem von politischer Seite her, nicht möglich zu sagen: Für die Mütter, die möglichst rasch nach der Geburt, aus welchen Gründen auch immer, in den Beruf zurückkehren wollen (das ist Privatsache und Elternrecht), schaffen wir optimale Rahmenbedingungen wie hochqualifizierte Krippen, Kindergärten, Tagesbetreuung, in welcher Form auch immer. Für die Mütter (und Väter), die ihr Kleinkind selbst großziehen und nicht in eine Fremdbetreuung geben möchten (das auch Privatsache und Elternrecht ist), schaffen wir optimale Rahmenbedingungen (wie Betreuungsgeld), dass zumindest ein Elternteil bis zum dritten Lebensjahr zu Hause bleiben kann. Was nebenbei in 99,999 Prozent der Geschichte des Homo sapiens eine *Selbstverständlichkeit* war.

Die Schaffung eines neuen Krippenplatzes kostet dem Steuerzahler ca. 1.000 bis 1.200 Euro pro Kind und Monat! Wenn es wirklich so ist, dass die Staatskassen leer sind und eine elterliche Kinderbetreuung angeblich nicht leistbar ist, warum gibt man die ca. 1.200 Euro Krippengeld nicht Müttern (und Vätern), damit sie ihr Kleinkind selbst betreuen können? Was auch noch besser für die kindliche Entwicklung ist und unserer Evolution entspricht. „Nebenbei" wünscht sich das auch die Mehrheit der Paare und *100 Prozent* der Kinder in diesem Alter! Die Gründe für diese verquerte Politik sind inzwischen vielfach, besorgniserregend, und werden bewusst nicht öffentlich diskutiert. Die Gefahren der frühkindlichen Krippen-Fremdbetreuung sind bekannt und hier auch schon ausgeführt.

Notgedrungen müssen heute immer mehr Eltern ihr Kind *in die Krippe* „legen", weil sie staatlich (noch) bewusst ausgehungert werden. Warum lässt man Müttern (und auch Vätern) nicht die echte Wahlfreiheit und gibt denen, die ihr Kind selbst betreuen möchten, die ca. 1.200 Euro Steuergeld, die ein Krippenplatz kostet? Macht sich wirklich ein „Gleichheitswahn" breit, wie so viele Autorinnen schon behaupten?

Hannah Arendt hat in ihrem Buch *Elemente und Ursprünge totaler Herrschaft* (und nicht nur dort) auf Folgendes verwiesen: Verhalten sich in einer Gesellschaft mit politischer Übereinstimmung die überwiegende Mehrheit der Menschen gleich, hebt sich die Frage nach persönlicher, individueller Schuld auf. Das Standard-Argument in den Nazi-Prozessen war in Variation: Ich konnte nicht anders, ich musste töten, sonst wäre ich selbst getötet worden, und *alle* haben es gemacht. Gegen dieses Argument ist Angesicht des damaligen Druckes und Zwanges auf nahezu jeden mit dem Intellekt auch schwer anzukommen. *Müssen* alle das Gleiche machen, hebt sich die Frage nach persönlicher Verantwortung und vor allem nach dem „richtigen" Verhalten auf.[13] Werden alle Mütter gezwungen ihr Kind in die Früh-Fremdbetreuung zu geben (außer die wenigen finanziell „privilegierten"), erübrigt sich die Diskussion um „Rabenmütter" und ein schlechtes Gewissen. So können sie später zu ihrem Kind sagen, ich *musste* dich weggeben. Das wird hoffentlich nicht ein Beweggrund der (nicht nur) deutschsprachigen Länder sein, immer mehr Mütter zu einer Fremdbetreuung ihres Kindes zu zwingen.

Ein jedenfalls faktischer Grund ist folgender: Die sogenannten „Humanressourcen" auf männlicher Seite sind weitgehend *erschöpft*. „Oben" gibt es schon seit längerem einen (auch) akuten Facharbeitermangel, der sich mit Migration nicht mehr gänzlich ausgleichen lässt. Viele Väter werden zur Erfüllung der gesetzlich festgelegten Unterhaltsleistung an die getrennt lebenden Kinder („Anspannungsgrundsatz") beispielsweise in Österreich bis auf ein „Existenzminimum" von 640 Euro oder sogar 460 Euro im Monat gepfändet. Da kann heute kein Vater mehr (über-) leben, viele flüchten in Alkohol, manche werden obdachlos, gelegentlich kommen Suizide vor und einige flüchten ins Ausland. Wobei sich nicht nur in dieser Sache auch die Frage stellt, wie enorm ist eigentlich schon die Entfremdung von Politik *und* Justiz von der faktischen, gesellschaftlichen Realität?

„Unten" geht es vielen *Jungen* auch schon *nicht mehr gut*. Ein Großteil der im einleitenden Essay (Der *stumme* Schrei) angeführten Auffälligkeiten, wie ADHS, Adipositas, Kriminalität, Drogenproblematik, Schulprobleme und ähnliches betrifft signifikant häufiger Jungen als Mädchen. Was jede Hebamme weiß: Jungen sind biologisch das schwächere Geschlecht. Probleme während der Schwangerschaft als auch nachgeburtlich treten statistisch wesentlich häufiger bei Jungen als bei Mädchen auf. Auch jede Mutter mehrerer Kinder weiß, dass Jungen in der Regel länger körperliche Nähe brauchen, als vergleichsweise Mädchen, die zumeist früher motorische Schritte setzen. Das ist keine Frage von „besser" oder „schlechter", sondern einfach Biologie, und irgendwann sind alle von alleine am gleichen Stand, wenn man nicht eingreift und „herumzieht".[14]

Weiters ist durch Psychologie wie auch Pädagogik längst belegt und vielfach publiziert, dass unser „gestriges" Regel-Schulsystem Jungen nicht nur benachteiligt, sondern dass es (vor allem in der Grundschulzeit) ihrem inneren Entwicklungsplan in keinster Weise entspricht. *Das* ist der eigentliche und selten diskutierte Grund, warum laut fast allen PISA-Studien der letzten 15 Jahre, gleich von welchem Kontinent(!), Jungen durchschnittlich schlechtere Schulbzw. „Leistungsergebnisse" vorweisen als Mädchen.

Homo sapiens werden nun einmal in Mädchen und Jungen unterschieden und ihm nicht nur ein XX und ein XY Chromosomenpaar mitgegeben. Zudem hat uns die Wissenschaft bewiesen, dass wir alle ein einmaliges Genom und einmaliges Gehirn besitzen, das sich geringfügig von allen anderen Menschen unterscheidet. Das ist seit mehr als 30.000 Jahren so, wie auch, dass jeder Mensch äußerlich *einzigartig* ist. *Unsere (intelligente) Evolution baut auf Unterschiedlichkeit und Vielfalt auf, nicht auf Gleichheit.* Wieso verschwenden wir dann in den Schulen (und nicht nur dort) so unglaublich viel Energie, alle Sapiens gleich zu machen? – Was völlig wider der Evolution und Biologie ist. Weil *Macht* (und Religion/Ideologie) nicht nach Natur, nach Verstand, und auch nicht nach Vernunft fragt.

Zudem fehlen Jungen (und Mädchen) seit Jahrzehnten die aus entwicklungspsychologischer und neurobiologischer Sicht so notwendigen männlichen (positiven) Vorbilder, Autoritäts- und Beziehungspersonen. Die Antwort darauf? Seit ein paar Jahren wird diskutiert und angeregt, den männlichen Anteil an Betreuern in Kindergarten und Grundschulen zu erhöhen. Wie eine RTL Dokumentation zeigt, werden dann oft die männlichen Erzieher, die bereit sind in einem Kindergarten zu arbeiten, von den Kolleginnen gemobbt.[15]

Warum setzt Man(n) *und* Frau nicht alles daran, dass Kinder im Alltag und ihrem Leben wieder gleichwertigen Kontakt zu ihrem Vater, dem wichtigsten männlichen *Vorbild* erhalten, wie beispielsweise durch die rechtliche Verankerung und Durchsetzung der Doppelresidenz?[16] Wie viel sind unsere Kinder eigentlich den Frauen wert, die in den europäischen Ländern ja zwischenzeitlich (fast) die alleinige Macht im Aufziehen unserer Kinder bis etwa dem zehnten Lebensjahr haben?

Seit vielen Jahren fordert nicht nur die Wirtschaft, sondern auch noch die Standesvertreter und Vertreterinnen der Familien und Frauenpolitik aller Parteien, dass *alle* Mütter spätestens nach einem Jahr „Kuschelpause" mit ihrem Kind durch Vollzeit die Frau auf dem Arbeitsmarkt stellen soll. Die arbeitsfähigen, arbeitswilligen, gut (fach-) gebildeten und auch noch gesunden Männer werden schon seit längerem immer weniger. Wieso sollen aber jetzt gerade die weiblichen „Humanressourcen" auch noch am Billiglohn-Markt verheizt (Pardon: optimal genützt) werden? „Deutschland wird nur erfolgreich sein, wenn seine Köpfe frei sein können und sich nicht um die Kinderbetreuung sorgen müssen." So einmal ein Manager im HANDELSBLATT. Nur wie viel verdienen die Mehrheit der Mütter, die ihr Kind in die bekanntermaßen überwiegend mangelhaften Krippen geben sollen? Durchschnittlich 1.200 Euro (Netto) im Monat. Soviel wie ein Krippenplatz dem Steuerzahler etwa kostet, und ein Geld, dass Mütter (und Väter) auf keinen Fall selbst bekommen sollen, damit sie ihr Kleinkind selbst betreuen und begleiten. Weil sie alle „Erziehungsdilettanten" sind? Das alles hat nichts mit gesundem Menschenverstand oder mit einer humanen Gesellschaft zu tun, das alles hat auch nichts mit dem Feminismus (im ursprünglichen Sinn) und dem „modernen Rollenbild" der Frau oder „Frühförderung" zu tun, woran noch einige Journalisten und Autoren scheinbar glauben. Es geht nur noch um reinen Turbo-Kapitalismus und den „Neoliberalismus", Pardon: Ökonomie.

Oder hat vielleicht (nicht nur) die Politik schlicht Angst vor der Wahlfreiheit ihrer Bürger? Ich bin überzeugt: Gäbe man Eltern die *echte* Wahlfreiheit (1.200 Euro Betreuungsgeld oder Bedingungsloses Grundeinkommen), um ihr Kind die ersten drei Lebensjahre (oder auch länger) überwiegend selbst zu begleiten, würden mit der Zeit einige „Nebeneffekte" eintreten. – Die Anzahl der Eltern, die ihr Kind länger familiär begleiten, würde vielleicht auf bis zu 20-25 Prozent und jedenfalls die Geburtenzahlen auf zumindest die „Reproduktionsrate" von 1,5 Kind pro Frau steigen. Wir hätten vor allem wieder mehr artgerecht sozialisierte, glücklichere und somit wieder gesündere Kinder, wovon die gesamte Gesellschaft, auch die Kinderlosen, langfristig profitieren würden. Letztlich ist es ein und offenbar alles (auch politisch) bestimmender Teil der Wirtschaft, der die Mütter so rasch wie möglich wieder an den Arbeitsplatz zurückgekehrt sehen will. Das gegenwärtige finanzgetriebene und Humanressourcen ausbeutende Wirtschaftssystem kann seinen auch „notwendigen"

Bedarf an „Lohnsklaven" zunehmend nur noch durch Migranten und Frauen (Müttern) befriedigen.

„'Es ist endlich an der Zeit', sagte dazu die EU-Kommissarin Reding klipp und klar, ‚in Deutschland und überall in Europa das ausgebildete weibliche Talent, das zur Verfügung steht, auch einzusetzen'. Das nicht zu tun komme einer ‚Wirtschaftsschädigung' gleich. Die Frau wird jetzt zur richtigen Frau, indem sie in der Arbeitswelt den effektiveren Mann abgibt."[17]

Wenn nahezu alle Kinder früh und über die ganze Kindheit durch „Experten" fremdbetreut werden, hat die Gesellschaft „die Möglichkeit, die künftige Generation mit dem geringsten Verbrauch an Kräften und Mitteln am erfolgreichsten zu erziehen. Hunderte, Tausende, Millionen Mütter werden durch die Verwirklichung der gesellschaftlichen Erziehung für die Produktion und für ihre eigene kulturelle Entwicklung frei." Dieses Zitat könnte auch aus dem Munde einer EU-Kommissarin (gleich welcher Parteifraktion), eines OECD Delegierten oder Managers sein. Es ist aber der „populären Erläuterung des Programms der kommunistischen Partei Russlands" aus dem Jahre 1920 entnommen.[18]

Wenn es um die *Vormacht* über das *Kind* (und *Menschen*) geht, dann reichen sich am Beginn des 21. Jahrhunderts in Europa und den USA (und nicht nur dort) alle die Hand. Rechts-Nationalisten, Kommunisten, Kapitalisten, Linke, Konservative, Grüne und viele Eltern und Kinderlose.

Die Personengruppe *Mütter* von Kindern bis zum *sechsten* Lebensjahr macht beispielsweise in Deutschland wie auch in Österreich nur noch einen Anteil von etwa acht Prozent an der Gesamtbevölkerung aus! Warum sollen gerade die wenigen Mütter, die das Land noch hat, durch Zwang (finanzielles Aushungern) auf einen Arbeitsmarkt, auf dem die Arbeitsplätze bekanntlich immer weniger werden? Abgesehen davon: „Statistisch bringt Frau jedoch immer weniger Kinder zur Welt, je mehr sie beruflich tätig ist und je höher sie auf der Karriereleiter steigt. Damit ist das Dilemma perfekt."[19] Das „Dilemma" fasst eine andere Autorin aktuell so zusammen: „In den letzten Jahren verstärkt sich das Bestreben, das „heteronormative Paradigma" der Geschlechter aufzulösen, also Mann und Frau nicht mehr als konstituierendes Prinzip des Menschseins anzuerkennen. Im postfeministischen Dekonstruktivismus (von den Kritikern als Genderismus bezeichnet) sollte das Geschlecht frei wählbar sein – unabhängig von Sozialisation und Biologie. Alle Formen der sexuellen Orientierung sollten in allen Belangen gleichgestellt und sichtbar gemacht werden (Ehe- und Adoptionsrecht für homosexuelle Paare, etc.). Um diesen gesellschaftlichen Wandel in so kurzer Zeit zu erzielen, wurden immer mehr Fakten der Ideologie unterworfen: Die massiven Bestrebungen, Frauen und Männern nicht nur gleiche Rechte und Chancen einzuräumen, sondern sie vollkommen gleich zu stellen, bewirkten eine Marginalisierung von Schwangerschaft, Mutterschaft und Stillzeiten. Der Begriff Dyade (die enge und ausschließliche Verbindung von Mutter und Neugeborenem) wird in der Psychologie nicht mehr erwähnt. Die wissenschaftliche These lautet heute: Die biologische Mutter sei nicht so wichtig, denn ein Kind könne von Anfang an von jedem Menschen gleichermaßen betreut werden. Menstruation und Menopause sind aus der Diskussion über biologische Unterschiede verschwunden – man erwartet, dass Frauen die damit verbundene Leistungsminderung in Eigenverantwortung mit Hilfe von Therapien, Medikamenten oder Operationen im Griff haben (Stichwort: social freezing). Propagiert unter dem Aspekt der Freiheit und finanziellen Selbstständigkeit für Frauen wurden beispielsweise die – von der Arbeiterbewegung hart erkämpften – Schutzzeiten für Frauen verkürzt, das Verbot der Nachtarbeit und schwerer körperlicher Arbeit wurde aufgehoben. Diese Regelungen werden heute als frauendiskriminierend betrachtet. Die Care-Arbeit in den Familien wurde abgewertet – rechtlich und ideologisch. Dies alles, um die Frauen dem Arbeitsmarkt möglichst dauerhaft (und günstig) zu Verfügung zu stellen. (...) Es wird in der wissenschaftlichen und medialen Kommunikation nur noch von Betreuungspflichten gesprochen, nicht jedoch von Betreuungswünschen. Dies führt zu einer auf niedrigem Niveau (1,3 Kinder/Frau) stagnierenden Geburtenrate."[20]

Das alles führte zu weiteren fatalen Entwicklungen: In Deutschland (wie in Österreich und einigen anderen westlichen Ländern und vor allem in den Industrienationen) bekommen heute mehrere Kinder vorwiegend nur noch zwei sozioökonomische Gruppen: „die, die es sich leisten können, weil sie viel Geld haben' (die Oberschicht also), und die, ‚die es sich leisten können, weil sie viel Zeit haben (wenig qualifizierte Frauen ohne Aussicht auf Karriere)'. Tatsächlich werden gerade dort, wo Versorgungspflichten mit den Anforderungen des Arbeitsmarkts am meisten kollidieren – also in der gebildeten Mittelschicht -, kaum noch Kinder geboren."[21] Damit folgen wir in Europa etwa 15 bis 25 Jahre zeitversetzt einer der vielen gesellschaftlichen Entwicklungen, die in den USA ihren Anfang nahm.

Während in Europa 1960 noch etwa 70 Prozent der Kinder zuhause mit Hilfe einer Hebamme geboren werden, wird in den USA die Kaiserschnittentbindung von Jacqueline Kennedy („Jackie") medial gefeiert. Der „Kaiserschnitt-

Boom" hat 1960 in den USA längst die Oberschicht erfasst und setzt sich bald auch in der Mittelschicht durch. Sogar der SPIEGEL (Ausgabe 50) berichtet groß vom „Caesaren-Wahn" in den USA. Zwanzig Jahre später, 1980, liegt die Kaiserschnittrate in Deutschland schon bei zehn Prozent, in den 1990er Jahren bei zwanzig Prozent und finden bereits über 90 Prozent der Geburten im Krankenhaus statt.

Als die Bücher des amerikanischen Pädagogen und Medienwissenschaftlers Neil Postman von den 1980er Jahren an deutschsprachig erschienen, reagierte man im deutschen Feuilleton weitgehend mit Reserviertheit. Das *Verschwinden der Kindheit* ist längst auch in „Old Europe" faktische Realität. Und auch das „Verschwinden der Mehrkindfamilie" und der drastische Rückgang von Geburten in der „Mittelschicht" nahm unter allen westlichen Industrienationen zuerst in den USA seinen Anfang, ganz stark ab den 1990er Jahren.

Heute ist die „Mittelschicht" in den USA eine Minderheit und sie schwindet und schwindet. In keinem westlichen Land und weltweit ist gegenwärtig die Schere zwischen „arm und reich" so groß, wie in den USA. „Arm" hat zudem jenseits des Atlantiks (noch) eine andere Qualität als in Europa. – Millionen Menschen sind nach wie vor nicht nur ohne Krankenversicherung, sondern auch *obdachlos*, davon 2014 etwa 2,5 Millionen *Kinder*! Man braucht kein Prophet und kein „Kulturpessimist" sein: Bei gegenwärtiger Entwicklung könnte der Befund der USA (Massenarmut/Verschwinden der Mittelschicht) in spätestens zwanzig Jahren auch in Europa bittere Realität sein. Von der dann ohnehin stark überalterten Gesellschaft und dem „Migrationsproblem" abgesehen. Wir haben Jahrzehnte nicht nur Raubbau an unserem Familienwesen, sondern auch mit Menschen anderer Kulturen betrieben. In dem Dokumentarfilm *Let´s make money* sagt bereits 2008 Francis Cogolo, Leiter einer halbstaatlichen Baumwollgesellschaft: „Wenn wir keine Baumwolle mehr machen können, dann wird jeder Afrikaner nach Europa auswandern. Wir haben keine andere Wahl. Wir werden bei euch einfallen, mit Sicherheit. Wenn wir auswandern, können sie ruhig 10 Meter hohe Mauern bauen. Wir werden trotzdem nach Europa kommen."

Bei einer Gesamtbevölkerung von 81,3 Millionen gab es in Deutschland 2014 rund 8,1 Millionen Familien mit minderjährigen Kindern (unter 14 Jahre). Davon sind rund 4,3 Millionen Familien mit einem Kind, 2,9 Millionen mit zwei Kindern, und 867.000 mit drei und mehr Kindern (Mehrkindfamilien).

Die Einkind-Familie hat in vielen „europäischen" Ländern die deutliche Mehrheit erreicht. Die Mehrkind-Familie ist zur *Minderheit* geworden. Ihr Anteil an der Gesamtbevölkerung beträgt nur noch etwa sieben bis acht Prozent! Tendenz seit langem weiter sinkend. Dafür steigt seit längerem nicht nur die Zahl der Millionäre, sondern auch der Autos und Haustiere. *In Deutschland gibt es viermal so viele Fahrzeuge (43,8 Mill.) und dreimal so viele Haustiere (ca. 31 Mill.) als Kinder. Während 2014 der Umsatz für Heimtierbedarf (Futter und Zubehör) bereits ca. 4,44 Milliarden beträgt, ist bereits jedes fünfte Kind in Deutschland armutsgefährdet.* Die Zahlen sind für Österreich frappant ähnlich. Bei einer Gesamtbevölkerung von etwa 8,5 Millionen Einwohnern gab es 411.000 Einkind-Familien, 269.000 Zweikind-Familien und 81.000 Mehrkind-Familien. Eine kleine Differenz gibt es lediglich bei der Anzahl von Fahrzeugen. In Österreich gibt es etwa 7,5-mal so viele Fahrzeuge wie Kinder.[22]

Im Jahr 2009 züchteten die Europäer 1,9 Milliarden Hühner, um deren Fleisch und Eier zu verzehren. Weltweit zählen wir etwa 20 Milliarden Hühner und 1,5 Milliarden Kühe und Rinder. Der vor allem gestiegene Fleischkonsum des Sapiens hat zu folgendem Kräfteverhältnis der weltweiten Biomasse großer Tiere (die mehr als ein paar Kilogramm wiegen) geführt: Große Wildtiere – 100 Mio. Tonnen, Menschen – 300 Mio. Tonnen, Domestizierte Tiere – 700 Mio. Tonnen. Kinder haben im wahrsten Sinn des Wortes keinerlei Gewicht und sie spielen auch inzwischen keine Rolle mehr. Sie sind aus dem Blickfeld und dem Bewusstsein des Sapiens nahezu vollkommen verschwunden. Was ihnen alleine (wie zahllosen „Nutztieren") bleibt, ist der stumme Schrei.

Der Anteil der *Familie* an der Gesamtbevölkerung, alle Mütter, Väter und Kinder bis zum 14. Lebensjahr (unabhängig welche „Familienform") beträgt nur noch etwa 30-35 Prozent! (Das gilt für alle Industrienationen und viele „europäische" Länder.) Nur noch etwa zwanzig Prozent der Wohnbevölkerung in Österreich ist unter 20 Jahre alt, in Deutschland sind es aktuell (2014) etwa 18 Prozent. Bekanntermaßen gehen in den beiden Ländern in den nächsten Jahrzehnten die Geburtenstarken Jahrgänge der 1960er und 70er Jahre in Pension und wird sich die Zahl der Kinderlosen und Alten weiter ausbauen. Das in Japan seit vielen Jahren bereits mehr Senioren- als Babywindeln gebraucht werden, könnte auch in vielen Teilen Europas, früher oder später, faktische Realität werden.

Die gegenwärtige Kinder- und Familienarmut hat also viele Gesichter. In Island können seit Jahren beide Elternteile bei 80 Prozent des letzten Monatslohnes, individuell gestaltet, abwechselnd drei Jahre in Karenz gehen. Es hat mit 2,2 Kindern pro Frau die zweithöchste Geburtenrate Europas. 80-90 Prozent der Väter gehen in Karenz, was derzeit weltweit einmalig ist.

In Island und einigen anderen, nicht nur skandinavischen Ländern, verbeißt man sich auch nicht in einen sich immer weiter intellektuell und ideologisch verengenden „Geschlechterkampf" und in eine ebenso immer verengende und schon gefährliche (weil die Gemeinschaft spaltend) Erziehungs-, Schulreform- und Bildungsdebatte, in der man Eltern pauschal auch noch unterstellt, sie seien Erziehungsdilettanten. Die skandinavischen Länder wie auch Kanada sind (außer den länger schon migrationsstarken Ländern wie die USA, Großbritannien und Frankreich) die einzigen westlichen und europäischen Länder, die ein Absinken und eine Halbierung der Geburtenraten von Mitte der 1960er Jahre an bis heute – unter 1,5 Kinder pro Frau – verhindern konnten. (Was sich gegenwärtig jederzeit ändern kann.) Einige dieser Länder fingen schon in den 1980er Jahren mit wirklich grundlegenden Reformen und einer Neudefinition des staatlichen Schulsystems an, mit Einbindung der Eltern. Ebenso nahm man in diesen Ländern politisch eine Aufwertung oder zumindest Wertschätzung der Elternschaft (Mutter und Vater!) vor. Eltern bekommen in diesen Ländern auch die Möglichkeit der *weitergehenden gesellschaftlichen Teilhabe.*

Vielleicht hat man sich in diesen Ländern (eher) einer der wichtigsten Fragen unserer Zeit gestellt: Wachsen unsere Kinder überhaupt noch *artgerecht* auf? (Siehe ergänzend Interview mit Imme Winter)[23]

Als das Kind Kind war,
ging es mit hängenden Armen,
wollte der Bach sei ein Fluss,
der Fluss sei ein Strom,
und diese Pfütze das Meer.

Als das Kind Kind war,
wusste es nicht, dass es Kind war,
alles war ihm beseelt,
und alle Seelen waren eins.

Als das Kind Kind war,
hatte es von nichts eine Meinung,
hatte keine Gewohnheit,
saß oft im Schneidersitz,
lief aus dem Stand,
hatte einen Wirbel im Haar,
und machte kein Gesicht beim fotografieren. (...)

Als das Kind Kind war,
würgte es am Spinat, an den Erbsen, am Milchreis,
und am gedünsteten Blumenkohl,
und isst jetzt das alles und nicht nur zur Not. (...)

Als das Kind Kind war,
genügte ihm als Nahrung Apfel, Brot,
und so ist es immer noch.

Als das Kind Kind war, (...)
wartete es auf den ersten Schnee,
und wartet so immer noch.

Peter Handke
(Auszug aus *Lied vom Kindsein*)

7

Vom Verschwinden der *artgerechten* Kindheit und Familie

„'Haltungseinrichtungen müssen eine Fläche von mindestens 2,5 Quadratmetern aufweisen, auf der die Legehennen sich ihrer Art und ihren Bedürfnissen entsprechend angemessen bewegen können. Sie müssen so ausgestattet sein, dass alle Legehennen artgemäß fressen, trinken, ruhen, staubbaden sowie ein Nest aufsuchen können.' Soweit § 13 der Haltungsverordnung für Legehennen. Es scheint mir dringend geboten, dass wir die Frage nach der artgerechten Umwelt auch für die andere Seite der Gitterstäbe stellen: Welche Umwelt brauchen Kinder, um ihre menschlichen Potenziale zu entfalten?"[1]

Dank einer unermüdlichen Umwelt- und Tierschutzbewegung über Jahrzehnte gibt es einen zunehmend auch rechtlich festgeschriebenen Artenschutz für Tiere, und entscheidender noch, gesellschaftlichen Bewusstseinswandel. Warum gibt es für die in den westlichen Ländern am meisten bedrohte „Spezies", dem Homo sapiens, keinen *Artenschutz*? Die Frage ist keine polemische und nicht nur angesichts der Geburtenzahlen berechtigt. Die so heftig beklagten „Defizite" unserer Kinder betreffen Psyche und Physe. Schon unsere Kinder werden immer kränker!

Ein zunehmend größerer „Markt" an Ärzten und Therapeuten sichert seine Existenz mit unseren „auffälligen" Kindern. Ist Kindheit heute eine, die dem Namen *Kindheit* noch gerecht wird und ihn überhaupt noch verdient? Bekommen unsere Kinder vielleicht zu viel vom „falschen" und zu wenig vom „richtigen"? Wachsen sie nur noch zwischen „Überbehütung" oder „Überforderung" auf, wie schon so viele Autoren behaupten? Was ist *Kindheit*, zumal es nicht nur ein psychologischer und pädagogischer, sondern auch ein Rechtsbegriff ist. In (nicht nur) den deutschsprachigen Ländern dreht sich seit Jahren angeblich alles ums „Kindeswohl", während gleichzeitig zunehmend mehr Kindern Unwohl in ihrer Haut ist.

Bevor Philippe Ariès sich an die Arbeit seines epochalen Werkes *Geschichte der Kindheit* machte, stellte er sich eine entscheidende und zentrale Frage: Was ist Kindheit heute, was war sie einst? Im Vorwort der deutschsprachigen Ausgabe beschrieb und definierte Hartmut von Hentig 1975(!) Kindheit folgendermaßen: „Kindheit heute ist *Fernsehkindheit*: die Welt (von der die Erwachsenen reden, vor der sie Angst haben, auf die sie warnend hinweisen) erscheint verkleinert, zerstückelt, an- und abstellbar, in absurder Mischung, ohne Zusammenhang in sich und erst recht mit ihr. Dabei ist sie aufregend, extrem, glanzvoll und elend, übertrifft in allem meine kleine erlebbare Umwelt und macht sie *unbedeutend*. Außerdem stimmt wenigstens für die Kinder, was Marshall McLuhan sagt: Das Medium, genauer die Mediatisierung, das Vermitteltsein ist (selber) die Botschaft. Die Inhalte treten hinter der Machart zurück."[2] In den letzten 40 Jahren wurde die „Fernsehkindheit" zu einer *Medienkindheit*. Der Fernseher wurde durch Playstation, Tablet, Notebook und Smartphone ergänzt, und die Zeit, die vor allem Kinder vor dem *Bildschirm* verbringen, hat sich in den letzten Jahrzehnten durchschnittlich verdreifacht. Seit mindestens 30 Jahren gibt es auch wissenschaftlich begründete und fundierte Medienkritik. Seit etwa zwanzig Jahren gibt es zahlreiche fundierte Forschungsergebnisse über die nachhaltigen negativen Folgen des Medienkonsums bei Kindern, speziell bei Kleinkindern. Wieso geht die ganze begründete Medienkritik scheinbar seit Jahrzehnten ins Leere und beginnt der Medienkonsum immer früher und wird immer exzessiver durchgeführt?

„Kindheit heute ist *pädagogische Kindheit*. Die Erwachsenen filtern (in immer größerer Zahl) ihre Taten und Äußerungen gegenüber den Kindern durch das, was sie als ‚die richtige Erkenntnis von der Pädagogik' zu haben meinen; sie agieren und reagieren nicht spontan, nicht aufgrund dessen, was sie selber erfahren haben und darum empathisch beurteilen können, nicht als die Person, die sie sind, auf die Person hin, die das Kind ist. Das Kind ist für sie ein schwieriges Behandlungsobjekt."

Auch an dem, was H. v. Hentig 1975 zur „pädagogischen Kindheit" feststellte, hat sich nichts geändert. Im Gegenteil, von allem wurde für das Menschenkind *mehr*. Mehr Erwachsene (Pädagogen, Psychologen, Therapeuten, Experten) die das Verhalten des Kindes bewerten, analysieren, filtern, ... und das auch noch immer früher. Nicht nur das Krippenkind wird zur „Frühförderung" pädagogisch und entwicklungspsychologisch betrachtet, sondern schon das Baby ist ein „schwieriges Behandlungsobjekt". Das Menschenkind wurde zum „Schadensfall" für nahezu alles und jeden. Für die Schwangerschaft und Geburt (ist nicht „richtig" entwickelt, „liegt nicht richtig") für die Mutterschaft („Karriereknick", „Gläserne Decke") für die Schule („verhaltensauffällig", „Problemschüler"), für Erziehungsexperten („Tyrannen", „ungehorsames Kind"), die Liste ist nicht vollständig. Hat sich durch die *pädagogische, psychologische, bewertende Kindheit* und dem immer mehr davon deshalb der Output „oben" am Ende der (verlängerten) Kindheit verbessert? Die pädagogische und psychologische Kindheit ist ein Bruch innerhalb des Kontinuums der Evolution des Sapiens. Diese *Einstellung* zur Kindheit, die das „Negative" im Wesen des Kindes sucht und betont, statt seine „Stärken" *alleine* beobachtet und fördert, ist „erst" ein paar Jahrhunderte alt, schafft seitdem mehr Probleme als das sie der gesamten Gemeinschaft hilft, und ist: *nicht artgerecht.*

„Kindheit heute ist *Schulkindheit.* Kindheit ist – außer durch die Familie – durch nichts so stark bestimmt wie durch Schule, obwohl man weiß und nachweisen kann, wie gering der Erfolg der Schule, gemessen an ihren eigenen Erwartungen ist. Die Schulkindheit beginnt mit einer Vorschulkindheit: einem zwar spielenden aber doch vorgebahnten, auf Schulfertigkeiten ausgerichteten Lernen. Das ist auch dann der Fall, wenn ein Kind nicht in eine Vorschulklasse oder einen Kindergarten geht. Die Erwartungen an die ‚Idee' von Kindheit zielen prinzipiell darauf. Dies mag menschenfreundlich und klug gedacht sein – vorausgesetzt, dass die Schule notwendig ist. Schule heißt ihrerseits: vorgeschriebene Gegenstände, Verfahren, Zeitabläufe, Verhaltensweisen und vor allem eine eigentümliche Konfiguration von Personen – 30 Gleichaltrige und ein Erwachsener. Und der Erwachsene ist ein Lehrspezialist, der nur für Kinder nützlich und wichtig ist und für alle anderen Menschen entbehrlich (wie viele der Gegenstände auch, die er lehrt)."

Die fundamentale Schulkritik H. v. Hentig wurde in den letzten 40 Jahren international mit hunderten Büchern erweitert, präzisiert, differenziert und auch: radikalisiert. Sie ist längst wissenschaftlich fundiert und begründet. Dennoch wurde die Zeit, die das Menschenkind in dieser Schule verbringt, *mehr*. Hat sich deshalb der Output „oben" am Ende des Bildungssystems verbessert?

„Zerfallene Schulgebäude sagen uns, wie müde sie sind. Die Gewalt in unseren Schulen mahnt uns, dass wir mit dem was wir ‚lehren' nennen, aufhören sollen. Der traurige Stand der öffentlichen Diskussion zeigt uns, dass die Vorstellungskraft unserer Bürger von der verzweifelten Wirkungslosigkeit der Schulen verhöhnt wird."[3] Das „Lernen" des Kindes über die gesamte Kindheit *getrennt vom wirklichen Leben* ist evolutionsgeschichtlich betrachtet vollkommen artfremd. Die (staatliche) Pflicht-Regelschule für alle ist einer der gravierendsten gesamtgesellschaftlichen Probleme seit Jahrhunderten und die größte künftige Gefahr für den Fortbestand einer friedfertigen, gerechten, humanen, gesunden, sozialen *und* gebildeten Gesellschaft und Gemeinschaft. Sie ist auch eine der größten Feinde einer auf Nachhaltigkeit statt auf Konkurrenz bedachten Gemeinschaft. Die „gestrige" Regel-Schule ist vor allem der größte Feind des hoch begabten, gesunden und sozial veranlagten Menschenkindes. Dennoch halten vor allem die Politiker an ihr fest, was ihre Schattenseiten ins Groteske vergrößert.

Mit „Krippenbildung" und Ganztagesschule (die derzeit fast alle wollen), während gleichzeitig eine Mehrheit die Schule (und ihre Sinnhaftigkeit) kritisiert, werden die Probleme noch vielfältiger und schwerwiegender werden. Die *Schule* ist in vielen westlichen Ländern (und nicht nur dort) das größte *Paradoxon* der „modernen" Gesellschaft. – Sie ist auch *nicht artgerecht*.

„Kindheit heute ist *Zukunftskindheit*. Sie wird nie ganz in der Gegenwart gelebt, ist immer auf morgen, auf die (von anderen) geplante Welt bezogen, auf das Zeugnis am Jahresende, auf den Numerus clausus, auf den Beruf und den Arbeitsplatz – und auf alle Anforderungen, Vorstellungen, Maßstäbe, die dann gelten werden, aber jetzt noch nichts bedeuten."

Auch davon wurde in den letzten Jahrzehnten *mehr*. Das Menschenkind hat seinen zehntausenden jahrelangen Status als „Subjekt" vollkommen verloren. Es ist nur noch „Objekt" unserer Projektionen und Vorstellungen von dem was wir *glauben*, seine „Zukunft" ist, oder wie sie zu sein hat. Diese „Zukunft" kann es sich weder frei wählen, noch darf es dabei mitgestalten. Die „Zukunftskindheit" entspricht auch dem, was heute einige Autoren als die vollkommene „Verzweckung der Kindheit" bezeichnen. Die „Zukunftskindheit" ist evolutions- und menschengeschichtlich betrachtet ebenso *artfremd*. Der Mensch gewährte dem kleinen Homo sapiens über zehntausende Jahre eine *echte* oder reine Kindheit (bis etwa dem 6./7. Lebensjahr), ehe man ihn in die Welt der Erwachsenen – ihrer Vergangenheit (Kultur), ihrer Gegenwart (Arbeit) und ihrem Streben nach einer besseren Zukunft – einführte. *Kindheit heute ist eine ohne Kindheit.* Ca. 7.000.000 (sieben Millionen!) Jugendliche in Deutschland und ca. 70.000 (Siebzigtausend!) in Österreich jährlich (und nicht nur dort) sind strukturelle Analphabeten. Nach Abschluss der (langen) Pflichtschulzeit, wohlgemerkt! Sie mahnen uns, in diesem Jahrhundert endlich einen anderen Weg zu gehen.

„Kindheit heute ist in der Tat *Kinder-Kindheit*. Das Kind lebt in seiner Altersgruppe oder mit Erwachsenen, die sich zu ihm pädagogisch: zu einem Kind verhalten. Wir sind an die Schulklasse voller Gleichaltriger so gewöhnt, dass wir die Ungeheuerlichkeit, ja den pädagogischen Widersinn, der in der strengen Altershomogenität liegt, gar nicht mehr wahrnehmen – was es bedeutet, wenn man niemanden über sich hat und niemanden unter sich und die kleine Differenz auf einmal zur großen, beherrschenden wird."

Nicht nur H. v. Hentig, sondern dutzende Pädagogen und Psychologen haben weltweit in den 1960er und 70er Jahren auch schon wissenschaftlich begründet von den gravierenden negativen Folgen der gleichaltrigen Gruppen gewarnt. – Was haben wir gemacht? Seit Mitte der 1970er Jahre hat sich die Zeit, die Kinder in gleichaltrigen Gruppen durch Ganztages-Betreuung, flächendeckenden Kindergartenbesuch und Krippe um durchschnittlich 30 bis 40 Prozent erhöht! Tendenz (noch) steigend! In fast schon Schizophrenie beklagen wir heute die zunehmend mangelnden „sozialen Kompetenzen" unserer Kinder. Die *Gleichaltrigen-Kindheit* ist *artfremd*!

Eine ganze (lange) Kindheit sperren wir heute unsere Kinder in (zu große) Gruppen Gleichaltriger filetiert und in Relation dazu in viel zu kleinen Gebäuden ein. Würden wir die Maßstäbe, Grundlagen und Verordnungen für die *biologische* Landwirtschaft und Tierzucht auch für das Aufwachsen des Menschenkindes dort einfordern, wo es inzwischen die überwiegende Zeit seiner Kindheit verbringt, in den staatlichen Bildungsreservaten, so müssten derzeit vermutlich ca. 50 Prozent davon sofort schließen. Wieso haben Tiere zunehmend ein Recht auf artgerechten und ausreichenden Bewegungsraum, aber das Menschenkind nicht? Human ist das jedenfalls nicht.

„Kindheit heute ist eine *Stadtkindheit*, eine Kauf- und Verbrauchskindheit, eine Spielplatzkindheit, eine Verkehrsteilnehmerkindheit. Ihr fehlen elementare Erfahrungen: ein offenes Feuer machen, ein Loch in die Erde graben, auf einem Ast schaukeln, Wasser stauen, ein großes Tier beobachten, hüten, beherrschen… Das Entstehen und Vergehen der Natur, die Gewinnung und Verarbeitung von Material zu brauchbaren, notwendigen Dingen, ein großer, dauerhafter, bedeutender Streit, der nicht bloß persönlicher Zank ist, der Ernstfall, der nicht Fiction oder Katastrophe ist, werden dem Kind – wie den meisten

Erwachsenen – vorenthalten. Die Erwachsenen haben immerhin ihren Beruf, ihre Geld-, Zukunfts-, Erziehungssorgen, und mehr Abenteuer *wollen* sie meist nicht. Das Kind dagegen kann sich Bewährung und Risiko nur einbilden oder erlisten: durch Zerstörung und mutwilligen Verstoß gegen die Regeln, die Erwartungen und die Vernunft."

Auch daran, was H. v. Hentig 1975 feststellt, hat sich nichts geändert. Der Raum und die Möglichkeiten, die Kinder für die so notwendige *Eigenerfahrung* brauchen, haben sich sogar drastisch weiter verringert. Ergänzen wir die Aussagen von ihm mit folgenden Feststellungen, die Herbert Renz-Polster ca. 40 Jahre später in *Menschenkinder* trifft, so können wir heute von einer *bedrohten Kindheit* und einer *Gebäude-Kindheit* sprechen: „Ein Drittel der Kinder im Kindergarten kann heute keinen Purzelbaum mehr schlagen. Der Grund: Es fehlt ihnen an Gelegenheiten, Purzelbäume zu erlernen. Nach einer britischen Studie ist der Raum, den Kinder zum Spielen im Freien nutzen können, seit den 1970er-Jahren um 90 % zurückgegangen. In einer Untersuchung aus Deutschland spielten noch 1990 fast drei Viertel der deutschen Kinder zwischen sechs und 13 Jahren täglich im Freien, 2003 waren es weniger als die Hälfte. Und dann wird über die Ungeschicklichkeit der heutigen Kinder hergezogen oder ihr Übergewicht beklagt! Noch deutlicher wird der Trend, wenn man weiter in die Geschichte schaut. Von Kriegs- und den Umbruchzeiten der industriellen Revolution einmal abgesehen war der normale Lebensraum der Kinder die Welt dort draußen. Nicht rauszukönnen wurde als Strafe empfunden. Heute stellt sich immer öfter die Frage nach dem Wohin. Lässt man den Zeitraffer laufen, so wurden den Kindern zuerst die Wälder genommen, danach die Wiesen, die Hinterhöfe, die Brachflächen, dann die Straßen, Gassen und Gärten. Und schließlich noch die Zeit selbst: Nach Erhebungen des Soziologen John Sandberg hat sich die Freizeit der US-amerikanischen Kinder zwischen 1981 und 1997 um ein Viertel verringert. Und die gelten gegenüber den Kindern in Shanghai noch als wilde Kerle. Michael Ende hat in *Momo* kein Märchen erzählt: Da gibt es jemand, der den Kindern die Zeit stiehlt!"[4]

Dieser „Jemand", der größte Feind des Menschenkindes, sind die (zunehmend auch kinderlosen) Erwachsenen und die sind „auf dem Vormarsch. Unbeaufsichtigte Spielräume für Kinder sind selten geworden (sie sind zu einem großen Teil ins Internet umgezogen). Für die reale Welt aber gilt: Wo immer Kinder sind, sind Erwachsene schon da – mit Regeln, Zielen, Anleitung, pädagogischen Programmen, Bewertungen, Aufmunterung und Belohnungen. Und mit guten Ideen: Die Sternstunden der Kindheit buchen sie jetzt in einem

Erlebnispark. Und aus dem Kinderspiel haben sie gleich eine eigene Fachrichtung gemacht, die ‚Spielpädagogik' (deren Motto lautet, ganz ernsthaft: Spielen will gelernt sein!)."

Artgerecht...

Kinder in Sa Pa, Vietnam
© Anna Aleksandrova

Zu Herbert Renz-Polsters Feststellungen einen weiteren Aspekt, den Peter Gray „ins Spiel" bringt: „Mir scheint es, als sei der Rückgang im Draußenspiel der Kinder in erster Linie auf die größere Ängstlichkeit der Eltern und andere (...) gesellschaftliche Veränderungen zurückzuführen, die die Möglichkeiten, draußen frei zu spielen, eingeschränkt haben. Zur Zunahme von Computerspiel scheint es aus zweierlei Gründen gekommen zu sein. Erstens sind die Spiele tatsächlich unterhaltsam und werden immer unterhaltsamer, je weiter die Technik voranschreitet und je mehr Gedanken in die Produktion solcher Spiele fließen. Zweitens hat sich die virtuelle Welt zu einem Rückzugsort entwickelt, an dem viele Kinder noch frei sein können, während sie in der wirklichen Welt zunehmend von Erwachsenen überwacht und kontrolliert werden. Ein Neunjähriger, den man vielleicht nicht einmal allein bis zum Laden an der Ecke gehen lässt, darf sich in eine spannende virtuelle Welt voller Gefahren und Freuden begeben und darf sich dort frei bewegen. Wenn man Kinder in Fokusgruppen oder Umfragen fragt, was ihnen an Videospielen gefällt, dann sprechen sie in der Regel über Freiheit, Selbstbestimmung und Können."[5]

Der Mensch war immer ein Spielender. Die ersten, die in den *natürlichen* Spieltrieb der Menschenkinder eingriffen, ihn versuchten zu verbieten oder zu reglementieren, waren die kirchlichen Moralisten und Vorläufer der staatlichen Pädagogen. „Inzwischen schlägt sogar der weltweit renommierteste Verband von Kinderärzten, die *American Academy of Pediatrics*, Alarm. Der Verband, der sonst eher über Leukämie und Keuchhusten informiert, fühlt sich veranlasst, zur ‚Rolle des kindlichen Spiels' Position zu beziehen – und wissenschaftlich zu begründen, warum ein Mangel an Spiel die kindliche Entwicklung in ihren Grundfesten bedroht. Ja, was haben Kinder eigentlich davon, dass sie spielen?

Von anderen Tierarten wissen wir, dass sie als Junge spielen *müssen*, um sich adäquat zu entwickeln. Hindert man Rattenjunge am Spielen, so bildet sich ihre Großhirnrinde nicht richtig aus und sie sind lebenslang in ihrem Sozialverhalten gestört. Bei Schimpansen ist das ähnlich, da geben gerade die kompetentesten Mütter ihren Kindern beim Spielen den weitesten Raum – und die an der langen Leine erzogenen Kleinen nehmen später den höchsten Rang ein."[6] Beim Menschen ist es seit längerem umgekehrt. Die überwiegende Mehrheit der staatlichen Betreuungs- und Bildungseinrichtungen nehmen die Kinder an die „kurze Leine", damit später ein paar wenige die Masse leichter führen kann.[7] „Vieles spricht dafür, dass das Spiel für den Menschen mit seinem komplexen Entwicklungsprogramm mindestens genauso wichtig ist:

Keine Tierart gibt mehr Energie für das Spielen aus als der Mensch in seiner Kindheit. Selbst unter widrigsten Umständen, wie etwa in den Fabrikhallen der industriellen Revolution oder gar in den Konzentrationslagern der Nazis, fanden Kinder Anlässe zu spielen."[8]

Was der Industriellen Revolution und den totalitären Regimen nicht vollständig gelang, ist in den letzten Jahrzehnten dem langen (staatlichen) Betreuungs- und „Bildungssystem" geglückt. – Dem Kind die wichtigste Voraussetzung zu nehmen, sein gesamtes Reservoir an Kompetenzen und Potenzialen optimal zu entwickeln und zu entfalten: Frei, auch unbeaufsichtigt, ohne Wertung und Regulierung, alleine und vor allem auch *gemischtaltrig* zu spielen.

„Was passiert, wenn dieser Entwicklungsmotor ausfällt? Einen Hinweis gibt die Statistik. Nach einer Meldung im Verbandsjournal der niedergelassenen Kinder- und Jugendärzte erhält in Deutschland fast jedes zweite Kind im Lauf seiner Schulzeit eine Therapie: Mehr als jedes vierte Kind zwischen sechs und 18 muss in die Logopädie, fast jedes fünfte in die Ergotherapie, und ebenso viele erhalten Krankengymnastik. Mindestens eines von zehn wird psychotherapeutisch betreut. (...) Auch das Kinder am besten von Erwachsenen, möglichst sogar von Spezialisten, ‚gefördert' werden, ist zunächst einmal eine reine Behauptung (an der auch so manche Interessen hängen). Ein ungeschicktes, motorisch wenig entwickeltes Kind wird reflexartig zu einem Erwachsenen in die Physiotherapie geschickt."[9] Ein „auffälliges" Kind wird reflexartig zum Psychologen geschickt.[10] „Warum nicht zu anderen Kindern, etwa in einen Waldkindergarten? Ich wette 100:1, dass das Kind nach ein paar Monaten mit seinem Problem durch ist. – Wer hat es ‚therapiert'? Die anderen Mädchen und Jungen."[11]

Dem Educator´s Newsletter zufolge haben in der 1. Klasse noch 80 Prozent der Schüler ein gesundes Selbstvertrauen, während sich bis zur 12. Schulstufe gerade noch 5 Prozent in ihrer Haut wohlfühlen. Der *Luno*-Newsletter meint, dass diese Zahlen die Frage aufwerfen, „ob die Schule nicht das größte uns bekannte Gesundheitsrisiko darstellt".[12]

Man möge sich doch einmal genau anschauen, wie viele Personen so ein Menschenkind in seiner langen fremd-bestimmten und betreuten Schul-Förderungs-Therapie-Kindheit beschäftigt, und wer alleine bis zur Pflichtschulzeit den Preis bezahlt: Die gesamte Gemeinschaft (Steuerzahler) und vor allem das Menschenkind selbst. Der „Output" oben wird immer schlechter und der „stumme Schrei" immer größer. Kindheit ist mehr denn je eine *verwaltete Kindheit*. Über zehntausende Jahre war das Menschenkind „Subjekt", in den letzten Jahrhunderten wurde es für immer mehr Erwachsene zum „Objekt" (die Kinderlosen haben damit angefangen), bis es in unserer postkapitalistischen und gänzlich auf Ökonomie reduzierten Gesellschaft schließlich für immer mehr Personen und Institutionen zur *Ware* wurde, mit denen ganze Berufsgruppen ihr Einkommen finden.[13] Damit das ineffiziente Betreuungs- und Bildungssystem überhaupt möglich ist und „funktioniert", bedarf es der systematischen Schwächung der gesünderen und kostengünstigeren Variante: Der Mehrkind-Familie.

Noch einmal zu Hartmut von Hentig und in die 1970er Jahre zurück: „Kindheit ist heute für immer mehr Kinder *nicht einmal die der Kleinfamilienkindheit,* deren private Idylle uns die Fernseh- und Illustriertenreklame vorgaukelt und die nicht nur von Systemüberwindern an- und beklagt wird, sondern von so verschiedenen und kompetenten Leuten wie Bruno Bettelheim und Erikson (die sie neurotisierend finden), Alva Myrdal (die sie dysfunktional findet) und – Philippe Ariès (der sie anti-gesellschaftlich findet). Urie Bronfenbrenner hat Daten zusammengestellt, denen zufolge 1974 in den USA 45 % der Mütter einem Beruf außer Hause nachgingen, 1970 lebten 10 % aller Kinder unter sechs Jahren in Haushalten ohne Vater, d. h. doppelt soviel wie ein Jahrzehnt zuvor; verdoppelt hat sich auch der Prozentsatz der Kinder aus geschiedenen Ehen; inzwischen erlebt jedes sechste Kind bis zu seinem 18. Lebensjahr die Scheidung seiner Eltern; in den ‚Familien' unterhalb der sog. Armutslinie (definiert als 4000 Dollar Jahreseinkommen für vier Personen!) lebten 1974 45 % aller Kinder in Haushalten ohne Vater; die Arbeit der Eltern (plus Weg dorthin, Einkauf, Haushaltung und andere soziale Verpflichtungen) verschlingt so viel Zeit und Kraft, dass das Kind den größten Teil des Tages (wenn es nicht in der Schule ist) sich selbst, dem ‚TV', einem unbeteiligten Babysitter überlassen bleibt – in einer Standardwohnung, nicht einmal auf der Straße; Väter der Mittelschicht ‚verbringen' im Durchschnitt zwischen 15 und 20 Minuten pro Tag mit ihrem einjährigen Kind; die tatsächliche Sprechzeit dabei beläuft sich auf 37,7 Sekunden; die Zahl der ‚Interaktionen' beträgt 2,7. – Und die Folgen: Day Care Centers (staatliche Kinderkrippen) werden eingerichtet, deren Existenz nicht nur den Eltern/Müttern, die arbeiten müssen, sondern auch denen, die ‚durch ihre Kinder daran gehindert waren', die Kinder abnehmen; die Kinder werden indifferent, zu Liebesbeziehungen, Verantwortung, Ausdauer unfähig; die Schulleistungen fallen zunehmend von Jahr zu Jahr ab."[14] 40 Jahre später gilt dieser Befund aus den USA auch für die deutschsprachigen (und andere) Länder. In vielen Bereichen fällt er sogar deutlich drastischer aus.

Kindheit ist eine zunehmend *Elternlose Kindheit*. Wenn sich heute durch frühe Fremdbetreuung und Ganztages- Kindergarten und Schule (plus Medienkonsum) die tatsächliche und bewusste Interaktion zwischen Eltern und (Klein-) Kindern vielfach unter zehn Stunden pro Woche beschränkt, dann hat das weder etwas mit Elternsein, noch mit Familiensinn zu tun. Man hat das in den letzten Jahrzehnten auch gerne mit „Wohlstandsverwahrlosung" umschrieben, was insofern zu kurz greift, weil alleine der materielle „Wohlstand" in Familien immer weiter (und mit jedem Kind mehr) abnimmt.

Die Mehrheit der Kinder wächst heute in *emotionaler* Verarmung, in gravierendem Mangel an Zeit, Nähe, Zuwendung und persönlicher Unterstützung auf. Allesamt kulturelle Güter, die kostenlos sind. Um es einmal auf den Punkt zu bringen: Auch in vielen „hochentwickelten" westlichen Ländern wächst eine zunehmende Zahl an Menschen-Kinder in Mangel an *Menschlichkeit* auf. Wieder einmal(!) und im Namen einer neuen Ideologie. *Die Mehrzahl der Kinder heute sind Waisen mit Eltern.*

Die vollkommene *Ökonomisierung des menschlichen Lebens* hat in ganzer Wucht den „Zement", den „Kern", die Grundlage des Lebendigen selbst und der Gemeinschaft erfasst: die Familie und das Kind. Bei dem derzeitigen Ist-Zustand zu Kindheit und Familie können sich weder die vielfältigen Potenziale des Menschenkindes entfalten, noch kann es gesund aufwachsen, noch spielt dabei das Gefühl von *Glück* eine Rolle. Ist es nicht das, was wir einer *echten* Kindheit zu allererst schulden?

Sind wir doch endlich ehrlich. Wenn wir Erwachsenen auf unsere Kindheit zurückblicken, stellen wir uns da nicht zumeist primär die Frage: Hatte ich eine *glückliche* Kindheit? Menschen, die diese Frage mit „ja" beantworten können, besitzen nicht nur persönlichen Reichtum, sie dienen in der Regel auch mehr und vielfältiger der gesamten Gemeinschaft und sie sind zumeist (nicht nur menschlich) gebildeter! Die Schwächung, Entwertung und Entfremdung von der (Mehrkind-) Familie erfolgte über Jahrhunderte in einem sehr komplexen Prozess. Einen wesentlichen Anteil dabei trägt die staatliche Massenbeschulung und das immer mehr davon. Zunehmend mehr Eltern leiden darunter, dass sie kaum noch die Möglichkeit haben, ihren Kindern die Vielfalt *kultureller Werte* zu vermitteln, ihnen *Zeit* zu schenken und den Freiraum zu schaffen, *gemeinsames Glück* zu erleben.

„Das Müttergenesungswerk schlägt Alarm: Der Anteil der Mütter, die mit Erschöpfungssyndrom bis hin zum Burn-out in Kliniken kommen, hat sich zwischen 2002 und 2012 um mehr als 30 Prozent erhöht.

Die Vorwerk-Familienstudie 2012 stellt fest, dass deutsche Familien unter Zeitnot leiden und Eltern sich zwischen Beruf und Privatleben aufreiben.

Nach einer repräsentativen Umfrage von 2012 der mittlerweile eingestellten *Financial Times Deutschland* leiden sogar 58 Prozent der Eltern unter handfesten, stressbedingten gesundheitlichen Beschwerden."[15] Die in diesem Kapitel genannten Befunde gelten längst nicht mehr nur für die „führenden Industrienationen".

Jesper Juul hat schon vor Jahren gesagt: Es geht nicht nur den Kindern, sondern auch den Eltern nicht mehr gut. Er war es, der gleich im Titel eines kleinen Büchleins eine der gegenwärtig entscheidensten Fragen aufgeworfen hat: *Wem gehören unsere Kinder? Dem Staat, den Eltern, oder sich selbst?* Statt einer in jeder Hinsicht immer verengten und zum Teil fahrlässigen und endlosen Schulreform-, Erziehungs- und Fremdbetreuungsdebatte sollte diese Frage einmal breit diskutiert werden. Im Interesse der gesamten Gemeinschaft, auch der Kinderlosen, ist es noch zwingender die Frage zu stellen: Wachsen unsere Kinder überhaupt noch *artgerecht* auf? „Wo und wann finden die Kinder den Raum und die Zeit für das selbstorganisierte, gemeinsame Entdecken der Welt? Wo erleben sie ihre Abenteuer? Wo in diesem Legehennenkonzept kommen die Wetzsteine vor, die Staubbäder, der Auslauf für Körper, Herz und Sinn?"[16]

Artgerecht ist letztlich nur die *Freiheit*, nicht nur für das Tier, sondern auch den Menschen.

„Am 7. Juli 2012 versammelten sich führende Experten aus dem Bereich der Neurobiologie und der Kognitionswissenschaften an der Universität Cambridge und unterzeichneten die ‚Cambridge Declaration on Consciousness', in der es heißt: ‚Konvergente Evidenz weist darauf hin, dass nichtmenschliche Tiere über die neuroanatomischen, neurochemischen und neurophysiologischen Grundlagen bewusster Zustände ebenso verfügen wie über die Fähigkeit, intentionale Verhaltensweisen zu zeigen. Das Gewicht dieser Belege lässt folglich darauf schließen, dass die Menschen nicht als Einzige über die neurologischen Grundlagen verfügen, die Bewusstsein erzeugen. Nichtmenschliche Tiere, darunter alle Säugetiere und Vögel und viele andere

Geschöpfe, darunter Tintenfische, verfügen ebenfalls über diese neurologischen Grundlagen."[17]

Nach beinahe jahrzehntelangen Demonstrationen, Publikationen und einigen Dokumentationen bestätigt die wissenschaftliche Community, was Millionen von Menschen seit langem denken und viele vehement fordern: Dass auch Tiere fühlende (und ergo auch leidende) Lebewesen sind und daher entsprechend respektvoll (artgerecht) behandelt werden sollten. In Reaktion auf diesen Gesinnungswandel in den Wissenschaften verabschiedete das neuseeländische Parlament im Mai 2015 den *Animal Welfare Amandment Act*. Neuseeland anerkannte als erstes Land dieser Welt, dass Tiere fühlende Lebewesen sind. Das Gesetz verpflichtet dazu, Tiere fortan als fühlend anzuerkennen und deshalb in Kontexten wie beispielsweise der Tierhaltung auf angemessene Weise auf ihr Wohlergehen zu achten. In einem Land, in dem weit mehr Schafe als Menschen leben (30 Millionen im Vergleich zu 4,5 Millionen), ist das eine geradezu revolutionäre Feststellung. (Einige Länder haben bereits ähnliche Gesetze verabschiedet.)

Nun wird es wahrlich Zeit, das gleiche auch für die andere Seite der Gitterstäbe umzusetzen. Menschenkindern (wieder!) das Recht auf ein artgerechtes Aufwachsen mit Mutter und Vater (von Schwangerschaft und Geburt an) zu gewähren und ihre Bedürfnisse über die Interessen der Erwachsenen zu stellen. Zumindest in den führenden Industrienationen, wie etwa den USA, Deutschland, China und anderswo, werden Kinder und Eltern auf einen „Children Welfare Amandment Act" vermutlich noch lange warten. Im Gegensatz zum Tier geht es beim Sapiens um Masse *und* Macht. Schweine, Hühner, Schafe und Co kaufen kein Smartphone, sind von Artgenossen und Werbung nicht manipulierbar (oder lassen es nicht zu), und sie nehmen auch nicht an Wahlen teil. Nichts ist loyaler und (daher) manipulierbarer als das im Weggabe-Modus sozialisierte und früh erzogene und „durchschnittsgebildete" Menschenkind. Das ist seit Jahrzehnten durch verschiedene Wissenschaftsdisziplinen und Publikationen – möglicherweise auch Politikern – bekannt.

Die Geschichte rund um den Animal Welfare Amandment Act wirft ein paar dringliche Fragen unserer Zeit auf: Wenn Tiere nun zunehmend (wieder) Anspruch auf ein artgerechtes, respektvolleres Aufwachsen haben, wieso dann nicht auch – alle – Menschenkinder? Wenn Wissenschaftler festlegen, welche Lebewesen fühlend und welche nicht fühlend sind und Politiker sich gerne auf „wissenschaftliche Ergebnisse und Studien" berufen, um ihr (oft fragwürdiges) Menschen- und Weltbild durchzusetzen, was hat dann eigentlich noch die große Mehrheit der „Durchschnittsmenschen" zu sagen? Abgesehen davon irrte sich auch die Wissenschaft immer wieder (gründlich). Wieso fließt in den westlichen Staaten tausend Mal mehr Geld in die Erforschung künstlicher Intelligenz (und ähnlicher Zukunftsprojekte) als in Kindheitsforschung? Können Wissenschaftler die Komplexität (nicht nur) menschlichen Lebens wirklich vollständig erklären und beweisen? Und wollen wir das überhaupt?

Über Jahrtausende haben sich die Machthabenden ausschließlich auf die Götter und Gott berufen. Alleine Gott und die heiligen Schriften entschieden über richtig und falsch, wahr und unwahr, etc. Die Machthabenden alleine würden Gottes Willen und die heiligen Schriften richtig verstehen, interpretieren und befolgen. Solange die Mehrheit der Menschen das glaubte, funktionierte das auch. Im „christlichen Abendland" wurde schließlich Gott von der Mehrheit für tot erklärt. Dieses Macht-Vakuum wurde bisher unterschiedlich gefüllt.

Seit etwa einem Jahrhundert ist für die Machthabenden und Politiker an die Stelle der „Göttlichen Autorität" oder höchsten (moralischen) Instanz die wissenschaftliche Autorität und seit ein paar Jahrzehnten (endgültig) das Kapital getreten. (Sofern die große Mehrheit des Volkes nicht auf die Straße ging und jedenfalls lautstark ihre Bedürfnisse und Rechte einforderte. Wie beispielsweise das Frauenwahlrecht, Arbeiterrechte, Naturschutz und ähnliches.) Es geht hier alleinig um die Frage, wem geben wir wieder und zunehmend die alleinige Macht über Mensch und Leben?

Rund um den *Animal Welfare Amandment Act* gibt es noch weitere Lektionen. Was uns Wissenschaftler mit der „Cambridge Declaration on Consciousness" präsentierten, ist nichts wirklich Neues. In unserer bisher längsten Lebensform als Jäger und Sammler waren die Sapiens im Wesentlichen *Animisten*. Sie glaubten und waren überzeugt, dass nicht nur der Mensch, sondern auch Tier und Natur beseelt (und fühlend) sind. Diese Trennung, Mensch Tier und Natur (später noch der alleinige Gott) gab es nicht. – Alles ist in einem.

Mit der Sesshaftwerdung des Sapiens begann die Domestizierung des Tieres (und im Übrigen auch die des Menschen selbst). Damit einhergehend verschlechterten sich die Lebensbedingungen (über Jahrtausende) für das Tier und die große Mehrheit des Sapiens. – Zumindest was das „Wohlbefinden" betrifft. Parallel dazu entwickelte sich bis zum heutigen Tage eine verwöhnte Elite, der es natürlich an nichts mangelte (außer vielen ein tiefes Empfinden von Glück und Zufriedenheit). Mit der Industrialisierung der Landwirtschaft im 20. Jahrhundert plus dem neuem Religionsdogma Gewinnmaximierung wurde der menschliche Umgang mit dem Tier ein geradezu bestialischer.

Wissenschaftler haben nun nicht gefordert, Tiere sollten endlich wieder artgerecht und mitfühlend behandelt werden. Sie erklärten der Welt im Wesentlichen, dass Tiere (zumindest) fühlende Lebewesen sind. Jetzt erst sehen sich Politiker einiger Staaten veranlasst, Gesetze zu erlassen, das dem Tier (wieder) ein artgerechtes und mitfühlendes Aufwachsen ermöglicht.

Wieso stellen wir die Frage nach „artgerecht" derzeit nur beim Tier, nicht beim Menschenkind? Es ist seit langem wissenschaftlich unstritten, dass auch der Sapiens ein Säugetier ist. Auch diejenigen, die beispielsweise noch an die göttliche Zeugung Jesus glauben, bestreiten nicht, dass er „natürlich" (in einem Stall) geboren und vermutlich sehr lange gestillt wurde. Mit 99,99 prozentiger Wahrscheinlichkeit auch Kaiser Augustus, Mohammed, Buddha, Leonardo da Vinci, Adam Smith, Karl Marx, Leo Trotzki, Mahatma Gandhi und tausende andere Persönlichkeiten.

Auf seiner Homepage schreibt der Historiker Y. N. Harari: „Domestizierte Rinder und Hühner sind wohl ein evolutionärer Erfolg, aber sie gehören zu den armseligsten Kreaturen, die je gelebt haben." Wir sind nicht nur in den Industrienationen am „besten" Weg, es mit unseren Kindern gleich zu tun. Eltern, die sich einen „Children Welfare Amandment Act" wünschen, sollten sich mit den hier gestellten Fragen noch lange beschäftigen.

Es war einmal ein König, der eines Tages,
als er seinen königlichen Hof betrat,
unter den Anwesenden eine Person bemerkte,
die sich vor ihm nicht verneigte.
Verärgert über die dreiste Tat des Fremden
in der Halle rief der König:
„Wie nur wagst du es, dich nicht vor mir zu verneigen!
Nur Gott verneigt sich nicht vor mir, und es gibt nichts,
das größer wäre als Gott. Wer also bist du?"
Mit einem Lächeln erwiderte der zerlumpte Fremde:
„Ich bin dieses Nichts."

(Unbekannter) persischer Dichter

In der Vergangenheit funktionierte Zensur dadurch,
dass der Informationsfluss blockiert wurde.
Im 21. Jahrhundert bedeutet Zensur, die Menschen
mit irrelevanten Informationen zu überschwemmen.
Die Menschen wissen einfach nicht, worauf sie achten sollen
Und vergeuden ihre Zeit oft damit, sich mit Nebenaspekten
zu beschäftigen.
In früheren Zeiten bedeutet Macht Zugang zu Daten zu haben.
Heute bedeutet Macht zu wissen, was man ignorieren kann.

Y. N. Harari

8

Plädoyer wider eine „totale Pädagogik"

„Ortega Y Gasset hat schon vor fast hundert Jahren darauf hingewiesen, dass der historische Rhythmus abwechselnd Jugend- und Altersepochen hervorbringt. In den 1960ern haben wir eine Kampfgeneration erlebt. Heute leben wir in einer Altersepoche, einer Zeit, in der die Alten und ihre überkommenen Ideen in Politik, Wirtschaft und Kunst das Steuer in der Hand haben und sich die Jugend gerne den greisen Menschen und ihren Ideen unterwirft."[1] Donald Trump ist unter allen Präsidenten der USA derjenige mit dem höchsten Lebensalter bei Amtsantritt (70 Jahre). Dass der Mensch im hohen Alter weise wird, ist kein Naturgesetz.

In einer Reportage des österreichischen Magazins NEWS heißt es: „Die Jüngeren müssen fürchten auf der Strecke zu bleiben. Denn sie sind nicht nur deutlich weniger und somit als Wähler uninteressanter als die Generationen vor ihnen. Auch in den politischen Institutionen sind sie unterrepräsentiert. Laut der Expertenbefragung ‚Arena-Analyse' des Beratungsunternehmens Kova & Partners zur Generationengerechtigkeit sind nur 33 der 183 Nationalratsabgeordneten unter 40. 92 sind hingegen älter als 51. Die Älteren könnten die Jüngeren bei allen Fragen, die ihre Zukunft betreffen, überstimmen, so die Sorge der Experten."[2]

Zu Beginn der Neuzeit begann eine Gruppe von „greisen Herren", Erziehung und Kindheit zu *definieren*. Und zwar von „oben" nach „unten". Damit aus allen Erwachsenen „rechtschaffene Christen" werden, beginnen wir doch gleich „unten" bei unseren Kindern. Ein in der Geschichte des Sapiens neuer Geist war aus der Flasche, der zudem zum feststehendsten Erziehungs- und Bildungsdogma des Abendlandes werden sollte. Dieser Geist, eine neue *Einstellung zur Kindheit*, lässt sich auch mit dem deutschen Sprichwort: „Was Hänschen nicht lernt, lernt Hans nimmer mehr", auf den Punkt bringen. Er hatte eine unglaublich magische Wirkung, in dessen Sog früher oder später alle Personen und Gesellschaftsgruppen gefangen waren: Philosophen, Pädagogen, Psychologen, die Führer totalitärer Regime, Politiker. Die Liste ist lang. Jedenfalls waren es von den kirchlichen Moralisten an immer *kindferne*(!) Herren (heute auch Frauen) und Institutionen, die den Ton in der Erziehung angaben und festlegten, was für jedes Kind zu gelten habe. Die Macht- und Standesvertreter einer Religion (Ideologie) erfanden die Erziehung. Sie verschmolz sehr rasch mit der Bildung, die in alleinigem Machtbereich der „greisen Herren" war. Spätestens vom 16./17. Jahrhundert an steht Erziehung *und* Bildung wie eine Windhose im Wind der gerade vorherrschenden (staatlichen) Ideologien. Bis heute. Die Geschichte lehrt und mahnt uns aber wiederholt: Immer dann, wenn überwiegend *kindferne* Personen und Institutionen die „richtige" Bildung und Erziehung definierten, sind wir, einmal salopp gesagt, gründlich auf die Schnauze gefallen. Und zwar alle, auch die Kinderlosen, die gesamte Gesellschaft. Manchmal dauerte es eine, längstens jedoch drei Generationen.

Wirklich „ältere Herren" (und vereinzelt Frauen) aus dem Bereich der Politik und vor allem der finanzgetriebenen Wirtschaft beeinflussen längst, wie nicht nur in Deutschland „Frühpädagogik" und „Frühförderung" in (staatlichen) Krippen und Kindergärten zu gestalten sind. Die Bertelsmann Stiftung, Microsoft, die Bundesvereinigung der deutschen Arbeitgeberverbände und welche kindferne Institutionen auch immer, wissen genau, was auf dem Weg in die „richtige" Zukunft für *alle* Kinder und Kleinkinder *alleine* hilfreich ist. Eine ebenso sehr *kindferne* Institution, die Justiz, hat in den letzten Jahrzehnten das „Kindeswohl" definiert, dabei in stoischem Gleichmut zehntausende Kinder von ihrem zweiten Elternteil getrennt, sehr viele davon traumatisiert. Eine weitere *kindferne* Institution, die Ärzteschaft (Gynäkologen und nicht Kinderärzte und Hebammen), bestimmt seit langer Zeit, was in Schwangerschaft und bei Geburt für jede Mutter zu bedenken und zu tun ist.

Alle Personen und Institutionen handeln in vermeintlich guten Absichten. Haben aber alle im Alltag tätigen, erfahrungsbezogenen und kindnahen Personen wie „Erzieher" und vor allem Eltern, auch noch irgendein Wort mitzureden? Oder gar etwas zu bestimmen? Welche *Rechte* haben Kinder heute, außer dass sie in die Krippe, den Kindergarten und die Schule gehen *müssen*? Das auch noch durchwegs 38 Stunden die Woche, ohne An- und Abfahrtszeit mit eingerechnet.

Wer sagt, dass all die „Programme", „Konzepte" und Definitionen, die oft kinderlose Erwachsene festlegen, auch richtig für *jedes* Kind sind?

Alle gegenwärtigen Konzepte der (staatlichen) Bildung, wie MINT-Schwerpunktsetzung, E-Learning, Metakognition, die Initiative „Mc Kinsey" bildet, die „Schlaumäuse-Initiative" der Microsoft AG, bis hin zu früher Sexualpädagogik und Gender-Mainstreaming von Kindergarten an: sie sind eine *Rückwärtskonstruktion*. Sie entstehen nicht vom Kind zum Konzept, sondern vom Konzept zum Kind. In einem streng hierarchischen Machtgefälle wandern die Konzepte, Ideen und Ideologien von oben nach unten. „Das aktive, selbst gesteuerte, postmoderne Kind wird in den praktischen Umsetzungsvorstellungen in ein rezeptives Kind verwandelt, welches das ko-konstruierend nachvollziehen darf, was andere ihm dazu vorsetzen."[3]

Es geht in der staatlichen Betreuung, Bildung und Erziehung wieder (auch) um Masse und Macht. Von den Dogmen der Religion und den Ideologien totalitärer Systeme zu den Dogmen des finanzgetriebenen Neoliberalismus und Kapitalismus, von den Klosterschulen zum „Protektorat Kita" (Renz-Polster) führt ein gemeinsamer, schmaler Pfad, den die Mehrheit der Menschenkinder beschreitet. Am Beginn dieses Pfades steht ein Schild, auf dem seit ein paar Jahrhunderten geschrieben steht: Belehrung, Gehorsam, Disziplin, *Distanz zum Kinde*.

Wir brauchen nicht schon wieder(!) eine *totale Pädagogik*, sie sollte uns vielmehr Angst machen. Wo spielen in den pädagogischen Mastbetrieben Beziehung, Selbstlosigkeit, Achtsamkeit, Liebe, Frei-Raum und Selbstbestimmtheit eine zentrale Rolle? Wo sind in den Großstädten in Kitas und Kindergärten die *Gärten* geblieben? Sind nicht nur Mütter, sondern inzwischen unsere Kinder wirklich nur noch „Humanressource" und „Humankapital"? Geht es in der Frühbetreuung und dem neuen Zauberwort „frühe Bildung" nur noch um „Wertschöpfung", um Ökonomie, oder gar nur um „Gewinnmaximierung"? „Wäre nämlich jede Krippe mit dem Personal ausgestattet, das für eine qualitativ hochwertige (also bitte schön, ganz normale!) Betreuung und Bildung kleiner Kinder erforderlich ist, würde die Erwerbstätigkeit der Mütter, rein finanziell betrachtet, für den Staat zum Nullsummenspiel. Die Rechnung geht also im Grunde nur deshalb auf, weil die Erzieherinnen unterbezahlt sind – und weil die Kinder mit pädagogischem Personal unterversorgt sind (nicht in allen, aber in vielen Einrichtungen). Auf einem derart dünnen Eis an Beziehungen, an Achtsamkeit und menschlicher Präsenz ist die ‚Bildung' kleiner Menschen nun einmal nur schwer möglich – in vielen Fällen nicht einmal deren artgerechte Haltung."[4]

Wissenschaftler weltweit behaupten, dass unser genetisches Programm seit zumindest 100.000 Jahren das Gleiche ist. Wie bitte ist es bloß möglich, dass aus unseren Vorfahren ohne Krippe, Kindergarten und „Frühförderung" auch etwas geworden ist? – Viele sogar berühmte Schriftsteller, Architekten, große Erfinder, Schulgründer, Ingenieure und noch viel mehr. Wer am Start schon schnell läuft, hat das Ziel noch lange nicht als erster erreicht. Das zeigt uns nicht nur der Ist-Zustand Kind heute, sondern (neben den berühmten Persönlichkeiten) auch die internationale Home-/Unschooling Bewegung. Das einige dieser Kinder erst mit acht, manche erst mit zehn schreiben oder lesen, ist dort genauso wenig ungewöhnlich, wie die Tatsache, dass genau diese Kinder später oft die besten Studenten an den Universitäten sind.[5] Das die Denkfähigkeit von unbeschulten Kindern durchschnittlich sechs bis zehnfach höher ist, als die der Beschulten, sollte uns allen zu denken geben! Oder mit den Worten Sigmund Freuds: „Denken Sie an den betrübenden Kontrast zwischen der strahlenden Intelligenz eines gesunden Kindes und der Denkschwäche des durchschnittlichen Erwachsenen."

Wenn weiterhin mit Rohstoffen, Lebensmitteln und Geld spekuliert werden soll, ist das eine Sache. Längst ist aber auch (staatliche) Bildung, Erziehung und Betreuung unserer Kinder, zu einem ideologischen *und* ökonomischen Spekulationsfeld geworden. An alle Eltern: Auf die Barrikaden! Wenn es so weitergeht, und das ist jetzt nicht polemisch oder ironisch gemeint, dann bestimmt in Zukunft nicht nur die EU oder OECD, sondern auch noch die WTO, der internationale Währungsfond, oder gar eine „Troika", was mit unseren Kindern zu geschehen hat, wie und wo sie zu bilden und zu erziehen sind, und was wir Eltern, außer Arbeiten bis zum Burn-out, noch alles „nebenbei" zu tun haben.[6]

In Anlehnung an Karl Marx muss es längst gesagt werden: Eltern aller Länder, *verbindet* euch!

Karl Marx wurde zuerst einmal ausgiebig *familial* und in intimer Gemeinschaft sozialisiert. Er kam „erst" (wie viele große Persönlichkeiten des 18./19. Jahrhunderts) mit 12 Jahren zur Schule. Die besuchte er ganze fünf Jahre lang, ehe er seinen enormen Wissensdurst weiterhin durch Selbststudium und andere Persönlichkeiten im „wirklichen Leben" stillte. Ihm blieb glücklicherweise durch Familie und Schule erspart, was Albert Einstein über seine Schulzeit berichtet: Man habe dort „die Freude, die heilige Neugier des Forschens" erdrosselt. Über die eine oder andere These in Marx Kapitalismuskritik lässt sich streiten. Eines kann man über den lange familial sozialisierten und kurz beschulten Karl Marx nicht sagen: er sei ungebildet gewesen. Im Gegenteil, er ist einer der bedeutendsten Visionäre der letzten 200 Jahre: „Seit Marx sind Fragen der Technologie und der Wirtschaftsstruktur weit wichtiger als Diskussionen über die Seele und das Jenseits. In der zweiten Hälfte des 20. Jahrhunderts hat die Menschheit sich in einem Streit über Produktionsweisen fast aufgerieben. Selbst die schärfsten Kritiker von Marx und Lenin übernahmen deren grundlegende Ansichten über Geschichte und Gesellschaft und dachten über Technologie und Produktion fortan viel sorgfältiger nach als über Gott und den Himmel.

Mitte des 19. Jahrhunderts waren wenige Menschen so scharfsichtig wie Marx, und deshalb erlebten nur ein paar wenige Länder eine rasante Industrialisierung. Diese wenigen Länder eroberten die Welt. Die meisten Gesellschaften begriffen nicht so recht, was da vor sich ging, und verpassten den Zug des Fortschritts." An einer anderen Stelle in *Homo Deus* schreibt der Historiker Y. N. Harari: „Im 19. Jahrhundert schuf die industrielle Revolution eine riesige neue Klasse, nämlich das städtische Proletariat, und der Sozialismus breitete sich auch deshalb aus, weil niemand sonst eine Antwort auf die ganz neuen Bedürfnisse, Hoffnungen und Ängste dieser neuen Arbeiterklasse hatte. Letztlich besiegte der Liberalismus den Sozialismus nur, weil er die besten Teile des sozialistischen Programms übernahm. Im 21. Jahrhundert könnten wir Zeugen werden, wie eine neue Nichtarbeiterklasse entsteht: massenhaft Menschen ohne jeden ökonomischen, politischen oder auch nur künstlerischen Wert, die nichts zum Wohlstand, zur Macht und zur Ehre der Gesellschaft beitragen. Diese ‚nutzlose Klasse' wird nicht nur beschäftigungslos, sondern gar nicht mehr beschäftigbar sein." Ich erlaube mir zu ergänzen: Ein sehr hoher Anteil dieser künftigen „nutzlosen Klasse" in den USA, Europa und anderswo, wird im frühen Weggabe-Modus sozialisiert und 14 Jahre nutzlos pflichtbeschult („gebildet") sein.

Visionäre (wie auch Kapitalismuskritiker oder -befürworter) des 21. Jahrhunderts sollten nicht mehr zu viel Zeit mit dem Studium des *Kapitals*, sondern mit dem der *familialen Sozialisation* verbringen. Aus ihr werden auch die Visionäre des 21. Jahrhunderts geboren werden.

Mit Verlaub, aber Krippe, Kindergarten und auch (staatliche) Grundschulen sind seit der Industriellen Revolution nichts anderes als *Betreuungseinrichtungen*. Sie dienen vorrangig ideologischer und „kultureller" Erziehung, der Politik und den Firmen und Märkten. – Während Papas und Mamas arbeiten. Letztere zumeist und wieder(!) um einen Hungerlohn.

Vom rechtlichen Standpunkt aus besitzen vorrangig staatliche Schulen so viel Macht über Kinder, weil sie in *loco parentis* – an der Stelle der Eltern – auftreten. Je nach Land können sie Kinder mitunter schlagen oder wie in den USA ihnen „einen Klaps geben", das Schließfach oder die Schultasche durchsuchen, das Kind anfahren oder andere grauenvolle Dinge tun, die Eltern nicht mit reinem Gewissen tun würden, und die kein einfühlsamer Erwachsener einem anderen Erwachsenen antun würde, aus Angst seinen Job, Ansehen oder eine Freundschaft zu verlieren. Von über 200 Nationen haben erst etwa 30 Nationen das generelle Verbot von physischer Gewalt (Schlagen des Kindes) in den Verfassungsrang erhoben. Geschweige denn, dass bisher auch in den „demokratischen" westlichen Ländern die *psychische* Gewalt am Kind auch nur in einem einzigen Land auf der politischen Agenda stehen würde. Denn dann müssten wir wohl auch (unter anderem) aufhören, Kindern im Namen der „Bildung" ihre Freiheit, Integrität, Würde und Selbstbestimmtheit zu rauben.

Herbert Renz-Polster hat schon Recht. Es ist höchste Zeit es auszusprechen und *einzufordern: Die Kindheit ist unantastbar*. Aber was ist die *Kindheit*? „Die Kindheit ist ein Persönlichkeitsrecht. Sie ist ein Schatz, der jedem von uns gehört. Er ist unveräußerlich, er ist – im eigentlichen, vom Grundgesetz verwendeten Sinne – unantastbar. Denn wir sind alle nur einen Teil unseres Lebens Kinder. In unserem Inneren aber leben wir ein ganzes Leben davon, dass wir Kinder waren – wirkliche, echte Kinder".[7]

Auch ohne „Rechtsstaat" war die Kindheit über zehntausende Jahre geschützt! Der einzige Garant, der sie wieder (dauerhaft) schützen kann, das zeigt uns die Evolution, Kultur- und Politische Geschichte, sind die Eltern, *die Selbstbestimmte Familie*.

Im Laufe der letzten Jahrhunderte änderte sich die Einstellung zur Kindheit mehrfach. Sie wurde nach gerade herrschender Ideologie von Erwachsenen „verhandelt". In diesem Prozess wurde die Wichtigkeit *elterlicher Liebe* und die familiale Autonomie bis heute nahe Null gesetzt. Schon alleine die Begrifflichkeit Kindheit und Familie sind gegenwärtig wieder völliger *Beliebigkeit* ausgesetzt, bedingt auch, dass beides Rechtskonstrukte geworden sind.

Im staatsrechtlichen Sinne dauert Kindheit von 0 bis zum 14. Lebensjahr. Danach ist Hänschen Hans und *mündig*, er darf (und soll nun) weitgehend selbst über sein Leben entscheiden. Bis zu diesem Zeitpunkt liegt die völlige Verantwortlichkeit über Hänschen, und auch Christinchen, in der Hand ihrer Eltern. Aber nur theoretisch und auf dem Papier. Schul- und Familienrecht, vor allem letzteres, entbinden Eltern inzwischen (fast) vollständig ihrer elterlichen Machtbefugnis, ihrer Verfügungs-, Selbstbestimmungs- und Entscheidungsgewalt. Ausgenommen sind zumeist Eltern, die finanziell und beruflich weitgehend autonom sind, sprich der gehobenen Mittelschicht und einer kleinen „Elite" angehören.

Die Psychologie wiederum hat ebenso und je nach „Denkschule" eine eigene Einstellung zur Kindheit. Von der zweiten Hälfte des 20. Jahrhunderts an bestimmten vorwiegend Psychologen in der „psychoanalytischen Tradition" maßgeblich und in den letzten drei Jahrzehnten alleinig den zentralsten Teil des Familienrechtes: das *Kindeswohl*. Meines Erachtens eine der größten Fehlentwicklungen überhaupt in nicht nur deutschsprachigen Ländern, und (auch) mitverantwortlich für die konstant niedrigen Geburtenzahlen. Die Pädagogen haben auch eine eigene Einstellung zur Kindheit. Je nach pädagogischer Richtung ist aber die Auffassung vom Wesen des Kindes noch unterschiedlicher als es Tag und Nacht sind. Und erst die Medizin (und zunehmend die Genetik)! In ihr wurden der Mensch und das Kind zum größten Experimentierfeld überhaupt. Dass sie auch enorme Segnungen für den Fortbestand des Homo sapiens hervorgebracht hat, sei unbestritten. Die alleinige Kompetenz und somit Machtbefugnis von Ärzten über Schwangerschaft und Geburt ist längst mehr ein Hindernis für das *werdende* Leben, als ein Segen. Wenn Religion, Politik und Staats-*Ideologien* die Einstellung zur Kindheit (Erziehung und Bildung) prägten, wurde es in den letzten Jahrhunderten fast ausnahmslos ungemütlich.

Lassen wir abschließend noch einmal eine Politikerin zu Wort kommen. Eine deutsche Staatssekretärin im Bildungsministerium des Bundeslandes Rheinland-Pfalz sagte bei einer öffentlichen Veranstaltung 2014 folgendes: „Keine Mutter kann einem Kind das bieten, was eine Krippe bietet."[8] Was für eine absolute Aussage, was für ein totalitärer Anspruch, und was für ein Unsinn! Das ist schon geradezu ein Schlachtruf und er stammt 1:1 aus den jüngsten totalitären Regimen Europas. Aus dem Nationalsozialismus und dem Kommunismus. Ganz zu schweigen von den Gefahren der (Massen) Krippenbetreuung und deren unstrittigen Qualität.

Auf dem großen Interessens-, Macht-, Spiel- und Spekulationsfeld um die „richtige" Einstellung zur Kindheit gab es in den letzten Jahrhunderten ein paar große „Player". Die Kirche (Religion) griff als erstes und ziemlich gierig nach dem Kind. In Europa und anderen westlichen Staaten verlor sie die Macht und den Zugriff auf das Kind. Der „Flaschengeist" auf den Zugriff der *Integrität des Kindes* wehte und weht weiterhin. Ihm folgten Philosophie, Pädagogik, Psychologie und Politik. Schleichend leise kam nach der Kirche wieder ein „Global Player": Die EU, OECD, Wirtschaftsverbände, internationale Konzerne. Wie auch immer sein Name und Geist ist: Finanzgetriebenes Wirtschaftssystem, Neoliberalismus, Gewinnmaximierung.

Über zehntausende Jahre war das Menschenkind Subjekt. Ab etwa dem Beginn der Neuzeit wurde es nachhaltig zum *Objekt*. Dieses Jahrhundert und Jahrtausend wird eingeleitet, in dem es zur Ware, zum „Humankapital" wird. Der Homo *sapiens* soll nun zum Homo *oeconomicus* werden. Dabei erhebt er sich zunehmend zum Homo *Deus*. Das sollte uns nicht nur „Angst machen", wie H. Renz-Polster, Y. N. Harari und andere schreiben. Sondern dagegen sollten vor allem wir Eltern angstfrei, selbstbewusst, mutig und entschieden auf die Straße gehen. Denn wir alleine tragen letztlich die Verantwortung für unsere Kinder, wir sind das Volk und auch der Wandel. Unsere Kinder haben das Recht auf eine Kindheit, eine echte, eine artgerechte und eine *glückliche Kindheit*.

Sie ist deshalb schon unantastbar, weil es sie nur einmal gibt. Wir dürfen uns auch nicht mehr erklären lassen, irgendetwas sei eben „notwendig", es gäbe keine Alternative, oder früher sei alles auch so, oder viel schlimmer gewesen. Nein, im Gegenteil! *Wir*, die Familie, waren zehntausende Jahre wertgeschätzt und in der Mitte der Gemeinschaft stehend und die („echte") Kindheit geschützt! Wir Eltern müssen wieder achtsamer werden, wenn durch Politiker und auch in Medien von „wissenschaftlichen Erkenntnissen" gesprochen wird: „Bis heute gibt es keine einzige Meinung in Sachen Erziehung und Bildung, die nicht von irgendeinem Experten oder irgendeiner Forscherin begründet und ‚wissenschaftlich' abgesichert wurde – und sei sie noch so abwegig."[9]

Alle Eltern sind eingeladen, wieder *gemeinsam* mehr *Verantwortung* für ihre Kinder zu übernehmen und im weiteren Schritt auch einzufordern, dass man sie lässt! Unsere Kinder gehören sich selbst, nicht den Eltern, nicht dem Staat. Sie sind keine „Humanressource", kein „Humankapital" und kein Spekulationsobjekt. Weder für Ideologie noch für Ökonomie. Unsere Kinder sind genau richtig, so wie sie sind: einmalig und mit einer Fülle von Potentialen ausgestattet. Sie brauchen weder „gegendert" werden, noch brauchen sie Krippen und pädagogische Mastbetriebe, in denen sie für immer schneller wechselnde Ideologien und „Konzepte" *gleichgeschaltet* werden. Unsere Kinder sind keine Legehennen für einen zu erzielenden „Ertrag". Das Menschenkind ist ein Individuum, ein ganz wunderbares, dass auch im 21. Jahrhundert von Geburt an für eine echte und glückliche Kindheit nur ein paar „unverhandelbare" Dinge wirklich braucht: uns Eltern, authentische Beziehung, empathische Begleitung, Zeit, Vertrauen und Liebe. Einfach Familie und ein ganzes wohlgesinntes Dorf. Wir Eltern müssen wieder mutiger und entschiedener werden und uns von dem gängigen Vokabular der Bevormundung befreien. Wir sind weder „Erziehungs-Dilettanten" noch potenzielle Terroristen, die allesamt unter Generalverdacht stehen und daher unsere Kinder durch „Experten" fremdbetreuen zu sind. Der Geist unserer Zeit ist (wieder einmal) weder gerecht, noch sozial, noch human. Wir alle, auch die Kinderlosen, brauchen keine erzwungene Gleichheit und keine neuen Formen von Totalitarismen.

In einer Presseaussendung der Statistik Austria vom 24. November 2015 mit dem Titel *Österreichs Bevölkerungszahl wächst jährlich um rund 70.000 Personen, Zuwanderung dämpft die Bevölkerungsalterung* wird lapidar prognostiziert: „Ohne Zuwanderung würde das Erwerbspotential langfristig betrachtet erheblich sinken. (...) Ähnliches gilt auch für die Zahl der Kinder und Jugendlichen bis 19 Jahre. Hier wird in den nächsten zwanzig Jahren ein Anstieg um 8 Prozent von 1,69 Mio. (2014) auf 1,81 Mio. (2035) erwartet. Zu diesem Plus tragen sowohl die Zuwandernden unter 20-Jährigen als auch Geburten der Immigranten bei. Gäbe es keine Zuwanderung nach Österreich, würde die Zahl der Kinder und Jugendlichen bis 2035 um 13 Prozent auf 1,47 Mio. absinken.
Hohe Zuwächse werden für die Gruppe der 65-jährigen Bevölkerung prognostiziert. (...) Im Jahr 2014 waren 1,57 Mio. Personen 65 Jahre und älter. 2020 wird ihre Zahl mit 1,73 Mio. um 10 Prozent größer sein als 2014. Bis 2030 wächst diese Bevölkerungsgruppe auf 2, 18 Mio. (plus von 39 Prozent) bis 2060 werden es schließlich 2,80 Mio. Personen (plus von 78 Prozent). Das ist ein langfristiger Zuwachs um nahezu vier Fünftel des derzeitigen Ausgangsbestandes. Ohne Zuwanderung fällt der Anstieg nur unwesentlich schwächer aus, da die meisten Menschen, die künftig in diese Altersgruppe fallen, bereits heute in Österreich sind." Soweit eine aktuelle „Prognose" der Statistik Austria zur demographischen Entwicklung (Überalterung), die strukturell in Deutschland und anderen westlichen Industrienationen ähnlich ist.
Das Schlüsselwort zur Lösung aller (teils akuten) gesellschaftlichen Probleme von Seiten der Politik, vielfach von Seiten der Wirtschaft, aber auch von

vielen anderen „Interessensgruppen" nicht nur in den führenden Industrienationen lautet: *Fremde!* Fremde (Pädagogen) sollen schon unsere Babys und Kleinkinder betreuen, das „Erwerbspotential" sichern, und schließlich die in den nächsten Jahren und Jahrzehnten immer größer werdende Gruppe der Alten und Betagten betreuen. Nicht nur Techniker träumen davon, dass künftig letztere von Robotern betreut werden. Von den ganzen sozialen, politischen, ideologischen und ökonomischen Konfliktfeldern, die sich aus dieser Politik ergeben, abgesehen: Was ist, wenn das Allzweckmittel Migration nicht (mehr) so recht funktionieren mag? – Wenn die „unter 18-jährigen" Migranten, auf die Politik und Wirtschaft so sehr baut, hier „sozialisiert", ausgebildet und unseren „Lebensstil" angenommen, dann selbst keine, nur ein oder höchstens zwei Kinder bekommen? Genau das ist seit längerem schon faktisch der Fall, wird kaum beobachtet und schon gar nicht thematisiert. Die „unter 18-jährigen" Migranten-Kinder kommen ja selten alleine. Auch die haben ein Recht auf Familie. Was ist, wenn ein Teil der hier Ausgebildeten nach einer Fachausbildung oder einem Universitätsabschluss wieder in die Heimat zurückkehrt, oder sie in einem anderen Land nach beruflicher Verwirklichung suchen? Sie sind in der Regel von Kind auf mehrsprachig und viele davon erwerben später eine weitere Fremdsprache „spielend". Sie finden sich als Erwachsene „bei Bedarf" schneller und leichter in einem anderen Land zurecht.

Was ist, wenn überhaupt innerhalb der gesamten Gruppe der 20 bis 29-Jährigen und hier ausgebildeten jungen Menschen ein großer Teil dem Land den Rücken kehrt und anderswo sein *Glück* sucht? – Vielleicht in einem weniger überalterten und „erstarrten" Land, einem „Lebendigeren", einem mit mehr *Zukunftsperspektive*? Auch das ist seit Jahren tendenziell der Fall, wird kaum beobachtet und schon gar nicht thematisiert.[10]

Das wir alle um so wenig Lohn und so viel wie möglich arbeiten (und konsumieren) und Steuern zahlen sollen (für ein „ausgeglichenes" Staatsbudget), mag eine wünschenswerte Zukunftsperspektive für Politiker und Technokraten sein. Diese „Zukunftsperspektive" ist jedenfalls wenig inspirierend für die Mehrheit der Bevölkerung, und schon gar nicht, um eine Familie zu gründen.

Wir befinden uns nicht mehr in den 1960er und 70er Jahren. Dutzende Autoren haben schon darauf verwiesen: Der Großteil der jungen Menschen von heute kann sich kein Vermögen mehr aufbauen. Wie wir es vor dem 2. Weltkrieg schon einmal hatten, könnte in den nächsten Jahrzehnten wieder bedrückende Realität werden: Arm trotz Arbeit.

Es gibt eine Menge Indizien dafür, dass unsere „Eliten" in Politik und Wirtschaft, die nebenbei unser Schulsystem vollständig durchlaufen haben und zumindest einen „akademischen Titel" aufweisen, mit ihren Forderungen und Bestrebungen im Bereich Bildung, Familie und Migration, der ohnehin unstrittig starken Überalterung unserer Gesellschaft weiter Vorschub leisten. In jedem Fall bürden die vielen klugen „Erwachsenen" unseren (auch den Migranten) Kindern immer größere *Lasten* auf: „Überalterung", „Klimawandel", die astronomisch steigenden Staatsverschuldungen, ... Die Liste ist lang. Gegenüber keinem anderen gesamtgesellschaftlich relevanten (Zukunfts-) Bereich ist das Versagen und *Schweigen* aller politischen Parteien von ganz „links" bis hin zu populistisch „rechts" so groß, wie gegenüber unserem (erkrankten) Familienwesen und unserer Kinder-Armut.

Die 79-jährige ehemalige US-Außenministerin Madeline Albright bemerkte im April 2016 zum Verhalten der politischen Elite diesseits und jenseits des Atlantiks: „Die Menschen stellen uns Fragen in der Technologie des 21. Jahrhunderts, Politiker verstehen diese in der Sprache des 20. und antworten mit den Lösungen des 19. Jahrhunderts."[11]

Seit etwa 25 Jahren ist die Antwort auf die Lösung der vielen gesellschaftlichen und globalen Probleme von Seiten der „etablierten" Politik (dazu gehören mittlerweile auch die rechtspopulistischen Parteien) vieler westlichen Länder: *There is no alternative*. Hinter dem viel zitierten Satz der britischen (Ex) Premierministerin Margaret Thatcher steht eine *Haltung*, die nahezu alle Regierenden seit den 1980er Jahren mit ihr teilen. Ihre vielfältigen Ausdrucksformen sind: Es gibt keine Alternative zum Irakkrieg (gegenwärtig Syrienkrieg), es gibt keine Alternative zur weiteren Erderwärmung (Klimawandel), es gibt keine Alternative zur Bankenrettung, zur EU, zu dem Griechenland-Finanzpaketen, zur staatlichen Pflicht-Beschulung, und es gibt keine Alternative zum „demographischen Wandel" (außer Migration) .... Diese weitgehend (noch) gesamtgesellschaftliche Haltung, es gibt keine Alternative, ist auch die Konsequenz und der Auswuchs einer *verschulten* Gesellschaft. Denn eines haben wir in unserer langen Schulsozialisation wirklich gründlich verinnerlicht: Es gibt nur *eine* „richtige" Antwort, nur eine „Wahrheit", nur ein „richtiges" Wissen. – Jenes, dass uns inzwischen von Kleinkind an eine „fremde" Autoritätsperson und jedenfalls keine vertraute Bezugsperson täglich von Montag bis Freitag vermittelt, und das auch noch eine ganze „verlängerte" Kindheit lang. Was dem Menschenkind Eltern, Geschwister, Nachbarn, die gesamte „reale"

Gemeinschaft (Gesellschaft) vermitteln und ohne Absicht *durch Teilhabe* lehren kann, können (und sollen?) unsere Kinder nicht oder nur sehr begrenzt erfahren. Kinder, deren *Grundbedürfnisse* gestillt sind, die in Glück, heterogener Gemeinschaft und in *Freiheit* aufwachsen, würden ebenso eine Welt errichten oder fortführen, in der das Stillen von menschlichen Grundbedürfnissen und die Freiheit des Individuums ein Anliegen der gesamten Gemeinschaft ist. Weder die „französische", noch die „industrielle", noch die „digitale" Revolution haben jedem Menschen Wohlstand und Freiheit gebracht und die Welt dauerhaft *humaner* gemacht. Solange wir das Menschenkind in *Unfreiheit* aufwachsen lassen, gleich in welchem Namen, ob dem der Religion, der Ökonomie, der Bildung, etc., wird sich daran nichts ändern. Jedes Kind, bevor es in den Bildungsreservaten „sozialisiert" und von wem und wo auch immer „erzogen" wird, strotzt vor Kreativität. Es fragt nicht nach Alternativen, es lebt sie ganz selbstverständlich. Bis wir „klugen" Erwachsenen ihm irrwitziger Weise sagen und vorleben: es gibt nur eine Wahrheit und keine Alternative.

Der österreichische Dokumentarfilmer Erwin Wagenhofer kommentierte die Feststellung Margaret Thatchers sinngemäß gerne so: „Ohne Alternative" ist jedenfalls nur der Tod, darum heißt das Leben auch *Leben*. Von Journalisten wurde Wagenhofer gefragt, ob er seinen drei Filmen, diese Trilogie *We feed the world, Let´s make money und Alphabet* einen Namen gegeben hat. Seine Antwort: Ich nenne sie „Trilogie der Erschöpfung".

Die Welt, wie sie heute ist, haben Menschen errichtet. Jeder Einzelne, wir alle können sie auch verändern. Es gibt viele Gründe, schon heute damit zu beginnen und dabei endlich die Worte von William L Langer zu berücksichtigen: *Die Leitung und Lenkung der menschlichen Verhältnisse ist bisher niemals Kindern anvertraut gewesen......*

9

Die *Eskalation* der Schule und Erziehung

> Die reinste Form des Wahnsinns ist es,
> alles beim Alten zu lassen und
> gleichzeitig zu hoffen,
> dass sich etwas ändert.
>
> *Albert Einstein*

1972 schreibt Ivan Illich in seinem Buch *Entschulung der Gesellschaft*: „Obligatorische Schulbildung führt unweigerlich zur Polarisierung einer Gesellschaft. Darüber hinaus dient sie als Kriterium für die Einordnung ganzer Völker in ein internationales Kastensystem. (...) Der Widersinn der Schulen ist evident. Vermehrte Aufwendungen steigern ihre destruktive Wirkung, und zwar im Inland, wie im Ausland. (...) Die Eskalation der Schulen ist ebenso destruktiv wie die Eskalation von Waffen, nur sind die Schäden, die sie anrichtet, weniger offensichtlich. Überall in der Welt sind die Kosten der Schulen schneller gestiegen als die Schülerzahlen und ebenfalls schneller als das Brutosozialprodukt. Trotzdem bleiben die Aufwendungen für Schulen überall immer weiter hinter den Erwartungen von Eltern, Lehrern und Schüler zurück. Überall behindert dieser Zustand sowohl die Motivation, als auch die Finanzierung einer umfassenden Planung nichtschulischen Lernens."

Was Ivan Illich nicht weiter an- oder ausführte: Es lässt sich nicht nur eine äußere *Eskalation der Schulen*, eine „quantitative", sondern auch eine innere, eine „qualitative" Eskalation der Schule selbst feststellen. Beides hängt untrennbar zusammen und ist ein bereits mehrere Jahrhunderte währender Prozess, der eng mit der Eskalation des *Weggabe-Modus* korreliert. (Darauf wird später genauer eingegangen.)

Die erste Phase der Eskalation fand gleich in der Gründungs- und (ersten) Ausdehnungsphase der Schule statt. – Die zahlreichen *Schüleraufstände* (und öffentlicher Widerstand) gegen die *Institution* Schule von etwa dem 16. bis 19.

Jahrhundert sind *ein* sichtbarer Auswuchs. Die zweite Phase der Eskalation der Schule(n) *und* der Erziehung setzte mit Durchsetzung der flächendeckenden staatlichen *Schulpflicht* ein (etwa mit dem beginnenden 19. Jhdt.). Auch da gab es vereinzelt gewaltvollen Widerstand durch die Öffentlichkeit. Die Auswirkungen durch die zweite Phase der Eskalation waren verheerend und wurden hier schon angeführt.

Gegenwärtig sind wir in der dritten und wohl auch letzten Phase der Eskalation der Schule(n), die in der zweiten Hälfte des 20. Jahrhunderts ihren Anfang nahm. Wohin ihre destruktive Wirkung die Welt führen wird, ist schwer abzuschätzen. Mehr als Ganztages- (Krippe, Kindergarten und) Schule geht fast nicht mehr, außer wir trennen unsere Kinder 24 Stunden von der Aufmerksamkeit ihrer Eltern und dem „wirklichen Leben". „Unten" gibt es neben den Ganztages- Krippen und Kitas schon die „24-Stunden-Krippen" für Eltern, die im Schichtdienst arbeiten, und in manchen Großstädten die privaten und kostenintensiven „24-Stunden-Wellness-Krippen" für Eltern, die sich das leisten können und wollen.

Bereits in den 1950er, 60er und 70er Jahren wurde die „alte Schule" samt der „Erziehung des Menschen" gründlich auch wissenschaftlich diesseits und jenseits des Atlantiks aufgearbeitet. Mit den 1980er Jahren hätte folgerichtig eine kontinuierliche „Entschulung der Gesellschaft" erfolgen sollen. Einige Länder führten grundlegende „Schulreformen" durch, mit nachhaltig mäßigem Erfolg. Aber auch in diesen wie allen anderen westlichen Ländern erfolgte (trotz profunder wissenschaftlicher Kritik) eine gewaltige Ausdehnung der Schulzeit, im Wesentlichen im Namen der Ökonomie und schon ausgeführten Gründen. Gleichzeitig setzte eine nun schon über 40-jährige (internationale) *Schulreformdebatte* ein. Die Schule zu kritisieren wird in manchen Ländern zum „Volkssport".

Trotz wissenschaftlicher Ergebnisse und einem kollektiven Unbehagen hält die Politik samt der Mehrheit der Schulkritiker, auch Eltern und Pädagogen, an der Schule fest. Es wurde und wird sogar nach immer *mehr* Schule (Ganztagesschule) verlangt, die Schule soll nur „anders" werden. Jeder „Experte", Lehrer und auch Eltern, haben eine andere Vorstellung von der „neuen" Schule.

Der amerikanische Psychologe Peter Gray beschreibt das in seinem Buch *Free to learn* so: „Fast alle, die im Bildungsbereich tätig sind, wünschen sich ‚Reformen' und erkennen damit implizit an, dass das gegenwärtige System nicht funktioniert. Dies ist seit Beginn der Schulpflicht der Fall. Die einen wollen das System verändern, indem sie ihm einen Schubs in die eine Richtung geben (ein bisschen mehr Wahlfreiheit, ein bisschen weniger Leistungskontrolle), während andere es durch einen Schubs in die andere Richtung verändern wollen (ein noch standardisierterer Lehrplan und rigorosere Leistungskontrollen). Dies ist Gegenstand zahlloser Bücher und Artikel, die von Professoren für Bildungswissenshaften geschrieben werden. Niemand im Bildungsestablishment ist hingegen bereit zuzugeben, dass Zwangsbeschulung gerade deshalb nicht funktioniert, weil sie auf Zwang basiert, und dass die einzige sinnvolle Reform darin besteht, Kindern die Verantwortung für ihr eigenes Lernen zurückzugeben."[1]

Für etwa die Mehrheit der Personen aller Gesellschaftsschichten, auch der Großteil der Pädagogen und Eltern (für die Mehrheit der Schüler seit jeher), hat die Schule ihren *nachvollziehbaren* Sinn, ihre große „Erzählung" (endgültig) verloren. Davon bereinigt, offenbart die Schule ihren ursprünglichen und inhumanen Zweck: die *Nivellierung* des frei sich bildenden und denkenden Menschen, des *Individuums*.

Der spätneuzeitliche Kult um das ICH (Individuum) und die massenhaften Auswüchse des Narzissmus sind eine Folge der künstlich verlängerten Schul-Kindheit, in der wir im Namen der „Bildung" und Erziehung unseres eigenen Selbst, unserer von Geburt an geschenkten Einzig- und Unterschiedlichkeit, systematisch beraubt werden. *Wo Paradoxien menschliche Beziehungen vergiften, entsteht* nicht nur *Krankheit* (Watzlawick), sondern auch jede Form von *Zerstörung*. Wer sich unterschiedliche historische Quellen genauer ansieht, wird feststellen, dass der derzeit viel beklagte (anonymisierte) *Hass* im Internet und den „Social Media" in den Jahren und Jahrzehnten vor der französischen Revolution oder dem 2. Weltkrieg genauso verbreitet war.

Wenn es erlaubt ist, die wissenschaftlichen Erkenntnisse der letzten 40 Jahre und den gesunden Menschenverstand in Anspruch zu nehmen, kann die Konsequenz aus der 40-jährigen „Schulreformdebatte" nur sein: vollkommene Schul-Autonomie und eine kontinuierliche *Entschulung* der Gesellschaft. Die Deeskalation der Schule(n) würde zwangsläufig zur Deeskalation und Entpolarisierung der Gesellschaft führen. Einfacher gesagt: Die gesamte Gemeinschaft nimmt wie zu 99,9 Prozent der Vor-Geschichte die Bildung des Kindes und Menschen wieder selbst in die Hand. Das setzt „nur" zwei Dinge voraus: Vertrauen *in* und Verantwortung *für* den Menschen. Beides wurde in unserer Kultur durch die Eskalation der Schule(n) *und* Erziehung „ausgelagert". Bezeichnenderweise werden die Kinder (der Schüler) samt der Mehrheit der

Eltern in der intensiven 40-jährigen Schulreformdebatte weitgehend bis heute nicht nach ihren Wünschen und Bedürfnissen gefragt! Das ist weder human, noch demokratisch, und würde mit der Entschulung der Gesellschaft zwangsläufig ein Ende nehmen. Seit Jahrhunderten und mehr denn je *polarisiert* die Schule die Gesellschaft und sie ist ihr größtes *Paradoxon*.

Die Hauptmerkmale der gegenwärtig dritten Phase der Eskalation der Schule(n) sind:

- Der gesellschaftliche Druck auf das „System" Schule wächst in manchen Ländern ins Unerträgliche. In immer kürzeren Zeitspannen erfolgen (Teil-) Schulreformen ohne nennenswerten Erfolg.

- Der „Output" am Ende der Pflichtschulzeit sinkt kontinuierlich, wenn alle menschlichen Kompetenzen als Bewertungsgrundlage dienen, nicht nur die Ergebnisse standardisierter Tests (PISA und Co). Die „Auffälligkeiten" der Schüler (Kinder) nehmen physischer wie auch psychischer Natur signifikant zu, wie die Aggressivität und Gewalt (bis Amokläufe) an Schulen. Da kaum noch jemand das System Beschulung an sich hinterfragt, beginnt ein Wettlauf mit Schuldzuweisungen und Vorwürfen über den „versagenden" Schüler und Mensch.

- Es beginnt die Eskalation der *Bewertung*, Normierung und Standardisierung des Schülers (also des Menschen), wie PISA, Bologna, Zentralmatura (Abitur) und ähnlichem, „oben" wie auch zunehmend „unten" in vielen Kindergärten. Die Auswirkungen und Nebenwirkungen sind ebenso verheerend. Sie verschleiern vorrangig den zunehmenden Kompetenzmangel des Menschen (Schülers).

- Die physische und psychische Erschöpfung („Burn-out") von Pädagogen, Eltern, aber auch Schülern und Kindern nimmt zu. Am auffälligsten schon ganz „unten" im Bildungssystem, in Krippen, Kindergärten und Grundschulen. Schüler (und Kinder) wenden sich außerschulisch verstärkt verschiedenen Formen der Ablenkung, „Unterhaltung", und Ersatzbefriedigungen zu (TV, Computerspiele, Sozial Media, Drogen, Alkohol, „Shoppen" und ähnliches).

- Neben den Pädagogen werden zusätzliche „Hilfskräfte" (Psychologen und Therapeuten) schon von Kindergarten an gebraucht, um überhaupt das „Unterrichten" und die *Betreuung* des Kindes fortsetzen und gewährleisten zu können. Die Kosten des staatlichen Bildungssystems steigen seit Jahren kontinuierlich weiter, auch für Eltern. Neben der Unterhaltungs- und Computerindustrie (elektronische Spiele, Tablets, Notebook, Handy)

wird auch die Pharmaindustrie „Gewinner" der „alten" Schule. Von Krippe über Kindergarten und Schule werden immer mehr Medikamente (Ritalin, Schlafmittel, Antidepressiva, Magenmittel, etc.) eingesetzt, um das „System" und den „Stress" zu ertragen. Die enormen Folgekosten des defizitären Systems Schule für die Gesamt-Gesellschaft werden öffentlich kaum diskutiert. Von dem *System Schule* profitieren zunehmend nicht mehr die Schüler, sondern ganze Industriezweige (Unterhaltungs-/ Elektronik-/Pharmindustrie, etc.). Immer mehr Personengruppen *verarmen* nicht nur in materieller Hinsicht, während einzelne Industriezweige und Konzerne immer größere Gewinne erzielen, ohne dass der Gewinn wieder nach „unten" fließt („Trickle-down"-Theorie). Der Nobelpreisträger für Wirtschaftswissenschaften Paul Krugman dazu 2008: „Wir warten auf diesen Trickle-down-Effekt nun seit 30 Jahren – vergeblich." Solange warten auch schon Millionen von Kindern und Eltern (und viele Pädagogen) auf eine „Reform" des gesamten Bildungswesens – vergeblich.
- Trotz UN-Menschenrechtskonvention (Artikel 16) gilt längst das post-kapitalistische „Diktat der Arbeit" auch für Eltern. „Es scheint zu den unausgesprochenen Spielregeln der modernen ‚Konsumgesellschaft' zu gehören, dass sie sich zu keiner Zeit auf eine explizite ‚Verfassung' berufen muss, da ihre Mitspieler den Konsum als ein prä-konstitutionelles Recht in Anspruch nehmen, das allen bestimmteren Rechten vorausgeht. Konsum verkörpert, als allgemeines Habe-Recht, ein Menschrecht vor den ‚Menschenrechten'. Es bildet ein Aspirationsmotiv, das sich, um mit Hannah Arendt zu reden, in dem ‚Recht, Rechte zu haben' ursprünglich äußert."[2]
- Manchen Eltern, die noch Zeit hätten, ist das Bewusstsein für die Wichtigkeit elterlicher Zuwendung verloren gegangen, was wiederum eine Folge der Eskalation der Schule(n) und Fremderziehung durch „Experten" ist. Da die große Mehrheit der Bevölkerung „glaubt", es gäbe „keine Alternative" das Menschenkind und den Schüler (lernenden Menschen) außerschulisch zu begleiten und zu bilden, sind die gerade genannten Bildungsinstitutionen heute primär *Betreuungseinrichtungen*. Die Eskalation der Schule, Erziehung und Betreuung führt (vor allem „unten") zur *Überforderung* der „Aufsichtspersonen" (Pädagogen) und zu einer steigenden Fluktuation. Fehlende Wertschätzung und unangemessene Bezahlung (in vielen Ländern) beschleunigen den Prozess. Die Eskalation der Schule(n) führt zu einem Mangel an Pädagogen und Schülern (sinkende

Geburtenzahlen) und zu einem Mangel an Personen mit breiten Kompetenzen. Laut einer UNESCO Schätzung werden in den nächsten Jahren weltweit (vor allem in vielen Teilen Afrikas und Asiens) 69 Millionen Lehrer gesucht. Aber auch in vielen Gebieten Europas, wo innerhalb der nächsten 20 Jahre die geburtenstarken Jahrgänge der 1960/70er Jahre in Pension gehen, wird sich der Lehrermangel zuspitzen.[3]

- Trotz der permanenten Kritik an der Schule selbst und ihrem Ergebnis „oben" *verschulen* in vielen Ländern zunehmend Kindergärten und Krippen, aber auch viele (staatliche) Universitäten. Ein großer Teil der Schüler staatlicher Schulen ist entweder unter- oder überfordert. Vielerorts werden staatliche Schulen zu sogenannten „Restschulen".

- Die Eskalation der Schule(n), das konsequente „Wegsperren" und jedenfalls *Verwahren* unserer Kinder in staatliche Reservate über die gesamte (verlängerte) Kindheit, beschleunigt den Prozess der *Entfremdung* von Kind und Familie. Wie viele Menschen und Bevölkerungsgruppen kommen heute noch „real", also unmittelbar und durch tatsächliche Interaktion mit Kindern zwischen dem 3. und 14. Lebensjahr im Alltag und alltäglich in Beziehung? – Der gesellschaftliche Blick auf das Kind, Kindheit und Familie (ebenso auf den „Schüler") ist ein fast ausschließlich *medialer*. Via Bild und Text werden wir über „das Kind" informiert. Stets verzerrt, begrenzt, punktuell, kommentiert, interpretiert. Dabei ist das Kind („Schüler") zumeist ein schwieriges Behandlungsobjekt („Problemschüler", „Tyrann", etc.). Diese Haltung und Einstellung ist nicht neu, sondern ein paar Jahrhunderte alt. Wie in dieser Zeitreise schon einmal zitiert, der Befund eines Zeitzeugen und Chronisten aus dem 17. Jahrhundert: „Es bildet sich eine moralische Auffassung von Kindheit heraus, *die eher ihre Schwächen hervorhebt, als ihre „Großartigkeit'*." Die Eskalation der Schule(n) und Erziehung führt(e) auch zu einer Eskalation der *Kinder- und Familienfeindlichkeit*.

- Wie schon seit etwa 200 Jahren entzieht ein kleiner Teil der Elternschaft den staatlichen Schulen Schüler (Privatschulen, private Bildungsinitiativen, Home-/Unschooling). Das sind je nach Staat etwa 5-30 Prozent der Kinder. Die Kompetenzen und das allgemeine Bildungsniveau der in den nicht staatlichen Schulen Gebildeten sind durchschnittlich (und im Detail signifikant) höher. Die Expertisen, Studien und Ergebnisse dazu werden aus zum Teil ideologischen Gründen, durch die hartnäckigen Bildungsdogmen oder sonstigen Beweggründen, von Politik und (Medien)

Öffentlichkeit weitgehend ignoriert. Gleichzeitig sinken in der Mehrheit der westlichen Länder seit der Ausdehnung der „Schulzeit" (die letzten 40 Jahre) die Geburtenzahlen. Je höher die Erwartungshaltung und der Bildungs- und Leistungsdruck an die staatlichen Schulen durch die Öffentlichkeit ist, desto stärker sinken sie in diesen Ländern. (Beispielsweise Shanghai, China, Japan, Deutschland, und anderen) Zudem „reduzieren" sich Eltern zum Teil bewusst auf *ein* Kind, das (auch) zum Erfolgs- und Statussymbol gemacht wird, mit ebenso negativen „Nebenwirkungen" für das einzelne Kind wie auch die gesamte Gesellschaft. Die Eskalation der Schule(n) führt generell zu einer Eskalation der Erziehung und der (sinkenden) Geburtenzahlen.

Dennoch wird vermutlich an der (frühen) Massen-Pflicht-Beschulung in den meisten Ländern so lange festgehalten, bis es, wie viele Kommentatoren voraussehen, zum „Schulinfarkt" (Jesper Juul) kommt. Wie sich diese Szenarien des gesamtgesellschaftlichen „Schulinfarkts" gestalten könnten, wird vereinzelt auch schon in Publikationen diskutiert. – Ähnlich den bevorstehenden Szenarien eines „Klimainfarkts" im Zuge der Klimaerwärmung. „Noch immer ist die Sympathie für den Zusammenbruch die beliebteste Antwort, sobald die Frage aufkommt, was an die Stelle des Vorhandenen treten sollte."[4]

Worin sich einige „Schulkritiker" und Menschen, denen die Zukunft der Menschheit am Herzen liegt, einig sind: Noch dieses Jahrhundert wird die „alte" Pflichtschule der *Neuzeit* (und damit vielleicht die „Neuzeit" selbst) endgültig Geschichte und Vergangenheit sein.

Der eigen- und selbstverantwortliche und sich wieder selbst bildende Mensch, unterstützt durch Familie und „Zivilgesellschaft", in einer Gesellschaftsstruktur, die weitgehend ohne Hierarchien und Machtgefälle auskommt, ist eine der wohl wünschenswerten Zukunftsprognosen. Weniger optimistische Beobachter (international) gehen davon aus, dass die Eskalation der Schule mit ihrem abschließenden Infarkt, einem politischen, gesamtgesellschaftlichen Infarkt (Krieg, gewaltige Unruhen und ähnliches) einhergehen wird. Welche Szenarien auch immer der „totalen Beschulung" folgen werden. Die Verantwortung für die Zukunft dieses Planeten liegt an jedem Einzelnen. Aber es ist gerade diese Eigenverantwortlichkeit, die dem Menschen per se durch *Beschulung* genommen wird, was den dringenden gesellschaftlichen Wandel erschwert. Je früher die Entschulung der Gesellschaft eintritt, umso besser für Mensch und Natur.

Unter günstigen Bedingungen, wenn der Mensch nicht in übermäßiger Selbstbezogenheit und in Egoismus eingreift, regelt sich die Natur alles selbst. Unter günstigen Bedingungen (Familie, gemischtaltrig und „wirkliches Leben") lernt das Kind *spielend* leicht von selbst. Es gibt nichts, das hat uns wiederholt die Geschichte und Biographien tausender Persönlichkeiten auch in den letzten Jahrhunderten gezeigt, was der Mensch ohne Schule befähigt ist, zu (er)lernen. Die vielleicht größte Herausforderung des 21. Jahrhunderts ist, uns von dem „Glaubenssystem" Schule und Erziehung und die damit verbundenen Rituale zu befreien, die in einer gewissen Phase der Menschheitsgeschichte vielleicht nützlich waren, aber im Verlauf der letzten Jahrhunderte (zer-) störend auf die Mensch-Werdung und alle *Gemeinschaften* eingewirkt haben.

Die Pflicht-Beschulung des Sapiens ist ein neuzeitliches, künstliches Konstrukt, eine *erfundene Ordnung*. „Eine natürliche Ordnung ist eine stabile Ordnung. Die Schwerkraft wird nicht mit einem Mal aufhören zu existieren, nur weil wir nicht mehr an sie glauben. Im Gegensatz dazu läuft eine erfundene Ordnung ständig Gefahr, in sich zusammenzufallen wie ein Kartenhaus, weil sie auf Mythen gebaut ist, und weil Mythen verschwinden, wenn niemand mehr an sie glaubt. Um eine erfundene Ordnung aufrechtzuerhalten, sind konstant große Anstrengungen erforderlich. Einige dieser Anstrengungen können durchaus die Form von Zwang und Gewalt annehmen. Polizei und Streitkräfte, Gerichte und Gefängnisse zwingen uns dazu, uns an die erfundene Ordnung zu halten."

Deshalb lassen sich erfundene Ordnungen nur aufrechterhalten, „wenn große Teile der Bevölkerung – vor allem große Teile der Sicherheitskräfte und der Elite – wirklich an sie glauben. Das Christentum hätte keine zwei Jahrtausende überlebt, wenn die Mehrheit der Bischöfe und Pfarrer nicht an die Auferstehung geglaubt hätten. Die Demokratie der Vereinigten Staaten hätte sich keine zweieinhalb Jahrhunderte gehalten, wenn die Mehrheit der Präsidenten und Abgeordneten nicht an die Menschenrechte geglaubt hätten. Und unser modernes Wirtschaftssystem würde sich keine Sekunde lang halten, wenn die Mehrheit der Anleger und Banker nicht an den Kapitalismus glauben würden.

Aber wie bringt man Menschen dazu, an erfundene Ordnungen wie das Christentum, die Demokratie, den Kapitalismus oder Kommunismus zu glauben? Die oberste Regel ist: Sie dürfen nie zugeben, dass diese Ordnung nur ein Fantasieprodukt ist. Sie müssen immer darauf bestehen, dass die Ordnung, auf die sich die Gesellschaft stützt, eine objektive Wirklichkeit ist, die von

Göttern geschaffen wurde oder den Gesetzen der Natur entspricht. Die Menschen sind nicht deshalb ungleich, weil Hammurabi das sagt, sondern weil Enlil und Marduk die Dinge so geordnet haben. Die Menschen sind nicht deshalb gleich, weil die Väter der amerikanischen Verfassung das so wollten, sondern weil Gott sie so erschaffen hat. Die Marktwirtschaft ist nicht deshalb das beste Wirtschaftssystem, weil Adam Smith das behauptet, sondern weil sie den Gesetzen der Natur entspricht."[5]

Die (frühe und lange) Beschulung ist jedenfalls nicht Gott gewollt. In keinem einzigen Heiligen Buch aller Weltreligionen findet sich auch nur eine Zeile, dass das Menschenkind zwangsweise zur „Bildung" von seiner Familie und der öffentlichen Gemeinschaft über eine verlängerte Kindheit hinaus getrennt werden muss. Die Beschulung des Kindes entspricht auch nicht den Gesetzen der Natur.

Wie bringt aber die führende Elite Menschen, ein Volk, oder auch verschiedenste Ethnien innerhalb eines Imperiums, Königreiches oder nur innerhalb einer Nation dazu, an eine erfundene Ordnung möglichst lange zu glauben?

Über Jahrtausende war das für die (politische) Elite eine mühevolle Angelegenheit. Bis das Christentum endgültig seine Vorherrschaft in Europa erlangte, gingen rund 1000 Jahre ins Land. Zu Beginn der Neuzeit sollte sich das (bis heute) ändern.

Es ist nicht die Tatsache, dass Christoph Columbus statt Indien einen bis dato unbekannten Kontinent, den wir heute Amerika nennen, entdeckte. Viel mehr „entdeckten" oder „erfanden" die (kirchlich) Machthabenden ein paar Generationen vor Columbus die (zuerst religiöse) *Erziehung des Menschen-Kindes*. Das größte menschliche Verbrechen und der größte Betrug der Menschen-Geschichte bisher. Von nun an brauchte es beispielsweise kaum mehr Waffen oder riesige Heere, um zumindest „fremde" Sapiens-Kulturen und die „Barbaren" binnen kürzester Zeit nahezu auszulöschen. Oder um verschiedenste religiöse oder weltanschauliche Denk- und Lebensweisen zu „vereinen". Der früh erzogene Mensch, gleich ob religiös oder ideologisch, ist zudem mitunter hochgradig gefährlich, unberechenbar und hinterhältig.

Dazu ein paar historische Beispiele: Bekanntlich wollte Christoph Columbus nach Indien aufbrechen und landete unbeabsichtigt zuerst einmal auf einer karibischen Insel. Dort hätte er Urlauben können. Columbus war bis zu seinem Tod jedoch unbeirrbar davon überzeugt, Indien entdeckt zu haben. In den Jahren zwischen der Landung in der Karibik (1492) und der Ankunft von Cortés in Mexiko (1519) hatten die Spanier die meisten Inseln der Karibik erobert.

Dann erst kam die „Entdeckung" des Festlandes. Diese Geschichte hat ein anderer so zusammengefasst: „Um das Jahr 1517 hörten die spanischen Siedler in der Karibik erste Gerüchte über das mächtige Aztekenreich, das irgendwo auf dem Festland liegen sollte. Nur vier Jahre später lag die Hauptstadt der Azteken in Trümmern, ihr Reich war zerschlagen und Hernán Cortés herrschte über ein riesiges spanisches Reich in Mexiko.

Die Spanier feierten nicht lange, sondern entsandten sofort Expeditionen in alle Himmelsrichtungen, um das Land zu erforschen und zu erobern. Etwas mehr als ein Jahrzehnt später stieß Francisco Pizarro in Südamerika auf das Inkareich und eroberte es im Jahr 1531. Die früheren Herrscher Mittelamerikas – die Azteken, Tolteken oder Mayas – hatten bestenfalls von der Existenz Südamerikas gehört und nie daran gedacht, es erobern zu wollen. Umgekehrt wussten die südamerikanischen Kulturen kaum etwas von der Existenz der Kulturen in Mittelamerika. In zehn Jahren vollbrachten die Spanier etwas, was die einheimischen Kulturen in zweitausend Jahren nicht geschafft hatten. (...) Die Azteken waren überzeugt, dass sie die ganze Welt kannten und zum größten Teil beherrschten. Sie konnten sich nicht vorstellen, dass jenseits dieses Horizonts so etwas wie die Spanier existieren konnte. Als Cortés und seine Männer am sonnigen Strand des heutigen Veracruz landeten, waren sie die ersten vollkommen unbekannten Menschen, denen die Azteken begegneten.

Die Azteken wussten nicht, wie sie sich verhalten sollten. Sie hatten ihre liebe Not zu verstehen, wer diese Außerirdischen waren. Sie hatten helle Haut und eine Menge Gesichtshaar. Einige hatten sonnenfarbenes Haar. Aber vor allem stanken sie entsetzlich. (Die Azteken waren in der Hygiene sehr viel weiter als die Spanier. Zu Beginn ihrer Invasion wurden die Spanier auf Schritt und Tritt von Einheimischen mit Räuchergefäßen begleitet. Die Spanier meinten, sie würden als Götter verehrt. Aber aus einheimischen Quellen wissen wir, dass der Rauch aus Harzen und Ölen dazu dienen sollte, die Gegenwart der Spanier erträglich zu machen). (...) Cortés wusste zwar genauso wenig über die Azteken wie sie über ihn, doch er und seine Männer hatten gegenüber ihrem Gegner einen entscheidenden Vorteil. Während die Azteken durch nichts auf die Begegnung mit den sonderbar aussehenden und übelriechenden Aliens vorbereitet waren, wussten die Spanier, dass die Erde voller unbekannter menschlicher Welten war, und sie waren im Überfall auf diese Welten bestens geübt. Sie hatten große Erfahrung bei der Besetzung fremder Länder gesammelt und wussten, wie sie mit Situationen umzugehen hatten, in denen sie nicht das Geringste wussten. In unbekannten Welten fühlten sich die modernen europäischen Eroberer und Wissenschaftler in ihrem Element.

Als Cortés im Juli 1519 an diesem sonnigen Strand an Land ging, wusste er, was er zu tun hatte. Wie ein Außerirdischer, der einem Raumschiff entsteigt, erklärte er den verblüfften Einheimischen: ‚Wir kommen in friedlicher Absicht. Bringt uns zu eurem Anführer.' Cortés erklärte, er sei Botschafter des großen Königs von Spanien und bat um ein diplomatisches Gespräch mit dem Aztekenherrscher Moctezuma II. (Das war eine schamlose Lüge, denn Cortés führte eine unabhängige Truppe von gierigen Abenteurern an. Der König von Spanien hatte weder von Cortés noch von den Azteken gehört.) Cortés erhielt Führer, Essen und Unterstützung von den Einheimischen, die Feinde der Azteken waren. Dann marschierte er in Richtung der Hauptstadt des Aztekenreichs, der großen Metropole Tenochtitlán.

Die Azteken, die nichts von dem Völkermord in der Karibik mitbekommen hatten, ahnten nicht, in welcher Gefahr sie schwebten. Sie erlaubten Außerirdischen, bis zu ihrer Hauptstadt zu marschieren und arrangierten sogar ein Gespräch zwischen dem Anführer der Aliens und ihrem Herrscher Moctezuma. Während dieser Begegnung gab Cortés plötzlich ein Zeichen und seine bis an die Zähne mit Schwertern und Rüstungen bewaffneten Begleiter ermordeten Moctezumas Leibwache (die eine Rüstung aus Baumwolle trugen und mit Holzkeulen und Steinäxten bewaffnet waren). (...) Cortés hielt Moctezuma in seinem Palast gefangen und tat so, als bliebe Moctezuma freiwillig, und als sei der ‚spanische Botschafter' nicht mehr als ein Gast. Moctezuma spielte mit – vielleicht wurde er Opfer einer Art Stockholm-Syndrom und schlug sich auf die Seite seiner Entführer. Das Aztekenreich war extrem zentralistisch organisiert und von seiner beispiellosen Situation völlig gelähmt. (...) Schließlich lehnten sich die Azteken doch noch gegen Cortés und Moctezuma auf, wählten einen neuen König und vertrieben die Spanier aus Tenochtitlán. Doch inzwischen hatte ihre Macht Risse bekommen, und Cortés nutzte sein Wissen, um diese Risse aufzubrechen und das Reich von innen heraus zu sprengen. Unter anderem brachte er viele der von den Azteken unterworfenen Völker auf seine Seite. Diese Völker verrechneten sich gründlich. Sie hassten die Azteken, doch sie hatten keine Ahnung vom Völkermord in der Karibik. Sie nahmen an, die Spanier würden ihnen helfen, das Joch der Azteken abzuschütteln – dass die Spanier danach das Zepter in die Hand nehmen könnten, kam ihnen nie in den Sinn. (...) Hundert Jahre nach der Landung der Spanier in Veracruz war die Zahl der Ureinwohner um 90 Prozent eingebrochen. Die wenigen überlebenden Indios wurden von einem gierigen, rassistischen Regime versklavt, das die Unterdrückung durch die Azteken weit in den Schatten stellte.

Zehn Jahre nach der Ankunft Cortés in Mexiko landete Pizarro an der Küste des Inkareiches. Er brachte noch weniger Soldaten mit als Cortés: Seine Expedition bestand lediglich aus 168 Männer! Doch Pizarro brachte das Wissen aller früheren Eroberungen mit, während die Inkas nichts vom Schicksal der Azteken gehört hatten. Pizarro schaute sich seine Strategie von Cortés ab. Er stellte sich als friedlicher Botschafter des spanischen Königs vor, lud Inkaherrscher Atahualpa zu einem diplomatischen Gespräch ein und nahm ihn als Geisel. Dann eroberte Pizarro das gelähmte Reich mit Hilfe von Verbündeten vor Ort. Hätte Atahualpa auf CNN gesehen, was mit Moctezuma passierte, wäre er nicht auf diesen alten Trick hereingefallen. Und wenn die unterworfenen Völker des Inkareichs gewusst hätten, was mit den Mexikanern passiert ist, hätten sie nicht gemeinsame Sache mit den Eindringlingen gemacht. Aber sie hatten nicht die geringste Ahnung."[6]

In Variation erging es allen Kulturen und Völkern (Sapiens) über 400 Jahre bis zum Ende des 2. Weltkrieges ähnlich wie den Azteken und Inkas. Wohin auch immer der christlich und später ideologisch erzogene und beschulte „weiße Mann" und Europäer kam, er richtete einen Völkermord nach dem anderen an. Im Namen der Religion, oder der Wissenschaft, der Ökonomie oder der Ideologie, oder im Namen des Friedens und der Freiheit.

Besonders „effizient" gingen auch die Engländer vor, als sie 1770 mit Kapitän James Cook die Ostküste Australiens betraten. Zu diesem Zeitpunkt lebten etwa 300.000 bis 700.000 Jäger-und-Sammler in 200 bis 600 Stämmen, von denen sich jeder in viele Untergruppen teilte, in familialen Gemeinschaften weitgehend friedlich nebeneinander. Die Aborigines. Sie sind die frühesten kontinuierlichen Vertreter des „modernen Menschen" (Homo sapiens) außerhalb Europas und existieren dort bereits seit etwa 30.000 bis 40.000 Jahren. Diese menschliche Kultur überlebte in diesem Zeitraum gewaltige Klimaveränderungen und ihre Zahl blieb über zehntausende Jahre dennoch etwa konstant. – Bis zur Ankunft der Europäer.[7] Leider konnten auch die Aborigines noch nicht per CNN oder dem Internet davor gewarnt werden, was andere Europäer bereits etwa 150 Jahre lang auf einem anderen Kontinent anrichteten.

Wir wissen heute, dass die Ureinwohner Süd- und Nordamerikas („Indianer") vor 1492 zum Teil schon Jahrtausende dort lebten. Schätzungen von

Forschern zufolge, lebten vor Ankunft der Europäer etwa 80 bis 120 Millionen Indigene auf dem großen Kontinent Nord- und Südamerika.[8]

Etwa drei Genrerationen später, nach dem der sicherlich hehre Seefahrer James Cook 1770 Australien erreichte, haben die „erzogenen" und teils beschulten „weißen Männer" und Sapiens die Aborigines, und wie wir heute wissen, ebenso Sapiens, um etwa 90 Prozent reduziert.

Natürlich starben viele Ureinwohner von Amerika bis Australien auch an eingeschleppten Krankheiten und unbekannten Viren, die mit den Schiffen und ihrer Besatzung folgten. Die Mehrheit wurde aber kaltblütig ermordet. Von Beginn der sogenannten Neuzeit an richtete der christlich und später ideologisch („kulturell") erzogene und beschulte Europäer ein Blutbad an, wohin er auch kam, dass es niemals zuvor in der Geschichte der Menschheit gab. – Nicht nur weltweit, auch am „eigenen" Kontinent und gegen Seinesgleichen.

Eines der erschütterndsten Beispiele sind die Religionskriege zwischen katholischen und protestantischen Christen, die im 16. und 17. Jahrhundert Europa in Schutt und Asche legten und hunderttausende Christen dezimierte. „Am 23. August 1572 überfielen französische Katholiken, die an die guten Taten glaubten, die französischen Protestanten, die an Gottes Liebe zu den Menschen glaubten. Bei diesem Pogrom, der sogenannten Bartholomäusnacht, wurden innerhalb von 24 Stunden zwischen 5000 und 10 000 Protestanten dahingemetzelt. Als der Papst die Nachricht von Frankreich erhielt, war er derart begeistert, dass er Dankesgebete abhalten ließ und den Maler Giorgio Vasari beauftragte, einen Raum des Vatikans mit Darstellungen des Massakers auszumalen (dieser Raum ist heute für Besucher geschlossen). Allein in diesen 24 Stunden töteten Christen mehr Christen als das polytheistische Römische Reich in allen Christenverfolgungen zusammen."[9]

Aber wovon wird in den Schulbüchern der staatlichen Schulen Europas bis dato vorrangig berichtet? Beispielsweise von den Christenverfolgungen der Römer. In den Jahrhunderten, die zwischen der Kreuzigung Christi und der Bekehrung von Kaiser Konstantin vergingen, ermordeten die polytheistischen Römer „lediglich" einige tausend Christen. Vergessen sie die Eroberungszüge von Hammurapi I (1792 v. Chr.), Cornelius Scipio (235 - 183 v. Chr.), Dschingis Khan (wahrscheinlich 1155 - 1227 n. Chr.) und Co. Die Opferzahlen dieser Feldherrn und Herrscher sind „Peanuts" gegen die Opferzahlen, die ab 1492 folgten.

Der Bibliothekar Matthew White hat in einem Mammutprojekt und in akribischer Recherche in seinem *Historical Atlas of the Thwenty Century* die

Gewaltexzesse dieses Jahrhunderts aufgelistet. Seine Genauigkeit brachte ihm den Respekt von Geschichtsprofessoren und löste heftige Debatten im Internet aus, sodass M. White seine Recherchen auf die letzten 2500 Jahre ausdehnte. Von den Perserkriegen bis zum Genozid an den Tutsi in Ruanda watet M. White in einem Blut von 455 000 000 (455 Millionen) Toten.

Kein Imperium, keine Kultur, und auch keine andere Religion (auch nicht die andere monotheistische Religion, der Islam) kommt auf einen derart hohen Blutzoll, wie die „Kultur" des (zuerst christlich) *erzogenen* und *beschulten* Europäer.

Ich persönlich schätze: Seit der Homo sapiens vor etwa 10.000 bis 3.000 Jahren „sesshaft" wurde, gehen mindestens 50 Prozent aller Kriegstoten und sonstigen Gewaltexzesse und die maßlose Naturzerstörung (von der industrialisierten „Tierhaltung" noch gar nicht gesprochen) auf den nicht nur religiös, sondern den (früh) *schulisch* „gebildeten" und im Weggabe-Modus sozialisierten Menschen zurück. Darüber sollten wir diskutieren. Denn der „Wohlstand der Nationen", auch der Europäischen, könnte sich schon in absehbarer Zeit dem Ende zuneigen. Während in Europa und den USA seit etwa 40 Jahren die in Variation immer gleichen „Schulreformdebatten" geführt werden, schmilzt gleichzeitig und kontinuierlich das Polareis. Die wahre und letzte *Bürde des weißen Mannes* (und zwischenzeitlich auch der weißen Frau) ist, sich von dem Glaubenssystem (frühe) Pflicht-Beschulung = Bildung, zu verabschieden.[10]

Besonders gefährlich und unberechenbar wurde es, als zur Pflicht-Beschulung auch noch der frühe *Weggabe-Modus* des Kindes hinzukam. Binnen kurzer Zeit wechselten die Franzosen 1789 von einem feudal-absolutistischen Königreich zur französischen Republik. Im Namen von liberté, égalité und fraternité (als neue Ideologie) „mussten" noch etwa zwei bis vier Millionen Menschen das Leben lassen. Etwa viereinhalb Generationen später kommt der beschulte und grausam erzogene Adolf Hitler bereits demokratisch an die Macht. Um die Mehrheit des (beschulten) Volkes vom Nationalsozialismus und auch dem Kommunismus zu überzeugen, brauchte es nicht einmal eine Generation, sondern nur breite und zum Teil bittere Armut. Von dem deutschen Dichter Berthold Brecht stammt das berühmt gewordenen Zitat, „Erst kommt das Fressen, dann kommt die Moral."

2016 wurde mit billigstem Populismus, menschenverachtenden Aussagen so gut wie gegen jede Personengruppe (Migranten, Frauen, Arme, Linke, etc.), Milliardäre ausgenommen, und jedem, der nicht seiner Meinung ist, und mit fast täglich zur Schau gestellten Narzissmus, ein Milliardär Präsident einer führenden Industrienation. Donald Trump ist beschult und erzogen, wie Barack Obama auch. Letzterer hat sich zumindest nach der Schulzeit noch gebildet, verwechselte als Präsident Belgien nicht mit Brüssel, verbrachte seine Zeit im Weißen Haus gerne mit Lesen und man konnte ihm zuhören. (Mit dem Friedensnobelpreis gleich zu Beginn der Amtszeit ausgezeichnet, fing er außerhalb der USA keinen Krieg an.) Die historisch noch nie erreichte Schere zwischen Arm und Reich in den USA verringerte auch er nicht. Das wird vermutlich Donald Trump noch weniger tun. Kaum im Amt, hat der Multimilliadär die teuerste, „sicherste" und luxuriöseste Präsidentenlimousine aller Zeiten bestellt (15 Millionen Dollar Steuergeld). Das als Präsident eines Landes, das derzeit die traurige Zahl von 2,5 Millionen obdachlosen *Kindern*, wohlgemerkt, aufweist.

Mahatma Ghandi ging tagelang zu Fuß, kämpfte über 30 Jahre mit beinahe übermenschlicher Anstrengung für Menschenrechte, er bekämpfte tatsächlich die Armut in Indien und ihm gelang, was bis dahin als unmöglich galt: Ein Land (Indien) von seiner Besatzungsmacht, dem britischen Empire, konsequent *gewaltfrei* und mit zivilen Ungehorsam zu befreien. Mahatma Ghandi behandelte alle Personengruppen, gleich welcher religiösen oder weltlichen Anschauung, und jeden einzelnen Menschen mit dem gleichen *Respekt*. Auch M. Ghandi war beschult. Er war Hindu und wuchs in einem Land und in einer Zeit mit noch familialen Gemeinschaften und der ihnen zugrundeliegenden Werten und Verbindlichkeiten auf. Mahatma Ghandi bekam bis heute nicht einmal posthum den Friedensnobelpreis verliehen.

Y. N. Harari hat Recht: *Die Geschichte ist nicht gerecht.* Ich ergänze: Die vom früh erzogenen und beschulten und im Weggabe-Modus sozialisierten Menschen geschriebene und gestaltete Geschichte schon gar nicht. Dieser Mensch kann nicht nur sehr gefährlich sein, sondern wechselt seine Gesinnung und „Ideologien" gegebenenfalls so rasch, wie den „Lebensabschnittspartner". Eine Frau, die 1906 beispielsweise in Leipzig geboren und stolze 100 Jahre alt wurde, erlebte vier verschiedene politische Systeme (und noch zahlreichere Ideologien). Das deutsche Kaiserreich, den Nationalsozialismus, den Kommunismus und das demokratische Deutschland. In ihrer Wohnung (oder die ihrer Eltern) könnte theoretisch ein Bild von Wilhelm den II, Hitler, Lenin und A. Merkel gehangen haben. Ein Foto ihrer Enkelkinder, die vielleicht im Kindergarten mit der neuen Ideologie „Gendermainstreaming" erzogen und „gebildet" wurden, blieb ihr in ihrem letzten Lebensjahr, 2006, gerade noch erspart.

Mit der frühen Beschulung (Erziehung) und täglicher auch medialer „Gehirnwäsche" kann man aus jedem Sapiens einen Krieger (Vaterlandsverteidiger, Terroristen, etc.) Pazifisten, Nationalsozialisten, Kommunisten, Kapitalisten, Konsumisten, Arbeiter oder Angestellten, Patrioten, Franzosen, Amerikaner, Deutschen, Israeli, Chinesen.... machen. – Und jede erfundene Ordnung und auch „Kultur" binnen einer Generation durch eine andere ersetzen.

Die einzige nicht erfundene, sondern gewachsene und natürliche Ordnung ist unsere Evolution. Von Reykjavik bis Pretoria, von Osaka bis Seattle sind wir derzeit etwa 7,5 Milliarden *einzigartige* Homo Sapiens. Bevor wir früh beschult, religiös, ideologisch, „säkular" oder „kulturell" (gleich) erzogen wurden und werden.

Die vorrangige Frage heute sollte heißen: Nicht *wie* sollte Schule künftig sein, sondern *was macht* die *totale Beschulung* und Erziehung (Krippe, Kindergarten, Schule) mit dem Kind und aus dem Menschen?

Sie bringt offensichtlich zahlreiche Menschen hervor, die durch ihre eigene (früh-) kindliche Trennung und Abspaltung – von nahezu allem Lebendigen und Organischen – später bereit oder viel mehr disponiert sind, ihren Verstand, ihre Vernunft, ihr Gefühl (Intuition, Gewissen) zu *spalten* und zu trennen. Sich selbst, jeder Gemeinschaft (Gesellschaft) und der Natur gegenüber. Ohne die Eskalation der Schule und vor allem der *Erziehung* im 18. und 19. Jahrhundert hätte es die totalitären Regime des 20. Jahrhunderts, den Nationalsozialismus wie auch den Stalinismus und die ihnen zugrundeliegenden Ideologien, und gegenwärtig den „Neoliberalismus" nicht gegeben. (Worauf auch schon Alice Miller hingewiesen hat, was Nationalsozialismus und Stalinismus betrifft.)

Ohne den bisher größten menschlichen Irrtum, die (Pflicht-) Beschulung und die Erziehung des Menschen, hätte der Homo sapiens vielleicht auch die Möglichkeit der Kernspaltung entdeckt, er hätte jedoch mit Sicherheit nicht die Atom-Bombe und Kernkraftwerke gebaut. Die frühe (Pflicht-) Beschulung macht den Menschen vor allem *gehorsam* und *verantwortungslos*. Um die Atombombe wie alle (Massenvernichtungs-) Waffen auch einzusetzen, braucht es den „gespaltenen" und/oder gehorsamen Menschen.

Machthabende befehlen oder lösen Kriege aus. Geführt werden sie von den „Untertanen". In den letzten Jahrtausenden stieg der eine oder andere Herrscher noch selbst aufs Pferd und zog in den Krieg. Seit ein paar Jahrzehnten können die beschulten und mitunter demokratischen Politiker dem Krieg per

CNN und Co beiwohnen. Auch *Empathielosigkeit* ist eine Folge früher Beschulung und Erziehung.

Es ist heute auch ein wissenschaftliches Faktum: sich selbst und andere Menschen zu töten, liegt weder in unseren Genen, noch in unserer *Evolution*. Die verbrachten wir zu 99 Prozent unserer bisherigen Menschheitsgeschichte weitgehend friedlich und nachhaltig lebend in der Lebensweise des „Jägers und Sammlers", eine vorrangig familiale Gemeinschaft. „Viele Anthropologen haben übrigens darauf hingewiesen, dass Jäger-und-Sammler-Gesellschaften die ursprünglichen Demokratien gewesen seien."[11]

In dem Maß, wie sich dieses ichbezogene (Selbst-) Bewusstsein
in immer weiteren Kreisen der Bevölkerung auszubreiten begann,
verkürzte sich die Zeitspanne, in der Kinder auf der Stufe
des mythischen Bewusstseins verharren konnten.
Anstelle des langsamen, allmählich einsetzenden Prozesses
des Bewusstwerdens des eigenen Ich,
seiner Rolle und seiner Stellung in der Welt,
entwickelt eine wachsende Zahl von Kindern
heutzutage eine pseudoautonome Selbstbezogenheit,
die in ihren unterschiedlichsten Ausprägungen
inzwischen zu einer erheblichen Gefahr für die Stabilität
aller westlichen Gesellschaften geworden ist.

Gerald Hüther

10

Der (stumme und der laute) *Schrei* und die Worte Albert Schweitzers

Oslo, Norwegen. Jäger und Sammler, eine kleine Sippe und *familiale Gemeinschaft,* beginnen etwa im achten Jahrtausend vor Chr. das heutige Staatsgebiet Norwegen zu besiedeln. Es zählt seit vielen Jahren zu den reichsten Ländern der Erde. Ebenso lange wird es von der UN laut dem *Index für menschliche Entwicklung* als das weltweit am weitesten entwickelte Land eingestuft. Laut dem *Demokratie-Index* der britischen Zeitschrift *The Economist* gilt Norwegen als der demokratischste Staat der Welt. In seiner Hauptstadt Oslo wird nicht nur jährlich der *Friedensnobelpreis* verliehen, sondern wuchs der Maler und Graphiker Edward Munch auf. 1863 geboren, verbrachte er einige „Lehr"- und Lebensjahre in Frankreich und Deutschland. Seit etwa 1917 lebte er weitgehend auf Ekely, Oslo. Er starb 1944, ein Jahr vor dem Ende des zweiten Weltkrieges, in dem 60 Staaten indirekt oder direkt beteiligt waren, über 110 Millionen Menschen unter Waffen standen und die Zahl der Kriegstoten zwischen 60 und 70 Millionen liegt. Edward Munch gilt als Bahnbrecher des *Expressionismus* und einer der bedeutendsten Maler der *Moderne.* Weltberühmt wurden seine vier Gemälde mit dem weitgehend identischen Motiv, *Der Schrei,* die zwischen 1893 und 1910 entstanden.

Von 1452 bis 1519, am Anfang dieser „Neuzeit", lebte ein anderer großer Maler, der auch Bildhauer, Architekt, Ingenieur, Anatom und Naturphilosoph war. Leonardo da Vinci. Er gilt als einer der bedeutendsten und jedenfalls berühmtesten *Universalgelehrten* der Menschheitsgeschichte. Von da Vincis Italien breitete sich vom 15. Jahrhundert an Richtung Norden die Kunst und geistige Bewegung der Renaissance und des *Humanismus* aus. Diese Bewegung, die wieder den Menschen selbst, seine Möglichkeiten und Potenziale ins Zentrum des Denkens und Handelns, und nicht einen abstrakten, fernen und „strafenden" Gott rückte, verlor in Mitteleuropa im Laufe des 16. Jahrhunderts bereits an (umfassender) Bedeutung. Was sich jedoch fast zeitgleich durchzusetzen begann, war das kirchliche Kolleg, der Ursprung unseres „heutigen" Schulwesens. Im Kolleg wurde viel gestraft. Ihm fehlte vor allem ein *humanes* Fundament. So mag es nicht verwunderlich sein, dass einer der letzten großen (europäischen) Universalgelehrten, Johann Wolfgang von Goethe, weitgehend unbeschult war und häuslich unterrichtet wurde. Er war (auch) ein großer Humanist und wurde *familial* sozialisiert.

Etwa 500 Jahre nach da Vinci malte Edward Munch sein Gemälde *Der Schrei*. Sein erster deutscher Titel, den er selbst seinem Werk gab, war *Schrei der Natur*. In einer Tagebuch-Notiz zu seinem Gemälde schrieb Munch unter anderem: „- ich blieb zurück – zitternd vor Angst – ich fühlte den großen Schrei in der Natur..." Wie kein anderes Bild wurde *Der Schrei* zum Symbol der Entfremdung des Menschen: von der Natur, von der Gesellschaft, von sich selbst – ein Bild der Isolation und des Verlustes der individuellen Identität.

Zur Zeit Munchs, bereits Jahrzehnte vor den bisher größten humanen Katastrophen, dem 1. und 2. Weltkrieg, machte sich in vielen Teilen Europas schleichend leise ein kollektives Gefühl der Angst breit – wie auch eine „Naturvergessenheit", eine starke Ökonomisierung, eine Polarisierung zwischen „links" und „rechts", und vor allem eine *Ideologisierung* nahezu aller Lebensbereiche. Ein Schriftsteller, Zeitgenosse und Bekannter Edward Munchs, August Strindberg, schrieb: „Mensch sein ist mehr als Europäer sein." Künstler und Kinder waren und sind Seismographen ihrer Gesellschaft.

Am 22. Juli 2011, rund 100 Jahre nachdem Edward Munch seinen Bilder Zyklus *Der Schrei* vollendete, ereignete sich 30 Kilometer nordwestlich von Oslo (auf der Insel Utøya) ein kollektiver, furcht- und hörbarer *Schrei*. Anders Behring Breivik erschießt in einem Amoklauf 77 Menschen, 32 von ihnen sind unter 18 Jahre. Die Mehrheit der Opfer sind Schüler und Studenten, wie alle anderen Opfer auch Teilnehmer eines jährlichen Zeltlagers der sozialdemokratischen Jugendorganisation. Das Massaker auf der Insel Utøya ist das bisher größte eines Amokläufers auf europäischen Boden seit dem Ende des 2. Weltkriegs.

Dem 22. Juli 2011 folgte ein großer Aufschrei durch ganz Europa. Über Breivik wurde viel diskutiert und geschrieben, auch in den Medien. Die „Ursache" dieser „Wahnsinnstat" stand bald fest: Breivik ist ein „rechtsradikaler" und „islamfeindlicher" norwegischer *Terrorist*. So steht es gleich zu Beginn des Eintrages auf Wikipedia. Er wurde zu 21 Jahren Haft mit anschließender Sicherheitsverwahrung verurteilt, der Höchststrafe in Norwegen. Nachdem wir schon einen kurzen Blick auf die Kindheit vieler (positiver) „berühmter

Persönlichkeiten" geworfen haben, schauen wir uns ein wenig die (eigentliche) *Kindheit* des Amokläufers an.

Er wird zuerst einmal in eine ganz normale bürgerliche Mittelstandsfamilie geboren, wie 99,9 Prozent aller Kinder dieses Planeten gesund, hoch begabt, und mit der Fähigkeit zur Empathie. Breiviks Mutter ist Krankenschwester, der Vater Betriebswirt. Beide haben ein liberales Weltbild. 1979, einige Monate nach der Geburt des Sohnes, übersiedelt die Familie nach London, da der Vater eine Stelle an der norwegischen Botschaft bekommt. Als Breivik etwa ein Jahr alt ist, *trennen* sich die Eltern, 1983 ist die Ehe auch formell geschieden.

Seit Jahrzehnten wissen wir und ist hundertfach auch wissenschaftlich publiziert, dass die ersten drei Lebensjahre für die Psyche und Seele eines Kindes die absolut verletzlichsten sind. Anfang der 1980er Jahre wussten vielleicht viele Eltern und Behörden darum noch nicht. Was zum weiteren Lebenslauf des (Klein-) Kindes folgt, ist leider bis heute vielfach „System" in der Mehrheit der „hoch entwickelten" und „hoch demokratischen" Länder.

Das Baby Anders Breivik erlebt die Trennung vom Geburtsort (geographisches) und die seiner Eltern (emotionales Zuhause). Die Mutter kehrt mit dem Kleinkind wieder nach Oslo zurück. Als Breivik etwa zwei Jahre alt ist, wendet sie sich erstmals an ein Sozialbüro in Oslo, um einen Platz in einem kommunalen Wochenendheim zu beantragen, da er „anstrengend" ist. Als der Junge etwa vier Jahre alt ist, sucht sie eine Familienberatungsstelle auf und bittet erneut um Hilfe. Daraufhin wird der Vierjährige (mit seiner Mutter und seiner älteren Halbschwester) für einige Wochen „zur Beobachtung" in das staatliche Zentrum für Kinder- und Jugendpsychiatrie eingewiesen. In einem Brief des Kinderpsychiaters Per Olav Naess an das Jugendamt heißt es, dass Anders Breivik Schwierigkeiten habe „sich emotional auszudrücken", „passiv im Spiel" sei, und ihm „Elemente der Lust und Freude" fast vollständig fehlten. Allesamt Symptome, die auch bei (hoch traumatisierten) Trennungskindern diagnostiziert werden. Der Psychiater empfiehlt der Behörde, den Jungen in einem „stabilen Pflegeheim" unterzubringen. Ein Beschluss erging jedoch nicht. Die offenbar in mehrerlei Hinsicht überforderte alleinerziehende Mutter zieht das Kind weiter auf.

Der Trennungs-Vater, dem die Verhältnisse und die Entwicklung des Kindes nicht verborgen bleiben, beantragte das Sorgerecht für den Jungen. Das Gericht ordnet an, was seit Jahrzehnten nahezu „Standard" an Familiengerichten ist: Die „Familienverhältnisse" seien zu untersuchen (also die Obsorge- und „Erziehungsfähigkeit" beider Eltern), und das Kind solle während dieser

Zeit weiter bei der Mutter bleiben. Daraufhin zieht der Vater den Sorgerechtsantrag zurück. Noch im selben Jahr schreibt der Psychiater besorgt und warnend in einem zweiten Brief an das Jugendamt: „Wir halten an unserer ursprünglichen Konklusion fest, dass Anders so vernachlässigt wird, dass die Gefahr besteht, dass sich eine schwere psychische Störung entwickelt." Die Behörde befürwortete Anfang 1984 die Einsetzung eines Erziehungsbeistandes, den die Mutter jedoch ablehnte und das Jugendgericht nicht anordnete. Breivik wächst weiter bei der alleinerziehenden (und faktisch überforderten) Mutter auf und besucht die Schule. Darüber ist zwar (dem Autor) nichts bekannt, aber wie es in diesem Regelsystem Schule zumeist der Fall ist, könnte Breivik auch dort „auffällig" und damit Außenseiter gewesen sein.

Breivik ist nun etwa 15 Jahre alt und hat die „Pflicht-Beschulung" beendet, als das Jugendamt wieder Kontakt mit der Mutter aufnimmt. Der nun Jugendliche wird bei einem Aufenthalt in Dänemark von der Polizei aufgegriffen und eine größere Anzahl von Sprühdosen wird sichergestellt. Breivik war während dieser Zeit Teil einer Clique von Gleichaltrigen, die Graffiti an Häusern anbrachte. Die Behörde hielt es aber für unnötig, Hilfsmaßnahmen einzuleiten. Allerdings verschlechterte sich unter anderem aufgrund dieser Vorfälle das Verhältnis von Anders Breivik zu seinem Vater. Der Jugendliche bricht daraufhin jeglichen Kontakt zu seinem Vater ab. Vielleicht hat Breiviks Vater, wie so viele Eltern, in Unwissenheit und alter „Erziehungstradition" seinen Sohn für sein „falsches" Verhalten (Graffiti) „gerügt" oder irgendwie „bestraft". Er hätte damit das von früh an verletzte Kind nur weiter in seinem Selbstwertgefühl beschädigt. Der Kontaktabbruch Breiviks zu seinem Vater wäre dann auch ein Selbstschutz. Was dem „Kind" Breivik von klein an sicherlich fehlte, war bedingungslose *elterliche Liebe,* von *beiden* Eltern.

Wir wissen auch und es ist dutzendfach in den letzten 15 Jahren publiziert, dass für die psycho-emotionale und soziale Entwicklung von Jungen im zunehmenden Alter der Vater, die wichtigste Bindungs- und Beziehungsperson, das positive *Vorbild,* von enormer Wichtigkeit ist. Fehlt das, werden eben oft die „Helden" der Computerwelt, der Medien, und im ungünstigsten Fall radikale Ideologien und Terroristen zu Vorbildern.

Der weitere Lebenslauf in Kürze: Breivik bricht das Gymnasium ab, jobbt und bleibt letztlich auch in der Arbeits- und Berufswelt erfolglos, beginnt eine kriminelle Laufbahn, und wendet sich schließlich der rechtspopulistischen Fremskrittspartiet und verschiedenen rechtsextremen Internetforen zu. Der von Kind auf *beziehungsverarmte* Breivik bereitet jahrelang unbemerkt und *ungeachtet* seinen Anschlag auf das Regierungsviertel in Oslo und anschließend den Amoklauf auf der Insel Utøya vor.[1]

Der 22. Juli 2011 ist ein Symbol und wohl auch gewaltige Metapher für unsere Post-Moderne und neoliberale Zeit. Wir können in unserer „säkularisierten", westlichen und insoweit noch christlich geprägten Kultur der „Schuld und Sühne", des Bewertens und des Verurteilens, sagen, wie gut, dass dieser „Bastard" Breivik lebenslang hinter Gittern ist (und das durch Erwachsene gekränkte und verletzte Kind nun weiter bestrafen). Möglicherweise ist das derzeit unsere einzige Möglichkeit. Das bringt aber den unzähligen Opfern und Eltern auch nicht mehr ihre Kinder zurück. – Weitere Amokläufe aus unserer Mitte sind schon gefolgt und werden weiter folgen.

Wir können hier (auch berechtigt) feststellen, dass ein behördliches Fehlverhalten (Familiengericht, Jugendamt, etc.) vorliegt. In sicherlich guten Absichten und fehlender Kompetenz die Sachlage richtig einzuschätzen, wurden hier falsche Entscheidungen und vielleicht nur falsche Worte gewählt. Wir könnten in diesem Fall Breivik genauso gut einzelne Personen dieses behördlichen „Systems" – zwar nicht im strafrechtlichen Sinne – verurteilen. Genauso gut könnten wir die beiden Eltern von Breivik verurteilen, weil sie sich nach der Trennung durch eigene Erziehungsdefizite (frühkindliche Verletzungen), durch Unwissenheit zueinander und dem einzigen Unschuldigen, dem Kind gegenüber, falsch und in jedem Fall verletzend verhielten.

Und schließlich, worüber nach dem 22. Juli 2011 schon gar nicht gesprochen und „diskutiert" wurde, hat Breivik wie alle Amokläufer bis Ende der Pflicht-Schulzeit das staatliche „Bildungssystem" durchlaufen. War er in der Schule auch „auffällig" und wurde vielleicht zu allem Überdruss von Kollegen noch gemobbt? Fehlt unserem (staatlichen) „Bildungssystem" tatsächlich vor allem eines: ein humanes Fundament? – Breivik ist ja nicht der erste und auch nicht der letzte Amokläufer, der dieses „System" durchlief. Wenig bis gar nicht wird beobachtet, dass etwa die Hälfte der Wähler von rechtspopulistischen Parteien von Nordeuropa bis Frankreich, Deutschland, Österreich und schon ziemlich überall in Europa der Altersgruppe der unter 29-Jährigen angehört. – So zumindest der Trend der letzten 20 Jahre, in dem diese Parteien überall erstarkt sind. All diese „Wähler" haben unser staatliches Bildungssystem durchlaufen, das bitte auch Amokläufer hinterlässt. Und schon wieder diskutieren wir in Politik und Medien bis zum Stammtisch über „links" und „rechts", wie das schon zur Zeit Edward Munchs vor über 100 Jahren losging. Wir könnten, und vielleicht ist es das einzige, was wir auch sollten, uns bewusst werden, dass wir kein „horizontales" (links oder rechts), sondern ausschließlich wieder einmal ein „vertikales" Problem haben. Es stimmt zwischen „oben" und „unten" nicht mehr. Wir haben in allen Gesellschaftsbereichen, der Ökonomie wie auch der Bildung und der familialen Sozialisation, seit bald drei Jahrzehnten (wieder) einen Verlust der *Mitte,* der *Balance,* und einen Mangel an echter *Beziehung.*

Breivik ist ein Amokläufer. Dieses „Phänomen" tritt im Wesentlichen seit den 1960er Jahren vereinzelt und seit den 1990er Jahren gehäuft („dritte Phase" der Eskalation der Schule) und zumeist an Schulen oder in einem schulischen Umfeld auf. Die meisten Amokläufe fanden in den USA, Deutschland und China statt. Gemessen an Häufigkeit und Schwere (Tote und Verletzte) führt die USA, was an der Leichtigkeit, wie dort Kinder und Jugendliche an Waffen kommen, nicht verwunderlich ist. Das ist aber nicht die Ursache. Was die Häufigkeit von Amokläufen an Schulen betrifft, folgt nach den USA Deutschland und dann China. Bei letzterem wird kaum darüber berichtet, weil die Amokläufe bei der Größe des Landes nicht „ins Gewicht" fallen. Nach den drei Staaten folgt weltweit betrachtet nicht mehr viel. Soweit der Trend der letzten Jahrzehnte.
Was Amokläufe und generell Gewaltexzesse an Schulen betrifft, sind die USA und Deutschland weltweit führend. Gemessen an der Einwohnerzahl ist Deutschland mit (schwerer) Gewalt an Schulen und Amokläufen führend.[2]
Wie in diesem Buch ausgeführt: Nirgendwo weltweit ist seit etwa 150 Jahren der „Bildungs- *und* Erziehungsdruck" – familiär wie auch schulisch – so groß, wie in Deutschland und seit etwa zwei Jahrzehnten auch in China und weiteren Teilen Asiens. In kaum einem anderen westlichen Staat hat man seit Jahrzehnten (vereinfacht) das staatliche Regelschulsystem so vernachlässigt und alleine auf Geld und die „Bastard-Ökonomie" gesetzt, und nirgendwo ist die Verarmung der familialen Sozialisation (in der Mittelschicht) seit ebenso Jahrzehnten vorangeschritten, wie in den USA.
Die USA, Deutschland und China haben also etwa seit drei Jahrzehnten zwei Dinge gemeinsam: Die meisten Amokläufe an Schulen und sie kämpfen politisch um eine (globale) *Vor-Macht.* Die USA möchte die „Super-Weltmacht" (auch militärisch) und Deutschland die größte Wirtschaftsmacht Europas *bleiben.* „Der Historiker William Blum spricht vom fortbestehenden amerikanischen Militarismus als einer so manifesten wie unbeachteten Macht der

,Massenvernichtung', indes der Friedensforscher Hohan Galtung die Tötungsleistung von US-Militär und CIA zwischen 1945 und 2010 auf 13 bis 14 Millionen Menschenleben beziffert."[3]

China will die größte Weltmacht wirtschaftlich (und wohl auch militärisch) *werden*. Zumindest ist es das Bestreben der Macht-Habenden, und das sind nicht (nur) Politiker. „Nebenbei" gehören die drei Staaten zu den größten Rüstungs- Waffenexport-Nationen der Welt. Deutschland ist in den letzten zehn Jahren zur drittgrößten aufgestiegen. Auch Waffen bringen Geld. Schließlich werden mit dem im Land produzierten und dann exportierten Waffen ja vorrangig „nur" anderswo Menschen erschossen und im ungünstigen Fall Kinder zu Kindersoldaten ausgebildet.[4]

Was der früh erzogene, beschulte und „getrennte Mensch" wirklich gelernt und richtig verinnerlicht hat (der eine mehr, der andere weniger), ist: keine Fragen zu stellen (außer man wird gefragt), „Autoritäten" zu gehorchen und *das Eine* aufzuspalten. In Mein und Dein (Kind, Besitz, etc.), Ratio und Menschlichkeit, Schwarzer und Weißer (Mensch), Erste und Dritte Welt und vieles mehr. Verheerend ist, wenn ein Kind schon von klein an in alleinerziehende Mutter (bei dem es ohne oder mit wenig Kontakt zum Vater lebt) oder in alleinerziehenden Vater, und im ungünstigsten Fall auch noch in „gute" oder „böse" Mutter, oder in „guten" oder „bösen" Vater, trennen muss. Es reicht auch schon, ihm das vorzuleben. Breivik trennte jedenfalls (radikal) in „sozialistisch" und „nationalistisch".

Noch einmal Oslo, Norwegen. Edward Munch lebte weitgehend in Oslo. Sein berühmtes Gemälde *Der Schrei* wurde (auch) durch seine zahlreichen Aufenthalte in Frankreich und vor allem Deutschland zwischen 1889 und 1908 inspiriert. Es wurde gerade zu einem Symbol für das kommende 20. Jahrhundert.

Wir könnten den größten Amoklauf auf europäischen Boden seit dem Ende des 2. Weltkrieges auch als mahnendes Symbol für das kommende 21. Jahrhundert sehen. – Das wir vorrangig unserer „Kultur" der Trennung des Kindes von nahezu allem *ihm* Wichtigen und Bedeutsamen endlich ein Ende setzen, und wir endgültig unsere (spät) neuzeitliche Einstellung zu Kindheit, Familie und Bildung hinterfragen. Auch in Norwegen, Oslo, hat uns dazu Albert Schweitzer in seiner Nobelpreis-Rede 1954 schon das Wichtigste mitgegeben: „…Was uns aber eigentlich zu Bewusstsein kommen sollte und schon lange vorher hätte kommen sollen, ist dies, dass wir als Übermenschen Unmenschen geworden sind."

Die Gesellschaft und das Erziehungssystem führen meistens
dazu, dass alle auf dem gleichen schmalen Pfad gehen.
Am Ende gehören wir alle derselben Schafherde an,
unschuldig und hart. Ich glaube, dass wir alle
mit etwas Besonderem geboren werden.
Es stimmt nicht, dass wir angefüllt werden müssen.
Wenn wir den Kindern diese Chance lassen, ihre Potenziale
zu nutzen, können sie nicht nur weit kommen, sondern weiter,
als sich jeder vorstellen kann. Das Problem ist,
dass diese Realität geradegebogen, institutionalisiert, in eine
Korsage gezwungen wird ... die Natürlichkeit wird gebrochen.
Sie wollen uns das, was in uns steckt, wegnehmen:
unsere Kreativität, unsere Vorstellungskraft.
Sie wollen uns leer machen, damit sie uns anfüllen können.

Pablo Pineda[1]

11

„Die Mitte verlassen heißt, die Menschlichkeit verlassen"

Jeder sorgsame Wissenschaftler weiß, dass Korrelation noch nicht die Ursache ist. Dennoch ist augenscheinlich und sollte uns zu denken geben: Seit es unsere Spezies Mensch gibt, erfolgt die bisher größte Zerstörung von Mensch *und* Natur diesseits und jenseits des Atlantiks seit etwa dem Beginn des 19. Jahrhunderts und „in Folge" der Einführung der Pflicht-Massenbeschulung. Beispielsweise die beiden Weltkriege, der Abwurf der Atombombe, gedankenloser Raubbau und Zerstörung der Natur, grausame medizinische Experimente am Menschen (und Tier) und ähnliches. All diese Formen von (Selbst-) Zerstörung treten vornehmlich zuerst in der „westlichen" Welt in Folge der *konsequenten* und flächendeckenden Trennung des Kindes (Menschen) von seiner Familie und vom „wirklichen Leben" (Alltag), jedenfalls nach der „echten" Kindheit, dem 6./7. Lebensjahr, auf. Vorrangig erfolgt die Trennung des Menschenkindes von der Gemeinschaft nicht mehr nur im Namen religiöser, sondern schon vielfach „weltlicher" Bildung und *Erziehung*, und Kraft, Gesetz und Erlass der nun „weltlichen" Macht-Habenden.

Etwas zeitversetzt beginnt gleichzeitig im 19. Jahrhundert und erstmalig die *institutionelle Erziehung* und Bildung innerhalb der eigentlichen Kindheit mit der Einrichtung von Kindergärten und später noch Krippen, im Zuge der sogenannten Industriellen Revolution. Ebenso beginnt in dieser Zeitspanne häuslich und familiär bereits die Erziehung schon des Kleinkindes und Babys. Nicht im Namen der Eltern, sondern von Priestern, Pädagogen, Philosophen, Psychologen und ähnlichen Personengruppen, denen die Eltern „gehorchen". Jedenfalls durch (selbsternannte) „Erziehungsexperten". Dem wissenschaftlich unumstrittenen Terminus des *Weggabe-Modus* (Lloyd deMause) nach bezeichne ich diese historische Zeitspanne (19. bis Mitte 20. Jahrhundert) als die *zweite Phase des Weggabe-Modus*. Oder anders gesagt: die zweite Phase der

Nivellierung des frei gebildeten und in intimen Gemeinschaften sozialisierten Menschen.

Gegenwärtig sind wir in der *dritten Phase des Weggabe-Modus*. Mit der zweiten Hälfte des 20. Jahrhunderts, der flächendeckenden und konsequenten Trennung des Kindes (Menschen) von seiner Familie und dem „wirklichen Leben" (Alltag und Gesellschaft), seit der mehrheitlichen Trennung der Elternteile voneinander (Auflösung und Spaltung der Kern-Familie), und seit der konsequenten Eingliederung des (Klein-) Kindes innerhalb der „echten" Kindheit in institutionelle Betreuung durch Kindergärten ab dem dritten Lebensjahr und vielfach schon ab dem ersten Lebensjahr in Krippen, tritt „in Folge" in Erscheinung: Ein historisches Ausmaß von menschlicher *Selbstzerstörung*. Wie beispielsweise der zuvor in westlichen Ländern nahezu oder anderen Kulturen gänzlich unbekannte und drastische Anstieg von Suiziden (auch schon von unter 15-Jährigen), drastischer Anstieg von Drogen- und Alkoholkonsum und ähnliches.

Wer sich einmal die Mühe oder das Vergnügen gemacht hat, in die Weltliteratur vergangener Epochen bis zu Marcel Proust und Fjodor Dostojewski Einblick zu nehmen, wird feststellen, dass der *Suizid* bis zum Beginn der Neuzeit nahezu unbekannt ist und folglich nicht thematisiert wurde. Proust und Dostojewski wurden beide lange familial sozialisiert und erst nach dem 10. Lebensjahr beschult. Im 19. Jahrhundert längst keine Selbstverständlichkeit mehr, auch nicht im Bürgertum. Alleine diese beiden Schriftsteller haben das Drama (und gelegentliche Glück) der neuzeitlichen Kindheit bis heute facettenreicher und ehrlicher beschrieben, als die große Mehrheit der akademisch gebildeten Psychologen und Pädagogen des 20. Jahrhunderts.

Der bis dato berühmteste und einer der ersten Suizide in der Weltliteratur wird in William Shakespeares *Romeo und Julia* beschrieben (1597 erschienen). Es ist der Suizid liebender *Jugendlicher* und das bis heute herzzerreißendste und eines der mahnenden Familiendramen der gesamten Literatur. Es erscheint zu einem Zeitpunkt, als das christliche Abendland bereits im Bann einer neuen „Erfindung", der Erziehung des Kindes, gefangen ist.

So mancher Jäger-und-Sammler-Romeo wird sich in die Julia einer anderen vorbeiziehenden Sippe unsterblich verliebt haben. Und so manche (zwangs-)verheiratete Julia der letzten Jahrtausende wird sich in einen anderen Romeo, als der, der ihr bestimmt wurde, verliebt haben. Sie nahmen sich aber nicht das Leben. Seltene Ausnahmen bestätigen die Regel. Um Missverständnissen vorzubeugen: Ich bin strikt gegen Zwangsverheiratung von Kindern und

Jugendlichen, wie sie in manchen Teilen der Welt noch praktiziert werden.[2] Heute können im Großteil der Welt die Romeos und Julias ihren Partner frei wählen (und sogar in den USA und Europa die Romeos ihren Romeo und Julias ihre Julia), und dennoch ist die große Mehrheit der Jugendlichen, und manche sprichwörtlich, todunglücklich.

Sind wir – außerhalb von Kriegszeiten – am Beginn dieses neuen Jahrtausends zufriedener und glücklicher als zur Zeit des römischen Kaiserreiches oder der chinesischen Qing-Dynastie? Sind europäische Kinder des 21. Jahrhunderts glücklicher, als die Kinder der Jäger-und-Sammler Kulturen von 70.000 bis vor 10.000 Jahren unserer Zeitrechnung? Oder die Kinder zur Zeit des Perserreiches, oder die des Italiens des 16. Jahrhunderts? Es ist eine der wichtigsten Fragen, die wir uns am Beginn dieses Jahrtausends stellen sollten.

Anthropologen weltweit verweisen seit Jahrzehnten darauf, dass der Suizid in freien indigenen oder autochthonen Völkern und Kulturen äußerst selten ist. Dass die in Reservaten lebenden Indigenen sich überdurchschnittlich häufig das Leben nehmen, versteht sich von selbst.

Ein Kind, das familial (nicht nur zehn Stunden in der Woche) mit Mutter und Vater und bedingungslos *unterstützend* und im wirklichen Leben sozialisiert wurde, wird sich mit Sicherheit nicht das Leben nehmen. Es ist zudem in der Regel gesünder, intelligenter, und verfügt über breitere Kompetenzen. Was uns heute die Wissenschaft belegt, haben uns schon Dichter und Weisen der letzten Jahrhunderte und Jahrtausende mitgegeben. Der deutsche Dichter Jean Paul so: „Mit einer Kindheit voll Liebe kann man ein halbes Leben hindurch für die kalte Welt haushalten."

Der Suizid steigt nicht nur in der Weltliteratur ab dem 18. Jahrhundert an (beispielsweise J. W. v. Goethes *Die Leiden des jungen Werthers*). Seit Jahrzehnten (früher Totalbeschulung und frühem Weggabe-Modus) ist er einer der häufigsten Todesursachen weltweit, vor allem in der Adoleszenz.

„Im Jahr 2000 kamen zum Beispiel 310 000 Menschen in Folge von Kriegseinwirkungen ums Leben, und weitere 520 000 durch Gewaltverbrechen. Jedes dieser Opfer steht für den Verlust einer ganzen Welt, eine zerstörte Familie und großes Leid für Freunde und Verwandte. Doch diese 830 000 Opfer machen lediglich 1,5 Prozent aller Todesfälle des Jahres 2000 aus (in diesem Jahr starben weltweit 56 Millionen Menschen). Im gleichen Zeitraum kamen 1.260 000 Menschen bei Verkehrsunfällen ums Leben (2,25 Prozent aller Todesfälle) und 815 000 Menschen (oder 1,45 Prozent) begingen Selbstmord.

Die Zahlen für das Jahr 2002 sind noch erstaunlicher. Von den 57 Millionen Verstorbenen dieses Jahres kamen nur 172 000 Menschen durch Kriegsfolgen und 569 000 durch sonstige Gewalteinwirkung ums Leben. Dagegen begingen 873 000 Menschen Selbstmord. Im Jahr nach den Anschlägen des 11. September starben also trotz aller Schlagzeilen von Terror und Krieg mehr Menschen durch eigene Hand als durch die Hand von Terroristen, Soldaten oder Drogenhändler."[3]

Wieso berichten Journalisten in Europa fast nie darüber, dass die häufigste Todesart bei *Jugendlichen* in den USA, Europa und Teilen Asiens der Suizid ist? (Nach neun oder zehn Jahren „Pflicht-Bildung".) Zumal sie das nicht selbst recherchieren müssen, sondern auf große Datenbänke zurückgreifen können, wo diese erschreckende Tatsache bekannt ist. Von den Jugendlichen Drogen- und Alkoholtoten einmal abgesehen. Während von den USA ausgehend seit mindestens zehn Jahren auch in Europa beinahe schon ein (scheinheiliger) Krieg gegen Raucher geführt wird, fordert kein einziger Politiker ein Verbot von Alkohol. (Es gibt tatsächlich schon Länder, da haben Politiker laut darüber nachgedacht, wie beispielsweise in Finnland, das Rauchen auch in den eigenen vier Wänden zu verbieten.) Unter Indigenen ist im Übrigen kein einziger Fall von Lungenkrebs bekannt. Das größte *Gesundheitsrisiko* der Menschheitsgeschichte ist (mittlerweile) die frühe Pflicht-Beschulung und der Weggabe-Modus.

In der dritten Phase des Weggabe-Modus fallen zudem die Geburtenraten in vielen „westlichen" Ländern und in einigen Industrienationen stark ab. Einige Länder liegen gegenwärtig schon bei einer Geburtenrate von knapp unter 1,0 Kind pro Frau. (Die Reproduktionsrate liegt bei mindestens 1,5 Kindern pro Frau.) Auch das „Bedürfnis" des Menschen, sich nicht mehr fortzupflanzen, kann als eine Form der Selbstzerstörung (oder vielleicht sogar der Selbst-Verachtung) interpretiert werden.

Mit der konsequenten frühkindlichen Trennung des Menschenkindes von allem *Organischen* und der *Vielfalt* (von der Familie, von älteren und jüngeren Spielgefährten und vom Alltag, der öffentlichen Gemeinschaft) trat ein historisches neues Ausmaß von *Krankheit*, physischer *und* psychischer Natur, in Erscheinung. Vermutlich noch nie in der Geschichte der Menschheit gab es so viele physisch und psychisch „auffällige" Kinder, wie seit der Jahrtausendwende. Auch viele der bisher im Erwachsenen-Alter aufgetretenen Krankheiten wie Diabetes und Krebs sind bei Kindern und Jugendlichen im Vormarsch. Wie besorgniserregend der gegenwärtige Befund ist, wissen wir durch Eltern und vor allem einige Kinderärzte, die offen darüber sprechen. *"43 Prozent der Kinder in den USA und fast ein Drittel der Kinder in Europa haben zumindest eine chronische Krankheit. Zählt man Übergewicht und Entwicklungsstörungen dazu, sind gesunde Kinder in der Minderheit."*[4]

Die Standesvertreter der Pharmaindustrie, zumeist Ärzte, erklären auch heute noch: Unsere Kinder und gleich das Abendland sei ernsthaft bedroht, würden Eltern ihre Kinder nicht impfen, und Krankheit gehöre nun einmal zu einem Kinderleben. Wieso erfreuen sich in *unserem* Kulturkreis ungeimpfte und vor allem länger familiär begleitete Kinder durchschnittlich einer robusteren Gesundheit, als geimpfte und vor allem früh fremdbetreute Kinder?[5] Es starten alle Menschenkinder gleich ins Leben: gesund, hoch begabt und sozial veranlagt. Wieso bleiben davon so wenige übrig? Wieso dürfen (freilebende) Tierkinder im familiären Verband (artgerecht) aufwachsen, sich ausreichend bewegen und uneingeschränkt spielen, Menschenkinder aber nicht?

Der gegenwärtige physische und psychische Befund unserer Kinder ist die erste *stumme Revolution* in der Geschichte der Menschheit. Umgeben von „Wohlstand" verweigert der kleine Sapiens die derzeitige „Ordnung" durch *Krankheit*.

Dass *wir* (die Öffentlichkeit) dem schon kranken Kind so wenig Achtsamkeit schenken, liegt zum einen daran, dass die heutigen „Zivilisationskrankheiten" im Gegensatz zu Cholera, Pest und Lepra äußerlich kaum sichtbar sind. Zum anderen bekommen wir – die Öffentlichkeit und der Steuerzahler – in (staatliche) Krippen, Kindergärten, Schulen, Haftanstalten, Krankenhäuser, psychiatrische Anstalten, medizinisch und therapeutische Einrichtungen nur dann (und vielfach begrenzt) Einlass und Einsicht, wenn wir selbst Betroffene oder Angehörige sind. Obwohl von der Öffentlichkeit bezahlt, bleiben diese Institutionen weitgehend „unter Verschluss". Das fast schon vollständig in Isolation und institutionell durch einen „Experten" (Pädagogen) gebildete und *geformte* Kind (Mensch) wird eben systemimmanent und isoliert durch einen „Experten" (Arzt, Therapeut, etc.) diagnostiziert, behandelt und therapiert. Wir erheben „systematisch" den standardisierten und normierten „Bildungsgrad" der Kinder und Jugendlichen (PISA und Co), aber nicht einmal den *physischen* Gesundheitszustand. (Wie oft besuchen sie einen Arzt, welche Diagnose und warum wird sie gestellt, wie und wo wird das Kind behandelt, etc.) Wie schon ausgeführt, nehmen in dieser gegenwärtigen dritten Phase des Weggabe-

Modus, der konsequenten (früh) kindlichen Trennung des Menschen von nahezu allem *Lebendigen,* in noch nie dagewesenen Umfang Selbstbezogenheit, Profilierungssucht, Egoismus, Konkurrenzdenken, Bewertungsdrang, Neid, Missgunst, Mobbing, Narzissmus und vor allem die *Empathielosigkeit* zu. Letzteres auch gegenüber der weiterhin umfassenden Zerstörung und Verschwendung von Natur und Lebensräumen, sowie der zunehmenden Verschwendung menschlicher Ressourcen. Die Schere zwischen Arm und Reich und die ihr zugrundeliegenden Machtverhältnisse haben eine Form und ein Ausmaß erreicht (wie der Weggabe-Modus), wie wir es seit Menschengedenken nicht kennen. Die immer größeren Ungleichheiten unserer Gesellschaft („Reich und Arm", „private", „gute" vs. „Massenbildung" und ähnliches) werden von der Mehrheit in „Gehorsam" oder *Unbehagen* erduldet und ertragen. – Wie wir als Kind in „Gehorsam", in kindlicher Loyalität unseren Eltern gegenüber und jedenfalls großem *Unbehagen,* die Trennung von unseren Eltern (Familie) und dem „wirklichen Leben" erduldet und ertragen haben. Diese *Trennungen* haben wir uns als Kind weder gewünscht, noch danach verlangt. Gehorsam und Unbehagen macht physisch oder psychisch krank, oder aggressiv. Großes kollektives Unbehagen führt daher – wie die Geschichte wiederholt zeigt – im ungünstigsten Fall zu Krieg. *Krankheit (im umfassenden Sinne) betrachten wir jedoch schon als integralen Bestandteil unserer Kultur.* Uns sind die medizinisch und technisch therapeutischen Möglichkeiten ungleich wichtiger, als nach den Ursachen von Krankheit zu fragen und zu forschen. Wir sind zu einer Symptom-Behandlungskultur erstarrt.

Die gegenwärtige Zeitspanne (seit etwa der zweiten Hälfte des 20. Jahrhunderts) lässt sich als die dritte Phase des Weggabe-Modus beschreiben. Das Ende einer tatsächlichen und „echten" Kindheit, oder auch als die (versuchte) vollkommene Nivellierung des frei gebildeten und frei denkenden Menschen. Ihr herausragendes Merkmal ist die „totale Beschulung" und „oben" und „unten" ein umfassender *Verlust der Mitte.*

Der amerikanische Sozialwissenschaftler und Psychoanalytiker Lloyd deMause eröffnete sein 1974 erschienenes Buch *History of Childhood* mit folgendem Satz: „Die Geschichte der Kindheit ist ein Alptraum aus dem wir gerade erst erwachen. Je weiter wir in die Geschichte der Kindheit zurückgehen, desto unzureichender wird die Pflege der Kinder, die Fürsorge für sie, und desto größer wird die Wahrscheinlichkeit, dass Kinder getötet, ausgesetzt, geschlagen, gequält und sexuell misshandelt wurden."

DeMause ist auch Kind seiner Zeit und irrte in diesem Punkt gründlich. Wie die Forschungsergebnisse unterschiedlicher Disziplinen der letzten Jahrzehnte zeigen: Je länger wir in die Geschichte des Menschen zurückgehen, einschließlich unserer bisher längsten Lebensweise, die des „Jäger und Sammlers", desto achtsamer, sorgsamer, liebevoller und respektvoller war der elterliche Umgang mit dem Kind und der gemeinschaftliche (Sippe, Gesellschaft) mit den Eltern (Familien), die in der *Mitte der Gemeinschaft* standen. DeMause war, was die Vergangenheit der Eltern-Kind-Beziehung betrifft, Pessimist (auch auf Grund fehlender Forschungsergebnisse), was die Zukunft betrifft, Optimist. Er war vorrangig auf die Kern-Familie fokussiert und glaubte, dass mit dem 20. Jahrhundert (in den westlichen Ländern) der *unterstützende Modus* des Kindes beginne. Mit einem isolierten Blick auf die Kern-Familie ist das bedingt auch richtig. Mit dieser Haltung und Sicht steht er „im Gegensatz" zu dem französischen Historiker Philippe Ariès, der den *isolierten* Blick auf die (wie generell die Entwicklung hin zur gesellschaftlichen Isolation der) *Kern-Familie* kritisierte, der letztlich zu dem alleinigen Blick und Focus auf *das Kind* führt. Das wiederum begünstigt, wie er es auch voraussah, die „Ausdehnung der Schulzeit" und die *Trennung* und Isolation des Kindes von allem Lebendigen. Es lässt den *unterstützenden Modus* des Kindes durch Eltern, wie auch durch die Gesellschaft, letztlich immer *mangelhaft* bleiben.

Dem *Alptraum Kindheit* sind wir keineswegs (vollständig) erwacht. Im Gegenteil. Im Namen der „Bildung", „Erziehung", „Ökonomie", „Religion", im Namen welcher Ideologie auch immer, setzt sich der Alptraum weltweit (wieder verstärkt) fort. Dieser Alptraum Kindheit wird nie enden, so lange wir (auch) den Weggabe-Modus nicht konsequent in Frage stellen und beenden. Wir sind umfassend schulisch „gebildet". Wissender und in jeder Hinsicht kompetenter und jedenfalls *achtsamer* waren unsere *frühen* Vorfahren.

Noch einmal kurz zurück in die Zeit, als in unserer von Liebe und Intelligenz gespeisten Evolution des Menschen, nach dem ersten großen menschlichen Irrtum „Eigentum und Besitz" (im Zuge der Neolithischen Revolution), sich ein noch viel verhängnisvollerer Irrtum mit dem Weggabe-Modus ereignete: Als das Christentum und die Religion, genauer gesagt die Institution Kirche, „Erziehung" und ebenso in ihrem Sinne die (Pflicht-) Beschulung erfand. – Die Entfernung des Kindes aus der unmittelbaren Umgebung seiner Eltern (familiären Gemeinschaft) wie aus dem Alltag (öffentliche Gemeinschaft). Die erste Phase des *Weggabe-Modus* reicht etwa vom 14. bis zum 19. Jahrhundert.

Die Kirche, der wir unsere Schule und die Erziehung des Kindes „verdanken", gab uns ein Heilversprechen: Folgen und *glauben* wir ihrer Lehre und ihren Autoritätspersonen, den Priestern („Experten"), werden wir zumindest im „Jenseits" ein glückliches und erfülltes, das „ewige Leben" (Paradies) erlangen. Auf das Heilversprechen mit dem ewigen Leben wollte der sehr irdische Mensch nicht ewig warten. Weder aus der Hölle, noch dem Paradies kehrte jemals ein Mensch zurück, um uns zu berichten, wie grausam oder angenehm es dort ist. Der Mensch des christlichen Abendlandes wandte sich kontinuierlich und vorrangig dem irdischen Leben zu. Religion wurde zur Privatsache und der Glaube individualisiert. Allerdings wurden die „Schlüssel der Macht" – die Beschulung und die Erziehung des Menschen – lediglich von den Kirchen an die weltlichen „Herrscher" übergeben. In der nun „säkularisierten" Gesellschaft gaben uns die weltlichen (auch demokratischen) Macht-Habenden ebenso ein Heilversprechen: Wenn wir unsere Kinder, und zwar alle, möglichst früh und über die ganze Kindheit (die verlängert wurde) durch Vertreter der Macht-Habenden, die staatlich zertifizierten Pädagogen und Lehrer („Experten") bilden und erziehen lassen, und auch wir Eltern den staatlichen Lehrplänen gehorchen und fest an die Richtigkeit dieser implizit autoritären Maßnahmen *glauben*, wird all unseren Kindern „das Paradies" schon auf Erden zuteil: ein arbeitsreiches, erfolgreiches und glückliches Leben. Freilich nachdem die Kinder die „Hölle" der Schulkindheit durchlaufen haben. Nicht das „Paradies", sondern das „Fegefeuer" (Erziehung und Bildung) haben wir erfolgreich ins Diesseits geführt. Das Heilversprechen, *alle* Kinder werden durch Pflicht-Beschulung und „richtiger" Erziehung ein erfülltes, „erfolgreiches Leben" haben, hat sich seit den 200 bis 300 Jahren, in denen das *Bildungsmonopol* gewandert ist, nicht erfüllt!

Dem Heilversprechen (reine Schulbildung) liegen bis heute und erstaunlicherweise höchst erfolgreich folgende (Bildungs-) *Dogmen* und *neuzeitliche* Mythen zugrunde:

Die „elementaren Kulturtechniken" wie Lesen, Schreiben und Rechnen werden *nur* durch (immer frühere) *Beschulung* erworben. Das nächste und dem vorangegangenen zugrundeliegende ist: Das Kind (der Mensch) ist von Natur aus unfähig und unwillig sich selbst zu bilden.

Die nächsten beiden „Bildungsdogmen" sind nicht nur paradox, sondern auch gänzlich inhuman: Die Bildung und die Sozialisierung des Menschenkindes ist ausschließlich durch die Trennung von seiner Familie *und* dem „wirklichen Leben" (der Gesellschaft) über die ganze und verlängerte Kindheit möglich! Und: Nur und ausschließlich durch Bildungs- und Schul-*Pflicht* und *Zwang*, erst durch die *Un-Freiheit* wird das Menschenkind befähigt und überhaupt berechtigt, später (nach der „verlängerten" Kindheit) in „Freiheit" zu leben.

Menschen, denen wirklich die Zukunft und der Fortbestand der Menschheit am Herzen liegen, werden künftig daran erkennbar sein, dass sie sich für die „Säkularisierung" unserer neuzeitlichen Bildungskultur einsetzen. Damit das „Bildungsmonopol" wieder in den achtsameren und verantwortungsvolleren Händen jener Menschen liegt, die bisher erfolgreich das Menschenkind mitbildeten: die Familie und *alle* Mitglieder der Gemeinschaft (Gesellschaft).

Wenn wir die beständigen humanen Irrfahrten beenden und die evolutionäre Odyssee vom Affen zum Menschen im Zustand des reinen Mensch-Seins erreichen wollen, bedarf es vorrangig folgender gemeinschaftlicher Bemühungen: Den genealogischen Irritationen und familialen Diskontinuitäten während der *echten* Kindheit – unverrückbar markiert durch das Zahnen – ein dauerhaftes Ende zu setzen. Es ist ein nicht nur am Papier stehendes Menschenrecht, sondern aus evolutionärer Sicht auch eine Notwendigkeit, einen „realen", liebenden, begleitenden und auch *anwesenden* Vater, sowie eine von Geburt an und für viele Jahre bei Bedürfnis des Kindes „reale", liebende, unterstützende, also *anwesende* Mutter zu haben. Keine „heilige" („perfekte") und auch keine „profane" (ausschließlich für einen Anderen, „Fremden" arbeitende).

Der in den letzten 15 Jahren meist strapazierteste familienpolitische Begriff in Europa, hinter dem sich Paradoxes wie auch Unaufrichtigkeit verbirgt, ist: „Die *Vereinbarkeit* von Familie und Beruf." Was nichts anderes heißt, als Rahmenbedingungen zu schaffen, damit beide Elternteile Vollzeit arbeiten und das Kind „bei Bedarf" von Geburt an und über die ganze Kindheit fremdbetreut werden kann. – Es also von der elterlichen wie auch öffentlichen Aufmerksamkeit („wirkliches Leben") vollständig zu trennen. Bedeutet aber vereinbaren nicht auch zusammenführen?

Wenn wir in unserer Gesellschaftsordnung der strikten Trennungen Familie und Beruf wirklich *vereinbaren* wollen (und das sollten wir!), werden wir die Trennungen zwischen Jung und Alt, Privat und Öffentlich, Arbeit und Bildung, Schule (Lernen) und Gesellschaft überdenken müssen. Wie konnte es so weit kommen, dass wir schon so „begrenzt" denken, die Bildung des Menschen (Kindes) sei nur in „geschlossenen Einrichtungen" möglich...? – Ohne Schule, Erziehung und vor allem dem Weggabe-Modus, gäbe es wahrscheinlich die

Psychoanalyse und ihre experimentellen „geschlossenen Anstalten" nicht. Im *Kontinuum* gelang es einst unseren Vorfahren *aufrecht* zu gehen. Viele unserer *Haltungen* sind es nicht mehr....

Von dem österreichischen Schriftsteller Franz Werfel stammt folgendes Zitat: „Die Welt hat sich auf die Begriffe Rechts und Links versteift und dabei vergessen, dass es auch ein Oben und Unten gibt." Die Welt hat auch vergessen, dass das Geheimnis der erfolgreichen *Evolution* des Homo sapiens darin bestand, dass Kind *und* Familie in der *Mitte* der Gesellschaft stand.

Der *Verlust der Mitte* wiegt in unserer Kultur schwer.[6] Blaise Pascale, der von seinem Vater bewusst unbeschulte, häuslich unterrichtete, später berühmte französische Mathematiker und Philosoph, mahnte bereits im 17. Jahrhundert: *Die Mitte verlassen heißt, die Menschlichkeit verlassen.*

Was Kindern heute fehlt, sind nicht Therapien, sondern
eine Welt, die ihnen gerecht wird, Beziehungen, die nicht auf
Leistung aufbauen. Der Wert des Kindes ist enorm gestiegen,
seit Eltern entscheiden können, ob sie Kinder wollen.
Und wenn sie sich dafür entscheiden, muss es auch
ein Erfolg werden. Heute sind Kinder ein Juwel
und müssen funkeln, sonst hat es sich nicht gelohnt.

Remo Largo

Wieder und wieder bedeuten die massiven Machtzuwächse der Menschheit keine Verbesserungen für die einzelnen Menschen und immenses Leid für andere Lebewesen.

Y. N. Harari

12

Die „Unfruchtbarkeit des Menschen", die „Überbevölkerung" und das „Future Baby"

Der *Untergang des Abendlandes* ist in den letzten Jahren in verschiedensten „Debatten" (vorrangig in Deutschland) wieder einmal zu einem viel zitierten Schlagwort geworden, von politisch „Links" bis „Rechts" und auch „Mitte". Damit einmal kurz zu Oswald Spengler. Der hat in seinem epochalen, irritierenden und oft missverstandenen Werk, *Der Untergang des Abendlandes - Umrisse einer Morphologie der Weltgeschichte* (1918/22), als erster Kulturphilosoph fast nebenbei darauf verwiesen, dass weitgehend alle bisherigen „Hochkulturen" in ihrer mitunter langen Endphase (Zivilisation) sich entweder selbst zerstörten, oder in der Überbetonung des Individualismus und dem Wunsch nur noch als „Individuum" zu existieren, die Produktion von Nachkommen vernachlässigten. Das macht O. Spengler in seinem Werk exemplarisch an den drei Hochkulturen, Antike, Orient/Arabien, und Abendland fest.

Es ist heute ein wissenschaftliches Faktum, dass weitgehend allen bisher „untergegangenen" Hochkulturen, nicht nur den drei oben genannten, ein (auch) akuter *Kindermangel* oft über viele Jahrzehnte vorausging. Die *kausalen* Ursachen waren vermutlich – sofern an Mangel von Quellen/Funden überhaupt feststellbar – von Kultur zu Kultur unterschiedlich und komplex. Der schon zitierte Kaiser Augustus forderte bei seinem Amtsantritt deshalb eine Reform des Familienwesens ein, weil teilweise schon ganze Landstriche durch Kinderlosigkeit entvölkert waren. O. Spengler verwies vor 100 Jahren auch schon darauf: In jeder Kultur bisher, die die *Großstadt* als Zentrum des geistigen Gesellschaftslebens machte, folgte eine Verödung des „Landlebens". Die Geburten sanken sowohl am Land als auch in der Stadt.

Manches historische Detail und einige Thesen in O. Spenglers *Untergang des Abendlandes* sind heute widerlegt oder streitbar. Aber der Gesamtbefund, den der Kulturphilosoph in dem Kapitel *Städte und Völker* stellt, ist von zeitloser und bestehender Richtigkeit. Ein paar Textpassagen:

„Und nun geht aus der Tatsache, dass das Dasein immer wurzelloser, das Wachsein immer angespannter wird, endlich jene Erscheinung hervor, die im Stillen längst verbreitet war und jetzt plötzlich in das helle Licht der Geschichte rückt, um dem ganzen Schauspiel ein Ende zu bereiten: *die Unfruchtbarkeit des zivilisierten Menschen*. Es handelt sich hier nicht um etwas, das sich mit alltäglicher Kausalität, etwa physiologisch, begreifen ließe, wie es die moderne Wissenschaft selbstverständlich versucht hat. Hier liegt eine durchaus *metaphysische Wendung* zum Tode vor. Der letzte Mensch der Weltstädte will nicht mehr leben, wohl als einzelner, aber nicht als Typus, als Menge; in diesem Gesamtwesen erlischt die Furcht vor dem Tode. Das, was dem echten Bauern mit einer tiefen und unerklärlichen Angst befällt, der Gedanke an das Aussterben der Familie und des Namens, hat seinen Sinn verloren. Die Fortdauer des verwandten Blutes innerhalb der sichtbaren Welt wird nicht mehr als Pflicht dieses Blutes, das Los, der Letzte zu sein, nicht mehr als Verhängnis empfunden. *Nicht nur weil Kinder unmöglich geworden sind, sondern vor allem weil die bis zum äußersten gesteigerte Intelligenz keine Gründe für ihr Vorhandensein mehr findet, bleiben sie aus. (...) Wo Gründe für Lebensfragen überhaupt ins Bewusstsein treten, da ist das Leben schon fragwürdig geworden.* (Hervorhebung durch MH)

Da beginnt eine weise Beschränkung der Geburtenzahl – die bereits Polybios als das Verhängnis von Griechenland beklagt, die aber schon lange vor ihm in den großen Städten üblich war und in römischer Zeit einen erschreckenden Umfang angenommen hat – die zuerst mit der materiellen Not und sehr bald überhaupt nicht mehr begründet wird. Da beginnt denn auch, und zwar im buddhistischen Indien so gut wie in Babylon, in Rom wie in den Städten der Gegenwart, die Wahl der ‚Lebensgefährtin' – der Bauer und jeder ursprüngliche Mensch wählt *die Mutter seiner Kinder* – ein geistiges Problem zu werden. Die Ibsenehe, die ‚höhere geistige Gemeinschaft' erscheint, in welcher beide Teile ‚frei' sind, frei nämlich als Intelligenzen, und zwar vom pflanzenhaften Drange des Blutes, das sich fortpflanzen will; und Shaw darf den Satz aussprechen, ‚dass die Frau sich nicht emanzipieren kann, wenn sie nicht ihre Weiblichkeit, ihre Pflicht gegen ihren Mann, gegen ihre Kinder, gegen die Gesellschaft, gegen das Gesetz und gegen jeden, außer gegen sich selbst, von sich wirft.'

Das Urweib, das Bauernweib ist *Mutter*. Seine ganze von Kindheit an ersehnte Bestimmung liegt in diesem Worte beschlossen. Jetzt aber taucht das Ibsenweib auf, die Kameradin, die Heldin einer ganzen weltstädtischen

Literatur vom nordischen Drama bis zum Pariser Roman. Statt der Kinder haben sie seelische Konflikte, die Ehe ist eine kunstgewerbliche Aufgabe und es kommt darauf an, ‚sich gegenseitig zu verstehen'. Es ist ganz gleichgültig, ob eine amerikanische Dame für ihre Kinder keinen zureichenden Grund findet, weil sie keine *season* versäumen will, eine Pariserin, weil sie fürchtet, dass ihr Liebhaber davongeht, oder eine Ibsenheldin, weil sie ‚sich selbst gehört'. Sie gehören alle sich selbst und sie sind alle unfruchtbar. (...) Kinderreichtum, dessen ehrwürdiges Bild Goethe im Werther noch zeichnen konnte, wird etwas Provinziales. Der kinderreiche Vater ist in Großstädten eine Karikatur – Ibsen hat sie nicht vergessen; sie steht in seiner ‚Komödie der Liebe'.

Auf dieser Stufe beginnt in allen Zivilisationen das mehrhundertjährige Stadium einer entsetzlichen Entvölkerung. Die ganze Pyramide des kulturfähigen Menschentums verschwindet. Sie wird von der Spitze herab abgebaut, zuerst die Weltstädte, dann die Provinzstädte, endlich das Land, das durch die über alles Maß anwachsende Landflucht seiner besten Bevölkerung eine Zeitlang das Leerwerden der Städte verlängert. (...) Deshalb finden wir auch in diesen Zivilisationen schon früh die verödeten Provinzstädte und am Ausgang der Entwicklung die leerstehenden Riesenstädte. (...) Samarra wurde schon im 10. Jahrhundert verlassen; die Residenz Asokas, Pataliputra, war, als der chinesische Reisende Hsiuen-tsiang sie um 635 besuchte, eine ungeheure, völlig unbewohnte Häuserwüste, und viele der großen Mayastädte müssen schon zur Zeit des Cortez leer gestanden haben. Wir besitzen eine lange Reihe antiker Schilderungen von Polybios an: die altberühmten Städte, deren leerstehende Häuserreihen langsam zusammenstürzen, während auf dem Forum und im Gymnasium Viehherden weiden und im Amphitheater Getreide gebaut wird, aus dem noch die Statuen und Hermen hervorragen. Rom hatte im 5. Jahrhundert die Einwohnerzahl eines Dorfes, aber die Kaiserpaläste waren noch bewohnbar. Damit findet die Geschichte der Stadt ihren Abschluss. Aus dem ursprünglichen Markt zur Kulturstadt und endlich zur Weltstadt herangewachsen, bringt sie das Blut und die Seele ihrer Schöpfer dieser großartigen Entwicklung und deren letzter Blüte, dem Geist der Zivilisation zum Opfer und vernichtet damit zuletzt auch sich selbst."[1]

Jetzt wird der eine oder andere Leser sagen: Halt! Wir sterben doch nicht aus. Weltweit ist doch nicht der *Geburtenmangel*, sondern die *Überbevölkerung* das drohende „Horror-Szenario" der nahen Zukunft! – Falsch. Das Szenario einer Überbevölkerung wird seit mehr als dreißig Jahren vorrangig durch einen sehr begrenzten Focus in Medienberichten und dem Internet ausgemalt: Die Weltbevölkerung würde kontinuierlich und letztlich ins Unermessliche weiter steigen. Mitgeliefert werden bei diesen prophetischen Ankündigungen Zahlen: 8 Milliarden, 10 Milliarden, und irgendwann seien es 12 Milliarden. Im Nebensatz heißt es zumeist: bei derzeitiger Prognose. Diese Meldungen sind durchwegs falsch und sie wurden und werden nicht ohne Eigeninteresse, vor allem von den USA, über offizielle europäische Institutionen und Medien, die nicht genauer prüfen, in Umlauf gebracht. Interessanterweise von oft (super) reichen Personen (Rockefeller, Kissinger, etc.) und von amerikanischen Wirtschafts- und Finanzinstitutionen (IWF, WTO, etc.).

Henry Kissinger startete im Jahre 1974 den groß angelegten Bevölkerungsplan, als er das geheime „National Security Study Memorandum 200" verfasste. Darin schreibt er: „Das oberste Gebot der US-Außenpolitik ist die Bevölkerungsreduktion", in anderen Ländern wohlgemerkt! Bei der darauffolgenden UNO Bevölkerungskonferenz 1974 einigten sich 137 Staaten darauf, das Bevölkerungswachstum aufzuhalten. Die Angst vor der Überbevölkerung erfasste die ganze Welt und Staaten praktizierten – oft unter politischem und wirtschaftlichem Druck – Bevölkerungsreduktionen auf unterschiedliche Weise. Dass Deutschland seit Ende der siebziger Jahre innerhalb Europas die geringste Geburtenzahl aufweist, kann man mit Ironie auch so kommentieren: Es hat den amerikanischen Auftrag „zur Geburtenreduktion" am konsequentesten umgesetzt.

Tatsache ist: Würden wir die derzeit etwa 8 Milliarden Menschen in einem so kleinen Land wie Österreich stehend versammeln, hätten sie allesamt auch noch ungefähr einen Quadratmeter Platz, um sich zu bewegen. Dem sehenswerten Dokumentarfilm *Population Boom* von Werner Boote liegt eine zentrale Frage zugrunde. – Wenn wir, wie vielfach behauptet, „überbevölkert" sind, wer von uns ist dann zuviel?[2]

Kommen wir also zum aktuellen und faktischen (weltweiten) *Geburtenrückgang* und zur „überalterten" Gesellschaft. Das ist auch in der jüngeren Geschichte Europas keineswegs ein neues Phänomen. Seit der zweiten Hälfte des 19. Jahrhunderts, der sogenannten „Industriellen Revolution" und der Eskalation der Schule(n) und Erziehung, begannen die *Geburten* in vielen Teilen des Kontinents zu sinken. Während vor allem im 20. Jahrhundert die durchschnittliche *Lebenserwartung gestiegen* und die *Kindersterblichkeit* stark *gesunken* ist!

Von der zweiten Hälfte des 19. Jahrhunderts bis etwa dem Ende der 1970er Jahre sank zuerst in den industrialisierten und „westlichen" Ländern historisch erstmalig die *Kindersterblichkeit* auf ein Minimum von drei bis fünf Prozent. Jahrtausendelang bis ins frühe 20. Jahrhundert hinein starben rund *ein Drittel* der Kinder, bevor sie das Erwachsenenalter erreicht hatten, an einer Mischung aus Unterernährung und Krankheit.³

Vom 19. Jahrhundert bis in die zweite Hälfte des 20. Jahrhunderts gab es daher tatsächlich in der Geschichte der Menschheit erstmals einen Zuwachs, den man als „Bevölkerungsexplosion" bezeichnen kann. Zudem stieg vom 19. Jahrhundert an die *durchschnittliche* Lebenserwartung. Das wir (weltweit) immer zahlreicher und vor allem auch immer älter werden, ist nichts als ein ständig weiter produzierter Mythos des Westens, an dem unterschiedlichste Interessen hängen.⁴

Die eine Seite ist also die Industrialisierung der Landwirtschaft und die effizientere Versorgung mit Nahrungsmitteln (in vielen Teilen der Welt). *Hauptverantwortlich* für die starke Zunahme der Weltbevölkerung vom 19. Jahrhundert an ist, dass die Kindersterblichkeit von durchschnittlich 20-25 Prozent bis zur zweiten Hälfte des 20. Jahrhunderts auf weltweit unter fünf Prozent und in einigen Ländern unter drei Prozent sank! Die Kindersterblichkeit kann naturgemäß nicht unter 1 Prozent sinken, daher wird die Weltbevölkerung auch nicht mehr weiter steigen. Dazu müsste, vorausgesetzt die Kindersterblichkeit bleibt konstant niedrig, was auch nicht in Stein gemeißelt ist, weltweit die Anzahl der Kinder pro Frau auf zumindest 4 steigen. Das ist derzeit wahrlich utopisch. Im Gegenteil. Ab etwa 2050 wird die Anzahl der Weltbevölkerung erstmals seit über 200 Jahren stark sinken. Auch ohne Naturkatastrophen und Kriege.

Die Ursachen für den starken Rückgang der Kindersterblichkeit waren unter anderem bessere und ausreichend Ernährung (für Familien), breitere medizinische Versorgung und wissenschaftliche Erkenntnisse (z. B. Blutgruppenunverträglichkeit), und vor allem auch die enorme Verbesserung der hygienischen Bedingungen für alle Gesellschaftsschichten. Kurz: die Zunahme des Wohlstandes für jeden! In diesem genannten Zeitraum stiegen aber keineswegs in den „westlichen" und industrialisierten Ländern (und auch nicht weltweit) die Geburtenzahlen kontinuierlich an, wie das von politischen Institutionen und auch Medienberichten immer wieder vermittelt wird. Im Gegenteil.

Von der „Jahrhundertwende" an bis 1933 sanken die Geburtenzahlen beispielsweise in Deutschland von durchschnittlich knapp über vier Kinder auf

1,8 Kinder pro Frau. Was man damals durchaus feststellte, als „bedrohlich" empfand, und in weiterer Folge politisch nicht nur von den Nationalsozialisten instrumentalisiert wurde. Bei derzeitiger ideologischer Ausrichtung der Politik in vielen Teilen Europas und wie die im Weiteren medialen „Debatten" (oft in Sach-Unkenntnis) geführt werden, ist zu befürchten: Die Themenfelder Familie, Elternschaft und Geburten (samt „Bildung") werden weiterhin wie schon seit ein paar Jahrhunderten ausschließlich durch „ideologische Brillen" betrachtet. Offenbar ist es einer Gesellschaft und generell einer *Kultur* äußerst schwierig, die verloren gegangene *Mitte* wieder zu finden. Der Schlüssel liegt, und das ist mehr als augenscheinlich, darin, unser erstarrtes Welt-Bild von Kindheit, Familie und Bildung (Total-Beschulung) nicht nur zu hinterfragen, sondern aufzugeben. Das (in Europa) die Geburtenzahlen zwischen den Mitte 1950er und Mitte 70er Jahren kurzfristig kräftig nach oben stiegen („Babyboomer-Jahre") hat meines Erachtens einen Hauptgrund: In nahezu allen Gesellschaftsgruppen machte sich *Hoffnung* breit. Die Mehrheit der Menschen glaubte wieder an eine bessere Welt, an eine *lebenswertere Zukunft*.

Last but not least: In diesem Zeitraum gab es noch nicht flächendeckend und beinahe kostenlos Verhütungsmittel und zumindest in den westlichen Ländern die für fast jede Frau mögliche medizinische Abtreibung. Die Geschichte der Menschheit zeigt wiederholt: Was der Mensch als Zugewinn seiner persönlichen Freiheit empfindet, lässt er sich auch (zumeist) nicht mehr nehmen. Und schließlich wurde in den 1950er bis 1970er Jahren in Europa noch nicht die völlige Entrechtung und Bevormundung von Eltern praktiziert. Die ist auch wenig geeignet, die Geburtenzahlen zu erhöhen.

Mit dem Mythos, „früher" seien bei der Geburt so viele Kinder verstorben, rissen Ärzte und Mediziner in den USA und Europa (von der zweiten Hälfte des 19. Jahrhunderts an) vor allem die Geburt des Menschenkindes an sich. Dieser Mythos wurde aus Unkenntnis historischer Tatsachen, enormer Fortschrittsgläubigkeit, Konkurrenzdenken und sonstiger Absichten geboren. Mit Hilfe der Medien wurde dieser Mythos ebenso in Unwissenheit rasch und weltweit verbreitet. Von den 1950er bis 1980er Jahren wurden erstmals in der Geschichte nahezu alle Frauen dazu gebracht, ihr Kind „sicher" in einem Krankenhaus zur Welt zu bringen. Zuerst in den USA, dann Europa und schließlich dem Rest der Welt. Seit Ende der 1980er Jahre ist die Situation weltweit vollkommen erstarrt. In den USA und Europa (von den skandinavischen Ländern abgesehen) und in allen in dieser Hinsicht europäisierten oder

„hochentwickelten" Ländern liegt die Kaiserschnittrate konstant bei *zumindest* 30-35 Prozent! Und das, obwohl der medizintechnische und technologische „Fortschritt" in diesem Zeitraum nochmals enorm gestiegen ist. Was auch zeigt, dass „Linear Innovations" die Lebensbedingungen der Menschheit nicht mehr verbessern.

Die Anzahl der Hausgeburten ist in den „europäischen" Ländern (Skandinavien ausgenommen) seit Ende der 1980er Jahre ebenso konstant (niedrig), und liegt bei etwa zwei Prozent. Dieses Beispiel zeigt auch, welche Macht ein Mythos hat, und wie der heute durch mediale Berichterstattung ständig verlängert werden kann. – Wenn auch noch rein ökonomische Interessen hinzukommen. Zwischenzeitlich ist das *Kind* auch *Ware*, mit der ganze Berufsgruppen nicht nur Geld, sondern auch ihr Einkommen finanzieren. *Pädagogen, Ärzte, Psychologen, Beamte, etc. werden für ihre „Bemühungen" und Arbeit mit „fremden" Kindern bezahlt, nicht die Eltern für die, mit ihren eigenen.*

Was bei dem falschen und künstlich aufrecht erhaltenen Mythos (früher seien so viele Kinder bei der Geburt verstorben) beachtlich ist, ist folgende faktische Tatsache: Im 19. Jahrhundert bis zu den 1960er Jahren sank die Kindersterblichkeit von zuvor etwa 20 bis 25 Prozent auf unter 5 Prozent. In diesem Zeitraum kamen aber 90 Prozent aller Geburten in Europa weiter vorrangig per Hebamme und Hausgeburt zur Welt. Also können „früher" gar nicht „viele" Kinder bei der Geburt verstorben sein.

Aus der Neuzeit gibt es zahlreiche historische Quellen, die diesen Sachverhalt (Mythos) schon seit Jahrzehnten widerlegt haben. Es gibt aber auch aus dem Mittelalter ein paar Quellen. Eine ist hierfür besonders interessant, zumal die Kindersterblichkeit im Mittelalter vermutlich die höchste in der Geschichte der Menschheit war. Sie lag, wie schon erwähnt, bei durchschnittlich 30 Prozent, zeitweilig doppelt so hoch.

Die englische Königin Eleonore von Kastilien brachte in ihrem Wunsch nach einem männlichen Thronfolger zwischen 1255 und 1284 16 Kinder zur Welt. Darüber wurde auch Buch geführt. Nur ein Kind verstarb bei der Geburt! (Die 1255 geborene Tochter.) Man kann davon ausgehen, dass der Königin Eleonore die besten Hebammen, Ärzte und medizinische Versorgung dieser Zeit zur Verfügung standen. Soweit das heute beurteilt werden kann, waren Eleonore und ihr Mann Edward gesund und hatten keine gefährlichen Erbkrankheiten. Dennoch starben 10 von 16 Kindern (also 62 Prozent) noch in der Kindheit, nur sechs erreichten das elfte Lebensjahr, und davon wurden ganze drei (19 Prozent) vierzig oder älter. Es ist möglich, dass Eleonore sogar öfter schwanger wurde und Fehlgeburten erlitt, darüber gibt es aber keine Aufzeichnungen. Jedenfalls verstarb von 16 Kindern nur eines bei der Geburt. Wohlgemerkt in einer Zeit, in der die Kindersterblichkeit am höchsten war. Pikantes Detail am Schluss: Das 16. Kind und der ersehnte männliche Thronfolger Edward II wurde im Alter von 43 Jahren von seiner Frau Isabella ermordet.[5]

Die natürliche „Hausgeburt" war zu allen Zeiten (und ist es auch heute noch) das absolut geringste „Risiko" für Mutter und Kind. Der Mythos, „Früher seien so viele Kinder bei der Geburt verstorben", zeigt auch die Macht kultureller und schulischer „Erziehung und Bildung". Dieser Mythos findet sich nach wie vor in Schulbüchern bis hin zu Universitäten. Die Inhalte von staatlichen Schulbüchern werden ja nicht von Elternverbänden oder unabhängigen internationalen Forschern verschiedenster Disziplinen festgelegt. (Warum eigentlich?) Entscheidender noch: Darüber, wie viele Kinder und Frauen in den „medizinischen Reservaten" (Krankenhäuser) dieser Welt bei der Geburt versterben, wird nie berichtet. Führen denn Krankenhäuser keine Aufzeichnungen darüber? Wenn nicht, wieso fordern Politiker, denen angeblich die „demographische Entwicklung" Sorge bereitet, das nicht ein?

Was also in den letzten Jahrzehnten lediglich *gewachsen* ist, ist das „Wirtschaftswachstum" *und* die Armut (in einigen Ländern mehr, in anderen weniger), der Müll, der Konsum, die Großstädte und exorbitant die „Megacitys". Durch (vereinfacht) Zuzug von land- und kleinstädtischer Bevölkerung. In den meisten dieser Städte nimmt aber die Gruppe der Kinder gegenüber den anderen Personengruppen kontinuierlich ab. Sie finden sich zahlreich samt einem Teil ihrer Familien in den Beton- und Slum-Gürteln wieder, die diese Mega-Citys umschließen. Die Lebenserwartung und Zukunftsprognose dieser Kinder ist derzeit eher düster. Davon einmal abgesehen, ob Millionenstädte ein optimaler „Entwicklungsraum" für das Menschenkind sind, ist mehr als fraglich.[6]

Nehmen wir einmal Shanghai, ein „Symbol" unserer globalisierten Welt und ehemals PISA-Wunderstadt. Derzeit (2015) weist Shanghai mit 0,7 Kindern pro Frau die niedrigste Geburtenrate weltweit auf. Eine ähnliche Entwicklung gilt für weite Teile Asiens. Beim derzeitigen Stand (Entwicklung der letzten etwa 20 Jahre) schrumpft China bis 2100 auf 500 Millionen Einwohner. Es wird sich halbieren.[7]

Ähnlich die Entwicklung in den USA und in Europa. Bei der demographischen Entwicklung der letzten Jahrzehnte wird es dem „weißen Mann und der weißen Frau" ähnlich ergehen. Viele Sapiens in Europa bekommen auf Grund des noch geheiligten Individualismus, dem „Diktat der Arbeit", der „Bastard-Ökonomie", der „Total-Beschulung" und dem Konsumismus kaum mehr Kinder. Jedenfalls wird die Reproduktionsrate schon lange (seit drei Jahrzehnten!) nicht mehr erreicht und (teilweise) durch Migration ausgeglichen. Ein „Problem", das inzwischen mehr als die Hälfte der EU 28 Staaten miteinander teilen. Setzt sich die Entwicklung der letzten Jahrzehnte fort, wird in den USA der „Europäer" zwischen 2040 und 2050 nur noch die Hälfte der Gesamtbevölkerung ausmachen. Die andere Hälfte stellen dann die Sapiens-Brüder und Schwestern aus spanischsprachigen Ländern, oder asiatischer, afrikanischer oder sonstiger Herkunft. Damit hatten unsere Sapiens-Ur-, Ur-, Ur-Eltern in der Zeit Ihrer Lebensform als Wildbeuter kein großes Problem. – Die waren allerdings nicht (früh) erzogen und beschult. Ähnlich wie in den USA die demographische Entwicklung Europas.

Zwischenzeitlich gibt es CNN und hunderte andere TV-Sender und Printmedien. Die schwanken täglich zwischen Narzissmus und Alarmismus und berichten und zeigen viel, die „News" im Sekundentakt. Es wird über die Entscheidungen der Politiker, das Wirtschaftswachstum, Hurrikans, Sexismus, 4.000 Euro Handtaschen der Promis, Börsenkurse, Luxuslimousinen, Erdbeben, Mülldeponien, Schönheitsoperationen, Kinder mit Smartphone und in Marken-Jeans und vielem mehr *erzählt,* und noch viel mehr beworben. Es scheint ein seltsames Paradies auf Erden zu sein. Der auch hemmungslos zelebrierte Wohlstand und Luxus zieht Menschen aus ärmeren Ländern magisch nach Europa. Und schon ist das demographische Problem (theoretisch) gelöst.

Unsere Vorfahren anderer „Hochkulturen", denen auch die Kinder abhanden kamen (wie z. B. den „alten Griechen"), konnten auch schon sehr gut Geschichten erzählen. Sie wussten um die Macht von Bildern (z. B. Götterstatuen), verfügten aber noch nicht über Medien und Luxusgüter, die sie ins Bild setzen und in andere Länder senden konnten. Also starben sie aus. Worüber CNN und Co fast nie berichten, sind so faktische Tatsachen, dass 2,5 Millionen Kinder in den USA obdachlos sind und bereits jedes zweite Kind(!) in vielen Teilen Europas zumindest eine *chronische* Krankheit aufweist. Ein erschütterndes Novum in der bisherigen Geschichte der Menschheit. Das wir immer älter, (weltweit) immer zahlreicher, immer gesünder und intelligenter werden, ist nichts als ein (spätneuzeitlicher) Mythos.[8]

Viel zu wenig wird nicht nur über die Konsequenzen der *Kinderarmut,* sondern über die der (stark) *überalterte Gesellschaft* gesprochen, auch für die

Bevölkerungsgruppe der sogenannten *Kinderlosen*. Dass in Japan bereits mehr Geld für Senioren- als für Babywindeln ausgegeben wird, kann wer will, noch mit Humor nehmen. Das – wie auch schon in Deutschland – Pensionisten, die ein Leben lang mitunter hart gearbeitet und Steuern gezahlt haben, im Alter zu Müll-Sammlern werden, ist dann schon weniger lustig. In einer Kultur ohne gesundem Familienleben (intimen Gemeinschaften) und strikter Auslagerung von sozialen (und ursprünglich familialen) Aufgaben an staatliche Institutionen, gebiert *Kinderarmut* auch *Altersarmut*. Bis auf Afrika, dem zweitgrößten Kontinent in Fläche und Einwohnerzahl, sinken die Geburtenzahlen seit mindestens 30 Jahren weltweit und kontinuierlich. Die Geburtenrate weltweit liegt derzeit bei etwa 2,5 Kinder pro Frau und wird im Wesentlichen nur durch Afrika mit einer Geburtenzahl von (noch) etwa 4,5 Kinder pro Frau gehalten. Mitte der 1970er Jahre lag die Weltgeburtenrate bei 4,7 Kindern pro Frau. In den letzten 35 Jahren haben sich also die Geburten weltweit fast halbiert! Gleichzeitig baut unser westlicher „Wohlstand" seit spätestens dem Zeitalter der sogenannten Kolonisation auf der Ausbeutung Afrikas (und nicht nur diesem Kontinent) auf. In dem Dokumentar-Film *Population Boom* ist ein Statement: Die Reichen werden aussterben und die Ärmsten werden überleben.

Wenn es in der Geschichte der Menschheit einen *Fortschritt* gab, der ausnahmslos allen Menschen und Kulturen dieser Welt diente, ist es die dauerhafte und beeindruckende Reduktion der Kindersterblichkeit auf unter drei Prozent. Diese Ehre gebührt dem Europäer. Daran hatten aber nicht nur Mediziner ihren Anteil.

Das Thema *Kinderlosigkeit* führt uns schließlich noch zur zunehmenden Unfruchtbarkeit des „westlich" lebenden und denkenden Menschen. Während immer mehr Menschen keine Kinder mehr in ihrer „Lebensplanung" wünschen, nimmt kontinuierlich die Zahl derer zu, die keine bekommen können. Seit Jahrzehnten nimmt weltweit in vielen „hochentwickelten" Ländern die Qualität der männlichen Spermien wie auch die Fruchtbarkeit der Frauen ab. Zudem wurde auch wegen „Beruf und Karriere" der Kinderwunsch der Frauen auf zumeist über 35 Jahre verschoben. Die „biologische Uhr" tickt aber anders. Ab etwa dem 35. Lebensjahr nimmt die Qualität der Eizellen kontinuierlich ab. Oftmals sind Frauen schon unter 35 Jahren nicht mehr fruchtbar.

Keine Sorge! Es gibt die Wissenschaft, die Technik, die Medizin, Ärzte und weltweit bereits etwa vier bis fünf Millionen IVF-Babys (Invitro Fertilisation – künstliche Befruchtung). Über das, was da seit langem weltweit im „Stillen" und routinemäßig praktiziert wird, gibt es einen aktuellen und beklemmenden Dokumentarfilm: *Future Baby*. Eine Journalistin schreibt im STANDARD: „'Future Baby' verhandelt das Recht auf Elternschaft ‚um jeden Preis' bei dem Kinderrechte leider auf der Strecke bleiben, Auswahl-Verfahren für Eizellenspenderinnen, die an Castings erinnern, Samenbanken, die Spendersamen von bereits verstorbenen Samenspendern horten, Leihmütter die ausgebeutet werden, Sex-Selektion und Baby-Engineering."[9]

„Kinderlosigkeit hat immer schon schmutzige Geschäfte mit sich gezogen", sagt die Regisseurin Maria Arlamovsky in einem Interview mit dem KURIER. „Geht es nach den Wissenschaftlern, wie dem Stanford-Professor Hank Greely, werden Kinder künftig ohnehin nur noch im Labor gezeugt und nach Haar- und Augenfarbe sowie nach genetischen Krankheitsrisiken selektiert. (...) Es wird nicht geforscht, warum wir immer unfruchtbarer werden, warum die Spermienqualität immer mehr abnimmt. Stattdessen forscht man, wie das genetisch fremd befruchtete Ei besser in den Uterus einer Leihmutter eingeklebt werden kann."[10]

Es gibt aber noch einen weiteren Aspekt: „Heute leihen sich Paare aus den reichen Ländern die Körper von Frauen aus armen Ländern, um künstlich befruchtete Eizellen zu Kindern austragen zu lassen oder – bei gleichgeschlechtlichen Paaren – sich gleich komplett welche anfertigen zu lassen. Es ist erstaunlich, dass im feministischen Diskurs anhaltend und mit Recht Zwangsprostitution skandalisiert wird, aber was ist es eigentlich anderes, wenn Menschen als Leihmütter gekauft und gebraucht werden? Die indische Leihmutterbranche kommt heute auf einen Umsatz von zwei Milliarden Euro jährlich. ‚350 Fruchtbarkeitskliniken haben rund 25 000 Leihmütter im Angebot.' Vom Sharen von Organen wie einer Niere, die arme Menschen verkaufen, um die Gesundheit eines reicheren zu verbessern, gar nicht zu reden. Man hört sogar von gekauften Herzen; dafür muss allerdings jemand umgebracht werden. Daher liegt der Preis für ein Herz auch etwa dreimal so hoch wie der für eine Niere (man sagt bei etwa 75 000 Euro)."[11]

Im Interesse einer menschlicheren und lebenswerteren Zukunft sollten wir der (Schul-) Medizin, Genetikern, den Ärzten und dem „Kapital" nicht weiterhin *alleinig* Schwangerschaft und Geburt überlassen.

Die älteste Mutter der Welt ist derzeit die Rumänin Adriana Iliescu. Mit 66 Jahren gebar sie 2005 ihre IVF-Tochter Elisa als Frühgeburt mit 1,45 Kilogramm und per Kaiserschnitt. Die Medizin musste ihre ganze „Kunstfertigkeit" aufbieten, um der 66-Jährigen (nach eigener Aussage) den größten Wunsch ihres Lebens zu erfüllen. Elisa wurde „naturgemäß" nicht gestillt, blieb Einzelkind und wächst ohne Großeltern und Vater auf. Der ist anonymer Samenspender. Im März 2017 stellt sich die stolze und nun 78-jährige Pensionistin und „IT-Mutter" mit ihrer nun 12-jährigen Tochter wieder einmal der Weltpresse. Ein paar Statements: „Ich habe viel mehr Zeit für meine Tochter im Vergleich zu den jüngeren, arbeitenden Müttern." „Wir sind ein gutes Team und uns sehr nahe. Wir brauchen keinen Mann im Haus." Der aktuelle Wunsch der noch rüstigen Pensionistin und Mutter ist, den 18. Geburtstag ihrer Tochter zu erleben. In einem Interview mit der deutschen Zeitung DIE WELT sagen die beiden Mediziner Dr. K. Vetter und Prof. K. Dietrich (Präsidenten der deutschen Gesellschaft für Gynäkologie und Geburtshilfe) unisono: „Man könne es keiner Frau untersagen, sich so spät für Nachwuchs zu entscheiden."

Mit Verlaub, das wird gesagt, als wäre es das Natürlichste der Welt, mit 66 Jahren ein Kind zu bekommen. Würde das „Future-Baby" verboten werden, erginge der Medizin und den Ärzten eine Menge Geld. Der Erfüllung dieser Art von „Kinderwunsch" wird ja nicht aus reiner Großherzigkeit nachgegangen. Ein Statement noch von Prof. Dietrich: „Hinter der fragwürdigen Sache steckt oft viel Egoismus."[12] – Auf beiden Seiten?

Es stellen sich noch andere Fragen: Wieso dürfe man (älteren) Frauen nicht ein IVF-Kind und (jüngeren) Müttern keinen Plan- (Wunsch) Kaiserschnitt verbieten? Wieso werden Mütter von „natürlichen" Kindern nicht vor Nachtarbeit geschützt? (Schichtarbeiterinnen, Mütter in Pflegeberufen, etc.) Wieso haben Erwachsene alle Rechte (ad libitum) und Kinder gar keine? Außer die am Papier stehenden, was ihnen nichts nützt. Wieso haben sehr oft IVF-Kinder kein Recht, zumindest auf einen „biologischen" Vater? Weil sich ausschließlich just in den Ländern, die am meisten von „Kinderrechten" und „Kindeswohl" sprechen, sich gegenwärtig alles um die Eitelkeiten der „Erwachsenen", deren „Rechte" und Ideologien dreht?

In der länderübergreifenden Abschaffung der Rechte und Bedürfnisse von Kindern – in der Praxis – reichen sich ad libitum alle die Hand: Kapitalisten, Kommunisten, religiöse Gruppierungen, Feministinnen, „Links", „Grün", „Mitte" und „Rechts", die Justiz, Politik und Wissenschaft. (Die Liste ist nicht vollständig.)

Wenn das, was im Film *Future Baby* ohne Wertung einfach dargestellt wird, die Zukunft von „Familie" sein soll, dann ist das eine sterile, kalte und inhumane. Eine, die das Kind vollends im Namen der Erwachsenen, ihren Projektionen, Ängsten, Egoismen und Ideologien zum *Objekt* macht.

„Im Jahr 1818 schrieb Mary Shelly den Roman *Frankenstein,* die Geschichte eines gleichnamigen Wissenschaftlers, der ein künstliches Lebewesen erschafft, das außer Kontrolle gerät und großes Unheil anrichtet. In den vergangenen zwei Jahrhunderten wurde diese Geschichte in verschiedensten Varianten immer wieder erzählt. Sie wurde zu einer tragenden Säule unserer neuen wissenschaftlichen Mythologie. Auf den ersten Blick scheint die Geschichte eine Warnung zu sein: Wenn wir Gott spielen und Leben erschaffen, werden wir bestraft werden. Doch die Geschichte hat noch eine tiefere Bedeutung.

Der Frankenstein-Mythos konfrontiert den *Homo sapiens* damit, dass seine Tage bald gezählt sein werden. Wenn nicht ein Atomkrieg oder eine Umweltkatastrophe dazwischenkommt, wird die rasante technologische Entwicklung bald dazu führen, dass der *Homo sapiens* von einem gänzlich anderen Wesen abgelöst wird, das nicht nur einen anderen Körper mitbringt, sondern in einer anderen kognitiven und emotionalen Welt lebt. Die meisten Sapiens finden diesen Gedanken ausgesprochen beunruhigend. (...) Wenn Sie Wissenschaftler fragen, warum Sie das Genom analysieren, einen Computer an ein menschliches Gehirn anschließen oder ein menschliches Gehirn in einen Computer verpflanzen wollen, werden Sie fast immer dieselbe Antwort erhalten: Wir wollen Krankheiten heilen und Menschenleben retten. Auch wenn man zur Behandlung von psychischen Krankheiten kein Gehirn digitalisieren muss, lässt dieses Argument keinen Widerspruch zu. (...) Die wichtigste Frage der Menschheit ist nicht: ‚Was dürfen wir nicht?' sondern: ‚Was wollen wir werden?' Und da wir vielleicht bald in der Lage sein werden, auch unsere Wünsche zu programmieren, lautet die eigentliche Frage: ‚Was wollen wir wollen?' Wem diese Frage keine Angst macht, der hat sich vermutlich nicht genug mit ihr beschäftigt."[13]

Zuvor sollten wir uns eingehender mit dem Thema Kindheit – von Schwangerschaft an – beschäftigen. Es gibt nicht nur Kindheits-, sondern auch Geburts- und Schwangerschaftstraumata. Mary Shelly, Autorin von *Frankenstein,* erlebte im Bauch zwei Selbstmordversuche ihrer Mutter mit. 11 Tage nach der Geburt starb ihre Mutter Mary Wollstoneraft. Diese verfasste 1792 mit *Verteidigung der Rechte der Frau* eine der grundlegenden Arbeiten der Frauenrechtsbewegung. Sie wird auf Wikipedia fälschlicherweise als Feministin bezeichnet.

Frankenstein-Autorin Mary Shelly brachte mehrere Kinder zur Welt, wovon nur eines überlebte. Sie verstarb 1851 53-jährig (vermutlich) an einem Gehirntumor. Der genaue Beobachter Karl Marx schrieb einmal: „Hegel bemerkte irgendwo, dass alle großen weltgeschichtlichen Tatsachen und Personen sich sozusagen zweimal ereignen. Er hat vergessen hinzuzufügen: das eine Mal als Tragödie, das andere Mal als Farce."

Von Mary Shelly´s *Frankenstein* zu Bram Stoker´s Roman *Graf Dracula* bis zu den IFV- und „Future Babys" gibt es inzwischen zahlreiche Variationen dieser Farce. Das der Farce voran und zugrunde liegende Drama lautet: Aus Kindern, die durch Schule, elterliche oder sonstige ideologische (religiöse) Erziehung zum Objekt gemacht werden, werden eben oft Erwachsene, die wieder andere zum Objekt machen. Offenbar ist es schwierig, aus diesem Kreislauf auszubrechen. Wir sollten es aber trotzdem endlich versuchen, die „ideologischen Brillen" abnehmen, und den Blick auf jene Menschen werfen, die seit 200 Jahren mutig und erfolgreich(!) andere und humanere Wege gehen.

Teil III

Von der *glücklichen* Kindheit, Raketen, Liebe und Visionen

Es gibt so viele Dinge, von denen ich Wünschen muss,
sie als Kind gesehen, gehört, erlebt zu haben.
Gewiss wäre ich dann etwas ganz anderes geworden.

C. F. Hebbel

1

Die Freie Familie und die Rückkehr des Glücks

Weder eine Regierung noch eine Partei kann den Eltern das Recht nehmen,
eine alternative Bildungsform für seine Kinder zu wählen.

Norw. Bildungsministerin Kirstin Clement

2008 erschien in Deutschland das Buch *Die Freilerner. Unser Leben ohne Schule* von Dagmar Neubronner.
2009 erschien *... und ich war nie in der Schule. Geschichte eines glücklichen Kindes* von André Stern.
2011 erschien *Die Freie Familie ... oder die Freiheit über Leben und Lernen selbst zu bestimmen* von Dayna Martin.[1]

Alle drei Bücher sind von *Eltern* aus verschiedenen Nationen geschrieben: Deutschland, Frankreich und den USA. Sie erschienen (wie weitere Bücher ähnlichen Inhaltes) etwa zeitgleich und berichten von einer weltweiten und über Jahrzehnte „stillen" Bewegung: Die Home-/Unschooling Bewegung. Beginnen wir mit André Stern, der im Titel schon klarmacht, was das besondere an seinem Leben ist: er ging nie zur Schule. Sein Vater Arno Stern (Begründer des *Malortes*) flüchtete als Neunjähriger mit seinen Eltern vor den Nationalsozialisten und landet schließlich in Frankreich, wo er auch seine Frau und Andrés Mutter Michèle kennen lernte. Beide sind, so wie ihr Sohn André, auch Protagonisten des Dokumentarfilmes *Alphabet*.

Die Familie Stern beschließt ihren Sohn André nicht in die Schule zu geben, in einer Zeit, wo von einer vernetzten und weltweiten Bewegung noch nicht zu sprechen war. Beide Eltern folgten einem Instinkt, einer Intuition. Über ihre Beweggründe schreiben sie in dem Buch ihres Sohnes.

Auszugsweise die Worte von Papa Arno Stern: „Von wie vielen Eltern habe ich gehört: ‚Bevor sie in die Schule kamen, haben meine Kinder viel gezeichnet. – Und dann? – Ach, sie hatten keine Lust mehr – und im Übrigen auch gar keine Zeit mehr dafür!' Sie sagten das eher mit Resignation als mit Bedauern und empfinden es als normal: Die Schwelle der Schule markiert die Grenze zwischen der Kindheit und dem Schülerstatus. (...) Wir haben uns nie die Frage gestellt, ob unsere Art, mit unseren Kindern zu leben, die richtige war oder ob wir unrecht hatten, es unserem Umfeld nicht gleichzutun. Es passierten so viele bereichernde Dinge für jeden von uns! Es fehlte die Zeit, über alles nachzudenken. Wir wussten, dass das Leben ein Wunder ist, das man nicht hinterfragt. Wir haben weder gezweifelt noch es als schwierig empfunden, auf die Weise zu leben, die wir für uns gewählt hatten.

Es ist einfacher, sein Leben nicht mit Kindern zu belasten und sie an die Schule abzugeben. Die Folgen sind jedoch erschreckend: Lärm, Gewalt, Labilität, Widerwillen, Bildungsmangel ... ein Leben ohne Strukturen. Und die Eltern geben sich geschlagen, mit der einzigen Rechtfertigung, es wie alle anderen gemacht zu haben ...

... wie fast alle anderen. André und Eléonore, unsere Kinder, sind weder gewalttätig noch verzweifelt. Sie müssen mit niemanden abrechnen. Sie müssen keinen Konkurrenten ausschalten, um sich selbst zu bestätigen. Ein wahrer schöpferischer Geist misst sich nicht an anderen.

Für unsere Kinder – als sie noch klein waren ebenso wie mehr als 30 Jahre später – ist jeder Moment des Lebens kreativ. Die Welt ist groß und voller Verheißungen."

Mama Michèle Stern schreibt (auszugsweise): „Ich war Lehrerin an einer école maternelle, einer Vorschule. Ich gehorchte der Institution nicht, die verlangt, die Empfehlungen von der Spitze der Hierarchie zu befolgen. Ich unterwarf meine Kinder nicht den Vorschriften der Schule, die versuchen, sie in die Form zu pressen, die der Lehrplan – dieses Programm für den Zwangskonsum – vorschreibt.

So ist für mich nur der Begriff maternelle von Wichtigkeit – mütterlich. Ich denke, er beschreibt keine Funktion, sondern einen Zustand. Einen Zustand der Verschmelzung, das heißt des tiefen Verständnisses für die Wirklichkeit, die der Kindheit eigen ist.

Während einer kurzen Phase der vollkommenen Unerfahrenheit hatte ich versucht, die geltenden pädagogischen Anweisungen umzusetzen: wieder und wieder die grafischen Übungen, welche Kinder auf das Schreiben vorbereiten, und die albernen ‚Kniffe', die man einsetzen soll, um die Gruppenbildung zu fördern, die Gruppe zu beschäftigen und sie eher gefügig zu machen denn ihre Kreativität zu wecken. Aber die Kinder langweilten sich ganz offensichtlich in demselben Maße, wie ich mich unwohl fühlte. Ich hatte das Gefühl, von der

Realität der einzelnen Kinder abgeschnitten, aufdringlich und nutzlos zu sein. (...) Die Schule in ihrer strukturellen Steifheit verschwendet die kostbare Energie, die den Anfängen innewohnt. Die Kinderzeit ist das natürliche, unersetzliche Kapital, auf dem jedes Menschenleben aufbaut – haben wir das Recht, dies in einem fort zu missachten?

Bei Andrés Geburt verließ ich die Schule, um mich einer dringenderen Verantwortung zu stellen: mich um die Kinderzeit des Kindes zu kümmern, das wir ins Leben gerufen hatten.

Ich liebte meinen Beruf, den ich mir hatte neu erfinden müssen, leidenschaftlich. Es war eine persönliche Entscheidung, ihn hinter mir zu lassen, weil ich mich nicht um eine Funktion bringen wollte, die in meinen Augen noch heiliger ist: die der Mutterschaft.

Es versteht sich, dass wir keine Schule am Horizont sahen. Wir wussten, welcher Weg der unsrige war, wir wussten, dass weder die institutionelle Schule noch Hausunterricht notwendig ist. Alles Weitere beschreibt André in seinem Buch..."

Nun ausgewählte Stellen von André Stern aus seinem (nicht nur für Eltern) interessanten Buch *...und ich war nie in der Schule:* „Während ... meiner Kindheit geschah alles wie von selbst und lächelnd. Wenn ich mich an meinen Alltag erinnere, bestehend aus Spielen und Begegnungen, erscheint er mir wie ein breiter, fruchtbringender Strom.

Gewiss liegt hier mein Fundament: Ich war ein glückliches Kind voller Begeisterung. Ich verlor weder Zeit noch Energie mit dem Lösen fremdauferlegter Rätsel – diese täglichen Eindringlinge im Leben der Schüler. Für mich sind Lernen und Spiel Synonyme. So verliefen meine Tage friedvoll und harmonisch.

Mein typischer Wochenablauf umfasste neben den improvisierten Stunden viele regelmäßige Tätigkeiten, denen ich mich allwöchentlich oder in einem anderen Turnus widmete. Die Tage waren sehr ausgefüllt, doch frei von Stress und Konkurrenzdenken, ohne Leistungsdruck und dem Kampf um gute Noten. (...) Jeden Dienstag lernte ich bei einem englischen Freund Algebra. Bei meinem Onkel, einem Informatiker, war ich immer mittwochabends, und er führte mich sowohl in die Algreba als auch in die Informatik der damaligen Zeit ein.

Freitags besuchte ich mit Mama und Eléonore in einer anderen Werkstatt des ADAC Kurse in Fingerweben und anderen Knüpftechniken zur Fertigung von Textilien.

Dienstags gab unser Freund Philippe, der Keramiker, Abendkurse, die ich mit meinen beiden Cousinen besuchte. Ich freute mich, dort auf eine vertraute Welt zu stoßen, auch wenn die Materialien Ton und Glasur sich natürlich sehr vom Metall unterschieden.

Mit meiner Cousine Delphine nahm ich zwei Mal die Woche Tanzunterricht. Ebenfalls gemeinsam lernten wir Kalaripayat (eine Kampf und Heilkunst, die aus Kerala stammt und auf die Beobachtung von Tieren zurückgeht). Unser Lehrer war ein junger Mann aus Kerala, den wir im Kulturzentrum getroffen hatten, wo unsere Schwestern sich zu dieser Zeit täglich mit dem Baratha-Natyam-Tanz beschäftigten."

Zu der von Journalisten oft gestellten Frage: „Haben dir deine Eltern die Wahl gelassen?" schreibt André Stern: „Meine Eltern haben eine Wahl getroffen, nicht in Abhängigkeit von Konventionen, sondern aufgrund ihrer Überzeugungen. Und das ist gut so. Es lag in ihrer Verantwortung. Alle Eltern treffen Entscheidungen für ihre Kinder, so wählen sie den Vornamen oder entscheiden, den Wohnsitz nicht auf einem Minenfeld zu errichten. Und das ist gut so. Die Gesamtheit dieser Entscheidungen bestimmt die Farben, die Gerüche, den Geschmack des jeweiligen Umfelds, in dem das Kind heranwächst; sie definieren – mehr noch als der Breitengrad – seine Herkunft, sein Zuhause, sein Geborgenheitsgefühl, seine Kindheitserinnerungen und seine späteren Vorlieben als Erwachsener. Meine Eltern haben diese Entscheidungen frei getroffen, und da sie sich nicht an den Maßstäben einer etablierten Ordnung orientierten, hätte es sie nicht schockiert, wenn wir zu gegebener Zeit andere, eigene Entscheidungen getroffen hätten.

Tatsächlich verspürte ich nie den Wunsch, zur Schule zu gehen nicht einmal ‚nur um zu sehen, wie es ist'. Warum? *Weil ich glücklich war, weil es mir an nichts fehlte, weil ich mich mitten im Leben, inmitten der Gesellschaft in natürlicher Größe fühlte und weil zu den Geschmacksrichtungen, den Gerüchen, Farben und Entscheidungen, die mein Elternhaus ausmachten, die bei uns ganz selbstverständliche Entscheidung gehörte, uns nicht zur Schule zu schicken. Und dann waren da die anderen Kinder, die immer ihre Spiele unterbrechen mussten, um ihre Hausaufgaben zu erledigen, und die, sobald sie hörten, dass ich nicht zur Schule ging, regelmäßig ausriefen: ‚Oh!? Hast du ein Glück!'"*[2] (Hervorhebung durch MH)

Aus dem glücklichen Kind André wurde ein Musiker, Komponist, Gitarrenbaumeister, Journalist und Autor. Als Freibildungs-Experte ist er seit Jahren auch ein international gefragter Referent. Was den unbeschulten André

„nebenbei" auszeichnet, er ist einfach sympathisch, verfügt über sehr breite soziale Kompetenzen, spricht mehrere Sprachen fließend, und all sein Tun ist von einem tief humanen Weltbild geprägt.

Arno und Michéle begleitenden das Aufwachsen ihres Kindes mit Achtsamkeit und Empathie, ohne dabei das Verhalten des Kindes zu bewerten, zu bestrafen oder zu belohnen. Sie verzichteten auf all die Erziehungs- und Bildungsdogmen (und Irrtümer), die sich in den letzten Jahrhunderten angesammelt haben.

André Stern wuchs heran, wie es in 99,9 Prozent der bisherigen Menschheitsgeschichte „Normalität" und Selbstverständlichkeit war: im familiären Verband, in einer echten (gemischtaltrigen) Gemeinschaft und im wirklichen Leben. Er lernte nicht nur von seinen Eltern, sondern auch von anderen Kindern und Erwachsenen jeden Alters. André Sterns Kindheits-Glück bestand nicht nur durch seine Familie und ihre Art und Weise, wie sie ihn begleiteten. Er hatte auch das Glück in Frankreich aufzuwachsen, einem von vielen westlichen Ländern, das Kinder und Eltern bisher nicht in systemische Geiselhaft nahm und sie pauschal für unfähig, lernunwillig, gestört und zu Dilettanten erklärte. Wo man nicht Kindern und Eltern (wie unter anderem in den deutschsprachigen Ländern) vermittelt was sie zu tun, sondern inzwischen vielfach schon, was sie bitte auch gleich zu denken haben.

Die US-Amerikanerin Dayna Martin, Autorin des Buches *Die Freie Familie (Radical Unschooling)* lebt ebenso in einem Land, das elterliche Bildungsfreiheit gestattet, da in den meisten Bundesstaaten weder eine gesetzliche Schulpflicht (Schulzwang) wie in Deutschland, noch eine „Bildungspflicht" wie beispielsweise in Österreich (Erlaubnis zu „häuslichen Unterricht" mit jährlicher staatlicher Externistenprüfung) festgeschrieben ist.

Sie ist glückliche Mutter von inzwischen vier unbeschulten Kindern, Autorin, und setzt sich in der anglikanischen Unschooling-Bewegung sowie in ihren Publikationen für ein *achtsames* Elternsein ein.

Ein paar ausgewählte Passagen aus Dayna Martins Buch: „Kinder müssen nicht gezwungen werden zu lernen. Niemals. Sie müssen niemals bestraft oder mit Noten motiviert werden, um zu lernen, was sie im Leben brauchen, oder um erfolgreich und glücklich zu sein. Kinder müssen keine Feuerprobe bestehen, um im Leben weiterzukommen, wie es für Kinder in unserem Kulturkreis angenommen wird. Wenn man genau hinsieht, fällt auf, wie verkorkst in unserer Gesellschaft die Auffassung von Bildung und Erziehung tatsächlich ist."

/ „Ich spreche auf freundliche Weise mit meinen Kindern und ich behandle sie freundlich. Konventionelle Erziehung steckt oft voller kritischer Untertöne, ohne dass die meisten Eltern sich dessen bewusst sind. Wenn Sie freundlich mit Ihren Kindern umgehen, so geben diese die erlebte Freundlichkeit an andere weiter. Bestrafen Sie Ihre Kinder und wenden Zwang im Umgang mit ihnen an, lernen diese, andern und Ihnen gegenüber gemein zu sein. Dieser Zusammenhang ist so einfach und für die meisten Eltern dennoch so kompliziert zu verstehen. Freundlichkeit gebiehrt Freundlichkeit, Respekt gebiehrt Respekt. Kinder erlernen das, was sie erleben, und wir nehmen das sehr ernst und penibel genau." / „Die Kinder von heute leben nach einem fremdbestimmten Zeitplan. Das erfüllt mich mit Trauer. Kinder sind Menschen, die jetzt leben. In unserer Kultur begreifen wir Kinder grundsätzlich als Wesen, die sich für die Zukunft rüsten – ihr Leben beginnt in unseren Augen irgendwann später, sie leben nicht etwa jetzt schon." / „Alle Eigenschaften, die bei Kindern als negativ gelten, werden bei Erwachsenen hoch geschätzt. Was bringt uns heutzutage dazu, unseren Kindern solche Eigenschaften unter Einsatz von Medikamenten abzugewöhnen? Es geht offenbar nur darum, das Leben Erwachsener im Umgang mit solchen Kindern zu erleichtern." / „Neunzig Prozent der Kinder weltweit heutzutage fühlen: ,Ich fühle mich nicht richtig gebunden. Mir fehlt etwas.'" / „Was, wenn wir unseren Kindern gegenüber den Respekt erwiesen, denn wir von ihnen einzufordern pflegen? Was, wenn wir erkennen würden, dass Strafen als Vorbild für gemeines Verhalten wirken, dass Machtausübung niemals Gewalt beinhalten sollte und Kinder beim Übernehmen unseres übergriffigen Verhaltens letztlich lernen, selbst streng und gewalttätig zu sein?" / „Die Wünsche unserer Kinder sind gleichzeitig ihre Bedürfnisse." / „Ich möchte, dass meine Kinder erfahren, in welch einer unglaublich schönen Welt sie leben und ihnen nicht eine böse, gefährliche Welt suggerieren, in der man auf jeden seiner Schritte achten muss." / „Sobald wir etwas regulieren oder verbieten, verhindern wir potenzielles Lernen und Wachstum." / „Wir schreiben Geschichte und heben das Bewusstsein einfach, indem wir in Freiheit und Respekt mit unseren Kindern leben."[3]

Schreibt die Un-/Homeschooling Bewegung wirklich Geschichte? Sind das bei allem Engagement und aller Euphorie nicht zu große Worte?

In Hinsicht der bisherigen Menschheits*geschichte* haben die Worte von Dayna Martin mehrfach Bedeutung. Die Un-/Homeschooling Familien schließen als einzige Elterngruppe an ein über zehntausende Jahre reichendes *Kontinuum* an. Seit ca. zwanzig Jahren entwickelt sich die internationale

Unschooling Bewegung dahingehend, auf jede Form von bewusstem (häuslichen oder elterlichem) „Unterrichten" zu verzichten. Die (Forschungs-) Ergebnisse zu den Un-/Homeschoolern sprechen für sich und schreiben, beleben und rufen *Geschichte* in *Erinnerung:* Bildung ist auch für Kinder (den Menschen) ohne Schule möglich.[4]

In Deutschland, einem der ganz wenigen westlichen Ländern, ist ein Leben ohne Schule nicht möglich, zumindest politisch nicht gewollt. Dort erklärt man seit ca. 20 Jahren den Un-/Homeschooler Familien ganz offen den Krieg. Sie werden terrorisiert, schikaniert, und „beugen" sie sich nicht, des Landes verwiesen. In der Industrienation wird ein einziger aber nicht unerheblicher Teil der jüngeren Geschichte lebendig gehalten: Der Schulzwang, den die Nationalsozialisten einführten und die bis dahin bestehende Möglichkeit zum häuslichen Unterricht aufhoben. Goethe und Co, der freie Bildungsgeist, das war einmal. „Fack ju Goethe" ist der Titel eines deutschsprachigen Spielfilms aus dem Jahre 2013. Es scheint zumindest die behördliche und politische Grundhaltung gegenüber Familien zu sein, die ein Leben in Bildungsfreiheit leben.

Über den Umgang deutscher Behörden mit Un-/Homeschooler sagt Georg Pflüger, Direktor der deutschen Fernschule: „Wenn ich internationalen Kollegen gestehe, dass innerhalb Deutschlands strafrechtlich verfolgt wird, was im Ausland seit Jahrzehnten im Auftrag des Auswärtigen Amtes staatlich zertifiziert und erfolgreich stattfindet, muss ich mir Kommentare anhören wie ‚lächerlich!'."[5]

Die norwegische Bildungsministerin Kirstin Clement weist in einer Rede vor dem norwegischen Parlament (2002) klipp und klar darauf hin: „Weder eine Regierung noch eine Partei kann den Eltern das Recht nehmen, eine alternative Bildungsform für seine Kinder zu wählen."[6] Nach norwegischen Verständnis meinte sie damit eine freie, alternative (Privat) Schule oder Home-/Unschooling. Offenbar haben am Beginn des 21. Jahrhunderts auch in einigen westlichen und demokratischen Ländern die Menschen- und speziell auch die Kinderrechte ihre universelle Gültigkeit verloren.

Der britische Observer/Guardian berichtet wie andere internationale Zeitungen über den Exodus deutscher Familien ins Ausland: „Home school Germans flu to UK – A 1938 law designed to ensure state control of all children has provoked a familiy exodus to Britain."[7]

Über den „Fall Neubronner", das Bremer Ehepaar Dagmar und Tilmann Neubronner, berichteten verschiedenste deutsche Medien über Jahre. Eine ganz „normale" bürgerliche und situierte Familie mit zwei Kindern, die weder religiöse Fundamentalisten sind, noch politisch weit links oder weit rechts stehen. Man könnte meinen, endlich wird auch in Deutschland einmal das Rückgrat jeder Gesellschaft, der „Zement" in die Mitte gerückt, nicht nur die „Hartz IV Familie" und die „gestörten" (Tyrannen) Kinder, oder auf der anderen Seite die (scheinbar) makellosen Kinder der makellosen Promis. Nein. Die Neubronners werden zum Feindbild (vorrangig) sämtlicher Behörden erklärt. Dagmar Neubronners Buch (und Autobiographie) *Die Freilerner. Unser Leben ohne Schule* ist geradezu ein Lehrstück: für die Irrationalität von Bürokratie, über kollektive Angstzustände, staatliche Rechtsbeliebigkeit, und vor allem eines, welchen „Wert" *Familie und Kind* in Deutschland (und auch anderswo) nicht nur politisch und behördlich hat.

Die Familie Neubronner wollte ihren beiden Kindern nichts anderes gewähren, was die anderen Autoren, Familie Stern und Martin (und Millionen Eltern weltweit) ihren Kindern auch ermöglich(t)en: ein Leben in Freude, Respekt, Würde und in Bildungsfreiheit. Die Selbstbestimmte Freie Familie und ein Leben ohne Schule.

Während den genannten Autoren dafür international Achtung und Wertschätzung zuteilwird, erlebten die Neubronners über viele Jahre systematischen behördlichen Terror und Missachtung. Gleichzeit wird ihnen aber auch viel Zustimmung unter der Bevölkerung zuteil. In Deutschland etabliert sich eine wachsende Bewegung, die (endlich) auch für Deutschland echte Bildungsfreiheit einfordert. Alles letztlich (bisher) vergeblich. Nach ca. 70 Jahren *vertreibt* Deutschland wieder einmal Familien mit Kindern aus dem Land mittels Kontosperren, Androhung von Sorgerechtsentzug, Bußgeldern und ähnlichem, ohne dass diese Familien Anderen oder ihren Kindern etwas zuleide getan hätten oder mit dem Gesetz in Berührung gekommen sind. Sie werden allesamt gedemütigt und fliehen(!) ins Ausland, alleine weil sie die gerade herrschende politische Doktrin (die nicht einmal rechtlich eindeutig festgeschrieben ist!) nicht befolgen: *Schulzwang* für jedes Kind, koste was es wolle; gleichgültig, ob es genauso gut oder vielleicht sogar besser entwickelt („gebildet") ist, als der Durchschnitt der staatlichen Regelschüler. Das hat weder etwas mit gesundem Menschenverstand, noch mit Vernunft, noch mit Ratio, noch mit echter Demokratie, noch mit der UN-Menschenrechtskonvention und schon gar nichts mit einem humanen Weltbild und *Bildung* zu tun.

Ein paar ausgewählte Textstellen aus Dagmar Neubronners Buch *Die Freilerner. Unser Leben ohne Schule.* Aus dem Kapitel *Unsere Kinder weigern sich*:

„Jeder Morgen war ein Alptraum. Von Moritz kannten wir das Elend des Erwachens zur Schule ja schon, jetzt waren es zwei Kinder, und wo Moritz verzweifelt und schlapp war, reagierte Thomas wütend und energisch. Thomas wurde von seiner Lehrerin, die ja vorgewarnt war, mit Stapeln von Aufgabenblättern versorgt, die er alle konzentriert und emsig erledigte, aber mit jedem Tag machte ihm diese Akkordarbeit weniger Spaß, ihm fehlte die Zeit zum freien Spielen und Lesen, ihm fehlte die stundenlange Bewegung an der frischen Luft, ihn nervte die Art, wie andere Kinder mit ihm Kontakt suchten. (‚Mama, die Pausen sind am blödesten! Heute hat mich ein Junge in die Brennnesseln geschubst.' – ‚Und was hast du gemacht?' – ‚Ich habe ihm gesagt, er soll das lassen. Aber er hats gleich noch mal gemacht.')

Es dauerte nicht lange, bis Thomas sich morgens schlicht weigerte, sich auf sein Fahrrad zu setzen. ‚Ich will da nicht mehr hin! Ich weiß nicht, was ich da soll! Ich kann das doch schon alles längst, und warum muss ich da herumhocken, da stinkts, und wenn ich was nicht kann, dann kann ich das doch viel besser hier zu Hause lernen! Es ist da langweilig und blöd, und ich krieg Kopfschmerzen von dem Geruch!'"

Aus dem Kapitel *Mit Gewalt?*: „Ich weiß nicht, wie vielen Eltern das so geht, aber uns erschien es einfach unwürdig, Thomas mit Gewalt ins Auto zerren und in die Schule zu bringen. Ein wütendes Kind auf dem Fahrrad ist hochgradig gefährdet, und dem starrköpfigen Thomas war es zuzutrauen, dass er einfach in die falsche Richtung fuhr oder wieder umkehrte.

Wir waren ratlos, denn was sollten wir ihm sagen? Wir sahen ja, dass es genau so war, wie er sagte. (...)

Tilman und ich beratschlagten stundenlang, suchten im Internet nach anderen Schulformen – und spürten doch, dass es im Grunde weder an der Schulform, noch an den Lehrkräften lag: Unsere Kinder litten einfach unter der Dichte, dem Lärm und dem unangenehmen Sozialverhalten vieler Kinder. Sie litten unter dem Druck, ständig auf Anordnung anderer etwas tun zu müssen, was sie nicht interessierte, und keine Zeit für das zu haben, was sie eigentlich gerade erforschen wollten. Sie litten darunter, sich an einem Ort aufhalten zu müssen, der ihnen nicht gefiel, und sie litten vor allem darunter, jeden Tag von dem Ort verbannt zu sein, der ihnen weit besser gefiel, nämlich ihrem Zuhause. Wir sagten uns, dass dies ja nun mal das Schicksal aller Kinder sei – und wussten doch inzwischen, dass Millionen Kinder weltweit genau so lebten, wie unsere Kinder es von uns erflehten: Zu Hause, ohne Schule."

Kapitel *Tipps der Experten*: „Ich rief die Schulpsychologin an und schilderte ihr unser Problem. Sie zeigte sich verständnisvoll und empfahl uns eine bestimmte Privatschule, zu der ihre eigenen Kinder auch gingen. Sonst gebe es keine Möglichkeit, oder wir müssten halt ins Ausland gehen. Sie sei im Übrigen nicht zuständig, sondern der sozialpsychiatrische Dienst. Vor diesem Anruf hatten wir uns bisher gescheut, denn wir wollten unsere Kinder auf keinen Fall in eine pathologische Ecke stellen lassen. Sie waren völlig gesund und in Ordnung – solange man sie nicht zwang, zur Schule zu gehen. Und wir waren inzwischen fest entschlossen, diesen Zwang nicht auszuüben. Wir hatten über das Internet viele andere Familien in Deutschland kennen gelernt, die meisten damals noch nicht persönlich. Aber wir wussten: Es gab noch andere Eltern in Deutschland – sogar Hunderte – die aus dem Schulleid ihrer Kinder Konsequenzen zogen."

Kapitel *Neue Freunde*: „Die erste Freilerner-Familie, die wir in Bremen kennen lernten – Rina und Steve Groeneveld mit ihren vier Kindern – stammte aus Südafrika, der Vater war Flugzeugspezialist bei Airbus, und die Kinder, damals zwischen zwei und elf Jahre alt, erwiesen sich als ein Volltreffer: Sie waren genauso freundlich, offen, rücksichtsvoll, wie es mir bei der österreichischen Familie aufgefallen war, und Moritz begann sofort, dem zwei Jahre älteren Robert bewundernd nachzueifern. Die Mutter hatte Germanistik studiert, war ausgebildete Lehrerin und Journalistin, derzeit neben den vier Kindern als ehrenamtliche Stillberaterin tätig. Wir verstanden uns auf Anhieb, und die Ermutigung und Bestärkung, die vielen Informationen, die sie uns weitergeben konnten, haben uns sehr wesentlich über die Angst hinweggeholfen, wir würden unseren Kindern schaden, wenn wir ihnen erlauben, frei zu lernen. Wir sahen an ihren Kindern – und bald auch an weiteren Freilerner-Familien – dass Kinder ohne Schule nicht zu ungebildeten, asozialen Monstern wurden, sondern im Gegenteil auffällig nett und rücksichtsvoll miteinander umgingen und ausgeprägte Interessen hatten, denen sie mit viel mehr Zeit und Elan nachgehen konnten als Schulkinder. Manche waren vielleicht anfangs etwas zurückhaltender und schüchterner als viele Schulkinder, tauten aber dann auf und zeigten vor allem nicht das angeberische, drohende Protzertum untereinander, das auf vielen Schulhöfen so unangenehm auffällt. Wie gesund und organisch auch diese Schüchternheit ist, sollte ich erst viel später durch die Ergebnisse der Bindungsforschung und das Buch ‚Unsere Kinder brauchen uns!' von Gordon Neufeld lernen.

Nun also der sozialpsychiatrische Dienst. Meine Sorge war unbegründet, denn der Herr am Telefon sagte mir Folgendes: Nach unserem Gespräch wolle er unsere Kinder gar nicht sehen. Er wisse, dass es für manche Kinder besser wäre, wenn es keine Schulpflicht gebe. Er rate mir dringend ab, ihm die Kinder vorzustellen, denn seine Aufgabe sei einzig und allein, sie wieder ‚schulfähig' zu machen, und darum gehe es mir ja offenbar nicht. Wir sollten doch einfach ins Ausland gehen, nach Dänemark zum Beispiel.

Ich war platt, schockiert, und beflügelt zugleich. In einem nochmaligen Gespräch mit Lehrern und der Schulleiterin sagte auch diese, ein Antrag auf Ausnahmegenehmigung zur Befreiung von der Schulpflicht sei aussichtslos, und uns bliebe dann nur das Ausland."

Aus dem Kapitel *Sind wir alle verrückt?*: „Am 12. Dezember 2006 war ich mit Moritz noch mal bei unserem Hausarzt. Der schrieb ihn sofort bis zu den Weihnachtsferien krank und warnte uns, in seinem jetzigen Zustand sei Schule Gift für Moritz. Das traf mich tief, denn ich hatte immer noch gehofft, unsere Sorgen um seinen Zustand seien vielleicht übertrieben und unbegründet. Da Moritz die Schule keinesfalls betreten wollte, ging er alleine die kurze Strecke vom Arzt nach Hause, während ich einen Zwischenstopp einlegte, um noch eben seine Krankschreibung im Schulsekretariat abzugeben. Als die Schulleiterin mich sah, bugsierte sie mich sofort in ihr Büro und schloss die Tür hinter sich. Sie schien als selbstverständlich anzunehmen, dass es sich bei diesem Attest um die Gefälligkeit eines gewissenlosen Mediziners handelte. Eindringlich redete sie auf mich ein, nicht Moritz sei krank, sondern wir alle als Familiensystem seien offensichtlich in einem sehr bedenklichen, krankhaften Zustand und brauchten dringend ‚Hilfe'.

‚Aber ja, wir können Hilfe gut gebrauchen, so wie Millionen erfolgreiche Homeschooling-Familien in aller Welt, die wie in Kanada vom Staat finanziell gefördert oder wie in den USA vom Kongress geehrt werden.' Das hätte ich gerne gesagt, stattdessen brach ich in meinem frischen Kummer um Moritz, dem es eben wirklich nicht gut ging, in Tränen aus. Auch das noch! Die Schulleiterin nahm diese Tränen, die sich weniger auf das bezogen, was sie mir sagte, sondern auf die Diskrepanz ihrer Worte zu dem Arztbesuch unmittelbar vorher, vermutlich als Beleg für meine völlige nervliche Zerrüttung.

Als ich mich wieder gefangen hatte, versuchte ich, ihr zu erklären, dass Moritz und Thomas gegen die vielen Zwänge in der Schule rebellierten. Sie antwortete mir, sie stehe in ihrem Beruf jeden Tag unter hundert Zwängen, und es sei doch besser, wenn die Kinder das mit sechs lernten als erst mit sechzehn.

Das brachte mich zum Verstummen. Wenn ihr Alltag von Zwängen geprägt war und sie das in Ordnung fand als Modell für die nächste Generation, hatte es keinen Sinn, darüber weiter mit ihr zu diskutieren. (‚Warum sollen unsere Kinder es besser haben?' Das sagte sie aber nicht, es ist ein Zitat von einem Staeck-Plakat aus den Siebzigern.)"⁸

Warum sollen unsere Kinder es besser haben? Weil unsere Eltern, Großeltern, Urgroßeltern und Ur-Urgroßeltern auch schon ...? Die *Zerstörung der Glücksfähigkeit* beginnt heute immer früher, bei Schwangerschaft und Geburt, und reicht für immer mehr Kinder bis zum Ende der Pflichtschulzeit. Für Familien und Kinder hat es auch historisch betrachtet wirklich schon bessere Zeiten gegeben.

Wir sind nicht in einer „Wirtschaftskrise", wie uns pausenlos Politik, Medien und „Experten" mitteilen. Wir sind in einer kulturellen Krise und auch in einer Krise unserer staatlichen Demokratie und unserer demokratischen Kultur.

Die sehr vielschichtige und weltweite Unschooling Bewegung schreibt, wie es Dayna Martin sagt, in einem Punkt wahrhaft Geschichte: Sie ist eine zutiefst demokratische und *humane* Bewegung. Sie schreibt „Zukunft". Wie John Taylor Gatto sagt, zeigt der Erfolg des Homeschooling einen anderen Weg auf, „der große Verheißung birgt." In den USA gibt es in manchen Bundesstaaten keine Registrierungspflicht, ob man sein Kind häuslich unterrichtet oder es als Unschooler aufwachsen lässt. Die USA hat, wie auch viele westliche Länder, Probleme mit der Zunahme funktionalen Analphabetismus bei Jugendlichen *nach Ende* der Pflichtschulzeit. Wie J. T. Gatto in *Dumping us down* berichtet, führte der Bundesstaat Massachusetts gegen die bisherige Bildungsfreiheit wieder die Schulpflicht ein. „Ein Senator in Massachusetts sagte vor einer Weile, dass sein Staat, bevor er die Schulpflicht einführte, eine höhere Alphabetisierungsrate hatte als hinterher. Darüber sollten wir wirklich nachdenken: Schulen haben den Höhepunkt ihrer Wirksamkeit vor langer Zeit erreicht, und das bedeutet, dass ‚mehr' Schule die Dinge nur verschlimmert."⁹ Dagmar Neubronner zitiert in *Die Freilerner* Jay Wile, Professor für Nuklearchemie an der Universität Rochester und Träger verschiedenster Auszeichnungen für „hervorragenden Unterricht": „Als Universitätsprofessor an einer größeren Fakultät im Mittleren Westen habe ich Tausende von Studenten erlebt. Die bei weitem besten Studenten, die ich hatte, waren die, die zu Hause unterrichtet worden waren. (...) Meine Erfahrungen mit zu Hause unterrichteten Studenten auf

Universitätsniveau waren der Grund, wieso ich anfing, mich für Homeschooling zu interessieren. (...) Ich sah, dass jeder Student, der seine Schulbildung zu Hause erhalten hatte und mit dem ich arbeitete, akademisch und sozial reifer war als es selbst die besten Studenten von öffentlichen Schulen waren, mit denen ich zusammen arbeitete."[10]

In einer Schweizer Erhebung wurden Schulen, Arbeits- und Lehrbetriebe zu ihren Erfahrungen mit Homeschooling Kindern befragt. Unter dem Punkt *Referenzen, Selbst- und Sozialkompetenz, Arbeitshaltung,* wird zusammengefasst: „Wer sich die ‚Aussagen von Arbeitgebern und Lehrern' zu Gemüte führt, muss staunend zur Kenntnis nehmen, wie sehr sich dieser überaus positive Befund dem gängigen Vorurteil widerspricht, Homeschooler seien eher nicht ‚gemeinschaftsfähig'. Ein gegenteiliges Bild zeichnet sich ab: überdurchschnittliche gelungene Sozialisierung und vorbildliche Arbeitshaltung scheinen geradezu ein Merkmal von zu Hause gebildeten jungen Erwachsenen zu sein." Unter dem Punkt *Schulleistungen* wird festgehalten: „Gerade auffällig sind die diversen ‚Rekorde' und Topleistungen unter Homeschoolern. Praktisch alle der erfassten Zeugnisse weisen Notendurchschnitte zwischen 5 und 6 auf. (Die beste Note in der Schweiz ist die 6, Anm. MH) „Auffällig ist auch, dass jene Jugendlichen, welche Topleistungen zu verzeichnen haben, ihre gesamte Schulzeit (oder den größten Teil derselben) zu Hause unterrichtet wurden." Noch bemerkenswerter ist in dieser Schweizer Erhebung zu Homeschoolern, was unter dem Punkt *Elternberufe* zusammengefasst ist: „Mit dem vorliegenden Quellenmaterial ist auch die gelegentlich zu hörende Meinung widerlegt, Bildung zuhause stehe nur bildungsnahen Schichten offen: 66 Prozent der Eltern sind keine Akademiker (Krankenschwester, Dachdecker, Flight Attendant, Pflegefachfrau, Verkäuferin, Plattenleger, Sekretärin, Damenschneiderin, Fahrlehrer, Schreiner, usw.) Zudem fällt auf, dass der häufigste Elternberuf in der ‚Schulabgängerliste' derjenige der ‚Hausfrau' ist."[11]

Die immer frühere und somit längere Trennung des Menschenkindes von seinen wichtigsten Bindungs- und Bezugspersonen und von der öffentlichen Gemeinschaft, ist eine der größten Fehlentwicklungen überhaupt. Sehr viele wollen es nur nicht wahrhaben.

Der französische Philosoph, Psychologe und Historiker Michel Foucault schrieb Ende der 1960er Jahre: „Die ganze Entwicklung der zeitgenössischen Pädagogik, mit dem untadeligen Ziel, das Kind vor den Konflikten der Erwachsenen zu bewahren, lässt im Erwachsenen den Abstand zwischen seinem Leben als Kind und seinem Leben als fertiger Mensch nur desto stärker hervortreten. Das heißt, sie setzt das Kind, um ihm Konflikte zu ersparen, einem besonderen schweren Konflikt aus, dem Widerspruch nämlich zwischen seiner Kindheit und seinem wirklichen Leben."[12]

Im Interesse unserer Kinder und unserer Zukunft sollten wir endlich nicht nur mutiger, sondern im ersten Schritt ehrlicher werden. Der Großteil der staatlichen „Bildungseinrichtungen" von Krippe bis zu Grundschulen sind *heute* funktionelle „Betreuungseinrichtungen". Weil das so faktisch betrachtet nicht gut klingt, erklären wir sie zu Bildungseinrichtungen.

Wieso fordern immer mehr Menschen Eier von „glücklichen Hühnern", oder Milch von „glücklichen Kühen" und Produkte aus artgerechter Tierhaltung, während kaum jemand fordert, dass unsere Kinder glücklich, artgerecht und gesund aufwachsen? Weil wir immer wieder Bilder von unserer industriellen Massentierhaltung gesehen haben. Würden in allen staatlichen Krippen versteckt Videokameras installiert und über Monate gefilmt werden, was zwischen dem Abgeben und Abholen der (kleinen) Menschenkinder alles passiert und anschließend das Material ausgewertet und veröffentlicht werden, ich wette: Mindestens 50 Prozent aller Krippen würden sofort geschlossen. Ebenso wäre die intellektuelle verengte „Heimchen am Herd" und „Retro-Weibchen" Diskussion (in Deutschland und einigen Gebieten Europas) endgültig Vergangenheit. Die Politik würde rasch die finanziellen Rahmenbedingungen schaffen, damit zumindest ein Elternteil bei seinem Kind zuhause bleiben und es selbst betreuen und begleiten kann, bis zumindest dem dritten Lebensjahr. Besser wäre für das Kind bis zum sechsten/siebten Lebensjahr....

Bevor Dokumentarfilme zur industriellen Tierhaltung und Lebensmittel-Produktion, wie beispielsweise der Film *We feed the world,* weltweit für Aufsehen sorgten und zu einem Bewusstseinswandel führten, war zuvor schon längst bekannt, dass wir mit unserer Nahrung nicht nur viel Chemie, sondern auch Stresshormone zu uns nehmen. Dass Krippenkinder einen in Umkehrung erhöhten (oder erniedrigten) Kortisol-Spiegel (Stresshormon) aufweisen, ist seit beinahe zwanzig Jahren ein wissenschaftlich mehrfach belegtes Faktum und der Politik auch bekannt. Kaum jemand „rührt" es, die Politik schon gar nicht. Deutschland und Österreich sind innerhalb der EU zu den strukturell familien- und kinderfeindlichsten Ländern Europas geworden, sie sind aber nicht die einzigen. Die Geburtenzahlen und die vielen „Auffälligkeiten" unserer Kinder sind der sichtbare Beweis. Die Selbstbestimmte Familie und ein glückliches, freudiges und auch *gesundes* Aufwachsen des Kindes sind heute eine Seltenheit und *Luxusgut*. Es wird Zeit, einmal die ganze Vielfalt kindlicher und familiärer Daseinsformen und auch das anzustrebende „Gesunde" ins Bild und in die Mitte der Gesellschaft zu rücken. TV Sendungen und Shows zu übergewichtigen Kindern oder Serien wie *Endstation Wildnis: Letzte Chance für Teenager,* so gut wie sie vielleicht gemeint sein mögen, sind der falsche Weg. Nicht die „fehlgeleiteten" und auffälligen Jugendlichen und ihr „Therapie-Spaßfaktor" sollten Objekt des medialen öffentlichen Interesses sein.

Millionen von Eltern beklagen in verschiedenen Internet Foren und Blogs das *Mehr an Schule* (von Kindergarten an) und ihre destruktiven Auswirkungen für Eltern und Kind. Der US-Psychologe und Autor Peter Gray berichtet: „Da ich auf der Webseite der Zeitschrift ‚Psychology Today' über Spiel und Lernen blogge, lese ich häufig traurige Kommentare von Eltern, die über die Erfahrungen ihrer Kinder in der Schule berichten. Hier folgt der typische Kommentar einer Mutter, deren Tochter eine öffentliche Vorschule besucht, die der Mutter zufolge einen hervorragenden Ruf hat. Der Schultag der Tochter geht von acht bis fünfzehn Uhr, die langen Fahrten mit dem Schulbus noch nicht eingerechnet. Es gibt keine Pausen außer einer halben Stunde zwischendurch und einer Zeit zum Mittagessen (um 10 Uhr 40!), in der eine Aufpasserin mit Megafon die Kinder zur Ruhe ermahnt, wenn sie zu laut sind. Zusätzlich gibt man diesen Fünfjährigen täglich Hausaufgaben auf, die sie abends unter Aufsicht eines Elternteils erledigen sollen. Die Hausaufgaben sind wirkliche Hausaufgaben: Matheaufgaben, Schreibaufgaben und dergleichen. Über die Folgen berichtet die Mutter: ‚Bei ihrer Einschulung war meine Tochter noch begeistert, aber schon nach ein paar Tagen weinte sie und wollte zurück in den Kindergarten. Das ging irgendwann vorbei, aber wenn sie jetzt nachmittags nach Hause kommt, ist sie wie verwandelt. Sie schwankt zwischen Wut und Weinerlichkeit. Sie schreit ihre kleine Schwester an, nennt sie ein Baby, schlägt Türen zu oder hängt wie eine Klette an mir und möchte, dass ich alles für sie tue. Ich weiß, dass dies an der Schule liegt. (...) Fast alle Eltern, mit denen ich gesprochen habe, beobachten Ähnliches oder gar Schlimmeres bei ihrem Kind. Muss man mit so etwas bei allen Schulen rechnen? Ich fühle mich ja selbst auch machtlos und gestresst. Aus meinen Gesprächen mit anderen Eltern weiß ich, dass wir alle Angst haben, für Querulanten gehalten zu werden, weil wir fürchten, das könnte unserem Kind noch mehr Probleme bescheren. Es gibt in unserem Bildungssystem inzwischen eine Kultur, die uns zum Schweigen bringt! Wir werden mit Zetteln bombardiert, auf denen steht, was ein Kind in diesem Alter >zu tun in der Lage< und dass wir sie es >selbst tun lassen<

müssten. Unsere Kinder würden es schon ›überleben‹. Sehr witzig! Ich hatte gehofft, mein Kind würde in der Schule mehr als bloß überleben. Aber Aufblühen scheint keine Möglichkeit mehr zu sein. Ich fühle mich wie die Zeugin eines Verbrechens, die in Schockstarre verfallen ist und nichts tut, um es zu verhindern!'

Es ist schwer, wenn nicht gar unmöglich, sich unter diesen Bedingungen in vertrauensvoller Elternschaft zu üben. Durch die Schulpflicht und die Schulen, die Gefängnissen immer ähnlicher werden, zwingt der Staat die Eltern beinahe dazu, direktiv statt vertrauensvoll zu sein. Man muss mit seinen Kindern kämpfen, damit diese sich an die Schule anpassen, und man muss mit der Schule kämpfen, um darauf hinzuwirken, dass diese sich zumindest ein wenig an die Kinder anpasst."[13]

Was ist das für eine „Bildung", die weltweit Millionen Eltern und Kinder verzweifeln und in Ohnmacht erstarren lässt?

Zu einem Bericht einer deutschen Tageszeitung zum Thema 24-Stunden-Krippe schreibt ein Leser online: „Von der Nutz-Tier-Haltung zur Nutz-Mensch-Haltung." Peter Sloterdijk stellt einmal prägnant mit Nitzsche zitierend fest: „Der Egalitätstrend stellt sicher, dass der Mensch zu des Menschen besten Haustier wird."[14] Oder um mit Hannah Arendt zu sprechen: Die Idee des Absoluten als Ziel der Geschichte oder einer Gesellschaft führt letztlich immer zur Rechtfertigung von undemokratischen Praktiken und schließlich zu den Formen totaler Herrschaft.

Vor einigen tausend Jahren begann der Mensch sesshaft zu werden und Pflanzen und Tiere zu domestizieren. So steht es in unseren Schulbüchern. „Domestizieren" kommt vom lateinischen Wort *domus* für „Haus". Wer lebt vor allem seitdem eingesperrt in Häusern? Der Mensch, nicht der Weizen und andere Pflanzenarten.

„Lange wollte uns die Wissenschaft den Übergang zur Landwirtschaft als großen Sprung für die Menschheit verkaufen und erzählte uns eine Geschichte von Fortschritt und Intelligenz. Im Laufe der Evolution seien die Menschen immer intelligenter geworden. Irgendwann seien sie dann so intelligent gewesen, dass sie die Geheimnisse der Natur entschlüsseln konnten und lernten, Schafe zu halten und Weizen anzubauen. Danach gaben sie begeistert das entbehrungsreiche und gefährliche Leben der Jäger und Sammler auf und ließen sich nieder, um als Bauern ein angenehmes Dasein im Wohlstand zu genießen.

Das ist jedoch ein Ammenmärchen. Es ist keineswegs bewiesen, dass die Menschen im Laufe ihrer Evolution immer intelligenter wurden. Die Wildbeuter kannten die Geheimnisse der Natur schon lange vor der landwirtschaftlichen Revolution, denn ihr Überleben hing davon ab, dass sie die Tiere und Pflanzen, von denen sie sich ernährten, genauestens kannten. Die landwirtschaftliche Revolution läutete auch keine Ära des angenehmen Lebens ein, ganz im Gegenteil, der Alltag der Bauern war härter und weniger befriedigend als der ihrer Vorfahren. Die Jäger und Sammler ernährten sich gesünder, arbeiteten weniger, gingen interessanteren Tätigkeiten nach und litten weniger unter Hunger und Krankheiten. Mit der landwirtschaftlichen Revolution nahm zwar die Gesamtmenge der verfügbaren Nahrung zu, doch die größere Menge an Nahrungsmitteln bedeutete keineswegs eine bessere Ernährung oder mehr Freizeit. Im Gegenteil, die Folgen waren eine Bevölkerungsexplosion und die Entstehung einer verwöhnten Elite. Im Durchschnitt arbeiteten die Bauern mehr als die Jäger und Sammler und bekamen zum Dank eine ärmere Kost. Die landwirtschaftliche Revolution war der größte Betrug der Geschichte."[15]

Bis weit in die Neuzeit hinein ließ man wenigsten noch Kinder frei-laufen. Mit der frühen „Pflichtbeschulung" (Grundschule, Kindergarten, Krippe) begann die grausame „Domestizierung" des *Kindes*. Das ist der allergrößte und folgenreichste Betrug der Menschheitsgeschichte. Ab diesem Zeitpunkt (19. Jhdt.) und bis heute setzt das größte Morden von Mensch und Tier („industrielle Tierhaltung") und die verheerendste Zerstörung der Natur (Rodung der Urwälder, Überfischung, Vermüllung und Vergiftung der Meere, Klimaerwärmung, etc.) ein.

Homo *sapiens* bedeutet so viel wie der „Wissende". – Zumindest auf unsere Urahnen in der Lebensform als Jäger und Sammler trifft das zu.

Seitdem immer mehr und früher an „Bildung" (Schule), Pädagogik (Belehrung/Unterrichten) und frühkindlicher Fremdbetreuung, haben wir auch immer weniger Kinder. Wir sind eine durch Maßlosigkeit erschöpfte Kultur, die (auch noch als Antwort darauf) in ebenso maßloser Ideologisierung nicht mehr fähig und willig ist, für den eigenen Nachwuchs – in jeder Hinsicht – ausreichend und artgerecht zu sorgen.

Ein von nahezu allen Autoren und Kommentatoren kaum beobachtetes Detail zu den Home-/Unschooling Familien (nicht nur hierzulande) ist: Die überwiegende Mehrheit sind Mehrkind-Familien, mit in der Regel *zumindest* zwei Kindern. Es ist bekanntlich jene Anzahl von Kindern, die wir seit längerem und so dringend für eine ausgewogene demographische Entwicklung bräuchten.

Wie schon festgestellt, sind es (in vielen westlichen Ländern) nur noch zwei sozioökonomische Gruppen, die durchschnittlich zwei Kinder (oder mehr) bekommen: die mit sehr niedrigen Einkommen, also die „Armen", und eine noch viel kleinere Gruppe, ein Teil der „gehobenen Mittelschicht", also die „Reichen". Eine einzige (wenn auch sehr kleine) Personengruppe, die vorwiegend nicht zu den (vereinfacht) „Reichen" oder den „Armen" gehört und einen Weg *außerhalb* des (Regel-) Schulsystems geht, sorgt noch für den ausreichenden Nachwuchs. *Pflicht-Beschulung und Familie schließt sich aus. Und eine Gesellschaft ohne Familienwesen bekommt kaum Kinder.* So banal das klingt, es ist – seit langem – so. Ein noch gravierender und ebenso augenscheinlicher Zusammenhang ist folgender: Die Home-/Unschooling Familien bekommen (in den meisten Ländern) keinerlei auch finanzielle Unterstützung. Andererseits finanzieren sie mit ihren Steuern (wie die Gruppe der Familien, die ihr Kind in Privatschulen geben und auch die Gruppe der Kinderlosen) das öffentliche und in mehrerer Hinsicht defizitäre Regel-Schulsystem mit. Sie sind weiters eine Personengruppe, *Familien*, die der Gemeinschaft in der Regel gesündere, glücklichere und breiter „gebildete" Kinder geben (als der vergleichbare Durchschnitt des Regelschulsystems). Vereinfacht: Die Home-/Unschooling Familien versorgen mehrheitlich unsere Gemeinschaft (Gesellschaft) genau mit dem, was vorgeblich (fast) alle wünschen und fordern. Dennoch sind es gerade diese Familien – wie keine andere Familiengruppe – die vorrangig von der Politik im deutschsprachigen Raum (aber beileibe nicht nur von dieser und dort) mit so viel Missachtung, Diskriminierung, Klischees und tradierten Vorurteilen konfrontiert werden, wie kaum andere Familien. An dem Umgang mit diesen Eltern und Kindern zeigt sich, wie inhuman, wohl auch ungerecht und in jedem Fall besorgniserregend *paradox* unser Denken und Handeln (wieder einmal) geworden ist.

Monotheistische Religion und absolut gesetzte Ideologie sind der größte Feind *natürlicher Ordnungen*. Solche sind auch die Familie und intime Gemeinschaften. So sieht es zumindest die Evolution des Sapiens vor.

Intermezzo:
Der kleine Leonardo und da Vincis Code

Wissen ist ein Kind der Erfahrung.

Leonardo da Vinci

Am Scheitelpunkt zwischen *Mittelalter* und der sogenannten *Neuzeit* wird der wohl bedeutendste Universalgelehrte des „Abendlandes" geboren. Leonardo da Vinci erblickte am 15. April 1452 in einem kleinen Dorf der schönen Toskana, etwa 30 Kilometer von Florenz entfernt, das Licht der Welt. Die Mutter namens Caterina ist eine 22-jährige (Bauern) Magd. Der Vater, Piero da Vinci, ist ein 25-jähriger erfolgreicher Notar aus eher wohlhabendem Haus.

„Die da Vinci gehörten zu den eingesessenen Familien: nicht adelig, nicht besonders reich, nicht außergewöhnlich glanzvoll, aber angesehen und mit gutem Auskommen. Sie lebten jenes beneidenswerte Doppelleben, das typisch für die wohlhabenden Schichten des Quattrocento war: *città e villa* – Geschäft in der Stadt und Landwirtschaft auf dem Lande. Sie pflegten ihre Florentiner Beziehungen und die Anbahnung einträglicher Heiraten mit demselben Eifer, mit dem sie ihre Weinberge und Obstgärten verwalteten."[1]

Cità und *villa*, städtisch und ländlich, aktiv und kontemplativ, einfach und vielfältig, so lässt sich die gesamte Kindheit von Leonardo beschreiben, die er überwiegend im Haus seiner Mutter verbringt. Er wächst zuerst in ländlicher Umgebung und sehr bescheidenen Verhältnissen auf, umsorgt von Mutter und Großeltern und alsbald begleitet von weiteren (Halb-) Geschwistern mütterlicherseits und äußerst unterstützenden und ihn anerkennenden Stiefeltern, von beiden Seiten.

Etwa acht Monate nach Leonardos Geburt heiratet der Vater Albiera, die Tochter eines reichen Florentiner Notars, mit der er bereits verlobt war. Leonardos Mutter heiratet etwa ein Jahr nach seiner Geburt einen im Dorf ansässigen Mann, der *formaciacio* war: Offenarbeiter, bzw. Kalkbrenner. Der größte Universalgelehrte des Abendlandes wuchs in einer Patchworkfamilie heran.

Das in einer sehr innigen „Liebschaft" entstandene Kind wird vom Vater von Geburt an anerkannt. – Keine Selbstverständlichkeit zu dieser Zeit. Obwohl Patchworkfamilien heute sehr zahlreich sind, erfuhr und erlebte der kleine Leonardo etwas, was damals wie heute sehr selten und *ein* großes Kinderglück ist: Er wurde von Mutter und Vater bedingungslos angenommen und von ihnen wie auch von beiden Stiefeltern bedingungslos (emotional) unterstützt. Das „kleine Genie" hatte von Geburt an gelingende Beziehungen zu allen (primären und rein) familiären Bindungs- und Bezugspersonen, zu denen nicht nur Großeltern, sondern auch Tanten und Onkeln gehörten. Was für ein menschlicher Reichtum!

Dass Leonardo, wie in vielen (Internet) Kurzbiographien zu lesen, bereits im Alter von etwa fünf Jahren nach Florenz in das Haus seines Vaters zog, ist historisch und von der gesamten Quellenlage her nicht verbürgt. Die gesamte *Kindheit* (bis etwa dem 6./7. Lebensjahr) verbrachte Leonardo überwiegend im Hause seiner Mutter „am Lande". Er wird möglicherweise regelmäßigen Kontakt zu seinem etwa einen Tagesritt entfernten Vater in Florenz gehabt haben, denn diesem bleiben die schon früh sichtbaren Talente des Kindes keineswegs verborgen. Der Vater dürfte seinen Sohn (samt familiären Umfeld) auch finanziell unterstützt haben. Leonardo wächst in bescheidenen, ländlichen Verhältnissen, aber keineswegs in Armut auf. Er wird von mütterlicher wie auch väterlicher Seite her ausschließlich „häuslich" unterrichtet. Der vollkommen *unbeschulte* und rein familial sozialisierte und gebildete Leonardo lernt (für heutige) Verhältnisse auch relativ spät Lesen und Schreiben. Dafür durfte er sich ungehindert seinem Natur-Erforschungsdrang hingeben und zuallererst eines sein: *Kind*. Von früh an und beständig zeigte Leonardo großes Interesse an Musik, Zeichnen und verschiedenen Formen des Modellierens.

Mit spätestens etwa 13 oder 14 Jahren zog Leonardo endgültig ins Haus seines Vaters nach Florenz. Der zählte in seinem Kundenkreis als Notar auch die erfolgreiche Familie Medici. Durch Vermittlung wurde der Junge dem Künstler Andrea del Verrocchio vorgestellt, einem der bedeutendsten Bildhauer im damaligen Florenz der *Renaissance*, der auch als Maler und Goldschmied tätig war. Bei ihm verbrachte Leonardo etwa vom 14. bis zu seinem 20. Lebensjahr seine erste Lehrzeit....

Der „große" Leonardo schenkte der Welt nicht nur die berühmten Gemälde *Das Abendmahl* und *Mona Lisa*. Er war auch begnadeter Bildhauer, Anatom, Naturwissenschaftler, Architekt, Mechaniker, Mediziner, Naturphilosoph, eben ein *Universal*-Gelehrter. Einer der letzten und jedenfalls der Größte des

Okzidents. Da Vinci wuchs in einem historischen „Zeit-Fenster" kultureller und ökonomischer Vielfalt *und* Reichtums an *Humanismus* auf. Er war Künstler und Wissenschaftler unisono und verachtete stets auch die Intrigen und die Doppelmoral nicht nur der kirchlichen Machthabenden seiner Zeit, sowie religiösen Dogmatismus und generell Ideologien. Bis zu seinem (damals) späten Tod von 67 Jahren blieb da Vinci seinen inneren Haltungen treu. Galileo Galilei starb mit 77 Jahren und Michelangelo erreichte das (damals) stolze Alter von 88 Jahren. Wie Da Vinci erreichten sie das hohe Alter ohne Krippe, Kindergarten, „Frühförderung", Impfstoffe, Antibiotika, Organtransplantationen und Physio- oder Psychotherapie.

Auch über da Vinci haben sich (nicht nur) Forscher unterschiedlichster Wissenschaften bis heute den Kopf zerbrochen. Seine Schriften und Werke wurden immer wieder analysiert und betrachtet. Vielleicht liegt das „Geheimnis" dieses großen Mannes, der wahre „Da Vinci Code" in ganz „banalen" Umständen: dem *familialen Kontinuum*.

Leonardo wurde von Geburt an vorwiegend familial und im „wirklichen Leben" sozialisiert. Krippe und Kindergarten blieben ihm naturgemäß erspart. Dafür wurde ihm viel elterliche Akzeptanz, Unterstützung und Nähe, nennen wir es Liebe, zuteil. – Von beiden Seiten und das auch noch zum *richtigen Zeitpunkt*. Der Berufsstand und die ökonomische Situation einer Mutter sind offenbar einmal fürs erste relativ unbedeutend. Der emotionale Schmerz des Babys wird nicht geringer, wenn es mit einem SUV oder einer Luxuslimousine in die Krippe gebracht wird. Jedenfalls ist die Mama des kleinen Leonardo und später größten Genie des Abendlandes (Bauern-) Magd. Aus allen spärlichen primären und reichlichen Sekundärquellen ist zu schließen, dass der kleine Leonardo von Geburt an eine äußerst umsichtige, gütige, liebevolle und jedenfalls anwesende Mutter hatte.

Die Trennung zwischen „Beruf und Privat" gab es im 15. Jahrhundert genauso wenig, wie künstliche Babynahrung. Der kleine Leonardo kam in dieser Zeit mit 100-protzentiger Wahrscheinlichkeit als Hausgeburt oder im Freien, entweder alleine mit der Mutter, einer Hebamme oder anderer vertrauten Personen zur Welt. – Jedenfalls nicht „industrialisiert". Ebenso hochwahrscheinlich dürfte er nicht nur gestillt, sondern auch umarmt und getröstet worden sein, wenn ihm danach verlangte.

Warum die Eltern Leonardos nicht heirateten, ist bis heute nicht eindeutig geklärt. Vermutlich waren es letztlich Standesgründe, die die einst innige

Liebesaffäre nicht in eine dauerhafte Elternbeziehung wandeln lies. Die in den letzten Jahrzehnten zur Norm gewordenen Obsorge- und sonstigen elterlichen Streitigkeiten blieben dem kleinen Leonardo mit großer Sicherheit erspart.

Seit längerem schon erklären uns Wissenschaftler, wie wichtig für die sogenannte psychosoziale Entwicklung von Jungen im *zunehmenden Alter* der Vater ist. Im 15. Jahrhundert, bevor die antifamilialen Konstrukte der Neuzeit so richtig in Fahrt kamen, war auch die väterliche Zuwendung oder Nähe gelebte Selbstverständlichkeit. Für das von mütterlicher wie auch väterlicherseits familial sozialisierte „kleine Genie" Leonardo wird auch folgendes selbstverständlich und *alltäglich* gewesen sein: ausgiebig, gemischtaltrig und auch im Freien zu *spielen*. Nicht am PC oder Tablet, denn das gab es genauso wenig wie TÜV geprüftes Spielzeug und Spielpädagogen.

Im Hause des Vaters setzt sich ein weiteres Kontinuum des kleinen Leonardo fort. Nicht nur der Vater, sondern auch seine weitere Ehefrau, sprich Stiefmutter (samt Großeltern), stehen ihm äußerst wohlwollend und unterstützend gegenüber.

Da Vincis Autoren haben immer wieder beklagt, dass dieser große Meister, der auch tausende Skizzen und Schriftstücke hinterlassen hat, kaum etwas über seine Kindheit und Familie berichtete. – Wieso sollte ein Mensch, der eine glückliche (und artgerechte) Kindheit erlebte, diese zum Thema machen? Zumal ihm an nichts Entscheidenden fehlte. Da Vinci lernte unter anderem Land und Stadt, Natur und Kunst, Bescheidenheit und Vielfalt, und vor allem *kompetente* Menschen – darunter Mutter und Vater – offenbar zum richtigen Zeitpunkt und im *richtigen Maß* kennen. So sind unbestritten alle seine großen Werke. Die können auch heute noch bestaunt werden. Weniger bekannt ist, dass Leonardo da Vinci von Zeitgenossen stets als offener, sehr freundlicher und umsichtiger Mensch beschrieben wurde. Das ist heute (und war auch damals) bei großen oder „einflussreichen" Persönlichkeiten alles andere als selbstverständlich.

In Dan Browns viel diskutierten Roman und Bestseller *The Da Vinci Code* geht es um ganz andere, nicht so elementare Dinge, wie sie hier angesprochen werden. Dan Brown geht in seinem hoch fiktionalen und sehr spannenden Thriller ein paar Fragen nach, die von unterschiedlichen Personen seit Jahrhunderten gestellt werden. Wie: War Maria Magdalena nicht nur eine Anhängerin von Jesus, sondern seine Geliebte oder gar Ehefrau (Lebensgefährtin)? Hatten die beiden zusammen sogar ein gemeinsames Kind, namens Sarah, wie in

Legenden seit über tausend Jahren spekuliert wird? Das sind durchaus sehr spannende Fragen. Faktum ist: Weder von der Bibel selbst, noch irgendeiner historischen Quelle, die ihr zugrunde liegt, noch wissenschaftlich lassen sich diese Fragen bis heute mit einem definitiven Ja oder Nein beantworten. Dieser „Sachverhalt" ist nicht ausgeschlossen, er ist möglich und denkbar. Gesunder Menschenverstand erlaubt (und mit dem war Leonardo da Vinci reichlich gesegnet): Ja warum denn nicht soll Jesus eine Frau oder Geliebte gehabt haben? Es stünde auch nicht im Widerspruch zu dem was er sagte und *vorlebte*. Er *achtete* Kinder wie auch Frauen, war auf Seiten der Unterdrückten, und materieller Reichtum war ihm herzlich einerlei. Ein definitives historisches Faktum ist, dass später die Standesverstreter der „christlichen Religion" mit all dem Aufgezählten ein gewaltiges Problem hatten....

Gesetztenfalls, wir wüssten es irgendwann definitiv, ob Jesus zu Maria Magdalena eine „reale" Liebesbeziehung hatte: All die gewaltigen Probleme, die national und global in absehbarer Zeit auf uns zukommen, würden dadurch nicht mitgelöst werden. Viel hilfreicher zum Fortbestand der Spezies Mensch wäre doch beispielsweise die Frage, warum hat der neuzeitliche und „moderne" Mensch ein so großes Problem mit *gelingenden* Liebes- und generell menschlichen Beziehungen? Dabei ist jedenfalls (monotheistische und dogmatische) Religion und Ideologie seit jeher wenig hilfreich.

Auch die Frage, der in Dan Browns Roman nachgegangen wird, ob auf da Vincis berühmten Gemälde *Das Abendmahl* zur rechten Seite nicht sein Jünger Johannes, sondern (seine Frau) Maria Magdalena sitzt, ist interessant und berechtigt, auch wenn akademische Kunsthistoriker dies vehement bestreiten. Die Beantwortung dieser Frage wäre nur durch Leonardo selbst möglich. Sie würde gegenwärtig auch keinen Beitrag zu einem gelingenderen und humaneren Fortbestand der gesamten Menschheit leisten. Denn das war diesem Meister stets ein großes Anliegen.

Die „Entschlüsselung" des da Vinci „Geheimnisses" oder „Codes" könnte am Beginn dieses dritten Jahrtausends nach Christi doch auch so lauten: Um auf dem evolutionären Pfad vom Affen zum *Menschen* erfolgreich voranzuschreiten, braucht der kleine Homo sapiens nur ein paar unverhandelbare Dinge: von Geburt an eine lange, überwiegend familiare Sozialisation und Bildung bis jedenfalls zum Zahnen (6./7. Lebensjahr) durch Mutter und Vater (Großeltern, etc.), eine *echte* Kindheit, möglichst keine standardisierte Pflicht-/Zwangsbeschulung, keine religiöse oder ideologische Erziehung, sondern Liebe und Beziehung (vorurteils- und bedingungslose Akzeptanz und Unterstützung), und so viel wie möglich *Teilhabe* am „wirklichen Leben", der vielfältigen menschlichen Gemeinschaft. Das ist auch bei tausenden weltweit heute und morgen geborenen „kleinen Genies" äußerst *förderlich*. – Nicht „Frühförderung" in Krippen und Kindergärten durch Pädagogen. Nichts anderes lehrt uns die Biographie des größten Universalgelehrten des Okzidents.

Das Leonardo völlig *unbeschult* aufwuchs, war auch im 15. Jahrhundert, im Italien der Renaissance und des Humanismus, keine Selbstverständlichkeit (mehr). In Florenz des wohlhabenden Vaters gab es (Latein) Schulen, die dem kleinen Leonardo vermutlich wegen seiner „nicht standesgemäßen" Herkunft verwehrt blieben. Die innige Liebschaft des Vaters mit der Bauernmagd Caterina erwies sich wohl als Segen für den begabten Jungen, der auch als Erwachsener stolz darauf war, *senza lettere* (ohne Schulbildung) zu sein. „Er hat sein Wissen durch Beobachtung und Erfahrung erworben, statt fertige Meinungen von anderen zu übernehmen. Leonardo ist ein ‚Schüler der Erfahrung', ein Sammler von Beweisen- ‚*die geringe Gewißheit ist doch besser als der große Trug*'."[2] So die Worte des großen Meisters. Sein Geist war nicht gefüllt mit dem Gerümpel von Regeln, Vorschriften und richtiger Erziehung und Bildung. „Der Blick auf die Welt vor seinen Augen ermöglichte es ihm, mit größter Genauigkeit in das Herz der Dinge zu schauen. Für Leonardo ist das wichtigste Organ zum Verständnis der Welt nicht das Gehirn, sondern das Auge."[3] Für ihn war es nicht nur Hauptmittel zum Verständnis von Natur, sondern auch Fenster zur menschlichen Seele.

Etwa zur selben Zeit da Vincis lebte der unumstritten (bisher) größte Dramatiker und Lyriker des Abendlandes, William Shakespeare. Der brachte es auf den Punkt, was nun einmal auch für das Menschenkind gilt: „Jedes Ding muss seine Zeit zum Reifen haben." Da Vinci begann „erst" mit etwa acht/neun Jahren zu lesen und zu schreiben, Albert Einstein „erst" im Alter von drei Jahren zu sprechen. So ein Kind wird heute vielfach zum Therapeuten (Logo/Psycho, oder gleich zu beiden) gebracht. Auch wenn die Mehrheit heute anderen „Wahrheiten", Ideen und Ideologien folgt. Da Vinci stellte einmal richtig fest: *Die Wahrheit ist immer nur eine Tochter der Zeit*. Eine Wahrheit erweist sich seit Jahrtausenden immer wieder als *richtig*. – Die der familialen Sozialisation (Bildung), die des mütterlichen *und* väterlichen Kontinuums, nicht zu trennen, sondern zu *verbinden*.

Leonardo da Vinci hatte stets die gesamte Menschheit im Blick, beherrschte in allem meisterlich die *Balance* und war höchst *innovativ*. Er war ein ganz großer *Visionär*....

3

Die Familie, Breakthrough Innovations, der „Computer auf Rädern" und das *Köln Konzert*

> Wir werden alle als Original geboren,
> aber fast alle von uns sterben als Kopie.
>
> *Erwin Wagenhofer*

Beschulung und Familie schließt sich aus, sagt nicht nur J. T. Gatto. Heißt das vielleicht auch: Kollektiv-Beschulung und wirklich breite, nachhaltige Bildung und gesellschaftlicher Wandel – Innovation – schließen sich aus?

Im Wesentlichen gibt es zwei Arten von *Innovationen*: Linear Innovations und Breakthrough Innovations. Linear Innovation bezeichnet man, wenn aus einer „Zweifach-Verglasung" eine „Dreifach-Verglasung" wird. Fenster bleibt aber Fenster. Wie viele „Apps" wir auch noch entwickeln und um wie viel schneller und „leistungsstärker" die Prozessoren von Computern noch werden: Handy bleibt Handy, Computer bleibt Computer. Die mittelmäßige Handlung eines Films wird nicht dadurch besser, ob wir ihn statt in 2D in 3D sehen.

Die große Mehrheit aller „Linear Innovations" die heute tagtäglich (nicht nur) in den „europäischen" Ländern produziert und mit großem Aufwand beworben werden, dienen ausschließlich der Aufrechterhaltung des Konsumismus. Sie dienen weder der Menschheit, noch dem Einzelnen.

Auch wenn es uns mit viel Forschungsaufwand (und Geld) gelingen sollte, den Treibstoffverbrauch von Diesel- und Benzinmotoren noch ein wenig zu senken: (Verbrennungs-) Motor bleibt Motor und verbraucht Erdöl und produziert Schadstoffe. Ob die gewaltigen Probleme unserer Zeit dadurch mitgelöst werden, wenn in zehn oder zwanzig Jahren ein paar Menschen statt auf dem Mond auf dem Mars spazieren, ist mehr als fraglich.

Was wir seit etwa 30 Jahren von allen Seiten vorgeführt bekommen, sind „Linear Innovations" und das immer mehr (oder weniger) von ein und demselben. Ein paar wenige werden immer reicher und haben so viel Macht, Besitz und vor allem Geld, wie kein einziger König und Papst seit Menschengedenken. Die Armut nimmt weltweit (wieder) in historischen Ausmaßen zu, wie auch die Zahl der kriegerischen Konflikte und das Bedürfnis nach Unterhaltung und Ablenkung, während gleichzeitig die Beziehungsarmut zunimmt. Medien und Unterhaltungsindustrie, im Besonderen „Social Media", sind im 21. Jahrhundert zum „Opium des Volkes" geworden.

Eltern in Deutschland (und wohl auch in anderen Ländern) sprechen durchschnittlich nur noch etwa 10 bis 12 Minuten pro Tag mit ihren Kindern. „Dem Partner geht es allerdings noch schlechter. Miteinander sprechen die Eltern nur noch 5 Minuten pro Tag."[1] Die Liste an „mehr" oder „weniger" ließe sich beliebig fortsetzen und das kollektive Unbehagen unserer Gesellschaft wächst täglich weiter.

Wir sind eine erschöpfte und somit *erstarrte* Kultur, die sich nach nichts mehr sehnt, als das sich etwas ereignet, was im Moment oder bisher völlig *undenkbar* gewesen ist. So ein „Ereignis" nennt man *Breakthrough Innovation*. Sie dient der gesamten Menschheit, jedem einzelnen Menschen, gleich welcher Kultur, Nation, Religion, Weltanschauung, gleich ob reich oder arm, und sie war immer für den Einzelnen kostenlos und „gebührenfrei" (und sollte es weiterhin sein).

Eine Breakthrough Innovation ist auch nie die „Erfindung" oder das Ergebnis *einer* Person, sondern das Ergebnis *gemeinschaftlicher* Bemühungen (wie beispielsweise das *Aufrecht-Gehen*, die *Zähmung des Feuers*, die *Schrift, Arithmetik* und ähnliches). Was eine Breakthrough Innovation ist, lässt sich erst viel später erkennen. Diese Manifestationen des Durchbruchs verändern nachhaltig (positiv) das Leben aller Menschen. – Vorausgesetzt: Sie treffen auf ein Umfeld mehrheitlich sozial und emotional kompetenter Menschen und werden von der politischen oder sonstigen Elite nicht missbraucht.

Ein Beispiel hierfür ist das Internet, die letzte große Breakthrough Innovation des 20. Jahrhunderts. Es dient *allen* Menschen, ist in einigen Ländern noch nicht frei verfügbar und kostenlos, in anderen Ländern wird es bereits vielfältig missbraucht. Einerseits durch die führende Elite, wie unter anderem der „Fall E. Snowden" zeigt. Obwohl er mit seinem ungeheuerlichen Mut einen großen Beitrag für die Wahrung der *Freiheit* jedes einzelnen Menschen *weltweit* leistete, hat er bis dato nicht den *Friedens*nobelpreis verliehen bekommen. Von ihm stammt der Satz: „Frei ist der Mensch nur auf der Flucht."

Das Internet wird aber längst vom „anonymisierten" Menschen selbst missbraucht. (Hass im Internet, Fake News, Mobbing, etc.) Für all diese Phänomene sind aber nicht die „Erfinder" des Internets verantwortlich. In einer Gesellschaft mit Mangel an Verantwortung, Achtsamkeit, sozialen und emotionalen Kompetenzen verliert auch eine Breakthrough Innovation ihre universelle Nützlichkeit. Das ist aber ohnehin vorrangig ein neuzeitliches Phänomen.... Kein Sippenboss oder König wäre beispielsweise auf die Idee gekommen, die Verwendung der Breakthrough Innovation *Rad* zu kommerzialisieren, begrenzen, lizenzieren, reglementieren oder gar zu *überwachen*. So wird der kleine Sapiens seit langem sozialisiert. Das Kind wird zuhause in der elterlichen Wohnung/Haus (vom Babyphon angefangen) überwacht, fährt von einer Autoritätsperson „überwacht" mit dem Auto, Schulbus oder U-Bahn in die Krippe, Kindergarten und Schule („geschlossene" und von der Öffentlichkeit abgegrenzte Gebäude), um dort von einer anderen Autoritätsperson „überwacht" (gebildet) zu werden. Das Kind darf keinesfalls diese Reservate verlassen, außer wenn es *krank* ist. – Und das eine ganze verlängerte Kindheit lang. Unsere „analogen" und real familiar sozialisierten Vorfahren, nicht nur die Weisen der Neuzeit, waren zehntausende Jahre davon überzeugt: Wie unten, so oben, wie oben, so unten. Alles ist in Einem.

In unserer gegenwärtigen rein auf Ökonomie und Digital- und Industrialisierung reduzierten Gesellschaft wird von Innovation meist nur im Zusammenhang von technischen und elektronischen Produkten gesprochen. Vielfach sind das in erster Linie *Werkzeuge*, die der Sapiens seit Jahrtausenden, vom Messer, Pfeil und Bogen an, zahlreich erfand und noch erfindet. Breakthrough Innovations sind keine Erfindungen, keine Werkzeuge. Sie sind universeller, kultureller und humaner Natur und dienen jedem Menschen.

Die bisher folgenreichsten „Breakthrough Innovations" innerhalb der Evolution sind, dass es unseren Vorfahren gelang, Aufrecht zu gehen, und dem *Homo sapiens* (schon vor zehntausenden Jahren) unsere noch heutige *Sprache* zu entwickeln. Die wohl bedeutendsten kulturellen Breakthrough Innovations sind die Erfindung der Schrift (verdanken wir den Sumerern, etwa 3 000 v. u. Zr.) und die noch ältere Mathematik. Sie haben sich vor Jahrtausenden in unterschiedlichen Regionen und Kulturen entwickelt. – Ohne Druck und Zwang, Belehrung, und Jahrtausende vor der Pflicht-Beschulung.

Die bedeutendste Breakthrough Innovation humaner Natur ist *die Reduktion der Kindersterblichkeit* im 19./20. Jahrhundert (von der selten gesprochen wird). Auch sie ist das Ergebnis *gemeinschaftlicher* Bemühungen unterschiedlichster Menschen, gleich welcher Herkunft, Religion oder Nation. Die Kindersterblichkeit lag über Jahrtausende zwischen 25 bis 30 Prozent. Wissenschaftlichen Ergebnissen der letzten Jahrzehnte nach dürfte sie in unserer Lebensform als Wildbeuter zehntausende Jahre deutlich geringer gewesen sein. Wie viel, werden wir vermutlich nie erfahren. Faktum ist, mit der Sesshaftwerdung des Menschen kam die Krankheit. Ihr folgt bis auf den heutigen Tag eine auf die andere.

Ein Grundcharakteristikum des *Homo sapiens* ist, nach Höherem zu streben, die *Lebensbedingungen* im Dienst und Nutzen der *gesamten* Gemeinschaft zu verbessern. Dabei irrte sich der Sapiens immer wieder, was bekanntlich menschlich ist. Spätestens mit dem *Weggabe-Modus* und der immer früheren Pflicht-Massenbeschulung ist uns dieses Bestreben weitgehend verloren gegangen. Die ganz großen Breakthrough Innovations, Aufrecht-Gehen, Sprache, Schrift und Mathematik entwickelten sich in Kulturen mit rein *familialer Sozialisation*. Weitere Breakthrough Innovations sind beispielsweise die Erfindung des Rades, des Buchdrucks, die Relativitätstheorie Einsteins und zuletzt das Internet.

Nach den großen Persönlichkeiten der letzten Jahrhunderte werfen wir einmal einen kurzen Blick auf einige Pioniere des *digitalen Zeitalters,* das unter anderem ohne die Erfindung des Computers undenkbar ist: Microsoft-Gründer Bill Gates, Amazon-Gründer Jeff Bezos, Wikipedia-Gründer Jimmy Wales, Facebook-Gründer Mark Zuckerberg, Google-Gründer Larry Page und Sergey Brin. Sie alle haben in ihren Lebensläufen ein paar wenige Dinge gemein: Sie sind US-Bürger, kommen weitgehend aus der „gehobenen Mittelschicht", besuchten Privatschulen, und sie sind alle Multimillionäre und teils Milliardäre geworden. Die sechs Herren haben noch etwas gemeinsam. Sie besuchten auch eine Montessori Schule. Das Maria Montessori ihre Reformpädagogik im Umgang mit den ärmsten und benachteiligten Kindern ihrer Zeit entwickelte und heute vorrangig Kinder aus der oberen Mittelschicht eine Montessori (Privat) Schule besuchen, steht auf einem anderen Blatt Papier.

Entscheidend ist hier, was Gates und Co mit den berühmten Persönlichkeiten von „Old Europe" wie Goethe, Einstein und Co gemeinsam haben. Sie wuchsen von Seiten ihrer Bezugspersonen familiär und/oder schulisch in einem *unterstützenden* und *wertschätzenden* Klima auf. Ihre Kindheit war wohl auch von Vertrauen, Freude und Glück geprägt. Sehen wir einmal von zwei Ereignissen in der frühen Kindheit von Amazon Gründer Jeff Bezos und Apple-

Gründer Steve Jobs ab: Bezos Eltern ließen sich kurz nach seiner Geburt scheiden, und Jobs Eltern gaben ihn als „Sozialwaise" zur Adoption frei. Aus unterschiedlichen Quellen ist inzwischen auch bekannt, dass sowohl Apple Chef Steve Jobs als auch Amazon Chef Bezos nicht nur in ihrer Firmenpolitik nach außen, sondern auch im Umgang mit Weggefährten und Angestellten als mitunter „gnadenlos" beschrieben werden. – Erst gar nicht von der aggressiven internationalen Unternehmenspolitik Amazons gesprochen. Von Steve Jobs stammt folgendes Zitat: „Innovation macht den Unterschied zwischen einem Anführer und einem Anhänger aus."[2]

Bill Gates, der wohl größte Pionier und Visionär unter den oben genannten Firmenchefs, weist von allen die „entspannteste" familiale Sozialisation auf. Als Sohn eines Rechtsanwalts und einer Lehrerin, umrahmt von zwei Geschwistern, besuchte er eine Montessori Schule und die Lakeside School in Seattle – und ist Studienabbrecher.[3] Nun ja, er ist seit längerem der reichste Mann der Welt, da hat man nicht nur Freunde. Unumstritten ist seine Pionierarbeit für das IT-Zeitalter. Gates hat von den amerikanischen Multimilliardären bisher auch am meisten gespendet. Von dem lange und bis 2017 „reichsten" Mensch der Welt stammt folgender Satz: „Die wichtigste Institution der Gesellschaft neben der Familie ist die Schule." Aber *Am Anfang ist Familie* und eine *glückliche Kindheit*. Das lehrt uns (auch) Bill Gates in persona.

„Der Erfolg hat viele Väter", heißt ein Sprichwort. Doch das ist falsch. Der Erfolg hat zuerst einmal kompetente *Mütter und Väter,* Eltern, Großeltern und (zumeist emotional nahestehende) Vor-Bilder. So auch bei den Wegbereitern und Pionieren des *Internet.* Von denen wird aber im Gegensatz zu Gates, Zuckerberg und Co fast nie gesprochen. Weil sie keine Multimillionäre geworden sind?

Einer der wichtigsten Wegbereiter des heutigen weltweiten Kommunikationsnetzwerkes Namens Internet gilt der US-Psychologe J. C. R. Licklider, der sich Ende der 1950er Jahre mit technischen Regelwerken beschäftigte. Er war Direktor eines Forschungsarmes des Pentagon und wollte den Austausch mit Wissenschaftlern von Universitäten verbessern.

Über das sogenannte Arpanet konnten Anfang der 1960er Jahre erstmals Daten in kleinen Paketen über Telefonleitungen verschickt werden. 1968 erhielt die Computerfirma Bolt, Beranek und Newman den Auftrag, das Arpanet auszubauen. Dem dort beschäftigten Computerfachmann Raymond Tomlinson gelang ein weiterer Durchbruch: Ihm gelang das erste E-Mail zu verschicken. Bereits zwei Jahre später bestanden schon etwa 75 Prozent des damaligen Arpanet-Datenverkehrs aus E-Mails. Die Weiterentwicklung zum World Wide Web gelang schließlich 1989 dem Briten Tim Berners-Lee. Am europäischen Kernforschungszentrum Cern entwickelte er die Seitenbeschreibungssprache HTML, auf der noch heute die Strukturierung von Internetinhalten basiert. Die Breakthrough Innovation ist (weitgehend) vollendet und der Rest ist Geschichte.

Wir gehen mit dem Begriff Revolution bereits sehr inflationär um. In den letzten Jahrhunderten waren Revolutionen fast immer eine (sehr) blutige Angelegenheit. Damit das Internet weiterhin eine *humane* Errungenschaft bleibt, bedarf es dringend wieder achtsamerer und kompetenterer Menschen. Sonst droht aus der einstigen Breakthrough Innovation die „größte Kloake der Menschheitsgeschichte" (ein Internet User) zu werden.

Wenn Forscher und aufmerksame Beobachter aus unterschiedlichen Wissenschaftsdisziplinen heute versuchen zu erklären, was denn die „Ursache" für das Gelingen von großen menschlichen Leistungen, Erfindungen oder (Breakthrough) „Innovations" ist, fallen immer wieder die Begriffe *Ko-kreative Prozesse* und *Kohärenz-Gefühl*. Kooperation (Austausch von Wissen und Ressourcen) statt Konkurrenz, Verbundenheit, Vertrauen, Zuversicht, das Gefühl von Sinnhaftigkeit und *Beziehung* sind die Eigenschaften, die jedem *Gelingen* zugrunde liegen, kostenlos sind, und in jeder organischen, „gesunden" und entspannten familialen Sozialisation von alleine erworben werden.

Entscheidend ist, und das macht die Sache so „schwierig": Breakthrough Innovations, das Große, Neue, Unerwartete, das Undenkbare das Wirklichkeit wird, lässt sich weder „lehren", noch unterrichten, noch planen und schon gar nicht unter „Druck" erzwingen. Es ergibt sich von alleine, es fällt zu. Man kann es auch so sagen: es entsteht in *vorbereiteter Umgebung*. – In Kohärenz, Entspanntheit, Achtsamkeit, Freude, *Begeisterung* und wohl auch *Glück*.[4]

Einer der gegenwärtig vielleicht größten und jedenfalls in der Umsetzung begabtesten *Visionäre* ist der Südafrikaner Elon Musk. Er ist Mitbegründer des Online-Bezahlungssystems PayPal, Chef des Raumfahrtunternehmens *SpaceX* und des Elektroautoherstellers *Tesla Motors*. Beide Unternehmen starten in Kalifornien in bescheidenen Verhältnissen etwa zur selben Zeit. Space Exploration Technologies (*SpaceX*) nimmt 2002 in einer alten Lagerhalle in einem Vorort von Los Angeles seinen Anfang. „In den ersten Wochen des Bestehens von SpaceX kamen Lastwagen voller Dell-Laptops und -Drucker sowie Klapptischen, die als provisorische Schreibtische dienen sollten, angefahren. Musk ging hinüber zu einer seiner Ladebuchten, rollte das Tor nach oben und trug die Ausrüstung selbst aus dem Laster."[5] Dieser Mann, der auch „anpacken" kann, hatte (unter anderem) keine geringere Vision, als dass eine Kolonie der Spezies Mensch auch den Mars bewohnt. Elon Musk fand, dass sich die gesamte staatliche Raumfahrtbranche „in den vergangenen 50 Jahren kaum weiterentwickelt hatte. Die Raumfahrtunternehmen hatten wenig Konkurrenz und neigten dazu, extrem teure Produkte mit maximaler Leistung zu entwickeln. Sie bauten für jeden Start einen Ferrari, selbst wenn ein Honda Accord ausgereicht hätte."[6] Als privates Unternehmen konnte und wollte SpaceX zudem Verschwendung und Kostenüberschreitungen vermeiden, wie sie bei Staatsauftragnehmern üblich waren und vielerorts noch sind. Mit einem Team begabter und entschiedener Ingenieure, die Musk inspirieren, überzeugen und gewinnen konnte, erreichte er binnen zehn Jahren(!) in der Geschichte der (staatlichen) Raumfahrt Beispielloses. Als erstes privates Unternehmen gelang ihm im Juni 2010 der erste erfolgreiche Flug und eine Erdumrundung mit einer selbst entwickelten und gebauten Rakete, der Falcon 9. Im Dezember 2010 demonstriert SpaceX, dass eine Rakete auch eine Raumkapsel ins All bringen und diese sich auch wieder auf die Erde zurückbringen und nach einer Landung im Meer sicher bergen lässt. Im Mai 2012 brachte die Rakete eine Dragon-Kapsel ins All und ihr gelang ein Andocken an der internationalen Raumstation ISS. SpaceX ist bislang das einzige Privatunternehmen, dem das gelang.

„'Elon verändert die Art und Weise, wie das Raumfahrtgeschäft funktioniert', sagt Carol Stoker von der NASA. ‚Er hat es geschafft, ein hohes Sicherheitsniveau zu bewahren und gleichzeitig die Kosten zu drücken. Dazu hat er schlicht die besten Aspekte aus der Technologiebranche übernommen – offene Büros, intensiven Austausch und all diese menschliche Interaktion."[7]

Mit Raumfahrt mögen die wenigsten Menschen etwas am Hut haben. Was Elon Musk *parallel* zu SpaceX mit seiner zweiten Firma, Tesla Motors, in einem Zeitraum von rund zehn Jahren geschafft hat, ist in der Geschichte des Automobilbaus ebenso beispiellos, um nicht zu sagen, revolutionär. Es könnte die gesamte Geschichte des Verkehrswesens nachhaltig ändern. In beidem hat sich seit Jahrzehnten herzlich wenig geändert, geschweige denn, es hätte sich eine „Breakthrough Innovation" ereignet. Viel mehr verkünden uns die Autohersteller in ihren Werbebotschaften stets das Mehr oder Weniger vom Gleichen: Die x-te Version von Modell A ist noch ein wenig größer, der Laderaum schluckt 20 Milchpackungen mehr, es hat also mehr Platz, 15 oder 50 PS und einen Becherhalter mehr. Schließlich ist auch noch der „Treibstoff-

Normverbrauch" gesunken und eine geringere „Abgasnorm" erreicht. In der alltäglichen Fahrerrealität, das weiß jeder Autofahrer, dürfen es dann schon zumindest ein bis zwei Liter mehr an Diesel oder Benzin sein. Daran haben wir uns ebenso gewöhnt, wie an das Scheitern der x-ten internationalen Klimakonferenz und dass bei jeder Autoshow zur Präsentation des „neuen" Modells leicht bekleidete Frauen ums Auto tänzeln. Um es einmal auf den Punkt zu bringen: Es ist in dieser Branche relativ langweilig geworden und seit Jahrzehnten fahren wir immer schneller, bequemer, teurer, größer und mit immer mehr *elektronischen* Sicherheitsassistenzen in den sicheren Klima-Tod.

Mitte 2012 „schockt" Elon Musk die teils selbstgefällige und jedenfalls verschlafene gesamte Autokonkurrenz. Die Auslieferung der Elektro-Limousine *Model S* begann. Mit einer Akkuladung kommt das Auto etwa 480 Kilometer weit (2017 sind es 594 km, bei einer Geschwindigkeit von 100 km/h), lässt sich bei Schnellladestationen binnen 30 bis 40 Minuten nachladen und beschleunigt (ohne Schalten) schneller als nahezu alle Luxuslimousinen und der Großteil zweisitziger hochmotorisierten Sportwagen (2,5 bis 5,8 Sekunden von 0 auf 100 km/h). Nicht nur in Hinsicht Geschwindigkeit, sondern auch Handling, Transportkapazität (Fünf- bis Sieben-Sitzer mit zwei Kofferräumen) und Sicherheit (aus leichten Aluminium gebaut) lässt das Tesla Model S nahezu alle anderen (Luxus-) Limousinen und (Serien-) Sportwagen weit hinter sich. Ein paar Monate nach der Auslieferung kürt *Motor Trend* das *Model S* zum Auto des Jahres und gibt ihm ein paar Monate später „die beste Bewertung der Geschichte – 99 von 100 Punkten; es sei wahrscheinlich das beste Auto, das je gebaut wurde."[8] Und das auch noch bei einem Elektroauto.

Das 21. Jahrhundert fährt sich endlich nicht nur ohne Schadstoffe, sondern bei Bedarf sehr schnell, elegant, lautlos und komfortabel an. – Mit vier Jahren Garantie auf das Fahrzeug, acht Jahre auf Antriebseinheit und Batterie, kostenlosem Tanken an den Tesla Schnellladestationen, und auch das übliche Feilschen um einen Rabatt bei einem Autohändler fällt weg. (Das Auto wird direkt bei Tesla gekauft oder von Tesla vor die Haustüre gebracht.) Jeder, der wie der Autor die Möglichkeit hatte, das Auto einmal ausgiebig zu fahren, wird den Worten von Elon Musk zustimmen: Ein Auto mit Verbrennungsmotor fahren ist Vergangenheit. „Craig Venter, einer der ersten Model-S-Besitzer und berühmt als der Wissenschaftler, der als Erster ein menschliches Genom entschlüsselte, formuliert es so: ‚Es verändert alles am Verkehrswesen. Es ist ein Computer auf Rädern.'"[9]

Was in der Automobilindustrie seit bald 100 Jahren *denkbar* und seit Jahrzehnten als nicht realisierbar galt, ist fahrbare Wirklichkeit geworden. Das Elektroauto Tesla Model S und das kleinere, von den Kosten her eher massentaugliche Model 3, wird wohl nicht in die Geschichte als „Breakthrough Innovation" eingehen. Was Elon Musk mit SpaceX und Tesla Motors zustande gebracht hat, ist jedenfalls weit mehr als die üblichen Linear Innovations, die vielfach kein Mensch mehr wirklich braucht. Der Mann aus Südafrika hat die Welt im wahrsten Sinn des Wortes elektrisiert, inspiriert, und ihr wieder *Hoffnung* gegeben.

„Vielleicht habe ich als Kind zu viele Comics gelesen. In Comics scheint es irgendwie immer darum zu gehen, die Welt zu retten. Ich bekam das Gefühl, man sollte versuchen, die Welt besser zu machen, weil das Gegenteil keinen Sinn ergeben würde", so Elon Musk.

Wie die oben genannten Herrn der digitalen Revolution wuchs Elon Musk in einer wohlhabenden Mehrkind-Familie auf. Das war es dann aber schon an Gemeinsamkeiten.

1971 in Pretoria geboren, einer großen Stadt in Nordwesten Südafrikas, wuchs Elon in einer der blutigsten und abstoßendsten Phasen des Apartheitsregimes auf. „Nur ein paar Tage nach dem Aufstand in Soweto, bei dem bei Protesten gegen Dekrete der weißen Regierung Hunderte schwarzer Schüler starben, wurde Musk vier Jahre alt. (...) Es gab Zusammenstöße zwischen Schwarzen und Weißen ebenso wie zwischen Schwarzen unterschiedlicher Stämme. (...) Musks Vorstellung, dass die Menschheit gerettet werden muss, wurde für ihn immer wieder bestätigt. Doch statt sich nur für die unmittelbaren Bedürfnisse Südafrikas zu interessieren, richtete Musk seinen Blick fast von Anfang an auf die gesamte Spezies."[10]

Im Zeitraum der „echten" Kindheit (6./7. Lebensjahr) wächst Elon familiär in einem in jeder Hinsicht *unterstützenden* Klima auf. Seine Mutter Maye Musk mochte von Kindheit an Mathematik und Naturwissenschaften und arbeitete (und noch mit über 60 Jahren) auch als Model. Mütterlicherseits reicht der Stammbaum auf Vorfahren mit dem deutsch-schweizerischen Nachnamen Haldemann, die während der Revolutionskriege von Europa nach New York zogen. Mitte der 1950er Jahre zogen Maye Musks Eltern, Joshua und Wyn Haldemann nach Südafrika. Zumindest schon von den Großeltern an bis zu Elon gibt es zwei innerfamiliäre Kontinuen. Das eine ist *Abenteuerlust*. Die schien schon bei den Großeltern keine Grenzen zu haben. „1952 brachen Joshua und Wyn mit dem Flugzeug zu einer Reise von 35.000 Kilometern auf, die sie über Afrika nach Schottland und Norwegen führte. Wyn machte den Navigator und übernahm, obwohl sie keinen Pilotenschein hatte, auch gelegentlich das Steuer. Diese Reise übertraf das Paar 1954 noch, als es 48.000 Kilometer nach Australien und zurück flog. Zeitungen berichteten darüber und die beiden gelten als die einzigen Privatpiloten, die je mit einer einmotorigen Maschine von Afrika nach Australien geflogen sind."[11] Elon Musk lässt sich in Interviews gerne darauf ein, dass er seine ungewöhnliche hohe Risikobereitschaft direkt von seinem Großvater geerbt haben könnte.

Das zweite innerfamiliäre Kontinuum mütterlicherseits über Generationen bis zu Elon beschreibt sein Biograph so: „Bei der Kindererziehung setzten die Haldemanns auf das Prinzip Laissez-Faire, das sich über die Generationen bis zu Musk halten sollte. Die Kinder wurden nie bestraft, denn Joshua glaubte, sie würden den Weg zum richtigen Verhalten schon intuitiv finden."[12]

Elons Vater, Errol Musk, ist Ingenieur und hatte mit großen Projekten wie Bürogebäuden, Einkaufszentren, Wohnsiedlungen und einer Luftwaffenbasis zu tun. Etwas mehr als einem Jahr nach Elons Geburt folgten ihm sein Bruder Kimbal und alsbald seine Schwester Tosca. Zu seinen Geschwistern entwickelt Elon im Laufe der Jahre ein sehr inniges Verhältnis. Gemeinsam mit seinem Bruder Kimbal und seinen Cousins Russ, Lydon und Peter Rive ging er häufig auf Abenteuertouren. „Eine Saison lang versuchten sie sich mit dem Haustürverkauf von Ostereiern in ihrem Viertel. Die Eier waren nicht besonders schön, aber trotzdem verlangten die Jungs von ihren wohlhabenden Nachbarn Aufschläge von ein paar 100 Prozent. Elon war auch der Anführer bei ihren Experimenten mit selbst gebautem Sprengstoff und Raketen. Die bei Amateuren beliebten Estes-Raketenbausätze gab es in Südafrika nicht, also mischte Elon seine eigenen Chemikalien zusammen und füllte sie in Kanister. ‚Es ist bemerkenswert, wie viele Sachen man zum Explodieren bringen kann', sagte Musk. ‚Salpeter, Schwefel und Holzkohle sind die Grundzutaten für Schießpulver, und wenn man eine starke Säure mit einer starken Base zusammenbringt, wird allgemein viel Energie freigesetzt. Ziemlich beeindruckend ist Chlorpulver mit Bremsflüssigkeit. Ich bin froh, dass ich noch alle meine Finger habe.' Wenn sie nicht gerade mit Explosivem spielten, zogen sich die Kinder mehrere Schichten Kleidung und Schutzbrillen an und beschossen sich mit Luftgewehren. Elon und Kimbal fuhren mit Geländefahrrädern Rennen in Sandgruben, bis Kimbal eines Tages vom Fahrrad flog und in einem Stacheldrahtzaun landete. (...) Die waghalsigsten Taten der Jungs waren vielleicht ihre Ausflüge von Pretoria nach Johannesburg. In den 1980er-Jahren konnte Südafrika ein unglaublich gewalttätiges Land sein und die 55 Kilometer lange Zugstrecke zwischen Pretoria und Johannesburg galt als eine der gefährlichsten der Welt. Kimbal zählte diese Zugreisen zu den prägendsten Erfahrungen für sich selbst und Elon. ‚Südafrika war kein unbeschwertes Land und das hinterlässt Spuren. Wir haben wirklich schlimme Sachen gesehen. Das war Teil unserer untypischen Kindheit – diese verrückten Erfahrungen, die den eigenen Blick auf Risiken verändern. Wenn man in Südafrika aufwächst, denkt man nicht daran, dass es schwierig werden könnte, einen Job zu finden. Das ist einfach nicht interessant genug.", so Musk[13]

Elon hatte das Glück, noch eine *echte* Kindheit zu haben: Begleitet von beiden Elternteilen, aufgewachsen in einer Mehrkind-Familie mit viel Spiel und Abenteuer. In Südafrika der 1970er Jahre gab es noch keine 38-Stunden-Gebäude-Bildungskindheit, die kein Kind auf dieser Welt braucht.

Elon war ein oft (manchmal schon tranceartig) in sich gezogenes und enorm wissbegieriges Kind, das reihenweise Bücher verschlang. „Es war nicht ungewöhnlich, wenn er zehn Stunden am Tag las", erzählt sein Bruder Kimbal. „Bei mehreren Ausflügen zum Einkaufen stellte die Familie irgendwann fest, dass Elon verlorengegangen war. Dann schauten Maye oder Kimbal im nächsten Buchladen nach und fanden ihn irgendwo in einer hinteren Ecke, wo er auf dem Boden saß und in einem seiner tranceartigen Zustände las. Als Musk älter wurde, ging er nach Schulschluss um 14 Uhr allein in den Buchladen und blieb dort bis ungefähr 18 Uhr, wenn seine Eltern von der Arbeit nach Hause kamen. Er arbeitete sich durch Science-Fiction, dann Comics und dann Sachbücher. ‚Manchmal warfen sie mich aus dem Laden, meistens aber nicht', sagte er. Als einige seiner Lieblingsbücher nennt er *Der Herr der Ringe,* den *Foundation-Zyklus* von Isaac Asimov und *Revolte auf Luna* von Robert Heinlein und dazu *Per Anhalter durch die Galaxis.* ‚Irgendwann gab es in der Schulbücherei und in der Gemeindebücherei keine Bücher mehr für mich', erzählt Musk. ‚Das war vielleicht in der dritten oder vierten Klasse. Ich versuchte, den Bibliothekar zu überreden, Bücher für mich zu bestellen. Damals begann ich, die Encyclopedia Britannica zu lesen. Das war sehr hilfreich. Man weiß nicht, was man nicht weiß. Man erkennt, dass es da draußen all diese Dinge gibt.'

Tatsächlich saugte Musk zwei komplette Nachschlagewerke mit vielen Bänden auf – was ihm nicht unbedingt dabei half, Freunde zu finden. Er hatte ein fotografisches Gedächtnis und die Lexika machten ihn zur Faktenfabrik. Er erschien wie der klassische Besserwisser. Einmal fragte Tosca beim Abendessen nach der Entfernung von der Erde zum Mond – und Elon nannte sofort die exakte Zahl am nahesten und weitesten Punkt der Umlaufbahn. ‚Wenn jemand etwas wissen wollte, sagte Tosca immer ‚Fragt das kleine Genie', erzählt Maye. ‚Wir konnten ihn nach allem fragen. Er wusste es einfach.' Eines Abends, so erzählt seine Mutter, „spielte Elon draußen mit seinen Geschwistern und Cousins. Als eines der Kinder klagte, es habe Angst im Dunkeln, erklärte Elon, ‚Dunkelheit ist nur die Abwesenheit von Licht', was dem ängstlichen Kind aber nicht sehr weiterhalf. Als Junge führten Elons ständiger Drang, andere zu korrigieren, und seine grobe Art dazu, dass andere Kinder ihn mieden, was sein Gefühl der Isolation verstärkte. Elon glaubte fest daran, dass andere sich gern erklären lassen würden, wo sie sich irrten. ‚Aber Kinder mögen solche Antworten nicht', sagte Maye. ‚sie sagten dann Sachen wie ‚Elon, mit dir spielen wir nicht mehr'. Mich als Mutter machte das sehr traurig, weil ich dachte, dass er Freunde haben wollte. Kimbal und Tosca brachten Freunde mit, Elon nicht, aber er wollte mitspielen. Aber wissen Sie, er war eigenartig."[14]

Das nächste Glück in Elons Kindheit: Das „Gras" ließ man einfach wachsen. Innerhalb seiner Familie versuchte niemand mehr oder weniger aus den (in manchem früh sichtbaren) Begabungen des Kindes zu machen. Heute würde so ein Kind, von wem auch immer, entweder zu einer „Schulolympiade" oder zum Psychologen geschickt, oder schlimmstenfalls zu beidem. Das Elon als Kind gerne in seiner eigenen Welt lebte und oftmals die reale Welt um sich ignorierte, vermuteten Ärzte, er höre schlecht und entfernten ihm deshalb (unnötig) die Polypen.

Das System Schule war für Elon mitunter ein wirklicher Horror. Er wurde über Jahre zeitweilig und etwa ab der 7./8. Schulstufe massiv gemobbt. „Eines Nachmittags saßen er und Kimbal oben auf einer Betontreppe und aßen, als ein Junge beschloss, sich Elon vorzunehmen. ‚Ich versteckte mich mehr oder weniger vor seiner Gang, die mich zum Teufel noch mal aus Gott weiß welchem Scheißgrund gejagt hat. Ich glaube, an diesem Morgen war ich bei der Versammlung aus Versehen gegen diesen Typen gestoßen und er empfand das als enorme Beleidigung.' Der Junge baute sich hinter Elon auf, trat ihm gegen den Kopf und stieß ihn dann die Treppe hinunter. Musk stürzte bis an ihren Anfang, dann schlug eine ganze Gruppe von Jungen auf ihn ein; manche traten ihn in die Seite und der Anführer rammte seinen Kopf auf den Boden. ‚Das war eine Bande von verdammten Verrückten', sagt Musk, ‚ich wurde ohnmächtig.' Kimbal sah voller Schrecken zu und fürchtete um Elons Leben. Er rannte die Treppe hinunter, wo Elon mit blutigem und geschwollenem Gesicht lag. ‚Er sah aus wie jemand, der gerade aus dem Boxring kam', erinnert er sich.

Anschließend musste Elon ins Krankenhaus. ‚Es dauerte ungefähr eine Woche, bis ich wieder in die Schule konnte', sagt er (auf einer Pressekonferenz im Jahr 2013 verriet er, dass er sich wegen der Folgen dieses Verprügeltwerdens später die Nase operieren ließ). Drei oder vier Jahre musste Musk ertragen, dass die Schläger gnadenlos Jagd auf ihn machten. Sie verprügelten sogar einen Jungen, den er für seinen besten Freund hielt, bis der versprach, nichts mehr mit Elon zu unternehmen. ‚Sogar noch mehr: Sie brachten ihn – meinen verdammten besten Freund – dazu, mich aus meinem Versteck zu locken, damit sie mich zusammenschlagen konnten. Das tat verdammt weh', berichtet Musk. Als er diesen Teil seiner Geschichte erzählte, wurden seine Augen feucht und seine Stimme zitterte. ‚Aus irgendeinem Grund hatten sie es auf mich abgesehen und verfolgten mich die ganze Zeit. Das machte das Größerwerden schwierig. Mehrere Jahre lang hatte ich keine Atempause. In der Schule wurde ich von Gangs gejagt, die die Scheiße aus mir herausprügeln wollten, und wenn ich dann nach Hause kam, war es dort genauso schrecklich. Es war wie Nonstop-Terror."[15]

Als Elon etwa acht Jahre alt war, ging die Ehe in die Brüche. Weniger als ein Jahr später ließen sich die Eltern scheiden. Ein paar Jahre später entschied Elon, dass er bei seinem Vater leben wollte. „Mein Vater schien irgendwie traurig und einsam zu sein. Meine Mutter hatte drei Kinder und er gar keines. Das fand ich unfair." Seine Mutter Maye dazu: „Ich konnte nicht verstehen, warum er das glückliche Zuhause verlassen wollte, das ich für ihn geschaffen hatte – dieses wirklich glückliche Zuhause. Aber Elon hat seinen eigenen Kopf." Geraume Zeit später zog auch sein Bruder Kimbal zum Vater. Dessen Begründung: „Ein Sohn wolle von Natur aus bei seinem Vater leben."[16]

Die „echte Kindheit" (gemeinsames Abenteuer und Spiel) blieb den beiden Söhnen erhalten, ungeteilt glücklich war sie keineswegs. „Oberflächlich betrachtet, schien das Leben im Haus des Vaters prima zu sein. Er hatte reichlich Bücher, die Elon von vorne bis hinten lesen konnte, und genügend Geld, um einen Computer und andere Sachen zu kaufen, die Elon haben wollte. Er nahm seine Kinder mit auf viele Reisen ins Ausland. ‚Es war eine unheimlich lustige Zeit. Ich habe viele lustige Erinnerungen daran', sagt Kimbal. Außerdem beeindruckte Errol seine Kinder mit seinem Intellekt und vermittelte ihnen viel Praxiswissen. ‚Er war ein guter Ingenieur', sagte Elon. ‚Er wusste von jedem physikalischen Objekt, wie es funktionierte.' Sowohl Elon als auch Kimbal mussten zu den Baustellen kommen, auf denen Errol als Ingenieur arbeitet.

Dort lernten sie, wie man mauert, Sanitäranlagen installiert und eine elektrische Verkabelung verlegt. ‚Manchmal hat das Spaß gemacht', sagt Elon." Jedoch litten die Kinder zunehmend am schwierigen Charakter und manchen Verhaltensweisen des Vaters, die für jedes Kind entwertend sind. „Kimbal beschreibt seinen Vater Errol als ‚ultrapräsent und sehr intensiv'. Gerne ließ er Elon und Kimbal sich hinsetzen und hielt ihnen dann drei oder vier Stunden lange Vorträge, bei denen die Kinder nichts sagen durften. Er schien Freude daran zu haben, hart zu den Jungen zu sein, und sorgte dafür, dass ihnen die üblichen Ablenkungen der Kindheit keinen Spaß machten. Von Zeit zu Zeit versuchte Elon, seinen Vater zu überreden, in die USA zu ziehen, und sprach oft davon, dass er später dort leben wolle. Solchen Träumen begegnete Errol, indem er Elon eine Lektion erteilte. Er schickte Haushälterinnen weg und Elon musste alle Arbeiten selbst erledigen – er sollte wissen, wie es ist, ‚Amerikaner zu spielen'."[17]

Mit 17 Jahren kehrt Elon Musk ohne zu zögern seiner Heimat Südafrika für immer den Rücken. Die Gelegenheit zur Flucht kam mit einer Gesetzesänderung, die Maye Musk die Möglichkeit gab, ihre kanadische Staatsbürgerschaft an ihre Kinder weiterzugeben. Mit ein paar Taschen in der Hand landet Elon 1988 zuerst in Kanada (um Verwandte aufzusuchen, die aber verzogen waren) und schlief in einer Jugendherberge. „Das nächste Jahr übernahm Musk eine Reihe von eigenartigen Jobs an verschiedensten Orten. Er verkaufte Gemüse und schaufelte auf der Farm eines Cousins in der winzigen Stadt Waldeck Kornspeicher leer. Dort feiert er auch seinen 18. Geburtstag mit einem Kuchen für die Familie, die er gerade erst kennengelernt hatte, und ein paar Fremden aus der Nachbarschaft. Anschließend lernte er in Vancouver, mit einer Kettensäge Baumstämme zu zerlegen.

Seinen härtesten Job bekam er nach einem Besuch im Arbeitslosenamt. Er fragte nach der Tätigkeit mit der besten Bezahlung – wie sich herausstellte, war das die Reinigung des Heizkessels in einem Sägewerk für 18 Dollar pro Stunde. ‚Man muss einen Schutzanzug anziehen und dann durch einen kleinen Tunnel kriechen, in den man kaum hineinpasst', erzählt Musk. ‚Mit einer Schaufel muss man dann Sand, klebriges Zeug und andere Reste herausbefördern, die immer noch glühend heiß sind, und man muss sie durch das gleiche Loch schaufeln, durch das man gekommen ist. Es gibt kein Entkommen. Jemand anders am Ende des Tunnels muss das Zeug weiter in eine Schubkarre schaufeln. Wenn man länger als 30 Minuten dort drinnen bleibt, wird es zu heiß und man stirbt." Elon hat den Job erfolgreich erledigt und ähnlich

„abenteuerlich" geht es später in den USA weiter. Dorthin folgt ihm auch sein Bruder Kimbal, der ebenfalls zu einem sehr engagierten „Weltverbesserer" in Sache Ressourcenschonung und Nachhaltigkeit wurde (Solar City).[18]

Elon Musk hat nicht nur der NASA das Fürchten gelehrt, sondern der Welt das erste wirklich „coole" und langstreckentaugliche (Serien-) Elektroauto präsentiert. Damit nicht genug. Teslas Ziel ist, in absehbarer Zeit ein wirklich bezahlbares Elektro-Auto mit 800 Kilometern Reichweite zu liefern. Dann wäre Musk vollends geglückt, was in der Autoindustrie seit Jahrzehnten als unmöglich erklärt wurde. Google Mitgründer und CEO Larry Page: „Wenn man viel Geld hat, das man wahrscheinlich sowieso irgendwann spenden wird, weil man es nicht einmal ausgeben könnte, wenn man das wollte, warum sollte man seine Zeit dann in einem Unternehmen verbringen, das nichts wirklich Gutes tut? Aus diesem Grund sehe ich in Elon ein so inspirierendes Beispiel. Er hat sich überlegt, was er auf dieser Welt tun sollte. Seine Antwort: bessere Autos bauen, sich um die Erderwärmung kümmern und Menschen multiplanetar machen. (...) Er ist der Erste, der gezeigt hat, dass man mit echter Leidenschaft Erfolg mit etwas haben kann, dass andere für verrückt halten. Man schaut sich also Elon an und sagt: ‚Er hat es zweimal geschafft. Das kann doch nicht nur Glück gewesen sein.'"[19]

Auch Musk ist zwischenzeitlich Multimilliardär. Im Gegensatz zu den anderen genannten Herren der „digitalen Revolution", die zwischenzeitlich noch viel mehr Geld angehäuft haben und (traurigerweise) nicht mehr so recht wissen, was sie damit machen sollen, will Musk ernsthaft die Menschheit retten. Der Visionär, der Freunde, Wegbegleiter und auch seine Feinde immer wieder mit seinen Analysen und Schlussfolgerungen irritiert oder überrascht, sieht nicht nur die Welt mit ihrer ungeheuerlichen Ressourcenverschwendung in Schieflage. Der fünffache Vater spricht manchmal davon, „noch mehr Kinder haben zu wollen. Bei diesem Thema zeigt er eine kontroverse Haltung, die er mithilfe des Schöpfers der Cartoon-Figuren Beavis und Butthead erläutert: ‚Mit *Idiocraxy* erklärte Mike Judge, intelligente Menschen sollten zumindest dafür sorgen, dass sie nicht weniger werden. Wenn man sich auf einem negativen Darwin´schen Pfad bewegt, kann das offensichtlich nicht gut sein. Er sollte zumindest neutral sein. Aber wenn jede Generation von intelligenten Menschen weniger Kinder hat, dann ist das wahrscheinlich auch schlecht. Ich meine, Europa, Japan, Russland und China steuern sämtlich auf eine demografische Implosion zu. Tatsache ist, dass Wohlstand, Bildung und Säkularisierung sämtlich mit einer niedrigeren Geburtenrate zusammenhängen. Ich sage nicht, dass nur intelligente Menschen Kinder haben sollten. Sie sollten sich zumindest selbst erhalten – zumindest die Reproduktionsrate erreichen. Und Tatsache ist, dass viele sehr intelligente Frauen kein Kind haben oder nur eines. Man denkt: ‚Wow, das ist wahrscheinlich nicht gut.'"[20]

Die Biographie über Elon Musk sollten nicht nur die Chefs von Autokonzernen lesen, sondern auch Familienministerinnen (Familienminister gibt es ohnehin schon lange kaum mehr.) Diesen Minister-Job sollten sich künftig eine Frau (und Mutter) und ein Mann (und Vater) teilen. Nach ausgiebiger Elternkarenz, Stillen, eigenhändigem Wickeln und gemeinsamem Spielplatzbesuch. Das bisherige Ministergehalt wird freilich auf beide gleich geteilt. Damit wäre das Einkommen immer noch mehrfach höher, als bei 80 Prozent der Familien heute.

Die Person Elon Musk ist ein weiteres Beispiel, was Menschen an Großem und Positiven leisten können. Voraussetzung ist „nur": Eine (lange) familiale Sozialisation und eine echte und günstiger weise auch glückliche Kindheit. Nicht mehr standardisierte „Reservats-Bildung", sondern weniger und eine ausgiebige *Teilhabe* unserer Kinder am „wirklichen Leben". – Das ist auch heute noch spannend, abenteuerlich, lehrreich und *einzig* nachhaltig *bildend*.

Am Ende dieses umfassenden Familien-Buches werfen wir einen letzten und etwas ausführlicheren Blick auf den Lebenslauf einer weiteren berühmten Persönlichkeit. Nochmals ein Amerikaner, der nicht Wirtschafts-, sondern Musik-Geschichte schrieb und (Jazz-) Pianist ist. – Keith Jarrett.

8. Mai 1945. Die bedingungslose Kapitulation der deutschen Wehrmacht wurde unterzeichnet, der 2. Weltkrieg ist zu Ende. Der französische Lyriker und Schriftsteller Paul Valéry formulierte diese globale Stunde Null so: „Europa ist am Ende seiner Karriere."

Während Deutschland in Schutt und Asche liegt, wird an diesem historischen 8. Mai 1945 auf der anderen Seite des „großen Teiches" Keith Jarrett in der kleinen Industriestadt Allentown, Pennsylvania geboren. Transatlantisch ist auch der familiäre Hintergrund. Väterlicherseits reichen die Wurzeln bis zu irisch-schottischen und französischen Einwanderern und mütterlicherseits in die österreichisch-ungarische Monarchie zurück. Die Eltern sind nicht reich, finden aber ein gutes Ein- und miteinander auch Auskommen.

Keith Jarretts (eher konservativer) Vater, Daniel Jarrett, arbeitet als Immobilienmakler und seine Mutter, Irma Kuzma, bringt eine religiöse, aber auch äußerst liberale Gesinnung in die Familie. Das Ehepaar ist Musik liebend,

Jarretts Mutter spielt zudem „in der Band der Harrison-Morton Junior High School von Allentown Trompete, Posaune und Schlagzeug und muss wohl eine sehr schöne Gesangsstimme besessen haben."[21]

Irma entdeckt sehr früh die außergewöhnliche musikalische Begabung ihres Sohnes, dass er das absolute Gehör besaß, alles was er hörte, nachspielen, sogar darüber improvisieren konnte. Jarrett bekommt ab dem dritten Lebensjahr eine geregelte klassische Musikausbildung. Seine besondere Begabung wurde früh erkannt und „gefördert", besser gesagt, unterstützt und begleitet. Seine Eltern haben einen entscheidenden Fehler vermieden, den heute Eltern begabter Kinder in ihrem Ehrgeiz oder ihrer „Bildungsangst" begehen: das Kind unter Druck und Stress mit „Frühförderung" zu betäuben. Jarrett sollte trotz offensichtlichen Talents eine „normale" Kindheit behalten. Als beispielsweise Irma erfuhr, dass der zweite Lehrer ihres Sohnes seinem Schüler riet, sich von anderen Kindern fernzuhalten, weil er „besser" sei als sie, wurde der Unterricht sofort abgebrochen.

Jarretts Mutter stellte ihre liberale Gesinnung, ihre ethisch-moralischen und kulturellen Werte auch immer höher als einen (zu erzielenden) materiellen Erfolg. Wie in dieser Zeit weitgehend noch selbstverständlich, tolerierten und förderten beide Elternteile generell jede Form des (kindlichen) *Spielens*. Jarrett spielte ausgiebig und mit Freude nicht nur Klavier, sondern auch „Basketball, Tischtennis, Football, Schach und sogar Ringkampf".[22] Als Erstgeborener blieb er auch kein Einzelkind, sondern ihm folgten noch ehest bald vier weitere Brüder. Jarrett wuchs in einer Mehrkind-Familie mit Mutter und Vater bis etwa zum 12. Lebensjahr *artgerecht* und *glücklich* heran. Die fünf Kinder wurden, wenn Mutter und Vater nicht verfügbar waren, vor allem von der Großmutter betreut. Erst am Ende seiner Kindheit erlebte auch Jarrett noch eines der größten Dramen für die kindliche Seele und eines, das nach wie vor am meisten unterschätzt, tabuisiert und gesamtgesellschaftlich verdrängt wird: die elterliche Trennung. „Hinzu kam, dass sich die Eltern nicht in Freundschaft getrennt haben. Der Vater unterstützte seine Familie zwar immer finanziell, aber die Eltern sprachen nicht mehr miteinander und die Kinder hatten mehr als zehn Jahre lang überhaupt keinen Kontakt zu ihrem Vater."[23] Worunter vor allem seine jüngeren Geschwister litten.

Jarrett schloss die Pflichtschule ab, die damals (eigentlich vor kurzem!) „nur" vormittags und ohne Nachmittagsbetreuung (Hort) für mehr als ausreichend „schulisch gebildete" Menschen sorgte. Schon früh spielt der jugendliche Musiker in verschiedensten Jazzformationen, arbeitet und spielt als Bar-

Pianist und alsbald mit den größten Jazz-Musikern seiner Zeit, wie Charles Haden oder Miles Davis.

Jarrett ist wie so viele „berühmte Persönlichkeiten" Studienabbrecher. Wie John Lennon aus dem Kindergarten geworfen wurde, wurde Jarrett nach einem Jahr an der damals schon renommierten „Berklee School of Music" in Boston vor die Türe gesetzt. Wie zuerst von seiner Mutter vorgelebt, bleib der Musiker seiner Intuition und seinem „eigenen Selbst" ein Leben lang treu und konsequent. Er spielte sehr zum Missfallen des Konservatoriums in Boston in einem Trio, dessen zwei Mitglieder ebenfalls das Konservatorium verlassen mussten. Das Fass zum Überlaufen brachte „aber wohl ein Vorfall, der sich während einer Jam Session in der Schule ereignete: Keith Jarrett erzeugte Klänge im Inneren des Flügels, indem er die Saiten anriss, bis ihn einer der Administratoren des Konservatoriums mit einem barschen ‚Raus hier!' des Saales verwies. Keith sagte ‚Danke sehr' und ging."[24]

Bei so einer familialen Sozialisation (Mehrkind-Familie, vermitteln von individuellen und kulturellen Werten) und genügend „Lehrmeister" im Alltag (Beziehungspersonen) gab es zumindest an der Musikhochschule nach einem Jahr ohnehin nicht mehr viel zu lernen.

Im Laufe seiner musikalischen Karriere beschäftigt sich der Musiker wertfrei und gründlich mit den „großen Meistern" von „Old Europe" wie Bach, Mozart und Co, sowie mit traditioneller Musik aus Fern-Ost, dem persischen Raum, der beginnenden elektronischen Musik, und der Blues lag ohnehin überall in der Luft. Erst danach, Anfang der 1970er Jahre, tritt Jarrett als Solokünstler auf und schreibt alsbald – ohne Absicht – auf deutschen Boden Musikgeschichte. *Wie* das geschah, schauen wir uns ein wenig genauer an.

Das legendäre *Köln Konzert* vom 24. Jänner 1975, ein Improvisations-Solo-Konzert in der ausverkauften Kölner Oper, fand unerwartet unter extrem widrigen Bedingungen statt. Der Pianist hatte die Nacht zuvor kaum geschlafen, weil er unbedingt von einem Konzert in der Schweiz nach Köln statt mit dem Flugzeug mit dem neuen Renault R4 seines Produzenten mitfahren wollte.[25] So ein R4 hatte damals nicht nur auf Jarrett eine magische und inspirierende Wirkung. Früh morgens weggefahren, ist es bei Ankunft in der Kölner Oper mit der Inspiration schnell vorbei. Der eigentlich ausgesuchte Bösendorfer Konzertflügel Imperial wurde verwechselt. Stattdessen sollte der Pianist auf einem mittelmäßigen und verstimmten Bösendorfer-Stutzflügel spielen, bei dem auch noch die Pedale hakten und einige Tasten klemmten. So ein Instrument ist für jeden Musiker der „worst case" und völlig undenkbar, darauf ein

Konzert mit Anspruch zu spielen und damit die Erwartungen des Publikums zu erfüllen. Keith Jarrett beschließt die ausverkaufte Kölner Oper und die 1400 Zuhörer zu verlassen und abzureisen. Er saß bereits im Wagen, als die Konzertveranstalterin Vera Brandes ihn inständig bittet, doch aufzutreten. Was auch immer der Inhalt dieses Gespräches vor der Oper war: Vera Brandes muss es gelungen sein, in einer Subjekt-Subjekt-Beziehung, vom Ich zum Du, in Jarrett wieder das Gefühl des *Vertrauens* herzustellen. Er beschließt doch aufzutreten.

Für den zweiten Teil der Erfolgsgeschichte sorgen die Aufnahmetechniker. Obwohl unter diesen Bedingungen (miserabler Flügel) eine qualifizierte Aufnahme für niemanden zu erwarten war, beschließen sie, das Konzert für interne Zwecke mitzuschneiden.

Für den dritten Teil, dass etwas völlig Unerwartetes Wirklichkeit wird, sorgt der Pianist selbst. In Kohärenz mit einem vermutlich aufmerksamen und dankbaren Publikum vergisst er das Instrument und beginnt einfach zu spielen...

Der Rest ist Musikgeschichte des 20. Jahrhunderts. Das *Köln Konzert* ist bis heute (!!!) die meistverkaufte Jazz-Soloplatte und die meistverkaufte Klavier-Soloplatte aller Zeiten. Auch heute noch geht sie über den Ladentisch und hat bisher Millionen von Menschen einfach inspiriert.

Das *Köln Konzert* und seine Umstände kann wer will auch als exemplarisches Beispiel für eine große Innovation sehen. Über Geschmack kann man streiten. Unumstritten ist: Keith Jarrett gelang von den 1970er Jahren an (und in weiteren großartigen Improvisations-Konzerten) vorrangig zwei Dinge kongenial miteinander zu *verbinden*. – Den Jazz seiner Heimat mit der klassischen Musik Europas. Dazu fand er eine Form, die völlig neu war: weit ausufernde, *freie* Improvisations-Solo-Konzerte. Eine Musik, die vollkommen im Moment, im Jetzt entsteht. Eine Kunst, die durch die Notation und die immer früher einsetzende Praxis des direktiven Schul-Musikunterrichts vom 19. Jahrhundert an allmählich verschwand und in *allen* Kulturen selbstverständlich war. Nicht nur Indigene, sondern auch Johann Sebastian Bach, Antonio Vivaldi, Wolfgang Amadeus Mozart und nahezu alle großen Komponisten (und nicht nur diese) konnten exzellent improvisieren. Das Wissen darum ist, seitdem Musik auch ein Unterrichtsgegenstand wurde, genauso verloren gegangen, wie das an den großen Musikhochschulen Europas von Paris bis Moskau, von Bach bis Schostakowitsch, jedenfalls bis zum Anfang des 20. Jahrhunderts die freie Improvisation nicht nur „Pflicht", sondern auch Voraussetzung war.[26]

Wer weiß, hätten wir im 17. Jahrhundert die „Breakthrough Innovation" technisches Ton-Aufnahmegerät schon gehabt und aufnehmen können, was J. S. Bach so alles frei spielte, die Musikgeschichte hätte wohl einen ganz anderen Verlauf genommen.

Vor beinahe 100 Jahren sagte Maria Montessori: „Ich halte es für möglich, eine neue Gesellschaft vorauszusehen, in der der Mensch fähiger sein wird, weil man Vertrauen in ihn setzte, als er ein Kind war." Die schwedische Reformpädagogin Ellen Key mahnte in ihrem Buch *Das Jahrhundert des Kindes* schon vor 100 Jahren: Familie und (Fremd) Arbeit sind nicht vereinbar! 1986 schrieb Herbert Grönemeyer sein Lied *Kinder an die Macht*.[27] Aus all dem ist bis heute nichts geworden, vieles verschlechtert sich. Aber wer hätte noch vor 100 Jahren gedacht, dass das Kind weitgehend seine *Familie* verliert und wir heute zunehmend von einer „elternlosen Gesellschaft" sprechen können. Rücken wir endlich die Familie und unsere Kinder wieder in die *Mitte* der Gesellschaft, kritisieren wir sie nicht mehr, sondern unterstützen und wertschätzen sie. – Unsere Kinder werden (wieder) gesünder und glücklicher aufwachsen und „Macht" haben, um all ihre Potenziale zu entfalten. Der so notwendige „gesellschaftliche Wandel" und auch „Breakthrough Innovations" werden sich von ganz alleine einstellen, nicht heute und auch nicht morgen. Was wir sofort tun können und Voraussetzung ist: Schließen wir endlich – wieder – *Freundschaft* mit unseren Kindern.

Wir werden erst umfassenden Frieden auf Erden haben, wenn wir (wieder) in Frieden mit der Kindheit sind.

Cueva de las Manos
„Höhle der Hände"

Die *Höhle der Hände* in Argentinien ist eine der bewegendsten Höhlenmalereien, die uns Jäger und Sammler hinterließen. Die unterschiedlichen Bildgruppen entstanden vor rund 3000 bis 9000 Jahren. (weitere Bilder siehe Wikipedia).
Was die Menschen mit diesen Bildern sagen wollten, werden wir niemals wissen. Vielleicht: Reicht uns die Hände...?

DIE ILLUSION DES GETRENNTSEINS
ist eine der negativsten Mythen
unserer Zeit.

Ervin Laszlo

Epilog

Seit Satelliten Bilder von unserem blauen und anderen Planeten senden, können wir bestaunen, wie einzigartig und *vielfältig* unsere Erde ist.

Ein Teil dieses selbstregulierenden *Organismus* Erde sind *wir*, der Mensch. Jede Kultur, jeder Staat und wohl auch jede Gesellschaft kann als ein selbstregulierender Organismus gesehen werden, der wie der Organismus des Menschen über ein *Immunsystem* verfügt. Damit dieses Immunsystem, die selbstregulierenden und selbstheilenden Kräfte nicht versagen, und jede Art von Organismus nicht nachhaltig Schaden nimmt, bedarf es vorrangig eines: *Balance* in all unserem Tun und wohl auch Denken. Das gilt für alles Lebendige, den einzelnen Menschen gleichermaßen wie für eine ganze Gesellschaft oder Kultur.

Ansatzweise schon in der Antike, aber vor allem in unserer abendländischen, europäischen Kultur fingen einzelne Menschen an, „das Eine" zu teilen, zu unterscheiden, zu trennen und schließlich auch das Geteilte fatalerweise zu *bewerten*: in „Gut und Böse", in „Richtig und Falsch", in „Vita contemplativa und Vita activa", in „inneren und äußeren Menschen", in „Geist und Materie", in (ideologisch) „Links und Rechts" und in weitere Denkkategorien. Das haben wir schließlich (fast) alle in einer Absolutheit und Radikalität gemacht und schließlich so viel Streit und Kriege um „das Unterschiedene" geführt, wie keine menschliche Kultur jemals zuvor.

Eine immer größer werdende Zahl an Philosophen, Dichter, Mathematiker, Astronomen, Naturwissenschaftler und andere Denker und Forscher haben versucht, die Welt, die Natur, den Menschen und schließlich – isoliert von allem – das *Wesen des Kindes* zu beschreiben, zu erklären und schließlich auch zu beherrschen. Letzteres lag zuerst im Interesse der Kirche, dann so mancher Philosophen, Psychologen und Pädagogen. Sie waren aber beileibe nicht die einzigen Gruppen von Erwachsenen, die dem Wesen des Kindes sprichwörtlich zu Leibe gerückt sind.

Kaum einem der vielen kritischen Zeitgeister, großen Denker und aufmerksamen Chronisten ihrer Zeit ist aufgefallen, dass dem *Zerfall des Familien-*

wesens (die letzten etwa 40 Jahre können als „Vollendung" dieses Zerfallsprozesses gesehen werden) über beinahe Jahrhunderte etwas anderes voraus ging: Die *Familie* an sich, ihr Wert und ihre große Bedeutung für die gesamte Gesellschaft, verschwand kontinuierlich (zuerst) aus dem *Denken* nahezu aller maßgeblich entscheidenden Personengruppen unserer Kultur. Sie wurde entgenealogisiert und das Menschenkind zu einem „Kind des Textes", zum Objekt verschiedenster intellektuellen Konstrukte. Oswald Spengler war ein Kind seiner Zeit und manches historische Detail in seinem Werk *Der Untergang des Abendlandes* mag heute widerlegt sein. Er hat aber als einer der ersten in Mitteleuropa richtig beobachtet und das auch hingeschrieben: Dem Zerfall (fast) aller bisherigen Hochkulturen ging ein (tendenzieller) Eingriff in das Familienwesen und eine große Kinderlosigkeit voraus. Vier Jahrzehnte später benennt der französische Historiker Philippe Ariès zwei Entwicklungen, die zum Zerfall des Familienwesens (über Jahrhunderte) führten: Die „Ausdehnung der Schulbildung" und dass sich die gesamte Gruppe von erwachsenen Autoritäten nur um „das Fortkommen des Kindes, und zwar jedes einzelnen" kümmert, ohne „dass der kollektive Ehrgeiz dabei eine Rolle spielte: um die Kinder geht es weit mehr, als um die Familie."

P. Ariès stellte auch fest, dass eine verlängerte Kindheit (über das 6./7. Lebensjahr hinaus) eine Fiktion der Neuzeit ist. – Wie auch die Hilfs-, Erziehungs- und Bildungsbedürftigkeit des Kindes. Sie sind ein Konstrukt der Kirche, der höfischen und schließlich der bürgerlichen Erziehung. Deren Ziel lag (auch) darin, die Abhängigkeit der Kinder vom eigenen Stand oder den eigenen Welt- und Menschenbildern zu verstärken und die soziale Integration hinauszuzögern. Die Unterbrechung des familialen Kontinuums hat den Menschen vor allem empfänglich für Ideologien und alle Formen von Totalitarismen gemacht.

Wenn wir all die krankhaften Symptome unserer Zeit, wie Kinderlosigkeit, Korruption, Psychosomatische Erkrankungen, den grenzenlosen Raubbau an unserer Natur (deren Teil wir sind), die immer größer werdende Schere zwischen Arm und Reich, den Bildungsmangel und die Beziehungsarmut wirklich heilen wollen, wird das zentrale Anliegen der gesamten Gruppe von Erwachsenen das *Wohlergehen der Familie und des Kindes, von Schwangerschaft an*, sein. – Und eine Wertschätzung allem *Lebendigen* gegenüber. Vorrangigste Aufgabe dabei wird sein: unsere Kinder wieder *in Ruhe* (wachsen) zu lassen.

Nichts integriert mehr, nichts denkt und handelt wertfreier, nichts ist angespannter und zugleich entspannter, nichts ist entschiedener und nachgiebiger, nichts wechselt schneller zwischen Freud und Leid, nichts sucht mehr das Wahre und das ungeteilte Eine, nichts ist mehr mit dem Vergangenen und dem Künftigen, der *anima mundi* verbunden. Nichts ist wissender, nichts ist toleranter und auch loyaler, nichts ist *lebendiger*; als das – von Erwachsenen unberührte – Wesen des Kindes. Zu seiner bestmöglichen individuellen Entfaltung bedarf es von Geburt an vorrangig empathisch *begleitende* Eltern, Mutter und Vater, Geschwister, Großeltern, und das sprichwörtliche und viel zitierte ganze (wohlgesinnte) Dorf.

Mit Ganztages- Krippen, Kindergarten und Schulen, nach denen derzeit scheinbar (fast) alle rufen, wird weder unser Bildungs-, noch unser Wohlstand gehalten, geschweige, dass wir unsere Kinderlosigkeit damit beheben werden. Damit begünstigen wir nur die weitere *Entfremdung* zu allem Geistigen *und* Lebendigen, Mensch und Natur.

In den letzten Jahrhunderten machten sich Forscher und zahlreiche Denker vornehmlich in Europa Gedanken um voraus- und untergegangene „Hochkulturen". Wie beispielsweise die chinesische, persische und vor allem die römisch/griechische. Dabei wurde Beachtliches zu Tage gefördert und für die Nachwelt erhalten. Im Wesentlichen bis zur zweiten Hälfte des 20. Jahrhunderts, von Einzelnen abgesehen, machten wir uns hier wenig Gedanken über jene Kulturen (und deren Lebensräume), die wir Europäer (zumeist) seit Christoph Columbus Entdeckung von Amerika unterjochten, ausbeuteten und zerstörten: Die *indigenen Kulturen,* oder autochthone Völker genannt. Ihr Fortbestand reicht viel länger als der aller sogenannten „Hochkulturen". Wir wissen heute, dass die Ureinwohner Süd- und Nordamerikas („Indianer") vor 1500 n. Chr. schon Jahrtausende dort lebten.

Bevor andere Europäer, in diesem Fall vorrangig Engländer, Australien „eroberten" und besiedelten, lebte dort weitgehend friedlich eine indigene Kultur, die länger währte als alle bisherigen „Hoch-Kulturen" zusammen: die der Aborigines. Sie sind die frühesten kontinuierlichen Vertreter des „modernen Menschen" außerhalb Europas und existieren bereits seit etwa 30.000 bis 40.000 Jahren.

Wir und besonders unsere Kinder haben keine Schuld an dem, was unsere Vorfahren in guten und schlechten Absichten verrichteten. Aber die wenigen noch weltweit lebenden indigenen Völker sollten wir in Ruhe, Würde und Selbstbestimmtheit leben lassen und nicht durch unsere Habgier ihren letzten und kleinen Lebensraum zerstören. Wir könnten auch von diesen Menschen und ihren Lebens- und Denkweisen lernen und uns *erinnern*. Denn „genetisch sind wir alle Jäger und Sammler. Die natürliche Auslese hat uns über Hunderttausende von Jahren an diese Art der Existenz angepasst. Anthropologen haben die Lebensweise der Jäger und Sammler treffend als die einzige stabile Lebensweise beschrieben, die unsere Spezies je hervorgebracht hat."[1] Zehntausende Jahre und jedenfalls 99,8 Prozent unseres Daseins verbrachten wir Sapiens in dieser Art zu leben.

So unterschiedlich alle Indigenen Kulturen dieser Erde auch sind: Sie sind *soziale Gemeinschaften*. Nicht das „Ich" (Egoismus, Profilierungssucht, etc.), sondern das „Wir", das Wohlergehen der gesamten Gemeinschaft steht im Vordergrund des Denkens und Handelns.

Man ging miteinander ausgesprochen *freundlich* um und nahm (Alltag) Situationen, in denen uns „Hochentwickelten" schnell angst und bange wird, mit Gelassenheit und *Humor*. Indigene Gemeinschaften/Kulturen waren *angstfrei*.[2]

Wichtige Entscheidungen, die alle Mitglieder betrafen, wurden solange beraten, bis sie *einstimmig* getroffen wurden und nicht wie in den „westlichen" Staaten durch Mehrheitsverhältnisse. Solchermaßen getroffene Entscheidungen fanden stets im Bewusstsein statt, dass uns die Erde nur für unsere Kinder und Kindeskinder geliehen ist. Die Kinder auch der siebten Generation sollten das Lebensumfeld im gleichen oder noch besseren Zustand vorfinden. All diese Denk- und Handelsweisen haben eine Ursache, einen verbindenden Gedanken, einen Namen: wertgeschätzte und selbstbestimmte *Familie*. Die wurde (wie das Menschenkind selbst) von allen wohlgesinnten Mitgliedern „lediglich" und stets bei Bedarf unterstützt, im Rahmen der Möglichkeiten *jedes* Einzelnen. Mit Pfeil und Bogen schießen und sämtliche „kulturellen Güter", um den Alltag zu meistern, wurden außerhalb der Familie von dem Mitglied der Gemeinschaft gelehrt, der es gerade am besten konnte. Was aber allen Indigenen *und* allen vorausgegangenen Hoch-Kulturen gemein ist: Das Kind wurde bis zur „späten Entwöhnung", dem Zahnen, nicht von den Eltern oder dem unmittelbaren familiären Verband und dem Alltags-Leben der Gemeinschaft, dem „wirklichen Leben" getrennt. Der Mensch vertraute bedingungslos – beim Zahnen auch eindeutigen Zeichen – der Natur.

Ich bin zutiefst davon überzeugt, da ich kein „Kulturpessimist" bin, bis spätestens zum Ende dieses Jahrhunderts wird unsere Kultur, auch die des

Miteinanders, wieder eine andere sein. In dieser gewandelten Gemeinschaft wird es kaum mehr Krippen und Kindergärten für unter Sechsjährige und keine Pflicht-Massen-Grundbeschulung für unter 10-Jährige geben.[3] Es wird die familiale Bildung wertfrei neben einem *bedarfsorientierten* Schulwesen koexistieren. Das Menschenkind wird (nachdem es zuvor die Möglichkeit hatte Kind zu *sein* und damit ein ganzer Mensch zu werden, also nach dem 6./7. Lebensjahr) auch wieder im „wirklichen Leben" und von allen Mitgliedern der Gemeinschaft gebildet werden. Von Menschen, die etwas besonders gut können, oder/und von jenen, zu denen es Vertrauen und eine (echte) Beziehung hat. Der Berufsstand des Pädagogen wie auch Psychologen wird dann weitgehend, wie schon viele Berufsstände zuvor, Geschichte sein.

Noch in diesem Jahrhundert wird es nur *Lernorte* geben, in der jeder Mensch seinen ganzen Reichtum an Erfahrung und Wissen *vorbehaltlos* an ein anderes Mitglied der Gemeinschaft weitergibt. Die Trennung zwischen Jung und Alt, Schule und Öffentlichkeit, wie auch Kindheit und Erwachsenenalter wird es so nicht mehr geben. Es wird *eine* Welt sein, in dem der Mensch wieder sich selbst und jedem Mitglied der Gemeinschaft *vertraut*, von Geburt an.

Zuvor wird möglicherweise ein Großteil dieser staatlichen „Betreuungseinrichtungen" leer stehen, wie wir es vergleichsweise schon vor Jahren mit den Siedlungen und zum Teil ganzer neu errichteten Beton-Städte im Zuge der „Immobilienblase" in Spanien erlebten.[4] Was wir gegenwärtig erleben, kann auch als Beginn einer großen „Bildungsblase" bezeichnet werden. Oder wie es Ivan Illich 1972 schon in seinem Buch *Deschooling Society* vorausgesehen hat: Die *Eskalation der Schule* und (ich ergänze noch) der *Erziehung*. Beides ist in staatlichen Schulen zu einer von der breiten Mehrheit noch nicht hinterfragten Einheit geworden.

Vielleicht erst dann werden sich alle Menschen, auch die Kinderlosen und die Alten, ernsthaft die Frage stellen: Wo sind *unsere* Kinder geblieben...? Danach wird eine gewandelte und echte Gemeinschaft – vielleicht die derzeit viel beschworene *Zivilgesellschaft* – den Raum für ein wieder gesundes und starkes Familienwesen errichten. Diese gewandelte Gesellschaft wird auch wieder weitgehend religions- und ideologiefrei sein. Beides hängt untrennbar zusammen. Dass kulturelle Werte, Humanität und generell lebenserhaltende und gemeinschaftsbildende kulturelle Güter ohne Familienwesen und mit Hilfe eines standardisierten und industrialisierten Massen-Bildungswesen an die nächste Generation weitergegeben werden können, ist eines der größten Irrtümer unserer (späten) „Neuzeit".

Am Anfang alles *Lebendigen,* allem Wandlungsfähigen, aller Vielfalt, allem Humanen und auch jeder großen Innovation und Leistung, *war* und *ist* die selbstbestimmte, wertgeschätzte und in der *Mitte* der Gesellschaft stehende Familie. Am Anfang ist eine *echte* und *glückliche Kindheit*.
Am Anfang ist *Kindheit 6.7*.

Alles ist schon einmal gesagt worden,
aber da niemand zuhört,
muss man es immer von neuem sagen.

André Gide

Nachspann

Eines der größten Probleme unserer Zeit ist,
dass viele geschult aber wenige gebildet sind.
Thomas Morus (1478-1535) 1

Wüchsen die Kinder fort, wie sie sich andeuten,
wir hätten lauter Genies.
J. W. von Goethe

Die Schulen so wie sie heute sind, sind weder den Bedürfnissen des
jungen Menschen noch denen unserer jetzigen Epoche angepasst.
Maria Montessori

Ja, sind die denn verrückt, diese Erwachsenen, dass sie
unsere Jüngsten in einem Alter in die Schule schicken wollen,
da sie doch so viel zu lernen haben?
Spruch aus dem Himalaja

Im Leben lernt der Mensch zuerst gehen und sprechen.
Später lernt er dann still zu sitzen und den Mund zu halten.
Marcel Pagnol

Wenn man als einziger Lehrer nicht in der Lage ist,
uns in allen Fächern zu unterrichten,
wie kann man dann von einem einzigen Schüler erwarten,
dass er alle Fächer lernt?
Unbekannt

Nichts kann den Menschen mehr stärken,
als das Vertrauen, das man ihm entgegenbringt.
Paul Claudel

Ich nehme an, es liegt daran, dass heute fast alle Kinder
zur Schule gehen, wo alles für sie vorgeplant ist,
dass sie augenscheinlich so unfähig sind,
eigene Ideen hervorzubringen.
Agathe Christi

Die Arbeit läuft dir nicht davon, wenn du deinem Kind
den Regenbogen zeigst. Aber der Regenbogen wartet nicht,
bis du mit der Arbeit fertig bist.
Chinesisches Sprichwort

Jeder ist ein Genie! Aber wenn du einen Fisch
danach beurteilst, ob er auf einen Baum klettern kann,
wird er sein ganzes Leben glauben, dass er dumm ist.
Albert Einstein

Meine Großmutter wollte, dass ich eine vernünftige Ausbildung
bekomme, deswegen hielt sie mich von der Schule fern.
Margaret Mead
(international renommierte Anthropologin)

Wieso zahlen wir eigentlich Menschen, denen wir
unsere Kinder anvertrauen, viel weniger Geld als jenen,
denen wir unser Geld anvertrauen.
Daniel Straub

Als ich ein Kind war, sagte meine Mutter zu mir: „Wirst du Soldat,
so wirst du General werden. Wirst du Mönch, so wirst du Papst werden."
Ich wollte Maler werden und ich bin Picasso geworden.
Pablo Picasso

Dass wir nicht zur Schule gingen, bedeutet nicht, dass wir
ohne Regeln gelebt hätten. Ich weiß nicht, warum viele glauben,
dass ein Leben in Freiheit ein Leben ohne Regeln und Strukturen bedeutet.
André Stern

Im Unterricht fragte die Lehrerin uns einst, was wir einmal
werden wollten. Ich antwortete „glücklich", worauf die Lehrerin
meinte, ich hätte die Frage nicht verstanden.
Ich entgegnete darauf, sie hätte das Leben nicht verstanden.
John Lennon

Es gibt keine großen Entdeckungen und Fortschritte, solange es
noch ein unglückliches Kind auf Erden gibt.
Albert Einstein

Das Kind muss wissen, dass es selbst ein Wunder ist,
dass es seit Anbeginn der Welt noch nie ein anderes Kind
gegeben hat, das genauso war wie es,
und dass es auch in der Zukunft kein solches Kind geben wird.
Pau „Pablo" Casals (1876-1973) 2

Quellenverzeichnis

Im *Quellenverzeichnis* sind vollständig alle Bücher und Quellen angeführt, die zitiert wurden. Es enthält auch weiterführende Kommentare, Ver- und Hinweise, sowie ergänzende Interviews/Gespräche. Für das Textverständnis ist es aber nicht notwendig, auf das Quellenverzeichnis zurückzugreifen.

Unter *Literatur* ist eine Auswahl an Büchern angeführt, die dem Autor und der Co-Autorin besonders wichtig waren, oder Bücher, die eine zentrale Rolle für die Grundthematik des Buches innehatten. Es enthält auch Werke, die im Laufe der Jahre als Inspiration dienten. Im Anschluss findet sich eine Auswahl an Spiel-, Dokumentarfilmen und TV-Dokumentationen.

Teil I
Kind und Familie am Beginn des 21. Jahrhunderts

1 Die zweite Hälfte: Der *stumme* Schrei

1 In: SPIEGEL (online), *Komasaufen*, 21. April 2014
2 In: DIE WELT, *Jugendliche wollen das Komasaufen nicht lassen*, 7. April 2014
3 In: KURIER, *Kriminelle Kids als Spielball der Behörden*. Untertitel: *Strafmündige. 5.694 unter 14-jährig angezeigt. Die Jugendämter sind überfordert, Betreuer gesucht*, 22. November 2014
4 In: KURIER, *Die Täter aus dem Kinderzimmer*, 30. August 2014
5 Siehe (unter anderem) in: KURIER, *Harte Strafen für Mobbing via Internet*, 4. Jänner 2016
Zum Thema *Cyber-Mobbing* gibt es nicht nur zahlreiche Literatur, sondern auch einen empfehlenswerten Film: *Disconnect*, R: H. A. Rubin, USA, 2012
6 Zitiert in: Michael Winterhoff, *SOS Kinderseele*, Bertelsmann Verlag 2013
7 In: SPIEGEL ONLINE, *Alarmierend viele Azubis haben Depressionen*, 28. Juni 2017
8 Zitiert in: Michael Winterhoff, *SOS Kinderseele*, 2013
9 Yang Dongping in: *ALPHABET. Angst oder Liebe*, R: E. Wagenhofer, Ö, 2013. Yang Dongping ist Professor am Beijing Institute of Technology, Abteilung Bildung und Pädagogik und Leiter der staatlichen Organisation „Bildung des 21. Jahrhunderts", die an der Gesetzgebung der Regierung im Bereich Schule und Bildung beteiligt ist. Sein Arbeits- und Forschungsschwerpunkt ist die „Bildungs-Gleichberechtigung", insbesondere in den ländlichen Gebieten Chinas.
10 Die Jugendarbeitslosenquote (15-24 Jahre) im Mai 2015: Griechenland 49,7 %, Spanien 49,3 %, Italien 41,5 %, Portugal 33,3 %, Zypern 34,4 %, Kroatien 43,6 %. Europaweit (EU 28) beträgt die Quote inzwischen 20,6 %. Tendenz, zumindest europaweit, steigend. Quelle: Eurostat Abfrage vom 30. Juni 2015
11 Mathias Krupa in: DIE ZEIT (online), *In Europa, verdammt!*, 7. Juni 2012

Zunehmend wird in den „staatstragenden Zeitungen" auch in einem anderen Zusammenhang von der „verlorenen Generation" gesprochen: der fehlenden Schulreform.
Beispielsweise widmet sich die größte Tageszeitung Österreichs, der KURIER, in einer Sonntagsausgabe dem Thema gleich ganz groß auf der Titelseite: *„Jeder dritte Schüler wird nie einen Job bekommen."* Darunter steht fettgedruckt: *Die verlorene Generation.* In drei Artikeln wird dann auf die „Schulmisere" und ihre Konsequenzen für die gesamte Gesellschaft eingegangen. Der Chefredakteur Helmut Brandstätter im Leitartikel: *Verlorene Gesellschaft? Das darf nicht sein.* Bernhard Gaul in: *Bildung in Not. Die Realität mancher Mittelschulen ist fern von dem, was Bildungspolitiker versprechen. Eine verlorene Generation.* Und Ute Brühl und Bernhard Gaul in: *Es braucht Schulen, die sich am Kind und nicht an Ideologien orientieren.* Alle Artikel in: KURIER, 13. März 2016

Die drei Artikel beziehen sich auf ein Interview (Bericht) mit der Direktorin einer Neuen Mittelschule in Wien Margareten. Ihre Kernaussage: Ein Drittel aller (ihrer) Kinder „sei der Weg aus ihrer Erfahrung vorgezeichnet, weil sie, leider nicht vermittelbar seien: Ende der Schulpflicht, vergebliche Suche nach einem Lehrplatz, AMS-Kurse, Sozialhilfe vielleicht ein Leben lang. ‚Eine verlorene Generation' nennt sie die Direktorin.

Die Ursache für sie: „Die starren Strukturen und Vorgaben der Schulpolitik verhindern die bestmögliche Ausbildung der Kinder." Verfolgt man Berichte und Dokumentationen, in denen Lehrer, Direktoren und Schulinspektoren von England bis Italien sich zum „System" Pflicht-Schulen äußern, findet sich seit etwa der Jahrtausendwende in Variation immer wieder die gleiche Feststellung: Ein Drittel aller jungen Menschen, die die Pflichtschulzeit beendet haben, werden ein ganzes Leben lang in keinerlei Hinsicht „Erfolg" und „Arbeit" haben.

12 Hans Kruppa, *Kaito: ein Märchenroman*, Knaur TB, 2004
13 So lautet eine Kapitelüberschrift in *SOS Kinderseele* von Michael Winterhoff, 2013

2 Die erste Hälfte: Familien und Schulpolitik, oder der Betrug am Kind

1   Ein paar Initiativen wie beispielsweise Lernwelt.at (für Österreich) oder Schule-im-Aufbruch.de (Deutschland) versuchen dennoch engagiert von unten in einzelnen (Regel-)Schulen den Transformationsprozess für ein Lernen im 21. Jahrhundert voranzutreiben. Auf die große Reformbereitschaft unserer Politiker brauchen wir weder hier noch dort warten.
2   In: PROFIL (online), *Die Neue Mittelschule. Warum sie scheitern musste*, 10. Februar 2014
3   Wer einmal nicht nur über glückliche Kinder und Schüler lesen, sondern sie auch sehen und von ihnen selbst hören möchte, was für sie eine *gelingende* Schule ist und wie Schule (heute) sein kann, dem sei der deutsche Dokumentarfilm *Schools of Trust* empfohlen. Und generell allen Eltern und Pädagogen, die nicht auf weitere zwanzig Jahre „Schuldebatte" warten wollen.
    Schools of Trust ist ein Film von Christoph Schuhmann, Gymnasiallehrer in Hamburg und Thomas Möller, ehemals BWL-Student. Die beiden bereisten sechs Länder auf drei verschiedenen Kontinenten und besuchten mehr als zwanzig innovative Schulen. Im Reisegepäck befand sich eine Kamera und ein Koffer voller Fragen: „Gibt es Schulen, an denen Kinder

gerne lernen? Wie würden Lernorte aussehen, an denen die Kinder glücklich sind und an denen sie die Freiheit haben, ihre natürliche Neugier ungestört zu entfalten? Was passiert, wenn Kindern Raum gelassen wird, sie selbst zu sein?"

Wer will, kann in über 60 Minuten darauf Antworten finden. Es gibt nicht nur freudige Lehrer, Eltern und Kinder zu sehen und zu hören, sondern auch zahlreiche Statements von Wissenschaftlern und Menschen, die Visionen in die Tat umgesetzt haben. Zu Wort kommen unter anderem Gerald Hüther, Manfred Spitzer, Jesper Juul, André Stern, Yaacov Hecht und Peter Gray. Eine Auswahl:

Manfred Spitzer, Neurowissenschaftler: „Da sind sich heute alle einig. Wir gehen in die Schule, damit wir fit werden fürs Probleme lösen. Denn in wenigen Jahren werden wir genug Probleme haben. Es geht nicht darum, dass man akribisch ganz genau ist, sondern dass wir kreative Problemlösungen finden."

Ulrich Klemm, Bildungsforscher: „Fehler machen dürfen heißt, Neugierde entwickeln zu dürfen und Menschen, die Fehler machen dürfen, die Fehler machen können, die bleiben auch neugierig. Die sind auch neugierig. Bei Menschen, die keine Fehler machen dürfen, oder in einem System, wo Fehler ständig bestraft werden, verschwindet auch die Neugierde. Und entsprechend mit der Neugierde verschwindet auch der Mut, Neues auszuprobieren. Mutlosigkeit ist auch eine Konsequenz einer sehr restriktiven Fehlerkultur. Ich habe gar keinen Mut mehr in meine eigenen Potenziale, Kompetenzen. Ich mache nur das, was ich sicher weiß, was ich sicher kann. Das andere mache ich nicht mehr."

Derry Hannman, britischer Schulinspektor (a.D.): „Wenn Sie sich Schulen anschauen, die junge Menschen in Entscheidungen involvieren, können Sie normalerweise sagen, dass es bessere Schulen sind. Es wird mehr gelernt. Aggressives Verhalten ist deutlich geringer. Die Anzahl von Fehltagen, wegen Krankheit oder Unzufriedenheit, ist deutlich geringer. Das heißt, wir beginnen Belege damit zu sammeln, dass eine Schule erfolgreicher wird, wenn man sie demokratischer gestaltet."

Yaacov Hecht, Gründer der *Democratic School of Hadera* (Israel): „Heutzutage sprechen die Leute überall im Bildungssystem über Veränderung. Jeder muss für sich herausfinden, was für ihn der Schlüssel zum Lernen ist, was ihm hilft, ein lebenslanger Lerner zu werden."

Jesper Juul, Pädagoge, Familientherapeut, Konfliktberater: „Und die Leute, die heute am meisten in Schulen, neue Versuche, neue Elemente, neue Gedanken investieren, sind ja die großen Unternehmer. Weil die wissen, die heutigen Schüler können wir nicht brauchen. Die Politiker meinen dann, nein, die Schüler sollen wie vor 30 Jahren sein. Das meinen die Unternehmer überhaupt nicht. Nein, um Gottes Willen, solche brauchen wir überhaupt nicht. Wir brauchen Kinder, die selbständig sind, die eigenverantwortlich sind, die ohne strenge Führung arbeiten können, wir brauchen Mitarbeiter, die komplex denken können, usw. All das brauchen wir, was aber unsere Schulen nicht erlauben. Das brauchen Unternehmer, das brauchen Wissenschaftler,..."

Derry Hannman, britischer Schulinspektor (a.D.): „Mein Traum ist, dass wir diese schrecklichen, hasserfüllten Pflichtschulsysteme aufgeben. In meinem Land verlieren sie 30 bis 40 Prozent der jungen Leute in ihnen. Das System verliert sie, weil sie nach der Schule nicht mehr lernen wollen. In England nennen wir sie NEETs. Dies sind junge Menschen, die sich weder in einer Ausbildung, einem Arbeitsverhältnis oder einer Weiterbildung befinden. Das System hat sie ganz klar verloren. Und es hat bei vielen anderen versagt, Lebensträume zu entwickeln. Viele Leute verlassen das Schulsystem und haben kein Interesse mehr am Lernen. Sie sagen sich: ‚Das war´s! Vielleicht ertrage ich drei weitere Jahre an der Uni und dann werde ich nie wieder lernen.' Für die Zukunft des Planeten ist das ein Desaster! Wir müssen sämtliche Kreativität und Innovationsfähigkeit in unseren Kindern entwickeln oder wir haben keine Zukunft! Unser Schulsystem ist nicht nachhaltig und wir müssen es ändern!" In: *Schools of Trust,* R: C. Schuhmann und Th. Möller, Deutschland 2015

4   Auch dazu ist der Film (Buch) *Alphabet* empfehlenswert.

5   Internationalen Studien zufolge haben gänzlich unbeschulte Kinder (also kein öffentlicher Schulbesuch, sondern Un-/Homeschooler) höhere soziale Kompetenzen, eine breitere Allgemeinbildung, sind Demokratiebewusster, nehmen mehr an politischen Wahlen teil, besuchen öfter Bibliotheken, haben mehr Empathie und behalten sich mehr lebenslange Bereitschaft zum Lernen als beschulte Kinder. Auf den „Fall Neubronner", Arno Stern und die internationale Un-/Homeschooling Bewegung wird später noch genauer eingegangen.

6   Dies ist eine Textzeile aus dem Lied *Another Brick in the Wall,* des Album *The Wall,* von Pink Floyd. Das Rock/Pop Album *The Wall* aus dem Jahre 1979 hat Musikgeschichte geschrieben. Das zitierte Lied und das ganze Album hat durchaus wieder Aktualität! Siehe Wikipedia: *The Wall.* Dort findet sich auch eine Übersetzung des ganzen Songs.

7   Von ähnlichen „Projekten" wurde mir auch hier in Österreich durch Bekannte berichtet.

8   Michael Winterhoff, *SOS Kinderseele,* Bertelsmann Verlag, 2013

9   ebenda

10 In: DIE PRESSE, *Werte: Welser FPÖ will Kinder zu Gedichten verpflichten,* 10. März 2016. Siehe auch: DIE PRESSE, *Gedichtepflicht im Kindergarten: „krimineller Unsinn",* 11. März 2016 und ORF (News), *Scharfe Kritik an Welser Wertecodex,* 11. März 2016

11 Da meine Tochter (200 Kilometer entfernt) wirklich unter diesem Essenszwang-Unsinn litt, wollte ich mit der Leitung des Kindergartens sprechen. Als nicht Obsorge berechtigter Elternteil (wie das nicht nur in Österreich zu 90 Prozent für Trennungs-Väter ist) wollte ich das Unmögliche versuchen und rief die Pädagogin an, um einen persönlichen Gesprächstermin zu vereinbaren. Nachdem ich mich vorstellte, war ihre erste Frage: „Sind sie Obsorge berechtigt?" Meine ehrliche Antwort war „Nein". Bevor ich noch erklären konnte, dies sei in diesem Zusammenhang meines Anrufes wohl nicht von Relevanz, war die Antwort auf der anderen Seite des Telefons: „Wenn sie nicht die Obsorge haben, darf ich nicht mit Ihnen sprechen." Wenn Kinder nicht am Altar der Ideologie (pädagogische Konzepte) oder der Ökonomie geopfert werden, bleibt noch, sie am Altar des Rechtes zu opfern.
Auszugsweise noch ein paar andere Fälle zum Thema „Bildung" und „Erziehung" in *Kindergärten* des 21. Jahrhunderts: Mehrere deutsche Medien berichteten im Jänner 2017 von einem Kindergarten, in dem Kinder ebenso zum Essen gezwungen wurden. Was in vielen Kindergärten inzwischen Praxis ist, wurde in dem Kindergarten „Die kleinen Giraffen" durch einen zusätzlichen Gewaltakt „effizienter" gestaltet: Zur Zwangsernährung wurden die Drei- bis Sechsjährigen auch noch an ihrem Stuhl festgebunden. Man kann das auch fesseln nennen. Der Kindergarten warb mit Gedichtzeilen wie „In unserem Kindergarten schmeckt das Essen ganz toll, denn unsere Erzieher kochen selbst die Töpfe voll. Auch Abhärtung und Fitness müssen sein..." Aufgeflogen ist dieser *Kindesmissbrauch* durch Praktikantinnen, die in ihrer Schule darüber berichteten und daraufhin die Leitung der Schule beim Jugendamt Anzeige erstattete. Die Vorwürfe wurden von der Staatsanwaltschaft bestätigt und die Einrichtung geschlossen. Im Juni 2016 wurde über einen Mainzer Kindergarten berichtet, in dem über mehrere Monate Kinder von anderen Kindern geschlagen, mit Gegenständen vergewaltigt, bedroht und erpresst wurden (mit Duldung des Personals).

Auch diese Vorwürfe wurden amtlich bestätigt und die Einrichtung (vorübergehend) geschlossen.

Ein anderer Fall zum Thema „Erziehung und Bildung" im Kindergarten, der im Jänner 2017 auch durch die Weltöffentlichkeit ging und einen Proteststurm in sozialen Medien auslöste: Im hohen Norwegen beschloss ein Kindergarten mit Drei- bis Sechsjährigen einen Ausflug zu einer Rentierschlachtung zu machen und die Kinder aktiv daran teilnehmen zu lassen. Dieses „pädagogische" Unternehmen wurde auch mit Bildern bestens dokumentiert: Kinder schleifen blutige Rentierfelle durch den Schnee, schmeißen die Köpfe der Tiere in hohen Bogen in den Abfallcontainer und ähnliches.

Die „pädagogische" Begründung und Rechtfertigung des Kindergartenleiters: „Man habe den Ausflug unternommen, damit sie etwas über das Leben der Samen, der indigenen Einwohner Nordskandinaviens kennenlernen." Begründung Nummer zwei: Man habe den Eltern die Wahlfreiheit gelassen, ob sie ihre Kinder bei der Rentierschlachtung teilnehmen lassen. Begründung Nummer drei: „Viele Menschen auf dieser Welt gehen einfach in den Supermarkt um Fleisch zu kaufen, aber sie denken nicht darüber nach, wo es herkommt. (…) Wir finden, dass es wichtig ist, Kindern das früh im Leben beizubringen." (Quelle: FAZ, FOCUS, BILD, etc.) Irrtum! In *diesem* Alter (Drei- bis Sechsjährige oder auch noch jünger) sollte und kann man Kindern gar nichts „beibringen".

Gleich ob Gendermainstreaming, Essenszwang, Sexualunterricht, religiöse Erziehung und, und…: In zunehmend allen Kulturkreisen dieser Welt scheint (wieder) zunehmend und teils vollständig das Bewusstsein dafür verloren zu gehen, was Kindern während der (eigentlichen) Kindheit, also bis zum 6./7. Lebensjahr zumutbar und nachhaltig sinnvoll überhaupt vermittelbar ist. Wie in diesem Buch noch ausführlich dargelegt, liegt das Geheimnis der erfolgreichen *Evolution* des Sapiens darin, dass unsere Vorfahren über zehntausende Jahre den kleinen Homo sapiens im Zeitraum der (echten) *Kindheit* vor einer ganzen Menge Dinge *bewahrt* und *ferngehalten* haben.

12 Andreas Salcher, *Der Talentierte Schüler und seine Feinde*, Ecowin, 2008
13 Verweis auf: Alice Miller, *Das Drama des begabten Kindes und die Suche nach dem wahren Selbst*, Suhrkamp, 1983
14 Nach Einschätzung von Eltern werden in vielen Krippengruppen (in Wien) bis zu zehn Kleinkinder im Alter von eineinhalb bis drei Jahren durch eine Pädagogin/Erzieherin betreut. Die Pädagoginnen haben manchmal gar keine spezifische Ausbildung in frühkindlicher Entwicklungspsychologie, noch wird überprüft, ob das Betreuungspersonal über die nötigen Kompetenzen verfügt, mit Kindern in diesem Alter richtig umzugehen. Offizielle Zahlen zum tatsächlichen Betreuungsschlüssel in Krippen gibt es in Österreich (und auch anderen Ländern) derzeit nicht.
15 Ute Brühl im Interview mit Theresia Herbst in: KURIER, *Zu große Gruppen in Kindergrippen. Psychologin Theresia Herbst kritisiert Personalmangel und Druck, der auf den Eltern lastet*, 27. August 2014
16 Der Bericht der Eltern findet sich auf derselben Seite des oben zitierten Artikels im KURIER vom 27. August 2014
17 In: SPIEGEL, *Klein-Kind Betreuung: Rechtsanspruch auf Krippenplatz bedroht*, 12. Juli 2012
18 ebenda
    Internationale Studien zum Betreuungsschlüssel variieren leicht. German-Speaking Association for Infant Mantel Health (GAIMH Die Gesellschaft für seelische Gesundheit in der frühen Kindheit) empfiehlt für die Krippenbetreuung von Kindern unter drei Jahren

altersgemischte Kleingruppen von sechs bis acht Kindern mit einem Betreuungsschlüssel der „näher bei 1:2 als 1:3 liegen soll." Ob altersgemischte Gruppen förderlich sind, darüber sind sich Studien uneinig. Durchgehend wird gefordert, dass die Betreuungspersonen konstant bleiben. Im Jahre 2014 wird in den meisten Krippen Deutschlands und Österreichs (und auch anderen Ländern) weder dieser Anspruch erfüllt, noch der oben genannte Betreuungsschlüssel. Schätzungen zu Folge kommen in Deutschland durchschnittlich sechs bis acht Kleinkinder auf eine Krippenpädagogin.

19 In: FOCUS (online), *Report: Verrat an der Familie,* 6. Oktober 2014
20 In: SPIEGEL (online), *Kita-Betreuung: Klein-Kinder haben eine 38-Stunden-Woche,* 16. September 2015
21 Verweis auf das Kapitel *Die Verzweckung der Kindheit,* in: Wagenhofer, Erwin und Kriechbaum, Sabine und Stern, André, *Alphabet. Angst oder Liebe,* Ecowin, 2013.
22 Birgit Kelle in: The European, *Margot Honeckers ganzer Stolz,* 8. Juli 2015
23 Michael Winterhoff, *SOS Kinderseele,* 2013
24 Im Gegensatz zu beispielsweise den skandinavischen Ländern oder Kanada, wo in den letzten Jahren die Schule kontinuierlich in allen Belangen teils reformiert wurde.
25 Aus: *Die Verzweckung der Kindheit,* in: Wagenhofer/Kriechbaum/Stern, *Alphabet. Angst oder Liebe,* 2013
26 Ein paar Rechtsbegriffe nicht nur zur Schule: „Recht auf (schulische) Bildung", „Schulgesetz", „Schulpflicht", „staatliche Lehrpläne und Festlegung der Fächerschwerpunkte", „Bildungspflicht", „gesetzliche Kindergartenpflicht", „Rechtsanspruch auf einen Krippenplatz", „Obsorgerecht", „Familienrecht", „Kindeswohl", etc. Immer sind es jedenfalls Erwachsene („Experten") die festlegen, was für *jedes* Kind im gleichen Maße zu gelten hat.
27 Siehe dazu auch mein vorangegangenes Buch *„Krieg gegen Väter. Das Drama eines Scheidungskindes",* Kral Verlag, 2014
    Empfehlenswert dazu sind immer noch die TV-Dokumentationen: ZDF Zoom, *Kampf ums Kind – Wenn Gutachten Familien zerstören,* 26. Oktober 2011. WDR, *Mut gegen Macht. Wenn Gerichtsgutachten Familien zerstören,* 13. Oktober 2014. Stern TV, *Das Drama der Scheidungsväter: Du wirst mein Kind nie wieder sehen,* 27. Mai 2009. An den darin genannten Zahlen und Fakten zur „Scheidungsindustrie" und den systematisch „entsorgten Vätern" hat sich bis heute kaum etwas verändert. In den letzten zehn Jahren wurden in den deutschsprachigen Ländern beinahe ein Dutzend TV-Dokumentationen zu diesen Themenfeldern produziert und es gibt schon unzählbare Presseberichte. Zum Themenbereich Trennungs-/Scheidungskinder und vaterlose Gesellschaft gibt es alleine in den letzten 15 Jahren etwa 150 deutschsprachige Verlags-Publikationen (ohne Diplomarbeiten, Dissertationen, Studien, etc.). Dennoch ändert sich kaum etwas an der Diskriminierung von Trennungsvätern und an der Behördenwillkür, der viele Trennungskinder ausgesetzt sind.
28 John Taylor Gatto, *Verdummt noch mal (Dumping us down). Der unsichtbare Lehrplan oder Was Kinder in der Schule wirklich lernen,* Genius Verlag, 2009
29 Richard David Precht (in: *Anna, die Schule und der liebe Gott*) und beispielsweise Thilo Sarrazin, ein weiterer deutscher „Bestsellerautor", hat die Kindergartenpflicht für alle Kinder mehrfach gefordert.
30 Jesper Juul, *Wem gehören unsere Kinder? Dem Staat, den Eltern, oder sich Selbst?,* Beltz, 2012

3 Der Kern: Die Ent-Wertung und Entfremdung von Kind und Familie

1   Vor der Machtübernahme der Nationalsozialisten gab es auch in Deutschland gesetzlich die Möglichkeit zum „häuslichen Unterricht". Der konnte von den Eltern selbst oder von einem Hauslehrer bewerkstelligt werden. Die Möglichkeit für den „häuslichen Unterricht" gab es vor den Nazis nicht nur in Deutschland, sondern in allen europäischen Ländern und gibt es zumeist immer noch. Die Homeschooling/Unschooling Bewegung der letzten Jahrzehnte hat aber mit dem „bürgerlichen" Hausunterricht des 18./19. Jahrhunderts nicht mehr viel gemein, worauf noch eingegangen wird.

2   In: Richard David Precht, *Anna, die Schule und der liebe Gott*, 2013. Vor ein paar Jahren wurde in Österreich gesetzlich das „Verpflichtende Kindergartenjahr" eingeführt, das letzte Jahr vor Schuleintritt. Gesetzlich ist verankert, dass das Kind auf Antrag der Eltern von dieser Kindergartenbesuchspflicht freigestellt werden kann, was sehr viele Eltern in Österreich gar nicht wissen. Dieses verpflichtende Kindergartenjahr wurde vorrangig für die Kinder mit Migrationshintergrund eingeführt.

3   Zitiert in: Klaus Schleicher (Hrsg.), *Elternmitsprache und Elternbildung*, Düsseldorf (Schwann), 1973

4   Ekkehard von Braunmühl, *Antipädagogik. Studien zur Abschaffung der Erziehung* (7. unveränderte Auflage), Beltz Verlag, 1991

5   Im Kapitel *Kindergartenpflicht*, in: R. D. Precht, *Anna, die Schule und der liebe Gott*, 2013

6   Wie Jesper Juul schreibt, ist es uns bald gelungen, „für die Alten, die Kinder und die Jugendlichen eigene Reservate angelegt zu haben – fragt sich, wer als nächster an die Reihe kommt..." In: Jesper Juul, *Wem gehören unsere Kinder?*, Beltz, 2012

7   Eine *wieder* intensive Schulreformdebatte gibt es seit der Jahrtausendwende überall in Europa, in sehr unterschiedlichen Maßen. In Amerika setzte sie vorrangig mit dem Buch *Dumbing us down*, von John Taylor Gatto, viel früher ein. J. T. Gatto war über 30 Jahre Lehrer und wurde mehrmals als „New York State Teacher of the year" ausgezeichnet. *Dumbing us down* ist seine schriftliche „Rücktrittserklärung" als Lehrer. Es gibt kaum ein Buch, das eine so pointierte und präzise Kritik an unserem (alten) Schulsystem beinhaltet. Ein empfehlenswertes Buch auch für Eltern, die das Gefühl haben, die Schule verändere ihr Kind zum Negativen, obwohl es in der Schule selbst keinen sichtbaren Grund oder Anlass gibt.
Es wird hier aus der deutschen Übersetzung zitiert. John Taylor Gatto, *Verdummt noch mal! (Dumping us Down). Der Unsichtbare Lehrplan oder Was Kinder in der Schule wirklich lernen*, Genius Verlag, 2009

8   Ich verzichte an dieser Stelle bewusst auf einen Quellenverweis. Jedes einzelne Zitat ist von einer anderen Politikerin (Ministerin), deren Name ich nicht nenne, weil ich selbst nicht Teil einer Degradierung von Personengruppen sein möchte. Aus einem weiteren und entscheidenderen Beweggrund verzichte ich in diesem Buch generell auf die *namentliche* Nennung von Politikerinnen und Politiker (außer ich zitiere Textstellen anderer Autoren). Nahezu alle Aussagen von Politikerinnen der letzten 15 Jahre zu dem Themenbereich Familie/Bildung/Fremdbetreuung, ganz gleich aus welcher Partei – von grün, sozialistisch bis konservativ –, unterscheiden sich inhaltlich nur äußerst marginal. Sie sind im Wesentlichen ident, somit austauschbar und gewissermaßen *namenlos*. Jeder Krieg begann einmal mit

einem Krieg der Worte. Aufgabe von Politik in einer Demokratie wäre: Respekt und Wertschätzung allen Personengruppen gegenüber.

9 Eine der „Aussagen" in dem vorangestellten Block von Zitaten von Politikerinnen stammt von einer langjährigen Frauen- und Familienministerin, danach bis Mai 2016 Bildungsministerin(!) in Österreich, die über Jahre immer wieder entwertende Aussagen gegenüber Vätern und der „traditionellen" Familie gemacht hat. Sie ist kinderlos.

10 Christine Bauer-Jelinek, *Der Falsche Feind: Schuld sind nicht die Männer*, Ecowin, 2012. Die Autorin war in jungen Jahren selbst in der Frauenbewegung der 1960/70er Jahre aktiv, ist Psychotherapeutin und renommierte Wirtschaftscoachin, wo sie Frauen und Männer begleitet. *Der Falsche Feind* ist kein „Abrechnungsbuch" mit dem Feminismus, sondern zeigt pointiert, wie der politische „Allmachts-Feminismus" der letzten 15 Jahre zur Bedrohung des gesellschaftlichen Zusammenhalts geworden ist.

11 Thorsten Denkler in: SZ, *Getrennt heißt nicht alleinerziehend*, 20. April 2015
Zum Thema „Trennungskinder" und ihre Folgen für Kind, Eltern und letztlich die gesamte Gesellschaft gibt es ebenso in der SZ einen lesenswerten (und langen) Artikel. Lars Langenau im Interview mit Jeannette Hagen in: SZ, *Die Mütterhoheit gehört vom Thron gestoßen*, 8. Dezember 2015. Jeanette Hagen ist „Trennungskind" und hat über ihre Verletzungen und denen, die nahezu jedem Trennungskind widerfahren, ein Buch geschrieben. Vielleicht derzeit eines der wichtigsten Bücher zum Thema „Vaterlose Gesellschaft" und ihre Folgen für die gesamte Gesellschaft, auch, weil es von einem „Trennungskind" selbst geschrieben wurde. Siehe Jeanette Hagen, *Die verletzte Tochter: Wie Vaterentbehrung das Leben prägt*, München: Scorpio Verlag, 2015

12 Zitiert aus dem Kapitel *Von Eltern und anderen Erziehungs-Dilettanten*, in: Birgit Kelle, *Dann mach doch die Bluse zu. Ein Aufschrei gegen den Gleichheitswahn*, Adeo Verlag, 2013. Im Buch findet sich auch zu jeder Person und ihrer Aussage zum Betreuungsgeld ein Quellenverweis.

13 In Amerika, deren gesellschaftliche Entwicklungen wir in (speziell Mittel-) Europa seit Ende des 2. Weltkrieges tendenziell immer folgen, sind eigene „Pensionistenstädte" schon Realität. In künstlichen Bungalowstädten für (wohlhabende) Pensionisten sind Kinder unerwünscht. Dort dürfen Enkelkinder ihre Großeltern nur alle 14 Tage zu bestimmten Zeiten (kurz) besuchen. Das Areal mit Pools, Golfplätzen und ähnlichem, dürfen sie nur sehr begrenzt und nur in den festgelegten „Besuchszeiten" betreten. Siehe im Internet beispielsweise unter „Kern-City". Man mag das als amerikanische „Auswüchse" abtun. Strukturell sind wir in Europa längst auch auf diesem Weg. Die in diesem Abschnitt aufgezählten Beispiele zu *Kind und Familie: unerwünscht*, und zur Entfremdung und Entwertung und Benachteiligung von Familien in der politischen Praxis, ließen sich leider zahlreich ergänzen.

14 Christine Bauer-Jelinek, *Der Falsche Feind*, 2012

15 In: SPIEGEL (online), *Deutsche wollen am wenigsten Kinder*, 20. November 2013. (Dieser Artikel bezieht sich auf den europäischen Vergleich. Innerhalb der EU hat Deutschland seit Jahrzehnten die niedrigste Geburtenrate.) Das internationale „Ranking" ist aus dem Jahre 2012. In den letzten zehn Jahren hat die Reihenfolge der Staaten untereinander nur leicht variiert. Die Geburtenzahlen sind seit längerem im Wesentlichen stagnierend oder sinkend. Afrika ist der einzige Kontinent, in dem in den letzten Jahren die Geburtenrate wieder leicht stieg. Allerdings relativieren Bürgerkriege, Hungersnöte und Krankheiten (hohe Kindersterblichkeit) die Zunahme an Geburten. Laut einer Studie des Hamburger Weltwirtschaftsinstitutes hat Deutschland 2013 überhaupt die niedrigste Geburtenrate der Welt, gefolgt

von Japan. Siehe unter anderem in: SPIEGEL, *Überraschende Statistik: Plötzlich haben wir die niedrigste Geburtenrate der Welt*, 1. Juni 2015

16 Die Situation hat sich in Deutschland in den letzten zehn Jahren durch eine breite gesellschaftliche und mediale Diskussion tendenziell verbessert. Erschütternd ist, dass Experten aus verschiedensten Wissenschaftsbereichen darauf verweisen müssen, wie wichtig auch der *Vater* für ein Kind ist. Die *Verrechtung* des Kindes und die (wissenschaftlich unbegründete) Über-Bewertung der primären Wichtigkeit der Mutter (nach einer elterlichen Trennung) führten tendenziell in allen westlichen Rechts-Gesellschaften zu ähnlichen Entwicklungen. Wie groß die Entfremdung von Familie (und den Bedürfnissen eines Kindes) ist, zeigt auch folgendes: In Österreich „dürfen" seit ein paar Jahren auch Großeltern von dem getrenntlebenden Elternteil um ein gerichtliches Besuchsrecht für ihr Trennungs-Enkelkind ansuchen. Gerichtliche Praxis ist ein eigener Großelternnachmittag alle 14 Tage. Sofern es dem „Wohl des Kindes" zuträglich ist. Das kann schon als beschämend für den Ist-Zustand Familie bezeichnet werden.

17 Margarete Doulin in: Die ZEIT, *Liebe auf Distanz. Die frühe staatliche Betreuung in Frankreich hat ihren Preis. Frauen fühlen sich zunehmend entfremdet von ihren Kindern*, 5. September 2013. Auch interessant dazu: Geneviève Hesse in: SPIEGEL, *Mütter in Frankreich: Stillender Protest*, 26. Oktober 2013

Kunst war und ist das Medium, in dem „brennende" gesellschaftliche Fragen, das Unbehagen, Fehlentwicklungen und ähnliches in komprimierter, symbolhafter Form auf den Punkt gebracht wird. 2006 erschien in Frankreich der Episodenfilm *Paris, je taime*. (In Deutschland/Österreich lief der Film 2007/08 in den Kinos.) 18 internationale Regisseure drehten für diesen Spielfilm einen etwa zehnminütigen Beitrag zu Paris. Der für mich berührendste Beitrag ist der Kurzfilm *„Loin du 16e"*, von Walter Salles. Kurz die Handlung, sofern diese in Worten überhaupt zu beschreiben ist: Die junge Mutter Ana steht früh morgens in einem Pariser Vorort auf. Sie nimmt liebevoll ihr Baby, fährt lange mit der Metro und gibt ihr Baby in einer Krippe ab. Zärtlich singt sie ihrem aufschreienden nun im Krippenbett liegenden Baby ein spanisches Kinderlied vor. Danach fährt sie (lange mit Bus und Metro) in ein wohlhabendes Viertel von Paris und betritt eine Villa, in der sie als Kindermädchen arbeitet. Die wohlhabende Mutter des Hauses gibt noch kurz ein paar Anweisungen und verlässt das Haus. Ana geht einen langen Gang entlang in ein Zimmer. Dort beugt sie sich über ein Kinderbett und singt dem Baby (das man im Film nicht sieht) ein spanisches Kinderlied vor. Es ist das gleiche, dass sie ungefähr eine Stunde zuvor ihrem eigenen Baby in der Krippe beim Abschied vorsang. Ana singt es ebenso zärtlich. In Frankreich wird die „Krippenpraxis" schon längst hinterfragt, nicht nur so „poetisch", wie in diesem Film.

18 In folgendem wird nochmals und ausführlicher aus dem Artikel *Auswirkungen frühkindlicher Gruppenbetreuung auf die Entwicklung und Gesundheit von Kindern* zitiert, der sich sowohl auf die SECCYD Studien als auch die NICHD bezieht. „Je mehr Stunden (kumulativ) Kinder in einer Einrichtung verbrachten, desto stärker zeigten sie später dissoziales Verhalten (Lehrerfragebögen-Items z. B.: Streiten, Kämpfen, Sachbeschädigungen, Prahlen, Lügen, Schikanieren, Gemeinheiten begehen, Grausamkeit, Ungehorsam, häufiges Schreien). Diese Veränderungen blieben im Verlauf stabil und waren überraschenderweise unabhängig von der Qualität der Gruppenbetreuung. Bei den mittlerweile 15-jährigen Jugendlichen ergibt sich eine Verschiebung der Auffälligkeiten hin zu vermehrt impulsivem und risikoreichem Verhalten (Alkohol, Rauchen, Drogen, Waffengebrauch, Stehlen, Vandalismus). Untersuchungen zur Stressbelastung ergaben: Das physiologische Cortisolprofil

mit hohem Spiegel am Morgen und deutlichem Abfall zum Abend hin fehlt bei gruppenbetreuten Kindern häufig. Bei ganztägiger Betreuung zeigen bis zu 80 Prozent der Kinder sogar eine Umkehrung mit ansteigendem Cortisol im Tagesverlauf. Hohe Betreuungsqualität konnte diesen Effekt abschwächen aber nicht aufheben. Eine Metaanalyse zeigte, dass die Cortisol-Tagesprofile umso auffälliger ausfallen, je jünger die untersuchten Kinder sind. Auch in der Wiener Krippenstudie zeigen vor allem die unter zweijährigen Kinder deutlich ungünstig veränderte Stresshormonprofile. Selbst gut ausgestattete Krippen können also den stresspuffernden Effekt der familiären Umgebung in der Regel nicht ersetzen. (...) Stressbedingte Suppression des Immunsystems in Verbindung mit erhöhter Erregerexposition führt bei Kindern in früher Gruppenbetreuung zu teils mehrfach erhöhten Raten infektiöser Erkrankungen (Otitis media, obere Luftwegsinfekte, Gastroenteritis). Dysfunktionale Stressverarbeitung kann auch zu metabolischen Veränderungen führen. Eine US-Studie fand eine Korrelation zwischen früher Gruppentagesbetreuung und späterer Adipositas. In der Mannheimer Längsschnittstudie wurde bei jungen Erwachsenen nach frühkindlicher Stressbelastung signifikante Erniedrigung von HDL-Cholesterin und Apoliprotein A1 gefunden, beides Risikofaktoren für die koronare Herzkrankheit. Eine weitere stresssensitive Erkrankung, die Neurodermitis, tritt bei früher Krippenbetreuung bis zum 6. Lebensjahr signifikant häufiger auf. Eine Studie zu chronischen Kopfschmerzen im Vorschulalter konnte bei multivariater Analyse als einzigen signifikanten Risikofaktor den ganztägigen Besuch einer Gruppentagesbetreuung identifizieren. (...) In der Gesamtbevölkerung wird ein kontinuierlicher Anstieg von Depression (aktuelle Prävalenzen bis 20 Prozent) bei immer früherem Erkrankungsalter verzeichnet. Die umfangreiche Einführung sehr früher Gruppentagesbetreuung wird diese Trends voraussichtlich weiter verstärken. Aus den genannten Befunden ziehen die Autoren der NICHD-Studie 3 wesentliche Handlungsempfehlungen: 1. Elterliche Erziehung sollte durch finanziell unterstützte Erziehungszeiten während der ersten 5 Lebensjahre eines Kindes gefördert werden (‚support parents'). 2. Die Qualität von Tagesbetreuung, insbesondere von Krippen, solle hohen Standards genügen (‚improve the quality of care'). Die Zeit, die 0- bis 3-jährige in Tagesbetreuung verbringen, sollte möglichst kurz sein (‚reduce the amount of time children spend in child care'). Zur Verbesserung der Qualität frühkindlicher Betreuung hat die DGSPJ bereits Stellung bezogen. In deutschen Gruppenbetreuungseinrichtungen überwiegen geringe (1/3) bis mittlere (2/3) Qualitätsstandards. Die notwendige hohe Qualität findet sich nur bei 2 Prozent der Einrichtungen. Nach einer großen kanadischen Studie hat geringe bis mittlere Qualität von früher Tagesbetreuung in Verbindung mit elterlicher Erwerbstätigkeit negative Auswirkungen nicht nur auf die Kinder, sondern auch auf die Eltern, bei denen vermehrt familiärer Stress, inkonsistentes und feindseliges Erziehungsverhalten, Gesundheitsstörungen sowie Partnerschaftsprobleme gefunden wurden. (...) Die derzeitigen Planungen zum Krippenausbau sind vor allem von *ökonomischen Aspekten* bestimmt und ignorieren weitgehend gesundheitliche Aspekte. Für eine gesunde Entwicklung brauchen Kinder jedoch besonders in den ersten 3 Lebensjahren die Liebe und die Zeit ihrer Eltern."
Der vollständige Artikel befindet sich in: Kinderärztliche Praxis 82 (2011) Nr. 5 (www.kinderaerztliche-praxis.de)
Nicht nur eine US-Studie, sondern auch eine kanadische Langzeitstudie stellt eine signifikante Korrelation zwischen früher Fremdbetreuung bzw. Krippenbetreuung und Adipositas her. In Kanada beginnt der „Kindergarten" erst mit dem fünften, frühestens mit dem vierten Lebensjahr und dauert bis zum sechsten Lebensjahr, den Beginn der allgemeinen

Schulpflicht (eigentlich Bildungspflicht). Der Kindergarten entspricht eher einer Vorschule und dort „dürfen" Kinder nur ein paar Stunden täglich verbringen. In Kanada gibt es dennoch Krippen, aber nicht in der Vielzahl wie in den USA oder Europa. Englische, französische und kanadische Wissenschaftler verfolgten eine Gruppe von 1640 Kindern im Alter von ein bis vier Jahren über einen Zeitraum von zehn Jahren. Neben den Familienverhältnissen und ökonomischen Daten unterschieden die Forscher zwischen Kindern, die eine Tagesbetreuung besuchten, bzw. sich in Familien von Verwandten aufhielten, und Kindern, die tagsüber zuhause überwiegend von den Eltern betreut wurden. Im Laufe der Jahre wurde außerdem regelmäßig Gewicht, Größe, Fettgewebe, etc. nach internationalem Standards (IDTF) gemessen. Das Ergebnis ist verblüffend: Der Anteil der übergewichtigen Kinder und der Kinder mit Fettsucht lag am Ende des Untersuchungszeitraumes bei den ehemaligen „Krippen/Kita-Kindern" um 50 Prozent höher als bei den Kindern, die in der Familie betreut worden waren. Dabei schlossen die Forscher bekannte Risiken aus, wie Übergewicht der Mutter, Einkommensverhältnisse, Ernährung, Stillen oder Arbeitszeiten der Mutter. Studie: Marie-Claude Geoffroy et. al., *Childcare and Overweight or Obesity over 10 years of Follow-Up.* The Journal of Pediatrics, 8. November 2012

19   Dr. Rainer Böhm in: FAZ, *Die dunkle Seite der Kindheit,* 4. April 2012. Ein bemerkenswerter, ausführlicher und immer noch aktueller Artikel zur deutschen „Krippenoffensive".

20   2013 erschien (im Deutschen) das Buch: *5 Dinge, die Sterbende am meisten bereuen. Einsichten, die ihr Leben verändern werden,* von Bonnie Ware. Interessant ist, dass dieses Buch ganz stark durch den Titel selbst zum Bestseller wurde. Leser und Kritiker bemerkten von Anfang an, dass das eigentliche Thema, die Gespräche von Frau Ware mit Sterbenden, im Buch einen untergeordneten Rang haben. In den letzten sieben Jahren sind einige Dokumentationen in Printmedien, aber vor allem im TV erschienen, die das „Ende des Lebens", den „Tod" thematisierten. Schlagwörter wie Sterbehilfe, Sterbebegleitung, Leben im Hospiz und ähnliches sind einer Mehrheit bekannt. Auffallend bei nahezu allen Berichten von Menschen, die dem Tod nahestehen, ist eines: Vorrangig plagt sie die Frage nach dem *Versäumten,* dem *Unterlassen,* die Frage nach *falschen Entscheidungen.* In erster Linie beim eigenen Kind.

21   John Taylor Gatto, *Verdummt noch mal!,* 2009

22   In: SPIEGEL (online), *Globale Bestandsaufnahme: Die Welt wird ärmer. Radikaler. Undemokratischer,* 28. Februar 2016. Und (unter anderen): HANDELSBLATT, *Demokratie weltweit unter Druck,* 27. Februar 2016

23   John Taylor Gatto, *Verdummt noch mal!,* 2009

24   ebenda

25   In: KURIER, *Jungen vergeht Lust auf Kinder,* 10. Juli 2013

26   In: SPIEGEL (online), *Kinderarmut in Deutschland,* 9. Jänner 2014

27   In den medialen Debatten um die Kindersterblichkeit im Zuge des beharrlichen Festhaltens Deutschlands an der „Sparpolitik" gegenüber Griechenland wurde von allen Seiten vernachlässigt: Zum Einem wird zwischen Säuglingssterblichkeit (bis zum ersten Lebensjahr) und zwischen Kindersterblichkeit (bis zum fünften Lebensjahr) unterschieden. Die Ursachen für beides sind mitunter unterschiedlich. Auch amtliche Statistiken sind vielfach (wenn auch einigermaßen genaue) Schätzungen. Die „Sparpolitik" Deutschlands gegenüber Griechenland soll hier keineswegs gerechtfertigt werden, im Gegenteil. Es ergeht aber Kindern und Familien auch in vielen anderen „Wohlstandsgesellschaften" immer schlechter, wie noch gezeigt wird.

28 Peter Sloterdijk, *Die schrecklichen Kinder der Neuzeit*, Suhrkamp, 2014
29 Barbara v. Meibom, *Vom Ich zum Du zum Wir?*, in: G. Hüther/C. Spannbauer (Herausgeber), *Connectedness. Warum wir ein neues Weltbild brauchen*, Hans Huber Verlag, 2012
30 John Taylor Gatto, *Verdummt noch mal!*, 2009
31 Der Historiker Yuval Noah Harari definiert diesen Terminus so: „Eine intime Gemeinschaft ist eine Gruppe von Menschen, die einander gut kennen und für ihr Überleben aufeinander angewiesen sind." Ausführlicher dazu in: Y. N. Harari, *Eine kurze Geschichte der Menschheit*, DVA, 2013 (im Original 2011 unter dem Titel *A Brief History of Mankind* erschienen.)
32 In: SPIEGEL (online), *Korruption im Gesundheitswesen: Kassen-Detektive jagen betrügerische Ärzte*, 23. Dezember 2013
33 Bericht der Statistik Austria, *Die Kosten der Pflege und Betreuung. Ein Ausblick auf 2030*, 29. Juni 2011
34 *Ouroboros* lässt sich aus dem griechischen etwa mit „Selbstverzehrer" übertragen.
35 Y. N. Harari, *Eine kurze Geschichte der Menschheit*, 2013
Hararis Bestseller ist meines Erachtens die derzeit spannendste Beschreibung des „Großen und Ganzen", der Entwicklung der Menschheit von unserer Kultur des Jäger-und-Sammlers bis zu unserer gegenwärtigen „Kultur" des Konsumismus. So komplexe Prozesse wie die kognitive und landwirtschaftliche Revolution, bis hin zum Kapitalismus, werden kurz und präzise erklärt wie kaum anderswo. Erstaunlicherweise geht der Universalhistoriker aber nicht darauf ein, welchen Anteil die Erziehung und „Bildung" bei der Odyssee und dem großen Drama des „modernen" Sapiens hat.
36 Das *I Ging* (chinesisch „Das Buch der Wandlungen") ist der älteste der klassischen chinesischen Texte. Seine Entstehung wird auf das dritte Jahrtausend vor Christus geschätzt.
37 G. Hüther/C. Spannbauer, *Ein Plädoyer der Verbundenheit*, in: G. Hüther/C. Spannbauer (Herausgeber), *Connectedness. Warum wir ein anderes Weltbild brauchen*, 2012
38 In den letzten drei Jahrzehnten fand einer der größten gesellschaftlichen „Umbauten" der letzten Jahrhunderte statt. Noch nie in Friedenszeiten(!) hatten Kinder so wenig Kontakt zu ihrem zweiten Elternteil, zumeist dem Vater. Weiters gingen in einem längeren Prozess, der in den letzten zwei Jahrzehnten seinen „Abschluss" fand, alle Belange des Aufwachsens eines Kindes bis etwa dem zehnten Lebensjahr in weibliche Hand. Erziehung *und* Bildung. Die Mehrheit der Kinder wird überwiegend von der Mutter betreut oder lebt ohnehin getrennt vom Vater. Über 80 Prozent sind es Frauen, also weibliche Autoritätspersonen, die in Krippe, Kindergarten und Grundschule arbeiten. (Worauf später genauer eingegangen wird.) In den letzten Jahrzehnten haben Autoren und Wissenschaftler aus Pädagogik, Psychologie und seit Jahren auch aus Neurobiologie darauf verwiesen, dass dies für die gesamte Entwicklung des Kindes nachteilig ist. Kinder brauchen beide Rollenbilder und Identifikationsmöglichkeiten: das weibliche/mütterliche und das männliche/väterliche Vorbild. Für Mädchen ist ein gleichwertiger Kontakt zum Vater vor allem in den ersten Lebensjahren und nochmals in der Pubertät für die spätere Beziehungsfähigkeit besonders wichtig. Burschen mit einem guten und regelmäßigen Kontakt zum Vater (der dem der Mutter gleichwertig sein sollte), sind lernbereiter, weniger anfällig für ein späteres Suchtverhalten (Alkohol, Drogen), gesünder, in ihrer Psyche stabiler, weniger aggressiv und anfällig für Kriminalität, als jene Jungen, die ein problematisches Verhältnis, kaum oder keinen Kontakt zu ihrem Vater haben.
39 Siehe dazu auch die im Literaturverzeichnis angeführten Werke des deutschen Neurobiologen Prof. Dr. Gerald Hüther. Dem Wissenschaftler gelingt es die Komplexität des

menschlichen Gehirns und „das Wunder Gehirn" in einer allgemein verständlichen Sprache darzulegen.
40 Aus der Nobelpreisrede von Albert Schweitzer in Oslo am 4. November 1954. In: A. Schweitzer, *Gesammelte Werke*, Band 2, 1973

Teil II
Zeit-Reise zur Geschichte der Kindheit und Familie

1 Die Nachtigall, Fadenwürmer oder die Evolution durch Familie

1 Das poetischste Denkmal setzte William Shakespeare der Nachtigall in einem der berühmtesten ‚Liebesdramen' der Weltliteratur: *Romeo und Julia*. Dieses ca. 1597 in London uraufgeführte Bühnenwerk ist auch ein erschütterndes „Familiendrama". – Elterlicher Streit ist und war immer schon das größte Gift für eine Kinderseele.
2 Aus dem Kapitel *Initial programmierbare Konstruktion: Gehirne von Vögeln, Beutel- und Säugetiere,* in: Gerald Hüther, *Bedienungsanleitung für ein menschliches Gehirn*, Vandenhoeck u. Ruprecht, 2010
3 ebenda
4 ebenda
5 Aus dem Kapitel *Zeitlebens programmierbare Konstruktion: Gehirne von Menschen,* in: Gerald Hüther, *Bedienungsanleitung für ein menschliches Gehirn*, 2010
6 Balthasar Gracián (1647), *Hand-Orakel und Kunst der Weltklugheit*. Übertr. von Arthur Schopenhauer, Zürich, 1993
7 Zitiert aus dem Kapitel *Zeitlebens programmierbare Konstruktion: Gehirne von Menschen,* in: Gerald Hüther, *Bedienungsanleitung für ein menschliches Gehirn*, 2010
8 ebenda
9 A. Gestrich/J.-U Krause/M. Mitterauer, *Geschichte der Familie*, Kröner Verlag, 2003
10 Hans-Peter Dürr, *Teilhaben an einer unteilbaren Welt. Das ganzheitliche Weltbild der Quantenphysik,* in: G. Hüther/C. Spannbauer (Hrsg.), *Connectedness. Warum wir ein anderes Weltbild brauchen,* 2012
11 Y. N. Harari, *Eine kurze Geschichte der Menschheit,* 2013
12 Karl-Heinz Brodbeck, *Von der Geldgier zum Wachstum an Verbundenheit. Grundzüge einer kritischen Wirtschaftsethik*, in: G. Hüther/C. Spannbauer (Hrsg.), *Connectedness. Warum wir ein anderes Weltbild brauchen,* 2012
13 A. Gestrich/ J.-U. Krause/ M. Mitterauer, *Geschichte der Familie,* 2003
14 ebenda
15 ebenda
16 Andreas Pollak in: KURIER, *„Die meisten unserer jungen Leute sind funktionelle Analphabeten." Interview: Was tun mit 72 000 jungen Österreichern, die kaum lesen und schreiben können? Kritische Töne vom Sozialexperten Andreas Pollak,* 28. September, 2014
17 *Projekt A-Z*, Alphabetisierungsprojekt, Sozialministerium Wien. www.projekt-a-z.at
18 A. Gestrich/ J.-U Krause/ M. Mitterauer, *Geschichte der Familie,* 2003

2 Vom Lehren zur Belehrung

1. Die bekannteste Reformpädagogin war *Maria Montessori* (1870 – 1952). In den letzten Jahrzehnten übten *Rebecca* und *Mauricio Wild*, Vertreter der *nicht-direktiven Pädagogik*, nachhaltigen Einfluss auf die Reformpädagogik und die Reformpädagogischen Schulen aus. Die (Freien) *Aktiven Schulen* orientieren sich stark an der *Pesta*, einer freien Schule, die das Ehepaar Wild in Ecuador gründeten. In den letzten 15 Jahren übte der dänische Pädagoge, Autor, Familientherapeut und Konfliktberater Jesper Juul einen großen Einfluss auf die Reformpädagogischen (Freien und Demokratischen) Schulen (in Europa) und die verschiedenen reformpädagogischen Lehr- und Denkansätze aus. Im Zentrum seiner Arbeit stehen jedoch die Familie und der elterliche und auch gesellschaftliche Umgang mit dem Kind. Auf Jesper Juuls Ansichten und Erkenntnisse wird mehrmals eingegangen.
2. Gerald Hüther in: Wagenhofer/Kriechbaum/Stern, *Alphabet*, 2013
3. Gerald Hüther, *Was wir sind und was wir sein könnten. Ein neurobiologischer Mutmacher*, Fischer Verlag, 2011
4. ebenda
5. ebenda
6. ebenda

3 The good guy, seine Vorbilder und die Sozialisation des Kindes im „wirklichen Leben"

1. Die Beschreibung der „Babytests" erfolgt hier sinngemäß zusammengefasst aus dem Kapitel *„Born to be good"* und *„The dog eat dog society"* in: Wagenhofer/Kriechbaum/Stern, *ALPHABET*, 2013
2. ebenda
3. Bilder sagen oft mehr als tausend Worte. Die „Baby-Tests" wurden auch gefilmt und sind im Dokumentarfilm ALPAHABET (DVD) zu sehen. Empfehlenswert. Die Babytests wurden freilich mehrfach wiederholt. Das Ergebnis war immer das Gleiche. 99 Prozent der sechsmonatigen Babys wählten immer den *good guy*, den Helfer. Hingegen schwankte der Prozentsatz bei den Babys, die sich mit 12 Monaten für den *bad guy*, den Wegschieber, entschieden. Verschiedenen Publikationen zufolge lag der Prozentsatz zwischen zehn bis zwanzig. Es ist offenbar fast alleine das familiäre Umfeld und das Verhalten der erwachsenen „Vorbilder" entscheidend, ob wir unser angeborenes, „soziales", unterstützendes Verhalten verlieren. Auch aufmerksame Eltern werden beobachtet haben, dass Babys und Kleinkinder so etwas wie Empathie, Mitgefühl haben. Wenn sie beispielsweise dem kleineren Geschwister helfen oder unterstützen wollen. Vielfach geht dieses soziale Verhalten während Kindergarten, spätestens Schulzeit verloren.
4. Zitiert in: Susanne Garsoffsky, Britta Sembach, *Die alles ist möglich Lüge. Wieso Familie und Beruf nicht zu vereinbaren sind,* Pantheon, 2014
5. Zitiert und Quellennachweis (verschiedene Studien) in: Naomi Klein, *Die Entscheidung. Kapitalismus vs. Klima*, Fischer Verlag, 2015
6. Aus dem Kapitel: *Rückgang der Empathie und Aufstieg des Narzissmus,* in: Peter Gray, *Befreit lernen. Wie Lernen in Freiheit spielend gelingt,* Drachen Verlag, 2015 (Im Original er-

schienen 2013: *Free to Learn: Why Unleasting the Instinct to Play will make our Children happier, More Self-Reliant, and better Students for Life*) Auf die Langzeitanalyse von Sara Konrath und anderen Forschungsergebnissen zur Zunahme von Narzissmus und Empathielosigkeit geht der Psychologe näher ein, samt ausführlichem Quellenverzeichnis.

7 Gabriele Flossmann im Gespräch mit Michael Douglas in: KURIER, *Ich möchte ein Marienkäfer sein*, 19. Juli 2015
8 Gerald Hüther, *Was wir sind und was wir sein könnten*, 2011
9 Zitiert in: Peter Gray, *Befreit lernen*, 2015
10 Philippe Ariès, *Geschichte der Kindheit* (im Original erschienen 1960, Paris: *L´enfant el la vie familiale jous l'ancien règime,*) Carl Hanser Verlag, 1975
 Ariès Buch gilt als epochales Werk zur Geschichte der Kindheit in Europa, das maßgeblich die weitere historische Forschung und andere Wissenschaftsdisziplinen, wie auch viele Autoren beeinflusste. Sein Buch ist auch heute noch für jede Familie zu empfehlen, die wissen oder ergründen möchte, was „Kindheit" und „Familie" einmal war, und wie sich das Bewusstsein und Selbstverständnis für beides im Laufe der letzten Jahrhunderte änderte. Im Folgenden wird zusammenfassend und auszugsweise aus P. Ariès Buch zitiert.
11 Philippe Ariès, *Geschichte der Kindheit*, 1975
12 ebenda
13 ebenda
14 ebenda
15 ebenda
16 Das Thema *spielendes* Kind und generell (kindliches) *Spiel* wird uns auf dieser Zeitreise wiederholt und in verschiedensten Kontexten begegnen. Der amerikanische Forscher und Psychologe Peter Gray hat in seinem bemerkenswerten Buch *Free to Learn* (2013) Forschungsergebnisse aus Jahrzehnten und aus unterschiedlichsten Fachdisziplinen und Quellen zusammengefasst. Die Frage, was Spiel eigentlich genau ist, definiert Gray so: „(1) Spiel ist selbstgewählt und selbstbestimmt; (2) Spiel ist eine Aktivität, bei der dem Weg ein höherer Wert beigemessen wird als dem Ziel; (3) Spiel weist Strukturen oder Regeln auf, die nicht zwangsläufig von äußeren Notwendigkeiten vorgegeben werden, sondern dem Geist der Spielenden entspringen; (4) Spiel ist fantasievoll, bildhaft und gedanklich losgelöst von der Wirklichkeit oder vom >Ernst des Lebens<; und (5) Spiel erfordert eine aktive, wachsame, aber dennoch entspannte Geisteshaltung."
 Eine Auswahl aus den wichtigsten Forschungsergebnissen zum freien (selbstbestimmten), gemischtaltrigen und von Erwachsenen nicht kontrollierten (kindlichen) *Spiels*: Es erhöht die *Problemlösungsfähigkeit*, ist vor allem Ausdruck von *Freiheit*, ist das was man tun möchte – nicht das, was man tun muss. Spiel fördert die *Selbstbeherrschung*, ist ernst und doch unernst, wirklich und doch unwirklich, es fördert *Fantasie* und *Vorstellungskraft*. „Spiel ist also ein Bewusstseinszustand, der die Vorstellungskraft fördert. (...) Aus einer spielerischen Stimmung heraus konnte sich Einstein die Relativität von Bewegung und Zeit vorstellen. Was für ein Verbrechen es doch ist, Kinder in der Schule des Spiels zu berauben und dann von ihnen zu erwarten, hypothetisch zu denken und kreativ zu sein. (...) Indem sie ohne Erwachsene mit anderen Kindern spielen, lernen Kinder, eigene Entscheidungen zu treffen, ihre Gefühle und Triebe zu kontrollieren und die Welt aus der Perspektive anderer zu sehen. Sie lernen, Meinungsverschiedenheiten zu überwinden und Freundschaften zu schließen. Kurzum, im Spiel lernen Kinder, die Kontrolle über ihr Leben erlangen."

Spiel fördert *demokratisches* Verhalten, Logik und *Eloquenz*, *Empathie* und generell die Fähigkeit, sich in andere hineinzuversetzen. Spiel fördert die *Verarbeitung von Traumen* (gleich welchen Ursprungs sie sind). Im Spiel überprüfen Kinder ihre Ängste, als auch ihre körperlichen Fähigkeiten, Spiel fördert eine (gesunde) *Selbsteinschätzung* und das *Selbstvertrauen*. Vereinfacht: *Spiel* ist für eine gesunde *soziale* und *emotionale Entwicklung* des Menschenkindes unabdingbare Voraussetzung! Zitiert aus und ausführlicher in: Peter Gray, *Befreit lernen. Wie Lernen in Freiheit spielend gelingt*, Drachen Verlag, 2015 (Im Original erschienen 2013: *Free to Learn: Why Unleasting the Instinct to Play will make our Children happier, More Self-Reliant, and better Students for Life*)

17 Philippe Ariès, *Geschichte der Kindheit*, 1975
18 Siehe dazu: Hannah Arendt, *Elemente und Ursprünge totaler Herrschaft. Antisemitismus, Imperialismus, totale Herrschaft*. Piper, 1986 (Im Original erschienen 1951, New York: *The Origins of Totalitarianism*)
19 ebenda

Am Beginn des 21. Jahrhunderts haben wir wieder eine große Masse an Menschen (davon auch schon zunehmend mehr Kinder und Jugendliche), die sich nicht unterstützt und *verlassen* fühlen. Wir wissen aus der Geschichte, dass aus einer Gesellschaft massenbeschulter Menschen nicht zwangsläufig (nur) demokratische Bürger hervorgehen. Es ist ein Anachronismus und ein großer Irrtum, wenn heute wieder vermehrt Politiker, Pädagogen und manche Autoren meinen, die Massenbeschulung in staatlichen Schulen (mit Schul- und Bildungspflicht) sei weiterhin notwendig, um eine demokratische Gesellschaft zu produzieren. Im Gegenteil. Auch die Wähler rechtspopulistischer Parteien haben alle (staatliche) institutionelle „Pflicht-Beschulung" und Betreuung vom Kindergarten an „genossen". In verschiedensten Kontexten wird darauf später noch eingegangen.

20 In: KURIER, *Eineinhalb Planeten sind nicht genug, Living Planet Report. Bestandsaufnahme des WWF über den Zustand des Planeten: Wir nehmen uns mehr, als da ist*, 1. Oktober 2014

4 Vom Entdecken der (Text-) Kindheit…

1 Peter Sloterdijk, *Die schrecklichen Kinder der Neuzeit*, Suhrkamp, 2014
2 ebenda
3 ebenda
4 ebenda. Siehe auch: Pierre Legendre, *Die Kinder des Textes. Über die Elternfunktion des Staates*, Turia u. Kant, 2011; oder: Albrecht Koschorke, *Die heilige Familie und ihre Folgen*, Fischer (Taschenbuch) Verlag, 2001
5 Albrecht Koschorke, *Die heilige Familie und ihre Folgen*, Fischer (Taschenbuch) Verlag, 2001
6 Philippe Ariès, *Geschichte der Kindheit*, 1975
7 Zitiert in: Philippe Ariès, *Geschichte der Kindheit*, 1975
8 Philippe Ariès, *Geschichte der Kindheit*, 1975
9 Ivan Illich, *Entschulung der Gesellschaft* (6. Auflage), München: C. H. Beck, 2013. Die englische Originalausgabe *Deschooling Society* erschien 1971, die erste deutsche Ausgabe erschien 1972 im Kösel Verlag.
10 Zitiert in: Philippe Ariès, *Geschichte der Kindheit*, 1975

11 Zitiert in: Philippe Ariès, *Geschichte der Kindheit,* 1975
12 Zitiert in: Philippe Ariès, *Geschichte der Kindheit,* 1975
13 Verweis auf das Buch *Das Verschwinden der Kindheit* des amerikanischen Medienwissenschaftlers Neil Postman aus dem Jahre 1993

5 ...zum Verschwinden der (echten) Kindheit. Eine kurze Geschichte zur Schule der Neuzeit

Die Schule und ihr (ursprünglicher) Zweck

1 Neil Postman, *Keine Götter mehr. Das Ende der Erziehung,* Berlin Verlag, 1995
2 Erich Fromm, *Haben oder Sein,* dtv, 1979
3 Zitiert in: Eckehard von Braunmühl, *Antipädagogik. Studien zur Abschaffung der Erziehung,* Beltz Verlag, 1975
4 Hartmut Hentig im *Vorwort* zu: Philippe Ariès, *Geschichte der Kindheit,* 1975
5 Philippe Ariès, *Geschichte der Kindheit,* 1975. Im Folgenden wird aus dem zweiten Hauptteil, dem Kapitel *Das Schulleben* sinngemäß zusammenfassend und wörtlich zitiert.
6 ebenda
7 ebenda
8 ebenda
9 Zitiert in: Philippe Ariès, *Geschichte der Kindheit,* 1975
10 Zitiert in: Philippe Ariès, *Geschichte der Kindheit,* 1975
11 Zitiert in: Philippe Ariès, *Geschichte der Kindheit,* 1975
12 ebenda
13 ebenda
14 ebenda
15 ebenda
16 Zitiert in: Philippe Ariès, *Geschichte der Kindheit,* 1975
17 Zitiert in: Philippe Ariès, *Geschichte der Kindheit,* 1975
18 Zitiert in: Philippe Ariès, *Geschichte der Kindheit,* 1975
19 Philippe Ariès, *Geschichte der Kindheit,* 1975
20 ebenda
21 ebenda
22 Zitiert in: Philippe Ariès, *Geschichte der Kindheit,* 1975
23 Zitiert in: Philippe Ariès, *Geschichte der Kindheit,* 1975
24 Hier wird nur auszugsweise aus den zahlreichen Quellen, die P. Ariès anführt, zitiert. Die gewaltvollen und bewaffneten Schüleraufstände sind der erste Höhepunkt einer langen Geschichte der Gewalt an Schulen. Seit der Gründung und Entstehung dieser Schule, die wir heute an staatlichen Schulen der Struktur nach immer noch vorfinden, also vom 16. Jahrhundert an, durchziehen verschiedenste Formen von Gewalt, Denunziation, Mobbing und ähnlichem – und sei es nur innerhalb der Schülerschaft – die Geschichte der Schule.
25 Lloyd DeMause (Hrsg.), *Hört ihr die Kinder weinen. Eine psychogenetische Geschichte der Kindheit,* Suhrkamp, 1977 (Titel der Originalausgabe: The History of Childhood, New York, 1974). Lloyd deMause ist amerikanischer Sozialwissenschaftler und Mitbegründer der

sogenannten Psychohistorie. Sein mit neun Essays weiterer Autoren 1974 vorgelegtes Buch *The History of Childhood* leistete einen wertvollen Beitrag zur Kindheitsforschung. Alleine schon wegen des umfangreichen Quellenmaterials, das er mit anderen Wissenschaftlern zusammentrug. Seine Theorien und Schlüsse, die er aus dem historischen Material zog, sind bis heute teils umstritten. Vor allem seine Theorien und Vermutungen zur Eltern-Kind-Beziehung in Antike und prähistorischer Zeit sind zwischenzeitlich alleine schon von der Evolutionsforschung und unter anderem der Anthropologie her nicht mehr haltbar. Darauf wird später noch eingegangen.

Die Geburt des *wohlerzogenen* und *gehorsamen* Kindes

1 Philippe Ariès, *Geschichte der Kindheit,* 1975
2 Georg Hönigsberger, *Verwaltete Kindheit. Der österreichische Heimskandal*, Kral, 2014
Wer meint, das Phänomen „Heimkinder" sei in Deutschland und Österreich (und anderen europäischen Ländern) ohnehin am Aussterben, der irrt. In den vergangenen Jahren hat sich die Zahl der Kinder, die von ihren Familien getrennt und auf Staatskosten untergebracht wurden, nach einem Bericht der WELT verdoppelt! 2014 wurden demnach mehr als 48 000 Kinder von den Jugendämtern (in Deutschland) „in Obhut" genommen. 2005 erfolgten etwa 26 000 „Inobhutnahmen". Sozialdienste, welche die Heime betreuen, verdienen derzeit allein an der stationären Unterbringung neun Milliarden Euro. DIE WELT bezieht sich auf eine Studie des Institutes der deutschen Wirtschaft (IW). Ob die Leistungen dann tatsächlich stattfinden und ob sie wirklich gut und zielführend seien, prüfe niemand, bemängelt das IW. Siehe EPOCH TIMES, *Jugendamt schickt immer mehr Kinder in Heime – Träger machen Milliardenumsatz*, 28. Dezember 2015
Auch in Österreich wird öffentlich immer wieder die leichtfertige, rasche, und vor allem häufige Kindesabnahme durch Jugendämter hinterfragt. Faktische und amtliche Zahlen werden durch die Behörden meist nicht vorgelegt. Siehe unter anderem: DIE PRESSE, *Kindesabnahme: Gericht stärkt „liebevolle" Eltern*, 21. Jänner 2014 und: KURIER, *Seelenmord an Kindern beenden. Buchautoren üben heftige Kritik an der gängigen Praxis der Kindesabnahmen in Österreich*, 24. November 2014
3 Philippe Ariès, *Geschichte der Kindheit*, 1975
4 ebenda. Der Nationalsozialismus hätte weder die Rassentheorie noch die Systematik des Tötens so flächendeckend durchsetzen können, hätten Disziplin und Gehorsam über Jahrhunderte(!) nicht so einen hohen Stellenwert in nahezu allen Gesellschaftsschichten gehabt. – Wenn dies auch nur ein Aspekt des Phänomens „totaler Herrschaft" ist. Dass die katholische Kirche den Nationalsozialismus stillschweigend tolerierte, mag auch daran liegen, dass ihr der Geist der Disziplin, des Gehorsams, der Demütigung und Unterwerfung des Menschen sehr vertraut war. Das ist nur ein Aspekt zur „Haltung" der Kirche gegenüber den Nazis. Auch heute und wieder empfehlenswert dazu: Hannah Arendt, *Elemente und Ursprünge totaler Herrschaft,* 1986
5 Beide Quellen zitiert in: Philippe Ariès, *Geschichte der Kindheit*. Der Geist der *Demütigung* des Kindes, den zuerst die kirchlichen Moralisten in der schulischen Erziehung aus der Flasche ließen, erlebte im 18./19. Jahrhundert durch Pädagogen (Erziehungsratgeber) und durch familiäre Praxis einen Höhepunkt, der alles bisherige der Menschheitsgeschichte in den Schatten stellte. Man spricht von diesem Zeitraum auch von der Zeit der „schwarzen

Pädagogik". Dazu gibt es ein „Standardwerk": Rutschky Katharina, *Schwarze Pädagogik: Quellen zur Naturgeschichte der bürgerlichen Erziehung,* Ullstein Taschenbuch, 1977. Das Buch ist derzeit vergriffen, gebraucht aber immer wieder im Internet erhältlich. Phänomene wie der Nationalsozialismus und andere totalitäre Systeme entstehen nicht plötzlich. Wer wissen möchte, welchen Anteil dabei auch Erziehung und Pädagogik gehabt haben, für den ist auch Alice Millers Buch *Am Anfang war Erziehung* ein empfehlenswertes Buch. Miller nimmt auch auf historische Quellen Bezug, die in dem vergriffenen Buch Rutschkys angeführt sind.

6   In: Immanuel Kant, *Ausgewählte Schriften zur Pädagogik und ihrer Begründung,* Hrsg. von Hans Groothoff, Paderborn: Schönnigh, 1982

7   Nicht nur in seinem Buch *Schulinfarkt* erklärt Jesper Juul, dass zwischen dem *Selbstgefühl* und dem *Selbstvertrauen* ein entscheidender Unterschied besteht. Dazu Jesper Juul: „Selbstgefühl bedeutet; wer ich bin – mein Sein. Wie gut kenne ich mich: wie ich mich fühle, wie ich mich mir selbst gegenüber verhalte. Selbstvertrauen bedeutet: was ich leiste, was ich kann, wie gut ich es kann (...) Kinder bauen durch Lob oder Kritik (‚Brav bist du!', ‚Toll machst du das', ‚Das war aber dumm!') kein Selbstgefühl auf. Lob und Kritik sind Bewertungen von Leistung und wirken auf das Selbstvertrauen. Wenn wir Kindern und Jugendlichen hingegen dabei helfen wollen, ein gesundes Selbstgefühl aufzubauen, brauchen sie unsere Anerkennung für das, was sie sind. Es geht darum, den jungen Menschen zu sehen und zu akzeptieren. ‚Ich sehe, dass es dir Spaß macht', ‚Ah, du scheinst sehr wütend zu sein', ‚Die Schule bereitet dir gerade Schwierigkeiten'. Ich nehme wahr, was im Gegenüber vorgeht. (...) Oder: ‚Ich sehe, dass du traurig bist. Ich möchte gerne wissen, was dich so traurig macht. Weißt du es?' So fühlen die jungen Menschen sich wahrgenommen und bekommen einen Ausdruck für ihre innere Realität, die wertfrei ist. So entwickeln sie ein Gefühl für sich selbst. Ihr Selbstgefühl. So wie wir uns Kindern gegenüber verhalten, so verhalten sie sich selbst gegenüber. Wenn wir das, was in ihnen vorgeht, ernst nehmen, werden sie dies selbst einmal für sich tun können. Wenn wir zudem noch unsere Freude darüber, dass es sie in unserem Leben gibt, ausdrücken können und genießen, erleben sie, dass ihr Sein einen Wert für uns hat und nicht nur ihre Leistung. Kritik hingegen hemmt die Entwicklung eines gesunden Selbstgefühls. Man schämt sich für das, was in einem ist. Man fühlt sich nicht in Ordnung oder gar schuldig. Entscheidend ist, dass wir nicht die erwachsene Definitionsmacht gebrauchen: ‚du bist ein braves Mädchen', ‚Du bist frech und ungezogen', ‚Du bist faul', ‚Du bist unreif'. Spreche ich so, dann interessiere ich mich nicht dafür, wer das Gegenüber im Moment gerade ist, sondern drücke ihm einen Stempel auf. Ich definiere, wie es ist. Das verletzt die Integrität der Person. Das führt dazu, dass sie über sich nichts lernt." Aus dem Kapitel *Selbstgefühl und Selbstvertrauen,* in: Jesper Juul, *Schulinfarkt,* 2013

8   ebenda

9   Horst-Eberhard Richter, *Lernziel Solidarität,* Reinbeck (Rowohlt), 1974

10   Jesper Juul, *Schulinfarkt,* 2013

11   So gaben beispielsweise 23 Prozent der 15- bis 29-Jährigen an, „heftige Ohrfeigen" erlebt zu haben, während es in der Altersgruppe der 50-Jährigen und älter noch 56 Prozent sind. Erschreckend sind wie gesagt die Ergebnisse bei persönlich erlebter „psychischen Gewalt". Bei der Kategorie „Entziehen von Vergnügen" gaben 78 Prozent der 15- bis 29-Jährigen und bei der Kategorie „Schreien und Ausschimpfen" gaben in derselben Altersgruppe 63 Prozent an, es als Erziehungsmaßnahme erlebt zu haben. Die Prozentsätze bei der Gruppe der

30- bis 39-Jährigen sind fast ident. Bei der Gruppe der 50-Jährigen und älter sind es ca. zehn Prozent weniger. Das gesetzliche Verbot der körperlichen Züchtigung in den 1960er und 70er Jahren führte lediglich zu einer Verlagerung der Gewalt am Kind in den psychischen Bereich. An der grundsätzlichen *Einstellung* zur Kindheit, was jedenfalls die Bestrafung betrifft, hat sich bedauerlicherweise nichts geändert. Mit tagelangem „Schweigen" wurden nach eigenen Angaben 33 Prozent der 15- bis 29-Jährigen, 29 Prozent der 30- bis 39-Jährigen und 24 Prozent der über 50-Jährigen bestraft. Aus der Studie ist auch zu entnehmen, dass es eine starke Zunahme der psychischen Gewalt bei der jüngeren Generation gibt.

12 Philippe Ariès, *Geschichte der Kindheit*, 1975
13 Jesper Juul, *Schulinfarkt*, 2013
14 ebenda
15 ebenda
16 ebenda
17 Das betrifft die Mehrheit aller behördlichen Institutionen, die sich (vorgeblich) um die Bildung und das „Kindeswohl" bemühen; wie im besonderen Jugendwohlfahrt und Familiengerichte.
18 Jesper Juul, *Schulinfarkt*, 2013
19 Viele der großen Persönlichkeiten des 18. bis 20. Jahrhunderts, wie beispielsweise J. W. von Goethe, Bertrand Russel, W. A. Mozart, etc. wurden durch *Hauslehrer* privat unterrichtet. Das lag aber nicht daran, dass für die Eltern dieser Sprösslinge eine Hochbegabung beim Kleinkind sichtbar gewesen wäre. Viele verhielten sich als Kind nicht anders als ihre Kameraden. Die „alte" autoritäre Schule verlor ihre breite Akzeptanz und ihren Sinn für einen Teil des gebildeten Bürgertums. Aus diesem Milieu entwickelten sich vom Ende des 18. Jahrhunderts dann (bis heute) sämtliche reformpädagogischen Bestrebungen. Die Un-/Homeschooling-Bewegung des 20. Jahrhunderts und die aktuelle Unschooling-Bewegung haben aber mit dem häuslichen Unterricht des 18. und 19. Jahrhunderts nicht viel gemein. Das Kind wird nun nicht mehr isoliert, entweder in einer Schule oder häuslich gebildet, sondern es wächst (bei den meisten Familien) so weit als möglich wieder inmitten des „wirklichen Lebens" auf und lernt jederzeit und überall.
20 Jesper Juul, *Schulinfarkt*, 2013
21 ebenda
22 Ivan Illich, *Entschulung der Gesellschaft,* 1972
23 „Gute" Bildung darf vor allem für die Pflichtschulzeit den Familien nichts kosten. Die meisten Privat-Schulgründungen der letzten 15 Jahre erfolgten im (Grundschul- und Kindergarten-) Bereich, mit einer reformpädagogischen Ausrichtung. Das Angebot ist vorwiegend nur im mittel- und großstädtischen Bereich vorhanden. Die Konsequenzen sind verheerend. Zum einen begünstigen sie eine Land-Stadt-Flucht für Familien. Durch die höheren Lebenskosten (Mietpreise) folgt in der Regel auch ein Einbruch im Lebensstandard. Wenn zudem auch noch bis zum zehnten Lebensjahr bereits ca. 40.000 Euro pro Kind für eine „passende" Ausbildung aufzubringen sind, heißt eine weitere Konsequenz: finanzielle Ausdünnung oder Verarmung der Mittelschicht. J. T. Gatto wies schon Mitte der 1990er Jahre darauf hin: Deutschland (und Österreich) folgen seit längerem dem amerikanischen Bildungssystem. Bekanntermaßen ist eine „breite Mittelschicht" in den USA Vergangenheit, und sie ist vielfach hoch verschuldet (wie zunehmend auch in Europa).

Es ist am Beginn des 21. Jahrhunderts nicht mehr tragbar, dass einem Kind, das in eine Privatschule aufgenommen wird, der Schulbesuch letztlich mangels der Einkommenssituation der Eltern verwehrt bleibt, was häufiger wird. Das „Klassen- und Elite-Denken" des 19. und 20. Jahrhunderts können wir uns nicht mehr leisten: Alleine schon, weil es dazu inzwischen zu wenige Kinder gibt und zu viele davon unter die Räder der Bildungsmisere kommen. Die skandinavischen Länder oder auch Kanada sind daher seit längerem bemüht, Wege aus der finanziellen „Bildungsnot" zu finden. Diskutiert wurde und wird beispielsweise ein Bildungsscheck, der Eltern aus einkommensschwachen Familien auch den Besuch ihres Kindes in einer Privatschule ermöglicht. Im Privatschulbereich gibt es zumindest im großstädtischen Bereich längst sechs bis acht unterschiedliche Schultypen. – Sie sind aber nicht den „guten" Schülern, sondern den finanziell potenten Eltern vorbehalten. Unser herrschendes Bildungssystem schädigt Kind und zunehmend Familie gleichermaßen.

Ein paar faktische Zahlen zur amerikanischen „Bildungsmiserie" (Stand 2010): 16 Millionen US-Schüler leiden an Depressionen oder anderen psychischen Problemen. / 1,6 Millionen Schüler nehmen regelmäßig Psychopharmaka (zumeist Tabletten) zu sich. / Etwa 69.000 Mädchen zwischen 13 und 19 Jahren „ritzen" (verstümmeln) sich regelmäßig. / 78 US-Schüler wurden zwischen 2002 und 2008 durch Schießereien in Schulen getötet oder schwer verletzt. / Alleine im Zeitraum von einem Jahr (2009-2010) haben 120.000 Schüler einen Selbstmordversuch begangen. / Die „failed" oder Drop-Out-Rate von US-Schülern an öffentlichen Schulen (High-School): New Orleans: 46,6 %, Detroit: 78,3 %, Dallas: 53,7 %, Pittsburgh: 35,0 %, New York City: 61,6 %, Kansas City: 54,3 %, Atlanta: 54,0 %, Chicago: 47,8 %, Los Angeles: 55,8 %. / 13.247.845 US-Kinder leben in (schwerer) Armut. Quelle: *Schooling the world. The white mens last burden,* R: Carol Black, USA 2010.

Weite Teile Europas (und auch Asiens) sind am besten Wege in 10 bis 20 Jahren den gleichen Befund der USA aufzuweisen. Wie im Buch schon ausgeführt, liegt die EU 28 Jugendarbeitslosenrate 2015 über 20 Prozent. – Vermutlich 99 Prozent davon haben zumindest die „Pflichtschulzeit" abgeschlossen. Wenn die immer früher und längere Pflicht-Massenbeschulung zumindest für etwa 50 Prozent der Kinder und Jugendlichen zu Krankheit und/oder Arbeitslosigkeit führt, fragt sich, wer ist der eigentliche „Gewinner" dieses Systems, außer Technologie, Pharma- und Unterhaltungsindustrie? – Und Pädagogen, Psychologen, Therapeuten, etc. Hauptstatement des Dokumentarfilms *Schooling the word:* "If you wanted to chance a culture in a generation, how would you do it? You would change the way it educates its children."

24 Jesper Juul, *Schulinfarkt*, 2013
25 ebenda
26 Im Dokumentarfilm ALPHABET berichtet Sir Ken Robinson: „Vor kurzem wurde eine großartige Studie über angepasstes Denken gemacht. Unangepasstes Denken ist nicht dasselbe wie Kreativität. Aber es ist eine wichtige Voraussetzung für Kreativität. Es ist die Fähigkeit viele mögliche Antworten auf eine Frage zu finden. Viele Arten, eine Frage zu interpretieren, die Fähigkeit, nicht nur linear oder eindimensional zu denken. 1500 Personen wurden getestet. Das Testprotokoll sah vor: Ab einer gewissen Punkteanzahl galt man als Genie im unkonventionellen Denken. Wie viele der 1500 Testpersonen erreichten das Niveau eines Genies im unkonventionellen Denken? Im Alter von 3 – 5 Jahre: 98 Prozent erreichten das Niveau genial. Es war eine Langzeitstudie. Man testete dieselben Kinder fünf Jahre später. Im Alter von 8 – 10 Jahre: 32 Prozent erreichten das Niveau genial. Wieder fünf Jahre später im Alter von 13 – 15 Jahren: 10 Prozent erreichten das Niveau genial. Man testete 200.000

Personen ab 25 Jahren nur zur Kontrolle. 2 Prozent erreichten das Niveau genial. Es zeigt 2 Dinge: 1. Wir alle haben diese Fähigkeit. 2. Meistens verkümmert sie. Viel ist mit ihnen geschehen, als sie heranwuchsen. Aber eines der wichtigsten Dinge, davon bin ich überzeugt, ist, dass sie unterrichtet wurden. Sie gingen 10 Jahre in die Schule wo man ihnen sagte, es gäbe nur EINE Antwort. Nicht, dass die Lehrer das so wollen, aber es passiert eben auf diese Weise. Es liegt im Selbstverständnis des Bildungssystems." (Es wurde hier dem Text der deutschen Untertitelung im Film gefolgt.) An dieser Stelle sei auch bemerkt, dass mehreren Studien in den letzten zwanzig Jahren zufolge die *Denkfähigkeit* von *unbeschulten* Kindern sechs- bis zehnfach höher ist. Unter anderem weißt J. T. Gatto in seinem Buch *Dumping us down* darauf hin.

27 Gerald Hüther und Uli Hauser, *Jedes Kind ist hoch begabt*, Knaus Verlag, 2014
28 Um in einem demokratischen Rechtsstaat ein Gesetz zu installieren, das für alle Bürger zu gelten hat und bei höheren gerichtlichen Instanzen nicht gleich durchfällt, benötigt ein Gesetz einmal eine Verordnung oder eine Probezeit oder beispielsweise einen Rechtsanspruch. Es bedarf also vereinfacht einer rechtlichen Vorlaufzeit. Das einige deutsche Politiker (und nicht nur diese) von einer Kindergartenpflicht über die gesamte Kindergartenzeit *und* eine Krippenpflicht ab dem ersten Lebensjahr träumen, ist längst kein Geheimnis mehr. Das alles freilich „ganztags", sprich 38 Stunden die Woche. Ein beliebtes und zynisches Argumentationsspiel für die Einschränkung von Menschen- und Bürgerrechten ist seit ca. 15 Jahren, dass dafür die Migranten oder die angebliche „terroristische Gefahr", die für alle Bürger bestehen soll, herhalten muss. Zur Kindergartenpflicht, die es in Österreich schon für das letzte Kindergartenjahr gibt, sagt Jesper Juul: „Wenn es um Fremde geht, dann dauert es meist keine fünf Minuten, bis die Politiker wie Faschisten reden, denn das ist ja faschistisch. Sie bestimmen also, dass jedes Kind in den Kindergarten muss, weil sie meinen, das käme den Kindern und ihrer Sprache zugute. Und die Kinder, die nicht ordentlich Deutsch sprechen, die können wir uns nicht mehr leisten."
Die Migranten sind für die Politiker hierzulande für die (noch) diskutierte (Krippen- und) Kindergartenpflicht nur ein Vorwand. Es geht primär um „Ökonomie". Wenn nahezu alle Kinder in staatlichen (und die der wohlhabenden Eltern in privaten) Reservaten untergebracht sind, erübrigt es sich über Familienförderung zu diskutieren. Zehn bis zwanzig Kinder von einer „Pädagogin" (Beamtin) betreuen und „bilden" zu lassen, ist eben „kostengünstiger", als sie im Familienverband zu belassen. Familie hat eben keinen Wert mehr. Es gibt aber noch einen zweiten Aspekt. Solchermaßen immer früher „institutionalisierte" Kinder sind „gehorsamer", „pflegeleichter", eben schon angepasst, aber auch labiler und kränklicher. Dazu erzählt Jesper Juul in *Schulinfarkt* von einer Begebenheit bei einem seiner Vorträge in Österreich. „Während einem dieser Vorträge kam eine junge, engagierte Erzieherin zu mir und bat mich, nach der Pause doch zu sagen, dass es den Kindern noch besser ginge, wenn sie bereits mit einem Jahr in Betreuungseinrichtungen kämen. Als ich nachfragte, was sie mit ‚besser ginge' meinte, erklärte sie mir, sie sei Erzieherin in einem Kindergarten für Drei- bis Sechsjährige. Dort habe sie die Erfahrung gemacht, dass diejenigen Kinder, die zuvor Kinderkrippen besucht hatten, viel ‚leichter zu handhaben' wären, weil sie das Institutsleben bereits kennen würden und sich ihm angepasst hätten." Darum geht es also auch, und das ist nach wie vor der Traum so vieler Pädagogen und Politiker: der angepasste, fügsame, kritiklose, gehorsame Schüler und Mensch. – Der sich möglichst bedingungslos in ein System fügt und keine unbequemen Fragen stellt.

Es wird Zeit, dass unsere Kinder aus der Hand von Bürokraten und Beamten kommen. Auffällig ist, dass bei der Kindergarten- und Krippendebatte die Grundschullehrer weitgehend schweigen oder eben dafür sind. Es geht also auch ein wenig um die eigene Bequemlichkeit. – Dass „oben" gegen Ende des „Bildungssystems" der Output der Schüler immer problematischer wird, stört offenbar die Pädagogen „unten" keineswegs. Es zählt (auch) die „Dienstzeit" möglichst problemfrei hinter sich zu bringen. Effizienz und *Nachhaltigkeit* sind für Beamte keine entscheidungsrelevanten Größen. Ansonsten bleibt auf jeden Fall noch die Schuld am Versagen unserer Kinder den Eltern oder der Politik in die Schuhe zu schieben.

29 Zitiert in: Jesper Juul, *Schulinfarkt,* 2013
30 ebenda

Frühe (Massen) Beschulung oder die Demokratie

1 In den USA waren 2015 etwa zwei Millionen Kinder unbeschult (Home-/Unschooler). Da Online-schooling, ebenso häusliches Lernen, teilweise staatlich gefördert wird, wird diese Gruppe von Kindern dem staatlichen Schulsystem zugeordnet. Daher könnte die tatsächliche Anzahl der unbeschulten Kinder in den USA höher sein. In England gibt es derzeit ca. 160.000 unbeschulte Kinder, in Frankreich sind es 20.000 bis 25.000, in Österreich ca. 2.000, in Spanien und Italien zwischen 3.000 bis 4.000. Home-/Unschooling ist in nahezu allen westlichen Ländern erlaubt. Die gesetzlichen Rahmenbedingungen sind von Land zu Land unterschiedlich. In Österreich müssen Home-/Unschooler, wie in ein paar anderen Ländern auch, einmal jährlich zu einer Externistenprüfung antreten. Was umstritten und seit Jahren von Unschoolern in Österreich angefochten wird. Manche Länder begnügen sich lediglich mit einer Registrierung bei der lokalen Schulbehörde und in manchen Ländern ist nicht einmal dies erforderlich. Spanien, Italien, Irland, Norwegen und PISA „Wunderland" Finnland haben die Bildungsfreiheit, also auch die Freiheit für Home-/Unschooling sogar in den Verfassungsrang erhoben. In England liegt die rechtliche „Hoheit" über die Bildung des Kindes überhaupt alleine bei den Eltern. Von den westlichen Ländern hat wohl Kanada (neben den skandinavischen Ländern) in den letzten zwanzig Jahren Schulautonomie und Bildungsfreiheit am weitgehendsten umgesetzt. Die Schulgesetzgebung und die Regelung von Homeschooling obliegen jedem einzelnen Distrikt. Die staatlichen Schulen haben dort relative Autonomie, bis hin zu der pädagogischen Ausrichtung der Schule. Home-/Unschooling ist in Kanada nicht nur toleriert, sondern wird in unterschiedlichsten Formen, je nach Schulbezirk, gefördert. Teilweise werden den Eltern sogar bis zu 1000 Dollar pro Schuljahr für Lernmaterial zur Verfügung gestellt. Home-/Unschoolern ist in vielen Bezirken gestattet (und erwünscht), beispielsweise nur für ein oder zwei Fächer (oder gegebenenfalls mehr) die staatliche Regelschule zu besuchen. Das ist (weitgehend) konsequent umgesetzte Schulautonomie und Bildungsfreiheit. Das Ergebnis: Kanada ist seit Jahren bei der PISA Studie von den westlichen Ländern mit am vordersten Rang, was aber nicht „Bildungsziel" ist. Die Home-/Unschooling Bewegung ist seit den 1980er Jahren in den USA und seit Ende der 1990er Jahre in Europa tendenziell zunehmend (vorrangig wegen der Unzufriedenheit der Eltern über das staatliche Regelschulsystem).

Über Home-/Unschooling gibt es im Internet zahlreiche Informations-Plattformen und weitere Informationen, siehe Literaturliste und Quellenverzeichnis. Auf die falschen „Mythen" zu unbeschulten Kindern wird später noch eingegangen.

2 John Taylor Gatto, *Verdummt noch mal (Dumping us down). Der unsichtbare Lehrplan oder Was Kinder in der Schule wirklich lernen,* 2009

3 Peter Gray, *Befreit lernen. Wie Lernen in Freiheit spielend gelingt,* Drachen Verlag, 2015. (Titel der Originalausgabe: *Free to Learn,* 2013) Bei den Forschungsergebnissen zur Alphabetisierungsrate zu Beginn des 19. Jahrhunderts verweist P. Gray auf: Bowles, S. und Gintis, E. (2000): *The origins of mass public education.* Ch. 33 in Roy Lowe (Hrsg.) History of education: Major themes. Vol. II. Education in its social context. London und New York: Routledge Flamer.

4 Ivan Illich, *Entschulung der Gesellschaft,* 1972

5 ebenda

Endlich wieder Bildungs*freiheit!*

1 Jesper Juul, *Schulinfarkt,* 2013

2 ebenda

3 Zur Wichtigkeit des Spiels für die Entwicklung des Kindes und die gesamte Gesellschaft gibt es zwischenzeitlich eine Menge unterschiedlicher und auch hochwertiger Publikationen. Empfehlenswert generell zum Spiel: Gabriele Pohl, *Kindheit – aufs Spiel gesetzt: Vom Wert des Spielens für die Entwicklung des Kindes,* 4. Auflage, Springer, 2014. Zur Wichtigkeit der Natur (auch heute noch!) für Kinder und auch des Spiels in freier Natur (nicht nur auf Spielplätzen): Herbert Renz-Polster/Gerald Hüther, *Wie Kinder heute wachsen...,* Beltz, 2013. Ebenso empfehlenswert (nicht nur für Eltern): Peter Gray, *Befreit lernen. Wie Lernen in Freiheit spielend gelingt,* Drachen Verlag, 2015

4 Manfred Spitzer, *Vorsicht Bildschirm! Elektronische Medien, Gehirnentwicklung, Gesundheit und Gesellschaft,* dtv, 2006.
Das Thema Auswirkungen von elektronischen Medien auf das menschliche Gehirn (vor allem auf das kindliche) ist leider auch hierzulande in den letzten 15 Jahren ein ideologisches Schlachtfeld geworden. Diskutiert werden hier zumeist die Publikationen von deutschen Neurobiologen, wie beispielsweise Manfred Spitzers *Digitale Demenz,* das ein Bestseller wurde. Die „Mediendebatte", wie auch die Auswirkungen von elektronischen Medien auf die psychosoziale Entwicklung des Kindes, wurde in den USA bereits etwa zwanzig Jahre früher geführt und diskutiert. In den USA waren es auch Pädagogen (Lehrer) und Psychologen, die auf die negativen Auswirkungen von elektronischen Medien bei Kindern hinwiesen. Während es in den deutschsprachigen Ländern erst die Neurobiologie und Neuropsychologie waren, die zu einer wirklich breiten Diskussion über den Medienkonsum bei Kindern und Jugendlichen führten. An alle Eltern: Elektronische Medien sind vor allem (auch) ein riesengroßes Geschäft. Daher genau schauen, wer was sagt, aus welcher „Ecke" eine Studie kommt. Vertrauen sie auf ihre Intuition und beobachten sie ihr Kind. Was für das eine Kind (scheinbar) zuträglich ist, muss es nicht für das andere sein. Jedes Kind ist anders. Ich empfehle aus Beobachtung und Erfahrung möglichst keinen Fernsehkonsum bis etwa zum sechsten Lebensjahr, auch wenn diese „Kiste" als Babysitter oder Beschäftigungs- oder Ablenkungstherapie perfekt funktioniert. – Aber die „Bequemlichkeit" hat ihren Preis! Am

besten ist, sie verbannen den Fernseher für die ersten Jahre überhaupt aus dem Haus. Was immer wieder Eltern machen. Bill Gates gestand im Frühjahr 2017 in einem Interview, dass er den Medienkonsum bei seinen Kindern äußerst kurzgehalten hat. Mit 14 Jahren gab es das erste Smartphone.
Sehr viele Klassen in Südkorea fangen mit dem I-Pad in der Grundschule an und auch in den Niederlanden gibt es die nach dem Gründer der Firma Apple benannten Steve-Jobs-Klassen mit I-Pad statt Schulbuch und Schulheft. Dabei hat Steve Jobs seinen Kindern das I-Pad verboten, weil er das Gerät als für Kinder ungeeignet ansah: In: Manfred Spitzer, *CYBERKRANK! Wie das digitalisierte Leben unsere Gesundheit ruiniert,* Lübbe Audio, 2016
Auch meine Kinder sind bei mir ohne Fernseher aufgewachsen. Ihr Kind versäumt nichts. Wir leben in einer Zeit, wo wir im Alltag ständig und überall mit Medien und Bildschirmen konfrontiert sind und das Nachbarkind oder ein Freund oder Freundin, die Oma oder Opa, bzw. irgendjemand hat die „Kiste" ohnehin zuhause stehen. Ihr Kind kommt von ganz alleine und ausreichend damit in Berührung. Keinen Fernseher zuhause erspart Ihnen viele Diskussionen, die mit vielen Kindern bis ca. sechs/sieben Jahre selten zielführend geführt werden können. Derweilen kann man heute auf einem Notebook oder PC ohnehin „alles" haben. Internet, TV, DVD, etc. Letztlich ist es Entscheidung und Verantwortung jedes Elternteiles. Zur Information und Inspiration gibt es eine Menge hochwertiger Bücher dazu. Eine Auswahl: Ein wenig in Vergessenheit geraten, aber immer noch lesenswert, die Bücher des amerikanischen Medienwissenschaftlers (auch ehemals Pädagogen!) Neil Postman: *Keine Götter mehr. Das Ende der Erziehung,* 1995; *Wir amüsieren uns zu Tode. Urteilsbildung im Zeitalter der Unterhaltungsindustrie,* 1985; *Das Verschwinden der Kindheit,* 1983. Und natürlich auch die Bücher des deutschen Neurobiologen Manfred Spitzer, *Vorsicht Bildschirm! Elektronische Medien, Gehirnentwicklung, Gesundheit und Gesellschaft,* 2005; und *Digitale Demenz. Wie wir unsere Kinder um den Verstand bringen,* 2012; sowie: Gerald Lembke, Ingo Lepner, *Die Lüge der digitalen Bildung: Warum unsere Kinder das Lernen verlernen,* Redline Verlag, 2015. Gerald Lembke ist Hochschulprofessor für digitale Medien und berät Unternehmen und Organisationen, wie sie Digitalität gewinnbringend einsetzen können. Das Hauptcredo der beiden Autoren: „Eine Kindheit ohne Computer ist der beste Start ins digitale Zeitalter." Siehe auch: Ute Brühl im Gespräch mit Gerald Lembke in: KURIER, *Warum Kinder kein Tablet brauchen,* 15. Mai 2015. Die beiden Autoren legen ideologiefrei in ihrem Buch auch dar, warum die immer zahlreichere Verwendung von digitalen Medien im staatlichen Bildungssystem von Grundschule bis Universität das *Lernen* eher hemmt als fördert.

5 Dazu gibt es ein interessantes Buch von Arno Stern: *Wie man Kinderbilder nicht betrachten soll,* Zabert Sandmann, 2012
Arno Stern, geboren 1924 in Kasel, emigrierte 1933 mit seinen Eltern nach Frankreich. Nach seiner Begegnung mit Kindern in einem Heim für Kriegswaisen gründete er in den 1950er Jahren den ersten *Malort,* der noch heute besteht. Mehrere Reisen in die Wüste und den Urwald (unter anderem in Peru, Afghanistan, Mexiko, Guatemala, Äthiopien, Nigeria und Neuguinea) bestätigten die universelle Gültigkeit seiner Forschung. Er ist Entdecker der *Formulation.* Vereinfacht: Im *Bild* eines (kulturell, schulisch, etc.) *unbelasteten* Kindes, gleich ob in Europa, der Wüste, Asien oder Südamerika, reihen sich viele Bestandteile der Formulation aneinander. Wenn es ohne Absicht oder Zweck malt. (Es also von sich aus beispielsweise eine Landschaft oder ein Haus malt, und nicht, wenn es dazu angehalten wird, eine Landschaft oder ein Haus zu malen.) Ein *Malort* lässt sich also nicht nur in Paris,

sondern auch in der Wüste herstellen. In diesen im Malort entstandenen Bildern finden sich das Kreuz, Dreieck, Viereck, die Strahlenfigur, Trichter, Bogen-Trazat, Baum, Mensch und viele „Figuren" mehr, eben die Formulation. Auch bei Nomadenkindern.

Arno Stern hatte Ende der 1960er und in den 1970er Jahren bereits große Mühe noch Gesellschaften zu finden, die gänzlich frei von Beschulung waren. Arno Stern: „Das Geheimnis aller Menschen ist ihre vom genetischen Programm bestimmte Entstehungsgeschichte, deren Widerhall in der organischen Erinnerung aufgespeichert ist. Was sie unterschiedlich werden lässt, ist das kulturell bedingte, ihre dem Klima angepasste Lebensweise, die Art zu wohnen, sich zu ernähren, sich zu kleiden."

Arno Stern wurde als UNESCO-Experte zum 1. internationalen Kongress für Kunsterziehung delegiert und betreibt in Paris neben dem Malort das „Institut für die Erforschung der Ausdruckssemiologie". Er ist auch Protagonist des Dokumentarfilmes *Alphabet* von Erwin Wagenhofer.

6   Zitiert in: John Taylor Gatto, *Verdummt noch mal (Dumping us down). Der unsichtbare Lehrplan oder Was Kinder in der Schule wirklich lernen*, 2009
7   Gerald Hüther und Uli Hauser, *Jedes Kind ist hoch begabt*, 2014
8   ebenda
9   Die ersten funktionsfähigen Dampfmaschinen wurden von Richard Trevithick entwickelt, die erste Dampflokomotive 1802. Richards Vater, Richard Trevithick sen. war Bergwerksingenieur und wie G. Stephensons Vater ebenso in einer Mine beschäftigt. Allerdings ging R. Trevithick in Canborne zur Schule, die ihn wenig interessierte, von Sport und Mathematik abgesehen. Ein Lehrer bezeichnete ihn als *langsam, ungehorsam, halsstarrig, verwöhnt, oft abwesend und äußerst unaufmerksam*. Wäre Richard Trevithick die für (fast) jeden Jungen langweilige Schulzeit erspart geblieben, möglicherweise wäre er und nicht G. Stephenson in die Geschichte als erfolgreichster Eisenbahnpionier eingegangen.
10 Gerald Hüther und Uli Hauser, *Jedes Kind ist hoch begabt*, 2014
11 ebenda
12 Jesper Juul, *Schulinfarkt*, 2013
13 Zitiert in: Jesper Juul, *Schulinfarkt*, 2013
14 John Taylor Gatto, *Verdummt noch mal (Dumping us down). Der unsichtbare Lehrplan oder Was Kinder in der Schule wirklich lernen*, 2009
15 John Taylor Gatto, *Verdummt noch mal*, 2009
    Noch ein paar weitere Persönlichkeiten, die der Schule, Highschool, oder auf andere Weise im Teenageralter dem üblichen Schulunterricht entkamen: Konrad Adenauer, Johanna von Orleans, Irving Berlin, William Blake, Pearl Buck, Samuel Clemens (Mark Twain), Charles Dickens, Georg Gershwin, Whoopi Goldberg, Maxim Gorki, Robin Graham, John Houston, Jack London, Liza Minelli, Keith Reichards, Walter Russel und Wilbur Coright. – Die Liste ist noch lange nicht vollständig.
    Den ersten Band der *Eragon*-Triologie schrieb Christopher Paolini als 15-jähriger Homeschooler. Aus zahlreichen Biographien geht zudem hervor, „dass die Schule wenig bis gar nichts dazu beigetragen hatte, diese Persönlichkeiten und ihr großartiges Leben zu formen. Stattdessen wurden sie durch andere Erfahrungen inspiriert und motiviert. So wurde zum Beispiel beim französischen Virologen Luc Montagnier, der für seine Erforschung des Aids-Virus berühmt wurde, das Interesse für die Naturwissenschaft durch das Labor geweckt, das sein Vater – ein Buchprüfer – in der Garage eingerichtet hatte. Er selbst durfte in einem eigenen Labor im Keller experimentieren. Wichtig für seine Entwicklung dürfte auch

gewesen sein, dass er im Alter von fünfzehn Jahren miterlebte, wie sein Großvater an Krebs starb. Steven Spielberg erlernte das Filmemachen, indem er mit der 8mm-Kamera seines Vaters experimentierte. Auf der Highschool verbrachte er viel Zeit damit, Filme zu drehen, um den Algebra – und Französischstunden zu entkommen. Später schlich er sich an Drehorten ein, um zuzusehen (seine Highschool-Zensuren waren zu schlecht, um auf eine Filmakademie zu gehen)." Siehe in: Grace Llewellyn, *Das Teenager Befreiungs Handbuch. Glücklich und erfolgreich ohne Schule,* (erw. Neuausgabe) Genius Verlag, 2014 (im Original erschienen: 1991,1998: The Teenage Liberation Handbook)

6 (Zerstörte) Familienbilder oder die Suche nach dem verlorenen Glück

Das Geheimnis der Geburt

1   Ein weiteres Zitat aus Hermann Hesses *Glasperlenspiel*. Dieses Werk schrieb er bereits im Exil vor den Nationalsozialisten und erhielt dafür den Literaturnobelpreis.
2   Zitiert in: DER STANDARD, *Jährlich 20.000 bis 30.000 Abtreibungen in Österreich*, 11. Juli 2013. Im zitierten Artikel kommen für Österreich Christian Fiala von Gynmed in Wien, wie auch Elke Graf, Geschäftsführerin des Ambulatoriums Pro:woman auf ähnliche Schätzungen. Zu den öffentlichen Zahlen aus Deutschland sei ergänzend anzumerken, dass verschiedenste Kommentatoren die Genauigkeit der amtlichen Registrierung und Zählung bemängeln. Die tatsächliche Zahl der Abtreibungen dürfte jedenfalls höher sein und wird auf bis zu 200.000 Abtreibungen pro Jahr geschätzt. Bei der periodisch aufkommenden Debatte zur „Fristenlösung" gäbe es auch fern von ideologischen und religiösen Reflexen folgendes zu überlegen: Deutschland wie auch Österreich und viele europäische und westliche Länder gleichen den Bedarf an nötigen Kindern zunehmend durch Zuwanderung aus. Die Geburtenzahlen sind seit langem de facto zu gering. Sie alleine nur durch Migration auszugleichen wird aus einer Vielzahl von Gründen schon mittelfristig zu immer größeren Problemen führen. Warum lässt man nicht die Fristenlösung (Erlaubnis zur Abtreibung unter gesetzlichen Bestimmungen) unangetastet und besinnt sich wieder auf den großen Wert, den Kind und Familie tatsächlich für eine Gesellschaft haben. Das Entstehen von Familien auch finanziell zu fördern, mittels eines Betreuungsgeldes, beispielsweise von 1.200 Euro (wie vielfach schon gefordert) bis zum dritten Lebensjahr oder überhaupt bis zum 6./7. Lebensjahr. Es ist ein erwiesenes Faktum, dass *ein* Hauptgrund der geringen Familiengründungen die materielle Situation, sprich drastische Einbußen in der Einkommenssituation (später bei der Pension, etc.) sind. Und ein Hauptgrund für die zahlreichen Abtreibungen. Derzeit ist eine Familiengründung nicht nur „subjektiv", sondern auch objektiv erlebt für Menschen ein erhebliches „finanzielles Risiko" und nicht mangelnde Krippenplätze, wie von politischer Seite (in Deutschland) immer wieder behauptet. Ein generelles Abtreibungsverbot, wie von verschiedensten religiösen Gruppen in Europa und vor allem in den USA immer wieder gefordert, würde meines Erachtens gegenwärtig die hohen Abtreibungsraten nicht verringern, sondern die illegalen (und nicht medizinischen) Abtreibungen und somit die Zahl der Frauen, die durch eine Abtreibung ihr Leben verlieren, in die Höhe treiben.

3   Michel Odent, *Im Einklang mit der Natur. Neue Ansätze der sanften Geburt*, Patmos, 2014. Anzumerken ist hier, dass der Verband der freien Hebammen in Österreich seit Jahren schon fordert, dass die „pränatalen Untersuchungen" wahlweise statt bei einem Gynäkologen auch bei einer Hebamme (die über weitreichendere Kompetenzen verfügt) durchgeführt werden dürfen. Was bisher vom Gesetzgeber abgelehnt wurde und geltendem EU-Recht widerspricht. In Deutschland (wie mehrheitlich in Europa) dürfen Frauen frei wählen, ob sie für die pränatalen Vorsorgeuntersuchungen zu einem Arzt oder einer Hebamme gehen. Hebammen sind auch in Österreich für pränatale Untersuchungen ausgebildet. Man hat allerdings das Kinderbetreuungsgeld an den Nachweis der *ärztlichen* Untersuchung gekoppelt, also an den ärztlichen Stempel. Wenn im Mutter-Kind-Pass einfach *medizinische* Untersuchung stehen würde, könnten das Hebammen auch abrechnen. Aber dieses Wort bestimmt darüber, dass Frauen um das Kinderbetreuungsgeld umfallen, wenn sie sich an eine Hebamme statt an einen Arzt wenden. Durch dieses Kinderbetreuungsgeld sind Hebammen in Österreich von der Betreuung Schwangerer nicht unmittelbar ausgeschlossen, es verbietet niemand, aber sie sind mittelbar ausgeschlossen. Was eine unzulässige Beschränkung der Niederlassungsfreiheit für Hebammen ist, die in der EU festgeschrieben ist. Interessant in diesem Zusammenhang ist, dass das „Recht" der Frau über ihren eigenen Körper *frei* zu entscheiden (Abtreibung) genau dann und sofort endet, wenn sie sich für das werdende Leben und eine Schwangerschaft entscheidet, für einen gesunden, glücklichen und freudigen Weg. Das ist nicht das einzige fragwürdige Paradoxon, dass eine Mutter oder Eltern von Beginn der Schwangerschaft bis zum Ende der Pflichtschulzeit begleitet. Es steht weiters einer Mutter zu, auch ohne medizinische Notwendigkeit einen Plan-Kaiserschnitt durchzuführen, der erwiesenermaßen für die Mutter selbst, aber auch für das Kind, negative Folgen hat. Andererseits werden alternative und für Mutter und Kind gesündere Geburtsarten, wie Hausgeburt, seit langem bewusst negativiert. Sie sind für Mütter, die sich frei dazu entschließen wollen, mit erheblichen Kosten verbunden. Mit der Schulpflicht statt der Bildungspflicht wird ebenso ein Grundrecht verletzt: Frei über die bestmögliche, oder dem Wesen des Kindes adäquate Bildung zu entscheiden. Die Liste wäre noch zahlreich zu ergänzen.
Ohne die Verdienste der Frauenbewegung zu schmälern: Dass speziell im Weiteren der Feminismus die Mutterschaft vollkommen ausgrenzt und auch noch gründlich entwertet hat, hat dem Mann, der Frau *und* den Kindern nur mehr Abhängigkeit und Bevormundung vom Staat gebracht. Auf den Punkt gebracht: Frei und unabhängig entscheiden und *sein* kann eine Frau gegenwärtig nur, wenn sie sich *gegen* ein Kind, gegen das Leben eines anderen entscheidet (und finanziell autonom ist). Die „Unabhängigkeit" vom Ehemann oder vom Vater des gemeinsamen Kindes hat sie lediglich in die gleichen Abhängigkeiten geführt, die auch für die große Mehrheit der Männer gilt. (Arbeitgeber, Sozialhilfe, etc.) Entscheidet sich nämlich eine Frau heute für die Mutterschaft, sind die Abhängigkeiten und die Bevormundung so groß, wie nie zuvor in der Menschheitsgeschichte. Dazu später ausführlicher. Religion und *Ideologien* haben dem *Individuum,* der Freiheit des Einzelnen, noch nie (auf Dauer) genützt!

4   ebenda. Die genannten Zahlen und Fakten, die Michel Odent in seinem Buch *Sanfte Geburt* 2004 veröffentlichte, haben sich bis heute kaum verändert. Im Gegenteil. Weltweit stiegen in den letzten 15 Jahren die Kaiserschnittraten zum Teil drastisch an, dass die WHO bereits von „epidemischen Ausmaßen" spricht. Die Rate der Kaiserschnittgeburten 2014: Türkei 43 Prozent, Mexiko 50 Prozent, China 46-50 Prozent, Thailand und Vietnam 34-38 Prozent,

USA 34 Prozent, Deutschland und Österreich 30-34 Prozent. Jedes dritte Kind kommt hierzulande seit bald drei Jahrzehnten(!) per Kaiserschnitt zur Welt. Besonders drastisch ist die Zahl in vielen lateinamerikanischen und asiatischen Großstädten, wo sie oft bei 90 Prozent liegt. Die Rate an Kaiserschnittgeburten verdoppelte sich in den letzten 30 Jahren nicht nur in manchen der hochentwickelten westlichen Industrienationen. Sie stieg in den letzten zwanzig Jahren auch stark in den sogenannten Schwellenländern. Innerhalb der westlichen Länder weisen die skandinavischen Länder die geringsten Kaiserschnittgeburten auf.

5   Jacques Gélis, *Das Geheimnis der Geburt. Rituale, Volksglaube, Überlieferung*, Herder Verlag, 1992. Der Pariser Historiker J. Gélis hat eine umfassende, sorgfältige und dabei auch noch spannend zu lesende *Geschichte der Geburt* vorgelegt, wie P. Ariès mit *Geschichte der Kindheit*. Nicht nur für werdende Eltern, die einmal fundiert zur Kenntnis bringen wollen, welche Einstellung zur Schwangerschaft und Geburt in Europa einmal herrschte und wie und wodurch sie sich änderte, ist *Geheimnis der Geburt* empfehlenswert. Leider ist dieses Werk seit längerem vergriffen und derzeit nur gebraucht im Internet oder in Bibliotheken erhältlich.

6   ebenda
7   Michel Odent, *Im Einklang mit der Natur*, 2004
8   Zitiert in: Herbert Renz-Polster, *Menschen-Kinder. Plädoyer für eine artgerechte Erziehung*, Kösel, 2011
9   Michel Odent, *Im Einklang mit der Natur*, 2004. Dies ist nur eine Auswahl an möglichen negativen Folgen, die medizinische Eingriffe in den natürlichen Geburtsverlauf mit sich bringen. Im Anhang von Odents Buch befindet sich ein sehr ausführliches Register mit internationalen Publikationen. Zu diesem Themenkomplex siehe (unter anderem): Willi Maurer, *Der erste Augenblick des Lebens*, Drachen Verlag, 2009
10 Herbert Renz-Polster, *Menschenkinder. Plädoyer für eine artgerechte Erziehung*, 2011
11 In: KURIER, *Die Geburt als Trauma*, 25. November 2014
12 Herbert Renz-Polster, *Die Kindheit ist unantastbar. Warum Eltern ihr Recht auf Erziehung zurückfordern müssen*, Beltz, 2014
13 In: DIE WELT, *So riskant ist ein Kaiserschnitt für das Baby*, 18. November 2012. Auffallend bei sehr vielen Medienberichten zum Thema Kaiserschnitt: Fast nie fragt ein Journalist einen Arzt, worauf er seine Aussagen und Feststellungen stützt. Welche wissenschaftlichen Ergebnisse oder Erfahrungswerte liegen seinen Feststellungen zugrunde. Bei anderen Personengruppen wird (zumeist) auch kritisch nachgefragt. Wer in Erfahrung bringen möchte, wie bedeutsam die ersten Momente nach der Geburt für das Menschenkind sind, das sogenannte *Imprinting*, dem sind neben den Büchern von Michel Odent auch Willi Maurers *Der erste Augenblick des Lebens* empfohlen.
14 In: DER STANDARD, *Kaiserschnitt: Nur scheinbar ein risikoarmer Eingriff....* 11. Oktober 2012. Dieser Artikel ist wie alle zitierten Artikel im Internet abrufbar. Prof. Alfred Rockenschaub, ehemaliger Chefarzt der Ignaz-Semmelweis-Klinik in Wien, geht ebenso mit der heutigen Geburtsmedizin hart ins Gericht. Er hält eine Kaiserschnittquote von ca. 1 % für angemessen – das ist die Quote, die die Semmelweis-Klinik unter seiner Leitung (1965-1985) bei einer Gesamtzahl von rund 42 000 Geburten aufweisen konnte. Diese Quote ist das Resultat einer stressverhütenden Atmosphäre.
Kirsten Proppe in: www.zeitenschrift.com/magazin/59_Kaiserschnitt.html
15 Zitiert aus der deutschen Übersetzung des Kapitels *Down with Childhood* von Jane Wegscheider in: AUF – Eine Frauenzeitschrift, *Nieder mit der Kindheit*, 1. Oktober 1974

16 Zitiert in: Michel Odent, *Im Einklang mit der Natur. Neue Ansätze der sanften Geburt,* 2004
17 ebenda
18 Siehe Homepage der Max-Planck-Gesellschaft, Studie vom 15. August 2015 (www.mgg.de)
19 Hans-Peter Dürr, *Teilhaben an einer unteilbaren Welt,* In: G. Hüther/C. Spannbauer, *Connectedness. Warum wir ein neues Weltbild brauchen,* 2012
20 Michel Odent, *Im Einklang mit der Natur. Neue Ansätze der sanften Geburt,* 2004
21 **Interview: *Der Eintritt ins Leben zwischen* High Risk *und* Low Risk. *Wenn das Selbstverständliche zum Luxus wird.***
Gespräch mit der (freien) Hebamme Eva Fernandez-Thanheiser
Eva Fernandez-Thanheiser, 1963 in Deutschland geboren, erwarb 1984 das Hebammendiplom und übersiedelte 1985 nach Österreich. Sie arbeitete als Hebamme in verschiedenen Landespitälern in Niederösterreich, sowie in der Rudolfstiftung in Wien. Seit 1992 begleitet Eva F. auch Hausgeburten. Seit 2011 arbeitet sie ausschließlich als Hebamme in freier Praxis (Hausgeburten und Begleitung ins Krankenhaus). Ihre praktische Arbeit wurde im Laufe der Jahre mit Zusatzausbildungen erweitert, wie Haptonomie (Kontakt zum Ungeborenen), Schwangerschaftsmassage, Homöopathie und Prozessarbeit in der weiblichen Sexualität. Sie ist Mutter einer Tochter und lebt im Bundesland Niederösterreich.
Eva und ich kennen uns persönlich seit 2001, da sie schon die Geburt meines erstgeborenen Sohnes begleitete, wie auch die meines Jüngsten.

Michael Hüter: Hebammen haben nicht nur in den deutschsprachigen Ländern gegenüber Ärzten kaum Medienpräsenz. Was glaubst du ist der Grund?
Eva Fernandez-Thanheiser: Es gibt diese gesellschaftliche Tendenz, diesen Graben zwischen den beiden Berufsgruppen. Aber ich muss dir sagen, ich habe 1984 diplomiert und bin jetzt über 30 Jahre in diesem Beruf. Es kann ein Segen sein, wenn diese Zusammenarbeit funktioniert, und es ist ein Segen. Im Vordergrund sollte immer das Wohl von Mutter und Kind stehen, und nicht ein persönliches Interesse an Profilierung, oder was ich nicht alles kann oder so.
Vergangenes Jahr hat es in Deutschland einen geburtshilflichen Fall gegeben, der schon über Jahre gerichtsanhängig war. Da hat eine weibliche Person, die Hebamme und Ärztin war, also zwei Berufe gehabt hat, eine Steißlagengeburt als Hausgeburt gemacht. Dieses Kind ist bei der Geburt verstorben. Ich will gar nicht auf Einzelheiten eingehen. Was ich spannend fand, dass in den Titeln der Zeitungen, z. B. DER SPIEGEL hat berichtet, steht: *Hebamme verurteilt!* Dass sie auch eine Ärztin war und als Ärztin gesagt hat, sie übernimmt diese Steißlagengeburt, die nicht im Spital stattfindet, darauf hat keine Zeitung hingewiesen. Sie konnte die Steißlagengeburt als Hausgeburt nur machen, weil sie Ärztin ist. Gerichtlich hat man ihr das auch angekreidet. Du musst einen definierten Arbeitsbereich haben. Wenn sie als Ärztin bei der Hausgeburt war, hätte sie eine Hebamme hinzuziehen müssen, und wenn sie als Hebamme dort ist, einen Arzt. In der medialen Headline blieb aber nur „Hebamme".

Anmerkung Autor: Bei diesem Fall handelt es sich um die deutsche Ärztin und Hebamme Anita R. Das Verfahren fand am Dortmunder Landesgericht statt. Obwohl Frau R. Ärztin und Hebamme (gleichwertig) ist, stand tatsächlich in den Titeln fast aller Medienberichte ausschließlich „Hebamme". Eine Auswahl: FAZ, *Hebamme droht Haftstrafe wegen Totschlags,* 10. November 2013; DIE PRESSE, *Ein Todschlagsurteil gegen eine Hebamme,* 22. November 2014; SPIEGEL, *Tödliche Hausgeburt: Hebamme zu Haft und Schmerzensgeld verurteilt,* 1. Oktober 2014; WDR, *Urteil im Hebammen-Prozess,* 1. Oktober 2014; ARD (Mediathek), *Urteil im Hebammenprozess,*

1. Oktober 2014. In den jeweiligen Berichterstattungen wird dann auch weiterhin primär von der „Hebamme" gesprochen und oft nur beiläufig darauf verwiesen, dass Anita R. auch „Ärztin" ist. Das Gericht hat aber Frau R. deshalb verurteilt (und auch begründet), weil sie Hebamme *und* Ärztin war, das heißt, in diesem Fall (Hausgeburt) die *ärztlichen* Pflichten unterlassen hat. Die Presse hat aber durchwegs „nur" die Hebamme verurteilt. Ich konnte nur einen deutschen Medienbericht finden, der im Titel schrieb: *Arzt und Hebamme vor Gericht.* STUTTGARTER NACHRICHTEN, 30. September 2014.

Seit mindestens 15 Jahren lässt sich die Medienberichterstattung zum Thema Geburt in Deutschland und Österreich (von einzelnen Ausnahmen abgesehen) etwa so zusammenfassen: Stirbt ein Kind bei einer Hausgeburt, was äußerst selten vorkommt, wird darüber „groß" berichtet, jedoch selten über die Arbeit von Hebammen. Bei den unzähligen Berichten zu Kaiserschnittgeburten wird selten von den Journalisten eine „kritische" Gegenfrage gestellt. Das Gegenüber sind immer Ärztinnen und Ärzte. Geschweige denn, dass das Thema Totgeburten in Krankenhäusern, oder auch Müttern, die nach einem Kaiserschnitt versterben, thematisiert wird. – Was faktisch häufiger vorkommt, als dass ein Kind im Zuge einer Hausgeburt verstirbt. Von Seiten der Medizin wird das Thema weitgehend und bewusst totgeschwiegen.

Michael H.: Ich habe mir viele Medienberichte zum Thema „Kaiserschnitt" durchgesehen, deutsche wie auch österreichische. Dabei ist mir aufgefallen, dass dazu ausschließlich Ärzte befragt werden. Wieso befragt man dazu nicht auch Hebammen? Und was läuft deiner Ansicht nach eigentlich schief, dass so viele Frauen mit der Absicht ins Krankenhaus gehen, natürlich, sprich vaginal zu gebären, und dann bleiben so wenige übrig, die wirklich mit einer zufriedenstellenden Geburt nach Hause gehen?

Eva F.: Ein Kaiserschnitt ist eine Operation, ein ärztliches Aufgabengebiet. Man muss da eigentlich vorher anfangen, bei der Schwangerschaft. Die ist in Österreich, obwohl es geltendem EU-Recht widerspricht, immer noch in ärztlicher Hand. Generell glaube ich, dass die Schwangerenvorsorge in ärztlicher Hand zur Folge hat, dass Frauen auch mehr zum Kaiserschnitt hin beraten werden, um das natürliche Risiko einer Geburt, einer vaginalen Geburt, sozusagen auszuschließen. Dazu muss ich dir vor allem eines sagen: Die Termini, die Begriffe, haben sich in den letzten etwa zwanzig Jahren verschärft. Es gab früher Risikoschwangere und Gesunde, Nichtrisikoschwangere. Die „Gesunden" gibt es gar nicht mehr, es gibt nur mehr *„High Risk"* Schwangere und *„Low Risk"* Schwangere. Es wird somit von vornherein unterstellt, dass ja immer etwas sein kann. Die Schwangeren werden nur durch eine Risikobrille angeschaut.

Ich habe dafür ein profanes Bild: Die Geburt wird gerne mit einem Gang auf einen Berg verglichen, mit einer Bergsteigung. Die Schwangeren sind eine Gruppe, vorsichtig formuliert, wo nicht alles rund läuft. Und so eine Gruppe von gemischten Personen, wie es im Alltag auch vorkommt, macht sich jetzt auf, um einen Berg zu besteigen. Die sehen wir jetzt als „Low Risk-Gruppe". Dabei ist der eine nicht ganz gut zu Fuß, der andere hat manchmal Probleme mit dem Durchatmen, der eine hat einen hohen Blutdruck, und ein anderer wieder etwas anderes. Die machen sich jedenfalls alle auf den Weg. Nach meiner Einschätzung ist es nicht verboten, dass man einmal kurzatmig wird. Ja, man kann auch einmal kurzatmig werden und dann muss man für die eine Person oder die ganze Gruppe das Tempo verlangsamen und dann kommen sie vielleicht auch entspannt und gesund oben an. Das Problem ist aber, wenn ich dem schon vorher sage, Achtung Risiko, Kurzatmigkeit, Bluthochdruck, was weiß ich, und der macht nach 300 Höhenmeter schon die zweite oder dritte Pause.... der wird in diesem medizinischen System sofort mit dem Lift abgeholt. Der geht nicht mehr zu Fuß!

In den meisten Fällen der Schwangerenvorsorge bekommen die Frauen Eisen, weil der Eisenspiegel sinkt, sich das Baby also Eisen von der Mama holt. Und viele Frauen, nicht alle, bekommen blutdrucksenkende Medikamente, vor allem wenn der Blutdruck gegen Ende der Schwangerschaft über 140/90 wäre. Michel Odent hat aber herausgefunden, dass das beste Outcome für Mutter und Kind ein leicht niedriger Eisenspiegel und ein leicht erhöhter Blutdruck ist. Ja, wir wissen das zwar, aber bis das Wissen bei allen niedergelassenen Ärzten ankommt und auch in der Praxis umgesetzt wird, kann das 30 Jahre dauern. Das sind solche Dinge. Die Geburt als physiologischer Vorgang ist ein Autoregulationsmechanismus. Wenn ich ständig interveniere, setze ich diese Regelkreisläufe außer Gefecht, das ist so. Die Verschiebung der Termini zu Low Risk und High Risk ist das eine.

In den neueren geburtshilflichen Büchern steht beispielsweise, ein Geburtsfortschritt *muss* alle zwei Stunden sein. Ich habe gerade vor ein paar Wochen eine Geburt begleitet, da hatten wir einen vierstündigen Geburtsstillstand und dann normal geboren. Wenn das im Spital ist, ja da bekommt die vorher schon einen Wehentropf. Das macht dann Stress für das Baby und zeigt sich an den Herztönen des Babys, und je nachdem, wenn der Muttermund dann noch nicht ganz offen ist, dann fährt man in den OP und hat den Kaiserschnitt.

Auch wenn der folgende Vergleich nicht ganz den aktuellen statistischen Zahlen entspricht. Wir haben ein kollektiv von 100 Prozent Frauen, die Schwanger sind. Sagen wir 70 Prozent werden als Risikoschwangere gesehen, die fallen gleich einmal weg. Die bekommen, was auch immer dieses System vorsieht. Dann bleiben noch 30 Prozent, und ca. 2 Prozent davon machen eine Hausgeburt, die sind auch weg. Es bleiben also noch 28 Prozent übrig, die sind einfach so schwanger und wollen normal gebären. Und von diesen 28 Prozent waren im Jahr 2008 nur mehr 7 Prozent Frauen, die ohne Eingriff natürlich geboren haben. Da muss man sich schon fragen, was passiert in diesem System.

Also ich kenne das, es gibt wirklich Krankenhäuser, und ich habe das nicht nur einmal erlebt. Wenn die Frau nicht mit Presswehen auf der Türschwelle steht, dann wird mit der etwas veranstaltet. Man glaubt, gleich vorsorglich eine Nadel setzen zu müssen. Und wenn man das macht, zieht man vorsorglich ein Wehenmittel auf und richtet einen Wehentropf her für die letzte Phase der Geburt, wenn es mal schnell gehen muss.

Was also auch dem Kaiserschnitt so viel Vorschub leistet, ist, dass in vielen Köpfen der Geburtshelfer so ein Bild herrscht, schnelle Geburt ist gleich gute Geburt. Das heißt, es mangelt an Erfahrung und es mangelt an Geduld Dinge einmal auszusitzen. Wenn es an Geduld mangelt, kommt gleich das nächste ins Spiel, wenn ich vom System Spital rede. Dafür brauche ich Personal. Wer setzt sich hin und beobachtet über vier Stunden einen Geburtsstillstand. Dazu brauchst du Leute, die Erfahrung haben und Geduld.

Die Geburt ist letztlich ein *intimer* Vorgang. Ich sage meinen Schwangeren in der Beratung oder den Vorbereitungsstunden immer wieder. Stell dir vor, du sitzt am WC, weil du Stuhlgang hast und alle 2 Minuten klopft jemand an und fragt, ob du schon fertig bist. Das wird wahrscheinlich länger dauern, als wenn keiner klopft. Die Hormone bei der Geburt sind etwa die Gleichen wie in der Sexualität. Das Oxytocin, die Endorphine. Wir wissen, wenn uns jemand in der Sexualität stört, das wird nichts. Das System Spital kennt aber nur diese permanente Beobachtung, Dauerbeobachtung und Intervention.

Michael H.: Was glaubst du ist der Hauptgrund dafür, dass uns so sehr das Vertrauen in den Menschen und in das Wunder der Evolution und des Lebens verloren geht?

Eva F.: Na ja, schau dir die Medien an. Berichtet wird in erster Linie über das was schief läuft. Das ist dann in den Köpfen präsent und das will man auf jeden Fall vermeiden.

Ich sage dir ein Beispiel: Ich habe immer wieder Anfragen von Frauen, die wünschen sich eine Hausgeburt, nachdem sie schon einen Kaiserschnitt hatten. Alle 14 Tage habe ich eine Frau mit einer belasteten Vorgeschichte bei mir sitzen, die todunglücklich ist. Wenn ich jetzt das Hebammengesetz streng auslege, dann müsste ich denen allen sagen, nein, das kann ich nicht machen. Denn im Hebammengesetz steht ausdrücklich, dass Frauen mit belasteter Vorgeschichte, und das ist nun einmal eine Narbe auf der Gebärmutter, uns quasi nicht mehr gehören.

Es wird immer die Angst ins Feld geführt, das Risiko einer Gebärmutterzerreißung, einer Uterusruptur unter der Geburt. Das kann, wenn man nie einen Kaiserschnitt hatte, auch einmal passieren, in Promille der Fälle. Aber wenn da mal eine Narbe ist, dann steigt das Risiko. Nach Kaiserschnitt steigt das Risiko der Uterusruptur von 1 auf 2 Prozent! Ja, man könnte genauso sagen: In 98 Prozent der Fälle geschieht nichts. Man konzentriert sich aber nur auf das geringe Risiko, weil man das ausschließen will.

Das hat auch damit zu tun, dass wir unser Leben, die Kinder, die Karriere, den Urlaub, und alles Mögliche planen. Wenn man alles plant, ist automatisch weniger Raum für das, was sein will. Es ist eine Art zu leben. Wer alles plant und immer im Vorhinein alles wissen will, der wird sich auf die Katze im Sack oder auf das Wunder, wie auch immer es dann erscheint, schwer einlassen.

Michael H.: Wird nicht auch heute noch von Ärzten das Argument ins Feld geführt, früher seien bei der (Haus-) Geburt auch viele Kinder gestorben?

Eva F.: Das ist richtig. Aber nicht, weil die Geburtshilfe so schlecht war. Das hat viele Gründe gehabt: z. B. Blutgruppenunverträglichkeit, Rhesusproblem. Die Frau hat ein gesundes Kind geboren, bei dieser Geburt wurde sie sensibilisiert, alle weiteren Kinder sind dann gestorben. Da gibt es aber längst Fortschritte. Landsteiner hat für die Entdeckung der Blutgruppen wirklich wohlverdient den Nobelpreis bekommen. Das hat in der Geburtshilfe viel bewegt und Sicherheit gebracht. Es gab früher auch im ersten Lebensjahr Aufzuchtsfehler durch Infektionen, durch mangelnde Hygiene und Versorgung. Der ganze Lebensstandard und Wohlstand hat sich aber bei uns in Europa enorm verändert.

Michael H.: Das heißt, wir könnten auch mit dem Thema Geburt viel gelassener umgehen?

Eva F.: Ja, das stimmt.

Michael H.: Im Prinzip machen wir genau das Gegenteil.

Eva F.: Paradox, ja.

Michael H.: Warum investieren wir so viel Geld in alle möglichen Dinge? Europaweit hatten wir in den letzten Jahren hunderte Milliarden für Bankenrettungen übrig. Du arbeitest ja am „Puls des Lebens". Warum glaubst du, ist uns der Erhalt des Lebens und aller Dinge, die mit einem optimalen Aufwachsen einhergehen, so wenig wert? Das geht offenbar von Schwangerschaft, Geburt bis Krippe und Schule so. Warum hat der Mensch selbst so wenig Wert? Wie ist das möglich, dass sich das so verschoben hat?

Eva F.: Das ist die Frage nach Haben oder Sein. Wir wollen diesen Lebensstandard, wir wollen auch den Konsum, wir wollen die hübschen gesunden Kinder, wir wollen das alles, und das kostet etwas. Das fließt dann mehr in die Güter als in den Menschen. Du hast das Thema Betreuung angesprochen, Krippen und Schulen. Bildung braucht Geld und das freie und optimale Aufwachsen von Kindern braucht kleinere Gruppen. Wo geht das meiste Geld hin? In die Wirtschaft, in die Rüstung, viel Geld geht auch in dieses Gesundheitssystem. Ja, und es leben viele Leute davon. Ich bin keine Politikerin, aber das hat schon mit Schwerpunkten zu tun.

Die Personen, die jetzt meine Betreuung als freie Hebamme suchen, das sind oft Menschen, die jung sind, die Visionen für ihr Leben haben. Die haben wenig Geld, aber viele Visionen. Die wollen es anders machen, die wollen eben nicht durch diese Mühle in einem System laufen. Die wollen die eigene Hebamme und jemanden, der Zeit für sie hat. Die wollen keinen Schichtwechsel, die wollen eine Vertrauensperson, die sie wirklich ansprechen können, die sie gut kennen. Ich sage einmal so: Das ist der Hauptunterschied bei meiner Arbeit, so wie ich sie jetzt durch meine Freiberuflichkeit zur Verfügung stelle, oder ob ich in einem Spital arbeite.

Es gibt eine Studie aus Schweden, die ist, da war ich frisch diplomiert, 30 Jahre alt. Das beste Outcome für Mutter und Kind ist eine Hebamme pro Frau. Das ist aber in diesem Medizinsystem nicht machbar, das kann sich wirklich niemand leisten, und das ist der Unterschied.

Michael H.: Man sieht es ja in den Niederlanden und den skandinavischen Ländern: Wo es eine hohe Präsenz und Anzahl an Hebammen und eine individuelle Geburtsbegleitung gibt, dort sind die Kaiserschnittraten deutlich geringer. Um die Hälfte und oft noch darunter. Ich sage einmal, bis ins 19. Jahrhundert hinein war die Geburt mit einer Hebamme Normalität. Dann wurde die Geburt zu einer medizinischen Frage, bis heute. Auch durch wissenschaftliche Erkenntnisse, wie mit den Blutgruppen, haben sich die Totgeburten verringert. Aber die „normale" Geburt ist zu einem Problem geworden.

Eva F.: Ja, es scheint so.

Michael H.: Die Kaiserschnittraten sind ja seit langem konstant hoch.

Eva F.: Ich fürchte, die werden sicher auch noch steigen.

Michael H.: In einigen Ländern sind wir in Großstädten schon bei einer Rate bis zu 90 Prozent....

Eva F.: Sao Paulo, zum Beispiel. Wobei man dazusagen muss, das betrifft vorrangig die Frauen, die eine Krankenversicherung haben und ins Spital gehen. In den Favelas gibt es diese Kaiserschnittrate nicht. Das weiß ich wirklich aus erster Hand, weil eine Kollegin aus Deutschland dort gearbeitet hat. Also die Frau von der Straße kriegt das Kind auf demselben Weg hinaus, wie es hineinkommt. Aber wenn du schick bist, dann hast du eine Krankenversicherung, gehst in ein Spital und dann kommt es per Bauchschnitt heraus. Das ist ganz verrückt, was da passiert. Wir sind heute in Mitteleuropa von der Versorgung her so weit, wir wären in der Lage zu sagen: Ich lehne mich im Spital entspannt zurück. Ich schaue mir das jetzt an, ob du das kannst. Ja, und wenn du es wirklich nicht kannst, dann sind wir in zwei Minuten im OP. Das könnte man machen. Das tut niemand, und das verstehe ich nicht.

Zu mir kommen oft Frauen, die haben eine problematische Vorgeschichte. Das muss nicht immer ein Kaiserschnitt sein. Das kann auch eine Saugglocke sein, wo dann Dammverletzungen gröberer Art waren, die dann zwei Jahre Nachbehandlung brauchten, und so weiter. Also Frauen, die in irgendeiner Weise traumatisiert sind, kommen zu mir und sagen: Ich habe das und das erlebt, und das war schrecklich, ich will das nie wieder haben. Ich brauche jetzt in dieser Situation mit dem neuen Kind wirklich jemand, der an meiner Seite steht und der das mitträgt. Vertrauen hat natürlich auch etwas damit zu tun, dass man sich zutraut, die Verantwortung zu übernehmen. Egal, ob du es jetzt als Elternteil bist, der dem Kind gewährt, oder ich als die, die begleitet. Egal ob Ärztin, Arzt oder Hebamme, die sagt, okay, ich mache mich stark dafür, auch für den Fall, dass wir den Plan B in Anspruch nehmen müssen, weil es nicht von selber geht. Das braucht den Mut, Verantwortung übernehmen zu wollen.

Das andere ist: Ich kenne Ärzte, die sind Primar und die sagen, ich mach das, wenn ich da bin, ich mach das. Ja, aber der ist fast nie da, weil der 100 andere Sachen macht. Wenn er mal da ist, dann ist er müde, oder der kann einfach nicht mehr. Dieses System ist auch so fordernd. Ein Beispiel: Es gibt ein Datenprogramm, das heißt PIA fetal database. Das ist jetzt wirklich in allen Kreißsälen Deutschlands, Österreichs und Europas installiert. Da musst du alles, was du mit der Frau unter der Geburt an Betreuung tust, mit einem Mausklick bestätigen, zur lückenlosen

Dokumentation. Ich muss immer wieder von der Frau weggehen. In der Praxis schaut das wirklich so aus: Wenn du unter der Betreuung nicht die Zeit hast, dann sitzt du zum Teil, wenn dein Dienst schon zu Ende wäre, und schreibst im Computer nach. Es gehört zu deinen Pflichten. Das ist wahnsinnig zeitaufwändig.

Michael H.: Es geht ja schon teilweise in den Kindergärten los, wo Kindergärtnerinnen die Lernfortschritte der Kinder dokumentieren müssen. Es kommt immer mehr an Kontrolle.

(Eva unterbricht)

Eva F.: Sie wollen Ergebnisse präsentieren.

Michael H.: Aber für was sind die Ergebnisse gut und wem werden sie präsentiert? Wer hat von den Ergebnissen eigentlich etwas? Warum muss alles bewertet, genormt, festgehalten und irgendjemandem vorgelegt werden? Wer veranlasst das und haben eigentlich alle etwas davon?

Eva F.: Es hat sich so eingebürgert und viele Leute hinterfragen das gar nicht mehr. Alle reden vom Bewusstseinswandel. Ich glaube, wir sind noch nicht ganz an dem Punkt. Aber eine gewisse kritische Minderheit hat jetzt wieder die Antennen ausgefahren und macht sich darüber Gedanken. Muss das immer so laufen, und ist das wirklich der einzige Weg, der vernünftig ist? Muss immer alles vernünftig sein?

Michael H.: Ist es beim Thema Schwangerschaft heute nicht auch so wie bei Bildung und Kinder? Wir leben in einer Zeit, wo wir geradezu (wieder) einen Wettstreit von verschiedensten pädagogischen Richtungen haben. Der eine sagt, so ist es gut, der andere sagt, so ist es gut und richtig. Was meines Erachtens dabei verloren geht, dass sich Kinder festhalten und Eltern orientieren können. Es geht auch viel Authentizität verloren. Mit dieser unglaublichen Vielfalt an Meinungen, wo jeder noch beansprucht sie sei die richtige, wonach soll ich mich orientieren. Das bedarf ja einer ordentlichen Portion Selbstvertrauen.

Eva F.: Ja natürlich, das trifft auf die Schwangere genauso zu. Beispielsweise, dass bei jeder Kontrolle ein anderer Arzt kommt. Der eine hält sich an das, was der vorherige festgestellt hat, der andere nicht. Aber oft wird von Arzt zu Arzt etwas durchgezogen, wenn eine Anweisung vom Chef da ist. Da wird dann nicht mehr gefragt, ob die individuelle Frau wirklich nur diesen einen Weg hat. Die Frauen fragen mich oft, was soll ich dann sagen? Ich sage ihnen dann: Pass auf, man kann es relativ einfach handhaben. So lange sie mit dir diskutieren, hast du immer noch Entscheidungsmöglichkeiten. In diesen Bereichen wird aber auch mit sehr viel Angst gearbeitet, wie bei den Kontrollen um den vorausberechneten Geburtstermin. Ich habe in Spitälern von Ärzten, ich weiß nicht wie oft, folgenden Satz im O-Ton gehört: „Ab jetzt ist es gefährlicher zuzuwarten als einzuleiten." Mit dem lässt er dann die Frau heimgehen. Na, was macht die? Wenn die niemand an der Seite hat, dann lässt sie sich auf die Einleitung ein. Wohin das in 30-50 Prozent der Fälle führt, das wissen wir. Das endet im OP. Eine natürliche Geburt beginnt nicht mit einer medizinischen Einleitung. Das ist etwas anderes. Wenn ich Fußball spielen will, muss ich die Füße benutzen. Ich brauche gewisse Regeln.

Früher haben fast alle Mütter gestillt. Die wenigen Kinder, die nicht gestillt wurden, haben es schwer gehabt, manche sind auch gestorben. Früher war das Pferd das normale Fortbewegungsmittel. Heute ist es das Auto und Pferde sind Luxus. Früher war Stillen normal, heute gibt es überall Babynahrung zu kaufen. Bei geringsten Problemen greifen viele Frauen auf diese zurück. Da sieht man, was drinnen ist, da gibt es eine Anleitung. Aber dieses Hinspüren und diese Begleitung, die Stillprobleme brauchen, die gibt es leider nicht an jeder Ecke. Und da verkommt das Natürliche zum Luxus.

Michael H.: Es gibt Wissenschaftler und Gynäkologen, wie beispielsweise Michel Odent, die sagen: Die Art, wie wir geboren werden, prägt unser ganzes weiteres Leben, ja sogar die

Gesellschaft. Glaubst du persönlich auch, dass die Art des Gebärens für das Menschenkind so eine fundamentale Rolle spielt?

Eva F.: Ja. Ich glaube das nicht, sondern es ist so. Wenn man Augen hat und schaut, dann sieht man es.

Grundsätzlich muss man sagen, alles in der Medizin, auch in der Geburtshilfe, ist ein bisschen Mode. Wir sind einfach Kinder unserer Zeit. Heute glaubt man das ist gut, und vor 20 oder 50 Jahren hat man geglaubt, das ist gut. Vor 240 Jahren hat man gesagt, probieren wir die Geburt einmal in Rückenlage. Schwer auszurotten dieses Ding, aber ist so.

Machen wir einen Ausflug in die Geschichte. In den 1960er Jahren war es modern, den Frauen eine Durchtrittsnarkose zu geben. Man wollte den Müttern den schmerzhaften Moment, wenn das Köpfchen herauskommt, ersparen. Um Kontrolle über das Geschehen zu haben, wurde bei fast jeder Frau in den 1960er Jahren ein Dammschnitt gemacht und ein Kurznarkotikum gespritzt, die Durchtrittsnarkose. Wenn die Frau nach zehn Minuten wieder aufwachte, war die Dammnaht genäht, und sie hatte das gebadete, angezogene Kind im Arm. Wie ein Filmriss kannst du dir das vorstellen.

Die Art des Gebärens zeigt sich ganz deutlich, wenn die Kinder das zweite Mal geboren werden und in ihr eigenes Leben gehen: in der Pubertät. Man sagt ja auch, das Kind nabelt sich ab. In den frühen 1960er Jahren hatten wir also diese Durchtrittsnarkose. Wenn du 15 Jahre später schaust, was war das Thema in der Entwicklung von Jugendlichen, dass die Gesellschaft beherrscht hat?

Michael H.: Drogen?

Eva F.: Das waren Drogen. Wir hatten damals das Buch *Wir Kinder vom Bahnhof Zoo*. Natürlich hat das auch etwas mit sozialem Aufwachsen zu tun, frühen Kindheitstraumen, mit Schlüsselkindern, die keine Ansprechpartner haben, mit Vermarktung von Drogen, usw. Das ist jetzt nur ein kleiner Blick darauf. Aber wir wissen, dass Narkotika oder Schmerzmittel bei manchen Kindern die Tendenz, dass sie im späteren Leben zu Drogen greifen, um das Acht- bis 20-fache erhöhen. Ein mehrfach wissenschaftliches Faktum.

In den 1970er Jahren gab es eine neue Mode in der Geburtshilfe. Da wurde die „programmierte Geburt" modern. Kommen Sie von Montag bis Freitag am Vormittag, nüchtern, dann leiten wir das Ganze ein. Wenn dann etwas ist, haben wir Anästhesie vor Ort, Kinderarzt, also da spielt es alle Stücke. Am Wochenende und in der Nacht haben wir eher nur Notbesetzung. Also kommen Sie von Montag bis Freitag und wir machen das schon.

Was ist da passiert. Ein unreifer Muttermund ist ungefähr so fest wie eine Nasenspitze. Ein reifer Muttermund ist weich wie ein Mund oder eine Zungenspitze. Wenn ich eine Geburt einleite, ist in den meisten Fällen die Reife nicht gegeben. Das Kind wird bei der Geburtseinleitung einen bis zwei Tage lang auf einen unreifen Muttermund gedrückt, der eher fest ist. Das ist ungefähr so, als ob du in einem Zimmer ohne Fenster gegen die geschlossene Türe geschoben wirst. Stell dir das einmal vor. Stundenlang, tagelang. Was macht das? Es würde mich wütend machen.

Schauen wir ungefähr 15 bis 20 Jahre später in die 1980er und 90er Jahre. Was war das Thema unter Jugendlichen und in der Gesellschaft über Jugendliche? - Zunehmende Gewaltbereitschaft. Jetzt sind wir im Jahr 2015. Wir haben die Kaiserschnitte. Warten wir einmal ab, bis die alle groß werden.

Michael H.: Diesen Zustand haben wir ja schon beinahe zwanzig Jahre.

Eva F.: Ja, und was ist das Thema jetzt unter Jugendlichen? Ich habe für mich schon ein Bild: Es ist zunehmende Bequemlichkeit und zunehmende Orientierungslosigkeit. Man geht kein Risiko mehr ein, geht keinen natürlichen Weg.

Dazu noch ein Beispiel des Reisens: Ich kann mit dem Flugzeug zur Südsee fliegen, ich steige aus und gleich bin ich da. Ich habe meine erste Fernreise gemacht, da war ich schon über 40. Der Tag-Nacht-Rhythmus war einmal zum Vergessen für zehn Tage. Meine Verdauung war daneben, wie das bei vielen ist. Würde ich meine Reise zur Südsee auf dem Landweg machen, bräuchte ich x-fach so lang. Ich hätte keinen Jetlag, keine Anpassungsstörungen an das Klima, weil das mit sich geht. Und ich sage mal: Das herausoperierte Kind ist zwar da, das hatte aber keinen Geburtsweg, es ist keine Geburt. Eine Geburt bedingt, dass das Kind findig sein muss, wie „wurschtle" ich mich da raus. Da ist der Ausgang, hier bin ich, wie geht sich das aus. Die müssen auch kreativ sein.

Vor sechs Jahren habe ich eine Geburt begleitet, die war unglaublich. Faktum war, ich konnte die Herztöne kaum finden. Ich hörte immer nur den Nabelschnurpuls. Ich dachte mir, schauen wir mal, wie die Frau eröffnet. Es war ihr erstes Kind, und die Frau hat normal geboren. Das Kind kam als Sterngucker heraus, fünffach verschnürt. Wie er das gemacht hat. – Der konnte sich überhaupt nicht rühren! Der wird ein Lebenskünstler – das garantiere ich dir. Und das ist Geburt. Geburt heißt: Es ist ein Weg, eine Distanz zu überwinden. Man muss Hindernisse überwinden, sich drehen, man muss sich den Gegebenheiten anpassen, man muss flexibel sein. Wenn man eine Schnur im Weg hat, welche einen zurückhält, dann muss man kreativ sein. Schau dir die Kinder heute an. Zunehmende Orientierungslosigkeit, Bequemlichkeit.

Die Art des Gebärens beeinflusst sicher auch die Gesellschaft. Es gibt ganz tolle Literatur dazu. Eines ist zum Beispiel Willi Maurer: *Der erste Augenblick des Lebens*. W. Maurer hat mit Jugendlichen gearbeitet und die Geburtstraumen verfolgt. Das Buch müsste eigentlich jeder Gesundheitspolitiker, gesundheitspolitisch Verantwortliche lesen. Was darin steht ist kein Humbug, es ist Realität. Wissenschaftliche Untersuchungen und Zahlen liegen auch auf dem Tisch.

Michael H.: Darf ich das so zusammenfassen: Wenn wir eine in jeder Hinsicht humanere Welt haben wollen, müssen wir schon bei der Geburt anfangen?

Eva F.: Ja, bei Geburt und Schwangerschaft. Wir Hebammen brauchen auch Medienpräsenz. Kürzlich hat bei einer Fortbildung eine 22-jährige Frau gesagt: Was, Hausgeburten, das gibt es, das darf man noch?

Michael H.: Das erinnert mich an meinen jüngsten Sohn, der Unschooler ist. In Österreich hören wir oft: Was, das geht, das ist erlaubt? Darauf sage ich dann oft: Ja, wie in fast allen westlichen und demokratischen Ländern.

Eva F.: Man muss ein Bewusstsein schaffen. Wenn die Frau mit Wehen in den Kreissaal kommt, ist es zu spät. Wir müssen uns bewegen, um etwas zu verändern. Die Ohnmacht der Frau ist die Macht der Geburtsmediziner. In dem Moment, wo sich die Frauen selbstsicher fühlen, haben sie nichts mehr zu befürchten.

Das Umdenken fängt schon bei einer frauengerechten Schwangerschaftsbetreuung an. Das heißt: ganz normale Mutter-Kind-Pass-Betreuung durch eine Hebamme. In Deutschland (Mutterpass-Betreuung) ist das zwar schon Praxis, aber selbst dort sucht nur jede dritte Schwangere ausschließlich eine Hebamme auf. In Deutschland haben die Hebammen inzwischen auch das Problem, dass die Haftpflichtprämien schon so hoch sind, ich glaube bis 6.000 Euro im Jahr, da kann kaum mehr eine freie Hebamme überleben.

Hier in Österreich wird das noch Jahre dauern, bis Hebammen die Schwangeren-Vorsorge machen können. Es gibt Gynäkologen, die haben in ihrer Praxis eine Hebamme. Alle Frauen, die schwanger sind, gehen zu der Hebamme. Gibt auch eine Ärztin in Wien, die das so macht. Es gibt viele Möglichkeiten, wo man ansetzen könnte.

Wir haben bei stetig steigenden Kaiserschnittraten keinen besseren Outcome mehr zu erwarten. Das allgemeine Risiko steigt bei der Mutter, aber zum Teil auch beim Kind. Auch heute ist das Risiko, dass eine Frau im Wochenbett nach einem Kaiserschnitt verstirbt, acht- bis zehnmal so groß, als nach einer natürlichen Geburt. Ich glaube, dass die Schere beim Thema Geburt immer weiter auseinandergehen wird. Es wird Frauen geben, die wollen dieses ganze Operieren, Organscreening beim Kind, und so weiter. Und es wird Frauen geben, die sich stark machen für den natürlichen Weg. Die werden vielleicht die Minderheit sein.

Der Mensch lernt einmal aus Irrtümern. Die Menschen haben das Recht, ihre Fehler selber zu machen. Es hilft nichts, wenn man es ihnen sagt. Sie wollen es wissen und ausprobieren. Ich glaube auch nicht, dass wir ein Planet von künstlichen Lebewesen werden. Da sind die Kräfte des Lebens in uns viel zu stark.

Aber dieser Plankaiserschnitt, Kaiserschnitt light, Baby light. Der Kaiserschnitt wird den Frauen so verkauft, als gäbe es das geschenkt. Das stimmt ja nicht. Von der Natur her hast du vorher Schmerzen und nachher bist du praktisch schmerzfrei und kannst dich dem Kind widmen. Beim Kaiserschnitt bekommst du quasi das Kind frei Haus durch die Narkose. Nachher musst du halt schauen, wie du mit deinem Wundschmerz, diesen ganzen Anforderungen, Stillen, dich im Bett allein umdrehen können, wickeln, usw. zurechtkommst. Du hast Schmerzen, und kannst nur begrenzt Schmerzmittel nehmen, weil das in die Milch übergeht, usw. Das hat alles seinen Preis. Der Kaiserschnitt wird idealisiert, und das ist nicht in Ordnung. Jahre später sitzen die Frauen weinend bei mir in der Praxis. Wenn vor 20 Jahren eine Frau nach einem Kaiserschnitt zu mir kam, dann wusste sie, das war wahrscheinlich unvermeidbar.

Wenn etwas notwendig ist, wenn die Bergrettung kommt, wenn ich nicht mehr kann, dann bin ich ja dankbar. Aber heute sitzen die Mütter weinend da, oder sind verunsichert und fragen sich: War der Kaiserschnitt wirklich notwendig? Sie fühlen sich als fragliche Opfer des Systems. Der Kaiserschnitt wird viel zu häufig gemacht, das muss man hinterfragen.

Die Geburt ist ein ganz besonderer, einmaliger Moment im Leben einer Frau. Da gibt es keine Reset-Taste.

Gerahmte Familienbilder

1 Philippe Ariès, *Geschichte der Kindheit,* 1975 – und alle folgenden wörtlichen Zitate bis Quelle 2.
2 Zitiert in: Philippe Ariès, *Geschichte der Kindheit,* 1975
3 Jean Liedloff, *Auf der Suche nach dem verlorenen Glück*, Beck, 1980
4 Anja Manns und Anne Christine Schrader, *Ins Leben tragen. Entwicklung und Wirkung des Tragens von Kleinstkindern unter sozialmedizinischer und psychosozialer Aspekte,* in: Beiträge zur Ethno-Medizin (Hrsg. C. E. Gottschalk-Batschkus und J. Schuler), VWB-Verlag, 1995
5 Jean Liedloff, *Auf der Suche nach dem verlorenen Glück*, Beck, 1980
6 Die englische Originalausgabe lautet: *The Continuum Concept,* 1977. Die wichtigsten Beobachtungen von Liedloff unter den Yequana-Indianern waren, dass sie völlig friedfertig zueinander waren und jede Tätigkeit mit Freude ausgeführt wurde. Bei den Yequana Kindern fiel vor allem auf: Sie waren ausgesprochen gesund, sie stritten nie miteinander,

waren früh selbständig, folgsam und hilfsbereit, ohne dass sie in unserem Sinne eine „Erziehung" genossen. Belehrung, Bestrafung, etc. gab es alles unter den Yequana nicht.
Liedloff beeinflusste nicht nur die Psychologie, Anthropologie und Ethnologie, sondern auch die (Reform-) Pädagogik. Ihr größter Verdienst liegt wohl darin, dass sie von den 1970er Jahren an in der westlichen Welt das *Tragen* des Babys wieder in Erinnerung rief und mithalf, einen der größten „Brüche" bzw. Unterbrechungen der Evolution und Menschheitsgeschichte zu heilen. Ein Buch, das die Autoren vor allem für werdende Eltern während der Schwangerschaft sehr empfehlen können. Einfach zur Inspiration und zur Stärkung von Intuition und Vertrauen in die eigenen elterlichen Kompetenzen, die jeder Mutter (und Vater) innewohnen. *Auf der Suche nach dem verlorenen Glück* wird in der Regel auch heute noch von Hebammen empfohlen.

7   Herbert Renz-Polster, *Menschen-Kinder. Plädoyer für eine artgerechte Erziehung*, 2011
8   ebenda
9   Jean Liedloff, *Auf der Suche nach dem verlorenen Glück*, 1980
10 Willi Maurer, *Der erste Augenblick des Lebens*, Drachen Verlag, 2009

Konnte früher die Mutter nicht stillen oder war sie durch irgendeine notwendige Tätigkeit dazu nicht in der Lage, wurde das Baby von einer anderen Mutter gestillt, was in „Ur-Zeiten" (vermutlich) nicht die Regel war. In den letzten Jahrhunderten und mit dem langsamen Eingreifen auch in den natürlichen Geburtsverlauf, nahmen die „Stillprobleme" zu. So wissen wir aus den historischen Quellen der letzten Jahrhunderte, dass die Funktion der Still-Ammen darin lag, das Baby zu stillen, wenn die Mutter es nicht konnte. Das war auch eine Überlebensfrage. Aus der im Buch zitierten Biographie des Thomas Platter können wir entnehmen, dass er mit Kuhmilch großgezogen wurde. Den Ärmsten blieb oft nur diese Möglichkeit. Das dürfte aber eher ein Ausnahmefall sein. Generell achtete die Mutter in den letzten zehntausenden Jahren darauf, dass das Kind bei Bedarf und solange wie möglich gestillt wurde, außer es stillte sich selbst ab. Generell gilt: In dem Maße, wie in den letzten 100 Jahren (medizinisch) in den Schwangerschafts- und Geburtsverlauf eingegriffen wurde, nahmen auch die Stillprobleme zu.

In den letzten Jahrzehnten wurde in den westlichen Ländern zudem auch das Stillen, über zehntausende Jahre eine Selbstverständlichkeit, zu einem ideologischen Schlachtfeld. Dass sich in den westlichen Ländern (und inzwischen auch in ärmeren Ländern) mit künstlicher Babynahrung viel Geld verdienen lässt, braucht nicht weiter ausgeführt werden. Sehr frühe Fremdbetreuung und (langes) Stillen schließt sich ebenso aus. Dutzende internationale Studien und Forschungsergebnisse belegen seit langem: (Länger) gestillte Kinder sind durchschnittlich gesünder als nicht gestillte Kinder.

Es gibt weiters zahlreiche Forschungsergebnisse die belegen, dass Stillen auch für die Mutter selbst gesundheitsfördernd ist. Stillen hilft das Brustkrebsrisiko zu verringern. Der Brustkrebs ist in den westlichen Staaten die häufigste Krebsart bei Frauen. Seit 1970 haben sich die Erkrankungszahlen verdoppelt. Tendenz nach wie vor steigend, gesunken ist lediglich die Mortalität durch bessere Früherkennung und Behandlungsmethoden.

In den letzten zwanzig Jahren steht zunehmend ein weiterer Aspekt des Stillens im Fokus wissenschaftlichen Interesses: Stillen fördert die Mutter-Kind-Bindung.

Um es einmal ganz einfach auf den Punkt zu bringen. Der Mensch ist nun einmal auch Biologie und ein (wunderbares) Ergebnis der Evolution. Niemand käme auf die Idee, die Notwendigkeit des Säugens bei Tieren in Frage zu stellen oder darüber eine pro und contra Debatte zu führen.

11 Herbert Renz-Polster, *Menschenkinder. Plädoyer für eine artgerechte Erziehung*, 2011

12 Ergänzend zu den „Gerahmten Familienbildern". Natürlich gab es in „Vorzeiten" auch vereinzelt „Fremdbetreuung" des Kleinkindes. Sie fand jedoch innerhalb eines verlässlichen Beziehungsrahmens statt. – Das Kind wurde nur von vertrauten Bezugspersonen und nur in vertrauter Umgebung betreut. Die Trennung zwischen „Privat" und „Öffentlich", wie zwischen Familie und Beruf, gab es über zehntausende Jahre ebenso kaum. Sie entwickelte sich am Beginn der Neuzeit und vollzog sich ab ca. dem 18. Jahrhundert mit der Entstehung und dem „Rückzug" der bürgerlichen Klein-Familie. Interessant auch dazu: Philippe Ariès, *Geschichte der Kindheit*. Es war jedenfalls immer freie Entscheidung der Mutter, wem sie ihr Kind zur „Fremdbetreuung" anbot. – Hierbei, wie auch bei Schwangerschaft und Geburt, wurde ihr in 99 Prozent der Menschheitsgeschichte ausschließlich Unterstützung und Wertschätzung von der *gesamten Gemeinschaft* entgegengebracht. Wertschätzung ist eine Frage der Wechselseitigkeit und kann nachhaltig nur funktionieren, wenn ganz „unten" damit begonnen wird. Bis zu einem gewissen Grad *diente* man der Familie, der Keimzelle der Gemeinschaft. – Schwangerschaft, Geburt und das Aufziehen des Babys/Kleinkindes ist ohne Hilfe von keiner Mutter alleine vollständig zu gewährleisten. Daher wurde ihr von der gesamten Gemeinschaft zehntausende Jahre lang bis zur Entwöhnung uneingeschränkt Unterstützung zu Teil, von der eigenen Familie, oder eben der „sozialen" Gemeinschaft. – Ohne Belehrung und Bevormundung, wie das heute vielfach der Fall ist.

13 Herbert Renz-Polster, *Menschenkinder. Plädoyer für eine artgerechte Erziehung*, 2011

Liebe und Beziehung statt Erziehung

1 Michel Odent, *Im Einklang mit der Natur. Neue Ansätze der sanften Geburt*, 2004. Die „Neolithische Revolution" wird heute von Historikern wie Y. N. Harari auch als „Landwirtschaftliche Revolution" bezeichnet.

2 Ekkehard von Braunmühl, *Antipädagogik. Studien zur Abschaffung der Erziehung*, Beltz, 1991

3 David Cooper, *Der Tod der Familie*, Reinbeck (Rowohlt), 1972

4 Hartmut von Hentig, *Schule als Erfahrungsraum*, Stuttgart: Klett, 1973

5 Herbert Renz-Polster, *Menschenkinder. Plädoyer für eine artgerechte Erziehung*, 2011

6 Zitiert in: Michel Odent, *Im Einklang mit der Natur. Neue Ansätze der sanften Geburt*, 2004

7 Hermann Giesecke, *Einführung in die Pädagogik*, München: Juventa, 1969. In 7. Auflage (2004) wird das Buch an pädagogischen Hochschulen (mitunter) immer noch verwendet.

8 Erstere Aussage findet sich in einem Interview mit dem STERN vom 21. Mai 2008. Dort sagt Winterhoff wörtlich: "Mir fällt auf, dass mit dieser Gesellschaft etwas nicht stimmt. 70 Prozent der Kinder sind gestört." „Interessant" ist auch die Antwort Winterhoffs auf die Frage des STERN Journalisten, wie er auf die Zahl (70 Prozent) kommt. Nachzulesen online in: STERN, *Erziehung: „Mütter müssen Schallplatten werden..."*, 21. Mai 2008. Zweite Aussage zu Psychologie und Pädagogik findet sich in *SOS Kinderseele*: „Der Blick muss weg von der Pädagogik hin zur Entwicklungspsychologie." Winterhoff stellt in SOS Kinderseele mehrfach die Pädagogik oder überhaupt verschiedene pädagogische Konzepte als „Hilfestellung" für die (seiner Ansicht nach) zahlreichen, nicht altersgemäß entwickelten Kinder, in Frage. Es scheint eine tiefe Überzeugung von Winterhoff zu sein, dass alleine nur noch die (Entwicklungs-) Psychologie unsere Kinder und das Abendland retten kann. Auch in

einem Interview mit dem SPIEGEL sagt Winterhoff: „Ich glaube, dass die Probleme, die viele Kinder heute haben, auf fehlende psychische Reife zurückzuführen sind. Wir können diesen Kindern helfen, aber nicht über pädagogische Konzepte." In: SPIEGEL (online), *Erziehung: „Sie laufen uns aus dem Ruder"*, 30. Mai 2009. Dieses Interview ist ein interessantes Gespräch zwischen dem Pädagogen Wolfgang Bergmann und dem Psychologen Michael Winterhoff.

9   Herbert Renz-Polster, *Menschenkinder. Plädoyer für eine artgerechte Erziehung*, 2011
10 Jean Liedloff, *Auf der Suche nach dem verlorenen Glück*, 1980
11 Ekkehard von Braunmühl, *Antipädagogik. Studien zur Abschaffung der Erziehung*, 1991
12 In: Michael Winterhoff: *Warum unsere Kinder Tyrannen werden. oder: Die Abschaffung der Kindheit* (2008) und: *Tyrannen müssen nicht sein: Warum Erziehung nicht reicht – Auswege* (2009) und *Persönlichkeit statt Tyrannen. oder: Wie junge Menschen in Leben und Beruf ankommen* (2010). Ein Buch pro Jahr zu „Tyrannen" klingt auch ein wenig nach „Gewinnmaximierung".

Die in Österreich (durch Medien) ähnlich bekannte Psychotherapeutin wie Michael Winterhoff in Deutschland, Martina Leibovici-Mühlberger, hat 2016 ein Buch vorgelegt, dass schon im Titel (wie Winterhoff) klarmacht, wie sie die Mehrheit unserer Kinder heute sieht: Sie seien Tyrannen. Titel des Buches: *Wenn die Tyrannenkinder erwachsen werden. Warum wir nicht auf die nächste Generation zählen können*, Edition a, 2016.

Auch die Psychotherapeutin Leibovici-Mühlberger schließt von den extrem verhaltensauffälligen Kindern in ihrer Praxis auf die Mehrheit der Kinder unserer Gesellschaft. In einem Interview zu ihrem Buch mit dem Magazin WOMAN sagt sie: „Ich versuche Anwältin dieser verlorenen Kindergeneration zu sein, die ich an jeder Ecke in vielgestaltigen Formen begegne." Es geht also wieder einmal um die Bedrohung des Abendlandes „von unten", vorrangig ausgelöst durch die wenigen Eltern, die es noch gibt, und die allesamt ihre Kinder nicht „richtig" erziehen. Ähnlich wie Winterhoff „rechnet" die Autorin im Buch und in diesem Interview mit den Eltern, Pädagogen, der „Konsumgesellschaft" und der Wirtschaft ab. Letztere „hat Kinder als Konsumenten und gleichzeitig als Alternative der Vermarktung entdeckt. So viel wie heute ist am Kind noch nie verdient worden." Das ist richtig und haben viele andere auch schon festgestellt. Der dramatische Befund, den die Autorin über die „verlorene Generation" erstellt, wird im Interview so untermauert: „Noch nie hatten wir zum Beispiel so viele Kinder mit Vorstufenbefunden für spätere schwere chronische Systemerkrankungen, wie Diabetes Mellitus, koronare Herzerkrankungen oder apoplektischen Insult. Das sind keine Kinderkrankheiten, sondern Erkrankungen, die die Gesundheitserwartung drastisch negativ beeinträchtigen. Und es ist eigentlich eine Schande, dass es unseren Kindern so geht." Kein Wort fällt im Artikel darüber, bei welchen Kindern und in welcher Altersgruppe diese in der Tat desaströsen Vorbefunde erstellt werden: Nämlich bereits in der Altersgruppe Null- bis Sechsjährige und vorrangig bei Kindern, die Krippe und/oder Kindergarten „non-stop" besuchen. Und nicht bei unbeschulten Kindern, bzw. die ohne Krippe und Kindergarten aufwachsen, bei Kindern, die lange und überwiegend familiär sozialisiert wurden, etc.) Dieser erschreckende Befund wird also (fast) „nur" bei früh „institutionalisierten" Kindern (ohne „intaktes" Familienleben) festgestellt und seit mindesten 15 Jahren ist das mehrfach(!) wissenschaftlich belegt. In Medien wird weitgehend darüber nur nicht gesprochen. Die Aussagen der Autorin und Psychotherapeutin wurden zitiert aus: Nadja Kupsa im Gespräch mit Martina Leibovici-Mühlberger, in: WOMAN, *Wenn Tyrannenkinder erwachsen werden*, 31. März 2016

13 Zitiert in: Herbert Renz-Polster, *Menschenkinder. Plädoyer für eine artgerechte Erziehung*, 2011
14 Erwin Ringel, *Die ersten Jahre entscheiden. Bewegen statt erziehen*, Jungbrunnen-Verlag, 2010 (9. Auflage). Im „Dritten Reich" war es vor allem das Tandem Haarer/Hetzer, die eine Lungenfachärztin, die andere Entwicklungspsychologin, die in populären „Ratgebern" Eltern auf eine Kampfbeziehung zu den Babys einschworen. Das Schreien lassen eines Babys (auch wenn es den ganzen Tag war) war nicht der einzige „Ratschlag". Man beschäftige sich „nie länger als fünf bis zehn Minuten auf einmal mit einem Kind des ersten Lebenshalbjahres und nicht mehr als 10 bis 15 Minuten im zweiten Lebenshalbjahr", war ein weiterer Rat der „Fachfrauen". (siehe dazu auch Renz-Polster, *Die Kindheit ist unantastbar*)
15 In: US Department of Labor (1929), *Infant Care*, Washington: United States Government Printing Office
16 Es gab freilich einen „Aufschrei" einiger Wissenschaftler und Fachleute zu Buebs Erziehungs-Weltbild. Ein paar wenige Medien berichteten darüber, wie beispielsweise in: BERLINER ZEITUNG, *Wissenschaftler antworten auf Bernhard Buebs Bestseller: Hoch gefährlich dieses Lob der Disziplin*, 24. Februar 2007. Darin wird ein Gespräch mit dem Psychologen Claus Koch geführt, einer der Mitautoren des Buches: Micher Brumlik (Hrsg.) *Vom Missbrauch der Disziplin*, Beltz, 2007. In den darauffolgenden Jahren bis etwa 2012 erschienen weitere Bücher, die die Renaissance der „Disziplin" in der Erziehung („Macht"/"Gehorsam"/"Bestrafung") kritisch hinterfragen. Mediale Aufmerksamkeit bekamen sie weitgehend keine. Ein weiterer Artikel, der sich mit dem „Erziehungsweltbild" von M. Winterhoff und B. Bueb kritisch auseinandersetzt, ist ein Gespräch mit dem Familientherapeuten Wolfgang Bergmann in: SZ, *Zur Hölle mit der Disziplin*, 17. Mai 2010. Jedoch konnte ich keinen Zeitungsartikel finden, der explizit auf Buebs „Erziehungsvorschläge" zu Babys eingeht.
17 Zitiert in: Herbert Renz-Polster, *Menschen-Kinder. Plädoyer für eine artgerechte Erziehung*, 2011. Für B. Buebs „Erziehungsweltbild" trifft genau zu, was Jesper Juul in *Schulinfarkt* so formulierte: „(...) ich sehe, dass unserem ganzen Schulsystem sozusagen ein humanes Fundament fehlt. Das heißt, es fehlt an einem wirklichen Verständnis für Kinder und Menschen im Allgemeinen. Man hat nur 'Schüler' im Blick."
B. Bueb hat eben auch nur (gehorsame) „Schüler" im Blick und die, so dürfte er überzeugt sein, kann man nicht früh genug heranziehen. Deshalb „kultivieren", „disziplinieren", „bestrafen" wir eben schon Babys.
18 Siehe dazu: Michael Tsokos/Saskia Guddat: *Deutschland misshandelt seine Kinder*, München: Droemer, 2014.
Ergänzend: Der zweieinhalbjährige Kevin wurde durch seinen Vater so schwer misshandelt, dass er seinen Verletzungen erlag. Der 17 Monate alte Luca wurde vom Lebensgefährten der Mutter so schwer misshandelt, dass er an seinen Verletzungen im Krankenhaus starb. Die Mutter war wissend und zuschauend, ebenso war die Jugendwohlfahrt schon länger über die Misshandlungen informiert. Der leibliche Vater intervenierte „mangels" Obsorge vergeblich bei der Jugendwohlfahrt. Im Falle einer gerichtlichen Obsorgeentscheidung verbleiben 90 Prozent der Trennungskinder in Österreich (und Deutschland) bei der Kindesmutter in „alleiniger Obsorge".
Die TIROLER TAGESZEITUNG listet in einem Artikel schwere Baby- und Kleinkindmisshandlungen der letzten Jahre (2007-2015) in Österreich auf, über die in den Medien berichtet wurde. Es sind neun Fälle, das jüngste Opfer ist drei Wochen, das älteste drei Jahre alt. Vom beinahe durchgängigen „Schütteltrauma" reichen die schweren Misshandlungen von

„monatelanger Peinigung", „Misshandlungen durch Prügel". „stoßen gegen den Türstock", „Misshandlung durch eine 50 Zentimeter lange Stahlrute" bei einem zwei Monate alten Baby, weiters „prognostisch ungünstige diffuse Hirnschäden", mehrfache „Knochenbrüche" sind ebenso häufig wie schwerer sexueller Missbrauch. Vier der geschilderten Fälle enden im Krankenhaus tödlich. „Bekannt" werden diese Fälle in der Regel durch eine Anzeige der Krankenhäuser. In den geschilderten neun Fällen sind die Täter einmal eine Mutter, zweimal der Vater, und sechsmal der Freund/Lebensgefährte/Stiefvater des Opfers. Quelle: TIROLER TAGESZEITUNG, *Baby in Klagenfurt gestorben. Immer wieder schwere Misshandlungen,* 16. März 2015. Das sind neun Fälle, über die medial berichtet wurde. Demgegenüber stehen ca. 3.000 Anzeigen wegen (schwerer) Kindesmisshandlung pro Jahr. Eine breite Diskussion über das neue „Phänomen" von Kleinkindmisshandlungen gibt es bis dato in Österreich und Deutschland nicht. Im Gegenteil. Von politischer und behördlicher Seite her (Jugendwohlfahrt) wird das „Phänomen" eher tabuisiert oder eben immer wieder von „bedauerlichen Einzelfällen" gesprochen. Die Zahl der schweren Kleinkindmisshandlungen ist in den letzten zehn Jahren tendenziell steigend.

An dieser Stelle noch ein paar Bemerkungen zur Pädophilie und generell zum sexuellen Missbrauch von (Klein-) Kindern. Dieser ist in autochtonen Völkern und vermutlich für die ganze Zeit unserer Daseinsform des „Jäger und Sammlers", also über 99 Prozent unserer bisherigen Lebensweise im familialen Kontinuum, gänzlich unbekannt.

Der Begriff Pädophilie stammt bekanntlich aus der griechischen Antike und war dort im Wesentlichen auf die männliche Begierde von Erwachsenen zu pubertierenden Knaben beschränkt. Mit dem Christentum, genauer mit der Zunahme familiarer Diskontinuitäten und Brüche, der „Erziehung" und des *Weggabe-Modus,* und speziell auch seit (medizinischer) Interventionen in den Geburtsverlauf und in das nachgeburtliche *Imprinting* (Mutter-Kind-Bindung), werden „psychische Störungen" zahlreicher und mannigfacher. Der sexuelle Missbrauch an Kindern hat sich seit der zweiten Hälfte des 20. Jahrhunderts sukzessive nach „unten" verschoben, ist häufiger geworden und hat längst das Babyalter erreicht.

Was einen Pädophilen (auch) antreibt, seine Töchter, Söhne oder fremde Kinder sexuelle Gewalt anzutun, beschreibt Willi Maurer so: „Der Pädophile, der nach außen oft sanft und freundlich wirkt, sucht die emotionale wie die körperliche Nähe des Kindes. Im Grund aber sucht auch er die Mutterliebe, die er in frühester Kindheit vermisst hat. Erwachsene meidet er. Sie lösen in ihm Angst aus, indem sie ihn an seine unverarbeitete Kindheitsgeschichte und leidvolle Nähe zur Mutter erinnern. So gerät er auf seiner Suche nach Liebe und Nähe an Kinder, die ihrerseits auf der Suche nach vermisster Mutterliebe sind. Der Pädophile glaubt irrtümlich, indem er seine Zwanghaftigkeit rationalisiert, diesen Kindern entgegenzukommen oder, da die Begegnung mit ihnen nicht mit Angst belastet ist, die wahre Liebe gefunden zu haben. Sein aggressiver Hass kann so tief verdrängt sein, dass dieser z. B. im Erbetteln von eher harmlosen Liebesbeweisen versteckt liegt und hinter der Maske der Bravheit kaum zu vermuten ist.

Im offen gewalttätigen Pädophilen wirken die gleichen Kräfte wie beim Vergewaltiger, nur mit dem Unterschied, dass sie sich auf ein Kind entladen, das weniger Angst in ihm auslöst. Am wehrlosen Kind setzt der Kindervergewaltiger sein unbewusstes Vorhaben in die Tat um, die verhasste verweigernde, körper- und sinnesfeindliche Fassade der Kindheitsmutter mit aller Brutalität zu zerstören. Es stachelt seine Lust an, wenn er dabei spürt, dass er dem Kind genauso wehtut und er es genauso machtlos macht, wie er es selbst als Säugling auf körperlicher und/oder seelischer Ebene erdulden musste.

Dies ist der wirkliche, selten benannte Hintergrund, den es zu erkennen gibt, wenn die Frage nach den Ursachen für die heute immer mehr Verbreitung findende Kinderpornografie und -Vergewaltigung gestellt wird.

Der Weltmarkt für Kinderpornografie wird von Experten auf 7 000 000 000 000 Dollar geschätzt, eine beinahe unvorstellbare Summe, die das Ausmaß des hinter der braven Fassade unserer Zivilisation versteckten männlichen Hasses erahnen lässt. Ein Zeuge aus der Schweiz sagte in einem Fernsehinterview aus, dass für zwölftausend Franken ein Kind nach Wahl zwischen ein und zwölf Jahren für den Zweck, es zu schänden und zu Tode zu quälen, gekauft werden könne." In: Willi Mauerer, *Der erste Augenblick des Lebens*, 2009

19   Dieser Aspekt wird ausführlich in meinem Buch *Krieg gegen Väter. Das Drama eines Scheidungskindes* behandelt.
20   Siehe dazu: Helmut Dahmer, *Libido und Gesellschaft*, Frankfurt: Suhrkamp, 1973
21   Zitiert in: Alice Miller, *Am Anfang war Erziehung*, 1983

Wann immer wir in die Kindheit von den großen menschenverachtenden Persönlichkeiten (Führer totaler Regime, Ideologen, Schwer- und Gewaltverbrecher, Betrüger, Amokläufer und ähnliches) blicken, finden wir – soweit bekannt – zumeist schon frühkindliche Verletzungen der persönlichen (physischen und/oder psychischen) Integrität des Kindes. Hitler wurde regelmäßig von seinem Vater verprügelt, in der Schule gemobbt und einmal um eine Schulstufe zurückgesetzt. Stalin verlor seine Geschwister wenige Monate nach der Geburt, wuchs als Einzelkind auf und wurde von seinem Vater (zunehmender Alkoholiker) regelmäßig und schwer verprügelt. Aber auch der vollständig fehlende Vater kann zu schweren Persönlichkeitsstörungen führen, siehe Breivik (Kapitel 9), oder auch beispielsweise der Diktator Saddam Hussein, der gänzlich vaterlos in einem kleinen Dorf aufwuchs.

Was in unserem Kulturkreis weitgehend tabuisiert wird, sind Schwangerschafts- und Geburtstraumen. Saddam Husseins Mutter unternahm während der Schwangerschaft einen Selbstmord- und Abtreibungsversuch. Napoleon der Zweite kam mittels Zangen-Geburt zur Welt, wurde zuerst einmal als Totgeburt gehalten und am Teppich zur Seite gelegt.... bis er irgendwann ein Lebenszeichen von sich gab. Auch die Liste von Menschen mit Geburtstraumen ist lang....

22   Herbert Renz-Polster, *Menschenkinder. Plädoyer für eine artgerechte Erziehung*, 2011
23   Zitiert in: H. Renz-Polster, *Menschenkinder*, 2011
24   Herbert Renz-Polster, *Die Kindheit ist unantastbar. Warum Eltern ihr Recht auf Erziehung zurückfordern müssen*, 2014
25   In: Alice Miller, *Das Drama des begabten Kindes und die Suche nach dem wahren selbst*, Suhrkamp Verlag, 1983
26   Speziell auch zum Missbrauch von psychologischen Gutachten an Familiengerichten siehe: Michael Hüter, *Krieg gegen Väter. Das Drama eines Scheidungskindes*, 2014; oder auch die TV- Dokumentationen: ZDF Zoom, *Kampf ums Kind – Wenn Gutachten Familien zerstören*, 26. Oktober 2011 und WDR, *Mut gegen Macht. Wenn Gerichtsgutachten Familien zerstören*, 13. Oktober 2014

In einer Kurz-Dokumentation vom 3SAT mit dem Titel *Kinder brauchen Kontakt* wird berichtet: Über 130 000 Kinder in Deutschland müssen Jahr für Jahr die Trennung ihrer Eltern verarbeiten. Kontaktabbruch zu lebenden Eltern macht Kinder lange (oft bis ins Erwachsenenalter hinein) krank. Der Kontaktabbruch zu lebenden Eltern schädigt Trennungskinder etwa doppelt so lange und dreimal so intensiv, als der Kontaktabbruch auf Grund von Tod eines Elternteils. Die Medizinerin Prof. Ursula Gresser hat aktuelle Studien zu Trennungskindern beispielsweise aus den USA, Schweden und Norwegen ausgewertet. Der Kontaktabbruch führt am häufigsten zur Depression, am zweithäufigsten zu Suchterkrankung und weiters zu einer Vielzahl an Erkrankungen, Verhaltensstörungen, Schulversagen, Schulverweigerung bis hin zum nicht erreichen der Erwerbsfähigkeit. Viele dieser Krankheiten bestehen möglicherweise über die Kindheit hinaus. Eine dieser sechs Studien hat sich damit befasst, dass der Kontaktabbruch zu einem Elternteil eine Stresssituation darstellt, die auch auf den Cortisolspiegel Auswirkungen hat. Diese Kinder haben einen unglaublichen Stress, den sie aber nicht ausleben und abbauen können, weil sie dazu kein Ventil haben. Siehe: 3SAT (Mediathek), *Kinder brauchen Kontakt*, 14. Juli 2016

27 Herbert Renz-Polster, *Die Kindheit ist unantastbar. Warum Eltern ihr Recht auf Erziehung zurückfordern müssen*, 2014

Die Familie, die Lehre, das wirkliche Leben und die soziale Kompetenz

1 Philippe Ariès, *Geschichte der Kindheit*, 1975
2 ebenda
3 Herbert Renz-Polster, *Menschenkinder. Plädoyer für eine artgerechte Erziehung*, 2011
4 Philippe Ariès, *Geschichte der Kindheit*, 1975
5 John Taylor Gatto, *Verdummt noch mal*, 2009
6 A. Gestrich/J.-U Krause/M. Mitterauer, *Geschichte der Familie*, 2003
7 *Jugend ohne Gott* las ich das erste Mal während meiner Studienzeit vor über zwanzig Jahren. Ich habe hier deshalb auf die Inhaltsangabe von Wikipedia zurückgegriffen, weil sie ausführlich und auch sehr treffend ist, und weil auf Wikipedia vor allem unsere Jugend zurückgreift, wenn sie etwas rasch in Erfahrung bringen möchte.
8 Zitiert in: Paul Hawken, *Wir sind der Wandel. Warum die Rettung der Erde bereits voll im Gang ist – und kaum einer es bemerkt*, 2010
9 Paul Hawken, *Wir sind der Wandel*, 2010
10 Jean Ziegler, *Ändere die Welt! Warum wir die kannibalische Weltordnung stürzen müssen*, C. Bertelsmann, 2015
11 Empfehlenswert dazu auch der Dokumentarfilm *Let´s make money* von Erwin Wagenhofer (2008). Sieben Jahre später behauptet der Soziologe und Globalisierungskritiker Jean Ziegler, dass erstmals in der Weltgeschichte das reichste Prozent der Menschheit mehr als die anderen 99 Prozent zusammen besitzt. Somit hätte es in den letzten zehn Jahren eine Verschiebung um einen weiteren Prozentpunkt gegeben. Siehe dazu: Jean Ziegler, *Ändere die Welt! Warum wir die kannibalische Weltordnung stürzen müssen*, C. Bertelsmann, 2015
12 Jean Ziegler in einem Interview mit dem KURIER, *An der Abbruchkante der Zeit*, 26. März 2015 und in: FORMAT, *Gerechtigkeit ist eine Frage des Gewissen*, November 2015. Wie Jean Ziegler in seinem aktuellen Buch *Ändere die Welt!* nachweist, starb im Jahr 2001 „noch" alle sieben Sekunden ein Kind unter zehn Jahren an Hunger. In Zahlen: 2013 starben 14 Millionen an Hunger oder seinen unmittelbaren Folgen.
13 Ljungqvirt Oet al. (2010) *The European fights against malnutrition*. Clin Nutr 29(2): 149-150
14 Naomi Klein, *Die Entscheidung. Kapitalismus vs. Klima*, S. Fischer, 2015. Für mich persönlich ist Kleins Buch derzeit eines der wichtigsten Bücher zum „Klimawandel".

15 Paul Hawken, Jahrgang 1946, ist Umweltaktivist, Unternehmer, Journalist und Autor. Bereits als Zwanzigjähriger interessierte er sich für das Konzept der Nachhaltigkeit und engagierte sich seither für ein stärkeres Umweltbewusstsein von Industrie und Wirtschaft. Als Unternehmer leitet er unter anderem seine Solarfirma und als Berater ist er für Regierungen und internationale Konzerne tätig. *Wir sind der Wandel* ist ein akribisch genau recherchiertes, inspirierendes Buch für alle *mutigen* Menschen, die nicht darauf warten, bis von „oben" (Politik) endlich nachhaltige Schritte zu einer besseren, sozialen und gerechteren Welt gesetzt werden. Von „oben" sind in der Geschichte äußerst selten Veränderungsprozesse eingeleitet worden, die eine *nachhaltige* positive Veränderung des Status-quo herbeiführten.

Zerstörte Familienbilder: die vielen Gesichter der Kinder- und Familienarmut

1 In: ORF (online), *Norwegens rein weibliche Spezialeinheit*, 22. Mai 2017
2 Y. N. Harari, *Homo Deus*, 2017
3 Susanne Garsoffsky und Britta Sembach, *Die alles ist möglich Lüge. Wieso Familie und Beruf nicht zu vereinbaren sind*, Pantheon, 2014. Der Begriff „Betreuungsgesellschaft" wird in den letzten Jahren von immer mehr Autoren verwendet. Siehe dazu auch: Alexandra Borchard in: SZ, *Die Familien-AG, Krippe, Kita, Altenheim auf dem Weg in die Betreuungsgesellschaft*, 26./27. Oktober 2013

Seit Jahren wird erstmals weltweit konsequent über das *bedingungslose Grundeinkommen* diskutiert. Auch in Ökonomie und Politik. Beispielsweise auch für die dringend notwendige Entideologisierung des elterlichen Betreuungsgeldes wäre das bedingungslose Grundeinkommen geradezu notwendig.

Faktum ist, dass laut verschiedensten europaweiten Erhebungen der letzten zehn Jahre die Mehrheit der Mütter wünscht, *zumindest* bis zum Ende des dritten Lebensjahres sein Kind selbst zu betreuen und zu begleiten. Das ist aber mangels eines Betreuungsgeldes, das diesem Wort auch gerecht wird, nur noch ganz wenigen Eltern möglich. (Ebenso fühlen sich immer mehr Mütter, internationalen Erhebungen zufolge, in der Mutterrolle nicht mehr wertgeschätzt.) Während man also immer mehr Mütter und Eltern zwingt „zu arbeiten", kostet die immer frühere „Fremdbetreuung", Krippe, etc., die weder kindgerecht noch human ist, dem Steuerzahler enorme (auch Folge-) Kosten.

Mit sehr hoher Wahrscheinlichkeit würde das bedingungslose Grundeinkommen auch einen positiven Effekt auf eines der mittlerweile größten Probleme nahezu aller westlichen Länder haben: Dem Kindermangel und der Kinderarmut.

Ebenso hilfreich und unterstützend wäre es für den Bereich Schulautonomie und Bildungsfreiheit. Es würde den Rahmen des Buches sprengen, hier ausführlich darauf einzugehen. Ich persönlich bin allerdings davon überzeugt, dass die Einführung des bedingungslosen Grundeinkommens etwa zeitgleich mit einer neuen Einstellung zu Bildung, Familie und Kind erfolgen sollte. Wenn wir wieder (und das ist notwendig!) *Vertrauen* in den Menschen und seine Eigenverantwortlichkeit, Selbstbestimmtheit und ähnliches setzen (Bedingungsloses Grundeinkommen), dann sollten wir auch (wieder) *Vertrauen* in den Menschen von Schwangerschaft und Geburt an haben.

4 Studie von Christine Bauer-Jelinek und Johannes Meiners, Die *Teilhabe von Frauen und Männern am Geschlechterdiskurs und an der Neugestaltung der Geschlechterrollen. Entstehung und Einfluss von Feminismus und Maskulismus*, 2014, abrufbar unter: www.club@vienna.org

5 Zitiert in: FAZ.net, *Hinterziehung: 4700 Milliarden Euro in Steueroasen...*, 14. Juli 2014. Weiterführend dazu: Gabriel Zucman, *Steueroasen: Wo der Wohlstand der Nationen versteckt wird*, Suhrkamp, 2014

6 Thomas Sattelberger ist einer der Protagonisten des Dokumentarfilms *Alphabet* von Erwin Wagenhofer. Die berufliche Karriere von Thomas Sattelberger begann 1975 in der Direktion Zentrale Bildung beim Daimler-Benz Konzern in Stuttgart. Zuletzt war T. Sattelberger bis Mai 2012 Personalvorstand und Arbeitsdirektor der deutschen Telekom AG. Von ihm selbst ist die Aussage: „Ich bin vielleicht einer der längstdienenden Personalchefs Deutschland." In: Wagenhofer/Kriechbaum, *Alphabet*, Buch und DVD, 2013

7 Herbert Renz-Polster, *Menschenkinder. Plädoyer für eine artgerechte Erziehung*, 2011

8 ebenda

9 ebenda

10 Erich Fenninger, Bundesgeschäftsführer der Volkshilfe in: KURIER, *Kein Bett zum Schlafen. Kinderarmut*, 14. Februar 2015. Knapp zwei Monate später erscheint ein weiterer Artikel zum Thema Kinderarmut in: KURIER, *Keine Gute-Nacht-Geschichte. Alarmierend. 124.000 Kinder und Jugendliche in Österreich leben unter der Armutsgrenze*, 9. April 2015. Darin werden (erneut) folgende Zahlen berichtet: 124.000 Kinder und Jugendliche gelten als manifest arm. 150.000 sind von Armut bedroht. 30.000 sind auf die Jugendhilfe angewiesen. 8.000 brechen Jahr für Jahr (armutsbedingt) die Schule ab. Obwohl die größte Tageszeitung Österreichs, der KURIER, das Thema wiederholt behandelte, gab es weder eine breite gesellschaftliche Diskussion, geschweige denn auch nur eine politische Stellungnahme, gegen dieses „Phänomen" Maßnahmen ergreifen zu wollen.

11 Herbert Renz-Polster, *Menschenkinder. Plädoyer für eine artgerechte Erziehung*, 2011

12 Angelika Hager, *Schneewittchen-Fieber. Warum der Feminismus auf die Schnauze gefallen ist und uns das Retro-Weibchen beschert hat*, Kremayr & Scheriau, 2014

13 Zu diesem Themenfeld gibt es auch einen empfehlenswerten Film der deutschen Regisseurin Margarethe von Trotta: *Hannah Arendt*, Deutschland, 2012. Zentrum des Films ist die Verfilmung von Arendts Buch. *Eichmann in Jerusalem – ein Bericht von der Banalität des Bösen*. Dieser Film ist meines Erachtens auch empfehlenswert, wenn man Hannah Arendts Bücher nicht kennt.

14 Zur „Biologie" und Neurobiologie bis hin zum Aufwachsen von Jungen heute gibt es auch (unter anderen) ein Buch von Gerald Hüther: *Männer. Das Schwache Geschlecht und sein Gehirn*, Vandenhoeck u. Ruprecht, 2009

15 siehe RTL (Dokumentation), *Männliche Vorbilder: Darum fehlen sie. Jungs in der Kita...*, 19. Februar 2014

16 Das Doppelresidenz-Modell nach einer elterlichen Trennung bedeutet, dass die Kinder weiterhin zu gleichen Teilen bei beiden Eltern leben. Einen gesetzlichen Automatismus dazu gibt es bisher weder in Deutschland noch in Österreich. In Deutschland wird darüber zumindest diskutiert, in Österreich heißt es von Seiten der Politik immer noch, geht nicht, machen wir nicht. Der österreichische Verfassungsgerichtshof hat in einem Grundsatzentscheid 2015 zwar festgelegt, dass die Doppelresidenz auch in Österreich (rechtlich) möglich sei, sofern es dem „Wohl des Kindes" entspricht. Wer die rechtliche Praxis an

Familiengerichten kennt, weiß, was das vorerst weiter bedeutet: Letztlich entscheidet das Familiengericht. Ist ein Elternteil dagegen, z. B. die (Trennungs-) Mutter, heißt das vermutlich in 90 Prozent der Fälle, ist auch die Familienrichterin (oder die noch wenigen Familienrichter) dagegen. Dann hat der (Trennungs-) Vater und vor allem das gemeinsame Kind in seinem Grundrecht auf gleichwertigen Kontakt auf beide Elternteile (auch im Alltag) eben Pech gehabt.

Über 40 internationale Studien belegen, dass das Doppelresidenz-Modell für Trennungskinder die beste Obsorgevariante darstellt. Einige europäische Länder haben die Möglichkeit zu einer Doppelresidenz bereits explizit in der Rechtsprechung verankert. Beispielsweise Belgien, Italien, Frankreich, England und die skandinavischen Länder. In Australien ist das Doppelresidenzmodell in der Gesetzgebung sogar als rechtlich vorrangig festgeschrieben.

17 Zitiert in: Herbert Renz-Polster, *Die Kindheit ist unantastbar*, 2014

Die *Deutsche Liga für das Kind* hat bereits 2010 in einer Untersuchung festgestellt, dass nur zwei Prozent aller Krippen in Deutschland die Note „sehr gut" verdienen, die große Masse sei gerade ausreichend und ein Drittel eindeutig mangelhaft in der Qualität. In Österreich (und vielen anderen Ländern auch) gibt es in den letzten Jahren nicht einmal eine unabhängige Studie zu der Qualität von Kinder-Krippen.

18 Anfang Juli 2015 präsentierte der Vize-Generalsekretär der OECD Stefan Kapferer den aktuellen „Wirtschaftsbericht" der OECD für Österreich. Darin rügt die OECD, „eine Art Denkfabrik reicher Industriesaaten" (KURIER), dass österreichische Frauen immer noch „zu lange" zuhause bei den Kindern und somit dem Arbeitsmarkt fernbleiben. „Der Großteil der Mütter widmet sich länger als zwei Jahre den Kindern und kehrt danach nur in Teilzeitbeschäftigung zurück. Wenn überhaupt." Das ist dem Vize-Generalsekretär offenbar ein Dorn im Auge. Laut OECD Bericht sind es „nur" 20,8 Prozent der Familien, wo beide Elternteile Vollzeit arbeiten. Im Vergleich, in Deutschland sind es gar nur 16,5 und in den „Muster-Fremdbetreuungsländern" sind es in Frankreich 41,4 Prozent und Schweden 41,0 Prozent. Das diese beiden Länder innerhalb der EU den höchsten Verbrauch an Schlafmittel für Kinder und Antidepressiva für Erwachsene (Eltern) aufweisen, dürfte der OECD nicht bekannt und vermutlich auch gleichgültig sein. Daher schlägt sie der österreichischen Politik (unter anderem) vor: „Österreich brauche mehr Betreuungsplätze für Kinder bis 2 Jahre, mehr Kindergärten sollten ganztags öffnen – gerade auf dem Land." Also auch dort, wo (Klein-) Kinder noch die Möglichkeit haben, sehr naturnah und eher artgerecht aufzuwachsen, sollen sie der Vorstellung der OECD nach auch bereits von null bis zwei Jahren in staatlichen Reservaten hochgezüchtet (Pardon: „gebildet") werden.

19 Birgit Kelle, *Dann mach doch die Bluse zu. Ein Aufschrei gegen den Gleichheitswahn*, 2013
20 Christine Bauer-Jelinek und Johannes Meiners: *Die Teilhabe von Frauen und Männern am Geschlechterdiskurs und an der Neugestaltung der Geschlechterrollen. Entstehung und Einfluss von Feminismus und Maskulismus.* (Gefördert von Wien Kultur), 2014. Abrufbar unter: www.clubo@vienna.org

Die Geburtsrate bezieht sich auf Österreich. In Deutschland ist sie noch geringer. Man braucht auch kein Prophet sein, die Geburtenraten können in beiden und vielen europäischen Ländern in den nächsten zehn Jahren noch weiter sinken, und der stumme Schrei unserer wenigen Kinder noch größer werden, wenn wir uns weiterhin nicht auf die wirklich zentralen und vorrangigen Themen konzentrieren.

21 Herbert Renz-Polster, *Menschenkinder. Plädoyer für eine artgerechte Erziehung*, 2011

22 Alle in diesem Absatz genannten amtlichen Zahlen sind verschiedensten Berichten des Statistischen Bundesamtes (Deutschland) oder der Statistik Austria entnommen. Die Feststellung, dass jedes fünfte Kind in Deutschland bereits armutsgefährdet ist, findet sich in einer Studie des Institutes für Arbeitsmarkt- und Berufsforschung (IAB) im Auftrag der Bertelsmann-Stiftung. Siehe: ZEIT (online), *Jedes fünfte Kind ist armutsgefährdet*, 10. Mai 2015

23 **Interview: *Warum glauben so viele Eltern, dass ich selber als Elternteil für mein Kind nicht genug bin?***
Gespräch mit der Waldorfkindergarten-Pädagogin Imme Winter
Imme Winter, 1969 geboren, besuchte selbst eine Waldorfschule. Sie ist Diplomierte Gesundheits- und Krankenschwester und Mutter von zwei Söhnen. Nach der Kinder-Karenz ließ sie sich am IPSUM Institut in München zur Elternberaterin (für frühe Kindheit) ausbilden. Danach organisierte sie in Wien Eltern-Kind-Gruppen, sowie Vorträge und Seminare für Eltern.
Seit 2008 arbeitet Imme W. in einem Waldorfkindergarten in Wien, hat die Ausbildung zur Waldorfpädagogin berufsbegleitend absolviert und ist seit 2012 Gruppenleiterin. Imme und ich lernten uns Ende Oktober 2015 im Zuge eines Vortrages eines deutschen Neurobiologen kennen. Nachdem ich ihr das Thema des Buches berichtete, sagte sie spontan zu einem Interview zu.

Michael H.: Du arbeitest seit acht Jahren als Waldorfpädagogin in einem Waldorfkindergarten in Wien. Ich nehme an, auch in eurem Kindergarten werden die Kinder immer früher gebracht als vergleichsweise vor 15 Jahren.

Imme W.: Ja, immer jünger. Aktuell haben wir in unserer Einrichtung wieder die Diskussion, machen wir noch eine weitere Kleinkindgruppe auf und noch eine.... Es kommen schon ganz kleine Kinder. Mit drei Jahren, wo man klassischerweise in den Kindergarten geht, kommen die Kinder kaum noch.

Michael H.: Mit welchen Alter beginnt bei euch eine Kleinkindgruppe?

Imme W.: Ab einem Jahr.

Michael H.: Das bezeichnet man allgemein als Krippe.

Imme W.: Ja. Genau.

Michael H.: Es gibt also auch schon in Waldorfkindergärten Krippen.

Imme W.: Ja. Seit rund zehn Jahren. Damals haben die Kindergärtnerinnen festgestellt, die Leute laufen ihnen davon, weil sie sagen, bei uns werden die Kinder erst ab drei genommen. Es sind also immer mehr Eltern weggegangen und sie haben sich gezwungen gesehen, sich etwas zu überlegen. Wie kann man nach Waldorfpädagogischen Gesichtspunkten bestmöglich auch die ganz Kleinen betreuen. Aktuell haben wir zwei Kleinkindgruppen.

Michael H.: Wie hoch ist dort der Betreuungsschlüssel?

Imme W.: Drei Pädagoginnen für 13 Kinder. Genauer gesagt: Eine Pädagogin und zwei Helferinnen für 13 Kinder. Da wird immer ein Unterschied gemacht. Die fertig ausgebildete Pädagogin und entweder die in Ausbildung befindliche, oder andere Abstufungen.

Michael H.: Weißt du, wie der Personenschlüssel in staatlichen Krippen ist?

Imme W.: Ehrlich gesagt, ich weiß es nicht genau. Aber der muss wesentlich niedriger sein, also mehr Kinder pro Betreuer. Die Magistratsbeauftragte, die für unseren Bezirk zuständig ist, wenn die zur Kontrolle kommt, dann wundert sie sich immer nur, wie viel Personal bei uns arbeitet. Ich weiß auf der anderen Seite auch, dass die Burnout-Rate bei Pädagoginnen in staatlichen Krippen und Kindergärten sehr hoch ist. Weil die Aufgaben, die auf uns zukommen – wir müssen die Familie ersetzen und die Eltern teilweise betreuen – die sind manchmal so komplex und in jedem Fall sehr anspruchsvoll. Ich höre immer mehr davon, dass sich die Pädagoginnen und Betreuerinnen dem Ganzen irgendwann nicht mehr gewachsen fühlen.

Michael H.: Lässt sich die Familie durch „Pädagoginnen" überhaupt ersetzen?

Imme W.: Nein. Ich glaube nicht. Ich kann nicht Vater und Mutter für das Kind ersetzen. Das geht nicht. Ich glaube das jedenfalls nicht.

Michael H.: Dennoch wird in dieser „Krippen-Debatte" von politischer Seite her, in Deutschland noch mehr als in Österreich, ungeheuerlich viel Druck auf die Eltern gemacht und die Krippe sogar über die Eltern gestellt. Eine deutsche Politikerin hat öffentlich gesagt: Keine Mutter kann einem Kind das bieten, was die Krippe bietet. Ungeachtet dessen gibt es dutzende internationale Studien über die Stressbelastung (Cortisolspiegel) und ähnliche Gefahren für das Kleinkind in Krippen. Entweder weiß darüber die Mehrheit der Elternpaare immer noch nicht Bescheid, oder die Familien sind (auch) durch die in den letzten 15 Jahren so stark gestiegenen Lebenserhaltungskosten und dem tendenziell gleichbleibenden Lohnniveau schlicht gezwungen ihr Kind immer früher „abzugeben".

Imme W.: Von einem Gehalt kann heutzutage kaum mehr eine Familie leben.

Michael H.: Du arbeitest in einem Waldorfkindergarten. Das ist eine private Einrichtung, also zahlen hier die Eltern für die Betreuung ihres Kindes ein Monatsgeld. Das ist ja im Wesentlichen eine bestimmte Schicht, ich nenne es einmal die gehobene Mittelschicht, die sich das leisten kann und will. Ist es deiner Ansicht nach wirklich notwendig, dass auch aus dieser Schicht die Kinder immer früher weg in die Krippe kommen? Könnte man es sich hier nicht leisten, das Kind länger familiär zu betreuen?

Imme W.: Teilweise will man es nicht. Es sind bei unserer Klientel viele Akademiker, Ärzte, Therapeuten, etc. Die haben ihre Karriere-Vorstellungen, die wollen wieder arbeiten und deshalb müssen die Kinder in die Krippe und in den Kindergarten. Ich bin ehrlich immer wieder erstaunt, wie viele Eltern, die zu uns kommen, ebenso früh ihre Kinder weggeben, obwohl man meinen könnte, die haben sich etwas mehr überlegt, was sie wollen und was gut ist für ihre Kinder und was nicht, haben sich belesen oder informiert. Offensichtlich nicht in dem Maße, wie man es erwarten könnte.

Michael H.: Es gibt also seit längerem einfach diesen Trend durch alle sozioökonomischen Schichten, die Kinder immer früher wegzugeben. Scheinbar wissen sehr viele gar nicht, welche Folgen das vielleicht auch für ihr Kind haben könnte.

Imme W.: Ja. Andererseits sehe ich schon, dass es viele Eltern gibt, die dann ein irrsinnig schlechtes Gewissen haben. Vor allem in der Krippe. Wenn die Mamas ihre kleinen Kinder zur Eingewöhnung bringen, sitzen wir dann oft draußen und müssen die Mütter trösten, weil es ihnen so schwer fällt ihr Eineinhalbjähriges abzugeben. Sie wollen das unbedingt und haben ein schlechtes Gewissen.

Und dann sehe ich vor allem bei den etwas größeren Kindern, dass unglaublich viel unternommen wird. Ich sage jetzt einmal, dass die Eltern ihr schlechtes Gewissen befriedigen und dann ständig mit den Kindern unterwegs sind, von einem Termin zum anderen und tausend Sachen unternehmen. Vom Tiergarten, übers Museum und Schwimmkurs und vieles mehr. Damit die Kinder so viel wie möglich mitbekommen. Ich sage dann manchmal zu den Eltern: Geht's doch nach dem Kindergarten einfach nur nach Hause mit euren Kindern und seid einfach *beisammen*, lasst sie *in Ruhe* mit ihren eigenen Sachen spielen. Die brauchen nach dem Kindergarten nicht noch 50 Termine, weil Kindergarten schon Stress für die Kinder ist. Das merkt man als Betreuer. Ich sehe auch immer, ich interpretiere das jetzt als schlechtes Gewissen von den Eltern, dass man das Gefühl hat, man *muss* mit den Kindern etwas machen, unternehmen. Nur zuhause sein, hat man das Gefühl, reicht nicht. Und ich frage mich immer wieder, warum denken das die Eltern? Warum glauben alle Elternteile, dass zuhause, einfach Familie sein, miteinander Kekse backen, oder was auch immer, dass das nicht genug ist. *Warum glauben so viele Eltern, dass ich selber als Elternteil für mein Kind nicht genug bin?* Das ist mir eine große Frage, und das versuche ich immer wieder im Elternabend oder in Gesprächen mit den Eltern zu besprechen. Aber ich habe noch keine Antwort darauf.

Michael H.: Noch einmal zum „schlechten Gewissen" der Eltern, das du gerade angesprochen hast. Vor ein paar Monaten habe ich mit einer deutschen Kindergartenpädagogin, die auch in Krippen gearbeitet hat, ein Gespräch geführt, die hat das so formuliert: Ich habe *nur* Elterngespräche mit Eltern, die ein schlechtes Gewissen haben. Ist das nicht paradox oder absurd und gewissermaßen fatal für die Mutter-Kind-Beziehung? Ich bin davon überzeugt, dass Kinder Seismographen ihrer Umwelt sind und noch mehr und unmittelbarer *spüren* und *wahrnehmen* als wir Erwachsenen. Sie sind zu ihren Eltern in der Regel unglaublich loyal und auch nicht nur emotional von ihnen abhängig. Da kann ein schlechtes Gewissen der Mutter (oder Eltern) ja wirklich kein guter Boden für eine gerade erst entstehende Mutter-Kind oder Eltern-Kind-Beziehung, sprich *Bindung* sein. Scheinbar haben fast alle Mütter (oder Eltern), egal aus welcher Gesellschafts- und Einkommensschicht, ein schlechtes Gewissen, wenn sie ihre Babys und Kleinkinder in die Krippe geben. Und sie tun es trotzdem. Da läuft doch etwas in unserer Gesellschaft gründlich schief.

Imme W.: Es tun einerseits sehr oft die alleinerziehenden Mütter, weil sie es sich schlicht finanziell nicht mehr leisten können, heute noch länger als vielleicht eineinhalb Jahre bei ihrem Kind zuhause zu bleiben. Und dann haben viele auch noch ein schlechtes Gewissen, weil das Kind hat ja nur noch mich, also keinen Papa mehr, und dann gebe ich es auch noch in den Kindergarten. Das war vor 30 oder 40 Jahren längst nicht so. Da waren ja, ich weiß nicht wie viel Prozent der Mütter noch zuhause, selbstverständlich. Und jetzt sind das ganz, ganz wenige....

Ich habe auch immer wieder die medialen und eigentlich politischen Diskussionen zum Themenbereich Krippe und Fremdbetreuung verfolgt. Man muss den Müttern die Möglichkeit geben, Familie und Arbeit gut unter einen Hut zu bringen, heißt es da immer vorrangig. Da wurde und wird so oft darüber diskutiert. Aber in keinster Weise wurden oder werden dabei auch nur einmal die *Bedürfnisse der Kinder* angesprochen. Ich denke mir immer wieder, warum ist es nicht möglich, dass eine Mutter, auch wenn sie alleinerziehend ist, wirklich finanziell die Möglichkeit bekommt zu entscheiden, ich bleibe auch zuhause und betreue mein Kind selber. Die Krippen- und Kindergartenförderung, die es gibt und die der Kindergarten bekommt, wenn das Kind dort angemeldet ist, die müsste fairerweise eigentlich die Mutter selber bekommen. Dann kann sie entscheiden, betreue ich mein Kind selber oder bringe ich es irgendwohin.

Michael H.: Die Schaffung eines neuen Krippenplatzes kostet in Deutschland wie auch in Österreich etwa 1.000 bis 1.200 Euro pro Kind und Monat.

Imme W.: So habe ich mir das sowieso vorgestellt. Die Zahlen habe ich noch nicht gehört. Das ist – heute – ein angemessenes Monatsgehalt.

Man sollte ernsthaft die Möglichkeit schaffen, dass Eltern eine Wahlmöglichkeit haben. So wie es jetzt ist, hat eine alleinerziehende Mutter überhaupt keine andere Möglichkeit als wieder arbeiten zu gehen.

Michael H.: Meines Erachtens betrifft das nicht nur die alleinerziehenden Mütter. Ab dem Moment, wo Eltern mehrere Kinder haben, außer einem kleinen Prozentsatz der Familien, muss auch der zweite Elternteil irgendwann arbeiten gehen. Statistisch ist derzeit eine Familie in Deutschland und Österreich ab dem dritten Kind armutsgefährdet.

Imme W.: Weil du gesagt hast, die Kinder sind quasi ein bisschen Seismographen. Man hört immer wieder, dass die heutigen Kinder so, ich sage mal, immer anspruchsvoller werden und immer fordernder. Auch Pädagogen, die schon viele Jahre Erfahrung haben, wenn ich mit denen rede und frage, was ist für dich vom Gefühl her die ideale Gruppengröße, dann sagt niemand 25 Kinder, sondern 14 oder 15 Kinder. Weil die Kinder heute so viele Bedürfnisse mitbringen, sage ich jetzt einmal. Manche Personen würden sagen, es kommen so viele schwierige oder „verhaltensauffällige" Kinder, dass man, wenn man pädagogisch wertvoll arbeiten will, das gar nicht mehr schaffen kann. Ich habe aber das Gefühl, die Kinder sind jetzt nicht schwierige Kinder in dem Sinn, sondern die spiegeln die Gesellschaft wieder. Die sind unrund, weil sie das Bedürfnis nach Familie und Geborgenheit, was ein Kind an seine Eltern hat, weil sie das nicht mehr in dem Maße bekommen, wie sie es bräuchten. Weil an sie gefordert wird und sie müssen funktionieren, und das macht sie unrund, ist doch logisch. Und wenn du dann einen ganzen Haufen von Kindern hast, die so unrund daherkommen, ist es schwieriger diese Gruppe zu betreuen.

Michael H.: Hast du bei euch auch in der Kleinkind-Gruppe gearbeitet?

Imme W.: Ja, habe ich.

Michael H.: Weißt du, was laut internationalen Forschungsergebnissen, da gibt es Institutionen die sich darüber Gedanken gemacht haben, der Betreuungsschlüssel in Krippen sein sollte. Idealerweise.

Imme W.: Jetzt bin ich gespannt.

Michael H.: Der liegt bei eher zwei als drei Kindern pro Pädagogin bzw. Betreuerin. Was nebenbei dem „Betreuungsschlüssel" der ganz „normalen" Mehrkind-Familie entspricht.

Imme W.: Im Moment sind es, glaube ich, ungefähr sechs Kinder pro Betreuerin, die gerechnet werden. Zwei oder drei wäre ideal. (lacht)

Michael H.: Also nicht einmal die Privat-Krippen erfüllen diesen Schlüssel.

Imme W.: Weil es nicht leistbar ist. Weil wir nicht genug staatliche Unterstützung bekommen, dass man den Angestellten ein angemessenes Gehalt zahlen kann. Obwohl wir einen verhältnismäßig hohen Betreuungsschlüssel haben, das auf jeden Fall. Es gibt viele Eltern die es sich leisten, die deshalb zu uns kommen, nicht weil sie sich unbedingt einen Waldorfkindergarten wegen der Pädagogik ausgesucht haben, sondern weil sie sich einen Privat-Kindergarten oder Krippe gesucht haben, wo der Betreuungsschlüssel im Verhältnis recht hoch ist. Das gibt es auch.

Michael H.: Du hast in der Krippe gearbeitet und bist selber Mutter. Ich nehme an, deine Kinder waren wahrscheinlich länger zuhause.

Imme W.: Ja. Sie sind in den Kindergarten gegangen mit ungefähr dreieinhalb oder vier. Der Große mit vier.

Michael H.: Wie geht es dir selber in der Arbeit? Machst du das einfach professionell? Sagst du, ich bin einfach dazu da den Kindern das Beste zu geben? Warst du nicht selber auch manchmal in einem Konflikt?

Imme W.: O ja, sehr oft sogar. Ich bin immer wieder in den Konflikt gekommen mit meiner eigenen Ansicht, wie ich es machen würde, bzw. wie ich es gemacht habe. Aber ich muss als Pädagogin die Seite der Eltern natürlich verstehen oder so viel wie möglich Akzeptanz dem gegenüber zeigen. Ich stehe manchmal wirklich davor und denke mir, wieso machen die Eltern das. Ich habe jetzt im Kindergarten z. B. einige Eltern, die sind mit dem kleinen Geschwisterchen zuhause und bringen trotzdem das Größere jeden Tag in den Kindergarten. Manchmal versuche ich so ganz vorsichtig nachzufragen, weil ich es nicht verstehe. Ich hätte das in der Situation nie gemacht. Und das sind dann so die Konflikte, die ich dann manchmal habe. Das Verständnis aufzubringen, warum das jetzt für diese Mutter offensichtlich das Beste ist, wenn sie ihr größeres

Kind täglich bis am Nachmittag, also nicht einmal nur bis mittags, in den Kindergarten bringt. Aber es ist offensichtlich die Meinung, eine Antwort, die ich immer wieder bekommen habe: Ich glaube mein Kind braucht die anderen Kinder. Es braucht den sozialen Umgang mit den anderen Kindern.

Michael H.: Es wurde von Seiten der staatlichen Regelschul-Pädagogik und in der ganzen Erziehungs- und Fremdbetreuungs- und sonstigen Debatten den Eltern jahrzehntelang eingehämmert: Zur sogenannten „Sozialisation des Kindes" sei der Kontakt zu anderen – und offenbar nur – Kindern so wichtig. In der Altersgruppe, von der wir zwei gerade sprechen, brauchen Kinder ja vor allem einmal ihre Eltern, um eine gesunde *Bindung* und später Beziehungsfähigkeit aufzubauen. Und natürlich den Kontakt zu Menschen, zu denen sie eine Beziehung haben und die natürliche Vorbilder sind. Großeltern, Geschwister und ähnliches. Offenbar geht der Mehrheit unserer Gesellschaft das Wissen um die selbstverständlichsten „kulturellen Güter" verloren.

Imme W.: Von vielen Kolleginnen höre ich immer wieder, dass die Kinder immer schwieriger werden. Ich kann es jetzt nicht genau daran festmachen, ob das nur die Kinder sind, die vorher schon in der Krippe waren. Früher hat man problemlos in einer Kindergartengruppe 35 Kinder betreuen können.

Michael H.: Mit früher heißt vor 20 bis 30 Jahren?

Imme W.: Ja, oder noch länger. Wo ich selber im Kindergarten war. Mit meiner Kindergärtnerin habe ich einmal gesprochen. Die hat gesagt, das waren noch Zeiten, wo viele Kinder eben sehr lange zuhause waren und wo auch die Mutter überhaupt noch zuhause war, wo die Kinder diese *Familie* gehabt haben. Jetzt wäre das aber nicht mehr möglich, so viele Kinder in einer Gruppe zu betreuen. Ich glaube schon, dass das teilweise der Stress ist, dem die Kinder von Anfang an ausgesetzt werden. Diese Cortisol-Stress-Belastung. Man hat ja herausgefunden, dass diese frühe Krippen-Betreuung eine unheimliche Belastung für die Kinder ist.

Was es heute auch so schwierig macht gegenüber vor 30 Jahren, dass der Entwicklungsstand der Kinder im Kindergartenalter sehr weit auseinandergeht. Ganz kurz gesagt: Einerseits im intellektuellen Bereich, was die Kinder schon vom Kopf her alles wissen und sagen können, und dem gegenüber die körperliche Entwicklung, die grob- und feinmotorische Entwicklung, die teilweise noch sehr, ich sage jetzt, unterentwickelt ist, und auch die seelische Entwicklung. Das soziale Verhalten, wie die Kinder in der Lage sind auf ein anderes Kind zuzugehen, zu trösten, oder solche Sachen. Das Lernen einmal zurückzustecken und jemand anderen den Vortritt zu geben. All diese Dinge, so sage ich einmal, die sie wahrscheinlich in einer Familie mit mehreren Kindern automatisch mitbekommen, weil es halt so ist. Das können die Kinder oft überhaupt nicht oder nur ganz gering, weil viele Einzelkinder zuhause sind.

Ich habe viele, da sind zwei Eltern mit einem Kind zuhause. Das ist natürlich das Prinzchen, bekommt alles und hinterher getragen und jeden Stein aus dem Weg geräumt. Die tun sich sehr schwer damit, in der Gruppe einmal zu warten, heute ist wer anderer dran. Zum Beispiel, wenn man ein Spiel macht. Oder Purzelbäume schlagen und mit der Schere schneiden, so grob- und feinmotorische Dinge. Es gibt viele Kinder, die auch mit fünf oder sechs Jahren das noch gar nicht können. Oder Dinge, wo das Gleichgewicht gefordert ist, wie klettern, balancieren, so irgendetwas. Da ist der Entwicklungsstand ganz unterschiedlich.

Da gibt es Kinder, die wahrscheinlich, nehme ich an, viel draußen sind und viel klettern und ausprobieren dürfen überall, und Kinder, die sehr wohlbehütet sind. Bloß dass nichts passiert und diese sensorische Entwicklung nicht passieren darf. Dann gibt es Kinder, die können im Kindergarten schon einen Witz nacherzählen, diesen reflektieren und mitunter ganze

Geschichten nacherzählen, also Dinge, wo man sagt, die gehören eigentlich in die Schule, aber gleichzeitig kritzeln sie Bilder wie ein Zweijähriges. Das sind so die Differenzen, die ich sehen kann.

Michael H.: Das ist eine Beobachtung, die nicht nur du machst, sondern die in vielen Fachpublikationen Thema der letzten Jahre ist, dass die sensorische, motorische und auch emotionale Entwicklung der Kinder heute vielfach extrem hinterherhinkt gegenüber noch vor 20 bzw. 30 Jahren. Das gesunde Gleichgewicht, die *Balance* zwischen den kognitiven und anderen Kompetenzen geht immer mehr verloren. Wie soll das auch möglich sein, wenn die Kinder immer früher den ganzen Tag in Betreuungseinrichtungen kommen? Ist das nicht auch der Preis den wir dafür zahlen? Einmal provokant gesagt: Wir rauben unseren Kindern die Möglichkeit, alle ihre naturgegebenen Potenziale zu entfalten.

Imme W.: Ja. Es ist durchaus legitim, das so zu formulieren. Es wird uns Pädagogen immer wieder gesagt und man lernt das überall, dass es eben notwendig ist, in den Kindergarten-Alltag solche Übungen miteinzubeziehen, wie: Man soll mit den Kindern viel draußen sein, man soll sie motorisch, sozusagen sensorisch fördern und fordern, in jeder Richtung. Ich lasse sie helfen beim Geschirrspüler ausräumen oder so etwas. Die können oft nicht einmal einschätzen, kann ich fünf Teller auf einmal tragen oder lieber nur einen. Ich sehe, die Kinder können gar nicht mit ihren eigenen Kräften umgehen. Bei einer normalen familiären Sozialisation dürfen sie das zuhause machen, da gehen diese Lernprozesse mit sich, also von alleine. Wenn die Kinder aber den ganzen Tag nicht zuhause sind, klar, wo sollen sie es dann lernen.

Michael H.: Ich möchte einmal auf die sogenannte „Eingewöhnungsphase" in der Krippe zu sprechen kommen. Das Thema kommt ja selten an die Öffentlichkeit. Wenn, dann haben vereinzelt Eltern den Mut zu berichten. In den staatlichen Krippen soll die „Eingewöhnungsphase" oft sehr kurz sein. Eltern sollen dort in der Regel ziemlich bald aufgefordert werden, das Kleinkind, oft noch ein Baby, alleine zurückzulassen. Mitunter gibt es dann eben Kleinkinder, die wochen- oder monatelang durchweinen. Wie ist das bei euch, falls du darüber sprechen möchtest.

Imme W.: Die Eingewöhnungsphase bei uns in der Krippe ist über einen ziemlich langen Zeitraum, wo am Anfang die Eltern dabei sind. Der Tag ist sehr rhythmisch gegliedert in eine Freispielzeit am Anfang, Jausenzeit, Gartenzeit, Mittagessen, und so weiter. Da gibt es immer so verschiedene Schritte und die Eingewöhnung ist so aufgebaut, dass die Kinder eben Schritt für Schritt, eines nach dem anderen, immer länger dableiben. Sodass man das Gefühl hat, sie schaffen das ganz gut möglichst ohne weinen. Die Eltern sind so lange dabei, sitzen am Anfang während der Freispielzeit irgendwo still in einer Ecke, und die Kinder dürfen sich so langsam den Raum erobern und die anderen Kinder kennen lernen. Die Mutter ist anwesend, aber sie wird dazu angehalten, am Rand sitzen zu bleiben. Wenn das Kind etwas braucht, kann es zu ihr gehen. Die Mama ist da, aber sie geht nicht mitspielen. Das macht man so lange, bis man das Gefühl hat, jetzt ist das Kind hier ganz gut angekommen. Dann geht die Mama einmal raus. z. B. aufs WC.

Michael H.: Was ist lange, damit der Leser einmal eine Vorstellung hat.

Imme W.: Bis die Mama das erste Mal rausgeht, vielleicht eine oder zwei Wochen. Das kommt auf das Kind an. Die Eingewöhnung in der Krippe dauert bei uns erfahrungsgemäß insgesamt sechs bis acht Wochen. Bei Bedarf auch manchmal länger. Also bis zu drei Monate stehen im Vertrag, sozusagen ist das auch die Probezeit. Wenn es bis dahin überhaupt nicht funktioniert, muss man sich überlegen, ob das überhaupt geht. Ob das Kind nicht noch ein Jahr zuhause bleiben sollte, und das sagen wir dann auch den Eltern.

Während dieser sechs bis acht Wochen schaut man, dass die Mutter langsam immer länger draußen bleibt, dass das Kind vielleicht noch bei der Jause bleiben kann, ohne dass die Mama dabei ist. Sie ist aber derweilen draußen. Oft ist dann eine andere Pädagogin bei ihr und tröstet sie. Wir versuchen immer gleichzeitig die Eltern darin zu stärken, dass es für sie auch gut ist, weil das Kind kann nicht bei uns bleiben, wenn die Mutter dauernd das Gefühl hat, das passt nicht und sich unsicher ist und selber ständig heult, auch wenn sie draußen in der Küche sitzt. Dann kann das Kind nicht bei uns bleiben.

Das heißt, wir arbeiten gleichzeitig daran die Eltern zu stärken oder herauszufinden, ob es ihnen dabei wirklich gut geht, ob das für sie wirklich so passt. Man wünscht sich natürlich die Eingewöhnung möglichst ohne Tränen, dass wir eine Beziehung zu dem Kind aufbauen, damit es bei uns bleiben kann und die Mama gehen lässt, ohne zu weinen. Aber das geht auch nicht immer und da müssen wir immer abwägen. So ein gewisser Trennungsschmerz darf ja sein und ist auch ein gutes Zeichen, vorausgesetzt, Krippe ist überhaupt notwendig. Wenn Kinder vom ersten Tag an die Mama gehen lassen, dann wundere ich mich eher. Dann stimmt irgendetwas gar nicht mit der Beziehung zur Mutter.

Wir versuchen möglichst feinfühlig auf jede einzelne Situation einzugehen, auf die Beziehung zwischen der Mutter und ihrem Kind. Und wie schafft sie das, was braucht sie, damit sie ihr Kind dalassen kann. Macht sie es, weil sie es braucht, oder weil sie sich einbildet, dass das jetzt das Beste ist, aber vielleicht noch zuhause bleiben könnte. Da gibt es ganz viele Schattierungen und das wird schon auch miteinbezogen.

Michael H.: Gibt es noch Eltern, die ihr Kind nur am Vormittag in den Kindergarten geben? So wie vor 30 oder 40 Jahren?

Imme W.: Ganz wenige.

Sehr, sehr viele sind mindestens bis um 15 Uhr oder 15.30 da. Bei uns ist der Kindergarten ganztags, das heißt bis 17 Uhr geöffnet. Dieses Jahr sind es weniger Kinder, die den ganzen Tag da sind. Das hängt offensichtlich auch von den Möglichkeiten der Eltern ab.

Michael H.: Aber generell ist auch bei euch in den letzten Jahren zumindest der Trend zum Ganztages-Kindergarten. Ich schätze 80 Prozent sind den ganzen Tag dort, kann ich das so sagen.

Imme W.: Auf jeden Fall.

Michael H.: Und die Krippe. Ist die grundsätzlich auch den ganzen Tag geöffnet?

Imme W.: Die geht bei uns nur bis 15.30. Es gibt bei uns auch sehr viele Kinder, die so lange bleiben. Von Montag bis Freitag von 7.30 bis 15.30.

Michael H.: Da ist kaum ein Unterschied zu den Älteren nach oben.

Imme W.: Nein.

Michael H.: Kann man sagen, heute haben schon Kleinkinder ab dem ersten Lebensjahr eine 38-Stunden-Woche.

Imme W.: Ja. Ich habe das mal bei den Eltern angesprochen. Da merkt man schon, dass sie sich das überhaupt nicht bewusstmachen. Ich habe versucht ihnen zu erklären: Ich bin nur vormittags da, am Nachmittag ein anderer Betreuer. Wenn ich einmal eine Woche von 7.30 bis 17 Uhr da bin, kommt manchmal vor, wenn ich eine Krankenvertretung machen muss, dann ist das für uns Erwachsene viel zu anstrengend mit so vielen Kindern den ganzen Tag. Das macht keiner. Aber die Kinder müssen das aushalten. Die Eltern denken nicht einmal darüber nach, dass das auch für die Kinder wahnsinnig anstrengend und belastend ist.

Michael H.: Pointiert gesagt, es ist nicht artgerecht.

Imme W.: Ja. (lacht)

Michael H.: Ein beliebtes Argument von nicht nur politischer Seite her, um die Kinder immer früher und generell von den Eltern zu trennen, um sie in staatliche Einrichtungen zu bringen, waren und sind die „problematischen Familienverhältnisse". Dazu gibt es seit langem

Forschungsergebnisse aus unterschiedlichsten Gebieten. Vereinfacht: Auch wenn das Kind in einer „belasteten" Familiensituation aufwächst, können das Krippe und Kindergarten, später auch Schule, kaum abfangen. Zumeist verstärken sich die Auffälligkeiten. Der internationale Schulkritiker und ehemals Lehrer John Taylor Gatto sagt, die Schule – und das gilt auch für die frühe Fremdbetreuung – würde die familiären und generell gesellschaftlichen Probleme und Fehlleistungen nur ins Groteske vergrößern.

Imme W.: Ich erlebe das so. Wenn schon die Belastung zuhause ist, dass sich z. B. die Eltern trennen und das Kind auch noch in den Kindergarten muss, dann ist das für das Kind noch viel mehr Stress, als wenn es bei den Eltern zuhause bleibt oder immer abwechseln muss. Ich habe auch so ein Kind in der Gruppe, das hat jeder. Der pendelt immer zwischen Mama und Papa hin und her und wird dann in den Kindergarten gebracht. Das ist so ein Stress für das Kind. Das merke ich total. Da würden Mama und Papa als zwei Plätze schon genug Stress machen, aber der Kindergarten als dritter Platz macht dann noch mehr Stress dazu, in meinen Augen.
Generell die Fälle wo man wirklich sagen kann, es ist besser, wenn das Kind woanders betreut wird als bei den Eltern, die sind so gering. Und in dem Umfeld, das ich erlebe im Waldorfkindergarten, da gibt es wirklich nur ganz, ganz wenige, wo ich sage, für das Kind ist es besser, wenn es in den Kindergarten gehen kann. Also generell würde ich das auf jeden Fall unterschreiben, dass die Kinder lieber zu Hause bleiben dürfen, so lange wie möglich.

Michael H.: Wenn wir weiterhin und flächendeckend für Kinder vom 2. bis zum 15. Lebensjahr eine 38-Stunden-Woche haben – unabhängig davon, was wir in den Bildungs- und Betreuungseinrichtungen veranstalten – glaubst du, können wir das derzeitige Bildungsniveau überhaupt halten?

Imme W.: Du meinst einfach mit der Summe der Stunden. Ich glaube nicht, dass dies dem Bildungsniveau förderlich ist.

Michael H.: Ist es richtig, dass das Interesse der Eltern an reformpädagogischen Kindergärten und auch Grundschulen, egal ob jetzt Waldorf, Montessori, Freie Aktive Schule, etc. in den letzten Jahren so stark zugenommen hat?

Imme W.: Ja, das auf jeden Fall. Das sieht man auch an den Zahlen, das es immer mehr Waldorfschulen und Kindergärten gibt, die voll sind und gut laufen. Die Ausbildungsstätten werden auch europaweit gesehen mehr, obwohl sie nicht genug Leute haben. Einerseits weil man in diesen Einrichtungen nicht sehr gut verdient, da ist auch der Zulauf zu den Ausbildungsstätten dann nicht groß genug.

Michael H.: Glaubst du, dass deine Kolleginnen an den staatlichen Kindergärten mehr verdienen?

Imme W.: Nein, nicht wirklich. Aber die staatlichen Lehrer verdienen mehr, soviel ich weiß.

Michael H.: Warum haben das Kleinkind und die Menschen die damit arbeiten, die es begleiten, sei es eine Mutter oder eine Krippen- und Kindergarten-Pädagogin, in unserer Gesellschaft so wenig Wert, in mehrerlei Hinsicht? Warum bekommen die weniger Geld als ein Gymnasial-Lehrer? Warum geben wir eigentlich dem Anfang, dem Beginn des Lebens so wenig oder immer weniger Wert und Beachtung?
Wir sind ja auch Lebewesen, die wachsen. Und was nicht gute Wurzeln hat, kann sich schwer entfalten und wird später wohl auch weniger Früchte tragen. Aus der Psychologie, Neurobiologie, Pädagogik heißt es seit Jahrzehnten, was unten versäumt wird oder wurde, ist relativ schwer später wieder gut zu machen. Die ersten drei Lebensjahre gelten auch als lebensprägend. Aber warum investieren wir nicht gerade dann unten?

Imme W.: Das ist für mich genauso die große Frage. Ich habe einmal in einem Geburtsvorbereitungskurs hospitiert. Dann haben die mich gefragt, was ich mache. Ich erzählte, dass ich gerne ein Elternberatungszentrum aufbauen möchte, wo die Eltern nach der Geburt, also nach der Zeit mit der Hebamme bis zur Kindergartenzeit, betreut werden. Dann sagt jemand, wozu denn, das braucht doch kein Mensch. Kinder erziehen kann man doch. Das ist so etwas Natürliches, das kann ja sowieso jeder.

Aber nachher dann, in der Schule, da brauchen wir eine Menge Therapeuten. Aber bei den kleinen Kindern ist es doch nicht notwendig.

Michael H.: Eine deutsche Politikerin hat einmal die Vorstellung gehabt, arbeitslose Frauen kurz auszubilden und in die Kleinkindbetreuung zu schicken.

Imme W.: Ja genau, weil das kann man sowieso. Auf kleine Kinder aufzupassen, ist ja keine Hexerei. So ungefähr. Das habe ich auch als Mutter gehört. Wenn du zuhause bist, sitzt du doch nur herum und trinkst Kaffee und die Kinder beschäftigen sich. Das ist doch keine herausragende, fordernde Aufgabe. Was willst du überhaupt?

Michael H.: Es hat in den letzten Jahrzehnten offenbar eine vollkommene Entwertung – in der gesamten Gesellschaft – gegenüber dem Aufwachsen eines Kindes und seinen Grundbedürfnissen stattgefunden.

Imme W.: Ja. Die Menschen, die es erleben, die wissen es nachher schon, dass diese Entwertung vollkommen ungerechtfertigt ist. Wie ich diese Elternberatungsstelle aufbauen wollte, habe ich auch herumtelefoniert wegen Förderungen und unser Konzept beschrieben. Dann sagt mir die Frau am Telefon, ich weiß gar nicht mehr welches Amt das war, für so Präventivmaßnahmen gibt es leider kein Geld. Da war ich wirklich sprachlos. Das ist sehr symptomatisch gewesen. Für vieles, was ich erlebt habe.

Michael H.: Es sind vor allem die Eltern der „gehobenen Mittelschicht", die ihre Kinder in eure Einrichtung bringen. Können sich „normale" Familien eine private reformpädagogische Einrichtung überhaupt noch leisten?

Imme W.: Bei uns im Waldorfkindergarten ist die Elternschaft noch sehr gemischt. Es gibt natürlich die Akademiker, Ärzte, etc., aber auch genauso diejenigen, die es sich nicht leisten können, aber bewusst einen Waldorfkindergarten für ihre Kinder wählen. Deshalb sind sehr viele Waldorfkindergärten und auch Schulen, eigentlich alle, in finanziellen Problemen. Weil wir bewusst nicht nur die Kinder der gehobenen Mittelschicht hereinlassen möchten, die Eltern, die es sich leisten können, sondern Kinder auch von Eltern, die bewusst diese Pädagogik haben wollen. Man führt Finanzgespräche und macht sich einen Beitrag aus, den sich möglichst jeder leisten kann.

Michael H.: Ihr reagiert also auch soweit es euch möglich ist auf die Einkommenssituation der Eltern.

Imme W.: Auf jeden Fall, weil wir nicht diese Elite-Einrichtung sein wollen, sondern die Einrichtung für diejenigen, die diese Pädagogik haben wollen.

Michael H.: Dennoch bringt vorrangig auch die gesellschaftliche „Elite" ihre Kinder zu euch. Ich nehme an, auch aus dem politischen Bereich.

Imme W.: Ja.

Michael H.: Wenn du einen Wunsch frei hättest, um die Rahmenbedingungen deiner Arbeit mit Kindern zu verbessern. – Was würdest du dir wünschen?

Imme W.: Also, wenn es um meine Rahmenbedingungen für die Arbeit geht, würde ich mir wünschen, dass die Gruppe kleiner ist, die ich zu betreuen habe. Das ich nicht so viele Kinder auf einmal habe. Jetzt ist die Gruppe veranschlagt für 20 bis 22 Kinder. Das würde ich mir wünschen, dass auf jeden Fall die Gruppen kleiner sind. Als großen Wunsch....

Michael H.: Das ist ja nicht machbar.

Imme W.: Ich glaube das nicht, dass das nicht machbar ist. Man braucht natürlich mehr Geld dafür. Das ist schon klar. Ich bin mir sicher, wenn man sich dessen bewusst ist, wie wichtig das ist, was unsere Kinder im frühen Kleinkindalter mitbekommen an „Pädagogik", Begleitung und Unterstützung, egal jetzt ob von den Eltern oder vom Kindergarten. Wenn man sich dessen bewusst ist in der Gesellschaft, dann bringt man auch das Geld dafür auf, da bin ich mir ganz sicher.

Michael H.: Das Grundproblem aller privaten reformpädagogischen Einrichtungen ist, dass sie kaum vom Staat eine finanzielle Unterstützung bekommen. Vereinfacht. Die Lehrer werden nicht vom Staat bezahlt, sondern das übernehmen quasi die Eltern mit ihren Monatsbeiträgen, je nach Einrichtung und Halbtages- oder Ganztagesbetreuung des Kindes zwischen 250 und 500 Euro pro Monat. Gesetztenfalls, es würde von staatlicher Seite nicht nur Geld ins Regelschulsystem, sondern eben mehr auch in die Reformpädagogischen und Freien Einrichtungen fließen: Würde mehr qualifiziertes Personal überhaupt zur Verfügung stehen? Gäbe es genug Menschen, die für die Arbeit mit Kindern geeignet sind?

Imme W.: Das ist noch einmal eine andere Frage. Ich glaube, wenn die Rahmenbedingungen anders wären, dass man auch adäquater verdient, und dass die Gruppen kleiner sind zum Beispiel, dass man das Gefühl hat, ich kann wirklich sinnvoll mit den Kindern arbeiten, dann würde es vielleicht auch mehr Menschen ansprechen. Ich habe das Gefühl, jetzt sind sehr viele Idealisten dabei, die Kinder sehr mögen. Ich weiß aber, dass z. B. ein Familienvater, der es vielleicht gerne machen würde, den Job aber nicht macht, weil er einfach nicht genug verdient, um damit eine Familie ernähren zu können. Das geht einfach nicht. Das habe ich schon öfters gehört, dass Männer es deshalb nicht machen.

Michael H.: In eurer Einrichtung arbeiten nur Pädagoginnen?

Imme W.: Es gibt einige wenige Männer, schon ja. Wir sind in Wien der einzige Waldorfkindergarten, der zwei Männer angestellt hat. Das ist aber die riesengroße Ausnahme.

Michael H.: Um die Gruppen kleiner zu machen, den Personalschlüssel und die Bezahlung der Pädagoginnen anzuheben, wäre es nicht nachhaltig sinnvoller, mehr Geld den Eltern zur Verfügung zu stellen, damit sie ihre Kinder wieder länger zuhause, also familiär begleiten können?

Imme W.: Das fände ich zielführender. Dann hätten wir sowieso kleinere Gruppen. Das wäre auch eine Gangart, die für mich schön wäre zu sehen. Das zumindest die Krippen-Zeit für viele Kinder erspart bleibt. Kindergarten später, denke ich mir, ab drei oder vier Jahren kann schon was Schönes sein und ist in unserer Gesellschaft auch sinnvoll. Aber die ganz kleinen Kinder, oft noch Babys, dass die wieder bei ihren Müttern zuhause bleiben dürfen.
Einen Wunsch wollte ich noch äußern. Dass auch unsere Gesellschaft es wieder schafft, die Rolle der Eltern aufzuwerten. Dass sich die Eltern wieder ihrer Wichtigkeit für ihre Kinder bewusst sind und das auch leben dürfen. Zum Beispiel durch eine ernsthafte finanzielle Unterstützung, die es möglich macht, mit dem Kleinkind zuhause zu bleiben.

Vorrangig zwischen 2014 und 2016 führte ich zahlreiche Gespräche oder Interviews mit Menschen unterschiedlichster Personen- und Berufsgruppen (vorrangig) in Österreich und Deutschland. Mit Pädagoginnen, Schulleiter und Leiterinnen privater und öffentlicher Einrichtungen, Wirtschaftstreibenden, Wissenschaftlern und Eltern von Beschulten und Unbeschulten. – Und natürlich mit den Kindern selbst!

Ich möchte all meinen Gesprächs- und Interviewpartnern für ihr Interesse und ihren Mut danken, sich öffentlich zu äußern. Mein Dank gilt auch all denen, deren Gespräche auf Grund des Umfangs dieses Buches nicht unmittelbar Einzug finden konnten.

7 Vom Verschwinden der artgerechten Kindheit

1 Herbert Renz-Polster, *Menschenkinder. Plädoyer für eine artgerechte Erziehung,* 2011
2 Hartmut von Hentig in: Philippe Ariès, *Geschichte der Kindheit,* 1975
3 John Taylor Gatto, *Verdummt noch mal,* 2009
4 Herbert Renz-Polster, *Menschenkinder. Plädoyer für eine artgerechte Erziehung,* 2011
5 Peter Gray, *Befreit lernen. Wie Lernen in Freiheit spielend gelingt,* Drachen Verlag, 2015
Es gibt zunehmend Forscher weltweit aus verschiedensten Wissenschaftsgebieten, die (vereinfacht) sagen: Wenn wir unsere Kinder nicht wieder ausgiebig spielen (das heißt lernen!) lassen und zwar in altersgemischten Gemeinschaften, frei und unbeaufsichtigt (nicht regulierend), dann steht möglicherweise überhaupt der Fortbestand unserer Spezies Mensch auf dem Spiel.
6 Herbert Renz-Polster, *Menschenkinder. Plädoyer für eine artgerechte Erziehung,* 2011
7 Unser „Bildungssystem" spiegelt sich auch in Politik und Wirtschaft wieder. Die Mehrheit der Personen in führenden Positionen hat nicht das staatliche Regelschulsystem durchlaufen, sondern ganz bestimmte („Elite") Schulen, weitgehend Privatschulen. Das Gleiche gilt verstärkt auch für Universitäten. Der Besuch bestimmter (kostenintensiver und renommierter) Universitäten garantiert eine Karriere in vielen Bereichen. Gleichzeitig gewinnt (international) der unbeschulte und frei gebildete Mensch durch seine „breiten Kompetenzen" an Bedeutung. „Gute" Bildung ist zunehmend eine reine Einkommensfrage und keine des „Bildungshintergrundes" der Eltern (Vererbung von Bildung), wie vielfach behauptet wird. Das mag (bedingt) für die zweite Hälfte des 20. Jahrhunderts gegolten haben. Verschiedensten Publikationen zufolge geht der Trend wieder zur „Elitebildung". Begünstigt wird dieser Trend durch die Starre im staatlichen Regelschulsystem. Aber auch in Ländern wie den Skandinavischen gab es in den letzten zehn Jahren vermehrt einen Trend zu Privat-Schulen und Privat-Bildungs-Initiativen. In der Schulautonomie und der „Dezentralisierung" von Bildung, letztlich in der vollkommenen *Entschulung* der Gesellschaft, liegt vermutlich die wichtigste Antwort darauf, wie der *breite* Bildungsstandard nachhaltig zu heben ist. – Damit haben aber (nicht nur) die deutschsprachigen Länder noch ein gravierendes Problem, vor allem Deutschland mit seinem Beharren auf den „Schulzwang".
8 Herbert Renz-Polster, *Menschenkinder. Plädoyer für eine artgerechte Erziehung,* 2011
Dazu gibt es ein bemerkenswertes Buch des Soziologen und Historikers George Eisen, *Spielen im Schatten des Todes. Kinder im Holocaust,* München und Zürich: Piper, 1993. Dieses Buch über (jüdische) Kinder im Holocaust ist auch generell für die Kindheitsforschung ein wichtiges Dokument.
Das Buch *Free to Learn* des US-Psychologen P. Gray ist meiner ganz persönlichen Einschätzung nach aktuell eines der umfassendsten, interessantesten und auch bewegendsten Bücher zum Thema kindliches Spiel und seine enorme Wichtigkeit, für das Menschenkind selbst, wie auch die Gesellschaft. Neben eigenen Beobachtungen berichtet P. Gray über Forschungsergebnisse aus beinahe einem Jahrhundert aus Pädagogik, Psychologie,

Anthropologie und weiteren Quellen. Für Leser, die immer noch an der Wichtigkeit des (freien) kindlichen Spiels zweifeln, noch eine Textpassage aus *Befreit lernen*:
„Über die korrelativen Hinweise und logischen Argumente hinaus, die einen Rückgang des Spiels mit einer Einschränkung der emotionalen und sozialen Entwicklung in Verbindung bringen, gibt es auch experimentelle Belege für diesen Zusammenhang. Natürlich können wir keine Langzeitexperimente durchführen, in denen Kinder absichtlich aller Spielmöglichkeiten beraubt werden. Mit Tieren wurden solche Experimente jedoch durchgeführt. In einigen Versuchsanordnungen ließ man beispielsweise Rhesusaffen nur bei ihren Müttern aufwachsen und verglich sie dann mit Rhesusaffen, die ihrer Art entsprechend aufgewachsen waren, also Umgang sowohl mit ihren Müttern als auch mit Altersgenossen hatten. Affenmütter interagieren auf vielfältige Weise mit ihren Jungen, aber sie spielen nicht mit ihnen, weshalb die Affenjungen in der ersten Gruppe während ihrer gesamten Entwicklung unter Spielentzug standen. Es überrascht deshalb nicht, dass die gerade ausgewachsenen Äffchen in Untersuchungen in vielerlei Hinsicht für abnormal befunden wurden. Sie waren übermäßig ängstlich und aggressiv. Wenn sie in eine unbekannte Umgebung gesetzt wurden, was bei normalen Affen einen geringen Grad an Angst auslösen würde, reagierten diese Affen mit großem Schrecken und passten sich im Lauf der Zeit nicht an ihre Umwelt an, wie dies ein normaler Affe tun würde. Wenn man sie zu ihren Altersgenossen setzte, reagierten sie nicht angemessen auf die sozialen Signale und Einladungen der anderen Tiere. Wenn ein Gleichaltriger sie beispielsweise zu lausen versuchte, wehrten sie sich aggressiv, anstatt das freundliche Angebot anzunehmen. Ebenfalls zeigten sie in der Gegenwart anderer Affen keine angemessenen aggressionsreduzierenden Signale und wurden daher häufiger angegriffen als normale Affen.
Vergleichbare Experimente wurden auch mit Ratten durchgeführt und führten zu ähnlichen Ergebnissen. Ratten, die ohne gleichrangige Spielgefährten aufwachsen, zeigen in verschiedenen Verhaltensuntersuchungen abnormal hohe Grade von Angst und Aggression. In einer Untersuchungsreihe ließ man eine Gruppe junger Ratten, die ansonsten ohne Kontakt zu Gleichaltrigen aufwuchsen, für eine Stunde pro Tag mit einem verspielten Gleichaltrigen interagieren, während man eine andere Gruppe täglich eine Stunde lang mit einem Gleichaltrigen interagieren ließ, den man durch eine Dosis Amphetamin aller Verspieltheit beraubt hatte. Amphetamin blockiert den Spieltrieb junger Ratten, ohne andere soziale Verhaltensweisen zu blockieren. Das Ergebnis war, dass jene Ratten, die Erfahrungen im Spiel mit Gleichaltrigen hatten sammeln können, sich im Erwachsenenalter weitaus normaler verhielten als jene, die die gleiche Zeit mit nicht-verspielten Gleichaltrigen verbracht hatten. Offenbar geschehen die für die normale emotionale und soziale Entwicklung wesentlichen Interaktionen im Spiel. In anderen Experimenten zeigten unter Spielentzug gesetzte Ratten abnormale Muster der Hirnentwicklung. Ohne Spiel entwickelten sich jene Nervenbahnen nur unzureichend, die für die Anbindung der vorderen Bereiche des Gehirns verantwortlich sind – Bereiche, von denen man weiß, dass sie für die Impuls- und Gefühlskontrolle entscheidend sind.
Es mag grausam erscheinen, junge Affen oder Ratten zu wissenschaftlichen Zwecken unter Umständen aufwachsen zu lassen, in denen sie nicht frei mit ihren Altersgenossen spielen können. Wenn aber dies grausam ist, was soll man dann erst über unsere gegenwärtige, ‚normale' Praxis sagen, Kinder des freien Spiels mit anderen Kinder zu berauben – vorgeblich um ihrer Schutz und Bildung willen? Dies ist tatsächlich grausam – und es ist

gefährlich." Aus dem Kapitel *Rückgang der Empathie und Aufstieg des Narzissmus* in: Peter Gray, *Befreit lernen. Wie Lernen in Freiheit spielend gelingt*, 2015

9 Herbert Renz-Polster, *Menschenkinder. Plädoyer für eine artgerechte Erziehung*, 2011

10 Jesper Juul hat unter anderem in *Schulinfarkt* auf Forschungsergebnisse verwiesen, wonach der Effekt einer Psychotherapie selten ein nachhaltiger ist und meist nur für ein paar Jahre anhält. Das gilt verstärkt bei Kindern und Jugendlichen. Solche Forschungsergebnisse kommen in Ländern, wo der Ruf nach mehr Schulpsychologen (von den eigenen Standesvertretern) immer lauter wird, nicht an die Öffentlichkeit.

11 Herbert Renz-Polster, *Menschenkinder. Plädoyer für eine artgerechte Erziehung*, 2011. Interessant dazu ist auch ein Artikel in: DIE ZEIT, *Ich bin keine Basteltante*, 13. Mai 2015. Anfang Mai 2015 gingen Kita-Erzieherinnen deutschlandweit in einen Streik, um auf die zunehmend schlechteren Arbeitsbedingungen aufmerksam zu machen, und um ein höheres Gehalt einzufordern. Die ZEIT gab einer Kita-Erzieherin, die bereits 35 Jahre im Dienst ist, ausführlich die Möglichkeit, die Positionen der Kita-Angestellten darzulegen. Auffallend ist, was wieder einmal „nebenbei" gesagt wird. Die Erzieherin erwähnt einmal, dass sie heute „mehr Zeit mit den Kindern verbringt, als es ihre Eltern tun". In ihrem Kindergarten wird längst auch eine Ganztages-Betreuung angeboten. Weiters stellt die Pädagogin fest: „Wir haben heutzutage mehr verhaltensauffällige Kinder in der Kita als etwa in den achtziger oder neunziger Jahren."
Wie schon ganz am Anfang meines Buches festgestellt. Aus sehr vielen und unterschiedlichen Publikationen der letzten zehn Jahre, in denen Erzieherinnen/Lehrerinnen von Kita/Grundschule befragt werden, die länger als 30 Jahre ihren Dienst ausführen, gibt es etwa folgenden Tenor: In den 1970er Jahren war die Welt noch einigermaßen in Ordnung, von den 1980er und 90er Jahren an nehmen die „verhaltensauffälligen" Kinder zu und in den letzten 15 Jahren ist es ganz schlimm geworden. Interessant in dem ZEIT Artikel ist auch, wie die Kita-Erzieherin in ihrem „Bewegungs-Kindergarten" den „Bildungs- und Erziehungsauftrag" definiert: „Dabei geht es um individuelle Förderung und Koordination zwischen Jugendamt, Ergotherapeuten, Logopäden und den Eltern." Es scheint „Standard" zu sein, dass *drei- bis sechsjährige* Kinder „Unterstützung" durch Jugendamt und Therapeuten benötigen! Kritische Fragen des Journalisten gab es keine.

12 Zitiert aus und Quellenverzeichnis in: Grace Llewellyn, *Das Teenager Befreiungs Handbuch. Glücklich und erfolgreich ohne Schule* (erw. Neuausgabe), Genius Verlag, 2014 (im Original erschienen: 1991,1998: The Teenage Liberation Handbook)

13 Damit zur „Nachhilfe-Industrie". Laut einem Artikel der ZEIT geben Eltern in Österreich 140 Millionen jährlich für private Lernhilfe aus. Dabei ist die Form der privaten Nachhilfestunden zu einem Auslaufmodell geworden. Zahlreiche kommerzielle Lernhilfeinstitute haben sich etabliert, für die die „alte" oder „gestrige" Schule zum Millionengeschäft wurde. Siehe beispielsweise: DIE ZEIT, *Die Nachhilfeindustrie*, 26. Juni 2008. In einem PROFIL Artikel, *Nachhilfeindustrie: Jeder vierte Schüler braucht Nachhilfe*, 16. Mai 2013, wird die Zahl, die Eltern für Nachhilfeunterricht ausgeben, mit 100 Millionen Euro benannt. Die Angaben für Deutschland variieren leicht. Laut einer Studie der Bertelsmann Stiftung kostet deutschen Familien Nachhilfe bis zu 1,5 Milliarden Euro im Jahr. Quelle: Idw-Informationsdienst Wissenschaft, 28. Jänner 2010
Verschiedensten Umfragen und Studien zufolge braucht jeder zweite Gymnasiast (in der Unterstufe) in Deutschland Nachhilfe. Generell nimmt jeder vierte Schüler unter 14 Jahre in Deutschland wie auch Österreich bezahlten Unterricht nach Schulschluss. Siehe (unter

anderem) in: HAMBURGER ABENDBLATT, *Nachhilfe – ein Milliardengeschäft*, 22. Jänner 2009; DIE WELT, *Jeder zweite Gymnasiast braucht Nachhilfe*, 30. April 2009; KRONEN ZEITUNG, *Jeder vierte Schüler braucht Nachhilfe*, 16. Jänner 2016. Wie viele Erwachsene mit dem defizitären und überholten Schulsystem auch immer verdienen. – Die „gestrige" Leistungsdruck-Schule ist ein riesiges Geschäft und später ein großer „Schadensfall" für den Steuerzahler. Nachdem in Asien auch „PISA" übernommen wurde, schossen dort in Windeseile ebenso kommerzielle Nachhilfeinstitute aus dem Boden, einige sind an der Börse notiert. Damit weiß man schon, worin auch der „Zweck" dieses „Bildungssystems" heute liegt. In den skandinavischen Ländern ist das Nachhilfewesen kaum existent. Siehe zu „Bildungssystem" und Asien auch den Dokumentarfilm von Erwin Wagenhofer, *Alphabet. Angst oder Liebe*, 2013

14 Philippe Ariès, *Geschichte der Kindheit*, 1975. Zu den einzelnen Quellenverweisen in diesem Zitat siehe Quellenverzeichnis bei P. Ariès

15 S. Garsoffsky und B. Sembach, *Die alles ist möglich Lüge. Wieso Familie und Beruf nicht zu vereinbaren sind*, 2014. Zum Thema „gemeinsam erlebtes Glück" noch eine amerikanische Studie, auf die Peter Gray in seinem Buch *Befreit lernen* Bezug nimmt:
„Vor ein paar Jahren untersuchten die Psychologen Mihály Csíkszentmilhályi und Jeremy Hunter in einer Studie die Zufriedenheit und Unzufriedenheit von Sechst- bis Zwölftklässlern an öffentlichen Schulen. Mehr als achthundert Teilnehmende von dreiunddreißig Schulen in zwölf verschiedenen Gemeinden aus dem ganzen Land trugen eine Woche lang besondere Armbanduhren, die zu zufälligen Zeiten zwischen 7 Uhr 30 und 22 Uhr 30 Tonsignale abgaben. Sobald ein Signal erklang, füllten die Teilnehmenden einen Fragebogen aus und vermerkten, wo sie waren, was sie taten und wie glücklich oder unglücklich sie gerade waren. Die niedrigsten Glückswerte traten auf, wenn die Kinder in der Schule waren, die höchsten, wenn sie nicht mehr in der Schule waren und mit Freunden plauderten oder spielten. Mit Eltern verbrachte Zeit lag im mittleren Bereich der Glück-Unglück-Skala. Die durchschnittliche Zufriedenheit nahm am Wochenende zu, jedoch stürzte sie dann in Erwartung der kommenden Schulwoche vom späten Sonntagnachmittag bis zum Abend ab." In: Peter Gray, *Befreit lernen. Wie Lernen in Freiheit spielend gelingt*, Drachen Verlag, 2015. (Titel der Originalausgabe: Free to Learn, 2013)
Diese Studie solle bitte doch in allen Ländern durchgeführt werden, einschließlich bei den Eltern und gleich auch noch eine Studie, in der der Cortisolspiegel von Müttern untersucht wird, die ihre Kinder, aus welchen Gründen auch immer, in die Krippe geben.

16 Herbert Renz-Polster, *Die Kindheit ist unantastbar. Warum Eltern ihr Recht auf Erziehung zurückfordern müssen*, 2014

17 Y. N. Harari, *Homo Deus*, 2017

8 Plädoyer wider eine „totale Pädagogik"

1 Der Jugendforscher Bernhard Heinzlmaier im Gespräch mit Nicole Thurn in: KURIER, *Null Bock auf den Rebell. Angepasste Fredericks schleichen an die Spitze*, 21. Februar 2015

2 In: NEWS, *Die ergrauende Republik. Alterung. In den nächsten fünfzehn Jahren geht die geburtenstärkste Generation der Babyboomer in Pension. Österreich wird sich dadurch deutlich verändern*, Nr. 12/2015

Dazu passt auch: Bei der letzten Nationalratswahl in Österreich 2013 erlangten die beiden „Staatsparteien SPÖ/ÖVP (entspricht CDU/SPD) gerade noch die absolute Mehrheit mit 50,8 Prozent der Wähler-Stimmen durch die Gruppe der Pensionisten (über 65-Jährige). Die Gruppe der unter 30-Jährigen wählte beinahe mehrheitlich die rechtspopulistische FPÖ (20,6 Prozent der Stimmen). Bei der Nationalratswahl 2017 erhielten die beiden Parteien ÖVP und SPÖ zusammen zwar 57 Prozent der Stimmen. Ohne die Gruppe der Pensionisten würden sie dennoch weit entfernt einer Mehrheit von 50 Prozent sein. Das gleiche gilt für die SPD/CDU in Deutschland, die bei der Bundestagswahl 2017 zusammen 53 Prozent der Stimmen erhielt.

Zudem nehmen ebenso seit (etwa) der Jahrtausendwende die „kinderlosen" – und auch jungen – Politiker, Staatsmänner sowie Frauen zu, was seit Jahren zumindest in sozialen Netzwerken für kontroverse Diskussionen sorgt. – Können kinderlose Staats-Männer und Frauen die Zukunft des Landes, die gegenwärtigen Probleme, Bedürfnisse, Wünsche und auch Visionen der Kinder, Jugendlichen und Eltern nicht nur vertreten und verstehen, sondern sie überhaupt sehen? Die Riege europäischer „kinderloser" Politiker wächst jedenfalls kontinuierlich. Eine Auswahl: Mark Rute (NL), Xavier Bettel (LUX), Nicola Sturgeon (SCOT), Emanuel Macron (FR), Angela Merkel (DE), Theresa May (GB), Geert Wilders (NL), H. C. Strache und Sebastian Kurz (AT). Aber auch außerhalb Europas setzt sich der „Trend" fort; wie beispielsweise Justin Trudeau (CAN). Die Kinder von Politikerinnen und Politikern in führenden Positionen besuchen zumeist Privatschulen; was auch wenig geeignet ist, den Blick für das „Große Ganze" im Auge zu behalten.

3 Zitat von Gerd Schäfer, zitiert in: H. Renz-Polster, *Die Kindheit ist unantastbar,* 2014
4 ebenda
5 Zur internationalen Home-/Unschooling Bewegung gibt es inzwischen auch einen Dokumentarfilm: *Being and Becoming,* R: Clara Bellar, Frankreich, 2014
6 Paul Hawken, und er ist nicht der einzige Autor weltweit, spricht davon, dass Organisationen wie der Internationale Währungsfond, die WTO und ähnliche Organisationen ihrer Struktur und ihren Vorgehensweisen nach eine neue Form von Totalitarismus darstellen. Siehe dazu Paul Hawken, *Wir sind der Wandel.* Ein Beispiel dafür ist auch das sogenannte „Gender-Mainstreaming", nicht nur von der EU initiiert. Es ist eine Ideologie, die von „oben" nach „unten" wandert und in den nationalen Staaten (von der Politik) übernommen und durchgesetzt wurde und wird, ohne dass sie durch irgendeinen demokratischen Prozess zuvor eine Legitimation erfuhr.
7 Herbert Renz-Polster, *Die Kindheit ist unantastbar,* 2014
8 Zitiert in: FOCUS (online), *Widerstand formiert sich: Wissenschaftler erheben Vorwürfe,* Nr. 40, 2014
9 Herbert Renz-Polster, *Die Kindheit ist unantastbar,* 2014
10 Beispielsweise wird in einem sehr umfangreichen Bericht der Statistik Austria mit dem Titel *Bildung in Zahlen* unter anderem amtlich festgestellt: „Während im Jahr 2013 insgesamt 151.280 Personen zugewandert sind, sind im gleichen Zeitraum 96.552 Personen ausgewandert. Die Altersgruppe der 20 bis 34-jährigen Wegwanderer stellt zusammen fast die Hälfte aller Abwanderungen ins Ausland. Interessant ist, dass ab einem Alter von 30 Jahren der Anteil der wegziehenden Männer viel höher ist als der der Frauen. In der Altersgruppe von 45 bis 49 Jahren waren im Jahr 2013 fast zwei Drittel (64,5 Prozent) von allen männlich, die wegzogen." In: Statistik Austria, *Bildung in Zahlen,* 2013/14, Wien 2015

In diesem Bericht wird auch detailliert aufgeschlüsselt, wie viel Steuergeld in die gesamte Gruppe der staatlichen Bildungsinstitutionen fließt. Wenig verwunderlich: Am *wenigsten Geld* fließt in Grundschulen und AHS (Allgemeinbildende Höhere Schulen, Gymnasium und Neue Mittelschule). Also in jene Bildungseinrichtungen, wo die breite Mehrheit unserer Kinder „gebildet" wird. Auch hier folgt nicht nur Österreich den USA.

Fast schon fahrlässigerweise fließt also das *geringste Geld* in jene „Bildungsinstitutionen", wo die „Entwicklungsunterschiede" der Kinder, die sozialen Konfliktfelder (Migranten) und die *Aufgaben, Herausforderungen* und auch *Belastungen* für den Lehrkörper (Pädagogen) wie auch für die Kinder selbst(!) am *größten* sind. Wenn man dann noch bedenkt, dass bereits jetzt schon in der „gebildeten Mittelschicht" kaum noch Kinder geboren werden, lässt sich (nicht nur) für Deutschland und Österreich vereinfacht sagen: Wir werden immer älter, immer „weiblicher", immer ärmer an Kindern, das allgemeine Bildungsniveau sinkt von Jahr zu Jahr, und zwangsläufig geht die Schere zwischen arm und reich weiter auf und schwindet die „Mittelschicht". Verschärft wird das noch durch die rein ökonomische Ausrichtung der Gesellschaft (Kapitalismus, Neoliberalismus, etc.).

11 Madeline Albright in einer Diskussionsrunde beim „politischen Salon" des IWM (Institut für die Wissenschaften). Quelle: ORF News, 19. April 2016

9 Die Eskalation der Schule und Erziehung

1 Peter Gray, Befreit lernen. *Wie Lernen in Freiheit spielend gelingt,* Drachen Verlag, 2015. (Titel der Originalausgabe: *Free to Learn,* 2013)
2 Peter Sloterdijk, *Die schrecklichen Kinder der Neuzeit,* 2014
3 UNESCO Institute for Statistics: *World Teachers Day 2016: Almost 69 million teachers needed to reach Sustainable Development Goal 4,* 3. Oktober 2016, www.uis.unesco.org/Education/Pages/world-teachers-day-2016-EN.aspx
Fragt sich, warum die westliche politische Elite an einem System festhält, das offenkundig zunehmend in jeder Hinsicht nicht funktioniert. Dazu auch empfehlenswert die Dokumentarfilme: *Schooling the world. The white man´s last burden,* R: Carol Black, USA 2010 und *Alphabet. Angst oder Liebe,* R: Erwin Wagenhofer, Österreich 2013.
4 Peter Sloterdijk, *Die schrecklichen Kinder der Neuzeit,* 2014
5 Y. N. Harari, *Eine kurze Geschichte der Menschheit,* 2013
6 ebenda
7 Zur Lebensweise der Aborigines im heutigen Australien gibt es auch einen interessanten Spiel-/Dokumentarfilm: 10 Kanus, 150 Sperre und 3 Frauen, R: Rolf de Heer, Australien
8 *Ein* Beispiel zur „kulturellen" Erziehung. In nahezu allen Kinder- und Schulbüchern Europas (und vermutlich nicht nur dort), werden die „Indianer" reitend dargestellt. (z. B. in der 2014 ausgestrahlten deutschen Kinder-Zeichentrickserie *Yakari.* Diese Serie ist bemüht, die „ursprünglichen" Indianer darzustellen. Der „weiße Mann" kommt nicht vor. Was der kleine *Yakari* mit seinem sprechenden und befreundeten Pferd macht, ist eben vor allem reiten.) Die Apachen- und Sioux-Kultur des 18. und 19. Jahrhunderts, als die Europäer sich die „Neue Welt" Untertan machten, ist das Ergebnis gewaltiger Veränderungsprozesse innerhalb der verschiedenen indigenen Kulturen. Vor 1492 gab es kein einziges Pferd auf diesem Kontinent. Hätten sich die Indianer nicht des Pferdes des weißen Mannes längst

bemächtigt, wären sie zu diesem Zeitpunkt vielfach standrechtlich gleich in ihren Zelten oder anderswo erschossen worden.

9 Y. N. Harari, *Eine kurze Geschichte der Menschheit,* 2013
10 Anspielung auf das berühmte Gedicht *The White Man´s Burden* von Rudyard Kipling. Zur Beschulung der Welt auch empfehlenswert die beiden schon genannten Dokumentarfilme: *Schooling the world. The white man´s last burden,* R: Carol Black, USA 2010 und *Alphabet. Angst oder Liebe,* R: Erwin Wagenhofer, Österreich 2013.
11 Peter Gray, Befreit lernen. *Wie Lernen in Freiheit spielend gelingt,* Drachen Verlag, 2015

10 Der (stumme und der laute) Schrei und die Worte Albert Schweitzers

1 Zu den bekannten faktischen Daten zur Person Anders Behring Breivik und den Anschlägen vom 22. Juli 2011 siehe: www.de.wikipedia.org/wiki/Anders_Behring_Breivik
2 Siehe: www.scienceblogs.de/plazeboalarm/index.php/eine_weltkarte-der-amoklaufe/
www.de.wikipedia.org/wiki/Amoklauf_an_einer_Schule
www.de.wikipedia.org/wiki/Liste_von_Gewaltexzessen_an_Schulen
Wenn in den letzten Jahren fundamentalistische Terroristen vermehrt Amokläufe begehen, wie z. B. Taliban an der „Army Public School Peslawar" (16. Dezember 2014, etwa 140 Tote und 100 weitere Verletzte) so ist festzuhalten, dass dieses „Phänomen" in den westlichen Ländern zuerst und lange zuvor in breite Erscheinung getreten ist.
Der bisher am meisten dokumentierte und diskutierte Amoklauf an einer Schule ist der an der *Columbine High School* in Colorado. Dazu gibt es auch unterschiedliche Filme. Hervorzuheben ist meines Erachtens der US-amerikanische Film *Elephant*, R: Gus Van Sant, 2003. Er gewann 2003 bei den Filmfestspielen in Cannes die Goldene Palme als bester Film. „Interessant" an diesem sich sehr frei an den tatsächlichen Ereignissen des Amoklaufes orientierendem Film ist, dass er in den beiden Ländern USA und Deutschland, wo bis zu diesem Film die meisten Amokläufe an Schulen stattfanden, in Relation zur Einwohnerzahl die geringsten Kinobesucher waren. In der Bibliothek der Columbine High School kam es zu den meisten Todesopfern. Nur einem Mitschüler erlaubten die beiden Amokläufer den Raum zu verlassen. Dieser sagte später aus, er habe immer versucht, die beiden Mitschüler und Täter mit *Respekt* zu behandeln. Den müssen Erwachsene Kindern zuerst einmal *vorleben*.
3 Peter Sloterdijk, *Die schrecklichen Kinder der Neuzeit,* 2014. Siehe auch: William Blum, *Die Zerstörung der Hoffnung. Bewaffnete Interventionen der USA und des CIA seit dem 2. Weltkrieg,* 2008 und: Heiner Müllmann, *Die Natur der Kulturen. Entwurf einer kulturgenetischen Theorie,* 2011
4 Laut UNO Berichten schwankt die Anzahl der weltweiten Kindersoldaten in den letzten 20 Jahren zwischen 250.000 und 300.000. Die weltweiten Militärausgaben betrugen 1999 rund 1000 Milliarden Dollar und sind bis 2010 auf rund 1750 Milliarden (oder 1,75 Billionen US-Dollar) gestiegen und seitdem konstant hoch.

11 „Die Mitte verlassen heißt, die Menschlichkeit verlassen"

1   Pablo Pineda Ferrer ist spanischer Lehrer, Schauspieler und der erste Europäer, der mit „Down-Syndrom" (Trisomie 21) einen Universitätsabschluss hat. Er spielte in dem Film *Yó, Tambien* die männliche Hauptrolle und wurde beim Filmfestival San Sebastian 2009 als bester Schauspieler ausgezeichnet. In dem Film *Alphabet* (Erwin Wagenhofer) ist er einer der Protagonisten, die das vorhandene Schulsystem und sein einseitiges Menschenbild hinterfragen.

2   Zu diesem Thema (und generell indigener Völker heute) gibt es einen empfehlenswerten Film: *Tanna*, Regie: Martin Butler und Bentley Dean, Australien, 2016

3   Siehe dazu auch die periodisch veröffentlichten Statistiken der OECD. Die weltweite Zahl der Suizide ist, wie viele Kommentatoren verweisen, mit Sicherheit deutlich höher, als die im Übrigen von der OECD seit über 15 Jahren mehr oder weniger konstant geschätzten Zahlen von etwa 800.000 bis 850.000. Viele Suizide werden fälschlicherweise den Unfallopfern zugeschrieben und viele Länder führen aus religiösen oder sonstigen weltanschaulichen Gründen keine genaue Registrierung durch.

Interessant im Zusammenhang der Themen dieses Buches: Die beiden ehemals (und lange) führenden PISA-Nationen Finnland und Süd-Korea haben überhaupt eine der höchsten Suizidraten weltweit (wenn auch die Ursachen vielschichtig sind). Ebenso auffällig: Das Land, das seit etwa 30 Jahren wieder die höchste Anzahl von (freien) Hebammen und Hausgeburten und generell die besten Geburtsstatistiken Europas verzeichnet, weist eine der niedrigsten Suizidraten auf. Wie auch die familienfreundlicheren Länder Spanien, Italien und Griechenland. Anderseits weisen die Länder mit frühem Weggabe-Modus und „Total-Beschulung" auch konstant hohe Suizidraten auf. Wie Frankreich, Belgien, Österreich, China, Deutschland und die USA.

Den Preis für die militärischen Kriege früherer Epochen zahlten vorwiegend und mehrfach die Kinder, wie sie seit Jahrzehnten den Preis für den „Wirtschaftskrieg" der (führenden) Industrienationen zahlen. Ausführlicher und Quellen in: Y. N. Harari, *Eine kurze Geschichte der Menschheit*, 2013

In *Homo Deus* berichtet Y. N. Harari: „In Peru, Guatemala, den Philippinen und Albanien – Entwicklungsländern, die unter Armut und politischer Instabilität leiden – nimmt sich in etwa einer von 100 000 Menschen jedes Jahr das Leben. In reichen und friedlichen Ländern wie der Schweiz, Frankreich, Japan und Neuseeland begehen 25 von 100 000 Menschen Jahr für Jahr Selbstmord. Im Jahr 1985 waren die meisten Südkoreaner arm, ungebildet und der Tradition verhaftet, und sie lebten unter einer autoritären Diktatur. Heute ist Südkorea eine führende Wirtschaftsmacht, seine Bürger gehören zu den am besten ausgebildeten in der Welt, und das Land wird von einem stabilen und vergleichsweise liberalen demokratischen Regime regiert. Doch während sich 1985 neun von 100 000 Südkoreanern umbrachten, hat sich die jährliche Selbstmordrate heute auf 30 je 100 000 mehr als verdreifacht." Zu ergänzen ist: Südkorea, wie auch Finnland, gehören zu den führenden „PISA-Staaten". An dieser Stelle auch noch eine Bemerkung zu Aufputschmitteln für Schulkinder, wie etwa Ritalin. „Im Jahr 2011 bekamen 3,5 Millionen amerikanische Kinder Medikamente wegen ADHS (Aufmerksamkeitsdefizit-Hyperaktivitätssyndrom). In Großbritannien stieg diese Zahl von 92 000 im Jahr 1997 auf 786 000 im Jahre 2012." Verschiedenste Quellen dazu in: Y. N. Harari, *Homo Deus*, 2017. Die Relationen für den Zuwachs von Ritalin-

Konsum bei Schulkindern sind in Deutschland und nahezu allen „Bildungsdruck und PISA-Staaten" ähnlich. „Interessant" dabei ist, wie die Staaten das biochemische Streben nach „Glück und Erfolg" (vor allem bei Kindern) toleriert. Gegen die exorbitante Zunahme von Ritalin bei Schulkindern, die auch gelegentlich medial berichtet wird, regt sich nicht der geringste gesellschaftliche oder politische Widerstand. Hingegen werden Manipulationen, die aus Sicht der Politik die Stabilität und das (Wirtschafts-) Wachstum bedrohen, wie Drogen, verboten. „So saß 2009 die Hälfte der Gefangenen in US-Bundesgefängnissen wegen Drogendelikten ein; 38 Prozent der italienischen Häftlinge wurden wegen Straftaten im Zusammenhang mit Drogen verurteilt; 55 Prozent der Gefängnisinsassen in Großbritannien berichteten, sie hätten im Zusammenhang entweder mit dem Konsum oder dem Handel von Drogen gegen das Gesetz verstoßen. 2001 kam ein Bericht zu dem Befund, dass 62 Prozent der Strafgefangenen in Australien unter Drogeneinfluss standen, als sie die Tat begingen, für die sie verurteilt wurden." In: Y. N. Harari, *Homo Deus,* 2017

Der Staat unterscheidet also zwischen schlechten und guten Manipulationen. Kinder mit Ritalin ruhig zu stellen ist okay (auch die exorbitante Zunahme von anderen Medikamenten und vor allem Antibiotika), und vielfach wünschenswert. Dass diese Kinder und diese Staaten später oft auch den höchsten Anteil an Drogenkonsum und Suizidraten Jugendlicher haben, spielt offenbar keine (große) Rolle.

4   Siehe dazu (auch) Bert Ehgartner: ARTE (Dokumentation), *Alte Freunde neue Feinde: Was unsere Kinder krank macht,* 6. Jänner 2015. Diese sehr empfehlenswerte Dokumentation geht der Frage nach, warum vor allem die Kinder in vielen westlichen und „hoch entwickelten" Ländern immer kränker werden und sind. Die Zunahme von verschiedenen (auch chronischen) Krankheiten wie Allergien, Asthma, Diabetes, Autismus, ADHS, Adipositas und ähnlichen hat ein schon epidemisches Ausmaß erreicht, dass es historisch betrachtet noch niemals gab. Die seit zwei Jahrzehnten ebenso zunehmenden unterschiedlichen psychischen Entwicklungsstörungen und „Verhaltensauffälligkeiten" werden in dieser Dokumentation (weitgehend) nicht behandelt, müssen also zu diesem erschreckenden physischen Befund noch mitgedacht werden. Auf der Suche nach der Ursache dieser zahlreichen (chronischen) Krankheiten stoßen internationale Forscher immer wieder auf eines: Das *Immunsystem* des Menschen (Kindes) versagt, oder ist oft schon von Geburt an oder innerhalb der ersten beiden Lebensjahre erheblich irritiert. (Auch Kaiserschnitt und die immer früheren und zahlreichen Impfungen für Kinder sind Thema dieser Doku). Offenbar machen wir in unserer Art zu denken und zu leben eine ganze Menge falsch, und zwar von Geburt an.

Ein paar Statements dieser TV-Dokumentation: „Noch nie in der Geschichte war das Risiko so hoch, dass Kinder chronische Krankheiten entwickeln, für die es keine Heilung gibt." / „Ein Kaiserschnitt erhöht das Risiko für allergische Krankheiten und Asthma, für Diabetes Typ 1 erhöht sich die Chance um 30 Prozent." / „Das menschliche Immunsystem ist ausgerichtet auf eine Umwelt, die es nicht mehr gibt." / „Die Verwendung des Arzneistoffs Methylphenidat (auch als Ritalin bekannt) stieg in Deutschland von den 1980er Jahren mit 34 kg/pro Jahr auf gegenwärtig ca. 1800 kg/pro Jahr. Das entspricht 60 Millionen Tagesdosen." (Ritalin wird bei Kindern verwendet, denen ADHS diagnostiziert wird.) / „Die Frage ist, ist es wirklich gerecht, die Kinder passend für ein System zu machen, wo wir zu wenig hinterfragen, ob wir nicht das System ändern könnten? Brauchen nicht manche Kinder, zumal Jungen, eine andere Schule?" / „Die Anzahl der empfohlenen Impfungen hat sich seit den 1980er Jahren mehr als verdoppelt. Das einstige Nischengeschäft ist mittlerweile für die Pharmaindustrie zu einem lukrativen Markt geworden." / „Antibiotika und Impfungen, die großen Errungenschaften der Medizin vorurteilsfrei auf derart seltene Nebenwirkungen zu überprüfen (wie sie in dieser Dokumentation gezeigt werden), dieser Wille scheint derzeit noch nicht sehr ausgeprägt." Die Wissenschaftlerin Maria Yazdantsakhsh (Parasitologin) schließt diese Dokumentation mit folgenden Aussagen ab: „Wir schießen übers Ziel hinaus, wenn wir versuchen, alle Gefahren zu vermeiden. Wir sollten uns auf die wichtigsten Risiken beschränken, weil wir sonst das Mikrobiom zerstören. Es wäre viel besser, wenn wir einen Schritt zurück machen: Die großen Krankheiten bekämpfen, aber den Rest möglichst in Ruhe lassen. Bäume brauchen den Wind, damit sie in den Himmel wachsen können. Wenn sie während des Wachstums nicht geprüft werden können, wirft sie der erste Sturm um. So ist es auch mit dem Immunsystem, wenn es nicht auch manchmal herausgefordert wird, funktioniert es nicht richtig. Wir müssen dieses Gleichgewicht wieder hinkriegen und bitte endlich damit aufhören, alles so super sicher und sauber zu machen."

5   Siehe auch Quelle 5 (oben). Dass meine drei Kinder nicht geimpft wurden, erfolgte schon beim ersten Kind aus einer Intuition und einem Selbstverständnis heraus. Sie waren alle drei über die gesamte Kindheit ausgesprochen gesund. Als dreifacher Elternteil lernt man im Laufe der Zeit eine Menge Kinder und Familien kennen. Mit sogenannten impfkritischen Büchern beschäftigte ich mich erst, als ich bemerkte, dass meine Kinder von Geburt an viel gesünder waren, als die Geimpften in unserem Bekanntenkreis. Beispielsweise die häufige Mittelohrentzündung bei Babys und Kleinkindern ist meinen Kindern fremd. Es wäre interessant, würde man einmal genau erheben, wie oft geimpfte Kinder im Vergleich zu gänzlich ungeimpften (in den „hochentwickelten" Ländern alleine bis zum sechsten Lebensjahr (von der ersten Impfung an) einen praktischen oder Kinder-Arzt aufsuchen. – Es wird aber nicht geschehen, zu viele verdienen (heute) mit Krankheit ein Geld. Womöglich ist es einfach so, wie es Autoren im Titel schon auf den Punkt bringen: Gerhard Buchwald, *Impfen – Das Geschäft mit der Angst*, Droemer Knaur, 2000. Früher das „Standardwerk" zum Thema impfen. Impfkritische Bücher gibt es unterschiedlichster Art und sehr zahlreich. Ein aktuelleres Buch: Johann Loibner, *Impfen – Das Geschäft mit der Angst*. Hrsg: Loibner, Johann Dr., 2011 „Die allermeisten Impfstoffe sind hochpotente Allergengemische. Den Spitzenrang dürfte hierbei das quecksilberhaltige Tiomersal, das meistverkaufte Konservans, einnehmen." In: Natürlich, 11/1999, *Impfungen Ursache für Allergie-Boom?*, S. 47
Nicht nur der immer frühere Weggabe-Modus in den „westlichen Ländern" hat uns empfänglicher für (Erziehungs-) Ideologien gemacht, sondern auch auf der Grundlage des verhinderten Imprinting (nachgeburtliche Mutter-Kind-Bindung) besteht „im modernen Menschen eine undefinierbare, unersättliche Sehnsucht, die ihn empfänglich für die raffinierte Manipulation der Werbung macht und ihn schöngefärbte, aber verzerrte und irreführende ‚Informationen' kritiklos akzeptieren lässt. Weltweit agierende Konzerne investieren mittlerweile Milliarden in diese Beeinflussung, z. B. in Form von Lobbyarbeit, redaktionellen Beiträgen, die als ‚objektive Berichterstattung' in den Massenmedien erscheinen, Verhinderung der Finanzierung oder Publikation von Forschungen, die den eigenen Thesen widersprechen (z. B. Forschungsergebnisse über krebserzeugende Substanzen in künstlichen Süßstoffen oder schädliche Nebenwirkungen auf das Immunsystem der Quecksilber oder Aluminiumhydroxid enthaltenden Impfstoffe), Gratisabgaben von Milchpulver an Wöchnerinnen und Medikamenten an Ärzte, das Schüren der Angst von Krankheiten und damit verbunden Kampagnen zur Lancierung von Impf- und Vorsorgeuntersuchungsaktionen. Sie machen sich auf diese Weise unsere Sehnsüchte, Ängste und Süchte zunutze. Dank

dieser Einflussmöglichkeiten werden politische Entscheidungen auf Wahlen selbst in demokratischen Staaten im Interesse der multinationalen Konzerne käuflich. Der gutgläubige oder sich gut informiert wähnende Mensch wird zum Komplizen der Profitmaximierer, während bewusste Menschen, die sich auf Forschungen berufen, die z. B. aufzeigen, dass es nie Impfkampagnen, sondern stets Verbesserungen der sozialen und hygienischen Gegebenheiten und damit die Stärkung des Immunsystems waren, durch die Seuchen eingedämmt werden konnten, dem Vorwurf ausgesetzt werden, durch die Weigerung, ihre Kinder impfen zu lassen, das Leben anderer aufs Spiel zu setzen (wie das bei dem Versuch geschieht, Impfkampagnen für obligatorisch zu erklären). So könnten Staaten und Individuen plötzlich in eine Art Geiselhaft geraten, und das, obwohl in der Zwischenzeit konservative Schätzungen besagen, dass z. B. in den USA durch medizinische Behandlung verursachte Krankheiten eine der häufigsten Todesursachen sind. Eine neuere Untersuchung, die die offiziellen Statistiken der letzten Jahre einbezieht, bezeichnet sie mit mehr als 300 000 Todesfällen als die häufigste. Zudem sterben jährlich 120 000 Menschen an den schädlichen Wirkungen verschriebener Medikamente." Siehe: Willi Mauerer, *Der erste Augenblick des Lebens*, 2009

6 (Auch) ein Verweis auf das kulturphilosophische Buch *Verlust der Mitte* des Kunsthistorikers Hans Sedlmayr. (*Verlust der Mitte. Die bildende Kunst des 19. und 20. Jahrhunderts als Symptom und Symbol der Zeit*, Wien: Otto Müller Verlag, 1948. 11. unveränderte Auflage 1998)

12 Die „Unfruchtbarkeit des Menschen", die „Überbevölkerung" und das „Future Baby"

1 In: Oswald Spengler, *Der Untergang des Abendlandes. Umrisse einer Morphologie* der Weltgeschichte, 17. Auflage 2006, München: dtv (erschienen 1922)
2 Ausführlicher zum Thema „Überbevölkerung" siehe (unter anderem): *POPULATION BOOM. 7 Milliarden Überbevölkerung? WER VON UNS IST ZUVIEL?* R: Werner Boote, Österreich 2013
3 Wissenschaftler vermuten, dass von den Jäger-und-Sammler-Gemeinschaften bis weit in die Neuzeit hinein etwa 20-27 Prozent der Kinder das erste Lebensjahr nicht erreichten. Bis zum 14. Lebensjahr könnten zeitweilig bis zu knapp 50 Prozent der Kinder verstorben sein. Forscher vermuten, dass die Kindersterblichkeit im Mittelalter am höchsten war. Bis zum Erreichen des 14. Lebensjahr dürfte phasenweise jedes zweite Kind gestorben sein. Unsere vorausgegangenen „Hochkulturen" (römische/griechische Antike) hatten also unter anderem das gravierende Problem einer damals noch „natürlich" hohen Kindersterblichkeit von vermutlich 20 bis 30 Prozent, während gleichzeitig aus „ideologischen" Gründen (Denk- und Lebensweisen) ein starker Geburtenrückgang über Jahrzehnte einherging.
4 Profiteure an der Entwicklung das Leben um jeden Preis so lange wie möglich zu verlängern, sind vor allem die Medizin, technologische Unternehmen und die Pharmaindustrie. Den Großteil der Kosten trägt der Staat. Da Steuern nicht ohne Ende erhöhbar sind, steigt die Staatsverschuldung kontinuierlich. Was in allen „Industrienationen" und „westlichen" Staaten konsequent verdrängt wird. Exemplarisches Beispiel hierfür ist Japan: Dort ist seit sehr langer Zeit, aus unterschiedlichsten Gründen, die durchschnittliche Lebenserwartung

so hoch und sind die Geburten seit Jahrzehnten(!) so gering, wie in keinem anderen Land. In den letzten Jahrzehnten wurde der „Club der 100-Jährigen" zwar marginal größer, aber mit 110 bis 115 Jahren Höchstalter ist auch dort Schluss. (Der älteste Mensch der Welt ist 2015 eine Frau. Die Französin Jeanne Calmerht fuhr noch als 100-Jährige Fahrrad und rauchte bis zu ihrem 119. Lebensjahr.) In Japan sind seit Jahrzehnten nicht nur die Geburten so gering wie in kaum einem anderen Land, sondern auch die Staatsverschuldung so hoch wie in keiner anderen „führenden Industrienation". 2016 war Japan mit 230 Prozent seiner Wirtschaftsleistung verschuldet, das seit Jahren de facto insolvente Griechenland mit 170 Prozent und beispielsweise die USA mit 100 Prozent. Alle „führenden Industrienationen" steuern also nicht nur auf eine demographische Implosion zu, sondern haben noch ein paar Dinge gemein. Unter anderem die konsequente (frühe) Beschulung und „Erziehung" aller Kinder und eine konsequente rein ökonomische Ausrichtung der gesamten Gesellschaft. – Die Familien und Kinder werden nicht mehr geschützt und gesondert umsorgt, sondern sind den gleichen Leistungsprinzipien, wie der Ökonomie unterworfen. Sie alle haben auch vergessen den Blick darauf zu legen, wie die großen Pioniere *auch* der Industriellen Revolution (Erfinder, Techniker, Wissenschaftler, etc.) sozialisiert wurden. – Nämlich zuerst einmal ausgiebig familial und im „wirklichen Leben"! Offenbar gilt: Solange alleine die ökonomischen *Zahlen* stimmen, wird fatalerweise weitergemacht wie bisher. Im 21. Jahrhundert droht also nicht „der Untergang des Abendlandes", sondern der vor allem aller Industrienationen und Ländern, die sich am „Wettrüsten" von (ökonomischen) *Zahlen* und dem ihm zugrundeliegenden „erfundenen Ordnungen" (viele notgedrungen) beteiligen.

5 Michael Prestwich, *Edward I,* Berkley: University of California Press, 1988
6 Neben den zahlreichen Medienberichten über das Leben von Kindern (und Familien) in Slums gibt es einen mehr als sehenswerten Dokumentarfilm: *SOMETHING BETTER TO COME,* R: Hanna Polak, Dänemark/Polen 2014. Der Film erhielt mehrere internationale Auszeichnungen und beschreibt das Leben des russischen Mädchens Yula, das mit ihrer Familie auf der größten Müllhalde Europas vor den Toren Moskaus lebt. – Nur 13 Meilen vom Kreml entfernt. Die Regisseurin begleitet 14 Jahre(!) das „Müllhalden-Mädchen" Yula. „Eine mit großer Behutsamkeit erzählte Hymne an die Menschenwürde und die unausrottbare Sehnsucht nach persönlichen Glück." (Anne Thomé) Bedingungsloses Grundeinkommen weltweit für jeden Menschen von Geburt an, ist *eine* persönliche Antwort von mir auf diesen bemerkenswerten Film.
7 Die Bevölkerungszunahme Chinas (Geburtenzahlen) erreicht Mitte der 1960er Jahre ihren bisherigen historischen Höhepunkt mit 6,16 Kinder pro Frau. Trotz intensiver staatlicher Intervention (Geburtenkontrolle, „Ein-Kind-Politik") sinkt die Geburtenrate bis Mitte der 1980er Jahre „nur" auf 2,8 Kinder pro Frau. Als sich China Ende der 1980er Jahre zunehmend der „kapitalistischen Welt" und im Weiteren dem „ungezügelten" Kapitalismus öffnet, sinken die Geburtenzahlen auf den historischen Tiefstand von 1,51 Kind pro Frau im Jahre 2001. Diese Rate bleibt für etwa ein Jahrzehnt stabil. Ab 2006/2009 nimmt China vermehrt und konsequent an PISA teil. Bildungs- und Leistungsdruck wird, wie schon ausgeführt, zum nationalen Heiligtum und salopp gesagt, zum „Volkssport". – Seit ein paar Jahren sinken die Geburtenzahlen in vielen Teilen Chinas nun unter den (Mindest-) Reproduktions-Index 1,5 Kinder pro Frau. Das „Phänomen" scheint so bedrohlich, dass die Politik Chinas 2015 das „offizielle Ende" der Ein-Kind-Politik und eine „Zwei-Kind-Politik" ankündigt. Was so viel heißt, Eltern „dürfen" zwei Kinder haben. Die Geburten werden aber

trotzdem nicht (signifikant) steigen, nur weil dies nun politisch gewünscht oder gewollt ist. (Siehe Deutschland oder Japan.)

Man kann es vereinfacht so sagen: Richtet sich ein Land politisch und gesellschaftlich ausschließlich oder vorrangig auf eine „totale Ökonomisierung" (Industrialisierung) *und* eine „totale (Leistungs- und Disziplin-) Schulkultur" aus, ist das gegenwärtig eine der effizientesten „Maßnahmen" zur Geburtenreduktion. – Auf 0,7 bis 1,5 Kinder pro Frau.

8 Was wir heute mit sehr hoher Wahrscheinlichkeit über die menschlichen Anfänge wissen, ist folgendes: Etwa zwei Millionen Jahre lang, bis etwa 10 000 Jahre vor unserer Zeitrechnung, lebten mehrere Menschenarten gleichzeitig auf diesem Planeten. Warum der Homo sapiens sich alleine „durchsetzte", wissen wir bis heute nicht mit Sicherheit. Theorien gibt es viele und unterschiedliche. Faktum ist, nachdem die Hände durch den zweibeinigen Gang frei geworden waren (vor etwa 160 000 Jahren), ließen sie sich zu allen möglichen Tätigkeiten verwenden. Je mehr sie bewerkstelligen konnten, umso erfolgreicher wurden ihre Besitzer, weshalb die Evolution eine zunehmende Konzentration von Nerven und fein aufeinander abgestimmten Muskeln in Händen und Fingern forderte. So kommt es, dass wir nicht nur filigrane Tätigkeiten ausführen, sondern auch komplexe Werkzeuge herstellen und gebrauchen können.

Der aufrechte Gang hat jedoch auch eine zweite Seite. Er verlangte schmalere Hüften und damit einen engeren Geburtskanal. Verkürzt gesagt, sorgte ein langer Prozess dafür, dass die Kinder immer früher geboren wurden. Im Vergleich zu anderen Tierarten sind menschliche Säuglinge definitiv *Frühgeburten*. Wir kommen „halbfertig" zur Welt, da überlebenswichtige Systeme noch unterentwickelt sind. Ein Fohlen steht kurz nach der Geburt auf eigenen Beinen und im Alter von wenigen Wochen fängt ein Kätzchen an, die Umwelt zu erkunden. Diesen Umstand („Frühgeburt") verdankt der Mensch einerseits seinen außerordentlichen Fähigkeiten, aber auch viele „Schwierigkeiten". Das Aufziehen eines Sapiens-Jungen erfordert konstante und lange Liebe, Zuwendung und Unterstützung von den Eltern, den Verwandten und Nachbarn. Zur „Erziehung" (Unterstützung) eines Kindes ist eben ein ganzes Dorf (intime Gemeinschaft) erforderlich. Daher hat die Evolution diejenigen bevorzugt, die in der Lage waren, starke *soziale Beziehungen* einzugehen. (Siehe Kapitel 1) Diese enge Mutter-Kind-Bindung und die sozialen Kompetenzen der „Sippe" sind mitverantwortlich für das, was Wissenschaftler heute die *kognitive Revolution* nennen. Die fand während des Zeitraums von etwa 100 000 bis 30 000 Jahren vor unserer Zeitrechnung statt. Ebenso gelang es uns in diesem Zeitraum auch noch in einer völlig neuen Form, der *Sprache*, zu kommunizieren. Wie wir heute sind, unsere Gene, unsere Anatomie, unsere Sprache und unser Gehirn, das alles hat sich von marginalen Veränderungen abgesehen, zehntausende Jahre nicht mehr verändert. Dieser lange und gewaltige Prozess der Menschwerdung fand in der Lebensform des Jäger-und-Sammlers statt und Jahrtausende(!) bevor der Sapiens „sesshaft" wurde und Irrtümer auf Irrtümer folgten (wie auch kulturelle Hochleistungen). Wer immer noch meint, unsere Vorfahren seien „einfältig" oder weniger intelligent gewesen als wir heutigen Menschen, irrt gründlich. Gesellschaften von Jäger-und-Sammler zeichnen sich vor allem durch ihre *Vielfalt* (in den „Riten", Denk- und Lebensweisen) und ihren hohen *sozialen Kompetenzen* aus. Jeder Angehörige der Gruppe (also auch Kinder nach der „späten Entwöhnung") lernten ein Steinmesser herzustellen, Nahrung zu finden, ein zerrissenes Kleidungsstück zu nähen, eine Falle aufzustellen und mit Schlangenbissen und hungrigen Löwen fertig zu werden und noch viel mehr.

„Wildbeuter haben nicht nur ein besseres Verständnis ihrer belebten und unbelebten Umwelt, sondern auch ihrer eigenen Innenwelt, ihres Körpers und ihrer Sinne. Sie hörten das leiseste Geräusch im Gras, weil es sich um eine Schlange handeln könnte. Mit scharfem Blick beobachteten sie das Laub von Bäumen, um Früchte, Bienenstöcke oder Vogelnester zu erspähen. Sie bewegten sich mit einem Minimum an Krafteinsatz und Lärm und verstanden es, geschickt und effizient zu sitzen, zu gehen und zu laufen. Durch den vielfältigen Einsatz ihres Körpers waren sie fit wie ein Marathonläufer. Sie hatten eine körperliche Flexibilität, wie wir sie heute nur erreichen, wenn wir jahrelang Yoga oder Tai-Chi praktizieren. (...) Das Leben der Jäger und Sammler konnte sich je nach Region und Jahreszeit ganz erheblich unterscheiden, doch im Großen und Ganzen bekommt man den Eindruck, dass sie ein sehr viel angenehmeres Leben führten als die meisten Bauern, Schäfer, Landarbeiter und Büroangestellten, die ihnen folgten. Während die Menschen in den heutigen Wohlstandsgesellschaften zwischen 40 und 45 Stunden pro Woche arbeiten, und in den Ländern der Dritten Welt sogar zwischen 60 und 80, kommen Wildbeuter selbst in den unwirtlichsten Gegenden der Welt – zum Beispiel der Kalahari-Wüste – im Durchschnitt auf nur 35 bis 40 Arbeitsstunden pro Woche."

Ein Erfolgsgeheimnis der Jäger und Sammler, dass sie vor Hungertod und Mangelernährung bewahrte und sie gesünder sein ließ, als ihre sesshaften Nachkommen, war ihre vielseitige Ernährung. Sie litten auch weniger an Infektionskrankheiten. „Die meisten ansteckenden Krankheiten, mit denen sich landwirtschaftliche und industrialisierte Gesellschaften herumschlagen müssen (zum Beispiel Pocken, Masern oder Tuberkulose) stammen ursprünglich von Haustieren und wurden erst nach der landwirtschaftlichen Revolution auf den Menschen übertragen. Die Jäger und Sammler, die sich höchstens ein paar Hunde hielten, bleiben von diesen Geißeln verschont. Dazu kam, dass die Menschen in Agrar- und Industriegesellschaften in beengten und schmutzigen Verhältnissen lebten – eine ideale Brutstätte für Krankheiten. Wildbeuter streiften dagegen in kleinen Gruppen umher, in denen sich keine Epidemien halten konnten." Das ist auch heute noch einer der Gründe, warum unbeschulte Kinder durchschnittlich in jeder Hinsicht viel gesünder sind, als die im Namen der „Bildung" und „Ökonomie" täglich bis zu acht Stunden eingesperrten. Und weil sich die Unbeschulten naturgemäß mehr (im Freien) bewegen.

Die Jäger-und-Sammler-Kinder waren nicht nur gesünder, sondern auch vermutlich durchschnittlich glücklicher und zufriedener, als die Kinder in den darauffolgenden Jahrtausenden und bis heute (von einigen kurzen Epochen abgesehen). Auch die „demographische" Entwicklung des „Wildbeuter-Sapiens" war äußerst stabil. Kinder wurden jahrelang gestillt, was bekanntlich die Wahrscheinlichkeit einer Schwangerschaft in diesem Zeitraum verringert. Ebenso dürfte nach heutigem Wissensstand die Lebenserwartung höher und die Kindersterblichkeit deutlich geringer gewesen sein, als in den Jahrtausenden, seit der Sapiens sich selbst zu domestizieren begann. Die allergrößten Probleme bekam der Homo sapiens allerdings erst, als er vor ein paar Jahrhunderten begann, seinen Nachwuchs während der echten Kindheit (bis zum 6./7. Lebensjahr) zu domestizieren. Im Namen von ... Alle Zitate dieser Anmerkung (Quelle 8) sind aus: Y. N. Harari, *Eine kurze Geschichte der Menschheit,* 2013

9   Mia Eidlhuber in: DER STANDARD, *Die Zukunft der Babys, das Ende der Welt,* 20. März 2016
10 In: KURIER, *Alptraum Wunschbaby – die Geschäfte mit dem Kinderwunsch,* 16. April 2016
11 Harald Welzer, *Die smarte Diktatur. Der Angriff auf unsere Freiheit,* Fischer Verlag, 2016

12 In: DIE WELT, *Mutter zu werden war immer mehr mein Traum*, 20. Jänner 2005
13 Y. N. Harari, *Eine kurze Geschichte der Menschheit*, 2013. Aus dem Kapitel „Das Ende des Homo Sapiens". Darin fasst Harari zusammen, was sich bereits weltweit (vor allem in den USA) unter dem Begriffen Biotechnik, Cyborgtechnik (Cyborgs sind Wesen, die aus organischen und nicht-organischem Teilen bestehen) und *Nicht-Organischem Leben* bereits an Un-Menschlichem bei Tier und Mensch möglich ist. Siehe auch: Y. N. Harari, *Homo Deus,* 2017

Teil III
Von der *glücklichen* Kindheit, Raketen, Liebe und Visionen

1 Die Freie Familie und die Rückkehr des Glücks

1 Dayna Martins Buch erschien im Englischen unter dem Titel: *Radical Unschooling – A Revolution Has Begun,* 2009
2 Die Texte von Arno und Michèle Stern sowie die zitierten Passagen von André Stern in: André Stern .... *und ich war nie in der Schule. Geschichte eines glücklichen Kindes*, Sandmann, 2009. Über André gibt es neben dem Dokumentarfilm *Alphabet* auch inzwischen zahlreiche Videos und Reportagen verschiedenster TV-Sender.
3 Dayna Martin, *Die Freie Familie ... oder die Freiheit über Leben und Lernen selbst zu bestimmen,* Tologo Verlag, 2011
4 Auf einige Ergebnisse von Studien zu Homeschooling/Unschooling wurde im Buch schon eingegangen. John Taylor Gatto verweist in seinem Buch auch (indirekt) auf Ergebnisse von Homeschooling Studien. Ebenso führt Dagmar Neubronner in ihrem Buch *Die Freilerner* einige Studien an. Den Großteil von inzwischen dutzenden Studien zu Home- und Unschooling ist englischsprachig und noch nicht ins Deutsche übersetzt. Dagmar Neubronner hat ein interessantes Studienergebnis des Kanadischen Fraser-Institutes aus dem Jahre 2007 ins Deutsche übersetzt: „Überraschenderweise haben mehrere Studien festgestellt, dass Freilernen dazu beitragen kann, die potenziell negativen Auswirkungen bestimmter sozioökonomischer Faktoren aufzuheben. Kinder von Akademikern erzielten bei akademischen Tests zwar mehr Punkte als andere freilernende Kinder, aber Bildung zu Hause scheint die schädlichen Auswirkungen, die ein niedriger Bildungsstand der Eltern hat, abzuschwächen. Das bedeutet, öffentliche Schulen scheinen Kinder wenig gebildeter Eltern schlechter zu bilden, als die schlecht gebildeten Eltern es selbst vermögen. Eine Studie stellte fest, dass Schüler, die zu Hause von Müttern ohne Highschool-Abschluss unterrichtet wurden, um 55 Prozentpunkte besser abschnitten als Schüler aus Familien mit vergleichbaren Bildungsniveau, die an öffentlichen Schulen lernten." Siehe Quellenverzeichnis: Dagmar Neubronner, *Die Freilerner. Unser Leben ohne Schule,* 2008
Die Home-/Unschooling Kinder brauchen um ihre „Potenziale" zu entfalten und zu lernen weder Pädagogen noch Eltern, die Akademiker sind. Ich kenne selbst einige Un-/Homeschooler Familien, die keinen Akademiker-Elternteil haben. Die Kinder weisen in der Regel

mehr soziale Kompetenzen auf und ihr Denkvermögen ist ungleich höher und schneller als beim vergleichsweisen Altersdurchschnitt von beschulten Kindern.
Ein paar Studien und Forschungsergebnisse zu Un-/Homeschooling: http://www.unschooling.de/studien.html; http://www.homeschooling.de/studien; http://gaither.wordpress.com/2013/03/01/joseph-murphy-reviews-gaither-and-kunzmans-comprehensive-survey-of-the-research/; http://www.psychologytoday.com/blog/freedom-learn/201406/survey-grown-unschoolers-i-overview-findings; http://majorsmatter.net/schools/Readings/Collom%20EUS2005.pdf http://icher.org/blog/?p=1297#more-1297;
Auf den Plattformen www.unschooling.de, www.homeschooling.de, www.educazioneparantale.org, www.pro-lernen.ch (und anderen internationalen Plattformen von Home-/Unschooling) werden immer wieder Studien und Forschungsergebnisse zum Thema veröffentlicht. Die umfangreichste Sammlung und Auflistung von wissenschaftlichen Publikationen, Forschungsergebnissen und nationalen und internationalen Studien zu Homeschooling befindet sich auf der Homepage des NHERI (National Home Education Research Institute). Das NHERI verfügt über eine Datenbank von über 1800 Quellen zu Homeschooling. Der Hauptgrund, warum meines Erachtens speziell die Diskussion um Un-/Homeschooler in den deutschsprachigen Ländern weitgehend nur von Allgemeinplätzen, Vorurteilen und reiner Ideologisierung geprägt ist, hat auch mit der Tatsache zu tun, dass bisher kaum fundierte wissenschaftliche Ergebnisse dazu ins Deutsche übersetzt wurden. Auf der Plattform www.netzwerk-bildungsfreiheit.de sind inzwischen einige internationale, vorrangig amerikanische/kanadische Forschungsergebnisse und Studien veröffentlicht, die ins Deutsche übersetzt wurden. Auf der Website www.homeschooling.de gibt es eine ausführliche Linksammlung zu nationalen, europäischen und internationalen Plattforen, Vereinen und Organisationen zu Home-/Unschooling und Bildungsfreiheit.

5   Zitiert in: Dagmar Neubronner, *Die Freilerner. Unser Leben ohne Schule*, Genius Verlag, 2008
6   ebenda
7   ebenda. Eine kurze „Medienkritik" zu Berichten über „Freilerner-Familien" (Un-/Homeschooler) in Österreich und Deutschland (den „Fall Neubronner" ausgenommen). Weitgehend alle Berichte in Printmedien der letzten zehn Jahre weisen in beiden Ländern die gleiche Tendenz auf. Stellvertretend gehe ich genauer auf zwei Artikel ein, einem aus der ZEIT, vom 22. Mai 2010, und einer Reportage aus dem österreichischen Magazin PROFIL, vom 9. März 2015. Beides Zeitungen, die durchaus selbst den Anspruch haben, um einen differenzierten und objektiven Journalismus bemüht zu sein. Beim Thema „Freilerner" (Home-/Unschooling) gehen aber (fast) alle Berichte vom Boulevard bis ins Feuilleton tendenziell in die gleiche Richtung: Die Eltern stehen allesamt unter Generalverdacht. Sie sind eine Gefahr nicht nur für ihre eigenen Kinder, sondern gleich für die gesamte Gesellschaft. Fast ausnahmslos fehlt eine eigene Recherche der Journalisten, Einsicht in spezielle Literatur, Studien, etc. Von den Statements der Journalisten bis zu den ausgewählten „Experten", die zu Wort kommen: Nichts als Schablonen, Unterstellungen, Klischees, teilweise Diskriminierung und „uralte" Allgemeinplätze.
    Der PROFIL Artikel vom 9. März 2015 lautet: *Freilerner verweigern die Schule. Kann das gut gehen?!* Mit dem Fragezeichen und Rufzeichen am Ende wird vorab gleich klargestellt: Die Frage ist nur rhetorisch, das kann nicht gut gehen! So steht in der Mitte der großen

Reportage fett und groß gedruckt der nächste Untertitel: *HEIMARBEIT. Nicht nur integrationsunwillige Muslime halten ihre Kinder vom Unterricht fern. Auch die Freilerner halten nichts von der Schule und strengen Lehrplänen. (...) Experten warnen vor Überforderung und sozialer Verwahrlosung.* Einmal abgesehen davon, dass keiner der zitierten „Experten" das Wort „soziale Verwahrlosung" in den Mund nimmt, werden im Titel (und nur dort) die „integrationsunwilligen Muslime" ins Boot der Reportage geholt. Damit ist klar und soll assoziiert werden: Auch vor der Gruppe der Un-/Homeschooler muss man sich fürchten. Sie sind eine Gefahr für die Kinder, wie auch die Gesellschaft. Eine Journalistin eines Reportage-Magazins, wie es das PROFIL ist, müsste im Jahre 2015 eigentlich wissen: „Integrationsunwillige Muslime" (was ist das genau?) unterrichten ihre Kinder nicht zuhause, sondern die gehen in Österreich und Deutschland in eigene (private) oder auch staatliche Schulen. Es geht in diesem Artikel aber auch nicht um Fakten, sondern um Vorurteile und Feindbilder.

Damit nun zu den „Experten", die die Journalistin ausführlich zu Wort kommen lässt. Beispielsweise Stefan Hopmann vom Institut für Bildungswissenschaften an der Uni Wien behauptet: „Ein Großteil" der 2,5 Millionen Homeschooler in den USA bleibt der Schule „aus religiösen Motiven" fern. Zahlen und Fakten werden keine präsentiert. Was sind „religiöse Motive"? Faktum ist: In einer US-nationalen Umfrage unter Homeschooler-Familien gaben 36 Prozent an, ihr Hauptgrund für Homeschooling sei es, für religiöse oder moralische Unterweisung zu sorgen. (US Department of Education, 2008).

Verschiedenen Erhebungen zufolge, dürfte die Gruppe der US-Unschooler etwa 10-20 Prozent der unbeschulten Kinder betragen. Sie ist jedenfalls innerhalb der Gesamt-Gruppe Home-/Unschooler nicht nur in den USA die am stärksten wachsende Gruppe. Im deutschsprachigen Raum würde ich nach persönlicher Einschätzung die Gruppe der „reinen" Unschooler etwa auf (derzeit) höchstens 25 Prozent schätzen. Sie steigt jedoch kontinuierlich an und zwischen Home- und Unschooling werden verschiedenste Formen des Lernens praktiziert. Der Anteil der Eltern, die jedenfalls aus „religiösen Motiven" Homeschooling betreibt, ist jenseits und diesseits des Atlantiks (und in Europa noch mehr) ganz deutlich die Minderheit. Ein „Bildungswissenschaftler" müsste aber vor allem wissen, dass sich die 2,5 Millionen unbeschulten Kinder sich in Home- und Unschooler aufteilen. Und warum wird in den deutschsprachigen Ländern in Printmedien-Berichten zumeist die USA als Vergleich genommen? Die größte Gruppe an unbeschulten Kindern in Europa gibt es in England, ca. 160.000. Home-/Unschooling ist kein amerikanisches, sondern ursächlich ein europäisches „Phänomen". Ein berühmter Vertreter in der Vergangenheit ist Johann Wolfgang von Goethe, und die gegenwärtig in Europa bekannteste unbeschulte Persönlichkeit ist André Stern. Der ist Franzose. Die Journalistin schreibt zu den USA weiters: „Studien zu den weiteren Lebens-Karriereverläufen ehemaliger Heimlerner existieren kaum. In einer groß angelegten US-Untersuchung von 2009 stachen Heimlerner ihre klassisch unterrichteten Schulkollegen zwar akademisch aus, dafür lebten viele mit dem Stigma „sozial nicht ganz normal zu sein". Auf welche Studie bezieht sich die Journalistin eigentlich? Sie wird nicht genannt. Wie viel ist „viele" und was ist „sozial nicht ganz normal"? Steht das in der vermutlich englischsprachigen Studie auch so dort? Was ist mit den zehntausenden strukturellen Analphabeten (nach neunjähriger Pflichtschulzeit) in den deutschsprachigen Ländern (und nicht nur dort) und den vielen sogenannten ADHS und den tausenden „psychisch auffälligen" beschulten Kindern? Sind die auch alle „sozial nicht ganz normal"? Immerhin erfährt der Leser, dass die unbeschulten Kinder später „akademisch" generell besser sind."

Beachtlich ist auch ein Statement eines weiteren „Experten", der „Bildungsphilosoph" an der Universität zu Köln, Mathias Burchardt: „Das Schöne an der Schule ist ja die Balance zwischen individuellen und gemeinschaftlichen Lernen, zwischen Neigung und Pflicht." Bei so einer Aussage stellt sich für mich vor allem eine Frage: Hat der Universitätsprofessor durchschnittliche (staatliche) Volks-/Grundschulen in den letzten 15 Jahren auch einmal von innen gesehen? Burchardt präzisiert sein pädagogisches Weltbild noch: „Das Ziel der Pädagogik ist die Freiheit, und einer ihrer notwendigen Mittel ist der Zwang." Herr Burchardt meint mit „Pädagogik" freilich die staatliche Schulpädagogik und nicht die verschiedensten Ausprägungen der Reformpädagogik. Und ob zehntausende strukturelle Analphabeten jährlich (nach der Pflichtschulzeit) auch in Deutschland ein Zeichen von „Freiheit" sind, ist mehr als fraglich (eher des Zwanges).

Damit zum ZEIT Artikel vom 22. April 2010. Der ist gegenüber dem PROFIL Artikel durchaus von anderer Qualität, geht aber in die gleiche Richtung. Das wird gleich im Titel klar: *Heimarbeit: Schule nach Hausfrauenart*. Zum Titel schreibt eine Leserin in einem Posting an DIE ZEIT: „Ich finde den diskriminierenden Titel (...) geschmacklos. Darauf müsste ein ZEIT Artikel verzichten können." Positiv zu bemerken ist, dass der Journalist im Artikel klar hervorhebt, dass es Homeschooling und Unschooling gibt. Der Artikel behandelt im Wesentlichen nicht die Situation in Deutschland (weil verboten), sondern berichtet über Un-/Homeschooling Eltern in Österreich. Dem Journalisten zufolge gibt es laut österreichischem Unterrichtsministerium keine genauen Zahlen über die häuslich unterrichteten Kinder. Das ist nicht richtig. Die Eltern müssen sich ja quasi „registrieren" und sich einmal im Jahr zu einer „Überprüfung" (Externistenprüfung) an einer öffentlichen Schule einfinden. Es sind seit zehn Jahren etwa 1.800 unbeschulte Kinder jährlich. Das sind ca. 0,2 Prozent der schulpflichtigen Kinder in Österreich, deren Eltern sich für ein Lernen ohne Schule entscheiden. Auch im ZEIT Artikel wird durch den Journalisten das immer gleiche Klischee zu Papier gebracht: „Pädagogen weisen darauf hin, dass Heimunterrichtskinder zwar mitunter gleich viel lernen, aber geringere soziale Kompetenzen ausbilden." Dieses durch die Realität widerlegbare Vorurteil wird in der DIE ZEIT auch durch einen Vertreter der staatlichen Schulbehörde bekräftigt. Die leitende Schulpsychologin des Wiener Stadtschulrates „warnt": „Es besteht Gefahr, dass Freilernern Erfahrungschancen genommen werden." Der „leitenden" Schulpsychologin dürfte entgangen sein: Ein ganz zentraler Kritikpunkt deutschsprachiger wie internationaler Schulkritik ist, dass Schüler vor allem zu wenig durch Selbst- bzw. Eigenerfahrung lernen.

Im ZEIT Artikel werden auch die Hauptargumente der deutschen „Staatsmacht" genannt, warum sie an dem im In- wie auch Ausland höchst umstrittenen „Schulzwang" festhält. „Der Bundesverfassungsgerichtshof urteilte 2003, nur öffentliche Schulen könnten das Kindeswohl garantieren." Dazu erlaube ich, wie tausende Eltern auch, zu fragen: Was hat der Terminus *Kindeswohl* mit *Bildung* zu tun? Bei der Definition des Begriffes „Kindeswohl" wird in Wikipedia unter anderem festgestellt: „Eine gedeihliche Entwicklung der kognitiven, intellektuellen Fähigkeiten des Kindes, die für die Aneignung von Bildung erforderlich sind, werden in der deutschen Rechtsprechung oder auch von Jugendämtern in Deutschland nicht als Bestandteil des Kindeswohls angesehen." Wer irrt nun, der Bundesgerichtshof oder Wikipedia? Bei Letzterem werden auch die zentralen Kriterien und die Definitionsgrundlage des „Kindeswohles" aufgelistet: 1. Bindungsprinzip (Familie). 2. Förderungsprinzip I: Pflege, Betreuung, Versorgung. 3. Förderungsprinzip II: Erziehung. 4. Kontinuitätsprinzip. Die Feststellung des Bundesverfassungsgerichtshofes, „nur die öffentlichen

Schulen können das Kindeswohl garantieren", steht auch im Widerspruch zu einem Faktum: Zehntausende Schüler verlassen die Schule jährlich, salopp formuliert, als Analphabeten, viele haben Defizite bei den sozialen Kompetenzen, manche haben psychische Auffälligkeiten und *sehr viele* ein beschädigtes Selbstwertgefühl.

Wenn der Staat in den deutschsprachigen Ländern offenbar den hohen Anspruch hat alleine für Bildung zu garantieren, dann müsste er aber auch konsequenterweise die *Verantwortung* für den *versagenden Schüler* übernehmen. Und genau das machen weder Deutschland, noch Österreich, noch andere Länder. Da hat der international renommierte Konfliktberater und Familientherapeut Jesper Juul schon recht: Nirgendwo sonst in Europa wird die Schuld am versagenden Schüler (Kind) dem Schüler selbst oder den Eltern in die Schuhe geschoben. Der Bundesverfassungsgerichtshof macht auch keinen Hehl daraus, worum es ihm bei der europaweit einzigartigen rigiden Schulpflicht (Schulzwang) auch noch im 21. Jahrhundert eigentlich geht. DIE ZEIT schreibt: „Dem Richterspruch zufolge haben die Allgemeinheit berechtigtes Interesse daran, die Entstehung von religiös oder weltanschaulichen motivierten Parallelgesellschaften entgegenzuwirken." Es geht also wieder einmal um den *Generalverdacht*. (Streng) religiöse Gruppen haben auch in Deutschland längst eigene Privatschulen, um den Kindern ihre Werte zu vermitteln. Ebenso haben auch Gruppen von Eltern mit anderen „weltanschaulichen Motiven" seit Jahrzehnten eigene Schulen gegründet: Waldorf, Bilinguale, Reformpädagogische, Demokratische Schulen, etc. Sind das nicht auch „Parallelgesellschaften"? Und bitte: Was sind „Parallelgesellschaften"? Was verbirgt sich hinter diesem neuen „Zauberwort", dass nicht nur die Politik, sondern auch schon einige Autoren (vor allem in Deutschland) gerne gebrauchen, ohne es genau zu erklären oder zu definieren.

Ich erlaube mir auch noch eine Frage zur Diskussion zu stellen: Bilden nicht die Mehrheit der „gestrigen" staatlichen Schulen „Parallelgesellschaften"? Sie trennen das Kind strikt von der Erwachsenenwelt, von älteren und jüngeren Kameraden, wie auch vom „wirklichen Leben". Eine ganze (lange) Kindheit. Wovor hat man in Deutschland (absolut) und in Österreich/Schweiz (relativ) Angst, sodass man Bildungsfreiheit kategorisch verhindert und sie nur privilegierten, die sich eine Privatschule leisten können oder wollen, zugesteht? Warum statuiert man wieder einmal(!) an einer kleinen, humanen und friedvollen Minderheit, *Familien*, ein Exempel und tyrannisiert sie und zwingt sie das Land zu verlassen, oder sich dem Schulzwang zu beugen? Wem soll das nützen (den Kindern gewiss nicht), und wofür dient dieses *inhumane* Verhalten?

8   Zitiert in: Dagmar Neubronner, *Die Freilerner. Unser Leben ohne Schule*, Genius Verlag, 2008. Für Leser, die den „Fall Neubronner" nicht kennen. Die vierköpfige Familie verbrachte viele Jahre – zwangsweise – im Ausland. Sie beugten sich dem behördlichen Terror und Schulzwang nicht. Wie viele andere Home-/Unschooling Familien, die ins Ausland flüchteten. Dabei würde die bestehende Gesetzeslage in Deutschland genug Anlass geben, mit diesen Familien gelassen umzugehen. Heute lebt die Familie wieder in Deutschland. Die beiden Söhne Moritz und Thomas haben die deutschen Schulabschlüsse und einer auch schon Abitur mit den Notendurchschnitt 1,4 absolviert – ohne Schulbesuch.

9   John Taylor Gatto, *Verdummt noch Mal*, 2009

10 In: Dagmar Neubronner, *Die Freilerner. Unser Leben ohne Schule,* 2008

11 Zitiert aus: *Privatunterricht und Sozialisation. Ein Widerspruch? Eine schweizweite Erhebung über privat gebildete Schulabgänger und deren berufliche Laufbahn. Bildung zu Hause. ch*, 2010. Abrufbar auf:

www.bildungszuhause.ch/uploads/media/Nationale_Studien_BzH_2010_01.pdf
Interessant und empfehlenswert ist dazu ein Interview mit Kathrin und Florian Sell für das Magazin *unerzogen*. Die beiden gründeten 2009 in Berlin die Personalvermittlungsagentur *Nonscholae*. Wie der Name erahnen lässt, vermittelte die Agentur Homeschooler an Wirtschaftstreibende. Ausschnitte aus dem Interview:

Florian Sell: (...) Die Wirtschaft hat den 23-jährigen Bachelor-Studenten gefordert, und auf einmal stellen wir fest: mit denen kann man nichts anfangen, denen fehlt einfach die Bildung. Ausbildung ist noch mal eine andere Sache.

unerzogen: Wie zeigt sich denn ein Mangel an persönlicher Bildung?

Florian Sell: Immer wieder ein Thema, ganz banal: Grüßen und Pünktlichkeit. Die werden bis zu ihrem 20. Lebensjahr in irgendein System gepresst, und der Ausbruch ist immer das Schwänzen, entschuldigt, unentschuldigt, irgendetwas. Mit dieser Einstellung gehen sie in den Arbeitsmarkt. Da kann man nicht mehr dem Lehrer erzählen, mein Wecker hat nicht geklingelt, sondern da geht es auch um finanzielle harte Fakten. Das heißt, die Stunden müssen bezahlt werden, die Leute müssen zur Arbeit kommen.

unerzogen: Nun ist eins der Standardargumente gegen Homeschooling doch aber, dass die Kinder dann nicht lernen, sich eben solchen gesellschaftlichen Regeln zu beugen.

Florian Sell: Die sind geschult durch das Miteinander in der Familie. Sie wachsen druckfreier und ohne die alltägliche Verrohung auf, die in Zwangseinrichtungen oft herrscht. Ihr Benehmen ist automatisch viel durchdachter. Für die anderen gilt leider: Wenn man zwanzig Jahre nie atmen konnte, dann kann man das nachher auch nicht. Das heißt, die kommen manchmal einfach, wann sie wollen. Die wissen gar nicht, warum die Chefs sich dann noch aufregen. Und dann werden sie entlassen nach einem halben Lehrjahr, weil sie zwölfmal zu spät gekommen sind und fragen: Ja, warum denn?

Kathrin Sell: Wir haben zum Beispiel bei einem großen Konzern einen Kunden, der erzählt hat, bei dem ganzen letzten Lehrlingsjahrgang hätten sie eine Rundmail geschrieben, dass man zum Beispiel anklopfen sollte, bevor man irgendwo ins Büro stolpert, falls da jemand telefoniert, und ob sie auf dem Gang grüßen könnten....

Florian Sell: ...und das man in der ersten Woche versuchen sollte, mal pünktlich zu sein. Damit man so einen Gewöhnungseffekt bekommt... Wobei man sagen muss, es liegt nicht an der Generation! Es liegt daran, dass das System sie zerstört hat, und nicht der Mensch an sich schlecht oder unfähig ist, sondern das System hat versagt. Das System ist dafür verantwortlich. Weder die Eltern, noch die Kinder selber. Und darüber muss man auch anfangen nachzudenken.

unerzogen: (...) kann man wirklich so pauschal sagen, es sei ‚das System'?

Florian Sell: ‚Teile und herrsche.' Zerstöre das Familienleben, dann kannst du herrschen über die Arbeitskräfte. Bei einer Familie, deren Mutter 40 Stunden bei Lidl arbeitet, der Vater 40 Stunden auf dem Bau schuftet, weiß jeder, dass die Kinder auch von den Schulen nicht mehr aufgefangen werden können – egal, wie weit man das Betreuungsangebot ausweitet. Sie werden nur gutes Humankapital hervorbringen, wenn sie die Familien wieder instand setzen, ihre Kinder zu umsorgen. Aber unsere Personalagentur hat keine hehren Ziele, wir arbeiten mit der Wirtschaft zusammen, wo viele es hochschätzen, dass Eltern die Initiative zeigen, ihre Kinder selber zu unterrichten.

Kathrin Sell: Wir müssten in Deutschland längst darüber diskutieren, wie man Homeschooling vielfältiger gestalten anstatt es zu unterdrücken. Der Standortnachteil, den Deutschland sich damit leistet, ist mit Händen greifbar. (...)

Florian Sell: Ein Homeschooler, der Abitur oder die mittlere Reife gemacht hat, ist richtig interessant für die Firmen. Zum einen bietet er genau das, was sie in diesem starren Denken brauchen, also irgendwelche Papiere, zum anderen kann er auch in die andere Richtung, also: ‚Ich bin breit gebildet, ich bin weltgewandt, ich kann schmieden, backen, kochen, ich kann sogar *grüßen*.'

Kathrin Sell: ... und ich kenne auch wirklich ein bisschen das Leben...'
Das Gemeine ist: Sie meinen, sie züchten jetzt in den Schulen die frühen Rentenbeitragszahler, die dann den Karren ziehen, und genau das geschieht nicht. Was wir für Fälle kennen an Kindern, an jungen Erwachsenen, das sind richtige psychische Krüppel geworden durch diesen ganzen Druck und Stress.

Florian Sell: Oft geht der Druck auch von den Eltern aus. Die sind geradezu Opfer der jahrelangen Bildungsdebatten. Ihnen ist etwas der gesunde Menschenverstand abhanden gekommen. Die Kinder werden von einer Frühförderung in die nächste geschleppt. Kein Innehalten, da kommt immer nur: ‚Die müssen dies können und das können...' Diesen Kindern geht die Leistungsfähigkeit, die sie als Erwachsene in einer der größten Industrienationen der Welt haben müssen, später bitter ab.

unerzogen: Es spricht ja erst mal nichts dagegen, Dinge zu können.

Kathrin Sell: Aber es kommt ja nichts dabei raus, fürchte ich. Die erwarten alle, dass die deutsche Wirtschaft an so einer Haltung genesen wird, und genau das wird eher aus der sozusagen illegalen Ecke kommen.

unerzogen: Sie sagen das sehr sicher. Wie lange haben Sie die Homeschooler Szene schon beobachtet?

Florian Sell: Da kann ich gar keinen festen Zeitpunkt nennen. Das kam allmählich, nachdem wir diese erfolgreichen jungen Menschen in den Schweizer Firmen kennen gelernt hatten. Etwa seit 2004.

Kathrin Sell: Aber dieses Interesse von Firmenseite verstärkt sich so etwa seit zwei Jahren, dass die sagen, sie haben eigentlich keine Bewerber mehr, die sie einstellen möchten."
Der vollständige Artikel ist im Internet abrufbar: *Arbeitgeber sucht Homeschooler*, www.unerzogen-magazin.de

In einem anderen Medienbericht über Un-/Homeschooler bringt es die Journalistin schön auf den Punkt: „Die meisten Freilerner eignen sich neues Wissen erst an, wenn sie es wirklich brauchen. Das hat den Vorteil, dass man es auch tatsächlich behält. Dem schulischen Anspruch nach Allgemeinbildung entgegnet sie mit dem Einwand: Das meiste würde man eh wieder vergessen. Recht vorausschauend ist diese Art des Lernens nicht." Katrin Albinus in: Deutschlandfunk, *Leben ohne Schule*, 8. Dezember 2015

Kleine wie auch sehr große Wirtschaftsbetriebe haben längst erkannt, dass Noten und generell ein Schulbesuch nichts über die unterschiedlichen Kompetenzen eines Bewerbers sagen. Die Deutsche Bahn ist das erste deutsche (auch) Staatsunternehmen, dass konsequenterweise ab 2017 für intern Auszubildende („Azubis") keine Zeugnisse, „guten Notendurchschnitt" oder „positive Zeugnisse" als alleinige Bewerbungsvoraussetzung mehr verlangt. – Und ganz wichtig, dass auch öffentlich kommuniziert hat. In: DIE WELT, *Für Arbeitgeber sind Schulnoten inzwischen egal*, 31. August 2013 oder in: SZ, *Zeugnis? Egal*, 15. Juli 2013

12 Michel Foucault, *Psychologie und Geisteskrankheit*, Frankfurt: Edition Suhrkamp, 1968
13 Peter Gray, *Befreit Lernen*, 2015
14 Peter Sloterdijk, *Die schrecklichen Kinder der Neuzeit*, 2014
15 Y. N. Harari, *Eine kurze Geschichte der Menschheit*, 2013

Intermezzo: Der kleine Leonardo und da Vincis Code

1. Charles Nicholl, *Leonardo da Vinci. Eine Biographie*, S. Fischer Verlag, 2006 (Im Original erschienen 2004: *Leonardo da Vinci. The Flights of the mind*)
2. ebenda
3. ebenda. Trotz tausender Skizzen und Schriftstücke gab Leonardo fast keinen Einblick in seine Kindheit und in sein Familien- und Privatleben. Wer alleine bei Google (Deutsch) auf die Schnelle nach Leonardo da Vincis *Kindheit* sucht, stößt zumeist auf Sigmund Freuds Essay *Eine Kindheitserinnerung des Leonardo da Vinci*. Wie einige da Vinci Forscher und Biographen nachweisen konnten, türmen sich in Freuds Essay Spekulationen auf Spekulationen. Der Biograph Charles Nicholl weist unter anderen darauf hin, dass manche Quellen von oder über da Vinci ihm überhaupt noch nicht bekannt waren. Die Frage, die Freud letztlich interessierte, ob der vermutlich kinderlose da Vinci homosexuell war, ist durch keine einzige primäre oder sekundäre Quelle mit Ja zu beantworten und ist sie wirklich von Relevanz? Einmal abgesehen davon, gab es auch in den letzten Jahrhunderten (und Jahrtausenden) „Kinderlose", die deshalb nicht zwangsläufig homosexuell waren. Dass da Vinci homosexuell gewesen sei, ist bis heute eine Mutmaßung, nicht nur von Sigmund Freud. Ebenso ist es von der Quellenlage her weder nachvollzieh- und schon gar nicht beweisbar, dass da Vinci wie im Internet oft behauptet, mit fünf Jahren in das Haus seines Vaters nach Florenz zog und danach *keinen* Kontakt mehr zu seiner Mutter hatte. Wann auch immer Leonardo zu ihm zog (das ist bis heute ungeklärt), er hatte weiterhin, in welcher Häufigkeit auch immer, Kontakt zu seiner Mutter. Der erwachsene Leonardo notierte selbst einmal in sein Notizbuch, dass seine Mutter ihn in Florenz besuchte. Die meines Erachtens in Hinsicht Kindheit und Leben da Vincis ausführlichste und am wenigsten spekulative Biographie ist die von Charles Nicholl.

3 Die Familie, Breakthrough Innovations, der „Computer auf Rädern" und das Köln Konzert

1. In: Christoph Meinecke, *Werden unsere Kinder unglücklicher?* www.spielundzukunft.de/Kinderzeit/Schwierigkeiten/1067-christoph-meinecke. Ein interessantes und ausführliches Gespräch von Spielundzukunft.de mit Dr. med. Christoph Meinecke, Facharzt für Kinder- und Jugendmedizin in Berlin und Geschäftsführer des Familienforums Havelhöhe.
Ein paar Bemerkungen noch zum Thema *Hochbegabung* und *Intelligenzentwicklung*. Seit langem ist schon bekannt, dass Drei- bis Fünfjährige bis zu 400 Fragen pro Tag stellen. Wir schreiben diesen „Wissenshunger" und die „Lernbegierigkeit" dem Kleinkind zu, da sie im Laufe der weiteren Jahre abnimmt. Das liegt aber nicht am „zunehmenden Alter", sondern ist die Konsequenz und Auswirkung von unserem „gestrigen" Schulsystem. Länger familial sozialisierte und auch *unbeschulte* Kinder (wenn die Eltern nicht direktiv und bewertend agieren) behalten sich diesen „Wissenshunger" und die Lernfreude in der Regel über die Kindheit hinaus. Wenn Eltern (durchschnittlich) nur noch 10 bis 12 Minuten mit ihren Kindern sprechen, auch weil alle „arbeiten" müssen oder wollen, kann der kindliche und naturgegebenen Wissensdrang genauso wenig gestillt werden, wie in einem

"Bildungssystem", wo eine Pädagogin oder ein Pädagoge zwanzig Kinder zu betreuen bzw. zu "bilden" hat!

In diesem Buch wurde viel von dem hoch begabten Kind, das jedes von Geburt an ist, gesprochen. Es gibt aber auch zwei bis drei Prozent (aller) Kinder, die im Sinne standardisierter Intelligenztests einen IQ von 130 (und aufwärts), also eine weit über dem Durchschnitt liegende "intellektuelle Begabung", aufweisen. Diese *Hochbegabten* ("Wunder-Kinder") liegen schon länger auch im wissenschaftlichen Interesse. Die Ursachen für eine "Hochbegabung" sind auch heute nicht klar definierbar. Einig waren sich Wissenschaftler immer, dass vermutlich genetische Faktoren, wie auch das "soziale Umfeld" auslösend für eine "Hochbegabung" sind. In den letzten zwei Jahrzehnten zeigt sich, dass vor allem die sozioökonomische Situation hauptverantwortlich für die "Hochbegabung", ja generell auch für die *Intelligenzentwicklung*, ist. "Sozioökonomische Situation" heißt hier, dass von Geburt an und für die ganze Kindheit, dem 6./7. Lebensjahr, das "familiäre Umfeld" für die Entwicklung der Intelligenz eines Kindes eine maßgebliche Rolle spielt. Ein paar gesicherte Ergebnisse der Intelligenzforschung durch Langzeit- und/oder Mehrfachstudien:

Stillen hat einen positiven Einfluss auf die Intelligenzentwicklung des Kindes (auch das Tragen und generell körperliche Nähe, also Elternbett statt Kinder-Gitter-Bett).

Eine Serie von Studien belegt, dass Unterschichts-Kinder generell eine niedrigere Intelligenz aufweisen, als Eltern von Mittelschichts-Kindern. *Hochbegabte* Kinder (IQ von 130 und aufwärts) kommen überdurchschnittlich oft aus Familien mit "überdurchschnittlichen" Einkommen. Der finanzielle Aspekt ist aber nur ein Indikator, wenn man so will, eine Voraussetzung. Denn eine Reihe von Studien zeigt zudem, dass für die *Intelligenzentwicklung* auch noch zwei Dinge äußerst förderlich sind:

Das *Sprachumfeld*. Kinder, mit denen Eltern von Geburt an viel kommuniziert haben, erwiesen sich als durchschnittlich intelligenter, als jene, mit denen kaum oder wenig kommuniziert wurde. – Es gibt auch nonverbale Kommunikation, die vor allem bei Babys von großer Relevanz ist. Konkret: Den Blick des Babys mit einem freundlichen Lächeln zu erwidern ist äußerst förderlich.

Ebenso wissenschaftlich erwiesen ist: Neugeborene sehen von der ersten Sekunde an äußerst verschwommen. In den ersten beiden Monaten sehen sie nur in einem Nahbereich von etwa 20 bis 25 Zentimeter. Erst ab etwa dem achten Monat kann das Baby das "Licht der Welt", seine Eltern und Bindungspersonen vollständig und klar erblicken. Wenn also Eltern ihrem schreienden Baby im Kinderwagen zurufen, "Ich bin ja da mein Kleines", und dann den Kinderwagen vielleicht auch noch rütteln, den Schnuller mit der anderen Hand hineindrücken, oder was auch immer, dann nützt das dem Baby herzlich wenig. Das Mütter über zehntausende Jahre bis etwa zum 19. Jahrhundert in allen Kulturen (auch intuitiv) von Geburt an bis etwa dem ersten Lebensjahr ihre Babys ständig bei sich "auf Augenhöhe" trugen, war nicht nur Bindungs-, sondern auch Kommunikations- und Intelligenz fördernd. Bekanntlich klettern wir schon lange nicht mehr auf Bäume. Nicht getragene Babys können ihre Mutter zwar an der Stimme erkennen, aber getragene Babys können ihre Mutter hören, riechen und sehen. – Sie wachsen, salopp gesagt, dreidimensional auf.

Ein weiterer Indikator für die Intelligenzentwicklung ist –bei einem Blick auf viele Biographien (positiv) berühmter Persönlichkeiten wenig verwunderlich – das *Erziehungsverhalten*. Babys und Kinder, die in einem "warmherzigen", liebenden, liberalen, demokratischen, nicht direktiven, vertrauensvollen, elterlichen Umfeld aufwachsen, weisen eine deutlich höhere Intelligenz auf, als Kinder, deren Eltern ein strafendes, autoritäres und kränkendes (wertendes) Verhalten an den Tag legen. – Dieses (vereinfacht) direktive Verhalten ist bitte immer noch an der Mehrheit der staatlichen Kindergärten und vor allem Regelschulen (und auch in vielen Familien) der Fall.

Ein weiterer Indikator für die (positive) Intelligenzentwicklung ist die *Ernährung*. Unterernährung in früher Kindheit ist für die Intelligenzentwicklung ebenso hemmend. Mit dem *Stillen* kann ein Baby weder unter- noch überernährt werden. Das neue, von der USA ausgehende (und auch schon vereinzelt in anderen Ländern auftretende) Phänomen von stark übergewichtigen Babys und Kleinkindern wird wohl *auch* auf den „Stress" zurückzuführen sein, dem heute immer mehr Babys und Kleinkinder ausgesetzt sind. Frühkindlicher Stress wird kaum Intelligenz fördernd sein.

(Vereinfacht) zusammenfassend: Eine entspannte *familiale Sozialisation* ist auch für die Intelligenzentwicklung förderlich. Auf *Wikipedia* gibt es zum Begriff *Hochbegabung* eine durchaus passable Seite mit Einzel- und Literaturhinweisen, auch generell zur Intelligenzforschung. www.de.wikipedia.org/wiki/Hochbegabung. Im Weiteren wird auch auf die Fachliteratur zu diesem Thema verwiesen.

2 Über das Familien- und Privatleben der genannten Herren des digitalen Zeitalters ist wenig bekannt. Hier wird im Wesentlichen verschiedener Einzelnachweisen zu den Personeneinträgen auf *Wikipedia* gefolgt. Zu Steve Jobs gibt es Biographien und einen Spielfilm.

3 An alle Bildungsminister und Ministerinnen Deutschlands, Österreichs und anderswo: Bitte einmal die Homepage der „Lakeside School" in Seattle genau ansehen oder gleich einmal hinfahren. In so eine Schule geht jedes Kind mit Freude und so eine Schule hat jedes Kind verdient, nicht nur die Kinder der „wohlhabenden" Eltern. Das Standesdenken des 18. und 19. Jahrhunderts können wir uns mit den wenigen Kindern nicht mehr leisten. Auch in Deutschland gibt es ein paar Schulen dieser Art. Die „Potentiale" eines Kindes haben aber nichts mit dem Kontostand der Eltern zu tun.

4 Der Terminus „vorbereitete Umgebung" stammt von Maria Montessori. Ihrer Ansicht nach soll sich nicht das Kind der Umgebung anpassen, sondern die Umgebung befreiend und nicht formend wirken.

5 – 17 Aus und in zitiert: Ashlee Vance, *Elon Musk. Tesla, PayPal, Space X. Wie Elon Musk die Welt verändert,* FBV, 2015 (im Original erschienen 2015: IRON MAN: Elon Musk´s Quest to Forge a Fantastic Future) Die Biographie ist nicht nur für Fans von Tesla Fahrzeugen lesenswert. Es ist vielfach unglaublich, manchmal atemberaubend, was Elon Musk und die Menschen an seiner Seite geleistet und an (nicht nur finanziellen) Krisen erlebt und durchgestanden haben. Es gibt selten so umfangreich recherchierte Biographien.

Ergänzend, was aber nicht nur Elektroautos, sondern auch Smartphones und so ziemlich alle modernen Technologien betrifft: Für Lithium-Ionen-Akkus wird das Metall Kobalt benötigt. Kobalt kommt zu 60 Prozent aus dem Kongo, wo das Material unter menschenverachtenden Bedingungen gefördert wird. Generell was Autos betrifft, gleich ob Elektro-, Benzin oder Diesel. „Braucht" wirklich jeder ein „eigenes" Auto? „Braucht" in Europa und den USA jedes Kind wirklich schon oft mit sechs Jahren ein „eigenes" Smartphone?

18 Siehe dazu Ashlee Vance, *Tesla, PayPal, Space X, 2015* und beispielsweise: FAZ, *Der Tesla Bruder ist ein Weltverbesser,* 17. April 2016

19 In: Ashlee Vance, *Elon Musk, PayPal, Space X,* 2015

20 ebenda

21 Wolfgang Sandner, *Keith Jarrett: Eine Biographie,* Rowohlt Berlin, 2015

22 ebenda

23 ebenda
24 ebenda
25 Vorrangig zu Jarretts Musik gibt es über die Jahrzehnte zahlreiche Medienberichte. Speziell zu den „Umständen" des *Köln Konzertes* im Interview mit Vera Brandes: WDR 3, *Wie Keith Jarretts Welterfolg fast ausfiel,* 24. Jänner 2015. Weitere Einzelnachweise unter de.wikipedia.org/wiki/The_Köln_Concert. Biographien: Ian Carr, *Keith Jarrett: The Man and his Music,* Da Capo Press, 1992 und Wolfgang Sandner, *Keith Jarrett: Eine Biographie,* Rowohlt Berlin, 2015

Auf die Beziehung Keith Jarretts zu seinem Produzenten Manfred Eicher, Gründer des Münchner Plattenlabels ECM, kann hier nicht weiter eingegangen werden. Nur so viel: Die beiden lernten sich Anfang der 1970er Jahre kennen. Manfred Eicher „entdeckte" Keith Jarrett zwar nicht, wohl aber spielte er für seine weitere internationale musikalische Karriere eine große Rolle. In der jahrzehntelangen Beziehung der beiden spiegelt und setzt sich fort, was Jarrett schon von Kindheit an kannte: größtmöglicher Respekt, Achtsamkeit und bedingungsloses Vertrauen. Trotz so eines großen Erfolges wie es alsbald das Köln Konzert war, unterzeichneten die beiden nie einen „Exklusiv-Vertrag", was in dieser Branche auch in den 1970er Jahren eine Ausnahme darstellte. In seiner über 50-jährigen musikalischen Karriere produzierten K. Jarrett und M. Eicher dutzende und höchst unterschiedliche Platten für ECM Records.

26 Dimitri Schostakowitsch (1905-1975) gilt als einer der bedeutendsten (russischen) Komponisten der Moderne und überhaupt des 20. Jahrhunderts. Er war auch Pianist und Pädagoge. Gottfried Blumenstein bezeichnete seine Symphonien als „apokalyptischen Soundtrack des 20. Jahrhunderts". Schostakowitsch schrieb nicht nur selbst Filmmusik, er beeinflusste sie maßgeblich. Auch Schostakowitsch stammt aus einer „unterstützenden" russischen Mittelstands-Mehrkind-Familie. Der Vater war Ingenieur, die Mutter Pianistin. Er ist das mittlere von drei Geschwistern.

Leonardo da Vinci, Galileo Galilei, Wolfgang Amadeus Mozart, J. S. Bach und zahlreiche weitere Persönlichkeiten, die für die Kulturgeschichte, Wissenschaft und Kunst herausragendes geleistet haben, eint in der *familialen Sozialisation* vor allem drei Dinge:

1. Sie besuchten alle keine Schule (Kloster und ähnliches) und Kindergarten *bis zum Ende der* (echten) *Kindheit,* also dem 6./7. Lebensjahr. Viele wurden erst mit zehn oder später beschult. Da Vinci, Mozart und viele andere blieben gänzlich unbeschult.

2. Ihre (Aus-) Bildung wurde maßgeblich durch den Vater oder andere familiäre männliche Bezugspersonen und Vorbilder (Bruder, Onkel, Großvater, etc.) und/oder einem „Gelehrten" oder Meister geprägt.

3. Fast alle hatten während des Zeitraums der eigentlichen Kindheit eine zumeist *anwesende* und in jeder Hinsicht *unterstützende* Mutter.

27 In der Spezialedition des Albums *„was muss, muss"* kommentiert Herbert Grönemeyer (unter anderem) sein Lied *Kinder an die Macht.* Ein Auszug: „Bei ‚Kinder an die Macht' war ich in einer Radiosendung beim WDR mit drei Kinderpsychologen und die haben mich dann in die Mangel genommen. Wie ich nur so einen Schwachsinn schreiben könnte und das sei ja wohl der größte Unsinn. Kinder wären asozial und die wären alles andere als charmant und ich hätte ja selber auch keine und sollte so einen Unsinn lassen. So deutsch wieder. So ingeneursartige Psychologen. Ich bin eigentlich ganz fröhlich dahin gefahren und dachte, das wird ein ganz fröhlicher Nachmittag und bin dann doch relativ gefrustet wieder

abgezogen." Der vollständige Kommentar findet sich im Internet unter: www.letzte-version.de: Herbert Grönemeyer: *Kinder an die Macht*. Songtext aus dem ...
Ich habe mich schon oft gefragt, ob Roger Waters (Pink Floyd) berühmt gewordene Songzeile „Hey, teacher, leave us kids alone" manchmal zu ergänzen wäre mit: „Hey, teacher, psychologist and politicians leave us kids alone."

Epilog

1 Der amerikanische Psychologe Peter Gray hat den Forschungsstand der letzten Jahrzehnte (von Anthropologen) speziell in Hinsicht der Kindheit in autochtonen Gemeinschaften zusammengefasst. Ein paar Textpassagen aus dem Kapitel *Ein Leben voller Spiel: Kinder in Jäger-und-Sammler-Gemeinschaften:*
„Jäger-und-Sammler-Gesellschaften aus verschiedensten Teilen der Welt unterscheiden sich in vielfältiger Weise voneinander. (...) Sie haben unterschiedliche Lebensräume, Sprachen, Zeremonien und Kunstformen. Gleichwohl sind sie sich trotz dieser Unterschiede – ob sie in Afrika, Asien, Südamerika oder woanders beheimatet sind – in bestimmten grundlegenden Dingen bemerkenswert ähnlich. Sie haben ähnliche soziale Strukturen, ähnliche Wertvorstellungen und eine ähnliche Art, Kinder großzuziehen. Diese Ähnlichkeit erlaubt es Forschern zum einen, von einer ,Jäger-und-Sammler-Kultur' im Singular zu sprechen. (...) Nahezu alle Forscher, die sich mit Jägern und Sammlern beschäftigt haben, beschreiben folgende sozialen Grundwerte: Autonomie (persönliche Freiheit), Teilen und Gleichheit. Auch wir in unseren modernen demokratischen Kulturen mögen diese Werte gemeinhin als wichtig erachten, doch gehen das Verständnis, das Jäger und Sammler davon haben, und die Bedeutung, die sie ihnen beimessen, weit darüber hinaus. Der Freiheitssinn der Jäger und Sammler ist so groß, dass sie es unterlassen, einander zu sagen, was sie tun sollen. Sie verzichten sogar darauf einander ungebeten Ratschläge zu erteilen, um nicht den Anschein zu erwecken, die Freiheit des anderen einzuschränken. Jede Person, und auch jedes Kind, hat zu jeder Zeit die Freiheit, ihre eigenen Entscheidungen zu treffen, solange diese Entscheidungen nicht die Freiheit anderer beeinträchtigen oder ein soziales Tabu verletzen. Ihre Autonomie schließt jedoch nicht das Recht ein, Privateigentum anzuhäufen oder die Verschuldung anderer aus der Gruppe zuzulassen, da dies ihrem zweiten großen Wert – dem Teilen – zuwiderlaufen würde. (...) Sie teilen Nahrung und materielle Güter mit allen in ihrer Gruppe und selbst mit Mitgliedern anderer Gruppen. Derart bereitwilliges Teilen scheint das lange Überleben von Jägern und Sammlern unter oftmals herausfordernden Bedingungen ermöglicht zu haben. (...) Entscheidungen, die die ganze Gemeinschaft betreffen, also zum Beispiel wann zu einem anderen Lagerplatz gezogen wird, werden in Gruppendiskussionen getroffen, und es kann Stunden oder Tage dauern, bis ein Konsens erreicht und entsprechend gehandelt wird. (...) Ein von Forschern häufig benutzter Begriff, um das Verhalten von Erwachsenen gegenüber Kindern in Jäger-und-Sammler-Kulturen zu beschreiben, ist ,duldsam', aber vielleicht ist ,vertrauensvoll' das treffendere Wort. (...) Diese vertrauensvolle Haltung verdeutlichen die folgenden Kommentare von verschiedenen Forschern über jeweils andere Jäger-und-Sammler-Kulturen:

‚Die Kinder der (australischen) Aborigines werden zu einem extremen Grad verwöhnt und mitunter gestillt, bis sie vier oder fünf Jahre alt sind. Die körperliche Bestrafung von Kindern ist nahezu unbekannt.'

‚Jäger und Sammler geben ihren Kindern keine Befehle; beispielsweise bestimmt kein Erwachsener die Schlafenszeit. Abends bleiben die Kinder bei den Erwachsenen, bis sie müde werden und einschlafen. (...) Erwachsene Parakana (in Brasilien) mischen sich nicht in das Leben ihrer Kinder ein. Sie schlagen oder schelten sie niemals und verhalten sich ihnen gegenüber niemals aggressiv, weder körperlich noch mit Worten. Ebensowenig loben sie sie oder überwachen ihre Entwicklung.'

‚Die Vorstellung, dass dies *mein Kind* oder *dein Kind* sei, gibt es nicht. Zu entscheiden, was ein anderer Mensch tun sollte, egal wie alt er ist, liegt gänzlich außerhalb der Verhaltensweisen der Yequana. Es besteht ein großes Interesse an dem, was ein jeder tut, aber keinerlei Neigung, irgendjemanden zu beeinflussen, geschweige denn zu etwas zu zwingen. Die Triebkraft des Kindes ist sein eigener Wille.'

‚Bei den Jägern und Sammlern der Inuit im Gebiet der Hudson Bay dürfen Kleinkinder und junge Kinder ihre Umgebung im Rahmen ihrer körperlichen Möglichkeiten unter minimaler Einmischung von Erwachsenen erkunden. Wenn ein Kind also einen gefährlichen Gegenstand aufhebt, lassen es die Eltern die Gefahren im allgemeinen selbst herausfinden. Es wird davon ausgegangen, dass das Kind weiß, was es tut.'

‚Die Kinder der Ju/'hoansi weinten sehr selten, vermutlich, weil es wenig zu weinen gab. Kein Kind wurde je angeschrien, geohrfeigt oder körperlich bestraft, selbst ausgeschimpft wurden nur wenige. Die meisten haben bis zu ihrer Jugend nie ein entmutigendes Wort gehört, und wenn doch, so wurde der Tadel, wenn es denn Tadel war, in leisem Ton vorgetragen.'

In unserer Kultur würden die meisten Menschen solche Nachsicht als eine Methode ansehen, um verzogene, anstrengende Kinder hervorzubringen, die zu verzogenen, anstrengenden Erwachsenen heranwachsen. Zumindest im Kontext wildbeuterischer Lebensweisen entspricht dies keineswegs den Tatsachen. Elizabeth Marshall Thomas, eine der frühesten Beobachterinnen der Ju/'hoansi, beantwortete die Frage nach dem Verziehen wie folgt: ‚Manchmal erzählt man uns, dass Kinder, die so freundlich behandelt werden, verzogen würden, doch das liegt daran, das diejenigen, die eine solche Meinung vertreten, keine Ahnung haben, wie erfolgreich ein derartiges Vorgehen sein kann. Frei von Frust und Angst, sonnig und kooperativ. (...) Die Kinder der Ju/'hoansi waren der Traum aller Eltern. Keine Kultur kann jemals bessere, intelligentere, liebenswertere und selbstbewusstere Kinder großgezogen haben.'

Angesichts dieser nachsichtigen und vertrauensvollen Haltung ist es nicht überraschend, dass die Kinder in Jäger-und-Sammler-Kulturen den Großteil ihrer Zeit damit verbringen dürfen, frei zu spielen und zu forschen. Die allgemeine, durch jahrhundertelange Erfahrung bestätigte Überzeugung von erwachsenen Jägern und Sammlern ist, dass Kinder sich selbst bilden, indem sie eigenverantwortlich spielen und erkunden.' (...) Anzunehmen, dass Kinder in Jäger-und-Sammler-Kulturen weniger zu lernen hätten als unsere Kinder, nur weil diese Kulturen ‚einfacher' als unsere sind, wäre ein Fehler. Die wildbeuterische Lebensweise erfordert außergewöhnlich viel Wissen und viele Fähigkeiten. Aufgrund der relativ gering ausgeprägten Arbeitsteilung muss sich jedes Kind im Wesentlichen alle Kulturtechniken erwerben, zumindest jedoch den seinem oder ihrem Geschlecht entsprechenden Teil. (...) Alle ihre Spiele finden in altersgemischten Gruppen von etwa vier Jahren bis zum mittleren

Teenageralter statt. Durch Spiel lernen die jüngeren Kinder Fähigkeiten von den älteren, und die Älteren üben, Führungs- und Fürsorgeaufgaben zu übernehmen, indem sie sich um die Jüngeren kümmern. Obwohl Kinder auch vieles von Erwachsenen lernen, sind ihre Lehrerinnen und Lehrer üblicherweise die Kinder, mit denen sie spielen. (...) In einem weltweiten kulturübergreifenden Spiele-Vergleich aus den 1950er und 60er Jahren kamen John Roberts und seine Kollegen zu dem Schluss, dass die einzigen Kulturen, die anscheinend keine wettbewerbsorientierten Spiele haben, jene der Jäger und Sammler sind. (...) Forscher, die Jäger und Sammler untersuchen, äußern sich häufig zu deren außergewöhnlichen Heiterkeit und deren Gleichmut. So schrieb der Anthropologe Richard Gould, nachdem er einen anderen Forscher zur Heiterkeit von Jägern und Sammlern zitiert hatte: ‚Oft konnte ich die gleiche Freude und Bereitschaft, zu lachen und zu scherzen, unter den Menschen der Gibsonwüste (Jäger und Sammler in Australien) beobachten, auch wenn sie von Geschwüren, Hitze und Fliegen geplagt wurden und knapp an Lebensmitteln waren. Diese Heiterkeit scheint Teil einer disziplinierten Akzeptanz der häufigen Entbehrungen zu sein, die durch Beschwerden nur verschlimmert würden.' (...) In ihrem Buch über die Ju/'hoansi erzählt Elizabeth Marshall Thomas die Geschichte eines Mädchens, das weitab vom Lagerplatz ihrer Gruppe in eine versteckte Hyänen-Falle trat, die ein Wildtierbiologe aufgestellt hatte. Die Stahlzähne der Falle hatten sich durch ihren Fuß gebohrt, und da die Falle fest im Boden verankert war, konnte sie nichts tun, als auf dem anderen Fuß zu stehen und zu warten. Stunden später wurde sie von ihrem Onkel entdeckt, der in der Gegend jagte. Er ging zu ihr, um nachzusehen, was ihr fehlte. Da er die Falle nicht öffnen konnte, ging er zurück zum Lagerplatz, um Hilfe zu holen. Thomas kommentierte den Vorfall folgendermaßen: ‚Ich werde nie ihre Gelassenheit vergessen, als wir sie zum Lager brachten und ihre Wunde verbanden. Viele Stunden hatte sie alleine, hilflos und unter Schmerzen an einer von Hyänen frequentierten Stelle zugebracht, und doch tat sie, als sei nichts, überhaupt gar nichts geschehen. Vielmehr plauderte sie wie beiläufig über dies und das. Derartige Selbstbeherrschung schien mir unter solchen Umständen unmöglich zu sein, und ich weiß noch, dass ich mich fragte, ob das Nervensystem (der Ju/'hoansi) dem unseren nicht überlegen sei. Aber natürlich hatten sie dieselben Nervensysteme wie wir. Es war ihre Selbstbeherrschung, die der unseren überlegen war. (...) Der Nutzen dieses Verhaltens entspringt direkt der Wildbeuter-Tradition: Nichts wäre für ein Raubtier attraktiver als ein weinendes, kämpfendes Geschöpf, alleine und unfähig zu fliehen.' (...) Wie entwickeln Jäger und Sammler ihre erstaunliche Fähigkeit zur Selbstbeherrschung? Niemand weiß es wirklich, und soweit ich beurteilen kann, hat auch noch niemand Vermutungen dazu angestellt. Meine persönliche These ist, dass sie diese Fähigkeit zumindest teilweise durch ausgiebiges Spielen entwickeln. In den 1930er Jahren argumentierte der große russische Psychologe Lew Wygotsky überzeugend, dass freies Spiel mit anderen Kindern das primäre Mittel sei, durch welches Kinder lernen, ihre Impulse und Emotionen zu kontrollieren." In: Peter Gray, *Befreit lernen. Wie Lernen in Freiheit spielend gelingt,* Drachen Verlag, 2015. (Im Original erschienen 2013: *Free to Learn: Why Unleashing the Instinct to Play will make our Children happier, More Self-Reliant, and better Students for Life*)

2   Auch dazu ist Jean Liedloffs Buch *Auf der Suche nach dem verlorenen Glück* empfehlenswert. Für die Lebensweise der Aborigines beispielsweise auch der oben zitierte Spiel-/Dokumentarfilm *10 Kanus, 150 Speere und 3 Frauen*.

Zur gegenwärtigen Situation der wenigen noch „ursprünglich" lebenden autochthonen Völker gibt es einen bemerkenswerten Artikel in: DER STANDARD, *Dunkle Wolken über den Kindern indigener Völker*, 21. September 2014

3   Das Problem ist weltweit längst bekannt und diskutiert. Der international angesehene Berater für Gesellschaftsentwicklung (Innovation und Humanressourcen) Sir Ken Robinson ist einer von vielen, der für dieses Jahrhundert das Ende der bisherigen Massen-Regelbeschulung voraussieht.

4   Dieser Auswuchs von menschlichem Größenwahn, Verantwortungslosigkeit, Naturzerstörung und Spekulationssucht ist auch in Bildern festgehalten. Siehe (auch) dazu den Dokumentarfilm *Let´s make money*, R: Erwin Wagenhofer, 2008

Nachspann

1   Autor von *De optimo statu rei publicae deque nova insuta Utopia* (Von der besten Verfassung des Staates und von der neuen Insel Utopia)

Im Jahr 1516 verfasste der englische Humanist und Staatsmann Thomas Morus die philosophische Erzählung *Utopia*, die später (oft von Kritikern) allen „fiktiven" und künftigen Gesellschaftsordnungen ihren Namen gab. In Morus philosophischen Dialog *Utopia* wird von einem erfundenen Inselstaat erzählt, in der (vereinfacht) die säkular organisierte Gemeinschaft ohne Geld, Privateigentum oder Todesstrafe lebt. Es herrscht unter anderem religiöse Toleranz und Gleichheit (Akzeptanz) in den Rechten und Bedürfnissen des Einzelnen. Werden beispielsweise Überschüsse produziert, werden die Güter auf alle verteilt oder verschenkt. Über Jahrhunderte wurde Thomas Morus Erzählung in primär intellektuellen Kreisen immer wieder diskutiert. Spätestens seit dem Scheitern letztlich rein ideologisch motivierter (erfundenen) „Gesellschaftsordnungen" wie der Nationalsozialismus oder Kommunismus, hat der Begriff *Utopia* in Zusammenhang von möglichen künftigen Gesellschaften einen negativen Beigeschmack.

Im Zuge der in den letzten Jahren weltweit einsetzenden Diskussion um das *Bedingungslose Grundeinkommen* wird oft auch, meines Erachtens nur bedingt berechtigt, auf Thomas Morus *Utopia* verwiesen. Geld im heutigen Sinne als alltägliches *Tauschmittel* gibt es in Morus „utopischer" Erzählung genauso wenig, wie das *finanzielle* bedingungslose Grundeinkommen. Was Morus wie viele andere kritische Zeitgeister der letzten Jahrhunderte, die sich um eine bessere Welt und *Lebensweisen* Gedanken machten, nicht wissen konnten, ist: Die bisher längste Zeit (in jedem Fall 99 Prozent) verbrachte der Homo sapiens in der Daseinsform der Jäger-und-Sammler-Kultur, also friedlich und sozial gerecht. In einer „Gesellschaftsordnung" die zuallererst auf familialer Sozialisation beruhte.

Wieso eigentlich ist für den „westlichen" Menschen ein in Europa, den USA oder in „besseren Verhältnissen" geborenes Kind in der gelebten gesellschaftlichen Praxis (und nicht was auf Papier in den Menschenrechten oder sonst wo festgeschrieben ist) mehr wert, als ein Kind, das in Afrika, Asien, in irgendeinem Slum oder wo auch immer in „schlechten Verhältnissen" geboren ist? Gesund und hoch begabt werden nahezu alle Kinder dieser Welt geboren. Sind wir schon fast alle so schulisch und damit menschlich *verbildet*, dass wir nicht allen Kindern dieses Planeten gleich günstige Lebensbedingungen gewähren? Und mit welchem „Recht" verbauen wir „Erwachsenen" der überwiegenden Mehrheit der

Kinder glücklich, gesund, artgerecht und gegenwärtig vielerorts auch noch mit Familie aufzuwachsen? Wenn wir wirklich wieder eine friedliche und in jeder Hinsicht gerechte Welt wünschen, werden wir zwingend (das ist früher oder später auch eine Überlebensfrage) drei Dinge weltweit umsetzen müssen. Erstens: das *Bedingungslose Grundeinkommen* von Geburt an. Was Voraussetzung ist für zweitens: die Wiederherstellung der *familialen Sozialisation,* und drittens: die vollkommene Bildungsfreiheit (Bedingungslose Schulautonomie, wirkliche Gleichberechtigung verschiedenster Bildungsformen und Wege) für jeden Menschen. Kind *ist* Mensch! Für alle drei „Gesellschaftsordnungen", die keine „Utopie" sind, bedarf es „nur" wieder konsequentes und bedingungsloses *Vertrauen* in den Menschen, von Geburt an....

2   Pau Casals gilt als berühmtester und wohl auch begnadetster Cellist des 20. Jahrhunderts. Sein katalonischer Vater Carles Casals war Organist in El Vendrell und lehrte ihm früh und über die ganze Kindheit häuslich Gesang, Klavier, Orgel und Komposition. Seine Mutter, Pilar Defilló de Casals, die aus einer nach Puerto Rico ausgewanderten katalonischen Familie stammte, wird von Chronisten als sehr einfache, entschiedene und mit Intuition und Weitsicht begabte Mutter beschrieben. Im zunehmenden Alter des Jungen erkannte sie, dass er sich vor allem einem Instrument magisch hingezogen fühlte: dem Violoncello. Mit etwa 11 Jahren bekam Pau sein erstes eigenes. Sein Vater wollte von der brotlosen Cellokunst allerdings nicht allzu viel wissen. Er meldete den Jungen zur Lehre beim Dorftischler an, was kurz zum vielleicht größten elterlichen Konflikt der glücklichen Ehe führte. Trotz der finanziellen Bedenken des Vaters setzt sich die Mutter mit ihrer Intuition und Weitsicht durch. Der 11-jährige Pau kam auf die Musikschule nach Barcelona. Vom zweiten Ausbildungsjahr an blieb die Mutter immer nahe bei Pau und *begleitete* seine weiteren und unterschiedlichen Ausbildungssituationen. Materielle Sicherheit war ihr stets einerlei und die Familie kam nicht nur einmal in finanzielle Bedrängnis. Aber die intuitiven und konsequenten Entscheidungen der Mutter (und des Sohnes) erwiesen sich letztlich als richtig....

Der ausgiebig familial sozialisierte Pau „Pablo" Casals spielte nicht nur an verschiedensten königlichen Höfen. Von etwa der Jahrhundertwende an unternahm der Cellovirtuose weltweite Konzertreisen in einem Trio, in Orchestern und gelegentlich auch als Solist. Er bekam unzählige Ehrungen, Auszeichnungen und unter anderem den Grammy Lifetime Achievement Award verliehen. Weltberühmt wurde er nicht nur dafür *wie* er das Cello spielte, sondern vor allem auch für seine Interpretationen der Cello Werke von J. S. Bach. Die Liste seiner Bewunderer war schier endlos und reichte von Albert Einstein bis J. F. Kennedy.

Pau Casals Karriere fällt auch in die Zeit der beiden Weltkriege. Unermüdlich und von seinen Eltern zuerst vorgelebt, setzte er sich entschieden und konsequent für Frieden, Demokratie und Freiheit des Individuums ein. Als sich 1917 nach der Oktoberrevolution das autoritäre kommunistische Regime in Russland bildete, beschloss Casals nicht mehr in diesen Ländern aufzutreten. Ebenso verweigerte er nach der Machtübernahme Hitlers, dessen Ziele und Gehabe der Virtuose zutiefst ablehnte, Konzerteinladungen aus Deutschland.

Auf Einladung der Vereinten Nationen führte er am 24. Oktober 1958, dem „Tag der Vereinten Nationen", in der Vollversammlung ein Konzert auf, das in über 40 Länder übertragen wurde. Im gleichen Jahr wurde er für den Friedensnobelpreis nominiert.

Literatur

Arendt, Hannah (1967). *Vita activa oder Vom tätigen Leben*. München: Piper. (Im Original erschienen 1958: The Human Condition)

Arendt, Hannah (1986). *Elemente und Ursprünge totaler Herrschaft*. München: Piper. (Im Original erschienen 1951: The Origins of Totalitarianism)

Ariès, Philippe (1975). *Geschichte der Kindheit*. München: Carl Hanser Verlag. (Im Original erschienen 1960, L'enfant et la vie familiale sous l'ancien régime)

Bauer-Jelinek, Christine (2012). *Der falsche Feind. Schuld sind nicht die Männer*. Salzburg: Ecowin Verlag

Blom, Philipp (2017). *Was auf dem Spiel steht*. München: Carl Hanser Verlag

Braunmühl, Ekkehard von (1991). *Antipädagogik. Studien zur Abschaffung der Erziehung*. (1. Auflage 1975). Weinheim und Basel: Beltz Verlag

Buchwald, Gerhard (2000). *Impfen – Das Geschäft mit der Angst*. München: Droemer Knaur

DeMause, Lloyd (Hrsg.) (1977). *Hört ihr die Kinder weinen. Eine psychogenetische Geschichte der Kindheit*. Frankfurt am Main: Suhrkamp (Im Original erschienen 1974, New York: The History of Childhood)

Eliade, Mircea (2000). *Hochzeit im Himmel*. Freiburg: Herder

Fromm, Erich (1979). *Haben oder Sein*. München: dtv (im Original erschienen 1976: To Have or to Be?)

Garsoffsky, Susanne und Sembach, Britta (2014). *Die alles ist möglich Lüge. Wieso Familie und Beruf nicht zu vereinbaren sind*. München: Pantheon

Gatto, John Taylor (2009). *Verdummt noch mal! Der unsichtbare Lehrplan oder Was Kinder in der Schule wirklich lernen*. Bremen: Genius Verlag (Im Original erschienen 1991: *Dumping us down*)

Gélis, Jacques (1992). *Das Geheimnis der Geburt. Rituale, Volksglaube, Überlieferung*. Freiburg: Herder Verlag

Gestrich, Andreas und Krause, Jens-Uwe und Mitterauer, Michael (2003). *Geschichte der Familie*. Stuttgart: Kröner Verlag

Ghandi, Mahatma (2012). *Ausgewählte Werke*. Göttingen: Wallstein

Gracián, Balthasar (1986). *Hand-Orakel und Kunst der Weltklugheit*. Stuttgart: Reclam (Im Original erschienen 1647: Oráculo manual y arte de prudencia)

Gray, Peter (2015). *Befreit lernen. Wie Lernen in Freiheit spielend gelingt.* Klein Jasedow: Drachen Verlag. (Im Original erschienen 2013: Free to Learn: Why Unleasting the Instinct to Play will make our Children happier, More Self-Reliant, and better Students for Life)

Harari, Yuval Noah (2013). *Eine kurze Geschichte der Menschheit*. München: DVA. (Im Original erschienen 2011: A Brief History of Mankind – Kizur Toldot Ha-Enoshut)

Harari, Yuval Noah (2017). *Homo Deus*. Eine Geschichte von Morgen. München: C. H. Beck. ((Im Original erschienen 2015: A Brief History of Tomorrow)

Hawken, Paul (2010). Wir sind der Wandel. *Warum die Rettung der Erde bereits voll im Gang ist – und kaum einer es bemerkt*. Emmedingen: Hans Nietsch Verlag (Im Original erschienen 2007: Blessed unrest: How the Largest Social Movement in History is Restoring Grace, Justice, and Beauty to the Word)

Hesse, Hermann (1942). *Das Glasperlenspiel*. Zürich: Fretz u. Wasmuth

Holt, John und Farenga, Pat (2009). *Bildung in Freiheit. Das große John-Holt-Buch zum eigenständigen Lernen.* Bremen: Genius Verlag (Im Original erschienen 1989: Teach Your Own)

Horvath, Ödön von (1970). *Jugend ohne Gott*. Frankfurt am Main: Suhrkamp

Hüther, Gerald (2001). *Bedienungsanleitung für ein menschliches Gehirn*. Göttingen: Vandenhoeck u. Ruprecht

Hüther, Gerald (2007). *Biologie der Angst. Wie aus Stress Gefühle werden*. Göttingen: Vandenhoeck u. Ruprecht

Hüther, Gerald (2011). *Die Macht der inneren Bilder*. Göttingen: Vandenhoeck u. Ruprecht

Hüther, Gerald und Spannbauer, Christa (2012). *Connectedness. Warum wir ein neues Weltbild brauchen.* Bern: Hans Huber Verlag

Hüther, Gerald und Hauser, Uli (2014). *Jedes Kind ist hoch begabt.* München: Verlagsgruppe Random House

Illich, Ivan (1972). *Schulen helfen nicht. Über das mythenbildende Ritual der Industriegesellschaft.* Reinbeck: Rowohlt (Im Original erschienen 1970: Celebration of Awareness. A Call for Institutional Revolution)

Illich, Ivan (2013). *Entschulung der Gesellschaft.* München: C. H. Beck oHG. 6. Auflage. 1. Auflage erschien im Jahr 1972. München: Kösel Verlag (Im Original erschienen 1971, 1972. Deschooling Society)

Juul, Jesper (2007). *Die kompetente Familie. Neue Wege in der Erziehung.* München: Kösel Verlag

Juul, Jesper (2009). *Dein kompetentes Kind.* Reinbek: Rowohlt

Juul, Jesper (2012). *Wem gehören unsere Kinder? Dem Staat, den Eltern, oder sich selbst?* Weinheim und Basel: Beltz

Juul, Jesper (2012). *Von der Erziehung zur Beziehung.* Hör-CD. München: Nymphenburger Verlag

Juul, Jesper (2013). *Schulinfarkt.* München: Kösel Verlag (auch als Hörbuch)

Key, Ellen (1901). *Das Jahrhundert des Kindes.* (Übersetzung von Marie Franzos, 1901) sprachliche Anpassung von Gitta Peyn 2010. Neuenkirchen: RaBaKa Publishing

Klein, Naomi (2015). *Die Entscheidung. Kapitalismus vs. Klima.* Frankfurt/Main: S. Fischer Verlag (Im Original erschienen 2014: This changes everything. Capitalism vs. The Climate)

Klein, Naomi (2017). *Gegen Trump. Wie es dazu kam und was wir jetzt tun müssen.* Frankfurt/Main: S. Fischer Verlag (Im Original erschienen 2017: No is Not Enough. Resisting Trump´s Schock Politics and Winning the World We Need)

Kruppa, Hans (1988). *Kaito: Ein Märchen.* München: Goldmann

Liedloff, Jean (1980). Auf *der Suche nach dem verlorenen Glück*. München: Beck. (Im Original erschienen 1977: The Continuum Concept)

LLewellyn, Grace (2014). *Das Teenager Befreiungs-Handbuch*. Bremen: Genius Verlag. ((Im Original erschienen 1991, 1998: The Teenage Liberation Handbook)

Martin, Dayna (2011). *Die freie Familie oder die Freiheit Leben und Lernen selbst zu bestimmen*. Leipzig: Tologo Verlag (Im Original erschienen: Radical Unschooling – A Revolution Has Begun)

Maurer, Willi (2009*). Der erste Augenblick des Lebens. Der Einfluss der Geburt auf die Heilung von Mensch und Erde*. Klein Jasedow: Drachen Verlag

Miller, Alice (1979). *Das Drama des begabten Kindes*. Frankfurt am Main: Suhrkamp

Miller, Alice (1983). *Am Anfang war Erziehung*. Frankfurt am Main: Suhrkamp

Montessori, Maria (2015). *Montessori. Praxishandbuch der Montessori-Methode*. Freiburg: Herder Verlag (Im Original erschienen 1914: Dr. Montessoris Own Handbook)

Montessori, Maria (1987). *Kinder sind anders*. München: dtv

Neufeld, Gordon und Maté, Gabor (2006). *Unsere Kinder brauchen uns! Die entscheidende Bedeutung der Kind-Eltern-Bindung*. Bremen: Genius Verlag (Im Original erschienen 2005: Hold On to Your Kids: Why Parents Need to Matter More Than Peers)

Odent, Michel (2004). *Im Einklang mit der Natur – Neue Ansätze der sanften Geburt*. Düsseldorf und Zürich: Patmos. (Im Original erschienen 2002: The Farmer and the Obstetrician)

Piaget, Jean (1974). *Theorien und Methoden der modernen Erziehung*. Frankfurt am Main: Fischer Verlag (Im Original erschienen 1964: Psychologie et Pèdagogie und 1969: Six Ètudes de Psychologie)

Pohl, Gabriele (2014*). Kindheit – aufs Spiel gesetzt: Vom Wert des Spielens für die Entwicklung des Kindes*. 4. Auflage. München: Springer.

Postman, Neil (1983). *Das Verschwinden der Kindheit*. München: Fischer Taschenbuchverlag (Im Original erschienen 1982: The Disappearance of Childhood)

Postman, Neil (1988). *Wir amüsieren uns zu Tode. Urteilsbildung im Zeitalter der Unterhaltungsindustrie.* München: Fischer (Im Original erschienen 1985: Amusing Ourselves to Death)

Postman, Neil (1995). *Keine Götter mehr. Das Ende der Erziehung.* Berlin: Berlin Verlag (Im Original erschienen 1995: The End of Education)

Renz-Polster, Herbert (2011). *Menschenkinder. Plädoyer für eine artgerechte Erziehung.* München: Kösel

Renz-Polster, Herbert (2014). *Die Kindheit ist unantastbar.* Warum Eltern ihr Recht auf Erziehung zurückfordern müssen. Weinheim: Beltz

Rosenberg, Marshall B. (2004). *Konflikte lösen durch Gewaltfreie Kommunikation. Ein Gespräch mit Gabriele Seils.* Freiburg: Herder

Schweizer, Albert (1993). *Gesammelte Werke, Band 2.* München: C. H. Beck Verlag

Shakespeare, William (1986). *Romeo und Julia,* Stuttgart: Reclam

Spitzer, Manfred (2006). *Vorsicht Bildschirm! Elektronische Medien, Gehirnentwicklung, Gesundheit und Gesellschaft.* München: dtv

Spitzer, Manfred (2010). *Medizin für die Bildung.* Heidelberg: Spektrum Akademischer Verlag

Spitzer, Manfred (2012). *Digitale Demenz. Wie wir uns und unsere Kinder um den Verstand bringen.* München: Droemer

Stern, André (2009). *...und ich war nie in der Schule. Geschichte eines glücklichen Kindes.* München: Sandmann GmbH

Stern, Arno (2012). *Wie man Kinderbilder nicht betrachten soll.* München: Zabert Sandmann

Stern, Arno und Stern, André (2014). *Mein Vater mein Freund. Das Geheimnis glücklicher Söhne.* München: Zabert Sandmann

Tavris, Carol und Aronson, Elliot (2010). *Ich habe recht, auch wenn ich mich irre. Warum wir fragwürdige Überzeugungen, schlechte Entscheidungen und verletzendes*

Handeln rechtfertigen. München: Riemann Verlag (Im Original erschienen 2007: Mistakes Were Made, but not by me)

Tolstoj, Leo (1978). *Krieg und Frieden.* Roman. Klagenfurt: Kaiser

Vance, Ashlee (2015). *Elon Musk. Tesla, PayPal, SpaceX. Wie Elon Musk die Welt verändert.* München: FBV (Im Original erschienen 2015: IRON MAN: Elon Musk`s Quest to Forge a Fantastic Future)

Wagenhofer, Erwin und Kriechbaum, Sabine und Stern, André (2013). *Alphabet. Angst oder Liebe.* Salzburg: Ecowin Verlag

Welzer, Harald (2016). *Die smarte Diktatur. Der Angriff auf unsere Freiheit.* Frankfurt/Main: S. Fischer Verlag

Werner, Götz und Goehler, Adrienne (2011). *1000 Euro für jeden. Freiheit Gleichheit Grundeinkommen.* Berlin: Ullstein Verlag

Wild, Rebecca (1986). *Erziehung zum Sein.* Freiamt: Arbor-Verlag

Wild, Rebecca (1991). *Sein zum Erziehen. Mit Kindern leben lernen.* Freiamt: Arbor-Verlag

Wild, Rebecca (2001). *Lebensqualität für Kinder und andere Menschen. Erziehung und der Respekt für das innere Wachstum von Kindern und Jugendlichen.* Weinheim: Beltz

Ziegler, Jean (2015). *Ändere die Welt! Warum wir die kannibalische Weltordnung stürzen müssen.* München: C. Bertelsmann

Spiel- und Dokumentarfilme

Alphabet. Angst oder Liebe, R: Erwin Wagenhofer, Österreich, 2013
Being and Becoming, R: Clara Bellar, Frankreich, 2014
Disconnect, R: H. A. Rubin, USA, 2012
Elephant, R: Gus Van Sant, USA, 2003
Free Lunch Society, R: Christian Tod, Österreich, 2016
Future Baby, R: Maria Arlamovsky, Österreich, 2016
Let´s make money, R: Erwin Wagenhofer, Österreich, 2008
Population Boom, R: Werner Boote, Österreich, 2013
Schools of Trust, R: Christian Schuhmann und Thomas Möller, Deutschland, 2015
Schooling the world. The white man´s last burden, R: Carol Black, USA 2010
Something better to come, R: Hanna Polak, Dänemark/Polen, 2014
Tanna, R: Martin Butler und Bentley Dean, Australien, 2016
Tomorrow, R: Mélanie Laurent und Cyril Dion, Frankreich, 2016
We feed the world, R: Erwin Wagenhofer, Österreich, 2005
10 Kanus, 150 Speere und 3 Frauen, R: Rolf de Heer, Australien, 2006

TV-Dokumentationen

ZDF Zoom, *Kampf ums Kind – Wenn Gutachten Familien zerstören,* 26. Oktober 2011
WDR, *Mut gegen Macht. Wenn Gerichtsgutachten Familien zerstören,* 13. Oktober 2014
Stern TV, *Das Drama der Scheidungsväter: Du wirst mein Kind nie wieder sehen,* 27. Mai 2009
3 SAT (Mediathek), *Kinder brauchen Kontakt,* 14. Juli 2016
ARTE, *Alte Freunde neue Feinde: Was unsere Kinder krank macht,* 6. Jänner 2015
RTL, *Männliche Vorbilder: Darum fehlen sie. Jungs in der Kita...,* 19. Februar 2014
WRD, *Schule – nein danke!,* August 2015
ORF Am Schauplatz, *Nie mehr Schule,* Juni 2015

Lightning Source UK Ltd.
Milton Keynes UK
UKHW04f0605121018
330344UK00024B/178/P